国/际/商/务/经/典/译/丛

国际商务

迈克尔·格林格（J. Michael Geringer）
珍妮·麦克内特（Jeanne M. McNett）
迈克尔·迈纳（Michael S. Minor）
唐纳德·鲍尔（Donald A. Ball）
著
吴易明 译

INTERNATIONAL BUSINESS

中国人民大学出版社
·北京·

出版说明

随着经济全球化的深入发展，国际贸易、投资和商务活动日益频繁，企业不可避免地要应对来自全球范围的更加激烈的竞争。与许多跨国公司相比，我国企业在国际化环境下成功运作的经验不足，国际化经营水平还比较低。更重要的是，我国国际商务专门人才极度短缺。

适应经济发展的要求，加速国际商务专门人才的培养和培训，已成为我国高等学校面临的紧迫任务。2010年，经国务院学位委员会批准，在部分高校设立国际商务硕士专业学位；2012年，教育部颁布了《普通高等学校本科专业目录（2012年）》，将国际商务专业从目录外专业调整为基本专业。

顺应这一教育发展趋势，中国人民大学出版社在成功出版“工商管理经典译丛”的基础上，精心策划并适时推出了“国际商务经典译丛”（翻译版）和“国际商务经典教材”（英文版）两套丛书。丛书所选书目，都是国际知名教授的经典著作，经过长期教学实践检验，多次再版且畅销不衰，被许多国家的著名大学和专业经管院校采用，包括查尔斯·希尔的《国际商务》、托马斯·普格尔的《国际贸易》和《国际金融》、沃伦·基根的《全球营销》等。

在引进和出版这两套丛书的过程中，我们力求基于目前国际商务专业的核心课程，既帮助高校建立自己的课程体系，又兼顾企业国际化经营的实际需要。同时，我们在编辑出版的过程中，对引进版图书的内容严格把关，取其精华，对不严谨或不当之处进行删改，确保图书质量。我们希望，得益于政府相关部门的大力支持，立足于教育机构、高等学校对企业需求和学科发展的关注，通过吸收高校师生在教学过程中的反馈意见和建议，并且依靠像中国人民大学出版社这样一批职业出版人的不懈努力，最终促进我国管理教育国际化的发展、我国企业国际竞争力的提升以及具有全球视野的国际商务专门人才的成长。

愿我们出版的这两套丛书，能对读者在系统学习国际商务基本理论知识、改善自身国际商务实践、全面提升自己的英语表达和跨文化沟通能力等方面有所助益。

中国人民大学出版社

译者序

当今时代，国际商务正面临一系列重大的挑战与机遇。国际商务作为一门学科，知识体系庞大而复杂，并且在不断演进发展。目前，市面上引进的相关内容的书籍非常多，我之所以答应中国人民大学出版社熊鲜菊女士的真诚邀请，接受《国际商务》一书的翻译工作，是因为我在通读了原文后，发现这本书有一些独特之处。我非常愿意尽快将之翻译成中文，帮助更多立志成为具有国际视野的世界公民的中国学生，了解最基本同时又最具时代性的国际商务发展脉络和现实。

本书以兼具可读性及个性化特点的方式来讲述国际商务知识。本书精选的都是紧跟时代潮流、与国际商务密切相关、富有挑战性又易于读者理解的话题，有助于读者通过一个真正全球化的视角观察商务走向。书中不仅涵盖传统发达国家在国际商务中的实践，而且包括适用于新兴经济体的广泛案例，向读者充分展现全球经济发生的重大变化。

翻译的最高境界是“信，达，雅”。我自知能力有限，无法达到“雅”，但在接受翻译任务的那刻，我就下定决心，不计投入，尽最大努力做到“信，达”，为读者贡献一本内容准确、阅读舒适的中译本。

译稿杀青，付梓在即，我心中充满感恩。本书是团队合作的结晶，我和团队成员几易其稿。广东外语外贸大学国际商务英语学院商务英语专业硕士研究生史磊、霍雨晴、吴子彬、王焦、焦文婷、蔡思泳参与了初稿的翻译工作；焦文婷、蔡思泳、李恬、纪悦琳、高文静参与了部分模块的文字补充工作；焦文婷做了大量的组织和协调工作。在此，我对大家表示衷心的感谢。

最后，敬请各位读者批评指正，以便再版时修改完善。

吴易明

前　言

《国际商务》一书旨在令国际商务更贴近读者，使教学和学习体验更个性化，让学生成为具有全球思维的人才。

▸ **灵活简便的学习体验**

● 本书 15 个模块的内容十分紧凑，是以读者为中心而设计的，旨在向你提供一种崭新的学习体验。每个模块设有“开篇短文”，叙述性的故事有助于学生预先了解该模块的学习重点。本书的设计从始至终都聚焦于向读者全面展示国际商务涵盖的概念。总的来说，本书将通过大量紧跟时代潮流的不同类型公司的案例，与你一同探索商务决策的奥秘。公司案例涵盖了世界众多知名公司，如 YouTube、推特网、沃尔玛、小米、eBay、雀巢、蒙德雷兹、星巴克、莎拉、日产、美泰、苹果、麦当劳、高知特、Kiva、乔巴尼以及谷歌。

● 为了增加本书的可读性及易读性，“全球辩论”专栏提供了很多吸引人的话题，以帮助读者更好地理解文章内容。

▸ **个性化的学习内容**

● 为了与读者产生更多的共鸣，作者在每个模块的故事叙述中还适当地将一些内容与文化融合。通过对各国文化亮点的介绍，本书向读者提供了一系列能够极大激发学生兴趣的例子，同时也使他们产生一种与书中内容密切相关之感。

● 本书独创专栏“得到那份工作！从双肩包到公文包”描述了近年来大学毕业生在公司成功担任国际职务的经历。

● 作者以模块化的形式编写本书，方便教师根据具体的教学要求及课程目标进行个性化选择。本书每一个模块（包括附加模块）的内容都自成一体，进一步增加了教师使用教材的灵活性，也有助于学生更好地理解模块内容。

▸ **精选内容兼具时代性与重要性**

● 本书对基本概念的展示体现了让学生更多参与、以学生为中心的教学研究成果及理论，我们相信内容的精确性能丰富学习过程。同时，与可读性、方法与内容的关联性相结合，内容的精确性会激励读者更好地学习。精确性、可读性、关联性使本书与众不同。

● 金砖国家（巴西、俄罗斯、印度、中国）作为新兴市场在国际上日益凸显的角色在各个模块的案例中有所强调。

▸ **适用于不同课程类型**

● 无论是采取大型讲座、在线课堂、多样课堂还是翻转课堂等不同的授课方式，使用本书的教师都会发现其强大的适应能力。本书的作者团队认真地为授课老师准备了充分的支持性材料，同时为学生设计了应用练习，帮助学生更好地理解所学内容。

- 为调动课堂讨论，每个模块在结束前提供了一个微型案例，帮助学生将概念应用到国际商务经理所面临的真实情境中。

▸ 以学生为中心的几个特点

- 开篇短文：每个模块开头的叙述性故事可帮助学生了解本模块的重点内容，也有助于培养学生的全球思维。
- 国际商务实践：本专栏主要展示决策者将一些主要的国际商务概念应用到实际商务操作中的做法。
- 全球辩论：本专栏主要对比主要国际商务问题的不同角度，提出商务道德问题的正反论点，促进课堂讨论。
- 得到那份工作！从双肩包到公文包：本专栏主要讲述在国际环境下（如出国留学、参加国际实习或志愿者工作），学生从大学进入公司的角色转变以及初入社会时的职业选择。
- 微型案例：每个模块末尾会有一个小型案例供班级同学展开讨论，并让学生试着将所学商务概念应用到国际管理者所面临的具体情境中。
- 每个模块的最后为学生提供了模块总结、锻炼学生批判性思维的课后问题以及全球尖端研究问题。

目　录

模块 1 国际商务的挑战性环境

旅行可以治疗偏见、固执、目光短浅，就凭这一点，许多人都需要去旅游。要想对他人和事物拥有健康、宽广和仁慈的胸怀和视野，一个人不能一辈子只待在一个地方。

——马克·吐温，《傻子出国记》

学习目标

1. 阐明国际商务与国内商务的区别。
2. 描述国际商务的历史与未来。
3. 讨论引人注目的商务国际化。
4. 识别公司业务国际化的驱动因素。
5. 比较支持和反对商务国际化的主要观点。

开篇短文

你为什么需要国际化的经历？如何获得？

国际化的经历可以帮助你获得工作机会吗？答案是肯定的。丹·布莱克（Dan Black）负责安永会计师事务所（Ernst）的校园招聘工作，他说："我们非常看重海外工作经历，这是一个绝对优势，现在客户对我们的要求越来越高，他们强调多元化的思维和多样化的价值观。"①

国际化经历不仅对新入职员工有重要意义，对于处于职业发展中期、渴望晋升并肩负更多责任的人来说亦是如此。例如，加里·埃利斯（Garry Ellis）在名列《财富》500强的医疗器械公司美敦力（Medtronic）担任总监助理，他的事业蒸蒸日上，有望升入高管职位。但公司的高管们认为，当务之急，他需要获得更丰富的经验。于是加里·埃利斯被派到公司的欧洲总部比利时担任要职。两年后，美敦力总监职位有了空缺，埃利斯得以晋升。公司的董事长认为，成功的高管将是那些在他国有过几年生活经历的人。如今，埃利斯在美敦力公司同时担任财务总监及高级副总裁。

其他全球领先企业也认为国际化经历具有重要意义。美国富美实公司（FMC）人力资源部副总裁提出，在未来10年里，所有身处管理岗位的人员都将直接受到国际化的影响，并拥有国际化经历。普华永道（PwC）是一家专业服务型公司，它预言在未来10年里，外派人员数量将增长50%。[2]正如亚洲协会（Asia Society）荣誉主席尼古拉斯·普莱特（Nicholas Platt）所言，"应对全球化挑战，需要一个严肃认真的承诺，即把获得国际化知识和技巧作为政策优先考虑……了解世界不再是遥不可及的奢望，它已成为必须掌握的技能"。[3]

虽然许多公司希望其高级管理人员有多年的海外生活经历，但这些公司的总裁是否意识到国际化的商务教育对管理人员的价值？针对美国162家《财富》500强大型企业的执行总裁的调研发现，各公司的总裁坚信：(1) 国际化导向应当是大学商学教育的重要组成部分；(2) 国际商务知识和技巧不仅对晋升高级管理职位有重要意义，而且是对初级职位的入门要求，其重要性可延伸至广泛的职能及跨职能领域；(3) 对于在未来五年内国际活动大幅增长的公司来说，前述观点的重要性和意义尤为突出。在提升国际化技能方面，被调查者认为，许多国际商务课程的内容与其公司是紧密相关的。除了国际商务课程，面向国际的课程也被认为对职业生涯初期起到重要作用，其主题涉及：(1) 国际化战略与竞争力；(2) 国际法律及政治问题；(3) 国际谈判；(4) 外国语言。[4]

我们的研究发现，拥有海外业务的大多数美国公司的总裁都确信，他们所雇用的商科毕业生应当接受过一定的国际商务教育。很明显，他们更倾向于聘用了解外国市场、习俗及文化的商科毕业生。正如来自埃森哲公司（Accenture）的彼得·雷西（Peter Lacy）所言，"我们的客户在跨境交易方面逐步实现无缝对接，所以，我们的员工也必须做到。要培养国际化思维，公司员工需要接受国际外派，在新的环境中接受当地商务文化的熏陶，加深体验"。[5]

你注意到为什么要强调管理人员的海外经历了吗？这是因为企业参与国际商务活动的频率越来越高。那些不参与任何海外交易的公司的情况又是怎样的呢？他们的管理人员需要具有全球视野吗？答案是肯定的，因为这不仅会使他们随时留意国外市场的销售情况和机遇，而且有助于对外国竞争者准备进入国内市场保持警惕。国际经历可以增强你对他国文化的尊重，指导你如何应对不同的领导风格，也可以提升你在团队中处理多样性问题的能力。除此之外，招聘者认为，国外生活经历可以反映一个人的独立、机智以及创业精神。通常，在海外独自工作和生活过的人的好奇心及适应能力强，处理问题的灵活性高，在当今的工作环境中，这些都是很可贵的品质。在解释为什么有些人可以更好地做出决策及战略选择时，国际经历是很重要的因素之一。[6]

那么，你如何增加自己海外工作的机会呢？你可以学习国际商务方面的课程，这样有可能获得与国际商务相关的学位。此外，即便你还在学校读书或刚毕业不久，你也可以考虑出国留学及工作（可以做商务实习生、教师甚至是调酒师或幼儿看护助理），或者为社区发展项目提供志愿服务。国际教育协会（The Institute of International Education）通过研究发现，60%的被调查公司会搜寻并奖励有海外学习经历的候选者。所以，类似的经历会帮助你找到一份与国际商务活动有关的工作。⑦

如果你已经获得一份工作，也可以让上司或人力资源部知道你有出国的意愿并且学习过国际商务方面的课程，争取出国锻炼的机会。找准时机提醒他们，你一直都对海外工作有兴趣（绩效评估就是一个好时机），并尝试与国外参观者以及公司的外国子公司的人员接触。为了证明你对境外工作有强烈的兴趣，你应当多去学习国际商务课程，掌握外国语言。同时，要确保公司了解你正在做的事情。

在本书中，你会找到各种例子说明如何挖掘、应用以及提升国际技能及经验。这些例子以专栏的形式穿插在全书中，例如"得到那份工作！从双肩包到公文包"（Get That Job! From Backpack to Briefcase）等。这些例子来自在校学生及新近毕业生的国际经历。我们希望，读者通过采纳书中提出的建议，为自己的国际化经历奠定基础。

注释：

① Susan Adams, "How a Job Abroad Can Give Your Career a Big Boost," *Forbes.com*, November 4, 2010, http://www.forbes.com/2010/11/04/foreign-overseas-jobs-leadership-careers-human-capital-2-10-employment.html (February 1, 2015).

② Janina Conboye, "How Valuable Is International Work Experience?," *Financial Times*, November 6, 2013, http://www.ft.com/intl/cms/s/2/89b6ebca-3a35-11e3-9243-00144feab7de.html#axzz2yEtAJSZl (February 1, 2015).

③ Nicholas Platt, "Make Global Skills a Top Priority," *Financial Times*, July 2, 2004, http://www.ft.com/intl/cms/s/0/540b323e-cbc6-11d8-a04f-00000e2511c8.html#axzz3MCCsiYr8 (February 1, 2015).

④ J. Michael Geringer and William R. Pendergast, "CEO Views on the Value of International Business Skills and Education," *The International Journal of Management and Business 1* (September 2010), pp. 12-35.

⑤ Conboye, "How Valuable Is International Work Experience?"

⑥ Institute of International Education, *The Value of International Education to U.S. Business*, October 2009, http://www.iie.org/en/Research-and-Publications/Publications-and-Reports/IIE-Bookstore/Value-of-International-Education (February 1, 2015).

⑦ Dorota Piaskowska and Grzegorz Trojanowski, "Twice as Smart? The Importance of Managers' Formative-Years' International Experience for Their International Orientation and Foreign Acquisition Decisions," *British Journal of Management 25, no. 1* (January 2014), pp. 40-57.

你的经历是怎样的呢？有参与到全球经济中来吗？现在回想一下，你是如何开始一天的生活的。早晨你被索尼（Sony）闹钟叫醒后，打开从宜家（IKEA）买的床头灯，看看三星（Samsung）智能手机有无信息，然后一边洗澡一边打开东芝（Toshiba）电视机收听新闻和天气预报。在用康奈尔（Conair）吹风机吹干头发后，你可能会匆忙穿上迪赛（Diesel）牛仔裤，快速喝一瓶达能（Dannon）酸奶、一杯莫特（Mott）苹果汁，再用皓清（Close-Up）牙膏刷牙，然后开着本田（Honda）汽车去上课，汽车用的是凡士通（Firestone）轮胎，油箱装满壳牌（Shell）汽油。与此同时，在世界的另一端，一群穿着耐克（Nike-clad）服装的日本学生看完YouTube视频后，关掉苹果（Apple）平板电脑，争论他们是否应该停止购买麦当劳（McDonald's）的汉堡包或星巴克（Starbucks）的咖啡，然后通过推特（Tweet）告诉朋友他们在哪里。他们把课本及其他资料扔进杰斯伯（JanSport）背包，穿上乐斯菲斯（North Face）夹克，戴上奥克利（Oakly）太阳镜，然后出门离开。

你和这些日本学生有什么共同之处呢？所消费的产品都由外国公司制造。这就是国际商务带来的结果。

目前你所读到的内容都指向一个明显的事实：所有的管理人员都应当对国际商务有基本的了解，这样才能应对国际竞争的挑战。国际商务知识的习得就包括国际商务专业术语的学习，正如你所知，术语学习对课程入门起着非常重要的作用。为了更好地帮助你学习国际商务语言，我们在本书末安排了术语表，列举了每个模块最重要的术语。在本书中，当这些术语第一次出现时，会以黑体字显示。

1.1 什么是国际商务？它有哪些不同？

由于国际商务属于相对较新的研究领域，其发展极具动态性，你会发现，使用者对许多术语有不同的定义。为了避免这些定义可能会带来的混乱，我们将采用管理人员普遍接受的定义。**国际商务**（international business）是指跨境进行的交易。这一定义既包括国际交易及外国生产，也包括迅速发展的服务型产业，如交通、旅游、广告、咨询、建筑、零售、批发及大众传媒等领域。**国外业务**（foreign business）指的是一家公司在本国以外的市场或国家经营自己的业务。有时，一些学者也会将这一术语与国际商务互换使用，但在本书中我们不这样做。**国际公司**（international company）指在多个国家经营业务的公司。

国际商务与国内商务的不同之处在于：一个跨国经营业务的公司必须同时应对三种环境因素——国内环境、国外环境及国际环境的影响。与之相反，当一个公司所有的商务活动都只在国内进行时，它只需要应对国内环境。但是，这并不代表国内公司就可以完全摆脱国外或国际环境的影响，因为外国进口及外国竞争者在本国市场发展业务的可能性是时刻存在的，这会给国内公司带来竞争压力。我们会说明这些因素有哪些，并讨论在三种环境中如何操控这些因素。

1.1.1 内部及外部环境因素的影响

这里的**环境**（environment）意为：所有影响公司生存和发展的因素。这些因素可以分为外部因素及内部因素。外部因素通常也称**不可控因素**（uncontrollable forces），即这些因素不能通过管理而被直接控制，但管理对其有一定的外部影响力，如游说以修改法律，大张旗鼓地宣传某一新产品，而这需要对文化态度有所改变。外部因素如下所述。

1. 竞争性因素：竞争者的种类和数量、位置及活动。
2. 分布性因素：国内及国际代理机构分配商品和服务的能力。
3. 经济性因素：影响公司经营能力的变量（如国民生产总值、单位劳动成本及个人消费支出）。
4. 社会经济因素：人口特征及分布情况。

5. 金融性因素：利率、通货膨胀率及税收等变量。

6. 法律性因素：国际及国内法律对国际公司如何经营的规定。

7. 自然因素：如地形、气候及自然资源等。

8. 政治因素：国家政治动向等因素，如民族主义、政府组织形式及国际组织。

9. 社会文化因素：对国际经理人非常重要的文化因素（如态度、信仰及意见）的构成。

10. 劳动力因素：劳动力的构成、技能及态度。

11. 技术性因素：影响资源转化为产品的专业技能及设备。

为了生存和发展，企业必须随时调整以适应不可控环境因素的变化。内部因素是指可以通过管理来实施一定的控制，从而使公司管理适应不可控因素变化的因素，如生产要素（资金、原材料及人力），组织活动（人力资源、财务、生产和营销）等，内部因素也称**可控因素**（controllable forces）。

欧盟在 2004 年拥有 10 个成员国，2007 年增加了 2 个，2013 年又增加了 2 个……这一政治因素的变化是如何影响那些在欧盟境内经营或与 28 个欧盟成员国有业务往来的公司的呢？突然之间，这些公司必须审视其商务活动，并对受到政治因素变化影响的活动进行调整。例如，一些对政治变化感到担忧的欧洲本土公司及在欧盟运营的外国子公司，选择对现有的部分业务进行迁移，或在欧盟的其他成员国设立新机构，从而更好地利用多样化价值，比如获取更丰富或更低成本的劳动力。这其中就包括美国天合汽车集团（TRW）及 3M 公司，它们收购波兰当地企业或扩大其在波兰的业务范围，因为波兰的劳动力素质高且成本低，而且波兰靠近欧洲主要市场如德国。[1]一些美国及亚洲公司也会在欧盟的一个或多个成员国内设立机构或收购企业，为这个巨大的自由贸易区供应商品。通过这样的方式，谷歌及苹果公司成功地为来自母国的进口商品避税或减少关税支付。[2]

1.1.2　国内环境

国内环境（domestic environment）是影响公司生存和发展的不可控因素。很显然，管理人员最了解这些因素。虽然是国内因素，但并不代表它们对国外经营没有任何影响。如果国内外汇短缺，为了减少资金外流，政府可能会限制企业的海外投资。结果，跨国公司的管理者发现，他们不能如愿在海外进行扩张。同样，某工会可能会在公司的国内生产基地发起罢工，扰乱公司在另一个国家的零件供应，从而影响整个组装活动。因此，国内环境因素的影响不只针对国内环境，也涉及海外环境。

1.1.3　国外环境

国外环境（foreign environment）是指所有源自他国，影响公司生存和发展的不可控因素。国外环境因素和国内环境因素的内容一样，只是国外环境因素发生在公司母国之外。但由于种种原因，这两类因素的运作方式截然不同，以下列举了部分原因。

价值观不同的环境因素 虽然国外环境因素和国内环境因素的内容完全相同，但其背后的价值观通常大相径庭，甚至完全对立。这种完全对立的价值观会给跨国公司高管带来许多困惑。例如，2014 年，俄罗斯对乌克兰采取的行动使俄罗斯受到了制裁。俄罗斯政府实施了报复性制裁，包括禁止从欧洲进口食品。俄罗斯是挪威最大的三文鱼出口市场，挪威的许多三文鱼养殖公司顷刻间失去了进入俄罗斯市场的通道。与此同时，法罗群岛的渔民却有了意外的收获，俄罗斯对其产品的需求大幅增加。[3] 这是因为，作为丹麦的一个自治区，法罗群岛行使了自己的自治权，选择放弃对俄罗斯的制裁，即使丹麦政府参与了制裁，这一行为也使得它的出口贸易额创下新的纪录。

因素评估难度大 还有一个问题是，国外环境因素通常很难评估，法律和政治因素尤其如此。政府可能会通过一部高度民族主义的法律来安抚部分地区的居民。从表面上看，政府是在反对外国投资，而务实的领导人实际上是在鼓励外国投资。墨西哥就是一个很好的例子。1938 年，墨西哥将其石油产业国有化，并禁止任何外国公司在墨西哥参与石油开采与生产。虽然墨西哥的石油储量极大，但政府垄断造成资金和技术不到位，加大了从深水井及页岩层开采石油的难度，从而使墨西哥的石油产量持续下降。墨西哥政府领导人多次尝试修改法律以允许引入外国资金和技术，都失败了。虽然墨西哥市场前景可观，但其不确定性使得许多外国公司望而却步。这一情形持续到 2013 年，在这一年，墨西哥终于通过了允许外国公司在能源领域进行投资的改革法案。[4]

因素相互关联 你阅读本书时，会发现各个因素之间是相互关联的。这本身并不新奇，因为国内管理者也会面对同样的情形。然而，这一相互关联性在国外背景下可能会有不同的类型和结果。例如，相对于工业化程度更高的国家，许多发展中国家的高成本资本和大量非技术劳动力的结合可能会导致更低的技术应用水平。换句话说，如果要在两种机械之间做出选择，一种安装费用高、专业化程度高、人力需求小，另一种安装费用较低、用作一般用途、人力需求大，管理者在高利率、人力资源丰富的背景下通常会选择后者。另一个例子是物理因素与社会文化因素之间相互关联。当一国人口因某些物理因素（如山脉或沙漠）而无法实现自由移动时，会使该地区特有的民族文化得以完整保存，而这会对决策过程产生一定影响。

1.1.4 国际环境

国际环境（international environment）由国内环境因素与国外环境因素相互作用而构成，也包括两国外部环境因素之间的互相作用，比如，在某国的子公司与在另一国的客户发生交易行为。这与我们之前的定义是一致的，即国际商务涉及跨越国境的商务活动。

例如，在一家多国化或全球化公司总部工作的员工，不论他们以何种方式与另一个国家往来，都是在国际环境中工作；那些在外国子公司工作的员工，如果没有通过出口或管理其他国家的子公司参与到国际商务中，就不是在国际环境中工作。换句话说，如果一位在中国电子企业小米公司工作的销售经理，只是在中国境内销售智能手机，他就不算在国际环境中工作。但如果小米中国公司出口手机到其他国家（如印度），那么，这个销售经理就会同时受到国内环境及国际环境的影响，因此可以说他是在国际环境中工作。一些国际组织的行动会对国际环境产生影响，因此也属于国际环境的一部分。这些组织包括：(1) 全球性组织（如世界银行）；(2) 区域性国家经济集团（北美自由贸易区、欧盟、南方共同市场）；(3) 行业协议组织（石油输出国组织，简称 OPEC）。

决策过程更复杂　在国际环境中工作的员工发现，决策过程比在单纯的国内环境中要复杂得多。想象一下，总公司的管理人员所做出的决策会对 10 个海外子公司产生影响（许多国际公司在海外的子公司多达 20 家，甚至更多）。他们在决策时不仅要考虑国内的因素，而且必须对 10 个国家的环境进行评估。他们的评估并不像国内环境分析那样，仅仅考虑单一的 10 项因素，还须考虑 10 组 10 项因素。既要单一地考虑，也要整合性地考虑，因为这些因素之间可能会有关联。

例如，如果管理层同意外国子公司劳工的某个要求，很有可能另一个国家的子公司也应享有同样的待遇，因为各工会之间可以跨境进行信息交流。而且，纵观全书，我们会发现，不仅存在各种力量，它们中也存在极端差异。

自我参照标准　另一个使国外环境复杂化的常见因素是管理者对其他国家文化不熟悉。更糟糕的是，一些管理者会依据自己的喜好和反应做出判断。因此，一个外国生产管理者在面对成堆的订单时，为了让员工加班，可能会提出支付员工额外报酬。一旦员工不同意，管理者就会迷惘："在家里他们总想赚更多的钱。"这个管理者不能理解员工把时间看得比金钱更重要。管理者这种潜意识的、以自身文化价值观作为参照标准的行为叫作**自我参照标准**（self-reference criterion），这有可能是造成国际商务重大失误的主要原因。成功的管理者在审视某个问题时会非常谨慎，他们会同时考虑自身以及当地的文化特征。

国际商务的成功运作要求管理者熟练掌握美国及其他发达工业国家的基本商业概念和技巧。然而，由于国际商务活动是跨境交易行为，会涉及国内、国外及国际三大环境，而不只是单一环境，因此，在国际商务活动中，国际经理对于在国内商务运作中采用的概念或技巧有三种选择：(1) 全盘照搬；(2) 本土化适应；(3) 弃之不用。国际经理如果能够察觉出环境因素之间的差异，将有助于做出正确的决策。诚然，没有人能够完全掌握针对所有国家的所有因素，但如果能认识到差异性是可能存在的，就可以使人们"在工作时不断延伸自己的触角"。换言之，当人们开始从事国际商务时，会意识到许多在国内环境中既定的因素在国际环境中会发生重要变异。他们必须留心这些发生变化的因素。本模块引导读者对这三种环境进行研究。

了解三种环境下各因素之间的相互关联，为我们学习国际商务环境模型打下基础。如图 1-1 所示，国内及国外环境中的外部或不可控因素包围着由管理层掌控的内部因素。国际公司的母国被多个国外环境集合包围，因为公司在这些国家都有业务。连接总公司内部因素及外国子公司内部因素的实线，代表着总公司对子公司的控制。深灰区域代表员工在国际公司总部工作的国际环境。例如，如果处于国际环境中的外国子公司 A 出口货物至国外环境下的子公司 B，或管理子公司 B，那么它的员工就是在国际环境中工作，正如图中深灰区域所示。

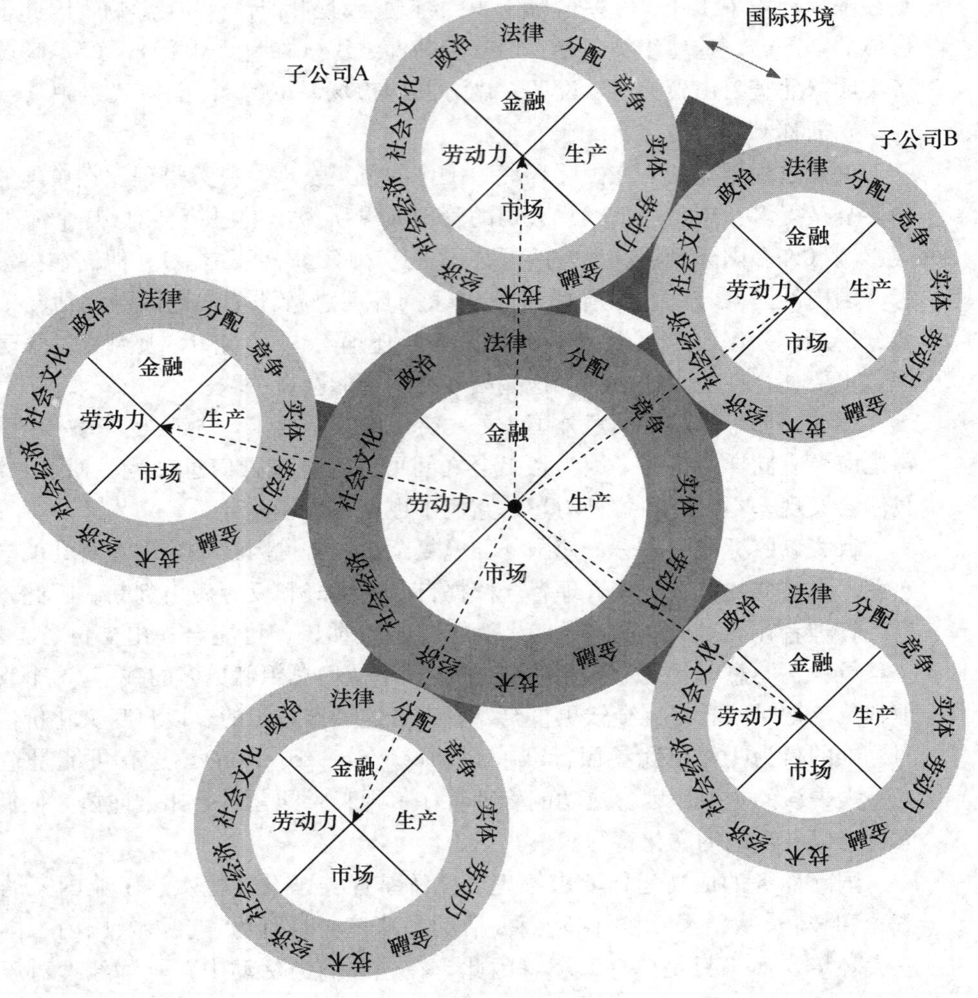

图 1-1　国际环境因素

1.2　商务国际化是一种新趋势吗？它会持续下去吗？

作为一门学科而言，国际商务尚属较新领域，然而，作为一项商务实践，其发展历史悠长。接下来我们会简述国际商务的发展史。

早在公元纪年前，腓尼基和希腊商人就开始派人到国外销售产品。随后，中国农业和工业生产的迅速发展，极大地刺激了国际一体化贸易体系的形成。在这一体系的影响下，“条条大路通罗马”这句俗语甚至被改为“条条大路通中国”。这是因为中国在当时是世界领先的制造大国，其领先地位保持了近 1 800 年，直到 1840 年才被英国取代。

新兴国际贸易体系的影响是深远而广泛的。伴随着贸易往来，商品和思想不断进行交流，这对政治、艺术、农业、工业以及人类生活的其他领域产生了深刻影响。公众健康也受到影响。如今，人们对全球性流行病，比如非典、埃博拉等给予关注，这些流行病的前身即为与国际贸易活动有关联的瘟疫，而这恰是人类历史上最严重的自然灾害之一。当时，人们普遍认为该瘟疫起源于亚洲，船舶和商队里的老鼠身上寄生着跳蚤，这些跳蚤携带病菌，通过贸易商和士兵将疾病传播至西方。这一瘟疫在欧洲被称为黑死病，并在 14 世纪中期到 16 世纪席卷整个欧洲及亚洲大陆，造成城市荒芜，瘪症流行，约 1/4 的中国人和 1/3 的欧洲人丧生。[5]

14 世纪前，横跨欧洲、北非以及中东版图的奥斯曼帝国崛起，深刻地影响到新商路的出现，为人口、货物、货币以及动物和微生物的交流提供了便利。新商路横贯从英国到中国的广大地区，跨越地中海及北非，贯穿中亚及印度洋区域。奥斯曼帝国在这一贸易网中处于最有影响力的中心位置，大大增加了欧洲对亚洲的贸易成本，由此也促使欧洲人开始了对亚洲海上贸易之路的探索，其中就包括发现美洲大陆的探险。

1600 年，英国新成立的一家贸易公司——英国东印度公司（British East India Company）开始在整个亚洲建立外国分支，欧洲其他国家争相效仿，为了各自的利益攫取更多的贸易机会，其中包括葡萄牙、荷兰及法国。1602 年，荷兰东印度公司（Dutch East India Company）成立，在亚洲地区进行殖民活动，并开拓通往东方的海上贸易路线。作为第一个发行股票的公司，荷兰东印度公司常常被认定为世界上第一家跨国公司。[6]到 17 世纪末，连通大西洋、印度洋及太平洋的贸易路线业已形成，并受政府保护，欧洲贸易公司所征用的船只会定期通过这一航线前往亚洲，获取可销的商品，或转售商品至亚洲不同的市场，最后满载各种有价值的布匹、香料及可为投资者带来巨大利润的商品回国。17 和 18 世纪通常被称为“重商主义时代”（age of mercantilism），因为国家实力直接依赖于商业资本资助和控制。商业资本也因此在国家政府的直接保护和补贴下不断发展壮大。

19 世纪后期，大量跨国公司得以生存下来。胜家缝纫机公司（Singer Sewing Machine）是率先拥有海外生产基地及全球分销网络的美国公司之一。1868 年，它在苏格兰建立工厂，到 1880 年，它已成长为全球公司，拥有杰出的国际销售部门及多个海外生产基地。诸如 J&P Coats（英国）、福特汽车等公司迅速效仿。到 1914 年，至少有 37 家美国公司在两个或多个海外地区建立生产基地。[7]与今天的情形刚好相反，20 世纪 20 年代所有销售至日本的汽车都由美国的福特及通用汽车公司制造，汽车部件以散件形式运至日本再进行组装。欧洲公司也不断地向海外转移。例如，1865年，德国医药制造商拜耳（Bayer）购入纽约工厂的股权，而两年前，它已在德国建立工厂。随后，由于海外市场进口征税过高，它又在俄国（1876 年）、法国（1882 年）及比利时（1908 年）建立生产基地。[8]

正如你所了解到的，跨国公司在第一次世界大战前就已存在，如果以占世界贸易总量的百分比来计算，跨国公司内部的贸易水平在 1930 年可能已经超过 19 世纪末期。[9]然而，直到近些年，随着全球业务的不断扩张，跨国公司才逐渐成为讨论和研究的对象。虽然大多数跨国公司来自世界发达国家，但近年来新兴经济体的跨国公司数量激增。[10]随着新兴市场在人口城市化及工业化方面的加速发展，世界经济的重心正在快速地从欧洲及美国转移回亚洲，这里曾经是世界经济的中心，直到 19 世纪工业革命开始。这一重心的转移正以前所未有的速度进行。

1.3 国际公司及国际商务的增长

近年来，随着对外直接投资和出口水平的不断升高，人们对美国和外国国际公司的数量和规模的关注与日俱增。

1.3.1 国际公司日益增多

跨国公司（transnational corporation）是一种企业形式，由分布在一个以上国家的实体组成，在实施共同战略和一致政策的决策系统的指导下运作。联合国贸易和发展会议（United Nations Conference on Trade and Development，UNCTAD）负责处理所有与外国直接投资及国际公司相关的事宜。该机构估计有 82 000 家跨国公司从事国际经营活动。这些跨国公司拥有将近 810 000 家外国子公司，雇用员工超过 7.8 亿。其产值几乎占全球产出的 25%，占世界贸易的 2/3。外国子公司的销售额在过去 20 年增长了将近 700%。[11]100 家规模最大的非金融跨国公司资产总额达 13.7 万亿美元，年销售额达 9.3 万亿美元，拥有 1.69 亿名员工。[12]虽然绝大部分跨国公司属私有企业，但在全球的国际公司中，政府所有制的企业也是重要的一部分。据 UNCTAD 估测，目前国有跨国公司至少有 550 家，有的来自发达国家，有的来自发展中国家，拥有超过 15 000 家外国子公司，资产超过 2 万亿美元。[13]虽然在跨国公司总体数量上所占比重不及 1%，但国有公司在全球外国直接投资方面所占比重超过 11%。

跨国公司数量激增，使外国公司的子公司在许多国家的工业和经济生活中变得越来越重要，不管对发达国家还是发展中国家而言都是如此。然而，如果占主导的经济利益掌握在当地居民手中，形势就完全相反了。随着外资企业在本地经济中扮演的角色越来越重要，许多国家政府开始将其视为对自治权的威胁。当然，近些年来，不管在发达国家还是发展中国家，大多对外国投资持开放态度，政府的政策也非常开明。[14]很多政府领导者深知，本地企业要想在世界市场中保持竞争力，就必须以直接投资、购买资本货物的形式，以及获得使用国际公司专门知识的权利，来获取现代商业技术。

尽管政府在态度上有所转变，一些大型的全球公司依旧对其提出批评。它们引用以下数据来“证明”政府在其面前是软弱无力的：2013 年，只有 24 个国家的国民总收入（gross national incomes，GNI）超过了沃尔玛的年销售额，沃尔玛是世界上销售水平最高的公司。[15]除此之外，当国家和公司分别按照国民总收入和总销售额进行排名时，前 100 名里有 41 个是公司。当然，一个国家的国民总收入和一个公司的销售额是无法直接相比较的，因为国民收入是按照增值而不是单纯的销售额来计算的。如果计算一个国家的总销售额，其结果会比该国的国民总收入大得多，因为可能会有 3～4 重计数。

例如，假设某钢铁制造商将钢丝卖给轮胎公司用于轮胎生产，轮胎公司接着把轮胎卖给汽车制造商安装在汽车上，最后汽车制造商把成品销售给大众。在此过程中，钢丝的销售额在计算时应当乘以 3。然而，在计算国民总收入时，政府只会加总每次交易时产生的增值，也就是公司销售额减去公司从外部购买原料所花成本得到的值。如果公司的销售额按照增值来计算，沃尔玛的 4 760 亿美元收益就会缩水为 247 亿美元。[16]虽然沃尔玛的销售额几乎与尼日利亚的国民总收入相当，但如果以增值方式计算各自的收益，尼日利亚的经济效益将会是沃尔玛的 19 倍。

公司的规模有时可以增强其议价能力。例如，一国政府希望某公司在本国建立分公司，理由是该公司可提供就业机会，并可以购买本国企业产品。作为交换，政府允许公司进入本国并开拓当地市场。然而，不管母公司的规模有多大，它的每个分公司都是地方公司，必须遵守当地法律，否则就会受到法律制裁，甚至被政府接管。

1.3.2　对外直接投资及出口飞速增长

对国际化发生的区位及速度进行衡量的常用指标是对外直接投资总额。**对外直接投资**（foreign direct investment，FDI）指的是在确保投资人对经营有效控制的情况下，对外国设备、建筑物和公司的直接投资。对外直接投资不包括对外国股票市场的投资。2014 年年初，全球对外直接投资额达 26.3 万亿美元，与 1990 年相比增长了 13 倍。[17]

当然，在国际商务活动中，占很大份额的是出口而不是对外直接投资。**出口**（exporting）指的是国内货物或服务从一国或区域运输至他国或区域的过程。它与**进口**（importing）恰好相反，进口指的是货物或服务从外国某起点运输至某国或某区域。近 60 年来，世界商品出口的增长速度比全球产出的增长速度要快。世界商品出口从 1980 年的 2 万亿美元增至 1990 年的 3.5 万亿美元，2000 年达到 6.5 万亿美元，2010 年达到 15.3 万亿美元，2013 年达到 18.8 万亿美元。这意味着 2013 年的出口贸易额是 1980 年的 10 倍以上，2013 年的出口额与 2010 年相比增长了 23%。[18] 在此期间，全球范围内服务出口的增长幅度更大，从 1980 年的 3 960 亿美元到 1990 年的 8 310 美元，再到 2000 年的 1.5 万亿美元，2010 年的 3.9 万亿美元以及 2013 年的 4.7 万亿美元。这意味着 2013 年的服务出口规模是 1980 年的 12 倍以上。[19],[20] 图 1－2 显示了 1990—2013 年对外直接投资与商品和服务出口的增长情况。

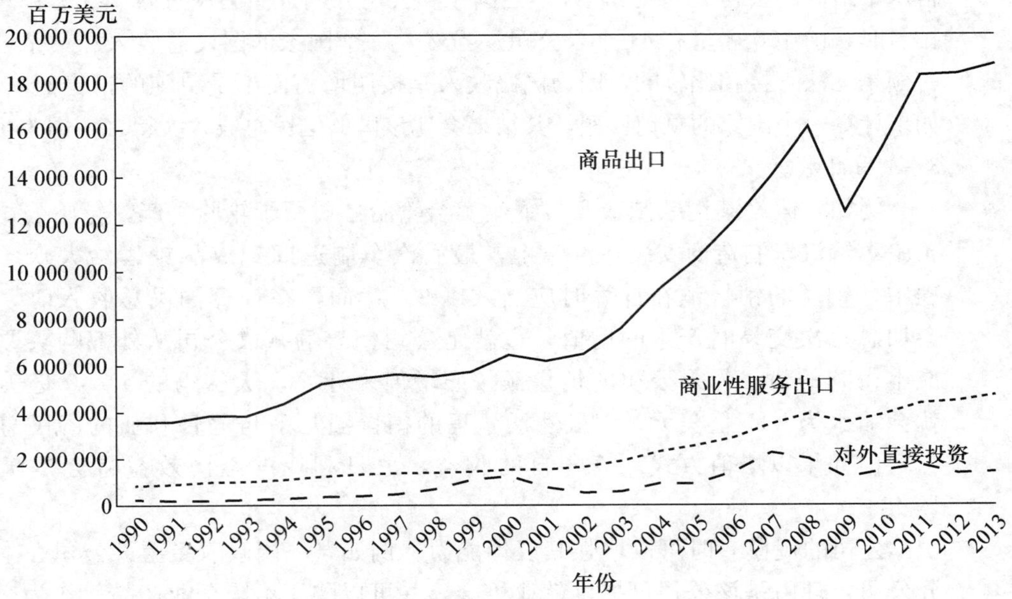

图 1－2 世界商品出口、商业性服务出口与对外直接投资

资料来源：United Nations Conference on Trade and Development，"Web Table 2：FDI Outflows，by Region and Economy，1990—2013，" *World Investment Report 2014* （Geneva：United Nations，2014），http://unctad.org/en/pages/DIAE/World% 20Investment% 20Report/Annex-Tables. aspx （February 1，2015）；UNCTADSTAT，"Values and Shares of Merchandise Exports and Imports，Annual，1948—2013，" http://unctadstat.unctad.org/wds/TableViewer/tableView. aspx? ReportId = 101 （February 1，2015）；and UNCTADSTAT，"Values，Shares and Growth of Exports and Imports of Total Services，Annual，1980—2013，" http://unctadstat.unctad.org/wds/TableViewer/tableView. aspx? ReportId=17648 （February 1，2015）.

1.4 商务国际化的驱动因素

促使领先的国际公司对其业务进行国际化运作的驱动因素有五种，分别是：（1）政治驱动力；（2）技术驱动力；（3）市场驱动力；（4）成本驱动力；（5）竞争驱动力。

1.4.1 政治驱动力

地球村越来越趋向于统一化与社会化。优惠贸易安排将几个国家组合在一起，形成单一市场，如北美自由贸易区及欧盟，为企业提供了重要的市场机会。许多公司通过出口或在当地直接生产，迅速获取进入贸易伙伴的联合市场的通道。

此趋势的另外两方面促进了商务活动的全球化：(1) 多数政府逐步减少贸易及外国投资壁垒，为国际公司的出口或在当地建立生产基地创造条件，加速国际公司打开新市场的步伐；(2) 社会主义国家对本国许多产业进行私有化改造，开放本国经济，参与全球竞争。

虽然政府采取了开放本国经济面向国际商务的行动，但公司还是担心，一些东道国为了保护本国市场会有潜在的贸易保护主义行为。这样的担心促使公司提升其商务国际化的水平。例如，当某政府发现本地产业受到进口威胁时，它可能会设置进口壁垒以阻止或减少进口。即使政府还未采取真正的行动，此种威胁足以促使出口商在进口国建立生产基地。

1.4.2 技术驱动力

计算机与通信技术的发展促进了观点与信息的跨境传递，使消费者可以了解外国商品。例如，欧洲与亚洲的有线及卫星电视可以帮助广告商同时进入多个国家，从而创造区域性甚至全球性需求。全球通信网络能够帮助生产人员协调世界范围内的生产和设计工作，以便世界其他地方的生产基地也可以生产出同样的产品。

得益于互联网及网络计算技术，小型公司可以参与全球竞争。不管买卖双方身处何地，信息都能快速传递。通过召开互联网视频会议，销售人员可以在线向世界各地的潜在买家展示产品，省去舟车劳顿之苦；国际公司的高层管理者与海外分公司的员工也可以召开视频会议，节省出差的时间与费用。除此之外，通过互联网发送电子邮件比邮寄信件更快、更可靠。这两种互联网功能都为总公司主管增添了更好地指挥海外工作的信心。

基于计算机的通信技术的进步，使虚拟集成成为可能：当企业在世界范围内搜寻低成本资源时，不会受制于物理性的碎片化。例如，高效且相对低廉的国际传播手段可以帮助大型银行、保险、软件等公司，将计算机导向的任务转移至劳动力技术水平高、成本低的地区。许多印度软件公司的客户来自美国。几年前，软件团队经常要在两国之间飞来飞去。如今，美国的客户傍晚把他们遇到的问题通过电子邮件发给印度公司。印度公司的技术人员第二天一早就可将解决方案反馈给美国客户。印度软件工程师所获得的报酬通常只是美国同行的15%～20%。

1.4.3 市场驱动力

随着国际化进程的加快，企业自身也成为国际性客户。它们往往采取“走出去”战略以达到保护本国市场的目的。服务性公司（提供会计、广告、市场调研、银行业务、法律等服务的企业）往往会在其主要账户所在市场开展海外业务，以防竞争对手抢夺客户。它们明白，一旦竞争者能够向客户的高层管理者证明自己有足够的实力服务外国子公司，它们的账户就会被竞争者接管。同样，初始设备厂家的供应商（如汽车生产商的电池供应商）经常会追随大客户。这些供应商的额外优势在于，进入一个新市场时，它们的客户基础是有保证的。

管理者通常面对的压力是，如何增加公司的产品销量和利润。当国内市场趋于成熟和饱和时，他们就会开始在国外寻找新的市场。他们发现：（1）人均国内生产总值（gross domestic product，GDP）与人口数量持续上涨的国家，应成为发展公司业务的优先选择；（2）某些国家的经济发展速度远超本国市场经济发展速度，公司却尚未进入。美国人口只占世界人口的5%，因此，多数美国公司的绝大部分潜在客户分布于世界各地。

1.4.4 成本驱动力

不论是通过出口还是在海外进行生产，“走出去”战略都可以帮助企业降低商品销售成本。出口不断刺激销售额的增长，这不仅可以减少单位研发成本，还可以获得规模经济。为实现这些目标，公司可以对其产品线实施全球化运作，从而降低产品开发、生产及储存成本。管理层也可以将公司价值链的生产或其他环节转移至成本更低的国家。

诱导因素对降低商品销售成本起到积极的作用，例如降低研发税收或直接给予补贴，一些政府这样做的目的是吸引新投资。许多国家（尤其是发展中国家）会为企业（尤其是外国制造企业）提供出口加工区，企业几乎不用纳税；对于进入该区加工后再出口的材料也实施免税管理。随着计算机及电子通信技术的不断创新，信息生成与传输的成本大大降低，与此同时，运输成本也在直线下降，这些因素促成了世界性搬迁活动的发生。

1.4.5 竞争驱动力

竞争持续加剧。许多来自新兴工业化及发展中国家的新公司已经进入汽车、计算机、电子等行业的全球市场。另一个驱动全球化的竞争因素是：为了保护本国市场不被竞争者入侵，公司会进入竞争对手的本土市场以分散其注意力。许多公司不会进入单一国家的市场，因为这样的市场规模太小。它们会选择相对较大的贸易联盟（如欧盟、东盟、南方共同市场）建立自己的办事机构。被比利时拒之门外是一回事，被整个欧洲国家排除在外就是另一回事了。

促使企业对其业务进行国际化运作的另一个动因是确保关键原材料的供应。没有几个发达国家的原材料供应是自给自足的。日本和欧洲的重要原材料基本上都是依靠外国资源。即使是美国，也必须依赖进口才能满足它在铝、铬、锰、镍、锡及锌方面的需求。为了确保原材料的持续供应，保持竞争力，工业化国家的生产商不得不在能开采大多数新资源的国家（尤其是发展中国家）加大投资力度。

企业也可能选择对下游市场进行投资，作为保护其现有国际业务的一种方式。例如，石油输出国组织的许多成员在精炼油加工与营销渠道（如加油站、燃料油分销商等）上加大投资，以确保原油市场价格更具竞争力。委内瑞拉石油公司（Petrôleos de Venezuela）是雪铁戈（Citgo）的老板，也是美国最大的外国投资者之一。

快速全球化带来的结果是国际商务活动爆发式增长。许多与全球化相关的问题十分复杂，也没有一个统一的标准来评判全球化及经济一体化的好坏。在全球一体化过程中，每个组成元素都会产生不同的影响。下面的内容说明了支持和反对全球化进程及结果的观点。

国际商务实践

李施德林：适应国际市场的不同需求

李施德林（Listerine）是强生公司（Johnson & Johnson）推出的一款抗菌漱口水，品牌历史已达135年。虽说李施德林主导了美国高达15亿美元的漱口水市场，但市场已呈成熟态势。公司领导者不得不转向国外市场，尤其是发展中国家及新兴市场来寻求新的增长机会。市场调查公司尼尔森（Nielsen）预计，中东、非洲地区的中产阶层规模将在2030年翻番。随着新兴市场的人口数量扩大，人们的可支配收入增多，生活水平提高，口腔卫生意识增强，对李施德林之类产品的需求将随之增大。

随着中产阶层在亚洲、中东、非洲等地的规模逐渐扩大，开发这些市场将是一大挑战。为应对挑战，强生公司的产品开发团队对其产品线进行延伸，开发出了绿茶李施德林（Green Tea Listerine），专门针对亚洲市场。为满足不允许接触酒精的穆斯林社区的市场需求，李施德林推出零号漱口水（Listerine Zero），该产品不含酒精成分，适合穆斯林消费者。

除了不断开发适应当地需求的产品，强生公司若要在全球范围内实现李施德林的销售增长，就需要对公司商业模式的其他方面进行调整。例如，为接触印度国内消费者，强生公司需要对产品分销模式进行微调，以保证其业务可以覆盖印度偏远的小乡村，那里基础设施少，零售商也多是小型的“夫妻店”。广告及宣传活动可能也需要进行调整，因为当地的风俗可能排斥男女亲吻的画面或未婚人士之间的亲密暗示。

问题

1. 为应对不同国家和地区的消费者差异，李施德林做出许多努力，消费品经理在面对类似的情形时会遇到哪些挑战？

2. 这些不同的挑战会如何影响公司的各项活动，如产品生产、市场营销与销售及物流等？

资料来源：Johnson & Johnson，*Annual Report 2012*，http://www.jnj.com/sites/default/files/pdf/JNJ2012annualreport.pdf（February 1，2015）；Rachel Abrams，"Adapting Listerine to a Global Market，" *New York Times*，September 12，2014，http://www.nytimes.com/2014/09/13/business/adapting-listerine-to-a-global-market.html?_r=0（February 14，2015）；Trefis，"Why Colgate Can Grow Its Emerging Markets Sales Despite Stiff Competition，" March 15，2013，http://www.trefis.com/stock/cl/articles/174233/why-colgate-can-grow-its-emerging-markets-sales-despite-stiff-competition/2013-03-15（February 1，2015）；and "Still Fresh?，" *The Economist*，February 1，2007，http://www.economist.com/node/8633462（February 1，2015）.

1.5 什么是全球化？支持和反对商务全球化的观点各是什么？

对全球化的讨论铺天盖地，无处不在：电视节目里、网络聊天室里、政治示威游行中，以及国会、董事会及工会里。然而，到目前为止，对于什么是全球化，还没有一个广泛接受的定义。事实上，它的定义一直在拓宽。就拿目前来说，社会科学家讨论了全球化对政治、社会、环境、历史、地理甚至文化的影响[21]；还有一些人提到了技术全球化、政治全球化，等等。

国际商务中最常见的定义是**经济全球化**（economic globalization），指的是商品、技术、信息、劳动力及资金的国际一体化及相互依存，或指一体化发生的过程。西奥多·莱维特（Theodore Levitt）在《哈佛商业评论》上发表的一篇文章中首次提出了"全球化"一词。他认为，新兴技术使信息沟通、交通及旅游变得"平民化"，以低成本为标准化消费品创造了全球性市场。他还认为，未来属于全球化公司，这些公司无须迎合地区的品位差异，与之相反，它们采取的战略是"把整个世界（或世界上的大部分区域）看作一个单一体；（这样的公司）在世界各地以相同的方式销售相同的产品"。[22]

近年来，对全球化的颂扬一直是热门话题。在世界贸易组织会议及其他国际组织和领导人会议期间，已发生多起反对全球化及国际贸易自由化的公众抗议活动。争论双方就全球化的影响各执己见，僵持不下。要提炼双方宣传和鼓吹的观点并不容易。然而，从不同视角去认识全球化是非常重要的，因为关于全球化的争论可以引发关注。一方面，自由贸易及全球化在很大程度上减少了世界贫困问题；另一方面，跨国公司的不断增长导致许多人失去生计，这样的情形屡见不鲜。同样，服务行业的就业机会在持续增多，与之形成鲜明对比的是，制造业的高薪工作机会却在逐渐减少。

1.5.1 支持全球化的观点[23]

有些观点认为，全球化及其相关发展为世界和全球居民做出了积极贡献。据此，我们要讨论支持全球化的一些主要观点。

自由贸易促进社会经济发展　自由贸易是促进世界经济发展的最佳战略，这是为数不多的能够获得几乎所有经济学家一致认同的观点之一。这是因为此观点在理论上具有信服力，在实践中也得到了验证。有数据表明：贸易自由化与经济增长之间存在清晰而确定的关联。[24]按照更为宽泛的衡量标准，比如从贫困、教育、健康及预期寿命等指标来看，在过去 60 年里，更多的人口以更快的速度使生活更为富裕，这在历史上是绝无仅有的。有充分的证据表明，贫困人口的比例及绝对数量大幅下降。世界银行的世界发展指标显示：从 1990 年到 2010 年，极度贫困人数下降了一半。[25]虽然在 2011 年发展中国家有 17%的人口每天靠 1.25 美元甚至更少的钱度日，但与 1990 年的 43%及 1981 年的 52%相比，这个比例已经大幅下降。

第二次世界大战后，发展中国家的人口预期寿命延长了一倍，婴儿死亡率也在下降。自 1960 年以来，童工减少了将近 2/3。全球识字率从 1950 年的 52%上升到 2011 年的 84%。[26]通常，越是积极参与全球一体化进程的国家，越会加大公共教育的投入，尤其是发展中国家。[27]来自全球一体化参与度高的国家的人们，享有更高水平的公民自由及政治权利。仅用一代人的时间，人类生存条件就得到了极大的改善，每一个发展成功的故事都是基于出口带动增长，这正是贸易自由化带来的结果。

当然，国家也可能抵制全球化。一些国家已经这样做了，包括缅甸、刚果民主共和国、塞拉利昂、卢旺达、马达加斯加、几内亚、阿尔及利亚、刚果共和国、布隆迪、阿尔巴尼亚、叙利亚及乌克兰。这些属于世界上贫穷的国家。正如《金融时报》上的一篇文章所言，“它们是拒绝接受全球化的受害者”。[28]

自由贸易提供了更多更好的工作机会　贸易扩大化与更多更好的就业岗位息息相关。1990—2014 年是一个技术变革与贸易持续增长的时期，美国创造了近 5 000 万个非农就业岗位，远超之前失去的就业岗位，增长 55%以上。[29]诚然，当一个国家打开对外贸易之门，随着新技术的开发，在某些没有竞争力的领域，一些公司会倒闭，一些就业岗位消失。但贸易会创造出新的就业机会，而且这些工作会比过去的更好。关键在于，不要去阻碍改革，相反，要对贸易调整成本进行控制，并支持员工向更具竞争力的工作岗位转型。

1.5.2　对全球化的担忧[30]

对全球化表示担忧的观点来自众多不同的领域，相应地，这些观点的内容也呈现多样化。一些观点是出于意识形态上的考虑，从根本上反对全球化的过程及结果[31]，还有一些观点可能只是关心如何更好地控制全球化进程及可能导致的结果。一些反对者表达的忧虑被认为过于天真，与大量的事实不符。但也有一些对全球化提出挑战的观点可能有一定的理论价值或证据支持，因此值得讨论或做出实质性改变。

然而关于全球化的争论在很大程度上是基于个人的价值观和意识形态，因此，要达成双方一致同意的解决方案需要付出巨大的努力。我们首先要问的问题是：全球化的反对者最关心的问题是什么？虽然许多反对者承认全球化扩大了经济规模，但他们同时也认为，全球化产生了一系列负面的社会影响。就反对者所关心的问题，我们会简要说明其中最主要的三个：（1）全球化造成不同国家、人民之间的不平衡。（2）全球化给劳动力及劳动力标准带来有害的影响。（3）全球化导致环境和健康条件的恶化。

全球化会造成不同国家、人民之间的不平衡 全球化支持者对全球化持积极、正面的态度，与之形成鲜明对比的是，反对者认为外国投资及贸易自由化给全世界的人民带来极大危害。他们说，全球化并没有使人人都成为赢家。以出口带动增长在有的地方根本没有实现。例如，尽管大多数拉丁美洲国家曾经试图实施经济自由化、私有化并取消政府管制，以复制亚洲国家的成功之路，遗憾的是，从墨西哥到阿根廷，无一例外都失败了。相同的情况也发生在非洲撒哈拉以南地区的国家，它们的尝试也收效甚微。而且，在1990—2010年，极度贫困人口的数量从2.9亿上升至4.14亿，增长了43%。[32]开放的世界市场看起来似乎能够促进经济发展，但其实践过程并不简单，产生的结果也不尽相同。

许多全球化反对者声称，世界贫富差距巨大，全球化的出现使这一差距继续加大。诚然，贫富差距大是个无可辩驳的事实，但现在还没有明确的证据证明全球化加剧了这一不平等。马丁·沃尔夫（Martin Wolf）的研究表明，大多数参与国际化的发展中国家并未出现收入不平衡上涨的情况，但在一些地方，这一情形是切实存在的。一些高收入国家也有收入不平衡上涨的问题，但主要原因在于技术变革而非全球化的影响。当收入数据用于反映相关的购买力时，贫富国家之间的收入差距就会减小。沃尔夫还指出，虽然贸易及投资全球化可以促进收入增加、生活水平提高，但如果中途有障碍，如政府治理不力、过度借贷等，就会产生不同的结果。[33]

全球化给劳动力及劳动力标准带来有害的影响 在美国及其他国家，全球化对劳动力标准的影响经常被提及。随着世界贸易组织对贸易自由化的大力推行及资金流动性增加，限制本国企业向外发展的措施减少，企业可以很容易地从一国抽身，转向另一个国家。

发达国家的工人经常会担忧其工作机会被转移至发展中国家。发展中国家的劳动力标准较低，可使人力成本降低，导致并不光彩的“逐底竞争”（race to the bottom）现象的发生。在此情况下，发达国家往往因为劳动力标准较高而处于不利位置。《北美自由贸易协定》劳工秘书处秘书长提交的一份报告显示，超过一半的被调查公司会以关闭美国公司为要挟，对抗工会组织的活动。自《北美自由贸易协定》全面启动以来，贸易及投资壁垒不断减少，使得这些威胁听起来更加合情合理。阿兰·托奈尔逊（Alan Tonelson）是美国工商教育基金会（U. S Business & Industry Educational Foundation）的研究人员，他指出，“事实上，超过10%的被调查雇主直接威胁说‘把公司搬去墨西哥’；当不得不与工会谈判时，15%的公司会关闭部分甚至全部当地公司，这一比例是《北美自由贸易协定》生效前的3倍”。[34]

尽管如此，这一担忧所产生的作用是双向的。虽然发展中国家的劳动力标准通常比工业化国家低，但其标准正在提高。事实表明，在东道国进行跨国投资的公司支付的薪水更高，创造新工作机会的速度也更快，与当地公司相比，在产品研发上投入的资金更多。发展中国家认为，在东道国境内实施更为严苛的劳动力标准会阻碍自由贸易的发展。因为发展中国家觉得，劳动力成本低是其主要的竞争优势，如果它们被迫实行更为严格的劳动力标准，外国公司可能会失去在此建立分公司的动力，使发展中国家发展本国经济的期望落空。

正如《全球化恐惧症》(*Globaphobia*) 的作者盖瑞·波特里斯 (Gary Burtless)、罗伯特·劳伦斯 (Robert Z. Lawrence)、罗伯特·利坦 (Robert E. Litan) 及罗伯特·夏皮罗 (Robert J. Shapiro) 所问，“美国因为一些国家的劳动力标准与其所期望的不一样高，就拒绝与这些国家进行贸易往来，这样做人道吗?”如果美国采取这样的立场，将导致许多发展中国家的工人失业，或者不得不接受更低薪资的工作，而且工作环境要比出口导向型企业目前的工作环境更恶劣。[35]卡内基国际和平基金会 (Carnegie Endowment for International Peace) 发现，提供大部分就业机会的墨西哥农业部门，在《北美自由贸易协定》实施后的头 10 年失去了 130 万个就业岗位。[36]

全球辩论

“金字塔底层”的市场值得进入吗?

已故教授普拉哈拉德 (C. KPrahalad) 普及了“金字塔底层”这一术语，它指的是世界上近 3 亿最贫困人口，人均日收入不足 2 美元。生活在该贫困线上的人连基本的生存需求都无法满足。

传统意义上，公司、捐助者及政府通常会把这些穷人看作不幸者。普拉哈拉德却认为，对于跨国公司来说，这里蕴藏着巨大的市场潜力。他提出，世界上最穷的人口代表着巨大的未被开启的购买力。如果能够以不同的方式满足他们的需求，穷人也可以形成巨大的市场，这会令他们受益颇多，从而大幅减少贫困。

重视金字塔底层市场潜力的公司包括：小型借贷公司（向资产极少甚至没有的人出借小额贷款，数额低至 5 美元或 10 美元）；消费品公司，如印度斯坦利华公司（提供一次性包装的洗发水，这种产品在没有热水洗头的情况下非常有用）；零售商，如巴西的巴伊亚之家，会为买不起基本家居设备或小商品的人提供信用卡。

关于金字塔底层市场蕴藏巨大的商机这一说法，也有人提出了质疑。普拉哈拉德在密歇根州大学任职的同事阿尼尔·卡纳尼 (Annel Karnani) 教授认为，关注金字塔底层市场所能带来的利润在最好的情况下也只略有提升，尤其是对那些需要实现规模经济的大公司而言。虽然总的消费额以美元计算数额极大，但如果 30 亿人口乘以日均消费 1.5 美元，其市场的年收入在 1.6 万亿美元左右，这一收入仅仅比美国经济的 10% 多一点，而在这些国家，文化差异大，贫困人口地理分布广，且大部分人口居住在基础设施少的乡村，公司将为此花费极高的成本。个体交易规模会非常小，消费者对价格也会非常敏感。在食物、住宿、衣物及燃料上花了一定的费用后，他们很难有余钱购买其他不必要的商品。

除了市场吸引力，“跨国公司为金字塔底层市场服务”这一说法也受到质疑。例如，在为世界上的贫困人口提供服务时，一些公司，尤其是烟草、酒或化妆品公司是由利益驱动的，已有人关注这样的做法是否合乎道德。

问题

1. 你认为金字塔底层市场对于跨国公司来说一定是有吸引力的或者合适的吗？为什么？这种市场最适合什么产品或服务？

2. 如果在金字塔底层市场的消费者被劝说拿出微薄收入的一部分来购买香烟、酒或化妆品，跨国公司追求这样的市场机会是否具有社会责任感？为什么？

资料来源：C. K. Prahalad，*The Fortune at the Bottom of the Pyramid：Eradicating Poverty through Profits*（Upper Saddle River，NJ：Wharton School Publishing，2004）；Aneel G. Karnani，“The Mirage of Marketing to the Bottom of the Pyramid：How the Private Sector Can Help Alleviate Poverty，” *California Management Review 49*，no. 2（Summer 2007），pp. 90－111；Kirk Davidson，“Ethical Concerns at the Bottom of the Pyramid：Where CSR Meets BOP，” *Journal of International Business Ethics 2*，*no. 1*（2009），pp. 22－32；and Subinay Bedi，*A Foundational Criticism of the Base of the Pyramid Model*，October 15，2012，http://papers. ssrn. com/sol3/papers. cfm? abstract_id=2161900（February 1，2015）.

全球化导致环境和健康条件的恶化 尽管有反对全球化的力量认为全球化导致劳动力及劳动力标准下降，但墨西哥前总统埃内斯托·塞迪略（Ernesto Zedillo）认为，经济一体化使环境得到优化，而不是相反。这是因为，贸易有利于经济增长，也为环境保护提供了一些必要手段。随着生活水平的提高，人们对环境的要求更高。出口会增加就业机会，人们放弃高污染的职业的现象也很普遍。[37]

然而，《北美自由贸易协定》及在此之前实施的美墨联营工厂项目引发的一大难题是，美-墨边境的地表、水体及空气污染现象大幅增加。这是由于许多新的生产基地在此建立，同时数以千计的墨西哥人搬迁到此做工。除此之外，一些健康及环境问题也超出了贸易协定的范围。《北美自由贸易协定》对服务贸易的规定可能会使政府弱化对某些危险行业（如伐木、货车运输、供水及房地产开发等行业）的环境标准要求。

例如，为了遵守《北美自由贸易协定》对服务贸易的规定，布什政府放弃了美国空气清洁标准，以使墨西哥的重载货车能够在美国的高速公路上行驶。全球化反对者认为，此举会增加空气污染，也会为边境诸州带来许多健康隐患。因为老化的墨西哥货车要比同类美国货车污染更严重，而且这些货车不会使用美国要求的清洁能源。抗议者还声称，贸易和投资全球化带来了规则自由化，一些企业受利益驱动将高污染的经营活动转移至其他国家，这些国家的环境法规较为宽松，或者造成环境或健康问题的企业承担责任的风险较低。另外，全球化带来的经济增长会促进用于保护环境的额外资源的产生和分配，同时，贸易和投资的提升也有助于环境友好技术和最佳实践在各国之间尤其是发展中国家之间交流。

得到那份工作！从双肩包到公文包

莱恩·霍尔兹曼在中国大连：挑战自己，远离舒适区

我是商务专业的学生，主修国际管理，辅修心理学。在此阶段，我主要的职业目标是在国外工作一段时间（大约一年）。我知道这不会立刻实现，但我很确定这就是我的工作目标。我一直都对旅游及了解他国文化有浓厚的兴趣。为了最终能够与来自世界各地的人一起工作，学习国际商务似乎是一个很好的起点。

在大四暑期和下学期，我在中国大连工作了5个月。我参与AIESEC（Association Internationale des Étudiantsen Sciences Économiques et Commerciales，国际经济学商学学生联合会，世界上最大的学生组织）的工作，获得了一个国际实习机会，因为我无力承担出国留学的费用。我选择去中国实习，因为我想挑战自己。那里的文化与我从小生长的美国完全不同，我想在一个能够极大地挑战现有世界观的地方居住。而且，中国现在发展速度很快，我想，能够直接体验其快速发展会是非常有趣的经历。

在中国，我教授英语。我教的学生大多是2～10岁的孩子，也有成人。我获得这个机会后只有一个月做准备，所以我的准备工作做得很匆忙。我不会说普通话，在离开美国前尽我所能学习了一些基本语句。我四处求教，发现有几个人之前在中国工作过一段时间。我询问了他们的经历，希望他们能够给我一些建议。我还对自己将要居住的城市做了许多调查，并努力去了解在中国的日常生活。因为我是通过AIESEC获得这个机会的，所以我的住宿安排及到机场后的交通路线在我离开美国之前都已经安排妥当，这对我来说真是太好了。

为了帮助自己尽快适应中国文化，我做的最重要的事就是结交了几个自己真正信赖的朋友。在中国，我住过不同的地方，在那里认识了几个非常好的美国和加拿大朋友。但最有价值的还是我交了几个中国朋友，当我需要帮助时，他们值得我依赖和信任。不论何事——从寻找交通工具到如何开口让别人为我理发，他们都会向我伸出援手。

回到美国后，我并没有经历任何反文化冲击。我想大部分原因是我在中国只待了5个月。我的国外生活经历改变了我对生活某些方面的看法，但在重新融入美国文化时，我并没有遇到困难。

由于合同问题，我在中国的第一份工作只做了两个月，当时我面临的最大挑战就是如何找到另一份工作，这样我才不用提前结束在国外的生活。据我所知，中国文化中人际关系很重要，因此成功找到工作的关键就是要询问所有我认识的人，是否有适合我的工作。一个月后，我得到了一个在幼儿园的工作机会，因为我朋友的上司认识幼儿园园长，而该幼儿园刚好需要一个英语外教。

在中国，我遇到的另一个巨大的挑战是不懂中国话。手势在大多数情况下可以帮助我传递很多信息，但在处理其他事情时，如在餐馆里看着满是中文字的菜单点菜，就需要花费一些时间。在中国的头两个月，我有一个汉语老师，但放弃第一份工作后，我就付不起家教费了。因此，我主动学习汉语基本用语。我向我的双语朋友请教，自制了许多单词卡

片，这样我就可以一个人在城市里四处游览。

在国外生活期间，我最开心的事情莫过于听到我教的小班小朋友叫我“哥哥老师”。一开始他们都称我“外国老师”，当开始叫我“哥哥”时，我感到自己已经完全融入了他们的生活。

我想，国外经历教会我最多的就是真正了解自己。在中国生活的5个月里，我成长的速度比其他任何时候都要快。我一直都认为自己是个非常独立的人，这一段国外经历让我有机会证明了这一点。我还学会了保留自己的观点和意见，去真正了解有不同文化背景的人究竟来自何方。

关于在国外生活的建议，最重要的是保持一种开放的心态。来自世界各地的人们有不同的世界观和价值观，如果你不能理解和欣赏他人看问题的视角，你就不能成功地与不同文化背景的人共事。同时，身处异国时，要勇于走出自己的舒适区。我在中国有许多美好的经历，因为我不会把自己关在屋子里，这令我在国外度过了非常棒的时光。

模块总结

1. 阐明国际商务与国内商务的区别。

国际商务指的是跨越国境的商务活动。国际商务与国内商务的区别在于，它涉及三种而非一种环境，也就是包括国内环境、国外环境及国际环境。虽然国内环境因素及国外环境因素的内容一样，但它们的价值观通常大相径庭，而且，国外环境因素的变化很难评估。国际环境的定义强调：(1) 国内环境因素与国外环境因素相互作用；(2) 在一国的分公司与在另一国的客户有生意往来。

2. 描述国际商务的历史与未来。

国际商务的发展有几千年历史。国际贸易带来的货物及思想交流，深刻地影响了政治、艺术、农业、工业、公众健康及人类生活的其他领域。随着新兴市场的城镇化及工业化发展，世界经济的重心正快速地从美国及欧洲转移回亚洲。

3. 讨论引人注目的商务国际化。

随着国际公司的数量快速增加，全球竞争不断加剧。进口贸易的巨大增长，再加上大量的海外投资，使得所有公司不论大小都必须面对来自全世界的竞争者。商务国际化要求管理者拥有全球化商务视野，这可以通过亲历、教育或二者的结合来获得。

4. 识别促使公司业务国际化的驱动因素。

五种驱动因素促进了公司的全球化运作：(1) 政治驱动力，比如特惠贸易协定；(2) 技术驱动力，比如通信技术的高速发展；(3) 市场驱动力，比如全球公司成为全球消费者；(4) 成本驱动力，比如产品线及产品生产的全球化使规模经济得以实现，从而降低成本；(5) 竞争驱动力，比如本地公司为了保护本国市场不受外国竞争者入侵，采取进入外国竞争者市场的措施。

5. 比较支持和反对商务全球化的主要观点。

经济全球化指的是商品、技术、信息、劳动力及资金的国际一体化及相互依存，或指一体化发生的过程。全球化的优点一直是近些年的热门话题。支持全球化的主要观点包括：(1) 自由贸易促进社会经济发展；(2) 自由贸易提供了更多更好的工作机会。对商务全球化的担忧主要有：(1) 全球化会造成不同国家、人民之间的不平衡；(2) 全球化给劳动力及劳动力标准带来有害的影响；(3) 全球化导致环境和健康条件的恶化。

批判性思考

1. 在商言商，所有公司都必须想办法生产和营销自己的产品。那么，为什么一些经理不能成功地将自己在本国学到的技巧及想法应用到世界其他地区呢？

2. 请用例子说明，商务经理是如何操控某一可控因素来应对不可控因素的变化的。

3. 虽然国外环境因素与国内环境因素的内容完全一样，但它们操作起来截然不同，这是为什么？

4. 在你看来，为什么作者认为"自我参照标准可能是引起国际商务混乱的最主要因素"？请举例说明。

5. 讨论东道国与外资企业之间可能发生的一些冲突。

6. "即使一个国家的国民总收入低于某个全球化公司的销售收入，它也无权将自己的期望强加于该企业在当地的分公司"。这一论断是对还是错？请阐述你的论据。

7. 在你的社区里有哪些国际化的实例？你是如何对其分类的（属于国际投资、国际贸易还是其他）？

8. 为什么会有人反对贸易全球化及世界经济一体化？如何使人们不再囿于简单讨论应该支持还是反对全球化，而是想办法加强全球经济的运作，从而造福全世界？要实现这一目标需要哪些条件？

9. 你决定毕业后在家乡工作，为什么还需要学习国际商务知识？

微型案例

你真的购买美国货吗？

考虑在一个典型的美国家庭发生的场景。奥斯本（Osbornes）、杰西（Jesse）和安（Ann）住在芝加哥的郊区，杰西是乔氏超市连锁店（Trader Joe's）的经理，安在李奥贝纳广告公司（Leo Burnett Worldwide）任广告总监。

安下班后开着吉普（Jeep）回家，她一边开车一边用阿尔派（Alpine）汽车音响听亚当·兰伯特的新CD，中途她在壳牌加油站加油。在杂货店里，她买了一大堆东西，塞了一车，包括Ragu意大利面酱、好乐门（Hellmann's）蛋黄酱、Carnation Instant Breakfast饮品、一箱箭头（Arrowhead）山泉水、CoffeeMate非奶制咖啡奶精、海底鸡（Chicken-of-the-Sea）金枪鱼罐头、立顿茶、半打Slim-Fast代餐奶昔、达能酸奶，以及几包Stouffer's瘦身冷食和Hot Pockets微波食品。为了犒劳自己，她又挑了本杰瑞（Ben & Jerry's）冰激凌、托尔豪斯（Toll House）饼干以及金手指（Butterfinger）巧克力棒。她还给家里的狗萨西拿了几包Alpo狗粮、一包喜悦（Friskies）宠物食品，给家里的猫莉莉拿了一包Tidy Cat猫砂。她在沐浴产品柜挑选了多芬香皂、Q-tips棉签、凡士林润唇膏以及杰根斯（Jergen's）柔肤水。在结束购物前，她用三星智能手机给杰西打了个电话，问他是否需要其他的东西。杰西让安带一些PowerBar能量棒，下周他在午餐期间去健身房锻炼时会用到。安在一家书店买了一本兰登书屋（Random House）新出版的约翰·格里森姆的书，在信用卡收据上用比克（Bic）钢笔签名。

杰西离开办公室后，先去BP加油站给汽车加油，又检查了一下凡士通（Firestone）轮胎的气压。之后，他去酒水店买了一箱美乐（Miller Genuine Draft）干啤、一瓶野火鸡（Wild Turkey）波本威士忌。他还去附近的运动商品店买了一些威尔逊（Wilson）壁球，下周锻炼用。

杰西进门时，安最喜欢的电视节目《绝命毒师》即将开始，安给自己倒了一杯来自纳帕谷的贝灵哲（Beringer）红酒，打开高清飞利浦电视机。杰西准备晚餐，并在电脑上下载了最新版的《蜘蛛侠》。

这些发生在傍晚的场景，看起来是非常典型的美国生活。奥斯本家采购或消费的产品几乎都是由外国公司生产的：

● 乔氏超市连锁店的所有者是一家家庭信托公司，由德国商人奥·阿尔布雷希特创立。

● 李奥贝纳是法国阳狮集团旗下的一家广告公司。

● 日本索尼音乐制作并发售亚当·兰伯特的 CD。

● 日本阿尔卑斯电器株式会社生产阿尔派汽车音响。

● 吉普是克莱斯勒旗下品牌，为意大利菲亚特所有。

● 壳牌加油站为英荷公司——荷兰皇家壳牌集团所有。

● 瑞士雀巢旗下的品牌有 Alpo、箭头、金手指、Carnation Instant Breakfast、CoffeeMate、喜悦、Hot Pockets、PowerBar、Stouffer's、Slim-Fast、托尔豪斯及 Tidy Cat 等。

● 联合利华是一家英荷跨国公司，旗下有多芬、好乐门、Ragu、Q-tips、立顿、凡士林以及本杰瑞等品牌。

● 法国达能集团生产达能酸奶。

● 海底鸡金枪鱼罐头是海底鸡国际公司生产的，总部在泰国。

● 杰根斯是日本花王旗下的品牌。

● 三星智能手机由韩国的三星公司制造。

● 德国贝塔斯曼集团拥有兰登书屋 53%的股权，英国培生集团拥有剩下的 47%。

● 法国比克公司生产比克钢笔。

● 日本普利司通公司生产凡士通轮胎。

● BP 加油站为英国石油公司（BP）所有。

● 哥伦比亚影业为日本索尼所有，发行《蜘蛛侠》系列电影；索尼影视公司发行《绝命毒师》系列电视剧。

● 英国的南非米勒酿酒公司生产美乐干啤。

● 意大利金巴利公司生产野火鸡波本威士忌。

● 芬兰艾尔美集团生产威尔逊运动商品。

● 加拿大纳帕谷的贝灵哲红酒为澳大利亚富豪酒庄所有。

● 飞利浦电视机由荷兰飞利浦公司所售。

这些简单的例子反映了大量的外国投资对美国的影响，尤其是在近几年。即使是最有名的美国产品和品牌也是由外国公司生产的。

美国也有投资外流的情况。诸如可口可乐、星巴克、麦当劳、盖璞、微软、李维斯等公司在日本、韩国、中国、澳大利亚、新加坡及所有的欧洲国家均有分支机构。美国公司也会收购许多外国公司和品牌。

问题

1. 对消费者来说，公司设在消费者本国是否有关系？请给出你的理由。

2. 为什么美国人对外国资本大量流入美国不加抵制？

资料来源：From company websites (February 1, 2014).

注　释

1. Hays, Inc., *Made in Poland: Investor's Guide for Manufacturing Companies 2013*, http://www.hays.pl/cs/groups/hays_common/documents/digitalasset/hays_665519.pdf (February 1, 2015).

2. David Cay Johnston, "How Google and Apple Make Their Taxes Disappear," *Newsweek*, December 14, 2014, http://www.newsweek.com/2014/12/26/how-google-and-apple-make-their-taxes-disappear-291571.html (February 1, 2015).

3. Leonid Bershidsky, "Russia Sanctions' Big Winners Smell Like Fish," *Bloombergview.com*, October 10, 2014, http://www.bloombergview.com/articles/2014-10-10/russia-sanctions-big-winners-smell-like-fish (February 1, 2015).

4. Stratfor, "Mexico Moves to Open Its Energy Sector," *Stratfor.com*, January 4, 2015.

5. "The Black Death," http://lifeloom.com/MLTBlackDeath.htm (February 1, 2015); and Robbie Robertson, "Globalization Is Not Made in the West," http://www.globalpolicy.org/globaliz/define/2005/0413notmadeinthewest.htm (February

1, 2015).

6. "A Quick Guide to the World History of Globalization," April 13, 2005, http://www.sas.upenn.edu/~dludden/global1.htm (February 1, 2015); "Dutch East India Company," http://en.wikipedia.org/wiki/Dutch_East_India_Company#History (February 1, 2015); BBC News, "Globalization: What on Earth Is It About?," http://news.bbc.co.uk/2/hi/special_report/1999/02/99/e-cyclopedia/711906.stm (February 1, 2015); and "The Growth of Global Industry," *The Wheel Extended*, no. 4 (1989), p. 11.

7. Bruce Kogut, "Multinational Corporations," 2001, https://www.gsb.columbia.edu/faculty/bkogut/files/Chapter_in_smelser-Baltes_2001.pdf, (February 1, 2015); and "Multinationals Come into Their Own," *Financial Times*, December 6, 1999, p. 16.

8. Bayer, "A Journey Through the History of Bayer," http://www.bayer.com/en/history.aspx (February 1, 2015).

9. Alfred D. Chandler Jr. and Bruce Mazlish, eds., *Leviathans: Multinational Corporations and the New Global History* (New York: Cambridge University Press, 2005), pp. 66, 88-89.

10. McKinsey Global Institute, *Urban World: Cities and the Rise of the Consuming Class*, June 2012, http://www.mckinsey.com/insights/economic_studies/~/link.aspx?_id=62D8FA41E79240A2A014D6667C95FB86&_z=z (February 1, 2015).

11. UNCTAD, "Largest Transnational Corporations Adversely Affected by Financial and Economic Crisis, Report Says," September 19, 2009, http://unctad.org/en/pages/PressReleaseArchive.aspx?ReferenceDocId=11926 (February 1, 2015).

12. United Nations Conference on Trade and Development, "Web Table 28: The World's Top 100 Non-financial TNSs, Ranked by Foreign Assets, 2013," *World Investment Report 2014* (Geneva: United Nations, 2014), http://unctad.org/en/Pages/DIAE/World%20Investment%20Report/Annex-Tables.aspx (February 1, 2015).

13. United Nations Conference on Trade and Development, *World Investment Report 2014* (Geneva: United Nations, 2014), http://unctad.org/en/pages/publicationwebflyer.aspx?publicationid=937 (February 1, 2015).

14. Ibid.

15. *Fortune*, "Global 500 2014," http://fortune.com/global500/(February 1, 2015); and The World Bank, "GNI, Atlas Method (current US$)," http://data.worldbank.org/indicator/NY.GNP.PCAP.CD/countries (February 1, 2015).

16. Calculation based on information found in *Walmart 2014 Annual Report*, http://cdn.corporate.walmart.com/66/e5/9ff9a87445949173fde56316ac5f/2014-annual-report.pdf (February 1, 2015), where value added is based on net operating profit before tax.

17. United Nations Conference on Trade and Development, "Web Table 4: FDI Outward Stock, by Region and Economy, 1990-2013," *World Investment Report 2014* (Geneva: United Nations, 2014), http://unctad.org/en/pages/DIAE/World%20Investment%20Report/Annex-Tables.aspx (February 1, 2015).

18. UNCTADSTAT, "Values and Shares of Merchandise Exports and Imports, Annual, 1948-2013," http://unctadstat.unctad.org/wds/TableViewer/tableView.aspx?ReportId=101 (February 1, 2015).

19. UNCTADSTAT, "Values, Shares and Growth of Exports and Imports of Total Services, Annual, 1980-2013," http://unctadstat.unctad.org/wds/TableViewer/tableView.aspx?ReportId=17648 (February 1, 2015).

20. Trends regarding FDI and exporting, along with theories that help explain the level and location of exports and FDI, are discussed in Module 2.

21. World Health Organization, "Globalization," http://www.who.int/trade/glossary/sto-

ry043/en/ (February 1, 2015); British Broadcasting Corporation, "Negative Impacts of Globalisation," http://www.bbc.co.uk/schools/gcsebitesize/geography/globalisation/globalisation_rev5.shtml (February 1, 2015); Fred W. Riggs, "Globalization Is a Fuzzy Term But It May Convey Special Meanings," The Theme of the IPSA World Congress 2000, July 1999, http://www2.hawaii.edu/~fredr/ipsaglo.htm (May 28, 2011); Abderrahman Hassi and Giovanna Storti, "Globalization and Culture: The Three H Scenarios," *Intechopen*, August 22, 2012, http://www.intechopen.com/books/globalization-approaches-todiversity/globalization-and-culture-the-three-h-scenarios (February 1, 2015); and "Globalization," http://en.wikipedia.org/wiki/Globalization (February 1, 2015).

22. Theodore Levitt, "The Globalization of Markets," *Harvard Business Review* 61, no. 3 (May-June 1983), pp. 92-93.

23. "ICC Brief on Globalization," November 22, 2000, http://www.google.com/url? sa=t&rct=j&q=&esrc=s&source=web&cd=1&ved=0CCAQFjAA&url=http%3A%2F%2Fwww.iccwbo.org%2FData%2FPolicies%2F2000%2FICC-brief-on-globalization%2F&ei=JOuTVNXcI4 mpogTB4oCICw&usg=AFQjCNEBb9DPv83eboSF2U7v OdA8dJXbRw&bvm=bv.82001339,d.cGU (February 1, 2015); Paul Krugman, "The Good News," *New York Times*, November 28, 2003, p. A31, http://www.nytimes.com/2003/11/28/opinion/the-good-news.html (February 1, 2015); https://www.imf.org/external/np/vc/2003/121003.htm (February 1, 2015); and Martin Wolf, Why Globalization Works (New Haven, CT: Yale University Press, 2004).

24. "The Case for Open Trade," World Trade Organization, http://www.wto.org/english/thewto_e/whatis_e/tif_e/fact3_e.htm (February 1, 2015).

25. The World Bank, "Poverty Overview," October 8, 2014, http://www.worldbank.org/en/topic/poverty/overview (February 1, 2015).

26. World Bank, *Facts and Figures on Child Labour*, 1999, http://info.worldbank.org/etools/docs/library/237384/toolkitfr/pdf/facts.pdf (February 1, 2015); and Unicef, "Child Labor," http://data.unicef.org/child-protection/child-labour (February 1, 2015).

27. UNESCO Institute for Statistics, "Adult and Youth Literacy," September 2013, http://www.uis.unesco.org/literacy/Documents/fs26-2013-literacy-en.pdf (February 1, 2015).

28. Kohler and Wolfensohn, We Can Trade Up to a Better World.

29. Department of Numbers, "U.S. Employment and Jobs," November 2014, http://www.deptofnumbers.com/employment/us/ (February 1, 2015); and Federal Reserve Bank of St. Louis, "All Employees: Total Nonfarm," http://research.stlouisfed.org/fred2/series/PAYEMS/ (February 1, 2015).

30. Gary Burtless, Robert Z. Lawrence, Robert E. Litan, and Robert J. Shapiro, *Globaphobia: Confronting Fears about Open Trade* (Washington, DC: Brookings Institution Press, 1998); Alan Tonelson, *The Race to the Bottom: Why a Worldwide Worker Surplus and Uncontrolled Free Trade Are Sinking American Living Standards* (Boulder, CO: Westview Press, 2002); International Monetary Fund, "Globalization: A Brief Overview," May 2008, https://www.imf.org/external/np/exr/ib/2008/053008.htm (February 1, 2015); Pat Choate, *Dangerous Business: The Risks of Globalization for America* (New York: Knopf, 2008); Daniel Griswold, "The Blessings and Challenges of Globalization," Cato Institute, http://www.cato.org/publications/commentary/blessings-challenges-globalization (February 1, 2015); and John Audley, Sandra Polaski, Demetrios G. Papademetriou, and Scott Vaughan, *NAFTA's Promise and Reality: Lessons from Mexico for the Hemisphere* (Washington, DC: Carnegie Endowment for International Peace, 2003).

31. "Trade Liberalisation Statistics," gatt.org,

http://www.gatt.org/trastat_e.html (February 1, 2015).

32. United Nations, *The Millennium Development Goals Report 2014*, http://www.un.org/millenniumgoals/2014%20MDG%20report/MDG%202014%20English%20web.pdf (February 1, 2015).

33. Wolf, *Why Globalization Works*.

34. Tonelson, *The Race to the Bottom*.

35. Burtless et al., *Globaphobia*.

36. Audley et al., *NAFTA's Promise and Reality*.

37. Ernesto Zedillo, "Can We Take Open Markets for Granted?," Plenary Session of World Economic Forum Davos, Switzerland, January 28, 2000, http://zedillo.presidencia.gob.mx/welco-me/PAGES/library/sp_28jan00.html (February 1, 2015).

模块 2 国际贸易与投资

如果你关心全球贫困问题，并由此关心公平问题，你的目标应当是帮助贫穷国家加快发展速度。成功的国家大都充分利用全球市场机会，主要是国际贸易及更大范围的对外直接投资，来加速发展。

——马丁・沃尔夫 (Martin Wolf)，《金融时报》经济评论员

学习目标

1. 描述国际贸易的规模，并说明它是如何实现增长的。
2. 确认国际贸易的参与方。
3. 辨析国际贸易理论。
4. 描述外国直接投资的规模、增长速度及方向。
5. 阐述对外直接投资理论。

开篇短文

公司不仅进行海外投资，也从事对外出口

全球范围的竞争、外国政府鼓励自由贸易的政策以及科技进步，是美国对其他国家进行直接投资的主要动因，其投资额也创新高，2010—2013 年达到 1.4 万亿美元。这一规模几乎是美国 10 年前对外投资平均水平的 3 倍。对外直接投资的目的在于建立或并购海外资产，从而生产商品并提供服务，我们是否应该认为，随着对外直接投资增长，对外出口会呈下降趋势?

很显然，事实并非如此。虽然美国对海外市场出口的一些商品及服务被海外投资生产代替，但过去 10 年，美国出口商品及服务的水平增长了不止一倍，如图 2－1 所示。其中有近一半的出口是由最大的 250 个出口商完成的，它们将商品及服务出口至 100 多个国家

和地区。如果没有国外业务带来的销售额和利润，企业的竞争力会严重受损，甚至可能无法正常营业。然而，即使是在国外有多个生产基地的大型跨国公司也发现，在每个海外市场拥有自己的工厂是不可行的，因为这需要大量的海外投资。还有许多市场规模太小，难以支持本地生产，因而需要向外国出口。

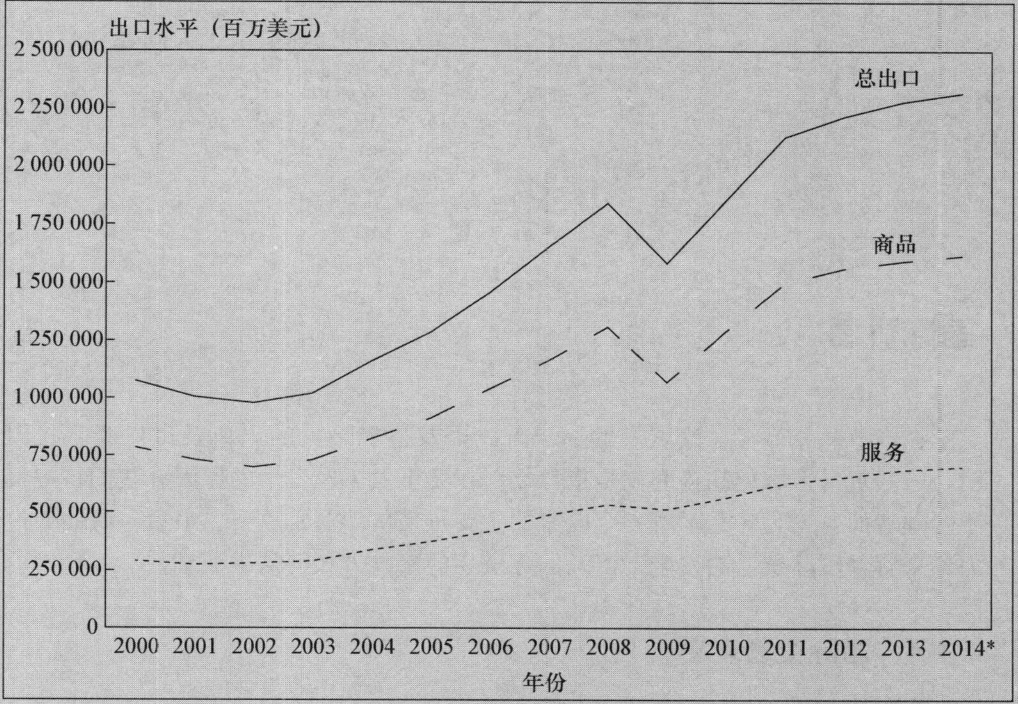

图2-1　美国商品与服务的出口（2000—2014年）

*为预估值。

资料来源：U. S. Department of Commerce，Bureau of Economic Analysis，"U. S. International Trade in Goods and Services：June 2014，" http://www.census.gov/foreign-trade/Press-Release/2014pr/06/ft900.pdf（January 8，2015）；and U. S. Census Bureau，Foreign Trade Division，"U. S. Trade in Goods and Services—Balance of Payments（BOP）Basis，June 4，2014，" http://www.census.gov/foreign-trade/statistics/historical/gands.pdf（January 8，2015）.

对于美国大多数大型公司而言，服务海外市场至关重要。小公司同样需要开展海外业务。中小型企业（small and medium-sized enterprises，SME）是指员工不足500人的企业，然而这些中小型企业几乎占到美国出口商总数的98%，其出口额占到美国出口总额的1/3。加拿大和墨西哥不仅与美国接壤，同属北美自由贸易协定成员国，更是美国中小型企业最频繁出口的海外市场，紧跟其后的是英国、德国、中国、澳大利亚及日本。与大型跨国公司不同，超过一半的中小型出口商只能先在美国设立一个办事机构，再慢慢地发展。因为它们没有境外子公司帮助绕开贸易壁垒，改善进入外国市场的条件。与大型跨国公司相比，这些中小型企业更在意政府是否愿意开放当地市场进行国际贸易。由于国际贸易及对外投资对企业发展及利润有影响，因此，商务人士有必要了解为何及如何参与国际贸易及国外投资活动。

我们所吃的食物，穿的衣服，使用的交通工具及电子产品，大部分都是由其他国家的制造商生产的。我们的工作很大部分都要依赖出口、进口及国外投资。在本模块中，我们将阐述以下内容：(1) 国际贸易，包括出口和进口；(2) 对外直接投资，国际公司用来建立及扩张自己的海外贸易的方式之一。

资料来源：United Nations Conference on Trade and Development, *World Investment Report 2014*, "Annex Table 02—FDI Outflows, by Region and Economy, 1990 - 2013," http://unctad.org/en/pages/DIAE/World%20Investment%20Report/Annex-Tables.aspx (January 8, 2015); *Financial Times*, "The FDI Report 2014: Global Greenfield Investment Trends," http://www.ftbsitessvr01.ft.com/forms/fDi/report2014/files/The_fDi_Report_2014.pdf (August 25, 2014); and U. S. Department of Commerce, "A Profile of U. S. Importing and Exporting Companies, 2010 - 2011," April 5, 2013, http://www.census.gov/foreign-trade/Press-Release/edb/2011/edbrel.pdf (January 8, 2015).

2.1 国际贸易

在本节，我们将讨论贸易的参与方，以及世界最大的出口及进口商。我们将阐明，国际贸易区域化趋势究竟是指什么、在哪里发生及发生的原因。我们将解释，对于管理者而言，为什么了解一个国家的主要贸易伙伴非常重要。最后，我们通过前沿理论来解释国际贸易的发生，以及国际贸易的参与方如何从中获利。

2.1.1 国际贸易规模

1990 年，有关商品及服务的国际贸易达到一个里程碑，贸易额超过 4 万亿美元。截至 2013 年，商品及服务出口额增长到 1990 年的近 6 倍。[1] 2013 年的国际贸易总额为 23.4 万亿美元，其中，实体商品如汽车、食物及服装贸易占到 18.8 万亿美元；服务如保险、旅行、咨询、电影及音乐则占到 4.6 万亿美元。[2]过去 20 年，服务贸易的增长速度比商品贸易要快。如今，近 60%的全球产出用于国际贸易，这又一次证明了国际贸易对于世界上许多国家的经济活动的重要程度。[3]

2.1.2 贸易如何实现均衡增长

随着全球贸易的增长，是否一些国家会比另一些国家发展得好呢？1980 年以来，虽然来自北美、拉丁美洲、南非及中东国家的商品出口的绝对价值有所增长，但它们的贸易比重在下降，这表明世界其他区域的出口增长水平更高。例如，1980 年以来，亚洲国家的商品出口增长到原来的两倍，其中，中国的增长占到增长总额的 2/3。中国政府对贸易政策的支持，不仅使中国成为世界上最大的出口国，而且使许多中国人摆脱了贫困。国际贸易的迅猛发展也帮助一些国家实现转型，诸如新加坡和韩国等，在 20 世纪 50 年代处于欠发达水平的国家，如今生活水平已提升至发达国家水准。欧盟虽然也实现了贸易增长，但这一增长主要归功于28个成员国的加入。[4]

服务业出口又是怎样的情形呢？许多服务行业，如旅行和旅游、银行和保险、教育和培训、娱乐（例如电子游戏和电影）、建筑及工程服务，都出口至其他国家，成为国际商务越来越重要的部分。虽然1980年以来拉丁美洲、欧盟、非洲以及中东国家的商业服务出口比例在下降，但总体来说，几乎所有主要国家/地区都因服务出口带来销售额增长。美国的出口从1980年开始增长了近33%，亚洲的增长速度更快。

始于1980年的世界出口快速增长证明，通过出口来提高销量是一个可行的增长战略，还可以为出口国的人民创造工作机会。但与此同时，管理人员应当对个别国家的出口增长保持警惕，因为这些出口至他们本国市场的商品会加剧竞争，他们一定要做好准备。

2.1.3 主要的出口国/地区及进口国/地区

世界上哪些国家/地区促成了商品及服务贸易的大范围扩张及增长？表2-1列出了世界商品和服务贸易的10大出口国/地区及进口国/地区。正如你所见，发达国家居多，尽管中国在每个方面都排前5，印度在服务进出口方面均排前10。这也再一次强调了一个事实：国际贸易在世界各国/地区的分布持续不均匀。

表2-1 2013年世界商品及商业性服务排名前10的进口国/地区及出口国/地区

单位：10亿美元

商品出口国/地区			商品进口国/地区			服务出口国/地区			服务进口国/地区		
排名	国家/地区	总值	排名	国家/地区	总值	排名	国家/地区	总值	排名	国家/地区	总值
1	中国	2 210	1	美国	2 273	1	美国	683	1	美国	404
2	美国	1 575	2	中国	1 950	2	英国	297	2	中国	331
3	德国	1 493	3	德国	1 233	3	德国	291	3	德国	318
4	英国	813	4	英国	783	4	法国	237	4	法国	189
5	日本	697	5	日本	767	5	中国	206	5	英国	170
6	法国	579	6	法国	660	6	印度	151	6	日本	164
7	荷兰	577	7	中国香港	521	7	荷兰	149	7	新加坡	129
8	韩国	557	8	韩国	517	8	日本	148	8	荷兰	128
9	俄罗斯	515	9	荷兰	511	9	西班牙	146	9	印度	126
10	意大利	474	10	加拿大	471	10	新加坡	122	10	爱尔兰	118

资料来源：Central Intelligence Agency, *The World Factbook* (Washington, DC: CIA, 2014), https://www.cia.gov/library/publications/the-world-factbook/fields/2078.html#74 (January 8, 2015); and United Nations Conference on Trade and Development, "UNCTADSTAT," http://unctadstat.unctad.org/wds/ReportFolders/reportFolders.aspx (January 8, 2015).

2.2 贸易方向

商品出口地是哪里？你可能会认为，国际贸易主要是指工业化国家将制成品出口至发展中国家，以换取原材料。这样想只是部分正确。事实上，超过一半的出口是从发展中国家流向发达国家，但随着发展中国家之间的贸易往来愈加频繁，这一比例逐渐下降，从 1970 年的 72%降至 2013 年的 50%。[5]发达经济体的出口大约有 2/3 流向其他的工业化国家。

2.2.1 贸易区域化趋势不断增强

世界贸易持续由地理区域内部而不是不同地理区域间的往来交易所主导。例如，2014 年，近一半北美国家的出口对象是北美区域的其他国家。亚洲国家的出口有一半多一点流向亚洲其他国家。欧洲国家出口的 70%流向其他欧洲国家。[6]贸易的区域化随着区域贸易组织和协议的扩大和发展进一步强化。例如，东南亚国家联盟（Association of Southeast Asian Nations，包括文莱、柬埔寨、印度尼西亚、老挝、马来西亚、菲律宾、新加坡、泰国、越南等），南美的南方共同市场（Mercosur，由阿根廷、巴西、巴拉圭、乌拉圭等组成），以及拥有 28 个成员国的欧盟。又如，1994 年，美国和加拿大签订了《北美自由贸易协定》及其他条约，自此，加拿大的大部分出口流向美国，而美国有 20%的出口流向加拿大。[7]2014 年，美国对墨西哥（《北美自由贸易协定》的另一个签约者）的出口约是 1991 年的 6 倍。[8]类似地，区域贸易协议成员的出口在整体出口中所占的比例分别为：欧盟占 67%，东南亚国家联盟占 25%，南方共同市场占 15%。总体来说，世界范围内实施有效的区域贸易协议超过 200 个，它们在世界贸易中所占的份额从 1980 年的 37%增长到 2014 年的 70%，甚至更高。

与此同时，美国的出口商在发展中国家市场上取得重要进展，这又反过来促使更多发展中国家的商品或服务销售至美国。这一增长部分归功于发展中国家生产出口成品的能力日益加强。这也反映了国际公司分布在世界各地的子公司的贸易额持续增长。例如，某服装制造商将布料运至其在印度、孟加拉国的生产基地，加工为成品。贸易集团成员之间持续增长的贸易往来，对国际公司做出在何地建立生产基地和开展其他业务的决定产生影响。

2.2.2 主要贸易伙伴：与管理者的相关性

假设我们准备寻找海外的商机。我们为什么应该了解主要的贸易伙伴有哪些呢？以下是发展合作伙伴关系的条件：

1. 进口国的商业环境相对有利。

2. 出口及进口管制并非不可逾越。

3. 当本国人民购买另一国的产品时，应该不会出现太强烈的文化抵触。

4. 具有良好的基础设施，比如交通设施。

5. 进口渠道成员（商人、银行及报关行）在处理来自国外的进口货物方面有丰富的经验。

6. 可使用外国货币支付。

7. 贸易伙伴的政府可能会对进口商施加压力，要求它们向美国这样的优质客户购买商品。

这些有利的条件促进了主要贸易伙伴之间的贸易往来，也体现了一个公司扩张其国际商务活动的渴望。

2.2.3 美国主要的贸易伙伴

图 2-2 显示了美国的主要贸易伙伴。2013 年，美国总出口的 62%流向排在前 10 位的国家和地区；美国总进口的 69%也来自这 10 个主要贸易伙伴。[9] 这些数据表明，美国顺应我们之前提到的趋势，即发达国家与他国开展贸易。墨西哥和加拿大是美国主要的贸易伙伴，因为它们与美国一起加入了《北美自由贸易协定》。它们都与美国接壤，这就意味着，与其他地方相比，它们与美国之间的贸易运费更低、运输时间更短、沟通花费更少。

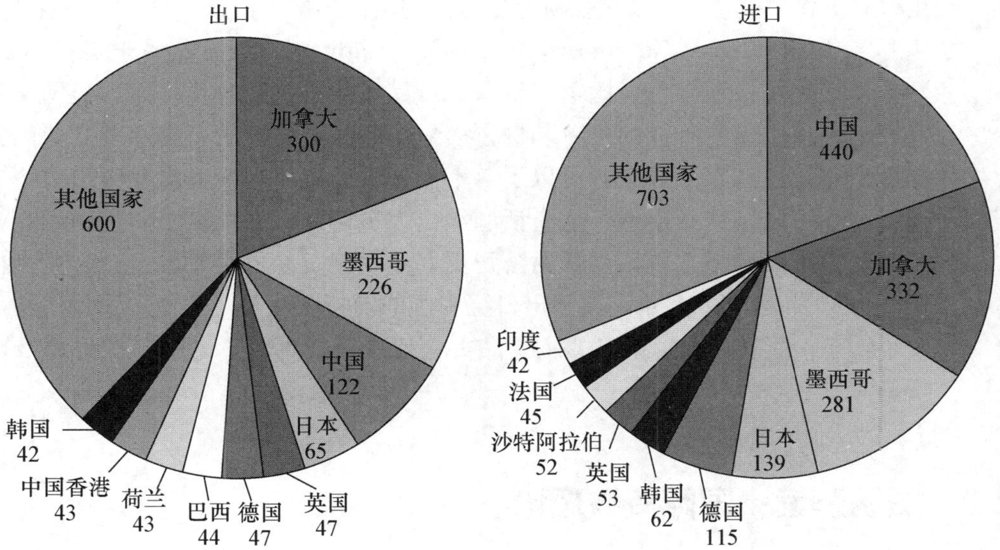

图 2-2　美国主要的贸易伙伴及其 2013 年有形商品贸易额（单位：10 亿美元）

资料来源：U. S. Census Bureau，"Top Trading Partners—December 2013，" http://www.census.gov/foreign-trade/statistics/highlights/top/top1312yr.html（January 8，2015）.

对美国而言，前 15 个主要进口国中，有 9 个国家在过去的 45 年里从未在名单上消失，虽然排名有所变化。它们分别是加拿大、墨西哥、日本、德国、英国、意大利、法国、委内瑞拉和巴西。近些年来，除了长期贸易伙伴日本，来自亚洲的其他国家也逐渐成为美国重要的贸易对象。中国、新加坡、韩国和印度为美国供应了大量的电子产品和元件，以及各种劳动密集型产品，这些产品的很大一部分是由美国国际公司的分公司生产的。苹果、耐克、沃尔玛及威富集团（VF Corporation，一家服装制造公司，旗下的品牌有北面、万斯、牧马人及杰斯伯）就是为数众多的跨国公司的代表，它们从位于中国的分公司及供应商手中大量采购。1991—2014 年，中国从第 6 名一跃成为美国最大的出口国，它也是美国排名第 3 的进口国，其 1 220 亿美元的进口量只占出口量的 1/4，年贸易差额约为 0.33 万亿美元。一个国家进口额超出出口的部分就是**贸易逆差**（trade deficit）。

许多亚洲国家既是美国的进口国，也是其出口国。这是因为：第一，随着这些国家人民的生活水平逐渐提高，人们有能力购买更多的进口产品，国家的出口所得也可以为他们提供购买进口产品所需的资金；第二，这些国家大量购买资本货物，加速产业发展；第三，这些国家进口原材料和元件，将其组装为半成品或成品后再出口，通常出口至美国；第四，这些国家的政府迫于美国压力，向美国派出大型采购团，寻找可进口的产品来降低**贸易顺差**（trade surplus），即一国的出口值超过进口值的部分。

这些国家通常从美国进口什么种类的产品呢？你可以从美国人口普查局（U. S Census Bureau ）的网站上直接下载有关贸易数据的文件。其中有个条目“关于外国贸易”（http://www. census. gov/foreign-trade/about/index. html），包含大量关于出口和进口的链接，以及美国所有出口商的出口数据库信息。另一个条目“美国外贸精彩”（http://www. foreign-trade. com/highlights. htm），有关于美国贸易伙伴的数据链接，可按照年份、国家、行业、产品及状态进行分类搜索。美国商务部的出口官网列出了不同行业的出口和进口表格。这些表格展示了美国与其他国家之间的年度出口及进口水平，读者可以了解不同领域的贸易规模及潜在吸引力。这个网站还就“在不同国家做生意”这个话题给出大量建议，并提供了美国国际商业服务办公室的地址及联系方式，以帮助公司更好地利用贸易机会发展自己。通过检索这些信息可以发现，2013 年，美国出口至中国的前三大品类是大豆、民用飞机和设备以及小轿车，而它从中国进口的主要品类包括服装、玩具、电脑和配件以及电子通信设备。[10]

2.3 贸易解读：国际贸易理论

我们已知，国际贸易的规模巨大并一直保持增长，对多数国家的经济发展起到关键性作用。但有一个问题：为何会出现全球性或特定国家之间的国际贸易？为了回答这个问题，我们简要阐述几个关于国际贸易的主导理论。

2.3.1 重商主义

对国际贸易理论的早期探索实际上是出于政治动机，但对国际贸易理论的发展产生了深刻影响。亚当·斯密（Adam Smith）是苏格兰哲学家和经济学家，对英国干涉及控制国内国际贸易的行为非常不满。1776 年，亚当·斯密在《国民财富的性质和原因的研究》（*An Inquiry into the Nature and Causes of the Wealth of Nations*）一书中，攻击了当时盛行的重商主义思潮。

重商主义（mercantilism）是一个复杂的政治经济理论，它认为宝贵的金属如金和银是财富的唯一来源，这些金属的积累对一个国家的财富而言至关重要。因为英国没有金银矿藏，重商主义者希望通过勘探及国际贸易来确保金属供应。政府制定限令（如进口关税）来限制进口，给予出口商补贴以促进出口。除了保护实施重商主义的国家国内的工作机会，这些法令也促成了贸易顺差，增加了金银的储藏量。当然，重商主义也为某些经济团体（如国内的商人、工匠及运货商）带来利益，但这是以牺牲其他团体（如消费者及新兴行业）的利益为代价。

虽然重商主义时代在 18 世纪晚期结束，但关于它的争论依旧存在。许多人把贸易看成是零和行为，在此过程中，一方的获利一定是以另一方的受损为代价。我们仍用术语“贸易顺差”来解释一国出口的商品和服务超过进口。在收支核算中，为国家带来资金的出口记为正的，而引起资金外流的进口记为负的。[11]

2.3.2 绝对优势理论

亚当·斯密反对重商主义。他认为决定贸易方向、贸易量和贸易组成的最终力量是市场，而非政府管制。他提倡自由的不受监管的贸易，在此过程中，每个国家应利用其**绝对优势**（absolute advantage），专门生产效率最高的产品，不论这种绝对优势是通过天然还是后天获得。但当一个国家与其他国家相比，能够以同样甚至更少的投入成本生产出更多的产品或服务时，它就具有绝对优势。这些国家随后出口一些商品，出口所得用来进口由其他国家更高效生产出来的产品。亚当·斯密通过绝对优势理论，阐述贸易双方都获取贸易利得。

绝对优势举例 设想一个有两个国家、两种产品的世界，无运输成本，处于完全竞争状态。**完全竞争**（perfect competition）是指这样一种市场状态：某同质产品有足够多的买方和卖方，没有任一个体可以决定产品价格，市场可以有效地生产和分配产品。假设美国和中国：（a）每单位的投入（包括土地、劳动力和资金）能够产出的大豆及布料的数量如下表所示；（b）每个国家有两个单位的投入可用于生产大豆或布料；（c）现在每个国家用一个单位的投入生产大豆或布料。如果这两个国家都不进口或出口，表中所示的数量就是能够用于本国消费的数量。两国总的产出为 4 吨大豆、6 匹布料。

商品	美国	中国	合计
大豆吨数	3	1	4
布料匹数	2	4	6

在美国，每一个单位的投入可生产 3 吨大豆或 2 匹布料。因此，3 吨大豆的价格应当与 2 匹布料的价格相同。然而，在中国，一个单位的投入只能生产 1 吨大豆，却能生产 4 匹布料，那么 1 吨大豆的成本相当于 4 匹布料的成本。

美国在生产大豆方面具有绝对优势（3∶1）。中国的绝对优势是布料生产（4∶2）。世界上其他地方的人愿意用 1 吨或更多的大豆与中国的布料生产商交换 4 匹布料吗？如例所示，美国的大豆生产商应该都很愿意这样做，因为在本国，它们只能用 3 吨大豆换取 2 匹布料。同样，中国的布料生产商一旦知道它们在美国可以用 4 匹布料换取不止 1 吨大豆，就会迫切希望在中国的布料与美国的大豆之间进行贸易。

各国发挥所长。假设两个国家都决定用有限的资源生产各自具有绝对优势的产品，将其不具有绝对生产优势的产品交由具有绝对优势的他国生产，然后根据每个国家所具有的绝对优势重新分配生产产品所需的投入，此时每个国家的产出会有所不同，如下表所示。我们可以看到，投入相同，总产出更多：现在一共可生产出 6 吨大豆、8 匹布料，而不是之前的 4 吨大豆、6 匹布料。

商品	美国	中国	总产出
大豆吨数	6	0	6
布料匹数	0	8	8

贸易条件（国际价格比）。通过专业化生产，两种产品的总产出都实现了增长，但要能够同时消费两种产品，两国必须通过贸易解决过剩的产品。在什么限度内两国愿意进行贸易呢？显然，如果中国的布料生产商能够以 4 匹布料换取不止 1 吨大豆，它们就愿意与外国的大豆生产商进行贸易。同样，美国的大豆生产商能够以少于 1.5 吨的大豆换取 1 匹布料（美国本土需要 1.5 吨大豆），它们就愿意与中国的布料生产商进行贸易。

如果两国取贸易限额的中间值，那么双方的贸易所得相同，它们就会同意用 1 吨大豆交换 1.33 匹布料。双方都会获益于专业化生产，如下表所示，两国每种产品的所得为：

商品	美国	中国	总产出
大豆吨数	3	3	6
布料匹数	4	4	8

专业化及贸易利得。两国都专注于生产本国更具生产效率的产品，并将多余的产品与他国进行贸易，换取本国无法高效率生产的产品，由此，双方都能获益。中国最终获得的大豆不止 2 吨，美国最终获得的布料也不止 2 匹。

虽然亚当·斯密的理论有助于许多政府消除贸易壁垒，鼓励国际贸易，但未能减轻不具有绝对优势的国家的忧虑。如果一个国家同时具有生产大豆和布料的绝对优势，而另一个国家不具有任何优势，它们之间还存在贸易基础吗？

2.3.3　相对优势理论

英国经济学家大卫·李嘉图（David Ricardo）在 1817 年证明，即使一个国家相对于另一个国家在两种不同商品的生产上都具有绝对优势，国际贸易依然是一个正和博弈，参与贸易的双方均能获益。对这种创造效益的贸易的唯一局限是，生产效率较低的国家在生产两种产品时效率不能一样低。[12]

相对优势举例　为说明贸易是如何使参与方获益的，我们只需稍微改动一下前一个例子，此时中国同时具有生产大豆和布料的绝对优势。注意，与中国相比，美国的大豆生产效率略高于布料生产效率（美国与中国每单位投入的大豆产出之比为 4∶5，即美国的大豆生产率为中国的 80%；美国与中国每单位投入的布料产出之比为 2∶5，即美国的布料生产率为中国的 40%）。因此，美国在生产大豆方面具有**相对优势**（comparative advantage）。

商品	美国	中国	总产出
大豆吨数	4	5	9
布料匹数	2	5	7

各国专业化分工。如果双方都专门生产各自擅长的商品，其产出量如下所示：

商品	美国	中国	总产出
大豆吨数	8	0	8
布料匹数	0	10	10

贸易条件。贸易前的价格比率为：中国的大豆生产商可用 1 吨大豆换取 1 匹布料；美国的布料生产商需要 0.5 匹布料换取 1 吨大豆，而贸易后的价格比率处于这两个比率之间。

假设贸易商同意按 0.75 匹布料交换 1 吨大豆进行贸易，双方都会通过交易及专业化生产获益，如下表所示：

商品	美国	中国
大豆吨数	4	4
布料匹数	3	7

交易完成后，中国多出 2 匹布料，大豆比专业化生产前少了 1 吨。但是，中国的布料生产商应该能够用多出来的 1 匹布料在其他地方换取至少 1 吨大豆。此时最终结果显示如下：

商品	美国	中国
大豆吨数	4	5
布料匹数	3	6

专业化及贸易利得 该例中，专业化生产及贸易产生的最终效益为：美国和中国各多出 1 匹布料，中国获得的大豆超过 1 吨（多出的大豆数量取决于中国布料生产商最终用布料与其他地区换取大豆的贸易条件）。

即使一国与另一国进行贸易时所交易的产品都具有绝对优势，相对优势仍可作为双方进行国际贸易的基础。由于国与国之间使用的货币不同，生产要素成本的货币值因国而异，因此会影响一个国家的相对优势。在接下来的部分，我们会了解到货币可以改变贸易方向。

2.3.4 汇率如何改变贸易方向?

在解释绝对优势的例子中，假设美国日常生产大豆或布料的总成本为 10 000 美元，包括土地、人力及资本，中国为 80 000 元，各自的单位成本如下表所示：

商品	单位价格	
	美国	中国
1 吨大豆	10 000/3=3 333 美元/吨	80 000/1=80 000 元/吨
1 匹布料	10 000/2=5 000 美元/匹	80 000/4=20 000 元/匹

为确定产品究竟是从本地购买还是进口更具优势，贸易商需要了解以本国货币为单位的产品价格。要把外国货币转换成本国货币，需要使用汇率。**汇率**（exchange rate）是以一种货币表示另一种货币的价格。如果现行汇率为 1 美元=8 元人民币，那么 1 元人民币就值 0.125 美元。

使用 1 美元=8 元人民币的汇率换算时，之前例子中的美国贸易商所见价格如下所示：

商品	单位价格	
	美国	中国
1 吨大豆	3 333 美元	10 000 美元
1 匹布料	5 000 美元	2 500 美元

相对于本地销售，美国的大豆生产商可以通过出口大豆到中国，多赚 6 667 美元。然而，中国的布料生产商能否通过出口布料到美国获利呢？为找到答案，他们必须将美元换算成人民币。

商品	单位价格	
	美国	中国
1 吨大豆	26 664 元	80 000 元
1 匹布料	40 000 元	20 000 元

由此看来，中国的布料生产商会出口布料至美国，因为当地的布料销售价格可达到 40 000 元/匹，远高于国内价格。而美国的布料生产商若要应对每匹 2 500 美元的差价，则需要更有力的推广。

只要汇率保持在 1 美元＝8 元人民币左右，贸易方向就会是中国从美国进口大豆，美国从中国进口布料。但如果美元坚挺到 1 美元＝24 元人民币（这里的“坚挺”指的是美元比之前换得更多人民币），购买美国大豆的成本会和在中国购买一样，此时，中国会停止从美国进口大豆。相反，如果美元疲软，1 美元＝4 元人民币（即美元比之前换得更少人民币），美国商人在中国购买一匹布会花费 5 000 美元，此时，他们就不大可能从中国进口布匹了。这个例子说明，一个国家可以通过**货币贬值**（currency devaluation）在世界市场中重获竞争力，货币贬值会使一国相对于其他国家的货币价值降低，从而有效降低其出口价格。（注意，这一规律适用于大多数情况，但不是所有情况，这一举措不会使国内价格发生很大的改变。）

全球辩论

相对优势：美国应该输出服务类工作给印度吗？

印度拥有的资源相对较少，但其人口超过 10 亿，其中有一半人口为劳动力。因此，在一些需要大量劳动力且资金投入较少的产品和服务生产方面，印度具有相对优势。除此之外，印度的另一个相对优势是，大约有 3.5 亿印度人会英语，有 1 亿人能听懂英语，并且可以用英语交流。随着网络及移动通信的价格越来越低，印度越来越多地利用会说英语的劳动力资源开展服务出口贸易，如软件工程、电话销售、信贷或房贷申请检查、准备或检查法律文件、血液测试分析或其他医学服务，以及为国外公司及其客户处理索赔。

《财富》500 强企业，如亚马逊、IBM、美国运通及许多其他的中型公司，已经将美国数百万工作岗位输出到海外。仅 2011 年，有 230 万个工作岗位从美国输出，印度定位准确，抓住了机会。当提到被转移至印度的工作岗位，许多人会认为，这些都是技能较低的工作，如电话销售及客户服务，然而，印度有大量合格且廉价的劳动力，这些外包工作的复杂程度及所需的技能水平迅速提高。例如，印度一名信息技术工程师的年薪不到 6 000 美元，拥有硕士学位的工程师可以赚到 8 500 美元，这大约是美国工程师年薪的 1/10，即便货币通胀已经缩小这一差距。麦肯锡咨询公司的努希尔·卡卡（Noshir Kaka）说：“这一行业对印度所作出的贡献，正如汽车行业对于日本的意义，也如石油对于沙特阿拉伯的意义。”印度信息技术行业在 2014 年产生的出口营收为 850 亿美元，预计到 2020 年将增至 2 250 亿美元。

美国金融服务、会计及保险公司也争相将工作岗位转移到劳动力成本低的国家。超过 80%的全球金融服务公司在海外有办事处，而且服务类型也在快速扩展。例如，据预测，每年美国 160 万份个人及公司退税材料是在印度准备的。纳税人的文件以电子方式扫描，传到印度，相关表格由印度工作人员填写完整并传回美国，由美国会计师进行检查、确认及签字。在报税高峰时期，在美国，聘请一名报税员每月要花 3 000 多美元，而在印度，相同职位的花费不到 300 美元。纳税人不知道文件准备工作是在海外完成的，大多数会计公司按照美国标准来收取费用以赚取更多利润。虽然将服务工作外包引起了社会的广泛关注，但也让更多公司看到了节约成本的可能。

另外，一些人认为，将工作机会输出到国外的低成本地区，能够从整体上促进美国产业和经济的发展。工作外迁并不一定是一场由国外工人替代美国工人的零和博弈。从这方面来看，当美国公司在海外招聘低成本劳动力时，通常也需要在国内聘用其他工人，以弥补人员不足。海外扩张也可以促使美国公司不断调整在国内的经营方式，关注更复杂、价值更高的生产活动，而不是那些输出至海外的低技能工作岗位。将工作岗位转移至成本更低的地区，有可能降低美国物价，从而增强美国消费者的购买力，促进消费者的消费和经济活动，反过来在国内创造更多的工作机会。根据伦敦经济学院（London School of Economics）经济效益中心的研究，输出至成本较低地区的工作岗位增长 1%，美国整体的就业增加 2%。《华尔街日报》评论道："世界经济正如一家成长中的企业。海外创造的工作机会会促进国内工作岗位的产生，不仅可以为美国人民创造更多的就业机会，工作技能及支付水平也会更高。大卫·李嘉图恍若在世。"

问题

1. 除了通过外包赚取利润，企业还能以其他方式获得优势吗？如果能，以什么方式？如果不能，为什么？

2. 一个公司在决定是否外包时需要考虑道德问题吗？请解释你的观点。

3. 外包的长期影响是什么？分别从对国内及对东道国的影响等角度阐述。

资料来源：Central Intelligence Agency, *The World Factbook*, https://www.cia.gov/library/publications/the-world-factbook/geos/in.html (August 25, 2014); India Brand Equity Foundation, "IT & ITeS Industry in India," August 2013, http://www.ibef.org/industry/information-technology-india.aspx (January 8, 2015); Sourcing Line Computer Economics, "Job Outsourcing Statistics," http://www.statisticbrain.com/outsourcing-statistics-by-country/(January 8, 2015); ValueNotes, "Offshoring Tax Returns Preparation to India," http://www.sourcingnotes.com/content/view/197/54/(January 8, 2015); Linda Levine, *Offshoring (or Offshore Outsourcing) and Job Loss Among U.S. Workers*, Washington, D.C.: Congressional Research Service, December 17, 2012, http://www.fas.org/sgp/crs/misc/RL32292.pdf (January 8, 2015); Suzy Khimm, "Offshoring Creates as Many U.S. Jobs as It Kills, Study Says," *The Washington Post*, July 12, 2012, http://www.washingtonpost.com/blogs/wonkblog/wp/2012/07/12/study-offshoring-creates-as-many-u-s-jobs-as-itkills/(January 8, 2015); "Outsourcing 101," *The Wall Street Journal*, May 27, 2004, http://online.wsj.com/news/articles/SB108561466828722492 (January 8, 2015); and Heather Timmons, "India Feels Less Vulnerable as Outsourcing Presses On," *The New York Times*, June 2, 2009, http://www.nytimes.com/2009/06/03/business/global/03outsource.html?pagewanted=all&_r=0 (January 8, 2015).

2.3.5 解释贸易方向的新理论

前面讨论的国际贸易理论在 20 世纪后半叶之前基本上是唯一能对贸易做出解释的理论。但从那时起，也有人提出其他的解释国际贸易的理论。虽然一些理论的某些方面会与另一些理论相悖，但它们都尽力解释了是否有贸易发生，为什么会发生，何时发生以及在哪些国家之间发生。

资源禀赋差异　有些国家拥有丰富的**资源禀赋**（resource endowments），或者说拥有丰富的土地、劳动力、资本及相关的生产要素。例如，美国有大片的肥沃良田，智利拥有充足的铜资源，沙特阿拉伯原油产量丰厚。在生产商品和提供服务方面，这些差异必然会赋予这些国家不同的机会成本。国家会尽可能地出口生产成本比较低的产品，进口那些在本国无法获取或可以从他国以更低价格购买的产品。斯德哥尔摩经济学院（Stockholm School of Economics）的伊·赫克歇尔（Eli Heckscher）及贝蒂尔·奥林（Bertil Ohlin）提出了一个理论，认为资源禀赋的差异会促使发达国家更愿意与资源禀赋不同的发展中国家进行贸易，而不会选择资源禀赋相似的其他发达国家。根据这一理论，一国出口使用本国丰富的资源要素制造的产品，从其他国家进口不具资源禀赋优势的产品。这一理论解释了初级产品（如林产品、石油和矿物）的国际贸易。它也用以说明为什么美国出口资本密集型产品（如飞机），进口劳动密集型产品（如牛仔裤或运动鞋）。

重叠需求　与资源禀赋理论相反，经济学家斯蒂芬·林德（Stefan Linder）提出了**重叠需求理论**（overlapping demand），他认为，人均收入相似的国家之间更有可能发生产品和服务贸易。根据林德的理论，顾客品位在很大程度上受到收入水平的影响，因此一个国家的人均收入水平决定了该国人口的产品需求类型。例如，在平均收入水平高的国家，人们对大屏幕电视机、高端品牌服饰、珠宝、豪华汽车及各种美食饮品有大量需求。相反，在平均收入水平低的国家，人们更需要一些简单及基础的食物、衣服及庇护所。制造商生产某种产品是为了满足客户的需求，因此，所有的生产出来的产品可以反映一个国家的人均收入水平。为国内生产的产品最终会出口至其他因收入水平相似而需求相似的国家。

重叠需求理论认为，相对于人均收入水平不同的国家之间，人均收入水平相似的国家之间发生的贸易规模会更大，本模块前面展示的贸易数据说明的正是这一情形。即使两个发达国家有相似的资源禀赋，也会由于需求相似而进行大量的产品交易活动。[13]例如，一家美国公司如苹果公司针对本国市场开发了一款具有高级功能的高端手机，这款手机最有可能出口至其他高收入国家，如日本及西欧国家，而不是一些低收入国家，如撒哈拉以南的非洲国家。

要注意的是，重叠需求理论与相对优势理论的不同之处在于，它不会具体说明某一商品的流通方向。实际上，正是基于产品差异化，产业内部的贸易才会受重叠需求的刺激而发生。**产品差异化**（product differentiation）指制造商在生产产品时使之有独特差异，从而影响需求。换句话说，苹果公司可以出口手机到日本，日本的索尼公司也可以出口手机到美国，因为这两个市场的消费者看中的正是这两个品牌的差异。

国际产品生命周期　**国际产品生命周期**（international product life cycle，IPLC）的概念是哈佛大学的雷蒙德·弗农（Raymond Vernon）提出来的。这一理论通过解释产品为什么从一开始的出口状态转变为进口状态，说明创新在贸易模式中所扮演的角色，由此认为产品会经历一个完整的生命周期。这一周期的起始阶段的创新，是从重叠需求理论借鉴而来，基于创业者在开发能够满足市场新兴需求的产品时的动机和反应。其他三个阶段如图 2－3 所示，接下来逐一介绍。我们将 IPLC 概念应用于一个发生在美国的创新案例。

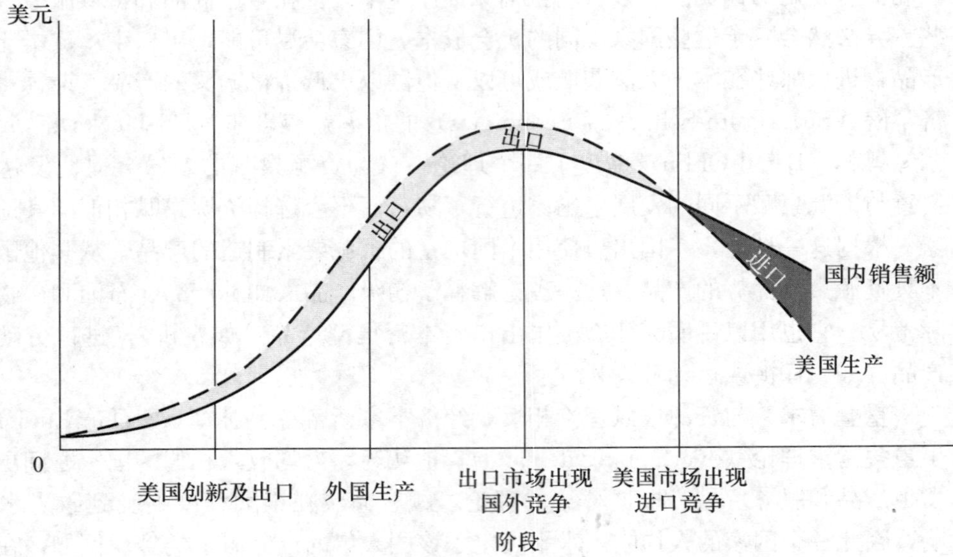

图 2－3　国际产品生命周期

阶段 1：美国创新及出口。美国是全世界拥有最多高收入消费者的国家，为获得美国消费者的青睐而展开的竞争异常激烈。制造商不断地探索更好的方法去满足客户需要，设立大型的研发实验室，不仅紧跟国内市场，而且要同产品开发所需原材料的当地供应商保持紧密联系。在一段时间内，美国公司是某种新产品的唯一制造商；国外消费者所知道的是，只能从美国公司购买这一产品。随着制造商将这一产品运给国外的消费者，美国的出口市场慢慢地发展起来。

阶段 2：国外生产。国外消费者，尤其是发达国家的消费者，在购买需求及购买能力方面与美国消费者是相似的。出口量会逐渐增加，甚至大到足以支持海外生产，尤其是针对一些更大的消费市场。

此时，生产该产品的技术趋于稳定，如果发明这一技术的是一家跨国公司，它通常会将新产品信息发送至子公司，详细描述如何生产这一产品。在没有设立子公司的地方，在了解这一产品后，国外经营者会向发明该技术的公司获取生产许可（为了抓住市场先机，它们也可能会山寨该技术）。此时国外生产开始，这可以降低运输与通信费用。美国公司依旧会将产品出口至还没有生产该产品的国外市场，但由于许可授权及外国直接投资对出口的替代，不同的国际市场需求得到满足，因而美国公司的出口增长率会随之降低。

阶段 3：出口市场出现国外竞争。当国外制造商实现了规模经济，成本随之下降。当地市场的饱和促使它们从别处寻找买家。如果能够降低劳动力或原材料成本，它们甚至可能以低于美国公司的市价出售产品。在此阶段，外国公司就是在美国的出口市场中竞争，相应地，美国出口销售额会持续下降。美国创新公司可能已研发出新一代产品，并开始相应减少低一代产品的生产，从而再次聚焦于创新。

阶段 4：美国市场出现进口竞争。如果国外制造商达到了足够的规模经济，就可能与美国公司在国内市场上围绕产品质量和价格竞争。从此时起，美国市场成为纯进口市场。电视机、鞋类、芯片就是这种情况的例子。进口增长给创新公司不断增加压力，促使它们实现产品创新和升级，从而可能开启新一轮的国际产品生命周期。当欠发达国家获得生产技术，并因较低的劳动力成本而比发达国家获得更多的成本优势时，国际产品生命周期可能会反复循环。

当国际公司在国内市场首次推出新产品时，国际产品生命周期理论在解释贸易和投资行为方面是非常有效的。例如，个人电脑首先投放在美国，然后出口至其他国家。逐渐地，生产被转移至低成本地区如中国，此时几乎所有在美国售卖的电脑都是从国外进口的。

然而，国际竞争及短暂的产品生命周期促使更多的企业在全球开发新产品，因此，这一理论的适用性大大降低。“天生国际化企业”（born global）指那些在成立之初或早期就开始国际化运作的企业，其运营和产品定位可能与国际产品生命周期理论不吻合，不会经历“国际化”这样一个过程。然而，即使这些“天生国际化企业”自成立之日起就开始参与出口活动，也会通过出口与国外生产逐渐加大对国际市场的投入，这种方式与国际产品生命周期理论是一致的。[14]

规模经济和经验曲线　20 世纪 20 年代，经济学家开始认为，大多数行业因**规模经济**（economies of scale）获利，即随着大型生产设备数量增多，产出增加，可预见的每单位产出的平均成本降低。出现这一情形是因为公司使用了更大型、更有效率的生产设备，而公司在大规模购买设备时可以获得数量折扣，一些固定成本如研发、设计及管理费用可以分摊到更大规模的产出上。大多数生产受到规模经济的影响，矿业及运输业逐渐受益于规模经济。生产成本也因经验曲线而降低，**经验曲线**（experience curve）指的是随着经验和学习的积累，生产效率大幅提升。也就是说，一个公司生产得多，就会相应掌握提升生产效率的方法，以可预测的数量降低生产成本。[15]

规模经济和经验曲线会对国际贸易产生影响，因为它们可使一个国家的企业生产成本降低，而不需要投入大量的资源，如矿产原料或劳动力。正如相对优势理论提到的，国家可以专业化生产一些产品，并与他国进行贸易，以换取它们需要的其他商品。国际贸易不断得到促进，因为即便是像美国这样的大国，如果其企业只服务国内市场，也可能无法完全达到潜在的规模经济。当三星、苹果及空客公司可以将高额的固定成本分摊到国外国内市场时，客户也可从物美价廉的产品（如半导体、电脑及客机等）中获益。

区域集群带来的国家竞争优势　英国经济学家阿尔弗雷德·马歇尔（Alfred Marshall）提出的开创性的经济学理论，解释了为什么在很多行业内企业会基于地理位置聚集在一起。[16]他认为主要有三个原因：（1）共享的集中的劳动力资源可以快速响应人员配置需求；（2）专业化的本地供应商能够依据客户需求，协调本公司的操作与技能；（3）信息技术可以随时共享，加速创新。当所有这些因素出现在某个国家时，一旦其国内行业可以利用这些优势，就会获得国家竞争优势。

国家竞争优势（national competitiveness）指的是一国在国际贸易背景下能够设计、生产、分配或维修产品，同时能够靠自有资源不断获取利润。迈克尔·波特（Michael Porter）是哈佛大学的管理学教授，他对马歇尔的理论进行了延伸[17]，提出了国家竞争力的钻石模型。根据这一模型，有四种变量会影响公司利用国家资源获取竞争优势的能力。

1. 需求条件。国内需求的本质不仅仅与规模相关。如果一个公司的客户精明老练且要求苛刻，该公司就会尽力生产高质量的、有创新性的产品，在这种情况下，比起其他国内压力较小的企业会获得全球竞争优势。

2. 要素条件。波特区别了基本要素（先天要素，如土地、位置或自然资源）及高级要素（通过个人、企业或政府投资而产出的要素，如国家运输系统或大学研究机构）。自然禀赋的缺乏促使国家投资获得高级要素，如受过教育的劳动力、深水港及先进的通信系统，从而帮助本国的企业更好地参与国际竞争。加勒比地区的一些国家已经升级了通信系统来吸引那些不太需要基本要素的公司，如银行及其他服务类公司。

3. 相关和支持性行业。行业内的企业会与其供应商、供应商的供应商等在某地区聚集，形成一个由供应商、承包商及商业基础设施构成的网络。例如，在加利福尼亚的旧金山湾区有一系列相关的支持性行业，来支持个人电脑行业。其中包括负责研发、设计、生产及服务运营的半导体设计者及生产者，有专业实力的风险投资家及知识产权律师，还有提供科学设备、电子通信设备及软件开发的供应商，以及其他各种互联网相关公司。[18]

4. 公司战略、结构和竞争。波特认为，受国内市场激烈竞争影响的公司会不断想办法提升效率和创新能力，从而使其在国际市场中更具竞争力。数十年来，身处寡头垄断行业的企业都小心观望竞争对手的每一个举措，甚至会涉足海外市场，这仅仅是因为它们的竞争对手这么做。日本汽车制造商如丰田、本田及日产，几十年来在国内市场竞争异常激烈，不断地给对方施加压力，由此促进了产品质量与性能的提升，但也增大了失去市场份额的风险。正是这样的竞争使它们在汽车设计和生产方面处于世界领先水平。一旦其中某个企业冒险进入新的国际市场，如欧洲、南非或东南亚，其余的也会紧跟其后，以防自己的国际竞争力被削弱。

除了这四个变量，波特还提出，竞争力会受到政府政策的影响，如动机、补贴、防范外国竞争者的临时保护或基础设施建设，也会受一些随机事件的影响，如研究的新突破或运气出现的地点和时间。

波特认为，这些因素在根本上是相互关联的，形成了资源生产与应用的良性循环及满足客户需求的响应机制（如图 2-4 所示）。

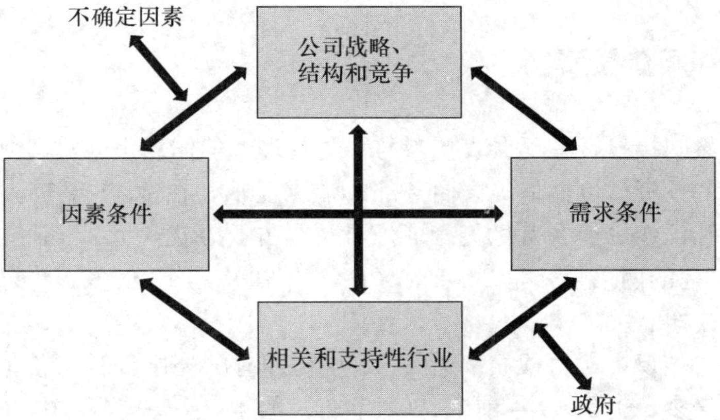

图 2－4　影响国家竞争优势的变量：波特钻石模型

资料来源：Reprinted by permission of the *Harvard Business Review*. "The Competitive Advantage of Nations" by Michael E. Porter，March-April 1990，p. 77. Copyright © 1990 by the President and Fellows of Harvard College，all rights reserved.

2.3.6　国际贸易理论小结

国际贸易理论说明，一国通过生产具有相对优势的产品，进口具有生产劣势的产品，可以提高生活水平。一般来说，贸易限制会阻止商品的自由流动，损害国家利益。

国际贸易之所以存在，是因为企业有出口行为。但正如你所知，出口只是国际商务的一个方面。另外一个方面是，海外生产需要外国投资，这正是接下来要讨论的内容。

2.4　海外投资

我们可以把海外投资分为两个部分：**间接投资**（portfolio investment），指购买股票和证券，以期从中获取收益；**直接投资**（direct investment），投资者除了通过投资获取收益，还会直接参与公司的经营管理。随着国际合并、收购及联盟的数量增多，规模变大，这两者的区别开始变得模糊。例如，当一外国投资者在国内某公司的参股比例达到 10%或更高时，这一投资通常被看作直接投资。

相反，如果外国投资者的持股比例低于 10%，投资就会被归类为间接投资。随着企业全球化的步伐加快，为了集中资源（如生产、市场、技术及其他专业技能），公司通常与其他国家的企业结成战略联盟，同时保持低于 10%的股权权益。来自外国风险投资家的融资通常也会被看作间接投资，即便这些投资者会非常积极地参与目标公司的商业经营活动，他们这样做的最终目的是在目标公司上市后获取可观收益。

2.4.1 间接投资

虽然间接投资者不会直接参与公司管理，他们还是会对其他国家的股票及证券进行大量的投资。例如，美国商务部的数据显示，在 2014 年初，非美国居民拥有的美国股票和证券价值 8 万亿美元（公司股票占 5 万亿美元），不包括国库券，这一数字是 10 年前的两倍多，是 20 年前（1994 年初）的 10 倍多。[19]这与外国公司大规模收购美国公司有关。

与之相反，美国投资者在 2014 年初拥有的外国证券共价值 87 亿美元，是 2004 年的 3 倍多，也是 20 年前（1994 年初）的 10 倍多。[20]其中，65 亿美元来自公司证券。这一增长反映了美国购买外国证券的净额，美国公司对外国公司的收购及许多证券的增值。正如你所见，外国间接投资的规模巨大，随着越来越多的国际公司的股票和证券在外国交易所发行，这一规模还会持续增长。

2.4.2 对外直接投资

接下来，我们介绍对外直接投资，包括对外直接投资的规模、水平和方向，以及国际贸易对对外直接投资的影响。

对外直接投资存量 2014 年初，外国直接投资的账面价值（book value）或发行在外股份的总额为 26.3 万亿美元。[21]虽然在过去 20 年间美国的对外直接投资比重下降，但在 2014 年，美国个人及公司的海外投资仍达到 6.3 万亿美元。这一数字是英国——第二大外国投资国的 3 倍多。[22]在之前的 30 年间，欧盟的对外直接投资比重上升，但依据欧盟的算法，这一增长是由于其他欧盟成员国的加入。在此期间，日本的对外直接投资下降了约 50%。而发展中国家的对外直接投资有大幅增长，从 1980 年的 1%增至 2014 年初的 19%，反映了其经济的持续发展。[23]图 2-5 凸显了部分国家/地区，尤其是新兴市场经济体（即墨西哥、巴西、俄罗斯、印度和中国）外国直接投资存量的增长速度。

每年流出的对外直接投资 每年投入他国的投资额都会有大幅波动，这是因为受到一些因素的影响，如各国乃至全世界的经济发展水平的影响。例如，对外直接投资的流出额在 2000 年达到历史新高，即 1.24 万亿美元，是 1997 年的 2.5 倍多。[24]然而，2000 年末，全世界范围的经济衰退导致下一年度对外直接投资流出额整体下降。到 2002 年，总额已下滑至 5 310 亿美元。在 2007 年末经济下滑之前，流出额有所增长，达到 2.27 万亿美元，2013 年对外投资流出额为 1.14 万亿美元。

2013 年，发展中国家的对外直接投资的外流总量是 2003 年的 9 倍，发展中国家对外投资流出总额在全世界总额中所占的比重也由 1990 年的不足 5%上升至 2013 年的 32%。[25]虽然发展中国家的对外投资流出量有所增长，但对外投资的大部分（将近 2/3）来自发达国家。近几年，虽然整体比重有所下降，但美国和欧盟加起来仍占世界对外投资总额的 1/3～1/2。1990—2013 年，美国在对外投资方面一直独领风骚，在

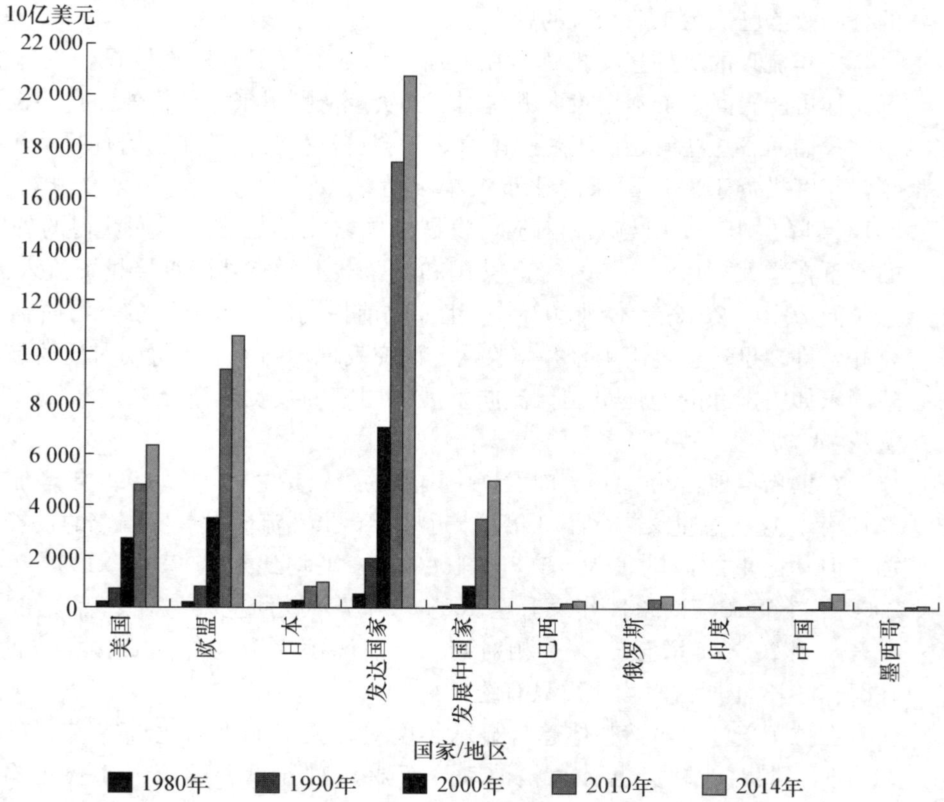

图 2-5 部分国家/地区对外直接投资存量

资料来源：Various "Country Fact Sheets," *World Investment Report 2001*, United Nations Conference on Trade and Development, Geneva, October 2001; UNCTADSTAT, "Outward Foreign Direct Investment Stock," http://www. exteriores. gob. es/Embajadas/BERNA/de/Embajada/Documents/inward% 20stock _ unctadstat% 20unctad. pdf (January 8, 2015); and U. S. Department of Commerce, Bureau of Economic Analysis, "International Investment Position of the United States at the End of the Quarter," http://www. bea. gov/newsreleases/international/intinv/2014/intinv413. htm (January 8, 2015).

全世界对外投资总额中，平均占比为 1/4。2013 年，美国的对外投资额为 3 380 亿美元，比日本、中国、俄罗斯三个国家的投资总额还要多。在世界对外投资流出总额中，欧盟所占比例从 1985—1997 年的平均约 47%增至 2005 年的 69%，达到顶峰，之后在 2010—2013 年跌至 26%。[26]

世界上许多对外投资流出都与并购相关。历史上，外国在美国的公司投资有将近 2/3 用于收购将要倒闭的公司，而不是设立新公司（类似地，美国在海外市场的投资大部分也是用于收购濒临倒闭的公司）。[27]有许多原因可以解释这一现象：（1）在美国，管理层通过企业重组，公开出售那些无法达到盈利水平或与公司主营业务不相关的业务或资产；（2）外国公司想要在美国快速获取先进技术，尤其是在计算机和通信领域；（3）外国公司的管理者认为，收购美国知名品牌，而不是推出新的不知名的品牌，更有助于进入繁荣的美国市场，获得更大的成功。（4）随着国际竞争压力与日俱增，规模经济进一步扩大，许多行业进行了重组、合并，在主要市场（如美国）出现的公司收购已成为工业潮流的副产品。

每年流入的对外直接投资 在前面，我们了解了对外直接投资兴起的国家和地区。你可能会问，资本会投向哪些国家？资金从哪里来？分析外国直接投资流入可以帮助我们回答这些问题。工业化国家之间会进行投资，正如它们有贸易往来。但近些年，年度投资于发达国家的比重大幅下滑，1985—2004 年平均为 76%，而 2010—2013 年降至 45%。[28]与之相对应，发展中国家尤其是亚洲国家获得的外国直接投资的比重在增大。1985—2004 年，美国和欧盟共占所有外国直接投资流入额的 60%以上，而 2010—2013 年不到 36%。[29]正如之前提到的，由于很多公司面临全球竞争与合并，许多投资主要用于合并与收购。研究发现，与之形成鲜明对比的是，在经济发达国家如美国和欧盟成员国，流向发展中国家的投资比重上升，2010—2013 年，比重从 24%升至 49%。

在世界各地，2000 年流向发展中国家的投资量总体上比 1990 年增加了 7 倍，到 2013 年，这一总量又扩大了 3 倍。[30]近些年，虽然流向发展中国家的投资总额大幅增加，但其比重的波动很大。1985—1995 年，平均比重为 28%，1996 年升至 38%，2000 年降至 18%，2004 年又升至 40%，2007 年跌回至 27%，之后又在 2009 年升至 43%，到 2013 年增至 54%。相对而言，非洲国家参与外国直接投资的比重很小，1985—2013 年所占平均比重只有约 3%。

在拉丁美洲，虽然整体趋势显示年度对外投资流入的比重持续上升，但在过去 20 年间，其对外投资也有大幅波动。而亚洲对外投资的流入整体上有大幅增长，2010—2013 年，平均每年的流入额大约为 4 200 亿美元，是 10 年前平均水平的 3.3 倍。2010—2013 年，不包括流入美国和欧盟的对外投资，流入亚洲的投资几乎占所有投资总额的一半。其中一个特别重要的趋势就是，在流向亚洲的投资总额中，流入中国的占 49%。

对外直接投资的水平和方向 虽然不能精确计算外国投资的现有价值是多少，但我们能够了解这类投资的比重和数量，以及它们的去处。企业管理层和政府领导人对这类信息很感兴趣，而且与我们分析国际贸易的意义有异曲同工之处。如果一个国家持续接受数量可观的外国投资，那么它的投资环境是有利的。这说明外国环境中政治因素是有一定吸引力的，因此，比起其他地方，这里获取利润的机会更大。当然，还有其他原因可解释这里投资众多的现象；如果上述因素不存在的话，是不太可能有外国投资出现的。

国际商务实践

贸易和投资会影响经济社会发展吗？

显然，国际贸易在影响经济和社会发展方面扮演着重要的角色，尤其是对发展中国家而言。然而，单纯扩大贸易并不能保证国家和人民的利益。相反，国家需要在考虑本国的就业水平、经济增长与发展、人民生活水平的提高等情况下，审视贸易的影响。

为确保贸易在促进增长和发展方面发挥全面的、建设性的作用，联合国贸易和发展会议提出了一个积极倡议，其中包括编写贸易发展指数（Trade and Development Index，TDI）。通过观察一系列与贸易和发展相关的机构、结构、金融等因素，识别这些因素之间的相互关系，TDI尝试评估一个国家的贸易和发展情况，并确定能够促进贸易和发展的战略。一共有123个国家参与评估，排名最前的20个国家及排名最后的21个国家都在表里一一列举。

联合国贸易发展指数排名最前及最后的国家

排名最前的国家		排名最后的国家	
排名	国家	排名	国家
1	美国	103	津巴布韦
2	德国		巴基斯坦
3	丹麦	105	叙利亚
4	英国		乍得
5	新加坡	107	科特迪瓦
6	日本		毛里塔尼亚
	瑞典	109	布基纳法索
8	法国	110	贝宁
	挪威	111	布隆迪
10	加拿大	112	中非共和国
	瑞士		赞比亚
12	澳大利亚	114	埃塞俄比亚
13	比利时	115	喀麦隆
	冰岛	116	几内亚
15	芬兰	117	也门
16	爱尔兰	118	安哥拉
17	奥地利		刚果民主共和国
18	新西兰	120	尼日尔
19	西班牙	121	尼日利亚
20	以色列	122	几内亚比绍
		123	苏丹

排名最前的20个国家都是发达国家。这一结果表明，就贸易和发展方面的表现而言，鲜有发展中国家能够与发达国家并驾齐驱。10个排名最后的国家中，有9个是撒哈拉以南国家，表明这一区域及最不发达国家普遍面临严重的贸易和发展问题。发展中国家中，表现最好的集中在东亚和太平洋区域，南亚和撒哈拉以南地区发展严重滞后。

TDI分数高的关键因素是贸易自由化，即采取减少或消除国际贸易壁垒的政策。一般而言，在较长时间内，在未出现市场失灵（如政府干预市场）的情况下，贸易自由化是能够有效促进发展的政策。但过于激进地实施贸易自由化政策也会导致短期调整问题，如当地公司因效率不够高而无法与外国公司竞争，从而倒闭。

研究发现，在所有阶段，对外直接投资对所有参与调查的国家的出口绩效有积极影响。对外直接投资在影响出口的组成方面发挥重要的作用，包括在一个国家生产某种产品的技术，以及满足出口需要的生产能力的发展。对外直接投资的影响在知识型产业，如医药、电子通信及计算机行业尤其重大。在所有出口国中，对外直接投资对两个经济表现最差的国家的影响最强烈，它们在出口发展的早期阶段也会受到严重影响。

UNCTAD强调，一个国家仅改善贸易因素，如贸易环境的自由化，只能产生边际效益。只有与其他旨在促进社会发展、减少贫困的因素相结合，才能有更多的收益。贸易政策迫切需要与其他社会、政治及经济措施整合，并实现协调发展。

问题

1. 为什么贸易和投资可能会影响一个国家的社会经济发展？
2. 发展中国家应该采取什么措施提高国际贸易发展的潜在效益？

资料来源：UNCTAD，*Trade and Development Report*，*2013*（New York：United Nations，2013），http://unctad.org/en/PublicationsLibrary/tdr2013_en.pdf（January 8，2015）；UNCTAD，*Developing Countries in International Trade 2005*：*Trade and Development Index*（New York：United Nations，2005），http://unctad.org/en/Docs/ditctab20051_en.pdf（January 8，2015）；and UNCTAD，*Developing Countries in International Trade 2007*：*Trade and Development Index*（New York：United Nations，2007），http://unctad.org/en/Docs/ditctab20072_en.pdf（January 8，2015）.

2.4.3 贸易导致对外直接投资的发生吗？

从历史上看，对外贸易是早于对外直接投资的。其中一个原因是，参与对外贸易比在国外市场直接投资花费更少、风险更小。而且，公司往往通过管理一步步地扩大商业规模，而不是进行大规模投资，寻找与国外生产能力相匹配的大市场。一般来说，公司利用国内外代理机构开展出口贸易。随着出口业务逐渐增加，公司会专门成立出口部门，或聘请销售代表驻扎海外市场，甚至可能在国外建立销售公司从事进口活动，并售卖公司产品。

与此同时，管理层也会密切关注整个市场规模，因为他们知道，竞争对手也是这样做的。一般而言，由于当地市场的规模不够大，在所有外国产品进入市场的情况下，本地公司无法维系。此时的问题是：谁会首先开始在这里生产。有经验的管理者知道，政府会限制生产某种产品的公司的数量，所以，他们必须向政府保证企业能够盈利并会持续经营，才能在当地设厂进行生产。对于依靠外国投资的发展中国家来说，这些公司能够成功地在当地设立生产基地非常重要，因为这将提供工作机会，增加税收收入。

许多国际公司直到今天仍采取这一方式扩大市场。然而，新的商业环境下，政府贸易壁垒减少，全球化公司带来的竞争与日俱增，新的生产及通信技术发展迅猛，为了提升效率，许多国际公司都将生产基地安排在距离资源近的地方。之后，它们会尝试从整个区域或全球出发，整合从原材料到成品的生产过程，以提升自己的全球竞争力及经营水平。因此，决定在哪里安排生产，也就是决定使用对外直接投资方式还是贸易方式，这主要取决于哪一种方式可以最大限度地增强公司的竞争力。这也说明了对外直接投资与贸易是如何紧密相关的。

2.5　阐释对外直接投资：国际投资理论

本部分通过几个重要理论，解释为什么公司会选择在国外市场直接投资，而不是采用其他替代方法，如许可或出口。对外直接投资包括所有权和对实际或实体资产（如厂房和其他设施）的控制。不包括其他的国际投资类型，如股票组合、证券及其他形式的债券。对外直接投资主要通过绿地投资或跨境收购进行，**绿地投资**（greenfield investment）指从头开始建立新的设施，**跨境收购**（cross-border acquisition）指的是在国外收购企业。我们通常会假设，战略动机促使公司做出在国外投资的决定，如想要寻找新市场、获取原材料、提高生产效率、获得新技术或管理专家、增强公司经营的政治安全，或者为了应对外部竞争及其他压力。[31]为了成功进行对外投资活动，公司只有具备当地公司不具备的优势，才能克服其作为外来公司的不利条件，比如不了解当地市场情形，远距离运营的成本增加，或者文化、语言、法律法规及机构的差异大。对外直接投资理论试图解释应如何开发及利用这些优势。

2.5.1　垄断优势理论

现代**垄断优势理论**（monopolistic advantage theory）认为，能够进行对外直接投资的公司，在所处的行业中竞争对手相对较少，因为比起当地公司，它们具备技术及其他优势。这一理论所依据的研究成果表明，大部分对外直接投资发生在竞争对手数量很少的行业（如制药行业或铁路机车行业），而不是竞争对手多且竞争激烈的行业。为了限制竞争者数量，这些行业的企业必须具备其他公司（包括当地公司）很难复制或超越的优势。智能手机制造商苹果、三星，磁共振成像仪制造商通用电气、飞利浦及日立，商用机制造商波音、空客就是典型例子。根据垄断优势理论，优势一定是来源于规模经济、卓越科技、市场营销和金融管理方面的卓越能力和知识。这些优势克服了作为一个外来者的劣势，并可提高进入壁垒。通过限制潜在的当地竞争者进入，跨国公司可以在外国市场获取比当地竞争者更多的经营利润。[32]

2.5.2　战略行为理论

在垄断行业中，竞争公司数量少，如在2014年，美国98%的手机市场被4家公司控制，研究者就此尝试解释对外直接投资是如何在**寡头垄断行业**（oligopolistic industry）出现的。[33]在寡头垄断情形下，一个公司的举措会强烈影响行业内其他公司的业绩。例如，如果一个跨国汽车制造公司第一个投资于某新兴经济体，那么这家公司相对于其他未在该国投资的公司有更大的可能主导该新兴经济体的市场。这家首先进行投资的企业，可利用自己的竞争优势在其他国家也获得优势。因为行业内竞争对手的举措对彼此都有影响，在进行国际扩张时，它们之间的相互关联会增加彼此模仿投资行为的可能性。**战略行为理论**（strategic behavior theory）认为，在寡头垄断行业中，公司会进行战略竞争，由此导致公司之间密切关注并模仿对方的国际投资，以防止竞争对手获得先机。[34]

2.5.3 内部化理论

内部化理论（internalization theory）认为，为了使投资获取更高的收益，公司将其先进知识转移至外国子公司，而不是在市场中公开售卖。内部化理论首先假设，公司可能拥有比其他竞争者更先进的知识，如来自研发成果的知识。然而，由于高额的交易成本，公司内部利用这一知识赚取的利润要比在市场上公开售卖获得的利润更高。通过投资外国子公司的一些活动，如供应、生产或分销，而不是把这些经营活动授权给其他公司，该公司可以跨境传递这些知识，同时保有对知识的掌控权。例如，三星和英特尔都斥巨资生产记忆芯片和半导体，它们通过投资自己的生产设备，以一种传统方式保护自有知识。根据内部化理论，可预见的结果是，公司通过投资来形成这一知识，可获得巨大收益，尤其是当这一知识被嵌入卖给顾客的不同产品或服务时。[35]

2.5.4 动态能力理论

动态能力（dynamic capability）理论认为，公司若要在海外投资成功，不仅需要拥有独特的知识或资源，还必须能够随着时间的推移动态地创造、维护及利用能力。从这个视角来看，拥有专门的知识或资源是必需的，但要对外直接投资成功，有这些还不够。公司必须能够有效地创造、维护及利用动态能力，实现质量及/或数量优先部署，而且要保证在国际环境中也可以自如地使用这些能力，从而获得竞争优势。一些公司如 IBM 或微软都成立了卓越中心，发展自己的核心竞争力，用于在东道国进行的投资活动。

2.5.5 国际生产折中理论

国际生产折中理论（eclectic theory of international production）结合了一些我们探讨过的理论元素，是目前引用最为广泛、认可度最高的关于对外直接投资的理论，由英国经济学家约翰·邓宁（John H. Dunning）提出。这一理论为解释以下问题提供了一个全面的框架，即为何公司会选择参与对外直接投资而不是选择其他替代方法（如出口、许可、管理合同、合资企业或战略联盟）服务市场。[36]邓宁指出，公司若要在海外投资设施建设，必须具备三种优势：所有权优势、区位优势及内部化优势。

1. 所有权优势。这是指公司已经拥有并且能够继续开发的企业优势的程度，公司所拥有的有形或无形资产其他公司无法获取，可将这种优势转移至国外。三种基本的有形或无形所有权优势类型是：知识或技术、规模或范围经济、垄断优势，比如获得关键投入或产出的独特途径。这一优势会降低成本、增加收益，从而抵消因在国外经营而产生的额外的距离成本。

2. 区位优势。国外市场必然有独特的经济、社会及政治特点，如市场规模、关税及非关税壁垒、运输成本，这些特点允许公司利用其特定优势，在当地市场设厂获取利润，而不是通过出口获利。

3. 内部化优势。公司进入国外市场的方法各种各样，从正常的市场交易到设立全资子公司。公司通过内部化选择来利用自身的所有权优势，才最符合公司的利益。这就意味着，要坚持企业所有权及控制权，无论市场不存在还是市场运行效率低下使得选择正常市场操作的交易成本过高。

折中理论有时也称为OLI模型，由上文提到的三个优势的英文缩写而得名。

我们所讨论的大部分理论有个共同的基于事实的假设，即大多数直接对外投资是由寡头垄断行业中大型的研究密集型企业发起的。这些理论也为企业进行海外投资提供了理由：投资海外是有利可图的。但是，对外直接投资的所有动机不仅与企业增加或保护利润的愿望相关，还与扩大销量和市场有关。

得到那份工作！从双肩包到公文包

凯蒂·拉斯科：接受新文化挑战

我曾在俄亥俄大学（Ohio University）学习工商管理专业，主攻公司可持续性方向。我渴望成为一名领导者，帮助公司制定战略，减少公司发展对环境的影响，并将可持续发展与公司的发展、文化及沟通结合在一起。

我第一次参与国际商务源于我在俄亥俄大学选修的一门课程。我之前在网上做了大量的调查，想寻找国际实习的机会，但大多花费巨大，而且似乎是虚假信息。我清楚自己想要去拉丁美洲，有一天，当我在课后与国际商务教授聊天时，他提到在厄瓜多尔有一个可以在某个机构参与可持续发展相关活动的机会。发了几封邮件后，我和这个机构的经理取得了联系，并安排好了我的实习。这个位于厄瓜多尔的小机构名叫Arajuno Road Project（ARP）。我在这家机构工作和生活了十周。我作为这个机构的组织发展实习生，运用自己的商务技能制作市场营销资料，协调义工统筹，寻找基金资助。作为俄亥俄大学Public Interest Grant项目的受助者，我愿意花时间研究、撰写及设计一份全面的志愿者手册，提供给新加入该项目的志愿者。

在前往厄瓜多尔的几个月前，我就开始学习西班牙语，并与朋友们进行练习。在准备护照、安排行程并接种疫苗的同时，我购买了一本关于厄瓜多尔文化的书，了解当地人的特点及文化动态。我希望自己在融入当地文化时做到：(1) 随时准备学习并参与；(2) 对自己的经历有理性的认识。

ARP位于一个名叫普约的小城市，距离基多的东边有5小时的车程。ARP资助10所坐落于亚马孙乡村的小学，为其提供英语教学、修建社区花园、协助建设基础设施及其他小型项目。我与其他志愿者同住一栋房子，并且可以探索周围的环境。但是，我也经历了较大的文化冲击，尤其是在最开始的蜜月期逐渐消失后。大多数时候，我独自对着电脑工作，而其他志愿者在教书或在院子里种蔬菜。有些时候，我感到孤独、压抑，觉得和自己熟悉的生活脱节了。

为了应对文化冲击，我试着对日常的计划进行结构化安排。在家里，我做事井井有条，对日程有详细的安排。我在打印纸上列出了我每一周的计划，标明自己的工作时间、参与的活动及任务，并记录自己的预算。有时我会去镇上的网吧、咖啡馆坐坐，而不是待在志愿者之家工作。我会去镇上的舞蹈室，参加一对一的萨尔萨舞和梅伦格舞学习，每周三次（但有很大困难，因为我的西班牙语沟通水平有限）。学习这些课程让我变得有激情：让我在下午时有所期待，能够释放一上午在办公室工作产生的压力。我努力与我遇到的厄瓜多尔人建立良好的私人关系，包括晚上在社区舞蹈班跳舞的舞伴、项目中认识的朋友，以及向我学习英语的学生。为了克服语言障碍，我采取了积极的措施。每天晚上，我会学习西班牙语并做笔记。第二天，我会尝试着把学会的内容用到实际对话中。虽然我还不能十分流利地说西班牙语，但我相信人们是可以看到我的努力和热情的，这有助于建立人际关系。

到厄瓜多尔的第二天，我坐公交车去普约，路上我的背包被划破，电脑被偷。那天我很失落，不仅是因为电脑丢失，更多的是因为自己无法适应不同的文化，也不像自己所想的那样能干和独立，我为此感到尴尬。但回想起来，这件事的确促使我通过另一种文化来认识自己：一个年轻的白皮肤女人穿着昂贵的登山服独自旅行。我在厄瓜多尔人眼里明显是完全不同的。在厄瓜多尔期间，我亲身经历了这些不同，并且学会了如何有效地融入外国文化（我的电脑再也没被偷过）。这种全球化视野是我学到的最重要的东西。

在我返回美国后，也的确经历了反文化冲击。在纽约下飞机，我在公共汽车上不小心撞到一个男人，他冲我大喊大叫，而在厄瓜多尔就不会有这种情况发生。尽管我现在调整后又融入美国文化，但我还是注意到我曾经缺失的东西，例如人们强烈渴望的个人主义及独立性。

对于想要出国的人，我最强烈的建议是：充分利用你处于另一个文化中的时间。不要理想化自己的经历，要预料到会出现文化冲击、沟通问题及其他困难。然后，要积极地运用策略去学习和成长，与当地人交朋友，寻找让你感兴趣的课外活动，给自己安排好计划，学习语言，去周边旅游。

模块总结

1. 描述国际贸易的规模，并说明它是如何实现增长的。

截至2013年，按当前美元计算，商品及服务的国际贸易总额为23.4万亿美元，其中实体商品出口额为18.8万亿美元，而服务出口额只为4.6万亿美元，尽管如此，服务贸易的增长速度超过商品贸易的增长速度。世界进出口总额中，世界10大商品及服务贸易进出口国的贡献超过50%。这再一次强调了一个事实：国际贸易在世界各地区和国家的分布持续不均匀。如今，近60%的全球产出用于国际贸易，这又一次证明了国际贸易对于世界上许多国家的经济贸易活动的重要程度。

2. 确认国际贸易的参与方。

发达国家一般倾向于与发达国家进行贸易往来，这是世界出口的主要组成部分。超过一半的出口是从发展中国家流向发达国家，但随着发展中国家之间的贸易往来愈加频繁，这一比例在逐渐下降。区域贸易协定的增加及其他因素改变了世界贸易在商品及服务方面的规模和方向。超过70%的世界贸易出现在区域贸易协定的成员之间。

3. 辨析国际贸易理论。

资源禀赋理论认为，一国会出口使用本国丰富的资源要素制造的产品。与资源禀赋理论相反，重叠需求理论认为，人均收入相似的国家之间更有可能发生产品和服务贸易。国际产品生命周期理论指出，许多产品首先在美国或其他发达国家生产，最后在欠发达国家生产，并出口到最开始生产的国家。波特解释了国家是如何通过区域集群获得竞争优势的，在这方面，他提出了四种关键变量：需求条件，因素条件，相关和支持性行业，公司战略、结构和竞争。竞争力也会受政府及不确定因素的影响。

4. 描述对外直接投资的规模、增长速度及方向。

在2014年初，对外直接投资的账面价值为26.3万亿美元。虽然美国是对外直接投资最大的来源国，但其所占的比重一直在下降。而欧盟所占的比重在增长。来自发展中国家的对外直接投资也在持续增长。2014年初，超过80%的对外直接投资来自发达国家。总体来说，大约2/3的对外直接投资来自发达国家，3/4的资金来自美国和欧盟。在对外投资的方向方面，近些年，每年平均一半的对外投资流向发达国家，与历史平均值相比大幅下降。投资的主要形式是收购现有公司。对外直接投资跟随对外贸易的方向，也就是说发达国家之间进行投资，正如国与国之间开展贸易活动。

5. 阐述对外直接投资理论。

为了成功开展对外投资活动，公司只有具备当地公司不具备的优势，才能克服作为外来公司的不利条件。对外直接投资理论说明如何开发及利用这些优势。根据垄断优势理论，优势一定是来源于规模经济、卓越科技、市场营销和金融管理的专业知识。跨国公司可以在外国市场获取比当地竞争者更多的经营利润。战略行为理论认为，在寡头垄断行业，公司会进行战略性竞争，由此导致公司之间密切关注并模仿对方的国际投资，从而防止竞争对手获得先机。内部化理论认为，公司通过投资外国子公司，而不是把先进的知识授权给其他公司，来获得更好的投资收益。动态能力理论认为，公司若要在海外投资成功，不仅需要独特的知识或资源，还必须能够有效地创造、维护及利用动态能力。国际生产折中理论说明跨国公司是如何选择海外生产基地的。要在海外建立生产基地，公司必须具有区位优势及所有权优势。它会选择能够在内化其垄断优势时获得最大利润的地点投资。

批判性思考

1. 讨论并解释商品及服务国际贸易在过去的20年里所发生的变化以及主要的趋势。你能以此推测未来的趋势吗？你认为此类信息对于管理者来说有何价值？

2. 出口的商品从何而来，通常情况下又销往何处？这些线路如何随着时间的推移而改变，为什么会改变？你认为这样的趋势还会持续下去吗？为什么？请解释为何此类信息对于市场分析师来说至关重要。

3. 解释什么是重商主义，为什么有些人认为重商主义不利于促进经济发展繁荣。人们对重商主义的批评不断，为何有些国家仍然依靠基于重商主义的做法来发展经济？

4. 请解释亚当·斯密的绝对优势理论。这一理论对于决策者做出有关国际贸易的决策有什么潜在的局限性？李嘉图的比较优势理论与绝对优势理论有何不同？

5.“将服务类工作转移到低成本国家，例如印度，对美国有百利而无一害。”支持这种主张的论据有哪些？在什么情况下，这种观点可能被视为错误的？

6. 请列出你认为已经通过国际产品生命周期四个阶段的产品。试着找出国际产品生命周期仍然有助于解释国际贸易和投资的行业或产品。你能找出不适用该概念的行业或产品吗？

7. 请用波特有关国家优势的钻石模型解释，为什么像印度尼西亚这样的新兴市场，在提升诸如智能手机或者混合动力汽车发动机这类新兴产业部门的全球竞争力方面遇到很大困难。

8. 造成美国和日本对外直接投资比例下降的潜在因素是什么？对外直接投资比例下降会造成什么影响？你认为对外直接投资在未来还会持续下降吗？请解释。

9. 在过去的二三十年间，对外直接投资的水平和方向在总体上以及在年度外流和流入方面如何变化？产生这些变化的原因是什么？为什么这些信息与管理者相关？

10. 请根据本模块提出的理论，解释企业为什么会参与对外直接投资而非国际贸易。

微型案例

巴西能够在信息技术外包业务中成为全球竞争者吗？

随着世界对信息技术（IT）产品和服务的依赖性逐渐增强，全球 IT 外包行业迅速扩张。成本降低及核心能力带来的全球竞争压力，迫使各种规模的企业都选择向海外外包自己的 IT 服务。结果，IT 服务外包的年均复合增长率从 40%增至 50%。在世界范围内，印度在 IT 外包市场中占主导地位，在所有国家中所占比例最大。然而，印度的 IT 领域也开始面临挑战，包括劳动力成本的增长、腐败等。许多国家，尤其是亚洲、拉丁美洲及东欧的新兴市场，已经开始尝试占据 IT 外包业务的市场份额，因为它被看成是技术性工作的来源，以及促进整体经济发展的基础。

提起巴西，人们会把这个国家与足球和桑巴舞联系起来，但在各种先进技术领域中，巴西已成为一个全球竞争者。现在，巴西积极地行动，想要在 IT 外包行业中建立有力的国际竞争地位，并试图与其他国家或地区竞争，吸引更多的生意。

与印度相比，巴西在 IT 外包领域的规模相对较小，但从巴西的实力及其他方面来看，预计它会在这一领域有很快的发展。作为世界第八大经济体，巴西拥有先进的电子通信及网络服务设施。它在一些关键技术如网络可用性等方面的排名比印度或中国更靠前。长期以来，巴西的多所工程院校实力很强，培养出高素质的技术人才。信息技术及计算机行业拥有 200 万名雇员，其中将近 40 万人受雇于 IT 服务行业，即便现在 IT 服务出口大幅下降，巴西国内 IT 服务市场的规模依然可以与领先世界的印度相比。巴西是全球银行业自动化程度最高、水平最先进的国家之一，这也为国内的 IT 软件及支持服务提供了市场。巴西的时薪大约是美国的 40%，员工流动率大约只有 20%，而困扰印度 IT 公司的员工流动率却高达 40%。巴西所有的运营成本，包括劳动力、基础设施、企业所得税、奖励措施等开支，比来自低收入或中高收入国家的竞争者低。而且，巴西与美国东海岸的时差只有一小时，与美国西海岸及东欧的时差只有四小时。

相比中国或印度，时差最小为巴西提供了相对优势，与客户及海外支持项目小组沟通和协调更方便。而且，巴西的商业管理、文化及价值观更加西化，有助于巴西在与来自美国或西欧国家的公司建立工作关系时达成共识、提高效率。如巴西软件服务出口公司协会主席安东尼奥·吉尔（Antonio Gil）所言，“在外包工作时，能够与供应商建立信任关系很重要。这通常需要了解并建立稳固的合作关系，但当与来自世界另一端的外包合作者的文化敏感差异较大时，难度就会加大”。Everest的CEO彼得·本德-塞缪尔（Peter Bendor-Samuel）曾说，在巴西，说“是”通常表示“是”的意思。而在印度，这也可能意味着“不是”。正是因为拥有这些优势，诸如埃森哲、惠普、Electronic Data Systems、惠而浦、盖璞及IBM都将其海外活动扩展到了巴西。法国的跨国管理顾问公司凯捷（Cap Gemini）宣布向巴西的IT服务供应商CPM Braxis投资29 800万美元。这家公司致力于在全球竞争者中占据主导地位。即便是来自印度的竞争者，如塔塔咨询公司（Tata Consultancy Services）、印孚瑟斯（Infosys）及威普罗公司（Wipro），都开始强势进入巴西市场。

即便巴西在很多方面有一定的实力，但依然存在一些局限。例如，发电领域的投资不足，可能会导致低电压及断电，这些问题也困扰其他新兴市场，包括印度。以葡萄牙语为母语的巴西人通常被认为英语技能较差，巴西技术人才及高级管理人才缺少国际经历，这对于想要在巴西建立分支机构的跨国公司来说是很大的问题。在2.03亿巴西人口中，只有11%有大学文凭。而且，在一定程度上，巴西的监管制度较为迟缓低效，如劳动法僵化。在过去几十年间，巴西的汇率波动频繁。即便印度和中国有工资上涨的问题，巴西的劳动成本仍高出30%～40%。巴西的犯罪及社会不公平问题也很严重，尤其是在一些大城市，如里约热内卢及圣保罗。

问题

1. 运用本章所学的国际贸易及投资理论，解释巴西在国际信息技术领域的意图和动作。

2. 如果巴西要在信息技术外包业务中成功占据国际竞争优势，你会给巴西政府及其外包行业什么建议？

资料来源：Diana Farrell，Martha Laboissiere，and Bruno Pietracci，“Assessing Brazil’s Offshoring Prospects，” *The McKinsey Quarterly*，2007（special edition：Shaping a New Agenda for Latin America），pp. 7－9；Todd Benson，“Brazil Aims to Be Outsourcing Giant，” *International Herald Tribune*，May 18，2005，http://www. nytimes. com/2005/05/17/technology/17iht-outsource. html? _r＝0（January 8，2015）；Marco Silva，“Brazil as an Outsourcing Destination，” http://www. sourcingmag. com/content/c060201a. asp（January 8，2015）；Gina Ruiz，“Brazil Seeks Outsourcing Dominance，” http://www. workforce. com/articles/brazil-seeks-outsourcing-dominance（January 8，2015）；Stephanie Overby，“Outsourcing：Brazil Blossoms as IT Services Hub，” CIO，September 8，2010，www. cio. com/article/610635/Outsourcing_Brazil_Blossoms_as_IT_Services_Hub（January 8，2015）；Central Intelligence Agency，*World Factbook*，https://www. cia. gov/library/publications/the-world-factbook/geos/br. html（January 8，2015）；and Antonio Regalado，“Soccer，Samba and Outsourcing?，” *The Wall Street Journal*，January 25，2007，http://online. wsj. com/news/articles/SB116969359056887190（January 8，2015）.

注　释

1. World Trade Organization，“Modest Trade Growth Anticipated for 2014 and 2015 Following Two Year Slump，” April 14，2014，http://www. wto. org/english/news_e/pres14_e/pr721_e. htm（January 8，2015）.

2. Ibid.

3. United Nations Development Programme，*Human Development Report 2013*（New York：UNDP，2013），http://hdr. undp. org/en/2013-report（January 8，2015），p. 2.

4. E. Woyo，“The Uneven Playing Field in International Trade in Developing Countries：A Critical Interjection and Review，” *Applied Economics and Business Review 1*，no. 1（2014），pp. 18－20，http://www. academia. edu/7836423/The_Uneven_Playing_Field_in_International_Trade_in_Developing_Countries_A_Critical_Interjection_and_Review（January 8，2015）.

5. United Nations，“World Exports by Provenance and Destination（Table D），” *International Trade Statistics Yearbook 1*（July 2013），http://comtrade. un. org/pb/downloads/2013/ITSY2013VolI. pdf（January 8，2015）；*Monthly Bulletin of Statistics*，July 2001，pp. 266－71，July 2000，pp. 258－

61, June 1997, pp. 255–62, June 1993, pp. 266–71 (New York: United Nations); and *Statistical Yearbook* (New York: United Nations, 1969), pp. 376–83.

6. World Trade Organization, *International Trade Statistics 2014*, http://www.wto.org/english/res_e/statis_e/its2014_e/its14_toc_e.htm (January 8, 2015); U. S. Census Bureau, "U. S. International Trade in Goods and Services," November 2014, http://www.census.gov/foreign-trade/Press-Release/current_press_release/ft900.pdf (January 8, 2015); Industry Canada, "Trade Data Online," http://www.ic.gc.ca/eic/site/tdo-dcd.nsf/eng/Home? Open&src = mm4 (January 8, 2015); GlobalEDGE, "Mexico: Trade Statistics," http://globaledge.msu.edu/countries/mexico/tradestats (January 8, 2015); and International Trade Centre, "Trade Map—International Trade Statistics," http://www.trademap.org/tradestat/Product_SelCountry_TS.aspx (January 8, 2015).

7. United States Census Bureau, "Top Trading Partners—December 2013," http:// http://www.census.gov/foreign-trade/statistics/highlights/top/top1312yr.html (January 8, 2015).

8. Ibid.

9. Ibid.

10. U. S. Department of Commerce, United States Census Bureau, "Country and Product Trade Data," http://www.foreign-trade.com/highlights.htm (January 8, 2015).

11. David Ricardo, "The Principles of Political Economy and Taxation," in *International Trade Theory: Hume to Ohlin*, ed. William R. Allen (New York: Random House, 1965), pp. 62–67.

12. Ibid., pp. 174–77.

13. Kimberly C. Gleason, Jeff Madura, and Joan Wiggenhorn, "Operating Characteristics, Risk, and Performance of Born-Global Firms," *International Journal of Managerial Finance* 2, no. 2 (2006), pp. 96–120; and N. Hashai and T. Almor, "Gradually Internationalizing 'Born Global' Firms: An Oxymoron?," *International Business Review* 13 (2004), pp. 465–83.

14. Richard B. Chase, F. Robert Jacobs, and Nicholas J. Aquilano, *Operations Management for Competitive Advantage*, 11th ed. (Burr Ridge, IL: McGraw-Hill Irwin, 2005).

15. Alfred Marshall, *Principles of Economics*, 8th ed. (London: Macmillan, 1920).

16. Michael E. Porter, *The Competitive Advantage of Nations* (New York: Free Press, 1990).

17. For example, see Christophe Lecuyer, *Making Silicon Valley: Innovation and the Growth of High Tech*, 1930–1970 (Cambridge, MA: MIT Press, 2005).

18. U. S. Department of Commerce, Bureau of Economic Analysis, "International Investment Position of the United States at Yearend, 1976–2013," http://www.bea.gov/international/index.htm#iip (January 8, 2015); and U. S. Department of Commerce, Bureau of Economic Analysis, "U. S. Net International Investment Position: End of the Fourth Quarter and Year 2013," March 26, 2014 http://www.bea.gov/newsreleases/international/intinv/2014/intinv413.htm (January 8, 2015).

19. Ibid.

20. United Nations Conference on Trade and Development, *World Investment Report 2014*, "Annex Table 4: FDI Outward Stock, By Region and Economy, 1990–2013," http://unctad.org/en/pages/DIAE/World% 20Investment% 20Report/Annex-Tables.aspx (January 8, 2015).

21. Ibid.; and Central Intelligence Agency, "Stock of Direct Foreign Investment—Abroad," The World Factbook, https://www.cia.gov/library/publications/the-world-factbook/rankorder/2199rank.html (January 8, 2015).

22. Jordan I. Siegel, Amir N. Licht, and Shalom H. Schwartz, "Egalitarianism, Cultural Distance, and Foreign Direct Investment: A New Approach," *Organization Science 24*, no. 4 (July-August 2013), pp. 1174–94, http://www.people.

hbs. edu/jsiegel/SiegelLichtSchwartz _ EFDI _ 2012 0815. pdf (January 8, 2015).

23. United Nations Conference on Trade and Development, *World Investment Report 2014*, "Annex Table 2: FDI Outflows, By Region and Economy, 1990 - 2013," http://unctad. org/en/pages/DIAE/World%20Investment%20Report/Annex-Tables. aspx (January 8, 2015).

24. Ibid.

25. Ibid.

26. Christabelle Noronha, "In Step with the Nation," Tata Group, November 2007, http://www. tata. com/media/interviewsinside/KmqN8d384OM=/TLYVr3YPkMU= (January 8, 2015).

27. United Nations Conference on Trade and Development, *World Investment Report 2014*, "Annex Table 1: FDI Inflows, By Region and Economy, 1990 - 2013," http://unctad. org/en/pages/DIAE/World% 20Investment% 20Report/Annex-Tables. aspx (January 8, 2015).

28. Ibid.

29. Ibid.

30. Vintila Denisia, "Foreign Direct Investment Theories: An Overview of the Main FDI Theories," *European Journal of Interdisciplinary Studies*, December 2010, pp. 104-110.

31. Stephen Hymer, *The International Operations of International Firms: A Study in Direct Investment* (Cambridge, MA: MIT Press, 1976).

32. GSMArena. com, "Verizon and AT&T Each Hold 34% of US Mobile Market," http://www. gsmarena. com/verizon_and_at_t_hold_34_of_us_mobile_market-news-8672. php, June 1, 2014 (January 8, 2015).

33. Frederick T. Knickerbocker, Oligopolistic *Reaction and Multinational Enterprise* (Boston: Harvard University Press, 1973); GraziaIetto-Gillies, *Transnational Corporations and International Production. Concepts, Theories and Effects* (Cheltenham, UK: Edward Elgar, 2005); Witold J. Henisz and Andrew Delios, "Uncertainty, Imitation, and Plant Location: Japanese Multinational Corporations, 1990 - 1996," *Administrative Science Quarterly 46* (2001), pp. 443 - 75; Mauro F. Guillen, "Structural Inertia, Imitation, and Foreign Expansion: South Korean Firms and Business Groups in China, 1987 - 95," *Academy of Management Journal 45* (2002), pp. 509-25; and Sabine Bockem and Anja Tuschke, "A Tale of Two Theories: Foreign Direct Investment Decisions from the Perspectives of Economic and Institutional Theory," *Schmalenback Business Review* 62 (July 2010), pp. 260-90.

34. Ibid.; P. J. Buckley and M. Casson, *The Future of Multinational Enterprise* (New York: Macmillan, 1976); J. F. Hennart, *A Theory of Multinational Enterprise* (Ann Arbor: University of Michigan Press, 1983); B. Williams, "Positive Theories of Multinational Banking: Eclectic Theory Versus Internalisation Theory," *Journal of Economic Surveys 11*, no. 1 (1997), pp. 71-100, http: //onlinelibrary. wiley. com/doi/10. 1111/14676-419. 00024/abstract; jsessionid = 237F27AAD5-E1B1656CF4D33B32C1B08C. f01t01 (January 8, 2015); and Denisia, "Foreign Direct Investment Theories."

35. John H. Dunning, *International Production and the Multinational Enterprise* (London: George Allen & Unwin, 1981), pp. 109-10; Buckley and Casson, The Future of Multinational Enterprise; D. Teece, *The Multinational Corporation and the Resource Cost of International Technology Transfers* (Cambridge, MA: Ballinger, 1986); and A. M. Rugman, *Inside the Multinationals: The Economics of International Markets* (New York: Columbia University Press, 1986).

模块3

社会文化力量

在未来几十年中，最可能实现增值成长的国内公司，将是那些正在开发战略性技能组合，旨在实现跨文化商业发展的公司。跨文化的核心竞争力将是现今获得可持续竞争优势的关键所在。

——丹尼斯·皮罗提·荷美尔（Denise Pirotti Hummel），
Universal Consensus公司首席执行官

学习目标

1. 描述文化的内涵。
2. 识别文化影响商务活动的方式。
3. 描述文化的体现形式。
4. 描述分析文化的四种框架。
5. 描述全球思维模式和MBI模型。
6. 讨论在商务实践中运用文化框架的注意事项。

开篇短文

语言和文化：在翻译中遗失？

认知心理学的最新研究成果表明，语言和思维之间关系密切。你可能会说："那是当然，我们用语言来思考。"实际上，语言塑造思维的观点并不新鲜，曾遭到摒弃。多亏斯坦福大学认知心理学家莱拉·博罗迪特斯基（Lera Boroditsky）和她的同事们，这种观点才重新被关注和接受。

博罗迪特斯基和她的同事研究的是我们对一些基本现象，比如时间、空间和因果关系的理解是否与语言有关。例如，在波姆浦洛这个偏远的澳大利亚原住民区，方向是按照东、南、西、北的概念来构建的，不存在左和右。波姆浦洛人有完善的空间方位系统，任何时候都能说出他们朝着哪个方向，并拥有基本的航海技能。毗拉哈是巴西亚马孙的一个部落，这里的人数数时不用数字，只使用“一点”和“许多”这样的词，并不需要弄清楚确切数目。也有一些说日语的人，根据事物的不同形状，使用不同的词来数数。相比说英语的人，俄罗斯人有更多的词语可用来形容蓝色的阴影，能够更精确地做出区分。以上这些例子都说明语言塑造了人们的经验吗？

博罗迪特斯基指出，世界上有 7 000 多种语言，其中许多语言到目前为止还没有被研究过，每种语言都反映了人类智能的适应性，反映了“为适应变化的目标和环境，人类发明和重组世界概念的能力”。每种语言都代表了一种构建世界和赋予其意义的方式，代表了某种文化在几千年的发展过程中所积累下来的知识。因此，当我们开始理解语言的进程——从巴别塔到现在，就会对人类的演变有新的认识。

现在，我们知道思维和语言之间存在联系，但真正有趣的是，“那是一种什么样的联系呢？”目前的研究表明，倘若改变语言，思维方式也会随之改变。芝加哥大学博阿兹·凯泽（Boaz Keysar）的研究表明，当人在说一门外语时，“会形成一种距离机制，使人从直接的直觉系统转向一种更加缜密的思维模式”，也就是说，讲外语提高了人们的风险承受能力和判断能力，因为它减少了人们做决定时的情感输入。因此，当我们坚持学习并能流利使用一门外语时，会产生兴奋感和自由感。这就是出国留学的原因所在！

资料来源：Thanks to Lera Boroditsky's *Wall Street Journal* article, an earlier version of her *Scientific American* article, for the recommendation of Brueghel's *The Tower of Babel* (Wall Street Journal, July 24, 2010). See her interview, April 26, 2011, at http://www.abc.net.au/tv/bigideas/stories/2011/04/26/3200654.htm (February 4, 2014); Lera Boroditsky, "How Language Shapes Thought: The Languages We Speak Affect Our Perceptions of the World," *Scientific American*, February 2011, pp. 63－65; "Foreign Language Thoughts Boost Risk-Taking," *Futurity*, University of Chicago, http://www.futurity.org/society-culture/foreign-language-thoughts-boost-risk-taking/ (February 4, 2014).

文化差异本身就是一个有趣的研究话题，而企业研究这个话题，就意味着获取战略优势的机会。要获得战略优势，首先要理解一个基本的概念：我们的方式并不是唯一的，也不是最好的。这听起来简单，但当我们有迫切需求并与来自不同文化的人交流时，要理解并内化这个概念往往并非易事。错误对待或忽略文化差异会导致很多商业问题，例如顾客流失、能干的员工离职、士气低落导致低产出。倘若我们适应文化差异，使之和谐并成功地融入彼此，就能产生有力的、新颖的商业惯例，该惯例要优于一种文化自身所能产生的惯例。毕竟整体大于部分！

3.1　文化的内涵及其重要性

文化的定义有许多，这里分享几种我们觉得有用的。定义的差异主要在于科学家对该领域的研究方法不同、分析的水平不同，以及他们是将人视为群体还是独立的个体。许多人类学家聚焦于文化研究，把文化看成是宗教信仰、风俗习惯、科学技术、社会制度和手工艺品的总和，这些都是人类独有的特征。[1] 从个体角度来看，文化可理解为“个体的世界观、价值观和一个群体在特定时间地点特有的人际关系”。[2]给定某个情景，我们鼓励你以对自己最有利的方式来解读文化。许多人类学家也赞同如下几点：

1. 文化是习得的，而不是与生俱来的。
2. 文化的各个方面互相联系。
3. 文化是共享的、模式化的、通过社会互动来共同构建的。
4. 文化界定了不同的群体。[3]

社会是由生活在文化中的人组成的，人们通常忽略了社会对自身的影响。要了解某个特定的群体，比如一个组织或一个社会，一个民族群体或一个社会群体，我们需要先了解它的文化。但我们不可能直接观察到文化，因此要了解文化，得观察它是如何自我体现的。文化存在于社会世界中，并通过在其中扮演的角色得到体现。在本书中，我们考察的是，在国家层次上，文化是如何影响个体和集体行为的。管理者同样想要理解组织文化及当地民族和地区次文化。在本书中讨论文化时，我们关注的是深层次的文化、信仰、态度和价值观，这些是我们在孩童时代就已经习得的，我们也关注最容易显示的表层文化。例如，我们对婚姻的信仰通常体现在与结婚典礼相关的仪式中，如抿清酒、新娘文身、摔杯子、结婚礼服和抛捧花。你可能认为表层和深层文化是一座冰山，表层文化只是露出水面可见的一小部分，仅占 15%；价值观、态度、信仰属于不可知的部分，深藏在水平面之下。在本模块的后面部分，我们会讨论文化是如何自我体现的，来探究表层文化。

当我们在非本土文化环境中工作时，必须跨越社会、法律、语言和其他可能并不理解的东西来进行交流。但大多数社会成员都觉得自己的文化要优于他人，这种习惯就是众所周知的**民族优越感**（ethnocentricity）。在某个商业环境里，外来者试图介绍自己民族文化的做法（“德国人的做法”“中国人的做法”“英国人的做法”），这时，民族优越感就开始显现，他们可能会遭到顽固的抵抗。

那么，国际商务的管理者应当如何学会在其他文化中生存、工作和达到商业目标呢？有时，这确实是个挑战。首先，你得承认，其他文化具有差异性；其次，为了适应，你需要了解那些文化的特征。人类学家霍尔（E. T. Hall）称，管理者要应对这个挑战，只有两种方法：（1）在某种文化中度过一生；（2）参加一个全面的培训项目，该项目涵盖某种文化的主要特征，包括语言在内。这样的学习项目不只是对某个国家的风俗习惯做简单介绍，还要探究文化的内涵，以及人们是怎么理解文化规范人类行为的方式的。[4]

对于国际管理者来说，这样的学习项目应该包括哪些内容呢？首先应该包括特定文化中的事实性知识，这些知识相对容易掌握。管理者还需要训练对文化差异中的细微区别的敏感性，这种技能需要花点心思才能掌握。令人遗憾的是，虽然霍尔给出了建议，但大多数刚从事国际商务的人需要努力工作，很难抽出时间来对新文化进行深入的了解。即便如此，他们还是可以采取相当重要的第一步，即意识到其他文化的存在，并预期这些文化很可能存在民族优越感。在本模块中，我们主要探讨社会文化差异中一些重要的领域，这些领域与商务人士密切相关。我们还会探讨一些文化模式，这些对于学会预测跨文化工作中的种种可能具有实用价值。我们希望你在工作中能发现文化差异，并且寻找机会了解其他文化。

3.2 文化影响商务活动的方方面面

我们的一切都受到文化的影响，事实上，大多数人意识到他人的文化，却常常忽略了自己的。涉足国际商务的企业，其各个职能都会受到国家文化差异的影响，我们在这里探究的正是影响方式，聚焦国际商务中文化扮演的角色。

3.2.1 市场营销

正如你想象的那样，不同市场中文化态度和价值观的差异极大，要求公司开发不同的营销组合来吸引消费者。为了有效开展营销活动，营销人员必须深入了解外国市场，不能浮于表面。营销人员越了解目标市场的消费者如何赋予活动意义、活动应该怎样开展，营销活动就会越成功。

许多公司向外国市场推出产品，由于错误的产品设计、营销策略和定价策略付出了高昂的代价。例如，一个美国公司试图在英国销售名为“伯格斯”（Bogs）的果蔓利口酒，但是在英国，bog 是厕所的俚语。另外一个例子是在德国销售“爱尔兰之雾”（Irish Mist）牌肥皂和“劳斯莱斯银雾”（Rolls-Royce Silver Mist）牌肥皂，但德语中 *mist* 是粪便或粪肥的意思。还有就是对当地价值观的误解。白速得（Pepsodent）曾试图在南非销售增白牙膏，但当地人特意嚼槟榔来黑化牙齿。日本的厨房一般没有烤箱，而国际营销人员却试图出售蛋糕粉。营销人员做了市场调研，但只询问家庭主妇会不会给家人准备蛋糕，而这种蛋糕指的是已经烘焙好的成品。

要意识到“我们不知道”很难，等到证据摆在那里时才会明白。然而，正是通过犯错，营销人员才明白了解市场的重要性。要了解一种新文化，耗财又耗时，但总比经历一场重大的市场灾难要划算得多。

3.2.2 人力资源

文化价值观在激励和评估员工时至关重要。在一些文化中，个体的努力得到奖励，而在另一些文化中，团队的努力更被看重。在人力资源中起作用的其他价值观与我们对待社会地位的态度有关。社会地位是我们通过努力取得成就得到的，还是通过家庭的地位即我们的身份得到的？比如，美国员工期望他们的升职是基于自己的成就，当得知在英国家庭背景和“正统”学历扮演如此重要的角色时，他们震惊不已。

对待权威的态度是人力资源环境中出现的另一个文化变量。管理者是期望以一个权威的庇护者形象捍卫员工的权益，还是期望人人平等？员工把年度评估看成是认可他们的工作、帮助他们成长的方式，还是把它视为从他们身上压榨高额劳动产出的方式？这些问题的答案与人力资源息息相关，深深地嵌入文化价值观，超出我们的想象。

国际商务实践

文化因素拖累了英国石油公司

2010年4月20日，在墨西哥湾，英国石油公司（British Petroleum's，BP）的深水地平线钻油平台发生爆炸，11人死亡，伤者众多，石油从海床的井口喷涌而出，持续了3个月之久。事故发生在离美国路易斯安那州海岸线仅41英里之处，是当时最大的石油泄漏事故，预计约490万桶石油泄漏。

清理工作任务重，组织得不错。但此次泄漏污染了68 000平方英里的海水，相当于两个匈牙利或韩国的面积。到6月初，石油已经包围了125英里的路易斯安那海岸线以及路易斯安那州、佛罗里达州、密西西比州和亚拉巴马州的许多堰洲岛。一年后，1 074英里海岸线被污染。

石油泄漏导致脆弱的海域生态急剧恶化，除此之外，BP公司还要面对许多其他的问题。对美国人和他们对灾难的反应存在误解，使情况变得更糟糕。首先，尽管美国的石油"产量占BP的1/4左右，石油储量占近1/3，炼油能力和零售点超过1/2"，但BP在美国的首席执行官仍然是英国人。虽然有些高层管理者是美国人，例如掌管美洲和亚洲的常务董事，但他们在BP主管一些海外事务，与美洲本地并没有多少联系。面对愤怒的公众，BP很容易就被视为一个完全的英国公司，与美国几乎没什么关联，甚至其公关公司都是英国的。

BP在化解针对石油泄漏的民愤上也处理不当。海沃德（Hayward）显然没有意识到此次危机的严重性，也没有认识到他这次面对的公众情绪如此强烈。5月14日，他对美国公众说："墨西哥湾海域宽广，与海水量相比，泄漏的石油和我们投放的分散剂简直微不足道。"4天后，他又说："我相信，此次事故对于环境的影响可能并不是很严重。"5月30日，他说："没有人比我更想让这件事情早点结束，你懂的，我想让生活回归正轨。"6月4日，他又说："他们说了些中伤我的话，但目前我仍然毫发无损。不管怎么说，我是个英国人，棍棒和石子能打伤我，话语是绝不会伤到我的。"海沃德冷漠的反应让公众很失望，并激怒了他们。公众期望看到他的真情实感、道歉和同情。他的英国口音反而使公众的所望和所得对比更加强烈。人们认为，BP对此次灾难并不是很重视。但是，对许多英国人来说，在这样一个公共场合真情流露会让他们局促不安。

分管美洲和亚洲业务的常务董事鲍勃·达德利（Bob Dudley）表达了他的歉意："对此我很难过，我的职业生涯都在石油和天然气领域度过，这个领域为大家提供需要的产品——能源。所有的人对此都难以置信。"但负责人不是达德利，而是海沃德。

问题

1. 如果该公司能够更加本地化，例如，雇一个美国公关公司和一些美国执行官，你认为美国公众对此次灾难的反应会不同吗？

2. 你认为BP是不是应该一开始就让像达德利这样的人负责本次公众事务？请说出理由。

3. BP决定让首席执行官海沃德负责本次灾后恢复的公众事务，我们通用的英语可能在其中起到什么作用？

资料来源：Jim Polson，"BP Oil Still Ashore One Year After End of Gulf Spill，" *Bloomberg News*，July 16，2011（February 4，2014）；Ed Crooks and Andrew Edgecliffe-Johnson，"Cultural Clash Leaves BP Engulfed，" *Financial Times*，June 9，2010，p. 5，sourcing ING analysts；Crooks and Edgecliffe-Johnson，quoting *The Guardian*（May 14），Sky News（May 18），Fox News（May 30），and an analysts' briefing（June 4）.

3.2.3 生产和采购

生产管理者发现，与对待改变的态度相关的文化价值观对新生产方法是否被采纳影响极大。工厂布局也深受文化的影响。例如，流水线是由生活在循序和线性文化里的人设计出来的，他们首先考虑的是工作任务，而非社会关系。与此形成反差的是，20世纪80年代，瑞典的一些沃尔沃工厂采用乌德瓦拉（Uddevalla）方法，几个人自发形成一组，在几个小时内围成一个圈共同组装一辆汽车。[5]文化规则和规范也影响了公司采购资源的方式。例如，在亚洲的许多地方，采购一般发生在一张社会关系和友情网络内部；而在美国，透明度和价格通常是主要因素。

3.2.4 会计和金融

一种文化的会计控制直接与人性假设有关。对组织上下的严格控制就表明信任度低吗？若是松散控制，即使没有被严格监视，人们也能表现诚实吗？是由正式机构以命令管制的方法来控制，还是只需依赖社会规范即行为惯例？

当国际出纳员或审计员带着漂亮的资产负债表去国外的当地银行，会面临文化力量的冲击。他们发现，银行把更多注意力放在出纳员个人身上，而不是这些文件反映出公司的实力与否。在有些文化里，财务报表众所周知不可靠，因为当地的会计为了少纳税而伪造账目。一个经典的例子是，有个美国企业管理者，大部分职业生涯在美国纽约度过，到了意大利仍然使用纽约的方式提交税务文件，尽管当地员工告诉过他，在意大利税收是可以协商的，结果，该公司多缴了很大一笔税款。

3.2.5 首选的领导风格

文化不同，对领导作用和职责的看法就截然不同。不同文化对于领导所需具备的优点的要求也不同。通常情况下，领导与跟随者之间的关系是纵向的还是横向的？领导风格是家长式的还是英雄式的？理想的领导是从基层晋升上来的，还是因为家庭或地位的关系走上该职位的？领导的目的是融入团队，还是为团队指引方向？日本倾向于家长式的领导风格，通常会要求公司的主管为员工未来的配偶把关。在美国，成功公司的领导通常被视为英雄。

以上描述只涉及文化冰山一角。表象下超过90%的文化留待你去发现和探索。亲身经历是无价的。去社区探索次文化，去国外度假，考虑到国外留学。你也可以查阅“全球领导力和组织行为效率研究项目”（Global Leadership and Organizational Behavior effectiveness，GLOBE）的研究结果。该项目由学者罗伯特·豪斯（Robert House）发起和领导，吸引了来自世界各地的社会科学家和管理学者持续研究，以更好地了解文化对领导力的影响。[6]

3.3 文化的体现形式

现在，我们已经讨论了文化的内容以及它对国际管理者的重要性，接下来探讨一个社会的文化是如何显示或体现自己的。文化无所不在。我们从美学、宗教、物质文化、语言和社会组织这几个方面来考察。然后，我们将讨论礼物赠送这个话题，因为这是一个非常新颖同时又很复杂的文化领域，从事国际商务的管理者往往要面对。

3.3.1 美学

美学（aesthetics）属于哲学范畴，因此文化的美学描述的是美感和品位。该词起源于希腊语aisthētikos，意为感官感受。文化的美学在许多领域均有表现，最直接的表达方式是艺术、戏剧、音乐、民谣和舞蹈。艺术包含色彩和形式，能向国际管理者传达许多文化内涵，因为艺术中的符号意义揭示了文化中的价值观。就拿简单的颜色来说，表示哀悼，美国和墨西哥用白色，东亚用黑白，南非用红色，巴西和泰国用紫色。在设计商标和包装时，你可能要考虑这些符号意义。伊斯兰教信徒把绿色视为乐观向上的颜色，因此广告或包装用绿色更容易引起积极的反响。北爱尔兰的天主教教徒认为橙色代表新教信徒“橙带党”，对他们来说，橙色充满了敌意。橙色电信公司（原属于英国，现为法国公司）的宣传语“前途是光明的……未来是橙色的”并不是营销人员想要传达的准确意思。

美学也适用于我们对形体美的看法，例如，对于理想体重的看法，不同的文化差异巨大。通常在富裕的国家，富人更瘦；而在贫困国家，穷人更瘦。在日本，相扑运动员故意变得肥胖。尼日利亚一些地区的女孩子加入“肥育教室”增肥。文身从另一个方面体现了不同文化美学价值观的差异。在一些文化里，文身让人变得更美；在另一些文化里，文身却被视为一种亵渎。在现存最古老的人类遗体中，有一具被称为奥兹冰人（Otzi the Iceman），他大约生活在公元前3 300年，在奥地利和意大利交界处的冰川中被发现，人们在他身上发现了文身。[7]有趣的是，与此相反，在日本，罪犯曾被文身来加以区别和羞辱。如今，日本的犯罪团伙、黑社会成员以文身为自豪，文身成为身份的象征。

音乐和民谣同样传达了一种文化的美学。一条商业广告在美国播出时的配乐是抒情歌，在墨西哥最好配波列罗舞曲，在巴西最好配桑巴。一种文化里的民谣能够很好地揭示这个社会的生活方式。举例来说，日本人接受肯德基纯朴的乡村故事，源于一首背景音乐《我的肯塔基故乡》，以及肯德基的创始人陆军上校桑德斯（Sanders）是一位受人尊敬的长者。卢瓦·韦斯顿（Loy Weston）在日本开办肯德基，把这首曲子作为配乐，在每家店门口放一尊这位军官的雕像来欢迎顾客。他宣称，这会带来好运。但这种运气也是基于他对当地民谣的鉴赏，清楚日本人重视与过去农业社会浪漫的联系以及尊重男性长者的传统。

民俗使用不当可能会使公司失去市场份额。例如，在美国，万宝路将产品与牛仔联系起来，推出了万宝路牛仔活动，但如果在智利或阿根廷使用牛仔形象，恐怕就没有在美国那么有效了，因为在这两个国家，牛仔可不是一个浪漫的形象，仅仅是一份工作。在古巴，司木露（Smirnoff）在广告中使用了著名的埃内斯托·切·格瓦拉（Ernesto “Che” Guevara）的形象来推广伏特加，引起争议。因为格瓦拉是一位民族英雄，古巴人觉得用他的形象来推销产品是对他的不尊重。[8]宝洁公司在亚洲推广帮宝适产品时，使用了白鹤携婴而来的形象，表明这是婴儿用品，但在亚洲的许多文化中并非如此，所以消费者对此非常困惑。例如，在日本应是桃子携婴而来。民俗的影响力如此之大，是因为它传达了一系列情感和内涵，即使是一个形象，通常也很有效。

3.3.2 宗教

宗教是文化的重要组成部分，会影响人类行为的态度和信仰。当你试图理解你所在市场的文化时，掌握该地区宗教最基本的教义将很实用。每种宗教都有自己的传统，通过特定的礼拜和祈祷、仪式、饮食规范和着装范式来传达它的信念。[9]宗教是一种个人信仰，其中包含强烈的民族优越感。

下面对世界五种宗教的信仰和教义进行粗浅的介绍，图 3－1 展示了每种宗教的信徒规模。

宗教	信徒人数（单位：百万）	文化传统
基督教	2 200	西亚/亚伯拉罕
伊斯兰教	1 650	西亚/亚伯拉罕
佛教	1 500	印度
印度教	1 000	印度
犹太教	18	西亚/亚伯拉罕

图 3－1 世界五大主要宗教的信徒

资料来源：World Christian Database Gordon-Conwell Theological Seminary Centre for the Study of Global Christianity，http://worldchristiandatabase.org；Pew Forum，http://pewforum.org/Mapping-the-Global-Muslim-Population.aspx；and *CIA World Factbook*，2014，https://www.cia.gov/library/publications/the-world-factbook/（all February 4，2014）.

基督教 基督教有许多教派，所有教派都承认在人类历史上只有一位上帝。基督徒坚信，耶稣是上帝的儿子，他来到人世生活，在公元 30 年死于罗马帝国当权者手下，后复活升天。基督徒认为，所有坚信耶稣复活的人，死后都能进天堂。

伊斯兰教 伊斯兰教的名称起源于阿拉伯语，意为“屈服”，始于公元 7 世纪，与基督教和犹太教一样，起源于中东地区。伊斯兰教信奉一个神——安拉。穆斯林（践行伊斯兰教的信徒）根据真主安拉的意志生活，真主的意志通过《古兰经》和大批信使传达。穆罕默德被尊为最后也是最重要的一位伊斯兰教先知，据传真主当面授话于他，话语收录在《古兰经》里，有一系列的版本。

佛教 佛教于公元前 6 世纪到公元前 4 世纪在印度东北部创立，基于释迦牟尼的教义。他是一位皇室王子，后成为一位佛陀（顿悟者）为世人所知。佛教包含几个学派的思想，经由不同的传教者历经若干世纪建立起来。总的来说，佛教徒信奉尘世的生活。出身、死亡到再生的不断循环称为转世，也是人类受苦的根源。当人最终脱离这个循环，实现了一种称为“涅槃”的状态时，人就像佛陀一样顿悟了。

印度教 印度教是世界几大主要宗教中最古老的宗教，大约公元前 2 500 年起源于印度。印度教徒信奉终极实在，称为梵。梵有许多形式和名字。教徒们通过自律、财富共享、遵从《吠陀经》上的教义，过着不悖伦理的生活，以寻求与梵的和谐相处。与佛教徒一样，他们也信奉转世，并希望挣脱转世，实现与神的结合。

犹太教 犹太教约公元前 1 900 年始于以色列，以色列在当时被称为迦南。犹太教与基督教拥有共同的信条，即上帝在人类历史上有过作为，特别是在斗争和压迫时期。《希伯来圣经》是犹太教的圣经，讲述了犹太人反复被外国势力征服和奴役，上帝通过亚伯拉罕、摩西和大卫等人解放了犹太人。犹太人相信，他们与上帝立下了契约或承诺，只要他们继续信奉和朝拜唯一的上帝，上帝就会保护他们。

3.3.3 物质文化

物质文化或手工艺品（material culture or artifacts）是指某种文化中所有的手工艺品的总和。研究物质文化的学者关心的是：人们是如何制造出东西的（涉及技术层面），谁制造的，制造的什么，为什么制造（涉及经济层面）。每个国家都以其物质文化中的某一部分而自豪。例如，与食物、烹饪和饮食相关的物质文化对法国来说意义深远。而木板印刷之于日本，串珠和古典剧院之于希腊，独具匠心的巧克力之于瑞士，亦是如此。对这些物品及其含义的了解能激发你对这种文化的兴趣，帮助你更好地理解这种文化。

3.3.4 语言

对新近从事国际商务的人来说，口头或书面语言也许是他们察觉到的最明显也是最大的文化差异。语言是理解文化的一把关键钥匙，如果理解不了，那么人们会发现自己被锁在门外。事实上，口头语言最能把一种文化或次文化与另一种区分开来。尽管全球商务人士主要用英语交流，但他们通常想用自己的母语来做生意，因此，能说本地语言的外国卖家有竞争优势。

非言语沟通或者非口头语言可告诉商务人士一些口头语言不能传达的信息，如果他们能明白其含义的话。在高文化语境中，含义通过语境而非言语本身来传达。在这些文化中，非口头语言被广泛用来传达重要的暗示信息。高文化语境中的人通常已经培养出了一种高级的能力来读取非言语语言，比如肢体语言和面部表情。他们使用语境线索如眼神交流、身体姿势和微妙的面部表情来传达或接收信息，可能有时自己都没有意识到这样的行为。中东和亚洲的文化倾向于高文化语境。

各地区的手势也存在差异。举个简单但经常引起误解的例子，对于美国人和大多数欧洲人来说，竖起大拇指意味着“好的”，但在意大利南部和希腊，这个手势传达了粗俗的信息。同样在美国，用大拇指和食指做出一个“OK”的手势代表友好，但在法国和比利时，该手势的意思是“你一文不值”，在希腊和土耳其则有粗俗的含义。

非口头语言还包括空间关系，如我们的工作场所。在美国，正常情况下办公室的门是敞开的，如果门关着表明要保护个人隐私。而德国人通常会把门关着。人类学家霍尔指出，这并不是说门内的人不欢迎来访者，仅仅是因为他们觉得门开着显得懒散和没秩序。[10]在不同文化中，办公室的大小和选址的含义也不尽相同。在美国，人的职位越高，办公室就越大越隐蔽，但在阿拉伯国家，公司总裁可能会在一间狭小拥挤的办公室里办公。在日本，越年长的人越靠近房间正中央，一间办公室靠近窗户的地方最没价值。法国人也把重要部门的主管置于活动区的中央，助理安排在以他们为中心的范围内。

谈话的距离，即交谈时人与人之间保持的空间大小，同样存在文化差异。盎格鲁文化体系下的国家（如英国、澳大利亚、美国和加拿大），人与人的谈话距离要远远大于中东国家。常常看到两个对谈话距离预期不同的人动来动去，一个人刚缩小距离，另一个人马上又拉开距离。两个人对此却没有察觉。谈话距离的不同与性别有关，也与人们彼此的熟悉程度有关。

由此可见，试图理解另一种文化，有很多需要注意的事项。现在你可以开始建立你对于世界主要语言群体和他们的界限的感觉了。

全球辩论

入乡就应该随俗吗？随俗让人舒心吗？

无论是去海外工作还是度假，你可能都需要决定是否遵从当地习俗。有时候你可能别无选择，比如在英国，你得靠左行驶。有些当地习俗似乎没什么束缚，有些却令你难以理解，甚至觉得是不道德的。在日本，为保护地板上精致的榻榻米垫，要求入座者脱鞋，你会照做吗？倘若你不是穆斯林女性，在一个保守的阿拉伯国家如沙特阿拉伯，你会戴头巾穿长袍吗？在哥伦比亚，你会提拔经理的家庭成员吗？

他国的风俗习惯可能与你家乡的文化存在道德或者法律规范上的冲突。倘若在你的国家，拥有大麻是非法的，大麻仅用于制药，但在阿姆斯特丹，你会去大麻咖啡店 Grasshopper 吗？在商务层面，倘若到了意大利，你会像在本国一样遵循企业税法报税，还是少报一些，再去与当地人协商？在有些文化里，付钱给中间人或代理商的做法普遍存在，你会照做吗？这样的做法势必会违反大多数公司的伦理守则，甚至很可能违反美国《反海外腐败法案》，但如果你的竞争对手遵循当地惯例，将道德评判置之度外，你会怎么办？如果你的竞争对手在上述文化环境中行贿，你仍会遵守《反海外腐败法案》吗？还是把法律和道德问题推给一个代理机构，撇清与自己的关系？在沙特阿拉伯，为回避你可能遇到的性别问题，你会避免雇用女性吗？你应该在多大程度上遵从当地做法和当地习俗？界限在哪里？你认为界限是什么？

问题

1. 所有遵守当地习俗的行为在道德上都是合理的吗？
2. 如果竞争环境中存在一些法律上打擦边球的活动，而你可以远离这些活动，为了赢得竞争，你会这样做吗？
3. 提出一种在国际舞台上解决道德问题的方法。

3.3.5 社会组织

每个社会都要构建其社会关系，并且这些模式化的排列定义了文化的一个重要方面，即社会群体的构建方式。社会学家定义了两个社会群体或制度：亲属制度（kinship）和自由结盟（free association）。

基于亲情的家庭是社会结构中最基本的单位。美国家庭一般由父母和孩子组成，与此不同的是，许多国家的家庭成员范围扩大了，包括所有存在血缘和姻亲关系的亲戚。这种扩展的大家庭是雇员和商业联系的来源，同时也是潜在问题的来源。人们信任自己的亲戚，很可能从侄子的侄子的供应商处进货，即便价格更高。当地的人力资源经理可能给家庭成员安排最好的职位，而不考虑他们的能力如何。虽然大家庭人员众多，但是每个成员对其都有很强的责任感。偏爱家庭成员的做法有违西方的观念，即应尽量避免裙带关系。

自由结盟是社会制度中的第二种类型。这些群体不是因为亲情结合，可能是因为年龄、性别或共同利益组合而成。[11]国际管理者需要理解他们，因为这种自由结盟从根本上影响行为，其规则和组织很可能因文化而异。最近，一种新型的自由结盟在脸书、推特和其他社交网络中兴起，这些群体有自己不成文的文化规则。这些组织只动动手指，信息就能传遍全球，极大地影响商业运作模式。虚拟的消费者行为群体迫使公司改变产品、推销方式和定价策略。2011 年春季开始，我们看到社交网络对政治产生影响，特别是在埃及和中东地区，预计更多的社交网络将对公司产生影响。

3.3.6 特殊关注：商务中的礼物赠送

商务环境中的礼物赠送是国际管理者感觉很重要，通常也令人困惑的一个方面。无论身处何地，办公时间外的一些娱乐活动中互送礼物，会让双方更加熟识。在所有的文化环境中，互送礼物都要遵循一套规则。某种文化中的成员已经内化这些规则，在本土文化中，我们可能并没有意识到这些规则，因为它们代表着习以为常的行事风格。对社会不平等容忍度高、等级森严的文化与重视权利平等的文化，在送礼礼仪上差异巨大。

人类学家马塞尔·莫斯（Marcel Mauss）研究了礼物在早期社会中的作用，他从理论上阐明，送礼在社会中起着承认关系和义务的作用。[12] 莫斯认为，在古代社会，个体、家庭和共同利益相结合，形成了一个社会系统，这个系统需要公开地承认其内在关系和义务。他指出，礼物有着神奇的力量，因为它承载的不仅是物体本身，更传达了送礼者给收礼者做出报答的义务。在国际商务中，送礼礼仪相当重要，因为它创建了一条社会纽带，要求你成为送礼者、收礼者以及与他人交换义务的承担者。这一系列的角色和互惠的义务让双方团结一致，彼此信任。

在实践层面，要清楚一种新文化里的送礼要领，首先要清楚送礼仪式是怎样的。什么礼物是可接受的？送礼的公众角色是什么样的？比如在日本，人们从来不会赠送未包装的礼物，或两手空空去做客。送礼时还会说，只是一点心意，其隐含之意是送礼者的社会地位卑微，所送礼物配不上收礼者高贵的身份。反过来，收礼者为避免送礼者尴尬，不会当着送礼者的面打开礼物。在日本，送礼是为了表达送礼者对收礼者的体贴和关心，这样随着时间的推移，双方之间建立起信任。

关于送礼，每个国家都有自己的礼仪和一套隐含的规则，涉及送礼的时机、礼品的价值、送礼的方式等。管理者应该清楚这些流程。[13] 许多组织专门制定了政策来区分送礼和贿赂或勒索，管理者应把这些指南牢记于心。

3.4 文化框架

通过采用研究人员开发的分析框架，国际管理者能很快建立起对某种文化预期的总体认识。在学习这几种框架时，请记住两点：第一，你自己的文化可作为对比的参照；第二，要理解其他文化的复杂性，这仅仅是一个开始，冰山一角。

文化框架所基于的文化价值观研究包括霍尔[14]、克拉克洪（Kluckhohn）和斯多特贝克（Strodtbeck）[15]、豪斯（House）[16]、霍夫斯泰德（Hofstede）[17]、施瓦茨（Schwartz）[18]、川普涅尔（Trompenaars）[19] 等人的研究。接下来介绍的四种框架是由霍尔、克拉克洪和斯多特贝克、霍夫斯泰德和特姆彭纳斯提出的，有助于你了解什么样的概念工具可用于理解其他文化。丰富的内容将带你进入一个多学科研究领域，涉及国际商务、市场营销、心理学、人类学和社会学。在讨论跨文化领导力时提到的豪斯的全球研究是一个野心勃勃、妙趣横生的研究项目，探讨了在全球范围内使用价值和实践维度来考量文化的领导模式。希望你再复习一下。此外，沃斯·塔拉斯（Vas Taras）编纂了《衡量文化的工具目录》（Catalogue of Instruments for Measuring Culture），其中包括 157 个条目（http://www.vtaras.com/Culture_Survey_Catalogue.pdf）。正如你所知，要了解这些内容，还需要进一步学习。

3.4.1 霍尔的高低文化语境

爱德华·霍尔是一位人类学家，曾为美国国务院培训工作人员。他的研究简单有效，为我们回顾精选的框架提供了很大的空间。霍尔基于文化的交流风格，特别是基于**语境**（context）在文化交流模式中所起的作用来对文化分类。他把话语以外的交流语境视为一个完整的相关环境，包括交流者的肢体语言、在房间中所处的位置以及说话的次序。在一个高语境文化中，许多交流是通过语境传递的。高语境文化包括亚洲、拉丁美洲和非洲的文化。在这些文化中，参与者有长期紧密的社会联系，因此，基于共有的经历和从语境中察觉的交流信号，他们非常清楚交流将如何进行。他们之间更倾向于进行隐晦和间接的交流。

在低语境文化中，大部分交流由话语来承载，语境相对来说意义不大。盎格鲁和北半球文化如英国、加拿大、美国、澳大利亚，以及德国和斯堪的纳维亚文化均属于低语境文化。由于关系的持续时间短，共有的历史少，因此交流必须明确地传递意义。为了体会语境的影响，思考一下你的家庭关系，相对于你与外界的关系，其语境更高。图 3-2 是高语境与低语境文化对比图。

高语境

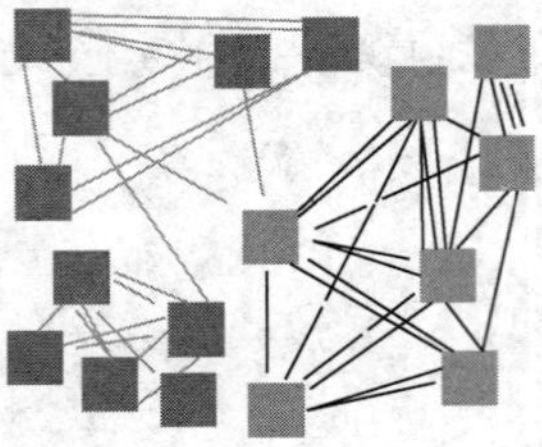

- 明确的口头交流偏少，书面/正式信息偏少；
- 关于交流内容内化的了解偏多；
- 与他人存在众多横向纽带和交集；
- 很强的界限——自己人/外人；
- 知识是场景性的、彼此关联的；
- 决策和活动围绕人与人之间的关系展开，通常以某个中心权威人物为主。

低语境

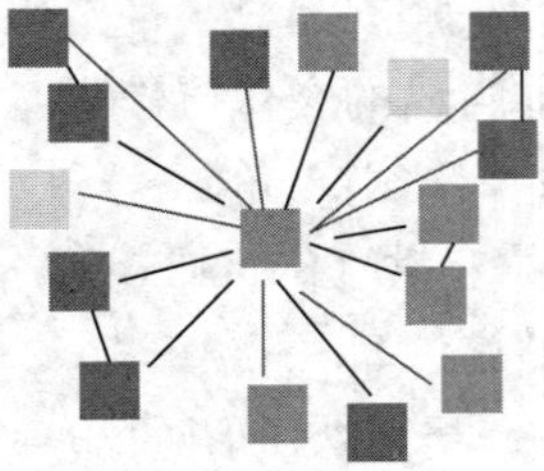

- 规则是指向性的，人们通常根据外部规则行事；
- 更多的知识是成文的、公开的、外部的和可获得的；
- 排序与时间、空间、活动和关系无关；
- 人际关系持续的时间更短；
- 知识通常更具有转移性；
- 以任务为导向，决策和活动围绕人物展开，明确责任。

图 3-2 高语境与低语境的属性

低语境文化中的外显交流者表达直接、露骨、毫不含糊：你所说的就是你想表达的意思，没那么多微妙之处。人们认为“就事论事”是一种美德。然而在高语境文化中，这可能被认为是傲慢无礼或者令人尴尬的。图 3－3 给出了高语境和低语境文化的例子，把语境应用于商业领域，可帮助管理者构建对于高低语境的认知。

高语境	**高语境**
日本人	
中国人	人力资源
阿拉伯人	市场营销/销售
希腊人	管理
墨西哥人	
西班牙人	加工
意大利人	产品
法国人	研发
法裔加拿大人	
英国人	
英裔加拿大人	技术
美国人	信息系统
斯堪的纳维亚人	工程师
德国人	金融
德裔瑞士人	
低语境	**低语境**

图 3－3　高语境与低语境文化和职业示例

霍尔的研究还表明，低语境文化倾向于**共时性**（monochronic），即人们把时间看成是线性的、有形的和分隔成块的，这与他们对时间经济性的理解一致，也就是说，时间是稀有资源，可以衡量、节省和消耗。[20] 单一性时间观强调规划和安排。反过来，高文化语境倾向于**历时性**（polychronic），也就是说，在一个时段内，两项或多项活动可以同时开展；能在活动间自如切换是令人向往并且效率高的表现。我们将之视为多任务型。[21]

3.4.2　克拉克洪和斯多特贝克的文化维度框架

美国人类学家弗洛伦斯·克拉克洪和弗雷德·斯多特贝克基于所有文化都可以给出解决方案的普遍性问题，提出了一套文化价值观分类系统。[22] 五个普遍性问题如下：

1. 人类与自然的关系应该如何？也就是说，人类应该如何看待自己与自然的关系？
2. 人类个体之间应维持怎样的关系？
3. 人类活动的首选形式和模式是什么？
4. 看待时间观念的最好方式是什么？
5. 人类的本质是什么？

克拉克洪和斯多特贝克的框架拓展了霍尔的研究，有助于我们进一步理解信仰，从而理解其他文化中的行为。这些价值观及其所属的高低语境均在图 3－4 中给出，这样你会明白它们结合在一起的作用。让我们一起来研究。

价值取向	现代的/低语境	混合的	传统的/高语境
人与自然的关系	征服	和谐	服从
对控制自然的需要或责任的社会观念	人类有试图控制自然的需要和责任	人类应该与自然维持和谐与平衡	人类应该做好服从自然的准备
个体之间的关系	个人主义的	附属性的/集体的	线性的/等级的
有关社会结构合法形式的社会观念	个体是社会结构的基础	个体和集体在社会结构中同等重要	社会结构是基于有等级制度的集体
人类活动取向	做	成为/包含	存在
关于恰当人类目标的社会观念	努力实现目标	发展自我成为一个完整的整体	活在当下
时间取向	将来	现在	过去
过去、现在、将来对人类决策的影响程度	基于将来的前景做决策	基于现在做决策	基于过去或传统做决策
人类本性的评估	善	中性	恶
关于人类本性的观念	人性本善（Y 理论）		人性本恶（X 理论）

图 3-4 克拉克洪和斯多特贝克的价值取向

资料来源：Adapted from Michael Hills, "Kluckhohn and Strodtbeck's Values Orientation Theory," http://scholarworks.gvsu.edu/cgi/viewcontent.cgi? article=1040&context=orpc（April 10, 2014）. Framework suggested by Martha Maznevsky.

人与自然的关系描述了对在自然界中生存的文化的理解。这里的价值观是对待自然的态度从征服到和谐再到服从的一个连续体。例如在北美，随着环境运动的兴起和对气候变化的认识，人与自然更加和谐相处的观念也许会慢慢增强，但占主导地位的还是征服的观念。试想一下北美人根据人类的需要改变地表的方式，他们移山填海扩大城市、伐木取材、开垦荒地发展农牧业。例如，印第安人和佛教徒可能更倾向于人与自然和谐相处的观念。人类敬畏自然，表明人类不可能改变自然，外界力量如命运和基因决定了生存条件。

关于个体之间的关系，在低语境文化中强调个人主义，在高语境文化中，有些强调个人与集体的平等，有些强调集体中形成的等级制度。在一些亚洲文化中，集体是主要的社会结构，等级制度通常具有重要性，比如有谚语云"枪打出头鸟"。

关于人类活动的取向，人们倾向于做事、成为什么还是活在当下？"做"是一种强烈的低语境文化价值观，"存在"则属于高语境文化价值观。采取行动是一种强烈的美国价值取向，而在相对高语境文化下的法国，正常情况是在采取行动之前先考虑怎么做。与这两者相反的就是佛教徒的目标，即活在当下。

各种文化对于时间的理解不同，低语境文化倾向于聚焦未来，而高语境文化更聚焦过去并深受传统的影响，比如亚洲国家。在许多低语境文化中，存在与此相反的时间观念，即聚焦未来和现在。不同文化对于人类本性的信仰不同。人性本善，还是人性本恶，需要控制和管理？文化主要反映了 X 理论（假设人们不喜欢工作，需要管理和规避风险），还是 Y 理论（假设人们天生就喜欢工作，有创造力和责任感）？

3.4.3 霍夫斯泰德的六维度

海尔特·霍夫斯泰德是一位荷兰研究者和人类学咨询师。20世纪60年代末，基于对全球IBM员工的调查，初次开发了一个模型，后来又在此基础上进行增添和修改。他起初关注的是工作价值观，确定了五个维度，帮助管理者理解国家层次上的文化差异如何影响组织和管理方法。他提出的文化维度源自经验，受到管理者（因为他们应用起来很容易）和学者（因为他们提出方法论上的议题）的广泛关注。一些学者对霍夫斯泰德的工作持批判态度，主要是对调查方法存有质疑：他的分析是基于管理水平，进而推广到国家水平；他的数据已经过时；他的维度过度简化了文化的复杂性，也就是说用六个维度来描述文化是远远不够的。但这些维度具有重要意义，管理者发现他的研究很有帮助。我们期待这个领域能够进一步细化。

一开始是四个维度：个人主义—集体主义、权力距离、不确定性规避和男性化—女性化。之后，霍夫斯泰德与人类学家迈克尔·明可夫（Michael Minkov）合作，新增了两个维度，一个是放任—约束，另一个是实用性—规范性。相关研究的最新资料可在霍夫斯泰德中心（Hofstede Center）的网站上查阅。[23]

这些维度支持这样一种假说，即管理技巧应视具体文化而论，也就是说，“一种管理技巧或哲学适合一个国家文化，未必适合另一个国家文化”。[24]这些维度与克拉克洪和斯多特贝克提出的价值观有些重合和相似并不奇怪，因为社会组织是所有文化的主要关注点。事实上，我们应该预料到所有文化模式都存在一些冗余。下面我们来了解这些维度。

个人主义—集体主义[25] 个人主义—集体主义（individualism-collectivism）这个维度衡量的是在某种文化中人们融入团体的程度。在集体主义浓厚的文化里，人们属于有高度凝聚力的团体，用忠诚来换取团体的照顾。相反，在个人主义浓厚的文化里，人们的联系更加松散，只照顾自己和直系亲属。美国属于高度个人主义的国家，其文化崇尚独立，其教育体系奖励杰出的个体。这个维度在激励员工和做决策时作用很大。崇尚个人主义的国家包括美国、加拿大、英国、澳大利亚、瑞典、荷兰、新西兰、瑞典、法国和德国。崇尚集体主义的国家包括危地马拉、厄瓜尔多、巴拿马、印度尼西亚、巴基斯坦、中国、日本和非洲国家。

权力距离 权力距离（power distance）这个维度衡量的是社会成员对权力分配不均的接受程度。权力距离与不平等类似，它是被下层而非上层定义的，这表明社会不平等水平是由追随者和领导者认可的。在权力距离大的社会里，资历、年龄、等级和头衔都很重要。人们需要有人指引方向，强调礼节。在权力距离小的环境里，占主导的是协商式的领导方式，不拘小节是常态，人们认为人与人之间是平等的。例如，在权力距离很小的美国文化里，从重大体育赛事包厢季票持有者到领取最低工资的快餐店工人，人人都认为自己是中产阶层。权力距离大的国家包括马来西亚、危地马拉、巴拿马、菲律宾、阿拉伯国家、印度、西非国家和新加坡。权力距离小的国家包括澳大利亚、以色列、新西兰、爱尔兰、瑞典、挪威、加拿大和德国。

不确定性规避 不确定性规避（uncertainty avoidance）这个维度衡量的是对不确定性是否觉得舒适的社会水平。霍夫斯泰德指出，这个维度“涉及的是人们对于绝对真理的追求”，因为它描述的是某个文化模式的成员对于无序的情况觉得舒适或者不舒适的程度。规避不确定性的文化试图通过实施“严格的法律法规、安全和安保措施尽可能把无序的情况减到最少”。规避不确定性程度高的文化反对改变，包括改变职业和改变组织；他们希望有明确的流程，保持现状。而规避不确定性程度低的文化看到冲突的积极作用，期望创新，鼓励冒险，奖励职业改变。规避不确定性程度高的国家包括希腊、葡萄牙、危地马拉、乌拉圭、日本、法国、西班牙和韩国。规避不确定性程度低的国家包括新加坡、牙买加、丹麦、瑞典、美国、加拿大、挪威和澳大利亚。

男性化—女性化 男性化—女性化（masculinity-femininity）这个维度衡量的是社会中男女性别的角色分工情况。霍夫斯泰德的数据表明，“跨文化中，女性角色的差异少于男性角色，不同国家男性的价值观差异巨大，有些国家男性的价值观与女性的截然不同，非常武断和注重成就；有些国家的男性则谦逊、温柔，与女性的价值观类似”。武断的这一端就是男性化，温柔的这一端就是女性化。“在女性化国家里，女性和男性一样具有谦逊和温柔的特性；在男性化国家里，女性也会有一点武断和注重成就，但没有男性那么强烈。因此，在这些国家里，男性和女性的价值观存在差距。”

请注意，这个维度是关于男性和女性在文化中所扮演角色的差异。在女性化文化里，男性和女性角色的差异相对较小，这表明，领导和决策者的角色对男性和女性来说都是公平的。女性社会看重工作生活质量，人们工作是为了生活，从商业角度来说，环境问题要予以重视。在男性化文化里，男性角色可能更注重任务型，而女性角色更注重关系型，强调个人成就，以经济发展为中心，人们生活是为了工作，业绩是首要目标。男性化文化的例子包括日本、澳大利亚、委内瑞拉、意大利、墨西哥和菲律宾。女性化文化的例子包括瑞典、挪威、荷兰、丹麦、哥斯达黎加和芬兰。

要注意，认为女性化社会不关注生产和商业成功是错误的想法。不妨回顾一下全球成功的公司，如宜家、乐高、沃尔沃、爱立信、H&M、Bang & Olufson 和嘉士伯等。

放任—约束 放任—约束（indulgence vs. restrain）这个维度关注的是幸福，描述的是一种文化，要么允许人类的欲望得到相对自由的满足，要么通过严格的社会规范来压制人类的驱动力。[26]美国和西欧倾向于放任享乐，而东欧、中东和亚洲其他地区具有强烈的约束克制倾向。在放任型文化里，人们认为他们有权控制生活，看重闲暇时间和言论自由，积极参与运动，花在控制和管辖上的精力相对少一些。约束型文化与之相反，花更多精力来建立秩序和组织，不允许个人“放任”。例如，在约束型文化中警察与民众的比例要比放任型文化中高很多。[27]

实用性—规范性 实用性—规范性（pragmatic vs. normative）这个维度衡量的是人们如何处理生活中难以解释的现象。规范性社会中有强烈的知道真相的欲望，对个人稳定性的关注较多，尊重传统，不太注重节省，在乎快速得出结果。相反，实用主义倾向表明，人们并不关心懂的多不多，因为生活是一个复杂的过程，是一种赐予。人们追求的是过一种高尚的生活，真相取决于语境、时间和场合，具有强烈的节省和储蓄倾向。这种维度是根据早期儒家动力论修正而来。表 3-1 展示的是霍夫斯泰德样本中 1/3 的国家六种维度的得分。

表 3-1　霍夫斯泰德六种文化维度的得分

国家	权力距离	不确定性规避	个人主义	男性化	实用性	放任/约束
墨西哥	81	82	30	69	24	97
委内瑞拉	81	76	12	73	16	100
哥伦比亚	67	80	13	64	13	83
秘鲁	64	87	16	42	25	46
法国	68	86	71	43	63	48
智利	63	86	23	28	31	68
葡萄牙	63	104	27	31	28	33
中国	80	30	20	66	87	24
日本	54	92	46	95	88	42
美国	40	46	91	62	26	68
澳大利亚	36	51	90	61	21	71
南非	49	49	65	63	34	63
新西兰	22	49	79	58	33	75
加拿大	39	48	80	52	36	68
英国	35	35	89	66	51	69
爱尔兰	28	35	70	68	24	65

资料来源：These scores are taken from Geert Hofstede's site，http://geert-hofstede.com（April 12，2014）. Variances between these figures and earlier listings have been corrected to this standard.

3.4.4　川普涅尔的七维度

荷兰经济学家冯斯·川普涅尔提出的理解文化的七个维度模型源于社会科学，初始数据来自 47 个国家，后来他与英国管理哲学家查尔斯·汉普顿-特纳（Charles Hampden-Turner）合作，数据得到扩展。前五个维度涉及的是人际关系中的文化模式，后两个维度涉及的是人类理解时间和自然的方式。[28] 与霍夫斯泰德的维度描述的价值观无法直接观察得到不同，川普涅尔的许多维度描述的行为源于潜在文化价值观。

普遍主义—特殊主义（规则—关系）　普遍主义—特殊主义（universalism vs. particularism）涉及的是，规则或关系能否支配行为。在普遍主义文化里，人们认为一切按规则来，人人平等，事事平等。在特殊主义文化里，人们认为规则的应用视情况而定。普遍主义基于规则行事，特殊主义基于关系行事。这个维度广泛适用于我们对其他文化中道德规范的理解。美国倾向于基于规则行事，美国成年人认为，所有人都应该遵从指南和规范，例如《反海外腐败法案》。在其他国家，判断视情况而定，也许取决于参与者，也许取决于办事地点或其他因素。普遍主义和特殊主义在道德规范方面很可能产生文化误解。

个人主义—共有主义 个人主义—共有主义（individualism vs. communitarianism）涉及的是，人们行事是基于个人利益还是集体利益。注意，这个维度与霍夫斯泰德的个人主义—集体主义维度以及克拉克洪和斯多特贝克的关系价值观相似。

中性—情感性（非情绪化—情绪化） 一种文化里的成员是如何表达情绪的？中性文化里的人倾向于控制情绪，而情感性文化里的人更愿意表达情绪。你可试想一下，中性—情感性（neutral vs. affective）这个维度在交流模式中起到的作用。情感性文化里的人可能会寻求反馈，而中性文化里的人可能会觉得不太正常。回顾前面"国际商务实践"专栏介绍的英国石油公司石油泄漏事件，这就是两种文化差异最典型的例子。美国人需要情感表达，而英国的危机管理者采取淡定沉着的严肃态度，这招只在英国行得通。

特殊性—扩散性 特殊性—扩散性（specific vs. diffuse）这个维度基于人们对待私生活和公共活动或工作的区别来区分文化。在特殊性文化里，如美国，人们会把工作关系和其他关系区分开来，因此工作关系也仅仅止于工作关系。在扩散性文化里，例如东亚国家，工作关系会被带进生活，进而影响生活。用霍尔的术语来说，在低语境文化里，例如德国、加拿大、澳大利亚和美国，倾向于特殊性；而在高语境文化里，例如日本和墨西哥，倾向于扩散性。表 3－2 列举了这个维度的多种特征。

表 3－2　　特殊性—扩散性维度的特征

特殊性	扩散性
交流直接、中肯、有目的性	交流不直接，似乎"漫无目的"
风格简洁、直率、确定、透明	风格暧昧、圆滑、有歧义、不透明
原则和道德立场倾向普遍化	道德规范视情况（人和情景）而定

成就—归因 从成就—归因（achievement vs. ascription）这个维度来看，归因文化认为，一个人的社会地位取决于他的血缘关系、年龄或其他特质，你因自身而得到重视。在成就文化里，精英阶层就是你的成就的回报。例如，在美国，个人成就是社会地位的首要决定因素。这个维度对于员工关系和人际管理尤其实用。

对待时间的态度 川普涅尔的时间维度包括两个方面。第一个方面识别文化的首要焦点是什么，是过去、现在，还是以未来为镜审视现在。例如，在西亚国家，传统价值观很重要，祖先也很重要。通常历史在帮助人们理解当下中起到积极作用。在这种看重过去的文化里，改变发生得很慢，公司可以做长远打算。看重当下的文化里，既不做计划，也不驻足于过去，当下就是最重要的时刻，偏爱短期利益和直接结果。美国经济的某些方面明显符合这种看重当下的文化，例如华尔街和投资者的预期文化。着眼未来的文化里，会为了更加美好的世界做计划和预测，例如加拿大、部分拉丁美洲国家、欧洲国家和美国文化的某些方面都是如此。

时间维度的第二个方面描述的是行为是顺次的（单一性时间观）还是同时的（多

元性时间观）。线性的行为是一个接一个完成的。支配时间的意象如同河流或小溪，做计划的时候是一个个不连续的单位，没有重叠。在多元性时间观文化里，多个行为出现在同一时间段，例如几个会议可能同时同地举办，彼此重叠。中东文化倾向于多元性时间观。在沙特阿拉伯，多个会议同时召开是很常见的，但对没有经过训练的外地参与者来说极具挑战性，会议中若有人不全神贯注地倾听，讲话者会觉得受到了侮辱。

对待环境的态度　我们试图与自然和谐相处，还是试图控制自然？川普涅尔的内在引导—外在引导（internal vs. external）维度与克拉克洪和斯多特贝克的人与自然的关系类似。在内在引导文化里，人们认为可以控制自然。在外在引导文化里，人们认为自然界控制着人类，因而人类需要与自然环境和谐共处。这个维度超越了环境本身，拓展到具体的商业语境中，对管理者来说很重要。在外在引导文化里，人们对外力十分敏感，利用自我引导来激励人恐怕代价高昂。当然，这种情况可通过培训加以改变。但提供外部资源（如奖励和定期反馈）的激励方法更符合外在引导的文化维度。另一个关键问题是人们如何解决困难，是完全重来还是适应情况？

图 3－5 显示了川普涅尔的维度在中国、墨西哥和美国的应用。由于这些国家的次文化差异巨大，因此省略了时间和环境维度。

图 3－5　川普涅尔维度的国家等级实例

3.5 文化在何时重要：全球思维模式

随着在国际管理中积累的经验增多，你开始认识到文化一直都很重要，只是在不同时间起作用的方式不同罢了。你会遇到许多因忽视文化而失败的例子，有趣的是，也有许多因管理者成功地围绕文化进行管理成功的例子。以雀巢（马来西亚）公司的马吉迪·巴塔托（Magdi Batato）为例。[29]巴塔托是瑞士人，在马来西亚引进自我管理的工作组，即众所周知的半自治工作组，虽然基于文化价值观（霍尔的高语境文化，霍夫斯泰德的高权力距离和高度集体主义），大家都猜想这种做法不会成功。但是他的创新取得了巨大的成功，这些工作组使雀巢在马来西亚的工厂提高了生产力。

巴塔托的方法是创立一种透明公开、坦诚交流和高度信任的组织文化。他为管理者开设培训和发展课程，建立组织结构来支持他们和工作组，促使人与任务匹配。对文化敏锐细致的理解让他明白，可以对组织结构进行修改，对人、任务和结构之间的匹配进行巧妙的管理，对马来西亚的文化特征敏锐解读。他的团队能为马来西亚的雀巢公司带来竞争优势。

能够对一种文化有如此深刻透彻的理解很少见。跨国公司的一个目标就是培养公司所有管理者拥有这样一种全球思维模式。**全球思维模式**（global mind-set）包括对多样性的接受，并且能够跨越多样性所产生的边界将所有想法整合到一起。[30]这种协同多样性的能力要求管理者积极地处理复杂事务，这种能力在不同文化中历练而不断提高。

在跨文化环境中工作，玛莎·麦兹内威斯克（Martha Maznevski）和乔·迪斯泰法诺（Joe Distefano）提出的Map-Bridge-Integrate（MBI）模型能帮助你弄明白重要的方面。[31] MBI帮助管理者通过一个文化模式和自身观察来识别文化差异，然后通过沟通来弥合这些差异，最终通过参与、冲突化解并基于所有这些观念来整合和管理这些差异。MBI与全球思维模式有关，它是帮助我们跨越多样性边界的有用工具。要识别存在于群体中的文化差异，并理解这些差异，让群体成员了解多样性的团队成员是如何认识世界的。为此要跨越这些差异进行沟通，并建立一种共享价值观的意识。最后，要管理这些差异。该过程重视人与人之间的差异，从差异中创造价值。

3.6 向前迈进：文化悖论和注意事项

随着对文化的理解加深，你将会遇到**文化悖论**（cultural paradox），或者发现基于你使用的文化框架所预期的文化价值观，与基于经验和观察所意识到的文化价值观之间存在矛盾之处。乔伊斯·奥瑟兰（Joyce Osland）和艾伦·伯德（Allen Bird）验证了这种现象，下面介绍他们研究中的一些例子。我们回顾这些悖论，是为了帮助你认识到了解文化是一个复杂、充满挑战的过程。你在前进的路上必定会受挫，要勇敢面对，你能够识别出悖论，就离解决问题更近一步了。

第一个例子与美国文化有关，根据许多文化框架，美国被描述为有个人主义倾向的国家；但美国的慈善捐款额是世界上最高的。第二个例子说的是哥斯达黎加的一种现象。那里属于高语境文化，比起真人柜员，人们通常更喜欢自动柜员机，因为自动柜员机更礼貌。最后一个例子描述的是日本和美国的行为。日本人对不确定性的容忍度较低，而美国管理者对不确定性的容忍度高得多。美国的合同条款具体详细，日本的合同条款却模糊不清。这三个例子提醒我们，面对复杂的文化系统，我们的理解往往落后于现实。

我们用一条警告来结束这个部分。请大家牢记：这里探讨的所有文化框架，每个维度的评分代表的是每个国家的平均值，即中心趋势。在任何一种文化中，你都会发现，人们可能处在分布曲线的其他点而非平均值点上。这些框架充其量是对我们试图理解的复杂文化的刻板印象的概括。[32]它们用于最初的猜想很有效，但如果用于预测，可能会因为对复杂性和细微之处的忽略而具有误导性。还要记住，研究者分析的是国家层面上的数据，所以这些框架并没有认可次文化的存在。

3.6.1 跨文化业务管理者的拇指法则

无论在本国还是世界上其他地方，了解你的顾客同等重要。每种文化都有自己的逻辑，人们做事都有真实合理的缘由，而这些缘由都存在于文化的逻辑中。管理者若能弄清楚该文化的基本模式，与国外客户和同事的互动就会更有效。下面是六条拇指法则的具体内容：[33]

1. 做好准备。接触一个国外市场需要做足功课。最好有一位导师，另外阅读大量有关社会和商务礼节、历史和民俗、时事新闻（包括国与国之间的关系）、文化价值观、政治结构和一些实用事宜（比如汇率和工作时长）的资料。可访问 onlinenew-papers. com，上面有许多国际报纸的链接可供参考。

2. 放慢脚步。在有的国家，美国商人总是给人留下很匆忙的印象，也就是说，他们表现得不友好、傲慢、不值得信任。在有的国家，日本人和德国人被认为太计较时间。

3. 建立信任。通常，美国式较弱的商业关系会让你一无所获。在竞争时，长期耐心真诚地建立的人际关系和信任与产品质量、价格和明确的合同同等重要。管理者必须树立亲切、有商业价值和可信赖的形象。

4. 理解语言的重要性。显然，必须找双语流利的专业人员来做翻译，他应对语言的细微差别和暗示很敏感，具有理解每种文化俗语和意象的能力。有一位口译人员很重要，即使交易双方中一方会说另一方的语言。

5. 尊重文化。礼貌很重要。在本国，外来代表是客人，必须尊重东道主的规则。正如一位沙特阿拉伯官员在一部电影《走向国际化》（Going International）中所说的，“身处国外的美国人往往把本地人当外国人看待；他们忘记了，其实他们自己才是外国人”。

6. 理解文化的组成部分。任何一种区域性文化都是一座冰山，包括两个组成部分：表层文化（时尚、风格、食物）和深层文化（态度、信仰、价值观）。文化的可见部分少于15%，所以外来者必须考察表层文化以下的深层文化。

得到那份工作！从双肩包到公文包

马洛里·韦德金：态度决定一切！

马洛里·韦德金（Mallory Wedeking）曾经在乌干达和卢旺达学习和工作。当被要求给学习国际商务的学生一些关于职业发展和入行的建议时，她作出如下陈述：

我在校时主修创业管理，我的职业目标是在国际环境下从事商业活动。高中毕业后，我第一次到欧洲旅游就对国际商务很感兴趣。与拥有不同文化和生活方式的人交流，激发了我的创造力，也激起了我的学习欲望。我喜欢在国际环境中经商的那种丰富多彩的感觉。

在国外对我影响最大的是在乌干达和卢旺达学习的那四个月，我通过非营利组织粮食救济饥民协会（Food for the Hungry）获得了一份实习工作，帮助一个村庄促进经济发展。

对这一转变，我感到紧张。我让自己熟悉当地文化，但大多数文化意识是在工作中形成的。我早期的宝贵经验是，犯错是不可避免的，对待错误的态度很重要。了解另一种文化是一种经历。

对于出国工作，我的建议是，要认识到态度决定一切。无论你准备得如何充分，都可能会对当地文化有误解。犯错后爬起来，继续前进，就能学到更多。你还需要了解文化冲突的各阶段，这样你就知道自己所处的阶段，以便有效处理情感和情绪的变化 。在文化冲突的某些点上，会存在一种远离陌生文化，置身于熟悉舒服的环境的倾向。我在国外待了两个月后体会到这种感觉，我不再和其他美国学生一起看美国电影。我强迫自己和乌干达人交流互动。

比起抵达东非的感受，回到美国后的文化适应更加艰难。我从没想过自己的家会让我觉得如此压抑和陌生，我花了6个月才完全适应。这个过程不能着急，你需要时间去消化你在国外学到的一切。

我强烈推荐你去国外工作，可以从当志愿者或实习生开始。每天会有惊喜，让你觉得很有趣，也会让你获得宝贵的品质和技能。即使是以享乐为目的的旅游或出国留学，也会让你学到许多技能，比如适应能力、快速思考和决策的能力、边走边学的能力和高超的交流技巧，所有这些都是雇主非常看重的品质。

模块总结

1. 描述文化的内涵。

文化是宗教信仰、风俗习惯、科学技术、社会制度和手工艺品的总和，这些都是人类独有的特征。换句话说，文化是由“个体的世界观、价值观和一个群体在特定时间地点特有的人际关系”组成。许多人类学家认为，文化是习得的；文化的各个方面互相联系；文化是共享的、模式化的、通过社会互动来共同构建的；文化界定了不同的群体。

2. 识别文化影响商务活动的方式。

我们的一切都受到文化的影响，因此，国家文化差异影响国际商务活动的各个方面。不同市场中，文化态度和价值观的巨大差异要求许多公司开发不同的营销组合来吸引消费者。人力资源的激励方式受文化的影响，领导力同样也受文化的影响。领导风格应该是什么样的？是家长式、等级森严的，还是人人平等式的？生产管理者发现，与对待改变的态度相关的文化价值观对新生产方法是否被采纳影响极大。员工评估被理解为一种发展辅助手段还是一种有敌意的程序？一种文化的会计控制直接与人性假设有关。对组织上下的严格控制就表明信任度低吗？若是松散控制，即使没有被严格监视，人们也能表现诚实吗？所以商务活动都受国家层面文化价值观的影响。

3. 描述文化的体现形式。

因为文化不能直接观察到，所以它只能通过一个社会的某些方面来体现自己。例如，文化通过一个社会的美学、宗教、物质文化、语言和社会组织来实现自我体现。

4. 描述分析文化的四种框架。

我们回顾了四种主要框架，分别是霍尔、克拉克洪和斯多特贝克、霍夫斯泰德和川普涅尔的文化框架。霍尔的框架区分了语境问题，即高语境和低语境。克拉克洪和斯多特贝克的文化取向框架包括人与自然的关系、个体之间的关系、人类活动取向、时间取向和人类本性的评估。前两种关系是理论性的，最后两种关系是基于数据得出的；它们都是经验性的。霍夫斯泰德的框架最初关心的是价值观。一开始的四个维度分别是个人主义—集体主义、权力距离、不确定性规避和男性化—女性化。后来他又增加了两个维度，即实用性—规范性和放任—约束。川普涅尔的七维度框架涉及的是人类实际行为和时间与自然之间的关系。其维度包括普遍主义—特殊主义（规则—关系）、个人主义—共有主义、中性—情感性（非情绪化—情绪化）、特殊性—扩散性、成就—归因 、对待时间的态度和对待环境的态度。

5. 描述全球思维模式和MBI模型。

全球思维模式指的是人们对多样性持开放态度，并且能够协同多样性。在国际管理中需要这样的能力，也需要处理复杂事务的能力，可在不同文化中历练来提高。MBI模型是一种有用的工具，能让你在跨文化工作时弄清楚什么方面重要，因为它具有处理复杂事务的综合能力。

6. 讨论在商务实践中运用文化框架的注意事项。

这些框架充其量是对我们试图理解的复杂文化的刻板印象的概括。它们最好用于确定可能性，如果用于预测，可能会因为对复杂性和细微之处的忽略而具有误导性。这一条注意事项尤其重要。它们是有用的工具，但存在局限性，不适合用来做预测。同时，文化无论何时都很重要，但在不同的时间以不同的方式存在。在有些情况下，国际管理者发起的与文化价值观不符的创举取得了成功。要对何时文化起主要作用有所认识，需要经验以及全球思维模式，这要求管理者对多样性持开放态度并具有跨越多样性边界的能力。

批判性思考

1. 某家全球公司的一位阿拉伯管理者在中东地区任职，现在被临时派往德国一年，负责整合在中东某工厂开发的流程。借鉴霍尔的高低语境理论，描述这位管理者可能遇到的交流问题。

2. 你的公司明文规定不准送礼或收礼。你代表公司前往日本协商设计一款多功能生产设备，设想在像日本这样的文化中送礼所起的作用，你打算如何处理这个问题。

3. 假如你是墨西哥人，刚接受去爱尔兰执行一项短期任务。借鉴霍夫斯泰德的文化维度，对于爱尔兰人的行为，你可能有哪些预期？

4. 假如你可以选派一位美国商务人士或一位墨西哥商务人士去日本，完成一项为期3年的任务，二人能力相当。从文化方面来说，为什么选派墨西哥人风险较小?

5. 在涉及道德行为的国际部门，川普涅尔的普遍主义—特殊主义维度是如何帮助释惑的?

6. 就川普涅尔的成就—归因维度举个例子，做简短描述。

7. 你的一个法国同事第一次去你母国工作，她问你应该注意哪些物质文化方面的东西，你会给她什么建议?

8. 挑选一位在本国环境中发现的外国工人，描述他可能遇到哪些与文化相关的困难。

9. 你如何评估自己的全球思维模式水平?

微型案例

谁将到中国分公司任职?

你所在的国际公司总部位于新泽西州，正准备选拔一名员工去中国，执行一项为期3年的外派任务，负责新设的产品业务部的人员配置和业务运营。主要的中国客户使用的是公司在中东和北非石油产地的产品。你拥有丰富的海外经历，目前任公司人力资源部副总裁，也是甄选委员会主席。有12名员工对此职位感兴趣，委员会从中选出了3名候选人。下面是他们的简历:

汤姆（Tom），中级财务经理，业绩评价很高，没有海外经历，很想往这方面发展。单身，拥有MBA学位，已经毕业20年。他在俄亥俄大学主修的是金融专业，该大学离他家仅50英里。他加入了当地的外交关系委员会，还是一名出色的运动员。

弗道斯（Firdaus），公司人力资源部副总裁。在小学时，她随家人从也门移民到芝加哥。能用阿拉伯语听说读写，不论是标准阿拉伯语还是也门方言都没问题。已婚，育有两子，丈夫乔治是历史系教授，不会说阿拉伯语。弗道斯拥有工程学博士学位，曾在公司从事运营方面的工作，中途成功地转到人力资源部。在加入公司前，她在英国伦敦大学取得博士学位，现在处于职业生涯的中期。她的业绩评价也很高。几年前，她在总部有一个小插曲，有人讨论她戴头巾，最终她坚持了自己的做法。在总部，弗道斯很出名，也得到大家的喜爱。她丈夫准备请假3年陪她一起去海外。

贡特尔（Gunther），总部设在德国的欧洲分公司的副总裁，从事会计工作，欧洲分公司的成功有他的功劳。仅用了7年时间，他就令法兰克福的业务在欧洲处于领先地位。他会德语和英语，因较强的组织能力和自下而上的管理风格而被大家熟知。他工作中注重准时、准确、细致。贡特尔的老板是国际部门总裁，他对贡特尔对这个职位有兴趣感到惊讶，因为这个职位比贡特尔目前的职位要低，虽然官方的头衔是平级的。贡特尔本科主修人类学，在进入职场初期修了会计学研究生课程。

公司希望选派一名能让业务开展起来的人员，任期3年，然后把工作交给培养起来的当地员工。

问题

1. 借鉴我们考察过的文化维度理论和拥有的商务知识，你会推荐谁?

2. 你做出此选择的理由是什么?

3. 如果第一候选人拒绝了该职位，你会建议将谁作为备选?

注　释

1. I. Brady and B. Isaac, *A Reader in Cultural Change*, vol. 1 (Cambridge. MA: Schenkman Publishing, 1975), introduction, p. x.

2. Hy Mariampolski, *Ethnography for Marketers: A Guide to Consumer Immersion* (Thousand Oaks, CA: Sage, 2005), p. 123.

3. "What Is Culture?," Center for Advanced Research on Language Acquisition, University of Minnesota, http://www.carla.umn.edu/culture/definitions.html (February 4, 2014).

4. E. T. Hall, *Beyond Culture* (Garden City, NY: Doubleday, 1977), p. 54.

5. C. Berrgren, *Alternatives to Lean Production: Work Organization in the Swedish Auto Industry* (Ithaca, NY: Cornell, 1992).

6. Robert J. House et al., *Culture, Leadership and Organizations: The Globe Study of 62 Societies* (Thousand Oaks, CA: Sage, 2004).

7. South Tyrol Museum of Archeology, http://www.iceman.it/en/node/226 (April 12, 2014).

8. Anita Snow, "Ad Featuring 'Che' Guevara Sparks Furor," *The Monitor*, August 10, 2000, p. 8a.

9. K. M. Fisher, J. McNett, and P. Scherer, "Religion in the Workplace," in *Understanding and Managing Diversity*, 6th ed., ed. C. Harvey and J. Allard (Upper Saddle River, NJ: Prentice Hall, 2011).

10. E. T. Hall, *The Hidden Dimension* (Garden City, NY: Doubleday, 1969), pp. 134-35.

11. M. J. Herskovits, *Man and His Works* (New York: Knopf, 1967), p. 303.

12. M. Mauss, *The Gift: Forms and Functions of Exchange in Archaic Societies* (London: Routledge, 1990). Original work published 1922.

13. Internet resources may be helpful, such as http://netique.com/giftsearch/international.html (February 4, 2014).

14. E. T. Hall, *The Silent Language* (New York: Doubleday, 1959); *The Hidden Dimension*, *Beyond Culture*.

15. C. Kluckhohn and K. Strodtbeck, *Variations in Value Orientations* (Westport, CT: Greenwood, 1961).

16. House et al., *Culture, Leadership and Organizations*. 2004.

17. Geert Hofstede, *Culture and Organizations: Software of the Mind* (London: McGraw-Hill, 1991).

18. S. H. Schwartz, "Universals in the Content and Structure of Values: Theory and Empirical Tests in 20 Countries," in *Advances in Experimental Social Psychology*, vol. 25, ed. M. Zanna (New York: Academic Press, 1992), pp. 1-65.

19. Fons Trompenaars, *Riding the Waves of Culture* (Burr Ridge, IL: Irwin, 1993).

20. E. T. Hall and Mildred Hall, *Hidden Differences: Doing Business with the Japanese* (Garden City, NY: Anchor Press/Doubleday, 1987).

21. Carol Kaufman-Scarborough and Jay D. Lindquist, "Time Management and Polychronicity: Comparisons, Contrasts, and Insights for the Workplace," *Journal of Managerial Psychology* 14, nos. 3-4 (1999), pp. 288-312, http://crab.rutgers.edu/~ckaufman/polychronic.html (February 4, 2014).

22. Kluckhohn and Strodtbeck used the term "value orientation" to describe their work (*Variations in Value Orientations*, Evanston, IL: Peterson, 1961). Martha Maznevski uses their work in *International Management Behavior: Leading with a Global Mindset* (Chichester, UK: Wiley, 2009), by Henry Lane, Martha Maznevski et al.

23. Geert Hofstede webinar delivered for SIETAR Europe, January 17, 2011.

24. Geert Hofstede, "Cultural Dimensions in Management and Planning," *Asia Pacific Journal of Management*, January 1984, pp. 81 and 84.

25. The source of the descriptions of the dimensions is Hofstede's website, which is well worth a visit because it has the raw scores for the countries against the six dimensions: http://www.geerthofstede.com (February 4, 2014).

26. Geert Hofstede, G. J. Hofstede, and M. Minkov, *Cultures and Organizations: Software of the Mind*, 3rd ed. (New York: McGraw-Hill).

27. Geert Hofstede, *Dimensionalizing Cultures: The Hofstede Model in Context* (online readings in *Psychology and Culture*, International Association for Cross-Cultural Psychology, 2011). See http://scholarworks.gvsu.edu/cgi/viewcontent.cgi?article=1014&context=orpc (February 4, 2014).

28. Fons Trompenaars and Charles Hampden-Turner, *Riding the Waves of Culture* (New York: McGraw-Hill, 1997); John Bing, "The Use and Misuse of Questionnaires in Intercultural Training," ITAP International, http://www.itapintl.com/facultyandresources/articlelibrarymain/the-use-and-misuse-of-questionnaires-inintercultural-training.html?lang= (February 4, 2014); David Thomas, *Essentials of International Management: A Cross-Cultural Perspective* (Thousand Oaks, CA: Sage, 2002); Vas Tara et al., "Half a Century of Measuring Culture: Review of Approaches, Challenges, and Limitations Based on the Analysis of 121 Instruments for Quantifying Culture," *Journal of International Management* 15 (2009), 357–73.

29. Martha Maznevski and Tom Gleave, Magdi Batato at Nestlé Malaysia (A). IMD-3-2199, 2011.

30. Nakiye Boyacigillar, "The Crucial yet Illusive Global Mindset," in *The Blackwell Handbook of Global Management*, ed. H. A. Lane et al. (Oxford: Blackwell Publishing, 2004).

31. Henry W. Lane et al., *International Management Behavior: Leading with a Global Mindset*, 6th ed. (Chichester, UK: Wiley, 2009), Chapter 3, p. 65ff.

32. This observation is from conversation with Joyce Osland.

33. Lisa Hoecklin, "Managing Cultural Differences," http://www.latinsynergy.org/strategicjointventure.htm#CHILE (December 27, 2000; inactive August 3, 2014); and "How to Negotiate European Style," *Journal of European Business*, July-August 1993, p. 46.

模块 4 可持续发展与自然资源

污染不过是我们没有收获的资源。我们之所以任其四处散落，是因为我们忽视了它们的价值。

——巴克敏斯特·富勒（Buckminster Fuller），
美国工程师、发明家、未来学家（1895—1983）

学习目标

1. 描述环境可持续性及其对商务的潜在影响。
2. 描述可持续发展的框架。
3. 总结衡量可持续发展成就的方法。
4. 识别注重环境可持续的企业的特点。
5. 描述利益相关者模型如何帮助企业实现可持续发展。
6. 描述一个国家或地区的地理特征对自然资本的贡献。
7. 概述现有的不可再生和可再生能源及其对商务的潜在影响。

开篇短文

eBay 关注绿色发展

让我们承认吧，eBay 可以带来很多的乐趣，即使其中一些可能让人有内疚感。该网站做得很好，它的商业模式具有可持续性。也就是说，它帮助我们在全球虚拟市场上进行线上销售和购买，延长了所交易产品的生命，减少了我们对新产品的消费。它还有其他的回收方式，如慈善、标价出售和物品互换。由于拥有 1.08 亿用户，eBay 有效减少了许多人购买新物品的需要。

若以交易数量衡量，这个拍卖和销售网站可能是世界上最大的商业回收商。当然，它是最大的线上回收平台。1998 年以来，价值超过 1 000 亿美元的商品在这个平台上交易。该网站现在还有一个分类广告功能，处理本地难以运输的回收货物问题，提供广告服务和岗位空缺信息。

同时，eBay 组建了一个绿色团队来推广“最绿色的产品就是已经存在的产品”的概念，并设置了一个特殊的绿色产品买卖区。此外，公司还与户外品牌巴塔哥尼亚合作推出了“巴塔哥尼亚生命共同体”（Patagonia Common Threads）计划，在 eBay 上销售二手巴塔哥尼亚商品。巴塔哥尼亚和 eBay 旨在让人们认识到，消费是一个关乎可持续性的问题，我们需要改变失控的购物习惯。巴塔哥尼亚鼓励其用户“购买二手产品，出售不需要的产品”。eBay 还有一个即时销售交易平台，你可以转售电子产品以减少浪费。

转售延长了产品的寿命，却增加了它们的碳足迹，因为产品的转手需要使用交通工具和运输材料。事实上，eBay 的业务对环境的影响大多发生在运输过程中。为了解决这个问题，eBay 专注于绿色供应链管理，与美国邮政服务公司合作，鼓励重复利用运输材料和特别设计的环保盒。eBay 估计，如果每个盒子重复使用五次，将“节省 240 万加仑的水，节省的能源足够为 49 户家庭供电一年”。

资料来源：Danielle Kucera，“eBay Sales，Forecasts Miss Estimates as Paypal Growth Slows，” Bloomberg. com，April 18，2013，http://www. bloomberg. com/news/2013-04-17/ebay-s-sales-miss-estimates-after-consumers-cut-online-spending. html（May 9，2014）；eBay Green Team，http://green. ebay. com/greenteam/ebay/blog/Embedding-Sustainability-Into-Commerce/31（February 13，2014）；and http://campaigns. ebay. com/patagonia/（February 13，2014）.

4.1 商务环境中的可持续性

环境可持续性（environmental sustainability）的概念范围较广。它关注的是保有某些东西，比如环境、社会、经济、经济中的人或者组织。在商务环境中使用可持续性这一术语时，越来越多地指其应用。[1] 联合国世界环境与发展委员会（United Nations World Commission on Environment and Development ），即布伦特兰委员会（Brundtland Commission），提出了一个被广泛接受的可持续发展的定义：“满足当代人的需求，而又不损害子孙后代满足其需求的能力。”[2] 对可持续性的这种理解，呼吁企业开发新方法，以改变“设计、生产、分销和消费商品和服务的方式；设定这些商品和服务的市场价格的方式；提供和消耗能源的方式；尊重和管理环境的方式；以及确保所有人的健康和福祉的方式”。[3] 事实上，可持续性要求我们改变所管理的一切，包括政府机构、市场、商业组织和个人的行为方式。

就其本质而言，可持续性是一个系统概念，因为它结合了一组互相关联的元素，这些元素形成了一个复杂的整体。我们试图维持的一切（商业、生活方式、自然界）都存在于一个更大的系统中，如果这个更大的系统不能持续，子系统就不可能生存。例如，如果全球温度和降水发生显著变化，大沼泽地有可能持续存在吗？由于其系统特性，可持续性实际上同时具有本土性、全球性的特点；任何特定位置都与全球系统有关联。“本土行动，全球思考”（act locally，think globally），抓住了这种多层次的同步性，并将其转化为行动指南。

由于环境可持续性要求企业承诺不会降低环境为后代提供服务的能力[4]，企业面临的挑战是既要考虑竞争的现状，又要考虑未来几代人的需求。这不是件容易的事，因为任一选择都会产生消耗。商业环境中的可持续方法通常考虑与商业运作相关的生态、社会和经济系统。在本模块中，我们将考察可持续性和可持续商业实践的特点，然后探讨支持公司采用可持续方法的利益相关者模型。

在实现可持续发展的初级阶段，企业将重点放在内部运营，关注使用资源的方式。例如，它们测量由于采取保护措施而节省的用水量和减少的能源消耗。之后，企业开始审视价值链，从直接供应商和分销商入手。如今，企业将关注的范围扩大至整条供应链，从原材料提取到制造、分销、使用和最终处置。[5]人们认为，这一更广泛的方法对于商业和环境都有积极影响。早在 2005 年，沃尔玛就意识到，它可以低价竞争，进行可持续的商业实践。首席执行官斯科特·李（Scott Lee）很早认识到，必须专注于整个价值链，“如果我们只专注于自身那部分运营，可能会（解决）对环境所造成影响的 10%，却（错过）运营外的 90%的机会”。[6]

4.2　实现可持续发展的体系

现在，让我们来看看最近提出的几种有助于具体思考可持续发展的方法，然后看看我们所付出的努力对可持续企业的影响，以及如何评估这种努力。

4.2.1　生命周期评估

生命周期评估（life cycle assessment，LCA），是一种用于评估产品或服务在整个生命周期中对环境的影响的方法，有时称为从摇篮到坟墓分析（cradle-to-grave analysis）。过去，制造商在工厂门口将产品交付给消费者，如今，制造商关心产品对环境的影响，运用生命周期评估检查产品生产的整个链条。这种新兴的“产品监管”是依据生命周期评估思考的结果，这意味着企业越来越多地承担由其活动的广泛影响而带来的责任。

在一本关于商业环境中的可持续发展的著作中，商业教育者罗纳德·惠特菲尔德（Ronald Whitfield）利用一支铅笔来说明生命周期评估的应用。铅笔的环境足迹包括其生产过程中涉及的所有产出，例如锯铣设备产生的废气，加工处理过程中使用的水，油漆车间的排放物，以及废木、金属和石墨。制造商将对此进行分析，以期发现更具生态效率的高性价比的替代品。在价值链的扩展分析中，供应商也被包括进来。是否以一种可持续的方式采集雪松木？铅笔的着色、上蜡、油漆和橡皮擦的生产是怎样的，这些部件的运输和分销又是怎样的？一旦铅笔不再使用，会发生什么？生命周期评估还常常包括二氧化碳排放、臭氧消耗、水的使用和排放、有毒物质排放和资源消耗。

生命周期评估帮助我们了解所购产品的累积环境影响，有助于公司专注于减少环境足迹，降低成本，减少生产过程中输入、加工和浪费可能对员工、消费者以及环境产生的潜在致癌危险。巴塔哥尼亚从生命周期评估中了解到，一件 T 恤的生产需要 700 多升水。为此，该公司从使用工业生产的棉花转向消耗更少水资源的有机棉花。阿克苏诺贝尔（Akzo Nobel）是一家化工企业，它从有关包装的一系列生命周期评估中了解到，由于钢材的回收率高，钢桶最适合用来包装化学品。[7]生命周期评估可以帮助想要提高环境绩效的公司确定“容易实现的目标”。诸如对工厂翻新改造、安装节能装置，以及安装加热、照明和冷却的中央控制系统等举措，可以帮助公司实现高投资回报率和较短的投资回收期。

4.2.2 从摇篮到摇篮设计

一些创新者探索出一种全新的思考环境问题的方式，那就是**从摇篮到摇篮设计模式**（cradle-to-cradle（C2C）design model）。这种方法表明，产品和服务的设计应该有助于生产循环的完成，使生产所需的所有资源能被回收和再利用，而不是被丢弃或造成污染。这个模式是对大自然的模拟，生态系统循环使用某种物质的废料为另一种物质提供营养。例如，在森林生态系统中，阳光为树木提供能量，使之吸取大气中的二氧化碳来制造养分，在此过程中，树木释放动物呼吸所需的氧气。树木的根系过滤水分，它们提供的种子不仅确保了后代的繁衍，还为其他生物提供了食物。落叶变成堆肥来维持树木和其他生物的生命。这个系统循环利用了所有的材料，没有产生有毒废物。C2C 概念可用“废物 = 食物”简单表达。（或许你想观看罗布·范·哈特姆（Rob van Hattum）的同名纪录片。[8]）

当应用于产品和服务时，C2C 认同两种成分：技术营养物（无机的、合成的，可以重复使用）和生物营养物（有机的、分解的）。以石油为原料的地毯制造商英特飞公司（Interface）、戴索公司（Desso）、巴斯夫公司（BASF）和霍尼韦尔公司（Honeywell），从老客户那里回收使用过的地毯投入一个闭环过程，从而成功地实施 C2C 理念。从石油和天然气中提炼出来的尼龙 6 是地毯原料的合成成分，并没有被送往垃圾填埋场，而是得到再加工，变成具有同等价值或更大价值的产品。巴塔哥尼亚、特里格马（Trigema）和伊林费雪（Eileen Fisher）等公司收回成衣并重复利用服装的基本原料。一些批判者认为，C2C 模式不切实际，但当我们探索可持续制造和销售的新方式时，它为我们提供了一个起点。

4.3 测量可持续性的工具

一旦可持续发展有了方向并付诸实践，我们就需要一种方式来了解所做努力是否有效；我们需要测量并比较行动所带来的影响。在此，我们回顾一些重要的分析工具，以评估在可持续发展方面所做工作的成效。[9]

这些工具必须满足一个复杂的需求：必须为我们提供跨部门的有意义的测量方法，即通常所称的可比性测试。有一个可提供对比测量的标准化平台，已用于全球契约、全球报告倡议、碳披露项目、碳足迹和水足迹相关框架的制定。荷兰的网站“国际企业可持续发展报告”（enviroreporting.com）上发布了这些内容。

4.3.1　联合国全球契约

联合国全球契约（United Nations Global Compact）形成于 2000 年，涉及四个领域：人权、劳工、环境和反腐败。该协议十大原则中有三个与环境相关。来自 135 个国家的 8 700 多家公司签署了该协议，500 家大型全球公司中有 40%参与。全球契约的参与者要提交一份基于契约框架的年度报告，表明对可持续发展认真对待、信守承诺。你可以访问 UNglobalcompact.org，查看 2013 年度全球契约报告，以及有关企业发展的总结。

4.3.2　全球报告倡议

全球报告倡议（Global Reporting Initiative，GRI）是一个由利益相关者组成的网络组织，多数来自商业领域，它们合作开发了一个可广泛使用的可持续的报告框架，这个框架与组织同名。GRI 指南为企业提供了有关衡量和报告其运营的环境影响的信息，包括如何报告，报告什么，使用哪些绩效指标，以及如何使用这些指标。由于框架是由组织成员协作开发的，因而满足了广泛的用户需求。你可以访问 globalreporting.org，查看 GRI 框架。

4.3.3　碳披露项目

碳披露项目（Carbon Disclosure Project，CDP）是一个非营利组织，为可持续水资源利用和减少温室气体排放提供报告框架，并倡导减排。它与大公司合作，为公司制定框架，以报告其在这些领域的进展，以及碳排放报告的主要标准。与联合国的《京都议定书》（Kyoto Protocol）一样，它关注排放报告及减排情况。二者的不同之处是，《京都议定书》的成员是国家，碳披露项目的成员是公司。超过 85%的《财富》全球 500 强企业向碳披露项目报告其排放量，并用它来设定有关环境影响的目标。碳披露项目鼓励公司监督自己的供应链，由于公司承担监管责任并要求供应商报告排放情况，对任一公司来说，碳披露项目成员身份正迅速成为与许多全球公司做生意的必要条件。

4.3.4　足迹

最后两个测量可持续性的手段是碳足迹和水足迹。产品的**碳足迹**（carbon footprint）测量与其相关的温室气体排放量，通常会贯穿其整个生命周期。它试图测量直接消耗量（产品使用的结果）和间接消耗量（产品制造的结果），计算复杂。**水足迹**（water footprint）的计算更复杂，部分原因是人们在当地用水，却将其排放到全球系统中。水的可用性很大程度上因地而异，因此它的使用成本不是标准化的。然而，对水使用量的测量日益普遍，通常根据来源和类型（蓝色水是新鲜地表水，灰色水是被污染物污染的，而绿色水是由降雨带来的）进行分类。当巴塔哥尼亚考虑制造T恤所需的水时，发现那些关注用水情况的公司可以从降低制造成本中获益。

我们已经研究了思考和衡量可持续发展的方法，接下来可以专注于寻找可持续发展企业的特点。

4.4 注重环境可持续的企业的特点

愿意对环境可持续性承担责任的企业有三个共同特点：承认并接受资源是有限的这一观点；制定有效措施管理赖以运作的相互影响的系统；认识到在供应链管理中需要公平。[10]

图 4－1 说明了企业生态、社会和经济方面的关系及其在可持续发展中的交集。

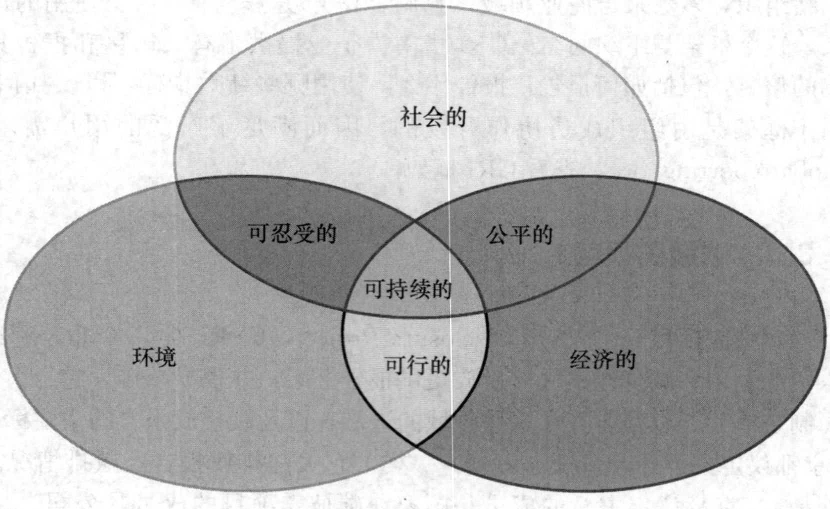

图 4－1 可持续发展的环境

资料来源：W. M. Adam，“The Future of Sustainability：Re-thinking Environment and Development in the Twenty-first Century.” Report of IUCN Renowned Thinkers Meeting，January 29－31，2006.

4.4.1 有限性作为可持续性的一部分

有限性（limits）涉及环境资源是可以耗尽的这一现实。水、土壤和空气可能会变得有害，在使用这些资源时要意识到这种危险。认识到地球大气在吸收排放的气体上的有限性，并将这种认识融入企业运营，是支持可持续发展的负责任的决定。许多企业开始意识到，引导其部门开发可持续的运营方式，可以带来宝贵的竞争优势。

采掘业中的采矿和石油企业就是很好的例子，它们认识到有限性在实现可持续性方面发挥的作用。自由港麦克米伦公司（Freeport-McMoRan）发现其在印度尼西亚巴布亚的采矿业务受到限制，因而特别关注采掘区附近的当地部落出现的生态和社会问题。该公司为部落儿童提供受教育机会，为当地社区提供保健服务，严格控制采掘方法造成的水污染和对栖息地的破坏，从而对环境负责。2013 年，荷兰一法院指控壳牌公司，要求该公司为在尼日尔三角洲发生的大规模石油泄漏事件负责。[11] 尼日尔三角洲在尼日利亚东南部，居住着依贾人和奥格尼人。从那时起，多起石油泄漏事件被报道。壳牌公司一直与尼日利亚政府保持着良好的关系，据维基解密（WikiLeaks）爆料，壳牌公司在尼日利亚政府部门安插了重要的人。[12]

4.4.2　相互依赖性作为可持续性的一部分

相互依赖性（interdependence）描述了可持续实践在生态、社会和经济系统中产生的复杂关系，其中任一系统中的行动都可能以不易察觉的方式影响另外两个系统。比如，公司决定外包而带来运输需求，导致碳排放。另一个影响是在农村地区建工厂可能会造成社会混乱。父母可能会把上学的孩童带到工厂工作，正如耐克公司发现的那样。传统的社会模式可能会因妇女赚取工资而受到破坏。美国农村地区采用水力压裂技术造成的社会后果，比如公共卫生问题、交通增加、社会动乱等，在很大程度上是始料未及的。中国农村小型高科技制造厂产生的废物如何处理？这些制造厂往往是工艺流程公开透明的制造商的分包商。我们如何了解与决策相关的社会、环境和经济方面的情况？我们如何有效监测这一复杂的过程？相互依赖要求对整条价值链进行仔细监控。

国际商务实践

欧洲示范：为什么欧盟在环境问题上做到了

20 世纪 60 年代末，美国在环境意识、立法和责任方面领导着世界。美国国会成立了环境保护局（EPA），通过了《国家环境政策法案》《清洁空气法案》《濒危物种法案》《清洁水法案》。然而，今天欧盟在这方面远远赶超了美国。为什么？没有简单的解释，但从文化和人口统计角度可找到答案。

个人主义在美国极为盛行，商业实践被认为是个体自由的行为。在欧洲，社区价值凌驾于个人主义之上，商业有着不同的目的，包括对社会的义务和更高水准的社会责任。从人口统计的视角看，欧洲人居住在比美国许多城市的人口密度更大的城市，因此空气和水污染等环境问题更显而易见。

因此，欧盟就环境保护采取了预防性原则，该原则要求在潜在危险刚显露迹象时就实施监管，而不是等木已成舟才进行研究。预防性原则要求行业承担证明其产品没有危险性的责任。相比之下，美国的方法侧重于为现有问题提出解决方案："如果没坏，就不去修"。例如，欧盟的《化学品的注册、评估、授权和限制》（REACH）法规要求化工企业管理化学物质的风险，收集有关信息，确保其安全运用并登记在中央数据库中，一旦找到替代品，危险化学品将被替换。这些规则的目的是缩小公众与行业之间的知识差距。

在美国，《有毒物质控制法案》授权环境保护局管理对人类和环境构成过度风险的化学品。1979 年，美国环境保护局开始此项检查工作，要求对 6.2 万种在用化学品中的约 200 种进行测试。它还要求对有危害的新化学品进行产前审查。在美国，对什么进行测试由政府说了算，而在欧盟，工厂必须向政府证明，化学品是安全的，产品在生产或出口前风险是得到控制的。在欧洲，企业负有社会责任，而在美国，社会责任由政府规制。图 4-2 勾勒出了欧盟倡导的新项目：如何在我们居住的星球的范围内让人们"生活得更好"。欧洲的措施承认商业需要可持续发展，美国的措施则要求政府承担监管责任。如果你问起来，大多数美国人很可能会说，商业的目的和底线有直接关联，他们的这种理解可以归因于经济学家米尔顿·弗里德曼（Milton Friedman）。

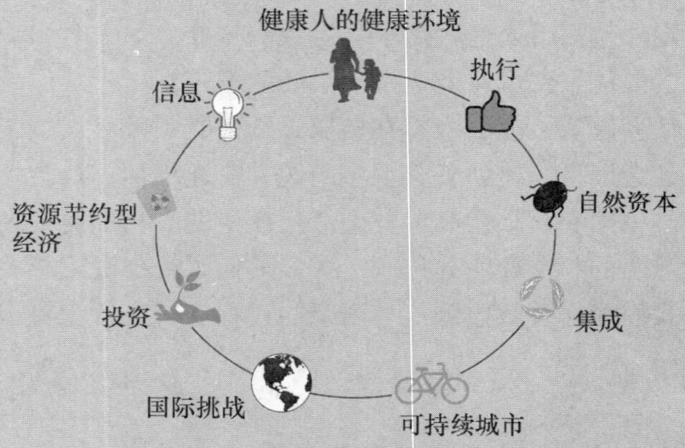

图 4-2 "生活得更好"项目目标

欧盟的行动计划提倡：在我们居住的星球的范围内生活得更好。
资料来源：http://ec.europa.eu/environment/newprg/proposal.htm

问题

1. 你认为欧洲对有毒物质的处置方式在美国行得通吗？为什么？
2. 根据你对文化的理解，你认为文化能否帮助解释欧盟应对环境问题的方法？

资料来源：The Environment：European Union，2013，http://europa.eu/pol/env/index_en.htm（February 14，2014）；see proposal for a new environmental action program 2020，at http://ec.europa.eu/environment/newprg/proposal.htm（February 11，2014）；and Milton Friedman，"The Social Responsibility of Business Is to Increase Its Profits，" *The New York Times Magazine*，September 13，1970.

4.4.3　分配公平作为可持续性的一部分

分配公平（equity in distribution）表明，收益分配不能存在巨大差异，这样系统间才能实现相互依赖。每个利益相关者都要在某种程度上从商业活动所创造的附加值中受益。因此，为了实现“公平”，需要一种商业模式将商业收益分配给广大的利益相关者。除了关于公平的道德论据之外，还有一个常识性的论据。在全球化的世界中，信息越来越开放，人们希望提高透明度，避免因不平等导致社会混乱和暴力事件。这正是壳牌公司在尼日利亚需要解决的问题。

“公平贸易”（Fair Trade ）是一场有关社会和品牌的运动，对将“公平”理念纳入价值链起到积极作用。公平贸易标签证明产品的生产和销售方式符合恰当的公平要求。产品的生长和收获过程必须依据标准，工作条件和薪酬必须符合一定的安全和公平标准，并且必须监控整个供应链的可持续性。当你购买公平贸易产品时，是对有着松散联系的组织的支持，这些组织努力确保合理的工作条件、公平的工资和可持续的方法。

一些企业通过农业经营实现后向一体化，目的是控制其供应链，并努力在发展中国家满足对公平的不断增加的需求。如你所想的那样，可持续发展的相互依赖性要求新的思维方式。然而，当努力建立公平时，相互依存关系可以通过共享企业收益有利于公司及其利益相关者。IBM 前首席执行官彭明盛（Sam Palmisano）理解这种关系，他指出，IBM 需要放弃其殖民模式，转向全球一体化模式。在后一种模式中，利益相关者之间保持高度信任关系。[13]

无人认为可持续发展是件简单或容易的事。可持续的商业模式是复杂的；涉及更多的利益相关者，并在传统商业模式的基础上增加了专业化要求（减少浪费、可持续技术、节约用水等）。现在，我们来研究被视为实现可持续发展的有力工具：利益相关者模型。

4.5　实现企业可持续发展的利益相关者模型

传统的美国商业模式追求经济目标，关注投入-加工-产出方法以盈利。这不是对商业的普遍理解，人们给这个价值创造过程赋予的意义因文化而异。在美国，人们为“企业的基本目的是盈利或保住底线”这个观点辩护，不认为企业应该承担社会责任。这个模式过分强调盈利，即在法律范围内千方百计追求利益最大化，这可能对社会、经济和环境都带来风险。然而，从传统的商业模式转向可持续发展模式的一个难题是，我们的思维已经为传统的方法所塑造，而且认为传统模式运作良好。人们通常会抵制变革。许多人还没有察觉到传统模式被打破，因为人们只关注传统模式所产生的经济利益，却忽视了商业环境中的生态和社会部分。可持续发展兼具本土性与全球性，需要同时关注企业内部和外部。利益相关者模型可以帮助企业管理人员了解企业的宏观环境与微观详情。

利益相关者理论（stakeholder theory）由哲学家爱德华·弗里曼（R. Edward Freeman）提出[14]，该模式与传统的商业模式有很大的不同。它要求管理者识别和考虑在商务环境中由内外需求的竞争所造成的张力网。传统的商业模式考虑的影响范围（雇员、所有者和供应商）更狭窄，其驱动力是单一的盈利目标。利益相关者理论推动企业遵循基本的价值观和原则。它也"促使管理者弄清楚他们到底想要如何做生意，和利益相关者之间应该建立什么样的关系，从而达到目的"。[15]该理论表明，利益相关者之间的紧张关系可以得到平衡。利润是价值创造的结果，而不是过程中的主要驱动因素，企业在更大的社会背景下形成关系网，而责任由此产生。弗里曼指出，许多公司的运营与利益相关者理论一致，比如强生、eBay、谷歌和林肯电气（Lincoln Electric）。

为了平衡利益相关者之间相互竞争的紧张关系，公司需要在与利益相关者的关系以及社会背景中审视自己，如图 4-3 所示。这样，公司就能通过内部讨论和所处社会环境中的讨论，来清楚地确定更大的目的、原则和责任。之后，公司能够为运营设限，使所做之事对生态负责，并被利益相关者接受；分析和管理形成商业环境的生态、社会和经济系统之间的各种相互依赖关系；提出实现分配公平的方法。

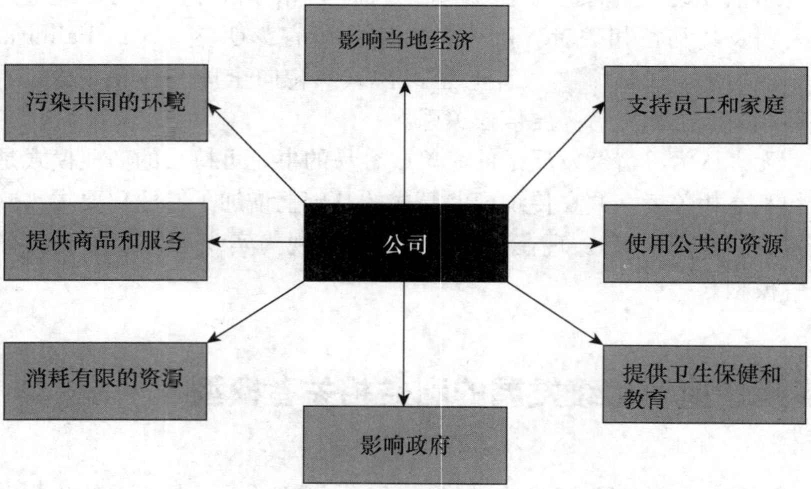

图 4-3 社会背景下的公司

公司要在更大的环境中对其活动进行衡量，并与利益相关者分享其社会、环境和经济方面的绩效，可以采用的一种方式是**三重底线会计**（triple-bottom-line accounting，3BL）。然而请注意，三重底线会计不能跨公司比较，因为测量值并没有标准化，在社会和环境领域中更是如此。有关三重底线报告的例子，请参阅 www.fcx.com 上自由港麦克米伦公司的可持续发展报告。公开资料表明，公司正采用利益相关者方法，使得价值增加，包括提高土著人在内的利益群体的生活质量，同时在最具社会和环境挑战性的采矿部门进行环境影响小的开采活动。

因关注利益相关者并在可持续发展方面做出努力而得到广泛认可的公司包括：联合利华、第 7 代（Seventh Generation）、孩之宝（Hasbro）、宜家家居、强生、Method、Timberland、Earthtec、Stonyfield、美国联合航空、阿拉斯加航空、星巴克、英特飞地毯、宝洁、巴塔哥尼亚、Abe' Market Natural Goods 和 Chipotle。[16]请注意，其中包括：大型的全球跨国公司；小型的私营公司（Method）；一些我们可能没有想到的公司（美国联合航空和阿拉斯加航空，请记住，一些指标测量碳足迹的改善情况）；使用石油作为其产品主要成分的公司（英特飞地毯）；专门从事网上销售的公司（Abe' Market Natural Goods）；时尚公司（Earthtec 和 Timberland）；一些传统的绿色产业的领导者（巴塔哥尼亚和星巴克）；甚至有一家快餐公司（Chipotle）。可持续发展正渗透到许多部门。

4.6　地理：对自然资本的描述

现在，我们来考虑**自然资本**（natural capital）、土地、空气、水、生物体以及人类赖以生存的生态系统的构成。简言之，自然资本是人类做事的基础。[17]我们先从地理的视角来接触自然资本，研究区位、地形和气候，之后再着眼于自然资源。

4.6.1　区位：政治与贸易之间的关系

一个国家所处的位置、邻邦以及首都和主要城市的位置是自然资本的一部分，也能很好地解释该国政治和贸易之间的关系。国际经理人应该知道，这些因素对一国竞争优势的建立有何作用。很明显，一国往往与邻国开展贸易活动，让我们来看看这些关系有多微妙。新加坡位于东南亚马来半岛的南端，历史上是一个重要的补给港口。为了维持其在太平洋和印度洋之间重要的转运点的地位，新加坡修建了最先进的港口设施，以充分利用地理位置优势。

地理上毗邻是国家之间发生贸易的一个重要原因，在贸易集团的形成上也发挥了作用。由于邻近，贸易伙伴很容易相互了解，交货迅速，运费和服务成本也较低。美国两大主要贸易伙伴加拿大和墨西哥就与其相邻。加拿大是美国最大的贸易伙伴，中国位居第二，墨西哥排在第三。地理上毗邻也有助于贸易集团成员建立关系，这类贸易集团包括欧盟、南方共同市场、东盟和北美自由贸易区。地理上毗邻还有助于解释为什么日本一直是中国最大的进口来源国之一，当然还有韩国和美国。[18]

4.6.2　地形

地球上的表面特征，如山脉、平原、沙漠和水体，对所在地经济、文化、政治和社会结构的差异起到了一定的作用。这些地貌特征对物质的调运既起到了阻碍作用又起到了推动作用。地球的表面特征要求对产品加以改变。例如，由于海拔的影响，对在海拔 3 000 英尺以上烘焙的说明要有改变。内燃机在 5 000 英尺高的地方开始失去动力，这可能需要汽油动力机械的制造商使用更大功率的引擎。由于**地形**（topography）即某一区域的物质特征对一国的自然资本的贡献如此之大，因此我们考察其主要构成：山脉、沙漠、热带雨林和水体。

山脉　山脉之类的屏障往往是邻国之间的分界线，阻碍了国家之间的交流与互动，平原和高原则会促进交流与互动，除非气候条件不允许，如撒哈拉沙漠和戈壁沙漠。高大崎岖的山脉以及没有横断河谷的山脉都是巨大的屏障。要穿过喜马拉雅山脉很难，因此印度和中国之间的运输是空运或海运，而不是陆运。印度人的文化和语言与中国人的大相径庭。

另一个关于山脉屏障影响的例子是阿富汗。山脉从东北向西南延伸，横穿该国的中部，包括兴都库什山地区。阿富汗领土中超过 40%的地方海拔在 6 000 英尺以上。高高的通道穿行于山脉中，形成了大篷车交通网。在阿富汗，有 10 个主要族群和 33 种语言，这进一步证明了山脉将人口分隔开的能力。

同样，阿尔卑斯山、喀尔巴阡山、巴尔干山和比利牛斯山将地中海文化和欧洲北部的文化分隔开。这些山脉造成了区域性的市场，每个市场都有自己独特的产业、气候、文化、方言。在西班牙，加泰罗尼亚和巴斯克地区也有各自的语言。在瑞士、德国、瑞典、意大利，对想要将产品和市场营销标准化的公司来说，文化和语言构成了挑战。在中国，政府意识到语言多样化会阻碍国家的经济发展，于是在 1956 年将普通话定为官方语言。中国有 56 个民族，每个民族都有自己的语言，很多民族都被山脉阻隔着。在哥伦比亚，安第斯山的三条主要山脉将整个国家分割开，同时也将人们隔开了。

沙漠和热带雨林　沙漠和热带雨林也会将市场隔开，从而增加运输成本，造成人口的集中化。地球表面多于 1/3 的地方由干旱和半干旱地区组成，要么位于大陆海岸边，风吹向陆地，要么位于大陆内部，由于山脉阻挡或距离远，风在到达这些地区前就没有湿度了。每一块大陆都有沙漠和热带雨林，赤道以南或以北 20 度至 30 度的每一处西海岸都是干燥的。在埃及等有水源的地区才会出现人口集中现象。

澳大利亚很好地展现了供水系统和人口集中化的关系。澳大利亚的陆地面积和美国一样，人口却只有美国的 7%。澳大利亚的海岸线潮湿而肥沃，但国家中部的大部分地区主要是荒漠，和撒哈拉沙漠很相似。澳大利亚的人口集中在各州州府附近的沿海地区，那里也是主要的海港，东南部占国土面积 1/5 的区域住着超过一半的人口。澳大利亚的地形创造了世界上最高的城市人口比例，大约为 93%。

在另一个极端，热带雨林也是经济发展和人类定居的一个阻碍，尤其是在气候恶劣、土地贫瘠的情况下，如亚马孙盆地、东南亚和刚果的热带雨林。除了西非和爪哇岛的部分地区，居住在热带雨林的人口很少，经济也不发达。

加拿大地盾既不是沙漠，也不是雨林，却是一个巨大的露出地表的区域，表面覆盖着一层薄土，面积占到国土的近一半。加拿大地盾大多是永久性冻土，不能供人类居住，尽管它富含矿物质、钻石和矿石。

国际管理者知道，在人口密度较高的国家，由于人口中心相距更近，营销和分销的成本较低，通信系统更有效，更多的人可以就业。因此，比较各国的平均人口密度，如加拿大每平方千米 3 人、澳大利亚 3 人、巴西 23 人、美国 34 人、荷兰 495 人、日本 351 人，可以避免得出错误的结论。人们知道，由于有沙漠、热带雨林、地盾等，加拿大、澳大利亚和巴西的人口高度集中。

水体 与山脉、沙漠和热带雨林不同的是，水体能吸引人并方便交通运输。世界人口图清楚地表明，相对于远离水域的地区，水体能吸引更多的人；人口密集地区往往有河流、湖泊和海岸。

对于生命而言，水是必需的，对于工业而言，水是至关重要的。然而当水被用于农业和制造业时，大多消费者却感受不到。制造一个汉堡包需要用水 2 400 升，生产一条牛仔裤需要用水 11 000 升。[19]虽然水是一种丰富的自然资源，但它在全世界的分布是不均衡的。一般来说，世界上的贫困地区难以得到干净的水。例如，在坦桑尼亚最大的城市达累斯萨拉姆的贫民窟，1 000 升水需要 8 美元，在同一城市的富裕地区则只需要 0.34 美元，在美国需要 0.68 美元。此数据来自设在伦敦的非营利机构 WaterAid，其宗旨是帮助贫困社区建立供水系统。[20]

内陆水道提供了一条进入内陆市场的廉价渠道。在铁路建设前，水道是唯一经济实用的进行大宗货物远距离运输的载体。即使铁路修建后，水运的运量依然增加。如今，由于空运、陆运参与竞争，水运规模有所减小（欧洲除外），但仍具有重要的意义。比如，莱茵水道已成为世界上最重要的内陆水道系统。它承载了瑞士 1/2 的出口量和近 3/4 的进口量。莱茵-美因-多瑙运河于 1992 年建成，打通了一条从荷兰和北海通过 15 个国家到达黑海的通道。船只可以经过伏尔加河和顿河的互联系统到达莫斯科。越来越多的公司转向莱茵水道，将其作为替代公路或铁路的更环保经济的运输方式。

南美洲主要的内陆水道包括亚马孙河及其支流，在汛期可提供大约 5.7 万千米的航运水道。阿根廷、巴西、巴拉圭和乌拉圭等参与南方共同市场的各国政府，正将巴拉那河和巴拉圭河开发为贸易走廊。在亚洲，主要的水道是长江（中国）、恒河（印度）和印度河（巴基斯坦）。如今，三峡大坝水电工程项目早已竣工，远洋船舶可以直抵重庆。重庆成为远离海洋 2 400 千米的内陆海港。在美国，有两条很重要的水道，即五大湖-圣劳伦斯河和密西西比河。

历史上，海上航道非常重要，可使货物和人以较低成本从沿海到达内陆地区。如今，航道是许多发展中国家连接海岸与内陆的唯一途径。全球有 20 个内陆发展中国家，其中14个在非洲。对这些国家来说，打开通往海洋的出口是一个极大的挑战。内陆国家必须投巨资建造公路网，以满足交通需求。此外，控制着内陆国家附近海岸线的政府，能施加相当大的政治影响力。

4.6.3 气候

影响一个地区温度、降水和风力等气象条件的**气候**（climate）很重要，因为它对人们的行为起到限制作用。在气候恶劣的地区，几乎没有人居住；在气候条件较好的地区，人口密度高。纬度和大陆位置相似的地方，气候也很相似。

几个世纪以来，北方的作家用气候的差异来解释人类和经济发展的差异。这个解释即为众所周知的“南北分界”，暗示着经济和智力发展最好的地区是北欧和美国的温带气候区，不那么温和的气候限制了人类的体能和心智。[21]然而，商人绝对不能被这样的种族优越论禁锢。考虑到科学、哲学和数学在中国宋代的发展，以及欧洲中世纪时期在阿拉伯的发展，我们可知，其他的因素也会起作用。

贾雷德·戴蒙德（Jared Diamond）获普利策奖的作品《枪炮、病菌与钢铁：人类社会的命运》（*Guns*，*Germs*，*and Steel*：*The Fates of Human Societies*），探索了导致发展水平差异的因素。[22]戴蒙德认为，人类社会的技术差异是由气候和地形条件较好地区的早期农业社会发展造成的。这些地区的人群对疾病产生了免疫力，再加上其他因素，他们形成了稳定的社会群体。这种差异性既不能反映也不能带来智力和道德上的优越性。

世界银行的研究显示，造成热带地区国家不发达的许多因素都与气候有关：持续的炎热和缺乏寒冷的冬天，意味着杂草、昆虫、病毒、鸟类、寄生虫无约束地生长，这使得庄稼被毁，牛群死亡，人类感染衰竭性疾病。[23]现在虽然掌握了控制病虫害的技术，但气候变化可能会减少这些技术给非洲带来的好处。如果认为气候是决定性因素，那就错了。它的确能促进发展，却不是根本原因。

区位、地形和气候形成了包括商务活动在内的人类活动的基本环境。瑞士可能想改变现状，但它是一个山地国家，坐落在阿尔卑斯山脚下一个人口稠密的平原上，有着漫长而多雪的冬天。然而，也有国家成功进行了大规模的改造：荷兰位于北海海平面以下，通过修筑一系列堤坝来保护自己。新加坡通过填海造地，扩大了陆地面积。日本的东京港也是采用同样的方法建成的。在大多数情况下位置和地形是永久不变的，气候虽然是不确定的，但也可能限制人类社会做出改变。另外，全球气候受到工业化带来的温室气体排放的影响，变得更加温暖，极地冰冠融化，海平面上升。这些气候变化可能会达到无法挽回的程度，如果是这样，会进一步限制人类的活动。

我们现在将话题转向自然资本的另一个方面，即自然资源。与区位、地形和气候不同，原材料是可萃取、可改变的。我们把这些看作能量的来源，是因为对商务活动而言，自然资源——从不可再生资源到可再生资源——都非常重要。

4.7　自然资源

什么是**自然资源**（natural resources）？自然资源是自然界提供的人们赖以生存的一切。尽管所有自然资源对于商务活动都是重要的，但那些可以从中提取能源和非燃料矿物的自然资源尤其重要。我们在此讨论的就是此类自然资源。它们可以分为两类：可再生的和不可再生的。

在**可再生能源**（renewable energy）中，可自然地补充的有风能、生物质燃料、太阳能光伏发电、聚光式太阳能发电、地热能、海洋能、水电。图 4－4 说明了世界燃料能源消费的演变。不可再生能源主导着市场。我们首先看看不可再生能源。

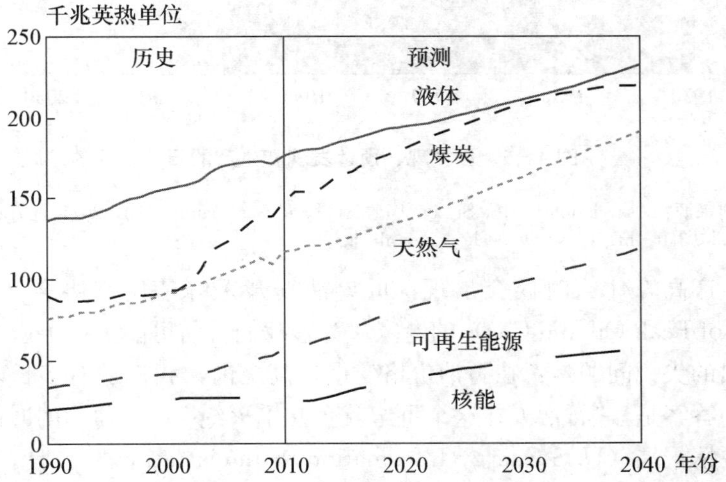

图 4－4　1990—2040 年世界能源消费（按燃料种类估计）

资料来源：USEIA，2013，http//www. wia. gov/forecasts/ieo/more_hights. cfm(February,11,2014).

4.7.1　不可再生能源

不可再生能源（nonrenewable energy）是一种不可再补充的能源，属于矿物燃料，包括石油、煤炭和天然气。核能也是不可再生的，但是与矿物燃料相比，其规模不同。

石油　石油或原油是一种廉价的能源，是塑料、化肥和其他工业的原材料。我们都知道，世界上的石油终会消耗殆尽，只是无法确定准确的时间。因此，了解石油的开发情况和生产率，可以帮助我们推算出离石油供应中断还有多远。研究人员相信，石油发现的高峰期是在 20 世纪 60 年代。一旦确定石油产量峰值达到全球水平，预计世界经济将进入一个过渡期，在此期间，市场对石油产品的需求与可以合理价格提供的石油之间会出现越来越大的差距。图 4-5 说明了这一差距。

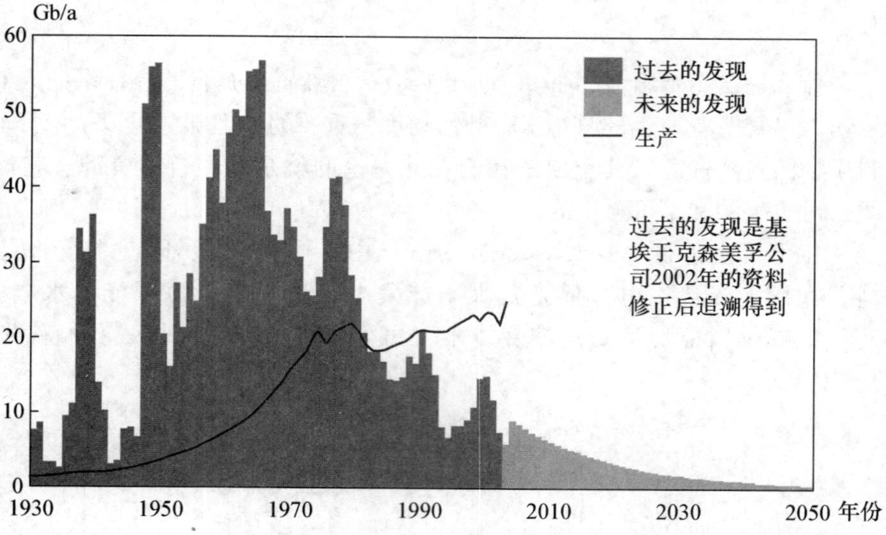

图 4-5　已发现、预计发现和生产的石油之间的差距

资料来源：Association for the Study of Peak Oil and Gas，January 13，2011，Creative Commons Attribution Share Alike 3.0，http://www.peakoil.net/uhdsg.

生产高峰什么时候会出现？世界油气开采峰值研究协会（Association for the Study of Peak Oil and Gas）的专家认为，我们目前可能正处于这个高峰阶段。[24]这群人提出的尖锐问题是：在石油价格变得过高之前，我们还有多长时间可以用来调整？可能的答案是，“石油人在这个世纪就会几乎灭绝”[25]，预测的时间是大约 85 年。美国能源情报局（U. S Energy Information Administration ）预计，世界能源消费会持续增长至 2035 年。由于工业化的持续进行，能源消费的急剧增长会发生在发展中国家，如中国和印度等。[26]预计石油在这一时期仍然是主要能源。

尽管有乐观的预测，但对世界石油储量的估计仍不确定，原因如下：

● 由于勘探设备的改进，石油勘探不断有新发现。

● 政局动荡、金融危机和自然灾害等对可勘探和开采的地区会造成影响。政局动荡不安会限制企业进入潜在勘探点，政府也会控制对自然资源的获取。

● 技术的改进，如蒸汽和热水注入技术（水力压裂是其中一种）以及层页岩的石油开采系统，使生产者能够在新的地点进行开采，并增加现有开采点的产量。这些非常规石油来源包括油砂、油页岩、煤炭和天然气。

● 自动化、更便宜的设备降低了钻井成本。例如，避免泄漏和溢出的技术出现后，位于海底的井口可以代替昂贵的近海平台。自动化设备使公司在较小规模的开采上获利。和常规的垂直方向不同，水平钻孔这一卓越的发明使矿井能准确地结合垂直和水平方法来处理石油容器，扩大矿井的接触面。[27]

非常规的石油来源主要包括油砂，位于加拿大（阿尔伯塔省的亚大巴斯卡河）、委内瑞拉和刚果共和国。油砂含有沥青和焦油状原油，加拿大的储备名列前茅，已经探明的储备仅次于沙特阿拉伯。非常规的石油来源还包括**油页岩**（shale），当加热到500℃时，每吨岩石会产生25升或更多的液态碳氢化合物。已知储量最大的油页岩主要分布在美国的犹他州、科罗拉多州和怀俄明州。由于废石处置方面的环境问题，以及加工中需要大量水，油页岩还没有得到开发。技术进步使人们在对环境影响最小的情况下去接触这些储备。随着石油价格上涨，对油页岩的开采在经济上是可行的。油砂和油页岩这两种石油来源可用于制成合成机油，也就是通过化学加工得到的石油。这通常称为**重油**（heavy oil），因为它不那么容易流动。重油给人以扭转世界石油格局的希望。除了水平钻孔，被称为水力压裂法的技术使开发页岩的石油和天然气变得可行。水力压裂法是通过施压注入流体使岩石破裂。水平钻孔和水力压裂法都已在美国用于开采新的矿床。另外，爱沙尼亚、中国、巴西、德国和俄罗斯都对油页岩进行了开采。[28]

绿色和平组织及其他环保组织发起运动反对油页岩开采项目，理由是：和以钻井方式提取原油相比，从页岩中提取原油会产生四倍的温室效应，也会造成水污染。环境学家也指出，不可再生能源带来了许多环境问题，人们必须转向可再生能源，对更多的不可再生能源项目进行投资没有任何意义。他们的论证有令人信服的逻辑，然而到目前为止，这种观点的影响有限。全球对矿物燃料的依赖十分严重，而矿物燃料中有很多会向生物圈排放大量污染物。

核能　核能曾被认为会遭淘汰，因为核废弃物的储存会引发安全问题，核事故会造成大范围的危害，切尔诺贝利核电站事故（1986年发生在乌克兰）和福岛核电站事故（2011年发生在日本）就是明证。核工业似乎已经复苏。新的数据表明，很多国家在扩展其核能力。[29]一般认为，核能属清洁能源，这主要是因为它不会造成气候变化，但对核能过度依赖令人担心。安全是主要问题：废燃料棒存在储存问题，核电站可能成为恐怖分子的袭击目标，很多核电站建在地震带上。核电厂通常用水进行冷却处理，因此核电站往往修建在地震风险高的沿海地区。

国际原子能组织（International Atomic Energy Agency）列出了435座正在运行的核电站，72座正在建设的核电站，还有149座长期关闭的核电站。新建核电站大部分坐落在中国、俄罗斯、印度、韩国。[30]美国核能研究所（U. S Nuclear Energy Institute）的报告显示，美国正在申报许可证的核电站有30多座[31]，尽管仍然对安全问题十分担忧，但有5座核电站已开始施工。法国也转向了核能发电，75%的电力是通过核能产生的，它已成为工业化国家中温室气体排放量最低的国家之一。[32]

煤炭　与核电非常相似的是，据预测，作为能源来源的煤炭的使用也会减少，主要是因为其污染严重。但实际情况恰恰相反：到2035年，煤炭的消费量可能增加50%，主要是由于中国和印度等国对煤炭的消费增长了。美国可采煤储量世界领先[33]，足够使用236年，现在把煤炭出口到中国。尽管已经开发出净煤技术，全球变暖的直接诱因还是煤炭燃烧所产生的排放物。毫无疑问，对煤炭的持续使用会大大增加温室气体的排放。

天然气 天然气在矿物燃料中最清洁，其温室气体排放大大少于石油或煤炭。由于石油价格的上升以及新的天然气矿床的发现，天然气作为替代燃料，消费量不断增加。

4.7.2 可再生能源

在能源领域，几乎每个人都认同这样的断言：在未来的某一天，可再生能源取代诸如矿物燃料等不可再生能源的革命不可避免。国际能源署表示，这样的变化是可实现的。图 4-6 展示了可再生能源和世界能源消耗情况。

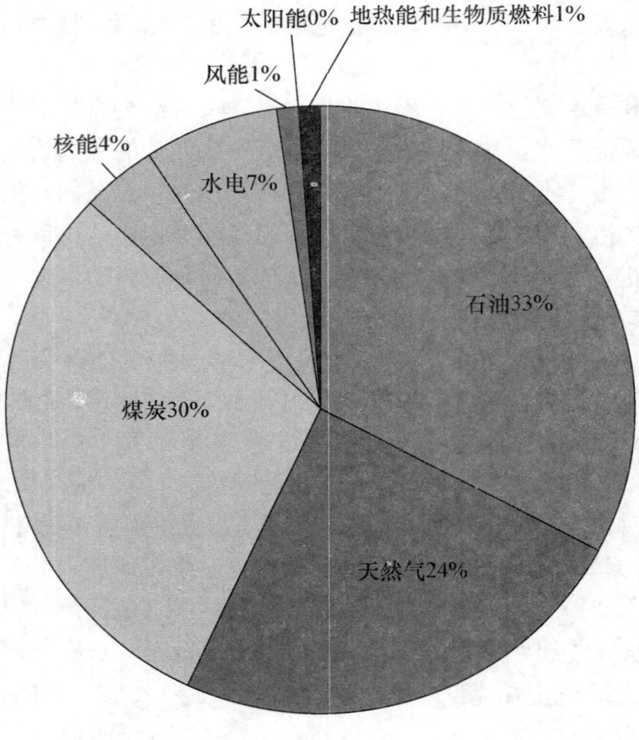

图 4-6 世界能源消耗

资料来源：International Energy Agency：iea. org.

发生改变的原因如下：与开发可持续的可再生能源的成本相比，不可再生能源的价格太高；或者不可再生能源由于资源耗竭或政治风险而难以获取。七种可替代能源的商业化受到各类商业组织的大力追捧，它们是风能、生物质能、太阳能光伏发电、聚光式太阳能发电、地热能、海洋能、水电。还有其他形式的可替代能源正处于开发或小规模应用阶段，但这七种已经具有商业用途。它们不能随处获得，但是在合适的条件下几乎都可应用。

近年来，不论在欧盟还是美国，可再生能源部门的增长速度都超过了不可再生能源部门，发展中国家可再生能源市场的增长也一直很快。[34]另外，尽管不可再生能源在 2009 年全球金融危机后增速下降，但可再生能源的增速并未放缓。目前，全球有 118 个国家在实施可再生能源目标或促进可再生能源发展，在 2005 年只有 55 个国家这么做。[35]图 4－7 展示了最近世界能源的消耗情况，图 4－8 展示了近年来可再生能源的全球发电量。图 4－9 说明了世界五大主要能源生产商和能源用户对下一个时代电力变化的预测。下面我们逐一介绍这七种主要的可再生能源。

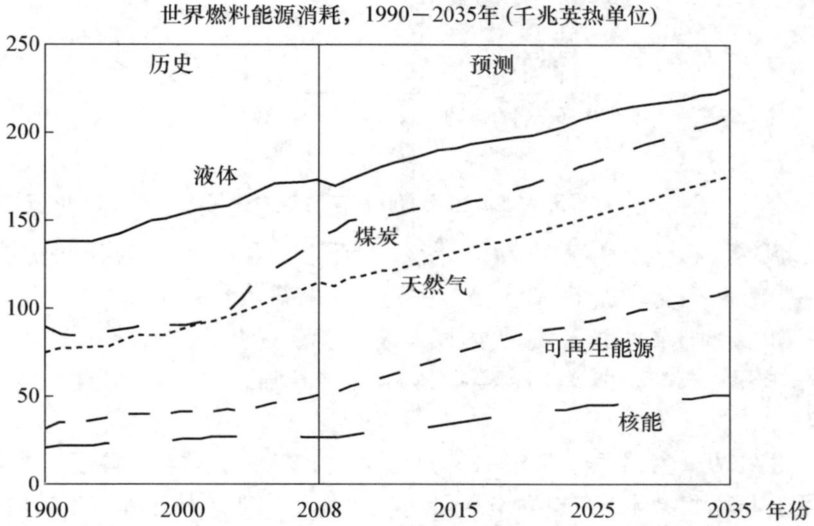

图 4－7　世界燃料能源消耗

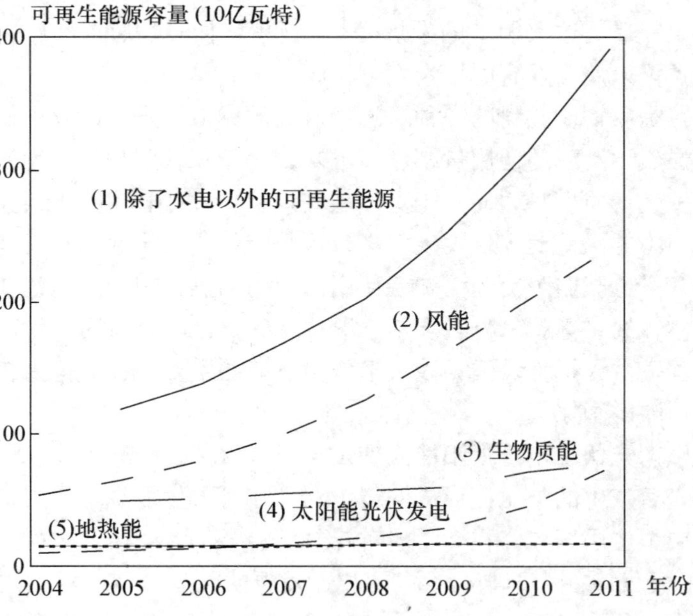

图 4－8　全球可再生能源容量（2004—2011 年）

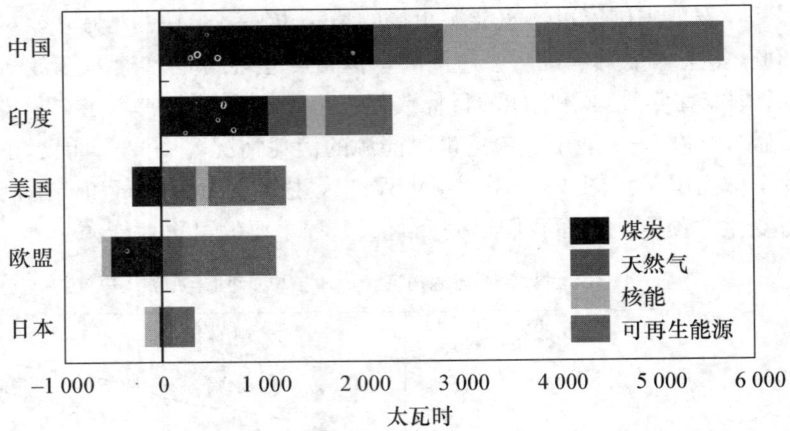

图 4-9 世界五大能源生产商和用户对电力变化的预测（2010—2035 年）

风能 在陆地和海面上，风能是主流的电力能源，15 年来平均增幅达到 28%，商业化装机容量增加了 40 多倍。中国风能装机容量占全球的 45%，德国占 9%，英国、印度和加拿大占 5%。美国风能装机容量占世界总量的 3%。[36]风能的发展趋势是离岸开发，推动小规模社区项目，预计增长强劲，非洲成为新的增长点，中国正扩建项目。

生物质 **生物质**（biomass）是可再生燃料的一类，来源于有机物质，借助光合作用，植物将太阳能转化为化学能。它来源于农业、林业和城市的废弃物，以及一些为专门用作燃料而培植的作物。你可以将生物质看作储存太阳能的电池。生物质燃料可以是固体（稻草和木屑）、液体（植物油和动物粪便）或气体（沼气），通常通过燃烧来产生能量。这一领域的发展是生物质燃料与煤共同燃烧，这能减少有害物质排放，并且可以使用现有的煤炭发电设施。

乙醇是生物质燃料的一种，随着石油的成本上升，以及人们对二氧化碳排放的担忧日益强烈，乙醇的使用量剧增。玉米、小麦和甘蔗是最常用的生产乙醇的原料。巴西在开发生物质燃料方面处于世界领先地位，在中国和瑞典生物质供热也得到推广。近来，美国的乙醇销售量大幅下降，这与金融危机导致的燃料消费减少有关。页岩油的大量开采也减弱了美国消费者使用乙醇的动机，因为页岩油使美国进一步接近不依赖国外燃料的目标。另外，环境学家曾认为，乙醇是解决环境问题方案之一，现在他们认为乙醇令人担忧，因为以玉米作为乙醇的主要原料会抢占粮食用地，尤其是在一些粮食短缺的国家。[37]

太阳能光伏发电 **太阳能光伏发电**（solar photovoltaic power）是基于某些材料暴露于光后产生的电压而形成的能源。它在可再生能源中发展最迅速，在所有能源技术的发展中位居第二，在 2013 年被天然气赶超，太阳能技术在 100 多个国家得到应用。[38]并网发电能力即与公共电网相连发电的能力（不包括私人住宅装置）在 2005—2013 年增长了 1 700%，仅 2010 年就翻了一番，2012 年增长了 44%。[39]2013 年全球光伏发电装置达到 2004 年的 6 倍。[40]德国一直是光伏发展的主要力量。

聚光式太阳能发电 **聚光式太阳能发电**（concentrating solar thermal power）利

用反光镜或透镜聚集日光，加热收集器表面之下管道里流动的水。热能驱动连接到电力发电机的引擎，通常是蒸汽轮机。聚光式太阳能发电和太阳能光伏发电不同，依靠的是不同类型的科技。聚光式太阳能发电厂在美国和西班牙不断增长，在阿尔及利亚、埃及和摩洛哥均有新建发电厂。

地热能 地热能（geothermal power）来自地表储存的热量，需要依赖许多技术。热量可以从地下深处热水或蒸汽储层，通过钻孔设备获取，也可以从生成温泉的地热储层中获取，还可以直接从地表层温度 50°F～60°F 处提取。这种热量可以直接使用，或用于发电。2005—2010 年，土耳其和冰岛在这一领域的增长都超过了 200%。冰岛 25%的电力是利用地热产生的，菲律宾是 18%。在迅速扩大的地热市场上，70 个国家已经启动相关项目，包括美国和印度尼西亚。[41]

海洋能 海洋能有两个来源：太阳在水面上产生的热量，以及潮汐和波浪产生的机械能。它是可再生能源中最不成熟的一种。波浪、潮汐和海洋热能转换系统可产生收益。法国利用朗斯海岸的潮汐来发电，修建的大坝在 1966 年投入使用。葡萄牙也修建了一座商业波力发电站并计划扩大，而英国拥有唯一一台商业规模的潮流能水轮机。至少有 25 个国家参与某种海洋能源开发活动。中国、印度、美国和英国都有海洋能源项目投入运行。[42]

水电 水电利用流动的水的能量来发电，是世界上最大的可再生能源。三峡大坝项目全面投入运行后，中国的水电装机总容量翻了一番。[43]在非洲，埃塞俄比亚的泰克泽大坝投入运行，这是由中国水利水电建设股份有限公司设计和建造的，另外一些在建项目也是由中国企业设计和建造的。在非洲缺乏电力的农村地区，当地河流上的小水电站通常用于替代柴油发电机。随着巴西、中国、印度、缅甸和埃塞俄比亚的主要工厂的建成，水电站的装机容量预计会增加，小型水利应用预计也将增加。[44]

毫无疑问，我们对可再生能源越来越依赖。据前国际能源署负责人植松伸夫（Nobuo Tanaka）观察，能源革命是自下而上兴起的，并非由政府和企业提倡，而是由公民提倡的。他补充说，这并非要求我们花小钱办大事，而是去维护增长，用更加合理、可能更贵的替代品来促进增长。[45]我们期盼，世界各国有向前走的勇气和视野。

全球辩论

化石燃料危机有多紧迫?

如何才能知道石油储备何时达到中点（处于产量峰值）并开始下降？这个问题的答案是争论的一个关键，有点像要弄清楚我们什么时候会把海洋的鱼捕捞完一样。在事情实际发生前，我们不能作出肯定回答。专家有不同立场，他们的意见甚至相互矛盾。一个学派认为，石油产量已经到达顶峰，并正在下降。由壳牌公司地质学家哈伯特（M. King Hubbert）提出的石油峰值理论认为，石油产量将沿着特定的曲线最终下降。[46],[47]我们不知道矿床勘探是否达到了最高点，因为地球表面还有太多未勘探的地区，包括丛林、沙漠和海底。

新的发现和新技术缓和了人们对即将来临的危机的担忧。根据国际能源署《2013 年世界能源展望》(Agency's World Energy Outlook 2013) 的预测，页岩油/气和煤炭储量以及新的开采技术可能会使美国成为世界领先的石油生产国。[48]

人们逐渐意识到可持续发展对未来至关重要，开始关心碳足迹。再加上化石燃料供应量的减少虽然缓慢，却是不可避免的，这种意识推动了可再生燃料的发展。天然气和核电的碳足迹更低，也许也会进一步得到发展。人们也意识到，石油的价格注定会上升，他们必须适应这些现实。高盛集团 (Goldman Sachs) 分析师和石油输出国组织 (OPEC) 官员表示，需求是如此强烈，而储量的可预测性是如此不确定，以至于石油价格在未来 15 年内可能会达到每桶 200 美元。[49] 与 10 年前相比，如今化石燃料的保护和可再生能源的开发更像是一条合理路径。保护正在成为主流：循环利用变得司空见惯；城镇正在建造风力发电厂和太阳能农场，以满足其市政需求；大学有绿色宿舍，学生可以通过循环利用减少能源消耗。可再生能源的潜力是巨大的，我们已经认识到这一点。[50]

问题

1. 你认为化石燃料危机有多紧迫？你认为有多少时间准备以过渡到新能源时代？
2. 我们是否应该按照现有能源使用方法用尽化石燃料，无视其污染，然后过渡到可再生能源，还是我们应该尽快过渡到可再生能源？
3. 如果已开始过渡，请说明你做了些什么。如果还没有，原因是什么？

4.7.3 非燃料矿物

我们对可持续需求和自然资源的关注集中在发现和开发新的更清洁的能源上。除了这些获得自然资源的战略外，我们还需要从战略的角度思考自然矿物资源。**稀土** (rare earths) 指的是 17 种非燃料矿物元素，用于国防和所有现代制造业。比如说，铬和锰是淬铁的必要元素；铂在提炼油的过程中是一个重要的催化剂，并且用于自动催化转化器中；钒用于航空宇宙钛合金以及硫酸生产过程中。稀土并非真的稀少，不过它们大多分布广泛，一般不够集中，无法进行商业性开采。中国控制着 95%的稀土市场，于 2011 年加大了对这些物质的出口限制。[51] 这些配额限制使日本稀土的价格涨了三倍，日本是最大的稀土进口国。由于中国以外稀土资源的增加，其出口配额管理最近有所放宽。

我们需要从战略上思考稀土的可得性、用处和回收利用。我们也需要从战略上思考如何利用和开发自然资源，无论是可再生资源还是不可再生资源，这些资源为世界的发展提供了能源，并使商务活动变得可行。资源需要我们来管理，包括负责任的计划和使用。

得到那份工作！从双肩包到公文包

杰里米·卡普德维埃尔：厄瓜多尔的可持续性工作

我大学学的是国际商务专业，方向是创业管理。毕业时，我不知道自己的生活会变得怎样。我能确定的一件事是我会开始一场六个月或更长时间的旅行，去探究异国他乡。

于是，我开始工作并存了四个月的钱，在南加州美丽海岸享受了一番，并自我反思。经过系统的整合性思考，我找到了一个有潜力的发展方向，那就是在有益于人们幸福和个人福祉的组织工作，或创建这样一个组织。南美洲激发了我的兴趣，主要原因是似乎鲜有人踏足这块土地。我开始更多地了解它的文化和生态。我订了飞往巴拿马的航班，开始了南美之旅。

我从巴拿马出发，经过圣布拉斯群岛，到达哥伦比亚的卡塔赫纳。我在哥伦比亚的卡利住了两个月，和一户人家一起生活。他们向我展示了温暖又充满活力的文化。在农场，我进一步见识了卡利人的生活方式和周末生活，学会了萨尔萨舞曲（卡利是“萨尔萨之都”），并独自教授英语课程。在卡利我真正感受到文化冲击。一些文化冲击源自文化的节奏和视角不同。但我认为，大部分文化冲击是由于我的西班牙语说得不好。我非常感谢与我一起工作的人，他们仅仅因对我这个人感兴趣而和我交流；但当一群人聚集在一起时，我感觉自己被疏远了。我只会基础的西班牙语，难以跟上他们的语速，他们说话太快，我感觉就像一个个波浪扑面而来，我只大概知道当前的谈话进行到哪儿了。

离开卡利后，我向南前往厄瓜多尔——世界上生态最多样化的国家。我本以为从厄瓜多尔到秘鲁是一场短途旅行，结果变成漫长的旅途，带给我一个极大的机会。在抵达基多的几天里，我偶然遇到了一个志愿者项目的协调员，很快我就在慈善机构 Great Aves (www.greataves.org) 做起了志愿服务，教授英语，并协助在厄瓜多尔亚马孙河周边的农村社区开展社区发展项目。

Great Aves 致力于加强教育，以促进商业可持续发展，推动更有效的农业方法的实施，并始终关注每个行动对环境的影响。不久，我就当上了亚马孙河保护和社区发展项目的协调员。在工作中，我了解到以社区为中心形成发展理念和教育理念十分重要，而不能只制定计划并据此打造社区。

志愿服务让我有了一段难忘的学习经历，如果我只是从一地到另一地旅行，而没有融入当地生活，就不会得到这些体验。在与当地社区合作时，我不断得到新的见解。我了解到最后期限和约定通常不会促成最佳方案，社区发展部门在决策时必须小心谨慎，因为这往往会给人带来期望。

我写这篇文章的目的是敦促你走不同寻常的道路。毕业后压力可能很大，令人不知所措。然而，有了全球视野，了解到世界具有无限的可能，这种压力就会缓解。在美国人们有机会做出选择，而在其他很多地方并非如此。到国外探索是了解我们自己和我们所居住的世界的最好方式。这一任务可能难度很大，甚至令人不知所措，但要尽力去做真实的自己。挑战假设，发现能给你带来快乐的事情，并不断地问自己——我喜欢做什么，我该如何将之与为我提供所需之物的生活相联系？

模块总结

1. 描述环境可持续性及其对商务的潜在影响。

可持续发展是指"满足当代人的需求，而又不损害子孙后代满足其需求的能力"。这种理解要求企业开发新的方法，改变设计、生产、分销、消费商品和服务的方式；设定这些商品和服务的市场价格的方式；提供和消耗能源的方式；尊重和管理环境的方式；确保所有人的健康和福祉的方式。可持续要求我们改变所管理的一切，包括政府机构、市场、商业组织和个人的行为方式。

2. 描述可持续发展的框架。

我们研究了两个常用的框架或方法来思考商业的可持续发展，一个是生命周期评估，另一个是从摇篮到摇篮设计。前者是对产品或服务在整个生命周期中对环境的影响评估；后者是一种闭环设计，其每个组成部分都是可回收和再利用的。

3. 总结衡量可持续发展成就的方法。

建立可持续企业需要付出努力。衡量这种努力所起作用的工具，必须成为各部门可采用的、有意义的、可比较的标准，以作为一个通用标准使用。联合国全球契约收录了全球最大的关于企业环境可持续发展报告的数据库，全球报告倡议是最常用的平台。碳披露项目、碳足迹和水足迹是另外几种用于衡量可持续发展的方法。

4. 识别注重环境可持续的企业的特点。

环境可持续的企业有三个共同特点：承认并接受资源是有限的这一观点；制定有效措施，管理赖以运作的相互影响的系统；认识到在供应链管理中需要公平。

5. 描述利益相关者模型如何帮助企业实现可持续发展。

利益相关者理论迫使企业与利益相关者就基本的价值观和原则进行讨论。利益相关者模型鼓励管理者清楚地表达他们想如何做生意。为了实现目的，他们希望并需要与利益相关者建立起什么样的关系？这个问题引发了关于企业对其所有利益相关者应承担的责任的讨论。

6. 描述一个国家或地区的地理特征对自然资本的贡献。

自然资本、土地、空气、水、生物体和地球生物圈的所有组成部分，都为我们提供了赖以生存的生态系统产品和服务。山脉等地理特征将人与人分隔开，也可以将国家划分成更小的区域性市场，这些市场通常具有不同的文化、语言、行业和气候。沙漠和热带雨林对人类、货物和观念起到阻碍作用。水体往往令人们聚到一起。

7. 概述现有的不可再生和可再生能源及其对商务的潜在影响。

不可再生能源包括石油，有的来自传统来源，也有的来自非传统来源。其他不可再生能源有煤炭、核电和天然气。可再生能源包括风能、生物质燃料、太阳能（太阳能光伏发电和聚光式太阳能发电）、地热能、海洋能和水电。这些能源中每一种的成本都会影响其使用。随着不可再生能源日益枯竭，可再生能源将随着其成本下降而得到更广泛的应用。探索可再生能源的企业正在建立竞争优势，因为它们将在不可避免的转型上处于领先地位。

批判性思考

1. "从事商业活动是为了创造利润，关注可持续发展只是昙花一现的时尚战略。"你如何看待这一论断？

2. 举例说明可持续的商务实践兼具本土性和全球性的特点。

3. 根据你的消费模式，描述从摇篮到坟墓和从摇篮到摇篮设计方法的差异。

4. 为什么难以衡量企业实现可持续发展的成功程度？

5. 解释利益相关者模型如何应用于你所在的社区，或者你通过商务新闻或课堂讨论所了解的情况。

6. 在联合国认定的世界上最不发达的 38 个国家中，有 16 个属内陆国家。身处内陆如何限制了一个国家的发展速度？当你思考这个问题时，请注意瑞士是个内陆国家，但它在 2005 年赢得了"美洲杯”帆船比赛。

7. 我们是否应该投资新技术来获取石油和其他化石燃料？无论我们怎么努力，化石燃料都不可避免地会衰竭吗？解释你的理由。

8. 保证安全和维护自然资本应是政府的责任，而不应交给私人。你是否同意这种说法？阐明你的立场。

9. “当然，我们迟早要转用可再生燃料，但我的公司为什么现在就要走这条路呢？我们没必要成为第一个采纳者，或付出先行者的代价。尚有大量的油料可以让我们在一段时间内维持现有的方式。”你同意这个战略吗？阐明你的理由。

10. 利益相关者模型如何有助于可持续的商务实践？

微型案例

蓝绿联盟：一种新的可持续发展思维方式

蓝绿联盟（Blue Green Alliance）由美国 14 个最大的工会和环境组织组成，旨在创造更清洁更公平的经济。[52]这个工会和环境组织联盟展示了拥抱可持续发展的方式，可以帮助我们对当初的假设重新思考。

作为非传统的合作者，联合钢铁工人联盟（United Steel Workers Union）和环境保护组织塞拉俱乐部（Sierra Club）在 2006 年发起了一项活动，专注于环境政策，以及提升绿色经济中就业的数量和质量。两个组织都认为，经济和环境问题是相互关联的，如果它们能够互相包容，可以为问题的解决带来两种不同的构想。这个合作令很多人感到惊讶，因为过去环保主义者和工会在许多问题上是对立的，包括在阿拉斯加北极地区国家野生动物保护区的石油钻探事件上，对特定物种的保护以及基石输油管线的开放等方面，工会通常反对环保人士提出的解决方案，因为工会认为这会损失工作机会。然而，这次双方已经找到合作的基础，并且有了成功的经验，也吸收了许多合作伙伴，包括美国通信业工人协会（Communications Workers of America）、自然资源保护委员会（Natural Resources Defense Council）、服务业雇员工会（Service Employee International Union）、国家野生动物联合会（National Wildlife Federation）和美国汽车工人联合会（United Auto Worker）。蓝绿联盟的成员如今已超过 1 500 万。

蓝绿联盟目前正致力于 11 项倡议：清洁能源、交通、气候变化、绿色学校、“美国制造”回收、工人权利、工作环境、公共卫生、节能车辆、能源效率和基础设施。联盟的成员游说立法改革，教育自己和公众，并通过谈判以求将蓝绿联盟的价值观纳入其合同和其他业务关系。例如，阿波罗联盟计划侧重于对企业进行教育，促使其减少碳排放，转向清洁能源，以创造绿领工作。

蓝绿联盟通过《资源》（*The Source*）公布每日工作列表，通过《盟友活动》（*The Ally*，http://www.bludegreenalliance.org）每两周更新一次活动信息。它开展绿色就业发展研究，并围绕其倡议提供公共教育。该基金会还通过一个名为“绿力”（GreenPOWER）的就业培训计划，为工作带来可持续的方法。

问题

1. 蓝绿联盟是一个有利的合作伙伴吗？蓝绿联盟有无可能提出一种新方式来实现可持续发展，并具有限制性、相互依赖性和公平性的特点？

2. 工会可能更喜欢采用保护措施来保障工作。你认为该策略适合可持续的方法吗？为什么？

注　释

1. Phillip Sutton, “Sustainability, What Does It Mean?,” *Green Innovations*, http://www.green-inno-

vations. asn. au/sustblty. htm (February 13, 2014).

2. G. H. Brundtland, United Nations World Commission on Environment and Development, Our Common Future: Report of the World Commission on Environment and Development, 1987, http://www. un-documents. net/wced-ocf. htm (February 14, 2014).

3. Ronald Whitfield and Jeanne McNett, *Sustainability: A Primer* (New York: Business Expert Press, 2014).

4. Paul Hawken, *The Ecology of Commerce* (New York: HarperCollins, 1994), p. 139.

5. Whitfield and McNett, p. 10.

6. E. Plambeck and L. Denend, *Wal-Mart's Sustainability Strategy* (Case No. OIT-71), (Stanford, CA: Stanford Graduate School of Business, 2007).

7. Anastasia Manuilova, 2003, Life Cycle Assessment of Industrial Packaging for Chemicals, Akzo Nobel.

8. Whitfield and McNett point out this connection to Rob van Hattum's 2006 documentary film. See http://icarusfilms. com/new2007/waste. html/.

9. This approach follows Whitfield and McNett's.

10. W. M. Adams, "The Future of Sustainability: Re-thinking Environment and Development in the Twenty-first Century," Report of IUCN Renowned Thinkers Meeting, January 29－31, 2006, http://cmsdata. iucn. org/downloads/iucn_future_of_sustanability. pdf (February 14, 2014).

11. Ivana Sekularac and Anthony Deutsch, "Dutch Court Says Shell Responsible for Nigeria Spills," Reuters, January 30, 2013, http://www. reuters. com/article/2013/01/30/us-shell-nigeria-law suitidUSBRE90S16X20130130 (February 14, 2014). Note that the court quashed other allegations.

12. David Smith, "WikiLeaks Cables: Shell's Grip on Nigerian State Revealed," *The Guardian*, December 8, 2010, http://www. guardian. co. uk/business/2010/dec/08/wikileaks-cables-shell-nigeria-spying (February 14, 2014).

13. Francesco Guerrera and Richard Waters, "IBM Chief Wants End to Colonial Companies," *Financial Times*, June 12, 2006, p. 1; Samuel Palmisano, "Multinationals Have Been Superseded," *Financial Times*, June 12, 2006, p. 15.

14. R. Edward Freeman, *Strategic Management: A Stakeholder Approach* (Boston: Pitman, 1984).

15. R. Edward Freeman, Andrew C. Wicks, and Bidhan Pamar, "Stakeholder Theory and the Corporate Objective Revisited," *Organizational Science* 15, no. 3 (May-June 2004), pp. 364－69.

16. Survey done by ivillage, http://www. ivillage. com/15-bestgreen-companies/7-b-435283 (February 13, 2014).

17. International Institute for Sustainable Development, http://www. iisd. org/natres/agriculture/capital. asp (February 6, 2014).

18. "China Trade, Imports and Exports," June 2013, Economy Watch, http://www. economywatch. com/world_economy/china/export-import. html (April 15, 2014).

19. Fiona Harvey, "Analysis: A Costly Thirst," *Financial Times*, April 4, 2008, p. 7. See http://www. ft. com/cms/s/0/71ea7cce-01e1-11dd-a323-000077b07658. html? nclick_check＝1 (February 13, 2014).

20. WaterAid is a nonprofit organization based in London, United Kingdom, whose mission is to help poor communities establish sustainable water supplies and latrines. It is referenced in Fiona Harvey's *Financial Times* piece, "Analysis: A Costly Thirst."

21. Rhoads Murphey, *The Scope of Geography* (London: Routledge, Kegan & Paul, 1982) pp. 188－89.

22. Jared Diamond, *Guns, Germs, and Steel: The Fates of Human Societies* (New York: W. W. Norton, 1997).

23. Andrew M. Karmack, *The Tropics and Economic Development* (Washington, D. C.: World Bank, 1976), p. 5; Andrew Balls, the National Bu-

reau of Economic Research, "Why Tropical Countries Are Underdeveloped," June 2001, http://www.nber.org/digest/jun01/jun01.pdf (May 13, 2014).

24. Association for the Study of Peak Oil and Gas, http://peak-oil.org/ (February 17, 2014).

25. Ibid.

26. Energy Information Administration, "Annual Energy Outlook, Early Release 2014," http://www.eia.gov/forecasts/aeo/er/index.cfm/ (February 13, 2014).

27. David Blackmon, "Horizontal Drilling: A Technological Marvel Ignored," *Forbes*, January 1, 2013, http://www.forbes.com/sites/davidblackmon/2013/01/28/horizontal-drilling-a-technological-marvel-ignored/ (August 10, 2014).

28. http://www.voanews.com/content/iea-us-worlds-biggest-oilproducer-by-2016/1788573.html, November 12, 2013 (February 12, 2014).

29. "IAEA Issues Projections for Nuclear Power from 2020 to 2050," September 24, 2013, http://www.iaea.org/newscenter/news/2013/np2020.html (May 15, 2014).

30. "IAEA-PRIS, Reactor Status Reports," http://www.iaea.org/PRIS/WorldStatistics/OperationalReactorsByCountry.aspx; http://www.iaea.org/PRIS/WorldStatistics/UnderConstructionReactorsByCountry.aspx; http://www.iaea.org/PRIS/WorldStatistics/ShutdownReactorsBy Country.aspx (February 13, 2014).

31. Nuclear Energy Institute, "Factsheet on Licensing New Power *Plants*," May 2013, http://www.nei.org/Master-Document-Folder/Backgrounders/Fact-Sheets/Licensing-New-Nuclear-PowerPlants (May 14, 2014).

32. http://www.world-nuclear.org/info/Country-Profiles/Countries-A-F/France/#.UWIaLxkyGL4 (February 13, 2014).

33. http://tonto.eia.doe.gov/energyexplained/index.cfm?page=coal_reserves(February 13, 2014).

34. http://www.eia.gov/forecasts/aeo/pdf/0383%282013%29.pdf (May 17, 2014).

35. Evan Musolino, "Growing Pains: Unclear Progress Towards the EU 2020 Renewable Energy Targets," Worldwatch Institute, May 20, 2013 (May 17, 2014).

36. Global Wind Energy Council, 2013 Statistics, http://www.gwec.net/global-figures/graphs/ (February 13, 2014).

37. Gregory Meyer, "Against the Grain," *Financial Times*, U.S. edit., April 23, 2013, p.5.

38. Nicholas Brown, "Top Sources of New US Power Capacity," January 28, 2014, http://cleantechnica.com/2014/01/28/solar-surpassesnatural-gas-part-us-energy-infrastructure/. Data source: Federal Energy Regulatory Commission, http://www.ferc.gov/legal/staffreports/2013/dec-energy-infrastructure.pdf (August 12, 2014).

39. European Photovoltaic Industry Association, "Global Market Outlook for Photovoltaics 2013-2017," 2013, http://www.epia.org/news/publications/ (February 11, 2014).

40. The Azimuth Project, April 10, 2013, http://www.azimuthproject.org/azimuth/show/Photovoltaic+solar+power (May 17, 2014).

41. Geothermal Electricity Production, Renewable Energy World.com, May 17, 2014, http://www.renewableenergyworld.com/rea/tech/geothermal-energy/geoelectricity (May 17, 2014).

42. Ocean Renewable Energy Coalition, http://www.oceanrenewable.com/updates (May 17, 2014); "Ocean Energy Developments," Renewable Energy World.com, http://www.renewableenergyworld.com/rea/home/hydropower (May 17, 2014).

43. "Hydropower Overload in China," living on earth, April 11, 2014, http://www.loe.org/shows/segments.html? programID = 14-P13-00015&segmentID=2 (May 17, 2014).

44. IEA Hydropower, http://www.ieahydro.org (May 17, 2014).

45. IEA, http://iea.org/techno/etp/etp10/English.pdf (February 12, 2014).

46. Kenneth Deffeyes, "Hubbert's Peak in the 21st Century, When Oil Peaked," https://www.princeton.edu/hubbert/the-peak.html (Hill and Wang, 2010), (August 12, 2014).

47. M. King Hubbert, "Nuclear Energy and the Fossil Fuels," http://www.hubbertpeak.com/hubbert/1956/1956.pdf (February 13, 2014).

48. http://www.worldenergyoutlook.org/publications/weo-2013/(February 12, 2014).

49. William Veasey, "IEA Predicts $200 per Barrel by 2030," Petroforce Energy, February 24, 2014, http://petroforceenergy.com/international-energy-agency-iea-predicts-200-perbarrel-2030/(May 14, 2014).

50. Carola Hoyos, "Running on Empty? Fears over Oil Supply Move into the Mainstream," *Financial Times*, May 20, 2008, p. 9.

51. Stevens Barry, "Rare Earths Materials," Homeland Security News Wire, February 14, 2014.

52. BlueGreen Alliance, http://www.bluegreenalliance.org/about (February 13, 2014).

模块5 影响全球贸易的政治因素

几乎每场经济危机都根源于政治因素，而非经济因素。

——新加坡前总理李光耀

学习目标

1. 描述企业国有化和私有化的目标。
2. 阐释政府的保护和稳定措施，及其对企业的重要性。
3. 阐述国家风险评估在国际商务中的作用。
4. 解释政府对贸易进行干预的政治动机，以及政府设立的贸易限制的主要类型。

开篇短文

作为政治利器的贸易

国际上对俄罗斯采取贸易制裁手段以回应2014年春的克里米亚事件，这表明贸易制裁不仅受政治因素驱使，而且是军事行动的替代品。制裁行为同样也引起了思考："谁该为付出的成本和造成的影响负责?"

2014年春，克里米亚举行全民公投，决定加入俄罗斯。[①]乌克兰、美国和欧盟对此拒绝承认。西方国家对俄罗斯进行贸易制裁。[②]

国际制裁将导致俄罗斯与西方国家间的贸易往来减少，影响双边的产业发展，尤其是对国防和能源相关企业产生影响。俄罗斯的国际直接投资流入量也会减少。一些西方企业的贸易活动受到国际制裁的波及，企业及其股东为此付出了代价。俄罗斯公民也受到了影响，他们要为进口商品价格上涨和经济不断下滑买单。俄罗斯的经济增长将放缓，信用等级将下降，外国直接投资会撤离俄罗斯。

国际制裁使摩根士丹利公司处于一种微妙的境地。它正将旗下的一家日用品公司卖给俄罗斯最大的国有石油公司 Rosneft，然而这家公司的首席行政官伊格尔·谢钦（Igor Sechin）正是美国政府实施制裁的目标之一。[③]2014 年 5 月，法国兴业银行宣布，其在俄资产遭受的损失达 52.5 亿欧元（73.05 亿美元），成为首家在此次事件中遭受重大损失的西方银行。因受到克里米亚问题导致的政治紧张局面的影响，维萨公司宣布其增长速度为近 4 年最低。

企业运营所处的政治环境与该国的地形、自然资源和气候条件同等重要。某国在地理、气候方面有些不足，自然资源短缺，但政府友好稳定，也能对商业投资和经济增长起到促进作用。瑞士是个内陆国家，自然资源稀少，但是它有一个稳定的、保持政治中立的政府，因而促进了经济繁荣。遗憾的是，相反的情况同样普遍存在。世界上有些地区自然资源相对丰富，地形与气候相对可控，却因政局不稳而发展缓慢。菲律宾和许多非洲国家意识到，要想促进国民经济发展，需要稳定的政府来保证机构和基础设施建设，这正是贸易活动的基础。有时，即使外国公司为东道国提供资金、技术和培训活动，政府对其投资仍持敌对态度。保留当地对资源的控制权可能是强有力的政治手段，这就好像印度对国外投资和墨西哥对石油资源的控制权一样。近来，印度和墨西哥稍微放松了控制。

企业必须应对的多种政治力量都有其思想渊源，包括民族主义、保护国有企业、害怕恐怖主义及政府不稳定。这种影响具有两面性，企业同样能对政治力量产生巨大影响。一些公司的预算超过了与其有商业往来的国家的国民总收入。[④]虽然预算和国民总收入不能直接转化成权力，但预算规模大的企业往往拥有更多资产和设施以支持商业谈判，而这些资产与本国政治权力有着隐秘的联系。本模块的目标是了解政治力量对国际商务的影响，不涉及国际商务如何影响政治。

毫无疑问，政治力量对国际贸易的影响颇深。本模块将介绍政治力量的主要运作方式。

注释：

① Steven Lee Myers and Ellen Barry, "Putin Reclaims Crimea for Russia and Bitterly Denounces the West," *The New York Times*, March 18, 2014, http://www.nytimes.com/2014/03/19/world/europe/ukraine.html? _r=0 (May 3, 2014).

② CTV News, May 4, 2014, http://www.ctvnews.ca/politics/canada-imposessanctions-against-16-more-russian-entities-1.1805407#ixzz30qmFetDU (May 4, 2014).

③ Peter Baker, "Obama Aides Tell Executives to Skip Forum," *The New York Times*, May 6, 2014, p. A1.

④ Martin Arnold, "Sociénté Générale Hit by Euro 525 Million Assets Writedown," *Financial Times*, May 7, 2014, http://www.ft.com/intl/cms/s/0/f5f3de2e-d5b2-11e3-83b2-00144feabdc0.html? ftcamp=crm/email/201457/nbe/USMorningHeadlines/product&siteedition=intl#axzz311n7YU2C (May 7, 2014).

⑤ "Visa Admits Russia Sanctions Hitting Business," RT, April 25, 2014, http://rt.com/business/154780-visa-suffers-russian-sanctions/comments/page-1/ (August 9, 2014).

⑥ Vincent Trivett, "25 US Mega Corporations: Where They Rank If They Were Countries," Business Insider, http://www.businessinsider.com/25-corporationsbigger-tan-countries-2011-6? op=1#! IVTAt (May 5, 2014).

5.1 政府和企业所有权

不管意识形态如何，几乎所有国家都拥有国有企业。以美国为例，联邦政府拥有一系列金融企业，比如商品信贷公司（Commodity Credit Corporation）、进出口银行

(Export-Import Bank)、农业信用银行（Farm Credit Banks）；基础设施相关企业，比如圣劳伦斯航道发展公司（St. Lawrence Seaway Development Corporation ）和田纳西河流域管理局（Tennessee Valley Authority）；服务性企业，比如联邦监狱工业公司（Federal Prison Industries）、加劳德特大学（Gallaudet University）和国家公园基金会（National Park Foundation）。

5.1.1　国有化：政府为何参与其中

政府决意拥有企业有多方面的原因。一个根本动机是政府认为自己能比私有企业更好地保证人们平等获得并掌控被视为公共品的基本服务，例如教育和医疗保健，而这是私有企业无法做到的。另外，政府拥有所有权能预防贪污，将社会利益置于经济利益之先，同时保障提供至关重要的国防服务。

政府对私有企业进行**国有化**（nationalize）改造有以下几种原因：第一，政府怀疑企业隐瞒利润，国有化可以从企业那里获取更多收益；第二，为了增加收益，政府认为由自己来经营，企业的效益会更高，利润会更大；第三，为遵循某种经济或政治意识；第四，通过支持垂死行业来保住工作岗位；第五，对企业的早期投资进行控制；第六，制定政治目标。第二次世界大战后，政治目标成为同盟国将德国在欧洲的企业国有化的原因。2008—2009 年金融危机期间，美国政府对美国国际集团（AIG）和通用汽车公司持有控股权，以引导企业恢复活力。这些暂时性举措旨在实现经济和政治目标，包括保全由企业提供的工作岗位，支撑企业渡过危机。

国有化的发生率远超大多数人的想象。YPF 是阿根廷主要的能源公司之一，其实际所有者为西班牙的雷普索尔（Repsol）。YPE 于 2012 年完成了国有化，因为阿根廷政府断言 YPF 在阿根廷的投资不够，仅仅是将利润转汇国内。[1]这实际上是再国有化（re-nationalization）的一种表现，因为 1922—1993 年 YPF 一直是国有企业。2012 年，玻利维亚政府对输电公司（Transportadora de Electricidad，TDE）进行国有化，这是一家西班牙公司，在玻利维亚拥有 73%的输电线。政府军接管了公司设施，同时玻利维亚政府承诺对 TED 的母公司西班牙电网公司（Red Electrica）给予补偿。有趣的是，西班牙政府也拥有西班牙电网公司 20%的股份。[2]委内瑞拉在乌戈·查韦斯（Hugo Chavez）的领导下对国内重点产业和外资超市进行了国有化改造。受金融危机的影响，冰岛和希腊政府也对银行实施了国有化，以防金融崩溃。2014 年美国政府为制裁伊朗查封了纽约的一栋伊朗人所有的大楼。[3]

5.1.2　私有化：政府为何出售企业

政府有时也会实施**私有化**（privatize）或出售国有企业，以使企业更有效率地运转，或精简政府机构，或筹集资本。英国前首相玛格丽特·撒切尔（Margaret Thatcher）在任期间，英国削减了国有企业数量，使其国民生产总值占比从 10%降到 3.9%，出售了超过 30 家国有企业，筹集了约 650 亿美元。英国政府持续进行私有化运动。2013 年 10 月，英国政府卖掉了皇家邮政（Royal Mail），在首次公开募股时，其股价比发行价增长 50%。[4]如今，皇家邮政是一家私有企业，主要所有人为股东，其中 22%为投资公司，它们投资政府资产，也称主权财富基金。你可以在伦敦证券交易所购买皇家邮政的股票。英国政府还将直升机搜救服务外包给了美国得克萨斯州休斯敦市的一家公司。[5]

1975—1989 年，智利售卖了超过 150 家公司、16 家银行以及大量工厂、矿山和房地产的股份。德国和荷兰将邮政服务出售给了私人投资者。英国私有化的目的是为国库筹集资金。在金融危机期间，英国政府拿出了其在劳埃德银行（Lloyds Bank ）和苏格兰皇家银行（Royal Bank of Scotland）的大量股份，计划在金融危机过后卖给私有企业。

与私有化相似的举措是将过去由政府提供的服务外包给私有企业。例如，在泰国，至少有一家私有企业为国有铁路公司经营客运列车业务。美国联邦政府定期将军队的支持性职能外包出去，甚至在前线也是如此。美国联邦和州立监狱如今都外包给了私有企业。美国一些市、镇教育委员会也尝试过将教育管理外包给私有企业，包括营利性企业。

美国政府是全球私有化程度最高的，2012 年至 2013 年上半年，共达成 7 项交易，总金额为 531 亿美元。（其中 5 笔交易是发售美国政府在 2008 年救助计划中收购的美国国际集团的股票。）俄罗斯和葡萄牙紧随其后。[6]希腊是著名的主张私有化的国家，也是欧盟成员中私有化程度最高的国家。[7]在中国，国有企业发行股票，政府仍保持对国有企业的控制权。[8]值得注意的是，葡萄牙政府将两家能源公司——葡萄牙电力公司（Energias de Portugal）和葡萄牙国家电网（Redes Energeticas Nacionais）——出售给中国国有企业。希腊政府计划出售其国有资产，如房地产、广播电视公司和其他资产；俄罗斯政府宣布出售数家公司，包括钻石矿业公司、铁路公司及运输公司。[9]西班牙、日本、巴西、波兰和韩国都打算对其国际机场进行私有化改造。从世界范围来看，私有化进程有可能持续下去，因为政府要想方设法筹集资金，增加效益，并且少参与企业经营。

接下来，我们将关注影响企业经营方式的政府保护和稳定措施，这对国际管理者来说十分重要。

5.2 政府稳定与保护

当拥有一个稳定的政府，政策长期不变或变化缓慢时，商业才能得到最好的发展。**稳定**（stability）的政府有能力掌握权力，提出可预测的财政政策、货币政策和政治政策，且不因突发的、重大的变动而改变。而**不稳定性**（instability）通常发生在政府无法维持权力稳定或者做出突发的、不可预测的或重大的政策变动时。企业在稳定的环境下繁荣发展，并不意味着它停滞不前，变革也伴随着机会，企业通常会从中获利。而且，在当今日益复杂的全球环境中，不太可能停滞不前。然而，国际管理者想知道的是，政府不会一夜之间对政策做出 180 度的改变。对于企业来说，政治动乱和不可预测的改变不是什么好事。

一国政府该如何保护海外公民？它在外国首都设有大使馆，在大城市设有领事馆，以此代表国家利益并对公民提供保护。例如，大使馆和领事馆向公民提供当地政治风险的信息；帮助联系家人和朋友，在必要时帮助转账；可以监督被囚禁于海外的国民，若发生虐待事件，可以提出抗议。然而，从实际的保护情况来看，正如美国国务院的国际旅行网站所称，“指望美国军队和美国政府的武装警卫队乘直升机来施救，更像好莱坞大片而不是现实”。[10]

5.2.1 稳定方面的问题

企业希望有和平的环境保障其资产和员工稳定安全。在本节中，我们来看看企业会遇到的挑战。不稳定的政府带给企业的挑战从无法保证平安到难以预测变化。在一些国家存在敌对势力，令企业管理者担心员工人身安全和企业财产安全。

在一些国家，随着商业和贸易机构的发展，对变化的预测性可能也成为一个问题。国际公司已经意识到，这些国家的政府（包括官方媒体）会采取意想不到的举措，使企业经营陷入困境。由于难以预测，企业无法及时做出调整，由此付出的代价极大。例如，法律可能在毫无预警的情况下发生改变，监管机构发现企业昨天通过审批的产品或活动今天就存在问题了。对企业来说，这些意外可能是因为国家政策正处于发展完善阶段，或者因为对政策的解读存在偏差。

5.2.2 避免不公平竞争

除了为商业发展培育稳定的、可预测的环境之外，政府都有保护公民的经济活动的职能，它们在所辖区域内保护公民进行耕种、采矿、制造和提供服务等。这些活动需要避免不公平竞争，也就是保护公民不受袭击和侵害，不论在国内还是在国外，不论在现实环境中还是在虚拟网络里。通过国家法律、政府谈判以及类似世界贸易组织等机构的努力，不公平的国际竞争已经有所减少。

5.2.3 保护企业和公民免受恐怖主义、网络犯罪等威胁

政府要尽力保护公民的商业活动，特别关注恐怖主义、绑架、海盗和网络犯罪这四个方面。要保护好国际经理人，因为他们经常成为攻击目标。我们将分别了解这些问题，并看看商务人士是如何应对的。

恐怖主义　为达到各种目的而采取的非法的暴力行为称为**恐怖主义**（terrorism）。恐怖分子可能想获得赎金，推翻政府，释放被监禁的同伴，对真实或虚构的不公正行为实施报复，或惩罚没有信仰的人。20 世纪 70 年代以来，他们使用了自杀式袭击（如劫机、袭击交通工具、使用生化武器）、刺杀、绑架和轰炸等不同方法。恐怖主义令国家动荡不安，经商者很难预测政治环境的变化。一些恐怖主义组织以网络

化方式在全球开展行动。恐怖主义对于企业员工及其家人来说也是现存的危险。

一些安全组织根据恐怖主义风险的等级对国家进行排名。怡安集团（Aon）发布了一张交互式地图，划分了风险等级，报告了事故情况（http://www.riskmap.aon.co.uk/Terrorism_Risk_Map.aspx）。风险顾问公司梅普尔克罗夫特（Maplecroft）发布了恐怖主义风险指标，20 个国家和地区被认为具有“极端风险”，索马里、巴基斯坦、伊拉克和阿富汗位列其中。[11]

绑架 恐怖分子和其他一些罪犯常以国际经理人和旅客为目标，将绑架作为索要赎金的手段之一。虽然赎金的支付情况很少公开，但是我们知道许多人在支付赎金后获救。然而，由于政府和企业很少披露这些事件，因此没有事实证明人们支付了赎金，事实上他们通常也否认支付了赎金。[12]

绑架者通常索要大笔赎金，作为其资金来源之一。据统计，全世界每年会发生 8 000～10 000 起绑架事件，绑架者获取的赎金超过 50 000 万美元。墨西哥《环球报》（*El Universal*）的一项调查指出，2012 年报道的绑架案件仅占 2%。据统计，在 89 087 起绑架事件中，政府只登记了 1 407 起。[13]根据富国银行（Wells Fargos）发布的“2014 年保险市场前景展望”，估计 2014 年全世界发生 30 000 起绑架事件。[14]

《纽约时报》称，基地组织通过绑架来筹集资金，2010—2013 年，在阿拉伯半岛和马格里布地区，法国、瑞士、西班牙、澳大利亚、卡塔尔、阿曼政府和企业向基地组织支付了超过 9 880 万美元的赎金。[15]而这仅仅是我们知道的。

图 5－1 按区域显示了绑架事件。亚洲和太平洋地区是目前以索要赎金为目的的绑架事件发生最多的地方。2005 年以来，拉丁美洲的绑架事件减少了 50%，但墨西哥仍然是拉丁美洲国家中绑架事件最多的地区。[16]以获取赎金为目的的绑架事件发生率最高的 10 个国家分别是墨西哥、印度、尼日利亚、巴基斯坦、委内瑞拉、黎巴嫩、菲律宾、阿富汗、哥伦比亚和伊拉克。

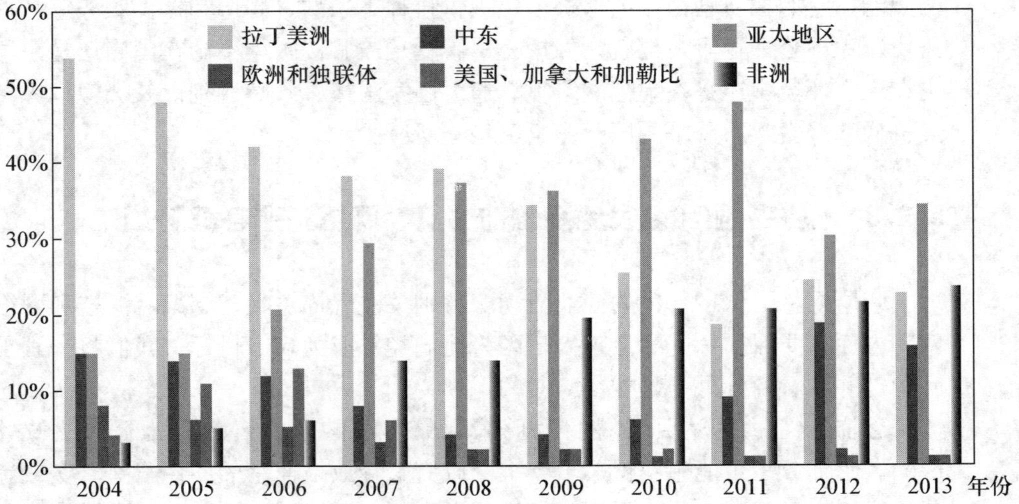

图 5－1 绑架事件的区域分布

资料来源：Business Insider，December 12，2013，http://www.businessinsider.com/top-20-countries-by-kidnapping-2013-12（February 16，2014）.

传统绑架案以侨居者和其他国际商务旅客为目标，而近期出现了一种新型的绑架案。受害者通常在机场或国际酒店附近被绑架，从取款机取款交给绑架者后才被释放。这种伺机作案不需要太多计划，短短 15 分钟内即可完成，避免了漫长的协商环节。2012 年厄瓜多尔首都基多发生的此类绑架事件增长了 60%。在墨西哥、委内瑞拉、洪都拉斯和巴西，此类事件的发生率也呈上升趋势。[17]这种绑架事件很大程度上是针对当地居民的，但是银行业的全球化使绑架者在外国首都也能使用自动取款机。

绑架者绑架商务人士，挟持他们来获得赎金，并非因为他们反对商业活动，而是因为他们认为企业财力雄厚，且愿意为员工安全支付赎金。除了商务人士外，人道主义者和救援工作者也逐渐成为绑架目标。负责联合国合作与人道主义事务的新闻机构综合区域信息网（IRIN）称，过去 10 年中，赎金绑架事件逐渐超过救援人员枪击事件。[18]与企业对有关赎金支付的政策缄口不语不同，救助儿童会（Save the Children）和乐施会（Oxfam）等人道救援组织公开宣布拒绝支付赎金。[19]它们对派往绑架案频发地区的员工进行防御性培训，以减少绑架事件的发生。

许多政府同样宣称不会支付赎金。人们认为，支付赎金既激励了绑架者，强化了他们的行为，也从经济上支持了恐怖主义。然而，赎金绑架案的受害者确实被释放了。是支付了赎金，还是第三方组织谈判人员找到了其他方法来满足绑架者的需求，不得而知。我们知道的是，向恐怖主义组织支付赎金违反了国际法，有关如何处理绑架事件的争论仍在继续。[20]

2014 年，联合国安理会下决心采取措施减少支付赎金的情况，呼吁各国政府互相合作，通过交换信息、配合金融追踪、查收赎金资产，以及协同法律的实施来减少诱发绑架事件的不稳定因素。[21]虽然前路漫漫，但仍需坚持向前，因为要终止绑架事件，就要减少导致不稳定的非法行为。

海盗　海盗是一种抢劫行为，近几年来发生率已大幅下降。国际海事局（International Maritime Bureau）称，2013 年全世界共有 264 艘船只遭到袭击，2012 年有 297 艘，2011 年有 439 艘。2013 年，索马里和亚丁湾发生了 15 起海盗事件，2012 年有 75 起，2011 年有 237 起。海盗事件减少的原因包括：国际海军巡航增加；船只防御增强，加固了铁丝网、电围栏和高压水管；雇用了武装安保队；索马里政府采取警卫行动。[22]海盗活动在西非海岸日益增多，尼日利亚海盗远离尼日利亚海域，到印度、孟加拉国和印度尼西亚海域活动。你可以在国际商会的海盗地图（http://www.ice-ccs.org/piracy-reporting-centre/live-piracy-map/）上查看海盗分布情况。国际商会的国际海事局设有了一个 24 小时中心，向船只、执法机构和政府收集和提供信息。[23]

网络犯罪　网络犯罪（cybercrime）包括在电子网络上发生的任何以网络为介质的违法活动。[24]大多数网络犯罪针对企业实施黑客、数据盗窃以及与域名相关的攻击行为。国际财产盗窃者也利用电脑网络。以企业为目标的网络犯罪，往往只用敲击几下键盘就能对整个组织造成伤害；它以经济利益为目标，对个人的伤害往往是偶然的。由于网络犯罪无国界，没有政府或法律体系能够对其进行控制，因此国际合作十分必要，包括协调法律，改进调查方式和合作方式，协调执法。

普华永道会计师事务所称，许多组织领导者不知道自己在和谁对抗，对如何制定战略来保护组织缺乏清晰的了解。[25]同时，许多企业领导者对信息技术供应链和传统的供应链缺乏有效监管，在应用移动设备和云存储等技术创新扩展企业边界时，没有考虑对网络安全产生的影响，这些行为都增大了组织潜在的脆弱性。

网络犯罪导致企业付出巨大的代价。波耐蒙研究所（Ponemon Institute）在惠普的资助下开展的安全研究指出，2012—2013 年网络犯罪产生的经济影响上升了 78%；处理单次攻击的平均成本超过 100 万美元。[26]国防、金融服务、能源和公用事业企业是网络罪犯最常攻击的对象。一家企业处理一次网络攻击平均需要 32 天，包括评估安全漏洞、弥补漏洞、恢复正常操作、通知客户或其他有可能受到影响的人。拒绝服务攻击（指中断或延迟互联网主机的服务）和数据盗窃是最常使用的攻击方式。2013 年，奥多比系统公司（Adobe System）和塔吉特公司（Target）的数据被盗，奥多比系统公司有 1.3 亿用户的数据被窃取，塔吉特公司有 4 000 万用户的信用卡数据受损。2014 年夏季，俄罗斯黑客通过各种网站获取超过 5 亿电子邮件地址，从中获取超过 12 亿用户名和密码。[27]

网络犯罪的环境是变化的，聚集着大量快速学习者，因此防御系统必须不断升级和更新。仅建造一道防火墙远远不够，这个过程是持续的。惠普的报告描述了的防御层包括主机、实际物理层（建筑、服务器）、人员、应用、数据和网络。每一层在供应链中都必须一直受到监控。举例来说，安全工作可能包括审计、检查流量的使用、测试各层的漏洞和更新。

为了减少网络犯罪，世界各地出台法律，逮捕罪犯和罪犯伏法的成本越来越高。在组织内，技术策略和行为策略都有助于减少网络犯罪。技术防御越来越复杂，防火墙和其他安全性措施、防病毒项目、监控和测试通常由外部供应商提供。防范网络犯罪的对策要求组织形成一种文化，在这种文化中，所有成员都了解薄弱环节，知道使用有密码保护的网站、经常更换密码等有助于网络安全。移动技术是目前许多组织最为薄弱的领域，而且用户并不了解发送机密的或受密码保护的信息可能增加企业漏洞受到攻击的风险。图 5-2 总结了广为推崇的威瑞森数据泄露年报。

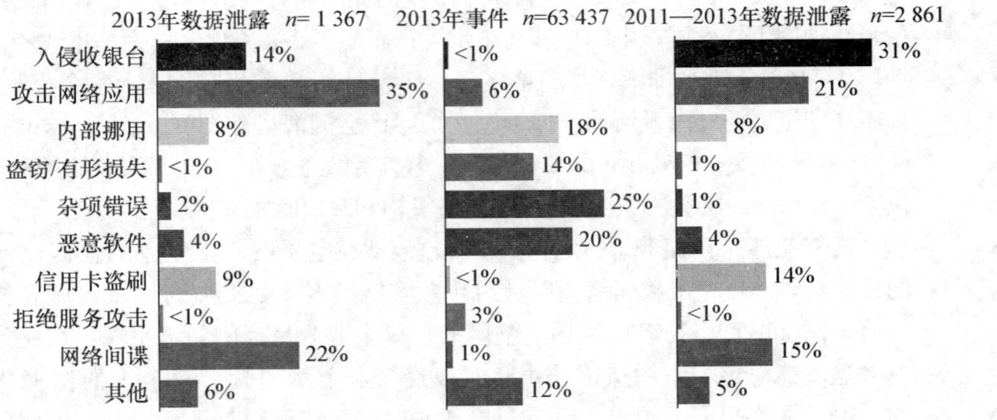

图 5-2 威瑞森安全报告的事件分类

国际商务实践

国际公司是许多国家的不平等的伙伴

如果使用国民生产总值和税收作为测量标尺，全世界前150家经济组织中有111家是公司而不是国家。这种规模优势为国际企业在世界政治舞台上发挥重要作用奠定了基础。国际企业不断做出高风险决策，比如去哪里投资，在哪里开展研发工作，在哪里制造产品等，其决策将为选定的地区带来巨大的效益。这将创造工作机会，促进新技术或改进技术的应用，制造的产品既能出口也能代替进口产品。同时，为提升盈利能力，企业寻求成本最低的经营场所。因此，企业将与国家或地区领导者协商投资的地点或厂址，以寻求利益最大化，比如税项减免、完善基础设施和工人培训项目等。这些潜在的让步使某一地点更具吸引力，取代其他地点成为外国企业的投资地。美国南卡罗来纳州的查尔斯顿给新的工业消费者提供第一年45%的电力折扣和4年补贴的优惠政策。尼日利亚政府为外商直接投资提供各种优惠条件，比如快速办理外国人工作签证，建设基础设施如高速公路，连续7年营业税减免，以及为使用地方投入的劳动密集型、出口导向型或贫困地区的制造业提供额外的税项减免等。[28]

很多国际公司的金融规模使得它们具有谈判优势，荷兰皇家壳牌集团、埃克森美孚公司和沃尔玛公司的规模超过阿根廷、奥地利、南非、丹麦、伊朗、希腊和新加坡。但是一家公司的实力不只源于规模，还源于获得资金、知识、技术和管理技能，配置世界各地资源的能力。国际公司收取的技术使用费占全球的80%。一家公司也许具备加工、生产、分销和营销能力，这些能力对于成功开采和使用原材料进行某类产品的制造、分销与营销是十分必要的。

由于发展中国家通常不具备这些能力，因此许多国家的政府希望获得国际公司的投资。然而对发展中国家来说，实力与能力的不平等使谈判变得十分困难。

荷兰皇家壳牌集团的高级石油主管向美国外交官承认，集团在尼日利亚政府主要部门的高管层安插了职员。抛开尼日利亚的主权问题和本国人民的能源需求，这些关系对于壳牌集团十分有利。尼日利亚是全球第八大石油出口国，然而超过70%的人口生活贫困。

印度和墨西哥则选择了一种风险较低的方法。它们限制大型企业的参与度，对于企业能够行使的权利持谨慎态度。墨西哥不允许石油和天然气行业实行私有制，这减缓了石油和天然气行业的发展速度，墨西哥正在探讨改变这一限制条件。印度则严格限制外商投资，并且征收高额保护性关税。

资料来源：Central Intelligence Agency，*The World Factbook*，https://www.cia.gov/library/publications/the-world-factbook/geos/in.html；*Fortune* magazine，http://money.cnn.com/magazines/fortune/global500/2012/full_list/（April 1，2014）；Mauro Guillen，"Understanding and Managing the Multinational Firm，" working paper，Wharton School，University of Pennsylvania，http://www.management.wharton.upenn.edu/guillen/files/mneconcept.pdf（May 8，2014）；Ivana Sekularac and Anthony Deutsch，"Dutch Court Says Shell Responsible for Nigeria Spills，" *Reuters*，January 30，2013，http://www.reuters.com/article/2013/01/30/us-shellnigeria-lawsuit-idUSBRE90S16X20130130（February14，2014）；and Alex Sundby，"WikiLeaks：Shell Oil Infiltrated Nigerian Gov't，" CBS News，December 8，2010，http://www.cbsnews.com/news/wikileaks-shell-oil-infiltrated-nigerian-govt/（May 8，2014）.

5.3 国家风险评估和应对威胁之策

管理风险（包括政治风险）的第一步是了解环境。弄清当地市场参与者（包括政府官员）中谁可能先于公众获得第一手有效信息。身处当地环境的管理人员可以充分利用非正式的信息网络，因为这在提供预测政治风险的信息方面起到重要的作用。

国家风险评估（country risk assessment，CRA）指对一个国家的经济和政治状况进行的评估，以判断企业开展商业活动时员工、财产和投资所面临的风险。多年来，企业一直自行开展评估活动，随着政治环境日益复杂，它们开始雇用专业咨询和研究公司进行风险评估。

国家风险通常具有政治色彩，其中包括战争、革命、政变等。企业的母国也可能是需要考虑的因素：东道国是否对企业持友好态度？母国政府的政治问题会使企业受到制裁吗？例如，美国因克里米亚对俄罗斯实施制裁，使得在俄经营的美国能源企业面临风险。俄罗斯对食物进口发起反制裁，给美国农场主带来了政治风险。对于企业来说，不那么引人注目但很重要的是，当选的新政府或许对私有企业，尤其是外国企业持敌对态度。经济和金融方面的国家风险的表现形式有：持续的收支赤字、高企的通胀率以及拖欠的未付贷款。劳动力状况也可能使投资者暂停投资，比如劳动生产率较低，或者工会激进好战。有关税收、货币兑换、关税、配额、劳动力许可等法律条文的改变也会对商业活动产生影响。还必须对当地法院公正审判的可能性进行评估。此外，存在恐怖主义的风险。企业能否保护员工和财产的安全呢？

企业需要掌握信息来判断国家风险，而这种信息因企业商业活动的性质以及投资、贷款或其他获得令人满意的投资收益活动的时长而有所不同。出口融资的风险暴露期很短，为此需要与一些国家或候补买家签订出口合约。与出口相反，当海外经营涉及在东道国进行产品组装、制造或开采时，长期承诺就显得十分必要。另外，随着投资时间变长，海外经营活动也会逐渐产生难以解决的问题。举例来说，开采经常引发与当地居民的冲突，他们的生活因企业行为而发生改变。这种类型的投资大多需要5年、10年甚至更长时间来获得回报。时间越长，风险分析的可靠度就越低。图5-3从卖方角度展示了一份国家风险排行榜的样本数据，这份数据由经济学人智库（Economist Intelligence Unit）提供，接近实时数据，也可据此获得其他信息。梅普尔索普（maplecroft.com）也提供国家风险评估服务，它维护着一家交互式网站，网站依据当前新闻报道更新风险评估，企业可以订阅信息。由于巴西和俄罗斯增速放缓，风险增大，梅普尔索普将其从成长型市场名单中剔除，而将印度、中国、墨西哥、印度尼西亚、尼日利亚和土耳其列为有增长潜力的国家。[29]

企业通过内部途径、政府和国家风险评估公司获取信息之后，会就有关国外运营的决策做出说明。接下来的问题是，企业和员工如何在面临海外威胁时保护自己。针对个人的威胁是可投保的，许多企业也会给员工投保。这种保险称为KPE（绑架、赎金和敲诈），每年收取的保费超过5亿美元，涵盖赎金费用、谈判专家费用、人质

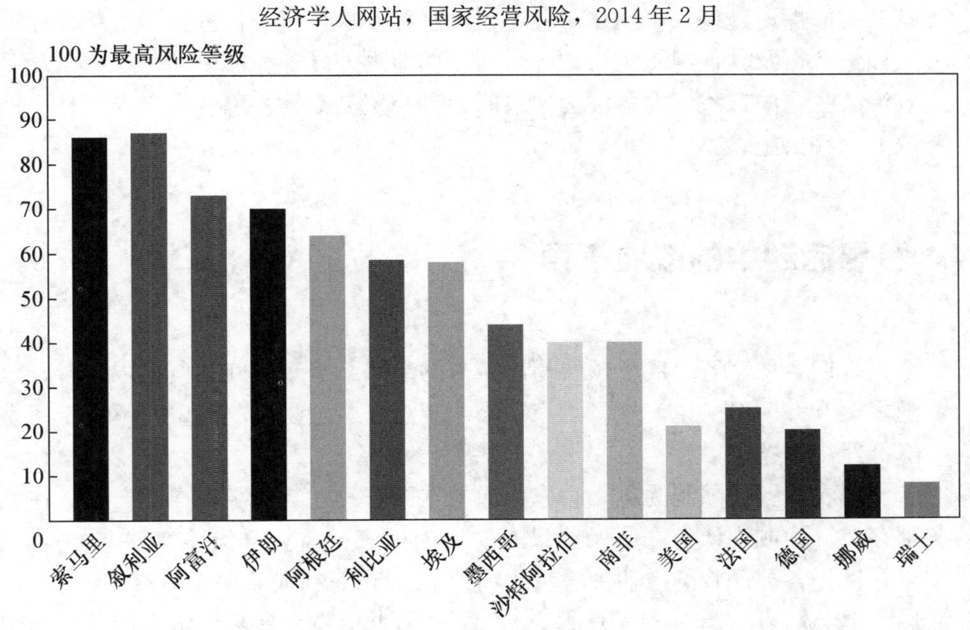

图 5-3 经济学人网站发布的国家风险排名样本

资料来源：http://www.eiu.com/site_info.asp?info_name=VW3_RISK_nib&page=rk&page_title=Risk%20table (February 19, 2014).

的工资以及受害者和家人的咨询费用。保险公司在世界范围内配备具备语言能力和其他多项技能的专家，以备主动响应之需（浏览 www.red24.com 查看相关例子）。

有关各国的实时风险分析信息可获取，这样管理者能以现实的眼光来看待所处环境中可能存在的风险。一些专门从事危机处理的企业会在危机发生时提供加强版的安全措施、医疗后送、人质谈判和高风险救援。全球救援（Global Rescue）就是这类组织，其成员由前海豹突击队（Navy Seals）队员、陆军游骑兵（Army Rangers）和国防情报局（Defense Intelligence Agency）分析员组成。2014 年冬季奥运会期间，该组织在俄罗斯索契至少有六架飞机随时待命。[30]全球救援的客户包括大型企业、国家地理（National Geographic）杂志和许多旅游公司。

除了保险和其他外包技能之外，员工培训项目可提供一些应对威胁的防护措施的训练，包括针对高管及其家属的本土意识项目（比如怎样改变路线，如何在当时的环境下保持谨慎，避免在公开场合讨论行程安排等），以及针对高管的反恐训练课程（涵盖防御性驾驶技巧、逃生策略和危机管理）。[31]这类训练结束之后，员工应养成谨慎的习惯，比如在发动汽车前查看车底是否藏有炸弹等。

G4S 国际培训公司是一家专业培训公司，每年培训 5 000 多人，他们大多来自企业和政府，学习如何通过防御性驾驶、加固汽车以及更改常规路线来迷惑暗杀者或绑匪。墨西哥发生的暴力事件促进了装甲车行业的发展，比如克拉特安全集团（Crarat Security Group）就为外籍人士提供装有多层防弹玻璃、防护型汽车底板和燃料箱的汽车。

我们探讨这些安全问题，并不是劝阻你不执行海外任务，而是帮助你了解国家风险评估，以及其他组织为帮助外籍人士而监测外国环境的举动。在本章最后一节有关政治的主题中，我们会关注为何政府会参与贸易活动，以及在参与贸易活动时政府采取的一些措施。

5.4 贸易活动中的政府干预

人们容易理解政府干预贸易所带来的结果。当政府施加贸易限制时，贸易的成本随之上升。一般来说，经济学家认同的观点是，贸易限制等壁垒不利于贸易活动并且降低经济效益。

以农业贸易限制为例，它作为保护本国农民尤其是小农户的产物，在大多数国家都存在。你或许认为农业保护只对发展中国家很重要，但事实并非如此。截至 2013 年，世界各国征收的农业关税平均高达 62%，而制成品关税只有 4%。美国农业关税约为 12%，欧盟为 30%，日本为 50%。[32]《北美自由贸易协定》谈判旨在缓和贸易争端，而加拿大提出对来自美国的牛奶和奶油分别征收 253%和 293%的关税，这令宾夕法尼亚州和佛蒙特州的奶农非常失望。[33]

尽管有强有力的理论支持自由贸易，但是受农业关税壁垒所限，世界贸易组织想成功推进贸易谈判仍然困难重重。考虑到通货膨胀压力的影响、与气候相关的供应问题以及农业资源有限等因素，这种情况很可能会持续下去。请点击网站 http://www.wto.org/english/news_e/news_e.htm/查看世界贸易组织有关贸易判断的最新总结。每个政府都设立了贸易办公室和大使级贸易代表，后者每年向政府报告国家面临的贸易问题。你可以阅读美国贸易代表 2013 年上交国会的年报，网址为 http://www.ustr.gov/sites/default/files/2013%20NTE.pdf/。

5.4.1 贸易限制的原因

政府为何要限制贸易？主要原因包括：提升国防实力，对其他国家实施制裁；保护本国新兴产业；创造或保护本国就业机会；确保公平竞争；报复别国政府的贸易限制或不公平行为。在一些实施国家贸易政策或行业政策的国家，如日本，政府的干预也能反映出其贸易策略。在许多国家，对于寻求本国企业免受外国竞争者冲击的少数激进分子来说，贸易已经成为一个政治问题。

服务国防　出于国防考虑的观点认为，贸易限制是因为某些行业对于国防安全至关重要，需要受到保护，即便与外国供应商相比其竞争力较弱，也必须保持运转。经济学家表示，大多数论证并没有说服力，它们呼唤爱国主义来获得情感支持。政府直接补助可能是更好的保护这类企业的手段，同时能以国家安全的名义向纳税者清楚地展示维持这些企业所耗费的成本。例如大多数美国海运公司获得政府补贴，因为外国公司的经营成本更低，如果没有补助，美国公司将无法维持经营。通过这些补助，美国政府打造了一支能随时应对不利情况的商船队。

还有观点支持禁止出口高新技术，以确保技术不被竞争对手用于增强自身实力，尤其是军事力量。然而，对于制造商而言，这些禁令关闭了潜在的外国市场，减少了出口收入。禁令也阻碍了制造商维持国际市场份额的努力，阻止了对持续创新的资助，使其他国家竞争者的竞争力有所提升。

实施制裁 一些贸易限制是为了对其他国家施加经济影响，促使它们修正自身行为。最常见的就是通过立法禁止与不友好的国家或某国的特定公民进行贸易活动。目前，美国的贸易政策禁止所有与古巴、伊朗、朝鲜、苏丹、利比亚和叙利亚的贸易往来，也对其他国家或个人实施部分制裁。[34]

国际制裁很少达到迫使目标国做出改变的目的；除了使被制裁国受损外，本国也往往遭受间接的经济损失。[35]仅20世纪90年代的经济制裁行动就使美国每年的出口损失约150亿～230亿美元，更不用说因为限制外商直接投资、资金流、旅游和其他收入或产出来源而造成的损失。这些估计还不包括在经济制裁中错失的机会。[36]就像那些国防观点所述，惩罚性制裁将市场交给制裁国的国际竞争者。一些对惩罚性制裁持怀疑态度的人想知道采取孤立他国的手段是如何影响该国行为的。

保护新兴产业或没落产业 有支持者认为，从长远来看，保护新兴产业具有比较优势，但同时，在企业获得投资，完成劳动力培训，掌握生产方法以及实现规模经济之前，仍需要得到保护。如果没有保护，成熟的外国竞争者会出口低成本产品，在当地市场低价销售，本国企业将难以生存。

保护新兴产业并不局限于发展中国家。直到2012年，为了“给本国新兴产业更大的成长机会”，美国对外国产乙醇（包括来自低成本生产者巴西的乙醇产品）征收每加仑54美分的保护性进口税。这项针对美国乙醇生产者的间接补助预计每年达10亿～50亿美元。[37]

一个相关论证证明了保护没落产业的合理性，大量进口产品的威胁不仅使本国企业难以为继，而且减少了工作机会。在这种论点的支持下，各行各业需要时间做出必要的调整，将劳动力和资金转移到其他行业。保护企业不受进口的冲击能使转型更加顺利。人们用这种逻辑来证明美国和欧洲对纺织业和制鞋业加以保护的合理性。其他救助，如给予企业转产补贴和失业工人补贴等也是可行的解决方案。

保护本国工作机会 持“外国劳动力成本低”观点的贸易保护主义者，通常将本国工资水平与外国低工资率进行比较。他们认为，外国出口商的低价商品会充斥本国市场，本国工人将丧失工作机会。然而，有关劳动力成本的观点本身就十分复杂。

首先，工资并不代表所有生产成本，甚至不代表所有的人工成本，因此仅以计时工资为基础对比具有迷惑性。这种观点也没有考虑不同国家工人的相关生产率。但是，人们经常使用这一具有极强感染力的论点。我们来看看美国和墨西哥汽车制造厂的工资差额。

2011年，墨西哥福特汽车制造厂工人的平均小时工资为4.5美元，美国密歇根州通用汽车制造厂工人的平均小时工资为 39.68 美元，这些都是经工会协商后的工资。一辆汽车的成本中，劳动力成本占了近 10%。同时，根据经济合作与发展组织（OECD）提出的每小时所创造的 GDP 来衡量，墨西哥的生产率为 20.40 美元，美国为 60.90 美元。[38]在较发达国家中，每位工人的生产率通常更高，这得益于优秀的管理，能带来更高效率的先进技术，更多的人均资本投入，更好的设备和工作环境。从美国和墨西哥的比较中可以看出，产品生产中的劳动力成本不仅仅取决于工资水平。某国的人工成本可能较低，但是工资水平却较高。

确保公平竞争 公平竞争的支持者希望进口关税能使进口货物的成本提升至与本国产货物相同的水平，消除外国竞争者因先进的技术、更低的原料成本、更低的税赋、更低的劳动力成本所带来的一切“不公平”优势。他们的目的并不是禁止进口，而是想平衡进口过程来确保“公平”竞争。关税水平的设定很可能是为了保护本国效率最低的生产者，效率较高的生产者则能获得更多的利润。高效的外国生产者因此处于不利地位，相对优势也随之消失。对于消费者而言，进口关税提高了商品价格，这种影响也被视为不公平。

报复 某一行业的企业若有出口货物在其他国家遭遇进口限制，可能会要求本国政府回以同样的限制。欧盟禁止进口美国含激素的牛肉就是一个例子。欧盟认为，在动物养殖过程中使用激素会危害健康，1998 年关闭了对美牛肉市场，造成美国肉类出口总收入减少 12%。美国牛肉生产者抱怨欧盟的要求毫无科学根据，美国立即展开反击，对价值约 1 亿美元的欧盟产品征收进口关税，包括无骨牛肉和猪肉、果汁、冷酒器、西红柿、法国芝士和速溶咖啡。

欧盟随后威胁称，将禁止进口美国价值 14 亿美元的船运货物，包括蜂蜜、黄豆罐头、核桃和干果。作为报复，美国宣布禁止进口欧盟所有肉类产品。如果事情真的发生，美国与欧盟间约 50 亿美元的贸易额将受到影响。这种威胁与反威胁、行动与对抗局面直到 2012 年双方达成和解才结束，两败俱伤。[39]

2009 年，双方达成一致意见：美国逐步取消制裁，欧盟分阶段增加对美国无激素牛肉的进口。2011 年，美国终止了针对欧盟货物的报复性制裁。2012 年春，欧盟议会投票通过了免税进口美国和加拿大牛肉的决定。[40]欧洲民众坚持禁止进口使用过激素的牛肉。[41]这些年来，消费者没有机会接触受到制裁的进口产品。

贸易中另外两个导致报复的原因分别是倾销与补贴。**倾销**（dumping）是指在国外以低于生产成本的价格、低于母国市场的价格或低于发展中国家的售价出售某种产品。由于周期性因素或季节因素（比如处于经济下滑期或流行季节末期），或为了增加市场份额，某制造商可能会在不打乱本国市场价格的前提下倾销过量产品。制造商也可能降低出口价格，迫使进口国国内生产商退出市场，一旦这一目标达成，它就会提高售价。这种类型的倾销称为恶意倾销（predatory dumping）。

1916 年，美国成为世界上首个禁止外国货物在本国市场倾销的国家。然而，没有哪部美国法律禁止美国企业在别国倾销。倾销的范围、相关法规、起诉和预防措施如今都由世界贸易组织管理，然而政府一旦认为倾销损害了当地产业，大多会实施报复。[42]

当生产企业的工资率较低，失业税和环境管制等支持公共福利的社会成本较低，员工福利差，工作环境差，逐渐削弱社会支持系统时，社会倾销（social dumping）产生。当某出口企业因宽松的国家环境标准而以较低的成本出售产品时，环境倾销（environmental dumping）就发生了。

另一个引发报复的原因是一国政府向国内企业提供**补贴**（subsidies）以鼓励出口或帮助其免受进口产品的损害。补贴的形式多种多样，如现金支付、政府参股、低息贷款给出口商、鼓励外国买家购买和税收优惠。例如，如图 5－4 所示，经合组织成员每年补贴本国农民数十亿美元。发达国家的补贴对最贫困国家的数百万农民造成的影响最大。发达国家的大多数农业补贴只针对小部分群体，通常为大型企业。补贴使它们能够在世界商品市场以低于没有补贴的发展中国家农民的价格出售商品。目前，世界贸易组织正关注这些农业补贴，相关谈判的进展十分缓慢。下面的“全球辩论”栏目提供了一个有关美国食糖生产商补贴的案例。

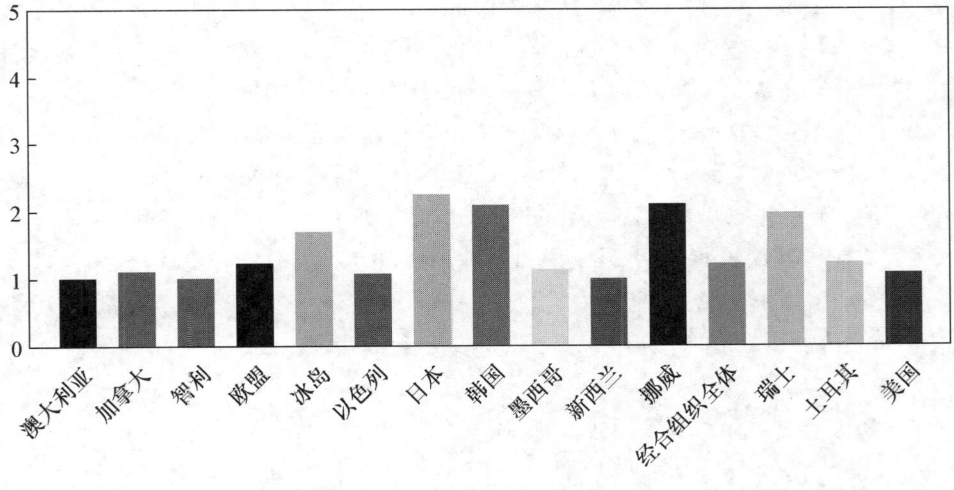

图 5－4　支持农业生产商的国家及部分经合组织成员

资料来源：IOECD，see http://stats. oecd. org/Index. aspx? DataSetCode＝MON20123_1（Go to barchart tab，under draw chart tab，for figure）（February 2014）.

全球辩论

食糖补贴：甜的是谁？

尽管美国、日本和欧盟都不具有食糖生产的比较优势，但它们强烈保护国内的食糖产业。世界银行的一份报告称，食糖是“政策最扭曲的商品”。在 2005 年世界贸易组织强制改变之前，欧盟成员国国内的食糖售价是世界市场价格的三倍。

美国自 1789 年开始征收食糖税。《美国农业法案》（U. S. Farm Bill）规定，除了国内出现短缺情况外，美国一般通过配额的方式将进口指标分配给 40 个国家，配额约占美国市场的 15%。此外，美国农业部还提供贷款，确保无论市场情况如何，国内食糖农场主的最低售价不变。种植者用食糖或按市价出售食糖的收入来偿还贷款。这一政策鼓励了国内食糖过量生产，但是美国食糖的平均价格高出世界价格两倍多。

为保护美国 18 个州的少数甘蔗种植者及其提供 146 000 个工作岗位，每年美国消费者和企业预计花费约 40 亿美元。食糖的自由贸易将减少约 2 500 名工人，这意味着每个受保护的工作岗位的成本每年超过 150 万美元。1997—2009 年，高糖价导致美国损失了 112 000 个工作岗位，依赖食糖的食品及饮料公司决定离开美国迁至加拿大和墨西哥，美国含糖产品的进口量因此而增加。Life Saver 糖果品牌将工厂从密歇根搬到蒙特利尔，以便从全球市场采购食糖，而在此之前，它作为一家美国企业无法做到。

食糖在美国农产品销售额中的占比不到 1%，但据估算，1990 年以来，17%的农业政治贡献来自食糖行业。美国企业研究所（American Enterprise Institute）的克劳德·巴菲尔德（Claude Barfield）评论："这是很有效的游说。据说，它们送给两党很多钱。"

然而，改变还是发生了。2008 年，美国和墨西哥消除了所有针对食糖的贸易壁垒。2013 年，大量食糖充斥世界市场，美国食糖的批发价从 2011 年的高点大幅下跌，跌幅超过 50%。也许受墨西哥新政的鼓励，美国国会继续尝试改革，但 2014 年的《美国农业法案》将食糖保护期延续至 2018 年。艾奥瓦州立大学的两位经济学家约翰·贝金（John Beghin）与阿玛尼·埃洛佩德（Amani Elobeid）开发了一个自由食糖市场的模型。在此模型中，"美国原糖价格下跌 24%～34%……精制糖批发价下降 32%～40%，而零售精制糖价格下跌 26%～33%"。世界食糖价格并没有因为美国大宗进口而上涨。食糖的自由贸易将符合世界贸易组织原则，毕竟，1789 年已经过去很久了。

问题

1. 食糖应该继续成为受保护的商品吗？为什么？
2. 美国消费者应该继续支持保护美国食糖农场主吗？为什么？

资料来源：http://siteresources.worldbank.org/INTPSIA/Resources/490023-1120845825946/sugar_policies.pdf（February 20，2014）；NPR，February 21，2002，http://www.npr.org/templates/story/story.php? storyId=1138434（February 20，2014）；H. Rept. No. 113-333（2014）（Conf. Rep.）；"The 2014 Farm Bill Subsidy Reforms Don't Go Far Enough，" http://americanactionforum.org/research/the-2014-farmbill-subsidy-reforms-dont-go-far-enough（February 20，2014）；and John Beghin and Amani Elobeid，quoted in *Heartlander Magazine*，April 3，2013，http://news.heartland.org/newspaper-article/2013/04/03/sweet-program-sugar-producers-sour-taste-consumers? quicktabs_4=1（February 20，2014）.

进口国的同业竞争者常常要求本国政府征收**反补贴税**（countervailing duties），以此来抵消补贴的影响。例如，一旦美国国际贸易委员会（U. S. International Trade Commission）收到美国公司的请愿书——声称来自某国的出口货物接受过补贴，该委员会将判断这个国家是否真的提供过补贴。如果是这样的话，该委员会就会对出口货物征收与补贴同等额度的反补贴税。你可以点击 http://www.usite.gov/trade_remedy 阅读投诉信。

我们已经了解政府实施贸易限制的原因，即使这些限制对整体经济发展无益。现在我们再来看看政府用来阻碍贸易的关税与非关税措施。

5.4.2 关税壁垒

关税（tariff）又称进口税，指对进口货物征收的税款，主要是为了提高产品售价，减少本国生产商的竞争。一些小国也对进口货物和出口货物征收关税来增加税收。例如，发展中国家有时对咖啡和铜等出口商品征税。然而，若关税使用不当，也会引发危害性报复。

关税造成危害的一个经典案例就是美国的《斯姆特-霍利关税法案》（Smoot-Hawley Tariff Act）。20世纪20年代后期，不断减少的经济财富致使美国农场主和生产商开始游说国会以寻求关税保护。结果国会1929年10月28日通过立法，对各行各业超过20 000种产品征收关税。当天股市震荡，总统赫伯特·胡佛（Herbert Hoover）不顾34个外国政府的反对，签署了这项法案。之后，许多国家陷入贸易战。世界贸易额暴跌，从1929年的57亿美元锐减至1932年的19亿美元。失业率猛涨，世界因此进入长达10年之久的经济低迷期。

有三种类型的关税，即从价税、从量税以及复合关税。**从价税**（ad valorem duty）是指按产品的发票金额征收一定比例的关税。例如，美国海关对不含酒精的香料萃取物和水果类香精收取6%的从价税。因此，若发票金额为10 000美元的香料萃取物到达美国，进口商在提取货物前需向美国海关交纳600美元（0.06×10 000）的关税。

从量税（specific duty）是指按产品的具体重量征收一定量的关税。若一家公司进口子弹或集束炸弹，那么不论货物的价值是多少，每磅需支付0.37美元关税。若香料萃取物和水果类香精的酒精含量按重量计算超过50%，就属于从量税的征收范畴，每磅收取0.12美元，还需加上3%的从价税。也就是说，价值10 000美元的货物若重达5 000磅，那么进口商需支付**复合关税**（compound duty）900美元[(0.12×5 000)+(0.03×10 000)=600+300]。

在通货膨胀时期，除非从量税频繁调高，不然其重要性很快下降，而从价税随着发票金额的上升而增加。然而，有时出口商可能以低于国内市场的价格出口商品，以至于从价税无法弥补差额。有的政府通过制定官方价格或使用差价税来弥补不足。官方价格确保在实际的发票金额下，政府仍能收取最小额度的进口税。它也能阻止一种较为普遍的现象——许多高税收国家的进口商与外国供应商达成一致，卖家开具虚假的低额发票以减少税款，进口商分几次向卖家补足发票价格与真实价格间的差额。**差价税**（variable levy）确保出口商品的市场价格与本国产商品的价格一致；欧盟曾对进口谷物征收差价税。按日计算，关税水平是建立在世界市场价格与本国维持性价格差额的基础之上的。

关税通常用于鼓励当地投入。例如，待售制成品可能需缴纳70%的进口税。然而，若这些商品是散装进口，那么在进口国必须包装，这时应税水平只有30%，以此鼓励本地生产。这既保护了本国工作机会，也使国外生产技术含量低的产品（比如洗漱用具）的厂家免受高额关税之苦。

税率非常低的关税有时称为令人讨厌的关税 。即便出口商的应税水平可能无法实现保护本国生产商的意图，也需经过冗长的程序来缴纳关税。

5.4.3 非关税壁垒

非关税壁垒（nontariff barriers，NTB）是指除我们关注的进口关税之外的一切歧视进口产品的手段。世界贸易组织达成协议之后，各国降低了进口关税，非关税壁垒的使用范围更加广泛，也更为重要。例如，20 世纪 90 年代中期以来，政府要求的检测与认证呈指数级增加。非关税壁垒的形式多种多样，主要包括定量与非定量两种类型。这不仅增加了生产商和出口商的成本，而且增加了消费者的成本，阻碍了贸易发展。

定量型非关税壁垒 定量型非关税壁垒的形式之一是**配额**（quota），即在一定时期内，一国对允许进口的特定种类的货物进行数额限制。绝对配额是指在一定时期（通常为一年）内允许进口的绝对数额，超过此数额则不得进口。配额通常是全球性的，也就是说总额是固定的，不因来源地而改变。另外也可能出现分配配额，在这种情况下，进口国政府按国别进行分配。美国将食糖的配额分配给 40 个国家，例如 2014 年巴西的配额为 152 691 吨粗制蔗糖。有些货物属于关税配额范围，在规定额度内免税或减税，超过规定额度则需要征收高关税。

有的生产商通过转运来逃避配额。在这种情况下，制成品首先被运往配额未满或没有配额的国家，货物在那里被标记为他国产品之后再运往目的国。2004 年多维协定（Multi-Fiber Agreement）失效前，限制美国从别国进口纺织品，估计每年有 20 亿美元的违法服装通过欺骗性标签出口到美国。[43]

自愿出口限制 多年来，各国约定除农产品外，不单方面实施产品配额。因此，各国政府协商通过了**自愿出口限制**（voluntary export restraint，VER），或称出口配额。这是另外一种形式的由出口国而不是进口国设置的定量型贸易壁垒。日本政府设定了制造商每年出口美国的汽车数量，加拿大政府限制出口美国的木材数量。**有序的销售安排**（orderly marketing arrangements）属于自愿出口限制，包括出口国与进口国政府间的正式协定，规定了美国拥有的货物进口或出口的配额，进而限制国际竞争，同时为当地生产商保留部分本国市场。

非定量型非关税壁垒 许多国际贸易专家认为，当今世界最重要的非关税壁垒是非定量型的。例如，美国规定售给美国农业部用于学校午餐的食物必须是美国生产的。金枪鱼的主要生产商都是外国公司，比如 Chicken of the Sea 是泰国公司，Bumble Bee 是英国公司，StarKist 是韩国公司。StarKist 的产品达到了学校午餐项目的标准，它目前在美属萨摩亚岛经营，为萨摩亚居民提供了工作机会[44]，因此，该公司意外地受益于非定量型非关税壁垒。

非关税壁垒可以分成三类：政府直接参与贸易、海关和其他行政程序以及标准。

1. 政府直接参与贸易。最常见的政府直接参与贸易的形式就是补贴。除了通过补贴保护行业之外，几乎所有政府都对农业提供补贴。若政府偏爱本国生产商，并且限制政府机构购买进口商品，政府采购政策同样被看作贸易壁垒。

政府政策可能要求政府机构必须购买最小规定额度的本地产品。《WTO政府采购协议》（WTO Government Procurement Agreement）生效之后，大多数国家向达标的外国投标者开放了政府业务。然而，美国政府的政策在很大程度上仍干预国际贸易。例如，《购买美国产品法案》（Buy American Act）及购买美国产品的其他规定都包括禁止公共部门组织购买外国供应商的产品的条款，或者设置本地产品购买量，或者启动相关机制（比如要求购买本地货物，或确定对美国供应商有利的定价）。作为美国政府最大的公共采购机构的国防部，将外国供应商排除在很多合同之外。[45]

2. 海关和其他行政程序。关税（进口产品应支付的税款的总括）和行政壁垒涵盖了多种政府政策和程序，这些政策与程序要么排斥进口产品，要么鼓励出口货物。[46]

各国政府也会想方设法阻止服务类产品的出口。服务国际市场时，航空公司经常会遇到国家航空公司受到优待的情况，比如在机场服务、机场柜台的分配、降落空位的额定数量等方面给予优待。其他歧视性案例包括：加拿大政府对在加拿大电视台宣传过的当地企业减税，除非它们在美国电视台做宣传被视为处于同一市场；澳大利亚要求播出的电视商业广告拍摄于澳大利亚。

3. 标准。政府及私人设立的用于保护国民健康与安全的标准当然十分可取，但是许多标准十分复杂且具有歧视性，出口企业不堪其扰。例如，欧盟议会通过了生物技术食品的标识要求，强制实现转基因生物的可追溯性，严格检查包含转基因原料的食品标识。该要求不仅包括标识出“此产品产自转基因生物”，还严格控制出口到欧盟的混用转基因与非转基因原料的食品。美国是世界上转基因农作物的主要生产国与出口国之一。[47]

贸易限制每年耗费世界各地消费者数百亿美元，仅有益于少数处于经济保护行业的企业。欧盟的一份贸易报告显示，若消除一半的非定量型非关税壁垒，减少美国与欧盟间的管理分歧，欧盟的国内生产总值每年能增加1 220亿欧元（2014年9月为1 678亿欧元）。[48]正如经合组织贸易主管肯·阿什（Ken Ash）所言，在贸易保护主义中，“无人获益，每个人都是输家”。[49]贸易保护主义损害了每个国家和全球经济。关税收入每增长1美元，世界出口收入下降2.16美元，世界收入减少0.73美元。[50]美联储对受保护行业的20个产品组的一项研究显示，因贸易保护主义，消费者平均要为每份受到保护的工作一年多支付近231 289美元的产品成本。[51]

得到那份工作！从双肩包到公文包

费尔南多·维兰纽瓦：“世界如此美丽！”

费尔南多·维兰纽瓦（Fernando Villanueva）毕业于国际商务专业，他负担了自己大学期间的大部分费用，对其他也想学习国际商务的人士有一些建议。

我16岁时参加了国际生活实验项目（国际训练与世界学习学院，佛蒙特州），在法国待了一段时间。我住在一个法国家庭，与来自世界各地的人们一起学习语言。从那时起，我知道国际商务适合自己。

毕业一年后，得益于AIESEC[45]与帕尔杜比采大学（Univerzita Pardubice）联合组织的培训，我在捷克共和国工作。我的职责包括：研究有关商业的文章；为欧盟的教授协调与筹办讲座；协调学生事务；编辑与审核可发表的文章。我作为译者与编辑负责出版两本书。我还遍游欧洲，去过土耳其和埃及。我遇到了许多有趣的了不起的人，直到现在我还通过邮件和Skype与许多人保持联系。

在国外工作我遇到两个最大的挑战，一个是做生意的不同方式，另一个是官僚主义。我必须经常提醒自己，每个国家做生意的方式不同，我应随之做出调整。大家不要认为在家乡可行的事放之四海皆可。不能仅因为别人跟我们家乡做事的方式不同，就认为别人的方法是错误的。人们也不愿意听到你说他的国家的不好之处，以及你的国家更好之处。如果你将大多数精力都用来指出你游历的国家的不足，你就没有机会看到这个国家的美妙所在。世界如此美丽，你有机会窥见一小部分，真的非常棒。

模块总结

1. 描述企业国有化和私有化的目标。

政府推行国有化或将企业从个人手中转到政府手中以获得更多财富；提高利润率；追求一种意识形态；保留岗位；通过将没落产业置于生命维持系统中来保住工作；控制先前的投资；制定政治目标。政府有时也会将资产出售给私人团队或私有企业，通过合作来行使政府职能。其首要动机是为政府筹集资金，削减规模。

2. 阐述政府的保护和稳定措施，及其对企业的重要性。

政府稳定是政府维持自身权力，预防财政、货币和政治政策突变、巨变的能力。当变化是可预测的，政府十分稳定时，企业才能快速发展。当情况变得不可预测时，企业就会面临挑战，因为它无法做出优质的决策，不确定要承担什么风险。若环境稳定，恐怖主义、绑架、海盗和网络犯罪可能会减少。

3. 阐述国家风险评估在国际商务中的作用。

国家风险评估是指对一个国家的经济和政治状况进行的评估，以判断投资失败的风险有多大。国家风险实际上越来越具有政治色彩，其中包括战争、革命与政变等。对企业来说很重要的国家风险是当选的新政府可能对私有企业尤其是外资企业抱有敌意，由此产生变化。国家风险也可能是经济或金融上的。

4. 解释政府对贸易进行干预的政治动机，以及政府设立的贸易限制的主要类型。

对于干预贸易，政府给出的主要原因有：服务国防，实施制裁，保护新兴产业或本国工作机会，确保公平竞争，报复倾销或补贴。它们可能增强进口税（关税壁垒）；设置非关税壁垒，如配额、自愿出口限制和有序的销售安排；设置非定量型非关税壁垒，如政府直接参与贸易，海关和其他行政程序，以及有关健康、安全和产品质量的标准。

批判性思考

1. 为什么国有企业可能较私有企业更具不公平优势？

2. 为什么坚持开放市场的资本主义国家依然拥有公有制企业？

3. 员工接受外派任务时，能做哪些准备来应对任务风险？

4. 如果你负责公司的国际化战略，会认为国家风险评估的作用是什么？

5. 为什么美国消费者能忍受以高于全球市场两倍的价格购买食糖？经济学家是如何评估美国的食糖政策的？

6. 为什么开车携带芝士从美国进入加拿大可能很危险？

7. 在看似自由、无限制的国际贸易中，各国生产和出口具有相对优势的产品会提升每个人的生活水平。那么为什么每个国家都有进口限制？

8. 一种贸易保护主义观点认为，既然我们需要国防行业，就必须通过增大对竞争性进口产品的限制来保护。在这种情况下，是否有其他看起来更符合经济学原理的方法代替贸易限制？

9. 政府宣称，食品进口安全标准对于确保国民安全十分重要。阐述这种担忧是如何转变成为非关税壁垒的。

10. 几乎所有政府都反对倾销，为什么它们反对本国国民或企业以更低的成本获得产品？

11. 汽车行业的一位工会领导人认为：“在美国，工人的小时工资为 20 美元，而在外国可能只有 4 美元。我们当然无法与其竞争。我们要保护工作岗位免受廉价外国劳动力的损害。”这一言论有什么问题吗？

12. 某国对于进口可能设置关税壁垒与非关税壁垒。对于一家消费品企业来说，出口定价时更难考虑哪一种？

微型案例

巧克力：你享用的是不平等劳工与童工的剥削成果吗？

你享用一块香浓巧克力、一杯热巧克力、一块巧克力蛋糕或者一勺巧克力冰激凌时，是否知道产品部分出自儿童之手？46%的巧克力来源于象牙海岸，其可可粉产量是加纳的两倍多。总体来看，世界上 75%的可可粉来源于象牙海岸、加纳和西非。根据反奴隶制国际组织（Anti-Slavery International）的资料，284 000 名儿童在危险的环境中工作，其中有 15 000 名儿童遭贩卖，工作地点在象牙海岸。

巧克力是世界上交易最多的产品之一。排名前十的巧克力消费国包括美国和西欧一些国家。按照惯例，来自西非不同国家的可可豆被混装在一起运往进口国的加工厂。因此，消费者享用的巧克力很可能使用了产于象牙海岸的可可豆。

西非的一项童工调查发现，有 2/3 不到 14 岁的工人像奴隶一样工作，不能随意离开工作场所。一些人来自很远的地方，更多的人被绑架到可可种植区，他们有的来自布基纳法索、马里和多哥等贫困的国家，有的被父母卖掉，期望将来可以挣钱寄回家。童工的收入不及成年工人的 60%，但是他们经常每周工作 6 天、每天工作超过 12 小时，还经常挨打。一半以上的童工在给作物喷洒农药时没有佩戴防护装备。在农场工作的儿童只有 34%上过学，其入学率甚至比女孩的入学率还要低。这些童工似乎陷入了恶性循环：因遭绑架或家境不好而被迫工作，挣的钱只够维持最低生活水平，由于没有上过学或掌握其他技能，他们找到其他工作的可能性很小。

想要努力唤醒人们对可可产业剥削童工的意识，面临重重挑战。时至今日，仍然有许多消费者不清楚巧克力生产背后的情况。同时，种植园变得越来越隐秘，不再接待来客。

一些重要的可可生产国与国际劳工组织（International Labor Organization）及国际消除童工计划（International Programme on the Elimination of Child Labor，IPEC）合作，成立了国家项目来消除童工。然而事实表明，在象牙海岸和加纳，童工问题仍然普遍存在。行业代表抱怨，可可生产中消除童工的进展缓慢，是因为受到了农业国家传统文化、内战和其他因素的阻碍。

由于巧克力与可可产业缺乏及时、有效的行动，许多企业开始生产经公平贸易认证（Fair

Trade-certified）的巧克力。通过遵守一套严格的公平贸易认证的指南，这些企业能保证巧克力产品的来源合乎伦理。国际公平贸易标签组织（Fair-trade Labelling Organizations International）建立了认证标准，向发展中国家的农民发放补贴，确保公平贸易行为下的认证产品至少以保障生产成本的价格出售。通过规定最低限价，公平贸易行为保护了发展中国家的农民免受全球贸易中通货膨胀的影响。同时，公平贸易认证要求农民采取恰当的行为，例如，支付能够维持生活水平的工资，不使用童工等。除了可可项目之外，公平贸易认证还针对一系列其他产品，如咖啡、茶和工艺品。

目前美国已有超过 50 家公司生产公平贸易认证的巧克力产品，包括 ClifBar，Cloud Nine，Newsman's Own Organics，Scharffen Berger，Sweet Earth Chocolates。哈佛大学的课程能帮助我们深入探讨有关问题，该课程由人类学家卡拉·马丁（Carla Martin）讲授，你可以查看其博客（http://bittersweetnotes.com/）。

问题

1. 在国际贸易中，应该考虑另一个国家的劳工措施吗？为什么？

2. 关于可可等产品的贸易活动，政府、企业和消费者能采用什么对策来解决其他国家使用童工的问题？会带来怎样的结果？

3. 国际贸易理论家是如何看待公平贸易运动的？

资料来源："Cocoa Production in Cote d'Ivoire," Portia Crowe，"Understanding the Roots of Ghana's Child Labor," Interpress Service，July 12，2012，http://www.ipsnews.net/2012/07/111064/（April 1，2014）；Jennifer Doody，"The Dark Side of Chocolate," HarvardGazette，March 22，2013，http://news.harvard.edu/gazette/story/2013/03/thedark-side-of-chocolate/（April 13，2013）；AntiSlavery International，http://www.antislavery.org/english/campaigns/cocoa_traders/default.aspx（April 1，2014）；http://en.wikipedia.org/wiki/Cocoa_production_in_C%C3%B4te_d%27Ivoire（April 1，2014）；Jose D. Perezgonzalez，"Child Labor in Cocoa Production-2010," *Journal of Knowledge Advancement and Integration*，2011，pp. 1–4，http://www.lulu.com/product/ebook/child-labour-in-cacao-production/15575910（April 1，2014）；"Slave-Free Chocolate," http://vision.ucsd.edu/~kbranson/stopchocolateslavery/main.html（April 1，2014）；"Fair-Trade Q&A," http://www.globalexchange.org/campaigns/fairtrade/fairtradeqa.html（April 1，2014）；and Food EmpowermentProject，"Food Is Power," http://www.foodispower.org/slavery_chocolate.php（April 1，2014）.

注 释

1. "Argentina and YPF: Flogging a Dead Cow," *The Economist*，July 27，2013，http://www.economist.com/news/americas/21582304-recently-nationalised-oil-company-agrees-big-foreign-investmentflogging-dead-cow（May 5，2014）.

2. Phillip Inman，"Bolivia Nationalizes Spanish-Owned Power Grid," *The Guardian*，May 2，2012，http://www.guardian.co.uk/business/2012/may/02/bolivia-nationalises-spanish-power-grid（April 1，2014）.

3. "Iran Condemns US Seizure of Alavi Foundation Building," BBC News，April 19，2014，http://www.bbc.com/news/world-middleeast-27089659（April 20，2014）.

4. Richard Seymour，"A Short History of Privatization in the UK: 1979—2012," *The Guardian*，March 29，2012，http://www.theguardian.com/commentisfree/2012/mar/29/short-history-of-privatisation（May 5，2014）.

5. Charles Forelle，"Thatcher's Privatizations Cast a Long Shadow," *The Wall Street Journal*，April 10，2013，p. A9.

6. William L. Megginson，"Privatization Trends and Major Deals in 2012 and 1H2012,"（August 17，2013），http://papers.ssrn.com/sol3/papers.cfm?abstract_id=2311798（February 15，2014）.

7. Hellenic Republic Ministry of Finance，June 2，2010，http://www.minfin.gr/portal/en/resource/contentObject/id/2f09efef-f916-4450-8236-de0606f1e12d（May 4，2014）.

8. "Privatization in China: Capitalism Confined," *The Economist*，September 3，2011，ht-

tp://www. economist. com/node/21528262 (May 5, 2014).

9. "Russia: To Privatise or Not to Privatize," *The Economist*, January 19, 2013, http://www. economist. com/news/europe/21569756-russian-government-has-ambitious-plans-privatisationsupposedly-privatise-or-not (May 5, 2014).

10. U. S. Department of State. U. S. Passports and International Travel, http://travel. state. gov/content/passports/english/emergencies/crisis-support. html (April 15, 2014).

11. Maplecroft, http://maplecroft. com/about/news/terrorism_risk_index_2013. html (on April 1, 2014).

12. Liesl Louw-Vaudran, "Africa: Kidnap for Ransom-to Pay or Not to Pay?" Institute for Security Studies, February 18, 2014, http://allafrica. com/stories/201402181141. html? viewall=1/ (April 1, 2014).

13. Reported at Southern Pulse Correspondents, http://www. southernpulse. com/sp-pulses/newspaper-releases-independentkidnapping-estimates,February 5, 2014 (February 17, 2014).

14. Nicole Brown, "Kidnap, Ransom and Extortion," Wells Fargo 2014 Insurance Market Outlook, http://www. captive. com/newsstand/press-releases/2014/Wells-Fargo_2014InsuranceOutlook_FNL. pdf (February 17, 2014).

15. Rukmini Callimachi, "Paying Ransoms, Europe Bankrolls Qaeda Terror," *The New York Times*, July 29, 2014, http://www. nytimes. com/2014/07/30/world/africa/ransoming-citizens-europebecomes-al-qaedas-patron. html?module=Search&mabReward=relbias%3Ar%2C{%221%22%3A%22RI%3A6%22}&_r=1# (August 8, 2014).

16. Peter Apps, "Factbox: Global Kidnap Hotspots and Ransom Costs," *Reuters*, February 17, 2011, http://www. reuters. com/article/2011/02/17/us-crime-kidnap-hotspots-idUSTRE71G42D20110217?pageNumber=2 (April 2, 2013); and Steven Perlberg, "The 20 Countries Where People Get Kidnapped the Most," Business Insider, December 12, 2013, http://www. businessinsider. com/top-20-countries-by-kidnapping-2013-12 (February 16, 2014).

17. http://www. red24. com/uploads/red24threatforecast2013_kidnapping_americas. pdf (February 17, 2014).

18. IRIN, "Aid Worker Kidnappings Rise, Fuelling Debate Over Ransom," March 21, 2013, http://www. irinnews. org/Report/97697/Aid-worker-kidnappings-rise-fuelling-debate-over-ransom (May 8, 2014).

19. Larry Minear, *The Humanitarian Enterprise: Dilemmas and Discoveries*, Bloomfield, CT: Kumarian Press, 2002, p. 142.

20. Ibid.

21. Security Council SC/11262, January 27, 2014, http://www. un. org/News/Press/docs/2014/sc11262. doc. htm (February 23, 2014).

22. International Maritime Bureau, Piracy Reporting Centre, http://www. icc-ccs. org/piracy-reporting-centre (May 8, 2014).

23. International Chamber of Commerce, International Maritime Bureau, http://www. icc-ccs. org/news/904-somali-pirate-clampdowncaused-drop-in-global-piracy-imb-reveals/ (April 1, 2014).

24. Weiping Chang, Wingyan Chung, Hsinchun Chen, and Shihchieh Chou, An International Perspective on Fighting Cybercrime, Intelligence and Security Informatics '03 Proceedings of the 1st NSF/NIJ Conference on Intelligence and Security Informatics, 2003.

25. PricewaterhouseCoopers, 2013 State of Cybercrime Survey, http://www. pwc. com/en_US/us/increasing-it-effectiveness/publications/assets/us-state-of-cybercrime. pdf (February 17, 2014).

26. 2013 Cost of Cyber Crime Study: Global Report, http://www. hpenterprisesecurity. com/collateral/report/Ponemon2013Cyber CrimeReport_Global_1013. pdf (February 18, 2014).

27. Nicole Perlroth and David Gelles, "Russian Hackers Amass Over a Billion Internet Pass-

words," *The New York Times*, August 5, 2014, http://www.nytimes.com/2014/08/06/technology/russiangang-said-to-amass-more-than-a-billion-stolen-internet-credentials.html (August 8, 2014).

28. "Investment Incentives in Nigeria," Nigerian Embassy, Washington, DC, 2014, http://www.nigeriaembassyusa.org/index.php? page=investment-incentives (August 9, 2014).

29. Maplecroft, http://maplecroft.com/portfolio/newanalysis/2013/11/27/maplecroft-drops-brazil-russia-30-leadinggrowth-markets-india-takes-top-spot-indonesia-nigeria-turkeyclimb/ (February 19, 2014).

30. Claire Martin, "At the Ready, at the Sochi Games," *The New York Times*, February 16, 2014, p. 3.

31. S. A. Ast, *Managing Security Overseas: Protecting Employees and Assets in Volatile Regions*. New York: Taylor Francis, 2010.

32. http://www.fas.usda.gov/itp/Policy/tradeFAQ.asp (April 11, 2013, no longer available). See http://www.fas.usda.gov/data for other information.

33. http://www.international.gc.ca/controls-controles/prod/agri/tarif.aspx (February 19, 2014).

34. http://www.treasury.gov/resource-center/sanctions/Programs/Pages/Programs.aspx (February 19, 2014); and http://www.treasury.gov/resource-center/sanctions/OFAC-Enforcement/Pages/20140320_33.aspx (April 16, 2014).

35. Lance Davis and Stanley Engerman, "History Lessons: Sanctions: Neither War nor Peace," *Journal of Economic Perspectives* 17, no. 2 (Spring 2003), p. 187, http://www.aeaweb.org/articles.php? doi=10.1257/089533003765888502 (February 19, 2014).

36. Gary C. Hufbauer, "Economic Sanctions: America's Folly," in *Economic Casualties: How U.S. Foreign Policy Undermines Trade, Growth and Liberty*, ed. S. Singleton and D. T. Griswold (Washington, DC: Cato Institute, 1999), pp. 90-99; and Hossein Askari, John Forrer, Jiawen Yang, and Tarek Hachem, "Measuring Vulnerability to U. S. Foreign Economic Sanctions," *Business Economics* 40, no. 2 (April 2005), pp. 41-55, http://www.palgrave-journals.com/be/journal/v40/n2/abs/be200513a.html (February 19, 2014).

37. "How to Lower Price of Ethanol: Kill the Tariff, Help Consumers," *Rocky Mountain News*, May 14, 2006, p. 5E, http://www.highbeam.com/doc/1G1-145753434.html (February 19, 2014); and Scott Learn, "Rice University Analysis Questions Ethanol Subsidies," http://www.oregonlive.com/environment/index.ssf/2010/01/rice_university_analysis_quest.html (February 19, 2014).

38. http://www.gfmag.com/tools/global-database/economicdata/11857-labor-productivity-and-growth.html # axzz2QGPzLS88 (February 19, 2014).

39. "Win-Win Ending to the 'Hormone Beef Trade War,'" European Parliament News, March 14, 2012, http://www.europarl.europa.eu/news/en/news-room/content/20120314IPR40752/html/Win-winending-to-the-hormone-beef-trade-war (February 19, 2014).

40. "Brie and Hormones," *The Economist*, January 7, 1989, pp. 21-22; "Europe's Burden," *The Economist*, May 22, 1999, p. 84; and Juliane von Reppert-Bismarck, "U. S. Lifts Sanctions in EU Beef Hormone Row," *Reuters*, http://www.reuters.com/article/2011/05/27/us-sanctions-beef-hormone-idUSTRE74Q63L20110527 (February 19, 2014).

41. Gilbert Reilhac, "Vote Ends EU-US Hormone-Treated Beef Row," *Reuters*, March 14, 2012, http://www.reuters.com/article/2012/03/14/eu-trade-beef-idUSL5E8EE50620120314 (February 19, 2014).

42. Steve Kronenberg, "Country of Origin Labeling (COOL) Fraud," Food and Safety Risk Management, September 4, 2012, http://foodlawblog.com/2012/09/04/country-of-origin-coollabeling-fraud-a-worldwide-problem/ (August 9, 2014).

43. James R. Hagerty, "Now Packed with Drama: Cans of Tuna Fish," *The Wall Street*

Journal, February 18, 2014, p. B1.

44. European Commission, *Trade and Investment Barriers Report* 2013, Brussels: European Commission, 2013, rade. ec. europa. eu/doclib/docs/2013/march/tradoc_150742. pdf (February 21, 2014).

45. AIESEC is a student-run international nonprofit organization that provides leadership training and internship opportunities, http://www. aiesec. org

46. Office of the United States Trade Representative, 2013 *National Trade Estimate Report on Foreign Trade Barriers*, http://www. ustr. gov/about-us/press-office/reports-and-publications/2013/NTE-FTB (February 21, 2014).

47. "International Trade of Genetically Modified Foods," http://en. wikipedia. org/wiki/International_trade_of_genetically_modified_foods (February 21, 2014).

48. European Commission, *United States Barriers to Trade and Investment: Report for 2011*, Brussels: European Commission, 2011, trade. ec. europa. eu/doclib/docs/2011/march/tradoc_147629. pdf (February 20, 2014).

49. Ken Ash, director of the OECD Trade and Agriculture Directorate, http://www. youtube. com/user/oecden,? v=4tHpspY2_sU&lr=1 (February 21, 2014).

50. OECD, "Trade Policy and the Economic Crisis," 2010, http://www. oecd. org/trade/45293999. pdf (February 21, 2014); and WTO, OECD, the World Bank, and ILO, "Seizing the Benefits of Trade for Employment and Growth," 2010, http://www. oecd. org/tad/benefitlib/46353240. pdf (April 12, 2013).

51. *The Fruits of Free Trade: 2002 Annual Report of the Federal Reserve Bank of Dallas*, https://www. dallasfed. org/assets/documents/fed/annual/2002/ar02. pdf (February 21, 2014).

模块 6
知识产权与其他法律因素

不论是处于社会还是国际关系之中，法律都是稳定和秩序的重要基石。

——詹姆斯·威廉·富布莱特（J. William Fulbright）

学习目标

1. 阐述法律制度的三种类型。
2. 阐述法治及其来源。
3. 探讨全球商务中普遍存在的法律问题。
4. 确定保护知识产权的方法。
5. 探讨各国法律的标准化。
6. 阐述国家层面法律因素对竞争、贸易、侵权、伦理与会计等领域的影响。

开篇短文

假药：一个关乎健康和知识产权的世界性挑战

你在国外旅游时因身体不适去看医生。在当地的药房买药后，你用瓶装水服了药。也许你的病情很快就会好转，也许不会。你刚刚吞下的药是真是假呢？

发达国家和发展中国家目前正面临一场特殊的挑战，那就是假药。除了仿制品牌处方药之外，假药生产者所生产的药品有的虽含有效成分但比例不对，有的根本不含任何有效成分，有的甚至含有毒性成分或其他杂质。假药行业在世界各地迅速发展，规模日益扩大，对公众健康的威胁也越来越大。据估计，2013 年，假药总值达到 2 000 亿美元，销量持续上升，已接近合法药品销量的两倍。[①] 各国假药的销售比例有所不同，在一些发达国家假药销量不足 1%，而在发展中国家，假药销量从 10%至 50%不等。[②] 据世界卫生组织估计，网上药房出售的药品约半数为假药。美国卫生和公共服务部（U. S. Department of

Health and Human Services）在 FDA.gov 网站上发布了一份警告清单，列出了最近揭露的假药。国际刑警组织负责医疗产品和假冒犯罪的协调员艾琳·普朗松（Aline Plancon）说："制假商比贩毒者挣的更多，被抓入狱的风险却更小。"[③]她举例说，出售假万艾可的利润大概是海洛因的十倍，但是需承担的法律后果低得多。贩毒者可能面临监禁或死刑，然而假药贩卖商通常面临商标侵权、诈骗或类似的法律指控。

除了使合法制造商的产品销量受损，假药还无法像真药一样起作用，这就会给使用者带来灾难。墨西哥没收了 15 000 盒烧伤药，大多含有锯屑或泥土，会造成严重的感染。近些年来，孟加拉国、巴拿马、尼日利亚、海地和印度的上千名婴儿和其他病人在服用含有二甘醇（一种用于制作防冻剂的有毒化学品）的止咳糖浆后死亡。

世界卫生组织估计，发展中国家使用的抗疟药中，有 25%是伪造品或不合格产品，超过 50%的药品被运往非洲和亚洲部分地区，导致了疟疾爆发，有人患上相关疾病甚至死亡。抗疟药片中发现的化学物质为红霉素抗生素，它是街头毒品摇头丸的成分之一，也是万艾可的有效成分之一。假药也是发达国家面临的问题。2012 年，被污染的类固醇药品导致马萨诸塞州 11 人死亡。[④]阿瓦斯汀是一种抗癌药品，在土耳其生产出来后运往瑞士、丹麦，随后到达英国，出口给美国的批发商，然而，成批的阿瓦斯汀被发现不含任何有效成分。[⑤]美国食品药品监督管理局曾多次警告消费者，墨西哥边境的药房或网上出售的常用处方药存在假药风险。联邦调查局将查处假冒药品和其他形式的知识产权侵权行为视为首要任务，因为这些行为威胁到消费者的安全和企业的生存，使其成为受害者。[⑥]

一些公共和私人组织开展了许多活动来反对全球假药，其中包括药物安全协会（负责追踪药品伪造）、欧洲安全医学联盟（负责从供应链环节排除假药和不合格药品）和世界卫生组织资助的国际医疗产品防伪工作组。不断的努力唤醒了人们的意识，使人们了解这个问题的本质和范围；推动了立法和执法，以找到罪犯并加以惩处；确定了创新举措，确保药品供应链从原材料到消费者都是安全的。然而，保护消费者的健康以及制药商和其他公司的知识产权，仍然是全世界需要面对的持续挑战。

注释：

① Havoscope, Global Black Market Information, 2013, http://www.havocscope.com/tag/counterfeit-drugs/ (February 26, 2014); and United Nations Office on Drugs and Crime, *World Drug Report*, 2013, http://www.unodc.org/unodc/secured/wdr/wdr2013/World_Drug_Report_2013.pdf (February 26, 2014).

② U.S. Food and Drug Administration, "Counterfeit Drugs Questions and Answers," 2011, http://www.fda.gov/Drugs/DrugSafety/ucm169898.htm (March 11, 2014); and Sarah Everts, "Fake Pharmaceuticals," *Chemical & Engineering News* 88, no.1 (January 4, 2010), pp.27-29, http://pubs.acs.org/cen/science/88/8801sci1.html (March 11, 2014).

③ Natalie Southwick, "Counterfeit Drugs Kill 1 Mn People Annually: Interpol," In Sight Crime, http://www.fda.gov/Drugs/DrugSafety/ucm169898.htm (October 13, 2014).

④ "Bad Medicine," *The Economist*, October 13, 2012, http://www.economist.com/node/21564546 (March 11, 2014).

⑤ Christopher Weaver, "How Fake Cancer Drugs Entered U.S.," *The Wall Street Journal*, July 20, 2012, http://online.wsj.com/news/articles/SB10001424052702303879604577410430607090226?mg=reno64-wsj#project%3DDRUGS0720%26articleTabs%3Dinteractive (March 11, 2014).

⑥ http://www.fbi.gov/about-us/investigate/white_collar/ipr/ipr (March 11, 2014).

在本模块中，我们将考察国际法和国际争端的解决方法，包括有关知识产权和其他重要公司资产的争端。之后，我们了解一些对国际商务造成巨大影响的国家层面的法律条文。我们从较为基础的层次开始，回顾世界上不同类型的法律制度，以及国际企业面临的常见的法律问题。

6.1 法律制度的类型

一个国家的法律制度是管理原则的集合，包括书面或口头章程，以及由为公民提供服务的管理部门制定的法律法规等。法律制度的发展遵循三大不同的路径：民法法系、普通法法系和宗教法法系。这三种路径反映了法律制度发展的历史语境。

6.1.1 民法

民法（civil law）基于法典化（codification），是指将涵盖各领域问题的法律进行系统性收集。民法起源于古罗马时期的法律，受到伊斯兰法、教会法等成文宗教法律的影响。如今，它已成为全球传播范围最广的法律制度。《拿破仑法典》起草于1804年法国大革命后期，它吸收了法国大革命的价值，尤其将自由和平等写入法典之中，影响了西班牙、意大利、比利时、荷兰、卢森堡、拉丁美洲国家和前法国殖民地如美国路易斯安那州等。德国的民法传统基于普通法和个人案例，影响了希腊、葡萄牙、土耳其和日本的法律以及中国部分法律的发展。民法的制度相对于普通法更不具有对抗性，因为法官的作用是运用成文法律，而不是解读法律、之前的裁决和传统。民法环境下的法庭不像论坛允许双方向法官或陪审团证明谁对谁错。民法案件中，法官应该是公正无私的。在审判过程中，法官经常主动提问原告律师、被告律师和证人，质疑他们提供的证据以寻求真相。法官也会做出裁定。在民法制度下很少出现陪审团审判这种情况。

6.1.2 普通法

普通法（common law）基于法官在先前案例中做出的裁决以及立法机构制定的法令法规。由于之前的判决（称为先例）是判决过程的一部分，而法律又总是在不断运行，司法判决和法令之间的关系有时很复杂。在有些地区，法官根据法令的含义和合宪性做出判决。英国遵循普通法制度，其前殖民地也是如此。普通法制度的原则包括：

1. 个人的权利与国家的权利并存；
2. 审判是对抗性的；
3. 被告在被证明有罪前假定无罪；
4. 判例法随着判决和先例而发展；
5. 判例法与成文法共存，成文法在大多数情况下指宪法；

6. 犯罪行为受到惩处，民事违法行为需要赔偿。

尽管普通法制度比民法制度更具对抗性，但是它们也十分灵活。法官可通过解读法律、传统和习俗就某个特殊案例做出判决，法官的裁定随后作为一种先例为将来的案例提供更多的法律依据。[1]

6.1.3　宗教法

在宗教法中，宗教文件或来源构成了法律制度的基础。伊朗、沙特阿拉伯、利比亚和摩洛哥等国遵循宗教法。在伊斯兰国家，《古兰经》和《圣训》是伊斯兰教义的基本文件。受宗教团体的宗教文件、论证和观点的指导，法理学家（法律专家）可能会发展一些规则。伊斯兰教义对国际管理者的影响之一就是禁止收取利息。股本融资可作为融资工具使用，贷方承担一部分经营风险。

犹太教律法《哈卡拉》（Halakha）立足于《托拉》（Torah）和犹太传统，不仅影响了以色列法律，还为自愿接受教义的信奉者解决争端。

人们可以综合使用各种法律制度。以色列、泰国、巴基斯坦等国就是如此。美国中央情报局（CIA）的 World Factbook 中有法律制度列表，对不同国家的法律制度做了阐述，也展示了各国是否接受联合国国际法院（United Nations International Court of Justice）的司法权（https://www.cia.gov/library/publications/the-world-factbook/fields/2100.html）。

6.2　国际法律因素

国际企业不论在何处经营都会遇到与知识产权和其他法律因素有关的问题，也许问题不像本模块开篇短文所提到的致命的假药那样严重。国际商务的参与者应该首先从各国遵循的法律制度的类型入手，了解在不同的司法管辖下，世界各地的法律和法律问题的广度和深度。研究这些法律因素的人们很快会意识到，由于法律制度不同，人们要理解这些法律十分困难。

然而，为了遵守法律，企业必须了解这些法律，也期望这些法律能够在必要的时候帮助它们。管理人员需要知道东道国政府能否依据某一适当的法律制度保护外国企业，确保合同的执行和员工的基本权利。在审查国际法律因素时，我们必须时刻谨记，稳定的政府和适当的法院系统对于确保外国企业处于友好的环境中十分必要。

6.2.1　法治

国际商务人士需要确定一个国家是法治国家，而不是为政治独裁或有权精英所掌控。当一国的法律制度以法治为基础时，就会对外国投资起到鼓励的作用，因为投资者知道他们的利益将受到保护。遵循法治的国家往往会保护当地公众的人权，这也是国际企业日益担心的问题。

6.2.2 什么是国际法?

每个主权国家都有责任在其管辖区内制定和实施法律。一旦法律跨越国界，需要两个国家达成共识，其执行就更为复杂。同理，国内适用的法律未必适用于国际。

国际法（international law）指各国同意遵守的整套规则。这种规则有助于各国建立稳定的关系。我们可以将国际法分为国际公法和国际私法。**国际公法**（public international law）规范了政府间的法律关系，包括主权国家间的外交关系，以及所有涵盖主权国家权利和义务的事宜。**国际私法**（private international law）则规定个人和企业之间跨越国界的交易。两个国家的企业之间的合同受国际私法保护，两国间就贸易补贴引起的争端由国际公法处理。

6.2.3 国际法的来源

国际法的来源广泛，其中最重要的是国家间的双边和多边**协定**（treaty）。协定指国家之间的共识，有时也称公约、契约、协议或议定书。这些共识通常是许多国际组织比如联合国和世界贸易组织努力的结果。联合国资助了许多会议，会议就不同议题达成了多国协定，如有关邮政以及驾照在他国的使用等的协定。联合国国际法院在裁定成员国之间的争议时，制定了国际法。

国际法的另一个来源是习惯国际法，它包括几个世纪以来由惯例和使用衍生而来的国际规则。习惯国际法的一个例子是禁止大屠杀（还有一项反对种族灭绝的国际法规），另一个例子是来访的外国国家首脑有检控豁免权。

6.3 全球商务中普遍存在的法律问题

法律的三个方面对国际企业有特别的意义，因为它们会影响企业在国际环境而不是国内环境中的活动。这三个方面分别是治外法权、国际环境下的合同履行和国际环境下的诉讼。

6.3.1 治外法权

哪项法律是企业有责任或义务遵守的呢？起初我们可能认为，一个国家的司法管辖权仅在其地理区域内适用。然而包括美国和欧盟成员在内的许多国家试图将其法律实施至国外，通过传统的法律方式而不是以武力来达到这一目的。这个过程就称为**法**

律的域外适用（extraterritorial application of laws）。例如，美国政府对美国公民和常住居民征税，不考虑纳税人的收入来源和住房问题。若一位美国公民目前居住在马德里，她的所有收入都来源于西班牙，美国仍然希望她遵守美国的税法。同样，若美国企业在其他国家经营并雇用美国籍员工，就必须遵守包括雇佣法在内的美国各项法律。另外，它们也必须遵守东道国的各项法律。

法律的域外适用已经延伸至税法和雇佣法之外的其他领域，比如反托拉斯法和环境法。另外，《外国人侵权行为法》（Alien Tort Statute）允许非美国公民向美国法院提起诉讼，指控违反国际法的行为，甚至是在被告与美国没有任何关系或被告是一家公司的情况下。

美国法院的治外法权裁决涉及会计和审计。美国法官暂时终止了中国会计师事务所的分支机构审计美国上市公司。美国证券交易委员会要求它们提交在美国市场进行贸易的中国企业的审计信息，遭到拒绝，因为根据中国法律，这些信息属于国家机密。[2]

6.3.2 国际环境下的合同履行

不论企业何时与其他企业达成协议，都有可能存在另一方无法履行义务的问题。诸如联合国国际法院等世界性法院的判决能否得到执行，取决于各方是否自愿遵守。每个国家都有独立的主权，以及确认他国判决的规则。

若合同双方均是某国的居民，那么这个国家的法律管辖合同的履行和合同双方之间的任何争端。这个国家的法院对双方有管辖权，法院的裁决根据该国的程序执行。若两个或两个以上国家的居民签订了合同，那么不会有相对简单的处理争端的解决方案。跨越国界的合同执行通常十分复杂。

联合国解决方案 包括美国在内的许多国家已经认可《联合国国际货物销售合同公约》（UN Convention on the International Sale of Goods，CISG）在处理合同履行等相关问题上的司法权。该公约是一套统一的法律规定，负责管理国际销售合同的创建和买卖双方的权利及义务。该公约自动适用于认可国的贸易者之间签订的所有货品销售合同，除非合同双方明确表示合同不适用该公约，否则自动生效。

仲裁 许多外国人不喜欢美国的法院制度，同样，许多美国商人不喜欢甚至害怕在其他国家面对诉讼。仲裁是指当某国的法院裁决很难对非居民实施时，通过协议来进行约束。基于此，国际商务人士通常同意在合同中约定，任何争端将通过仲裁而不是诉讼解决。**仲裁**（arbitration）通常比诉讼更快、更便宜、更具私人性，而且通常对合同各方都具有约束力。目前至少有30个组织进行国际仲裁，其中最著名的是巴黎的国际商会仲裁院（International Court of Arbitration of the International Chamber of Commerce）。这家仲裁院由来自90个国家的近100名成员组成，他们负责仲裁案件。除此之外，伦敦和纽约也是仲裁中心。

一些组织专门负责特定的仲裁案件。例如，世界知识产权组织（World International Property Organization）的仲裁调解中心解决技术、娱乐和知识产权争端。

2009年，该中心解决了加拿大Research in Motion公司（黑莓智能手机制造商）和美国的一个私人团体George Elias之间关于域名中使用“BLACKBERRY”一词的争端。[3]国际投资争端解决中心（International Center for the Settlement of Investment Disputes）专注于投资争端的解决。

6.3.3 诉讼

国际贸易中的争端不可避免，有时通过仲裁和其他方案也无法解决问题。在这种情况下，各方通过诉讼来解决分歧。**诉讼**（litigation）指执行特定法律权利的一种法律途径，有时很复杂且成本高昂。除了审判本身，美国大多数诉讼案审判前的活动冗长，其中有一项活动称为发现（discovery）。它是一种用来找出与诉讼案相关的实例的手段，这些实例包括对方知道的实例和拥有的文件。一些发现方式可能看起来很具侵入性，因为美国法院给予双方很大的自主权去获取对方拥有的信息。事实上，允许采用“发现”方式是许多外国人不喜欢在美国起诉的原因之一。

跨越国界的诉讼可能出现在美国的州法院和联邦法院之上。有的国家允许美国诉讼律师获得发现，有的国家则有限制条件。例如，若想在瑞士开展调查，即使该案只涉及美国的诉讼双方，也必须获得瑞士官方的许可，否则可能导致包括刑事制裁在内的处罚。

跨越国界诉讼最主要的问题是，该诉讼适用哪个司法管辖权下的法律，以及该诉讼应该在何处审理。每个国家（以及美国的每个州）都有详尽的法律来解答这些问题。与任何争议一样，最终判决取决于法院的听证要求。有时两国（或两州）的法院会试图解决同样的争议，或者对采取哪种审判制度持不同意见。

想想对1984年发生在印度博帕尔的悲剧的处理。一家工厂在杀虫剂制造过程中泄漏了有毒气体，致使印度数千人受伤或死亡。这家工厂是联合碳合物公司（Union Carbide，一家美国公司，事故发生时其总部设在纽约，后来为陶氏化学公司（Dow Chemical）所有）的一家子公司，印度政府特许其经营，印度私人企业和银行占股49.1%。就税收和负债而言，法律认为子公司是独立的法律实体。印度政府称自己是原告的唯一代表，基于美国法律向纽约联邦法院提起集体诉讼，索要侵权赔偿。纽约法官拒绝听证，裁定该案件在印度举行听证会。法官认为，在美国提起诉讼是为了利用美国侵权法的规定获得高额赔偿金。由于受害者、证人和经理都在印度，印度已经出台了侵权法，联合碳合物印度有限责任公司是一家印度公司，因此该案件应该在印度审理。[4]

在诸如商业合同争议等日常商业问题中，合同中的“法律选择”条款应具体指明对应的监管法律。例如，有一个美国卖家和一个澳大利亚买家，双方可能同意依据澳大利亚法律处理任何争议。如果合同中没有说明其他条款，就违反了《联合国国际货物销售合同公约》，处理过程将十分漫长和复杂。因此，在合同中写明“法律选择”条款和“法庭选择”条款是较为谨慎的做法。合同中的“法庭选择”条款详细说明了解决争议的地点。例如，在前述案例中合同双方可能同意在加利福尼亚解决争议，如果需要，可以将地点确定为加利福尼亚州洛杉矶市的法院。

随着国际商务活动持续增加，争议也很可能增多。因此，国际商务人士必须了解他们所处的法律环境。各国的法律制度有很大的差别，理解差异十分重要。我们在美国或其他法律制度的基础上建立的假设可能并不适用于其他国家。

6.4 知识产权

知识产权（intellectual property，IP）指某项有创造性的工作或发明的专利、商标、商品名、版权和商业秘密受保护。下面介绍专利、商标、商品名、版权和商业秘密的保护举措。

协定、协议和公约帮助各国对知识产权的某些方面实现标准化。世界贸易组织的《与贸易有关的知识产权协议》（Trade-Related a Aspects of Intellectual Property Rights，TRIPS）委员会与世界知识产权组织（World Intellectual Property Organization，WIPO）合作开发了一项知识产权制度，为各国服务。世界知识产权组织是联合国下属的专门机构，拥有 186 个成员。[5]该组织针对每种类型的知识产权（品牌与设计、全球问题、发展、创新和技术、文化和创新型产业）、行政功能和法律功能设立了不同的部门。它还调解知识产权纠纷。另外，这两个组织还吸收了 1883 年的《国际工业财产保护公约》（International Convention for the Protection of Industrial Property）的相关内容。

《反假冒贸易协定》（Anti-Counterfeiting Trade Agreement，ACTA）是一项拟议协定，目的是为网络上的国际知识产权实施建立标准，该协定独立于联合国和世界贸易组织等其他多边机构。2006 年，美国和日本率先在该协定上签字，随后澳大利亚、新西兰、摩洛哥、新加坡、韩国和墨西哥相继加入，欧盟理事会主席国也在协定上签了字。但是，协定若想实施，必须获得各成员国的同意。

《反假冒贸易协定》的发展不透明，据称制药业、唱片业和电影业对其发展做出了贡献。维基解密泄露了该协定早期的一份草案，提到包括无国界医生（Doctors Without Borders）和电子前哨基金会（Electronic Frontier Foundation）在内的非政府组织，许多公民表示担心药品安全、个人自由和隐私等权利。支持网络自由的抗议者令美国和欧洲许多国家的政府官员震惊，个别欧盟成员国与墨西哥一样撤回了在《反假冒贸易协定》上的签字。[6]这项协定目前仍在推进中。表 6－1 总结了主要的知识产权保护举措。

表 6－1　知识产权保护的国际框架

构成	起源
世界知识产权组织	联合国
《与贸易有关的知识产权协议》	世界贸易组织
《反假冒贸易协定》	独立

6.4.1 专利

对于**专利**（patent），每个国家都有自己的理解，政府保证给予产品或程序的发明者制造、开发、使用或出售该发明的专有权。各国政府对知识产权的保护也大有不同。以欧盟为例，一项专利是发明者与公众之间对权利的一种理解。[7]而在美国，专利被更狭隘地视为一种产权，“排除他人制作、使用、标价或销售”[8]的权利；专利被分为三种类型，分别是实用专利、设计专利和植物专利。实用专利是指对于一项创新且有用的发明或程序，专利持有者享有 20 年的保护期以防止他人使用。设计专利则是指对于有美学价值却无用的创作，专利持有者有 14 年的保护期。植物专利是指成长型事物的发明，如突变体（利用基因技术改进的食品）和杂交品种，专利持有者有 20 年的保护期。[9]美国和欧盟的专利法的其他不同包括，欧盟的专利权属于第一位登记该发明的人，而在美国专利权属于第一位发明者。此外，欧盟对于新颖性的定义比美国狭隘得多。在欧盟，发明必须绝对新奇并且公众不能以任何形式得知该发明。[10]

专利的复杂性给知识产权所有者带来了巨大的挑战。欧洲专利组织（European Patent Organization）在专利的协调上取得了重要的进展，极大地降低了专利的复杂程度。通过该组织，专利申请者仅需要以英语、法语或德语提交一份申请表，即可在欧盟所有成员国获得专利保护。在此之前，申请者必须在欧盟各国以该国语言提交申请表。许多企业作为合资企业的一方拥有专利，这进一步增加了专利资料的复杂程度。比如，美国电脑芯片的一项专利转给了韩国的乐金电子（LG Electronics），之后英特尔公司被特许出售该芯片。中国台湾制造商广达电脑公司使用了从英特尔合法购买的芯片，乐金电子根据专利权起诉该制造商要求其支付使用费。然而，美国高级法院判定专利权在被获得许可的其他公司出售时失效。[11]

美国商会的全球知识产权中心开发了知识产权指标，用来测量不同国家/地区营造良好的知识产权环境的动力，以及知识产权免遭盗窃的情况。图 6-1 展示了 2013 年发布的指标。

在联合国，一些小国一直对专利保护的专有权和期限表示不满。它们想将保护期从目前的 15～20 年缩短至 5 年甚至 30 个月。但是跨国公司拒绝做出改变，指出它们斥巨资开发新技术的唯一动机就是专利保护的时间很长，足够收回成本并且创造利润。处方药产业就是一个恰当的例子，它很大程度上依赖专利和其他知识产权保护，保护失败的结果如开篇短文所述。跨国制药公司表明它们需要数年的专利保护来收回在新型药物研发上的巨额投资。辉瑞制药的畅销药立普妥是一种降脂药。2011 年 6 月该药的专利到期后，辉瑞制药与印度的仿制药制造商兰伯西实验有限公司（Ranbaxy Laboratories Ltd）达成协议，在 2012 年 5 月之前，兰伯西公司的仿制药不得出现在美国市场。考虑到辉瑞制药的立普妥平均月收入超过 10 亿美元，这一延期称为“有偿延迟交易”，这对于辉瑞制药来讲十分重要。[12]

专利环境复杂的另一原因是专利流氓（patent troll）广泛存在。他们由律师和投

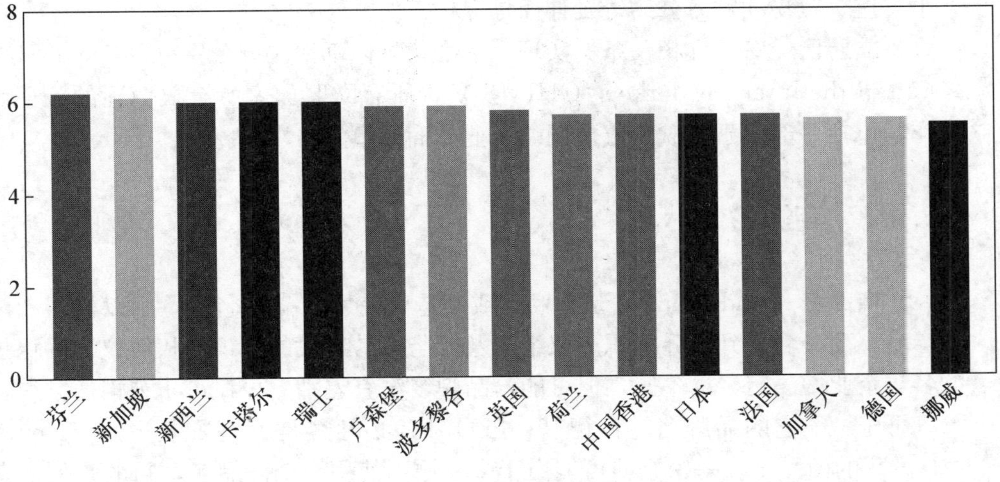

图6-1 知识产权保护排名

资料来源：The Global Competitiveness Report 2013—2014，World Economic Forum.

资者组成，大多向倒闭的公司购买错误授予的专利，试图从中牟利。例如，一名专利流氓称英特尔公司的微处理器侵犯了他以约50 000万美元购买的一项专利权，并威胁要起诉英特尔，索赔70亿美元。这个世界里不仅有专利流氓，还有侵犯专利者窃取知识产权并滥用受保护的产权。专利丛林也是一个新的挑战，一家企业必须与不同的多层次产权所有者协商以获得新知识产权的使用权。

6.4.2 商标

商标（trademark）指的是一种形状、色彩设计，一句短语、一个缩略词，一种能代表一家企业或其产品的声音，企业拥有商标的唯一使用权。例如，苹果公司的苹果标志、星巴克的美人鱼、凯蒂猫的小猫和一颗心形图案，以及联邦快递的箭头标志都是受保护的商标。博柏利（Burberry）的格子图案商标在中国被宣布撤销，博柏利提出上诉。[13]

尽管罗马帝国时期制造刀剑的铁匠可能是第一批使用商标的人，但啤酒制造商卢云堡（Lowenbrau）和时代啤酒（Stella Artois）称，它们从14世纪开始就一直在使用商标。[14]与专利保护相似，商标保护也因国家不同而不同，保护期也不同，但大多为10～20年。

世界上大部分地区的商标保护都受制于1891年签订的《马德里协定》（Madrid Agreement）。该协定以中央文件生成系统为操作体系，实行一表一费的原则，但是它并没有对实际的商标保护进行标准化或统一管理。世界知识产权组织除负责监管协定之外，还发布了一套国际注册体系，并将其应用到企业寻求商标保护的地区。西半球的《美洲商标和商业保护公约》（General Inter-American Convention for Trademark and Commercial Protection）是美洲国家组织（Organization of American States）的一项协议，它也起到保护商标的作用。另外，国家间的双边协定也可能基于友谊、贸易和航海公约等延伸商标保护。

欧盟已经对商标相关条例实现了标准化。内部协调办公室（Office of Harmonization in the Internal Market，OHIM）负责所有欧盟国家所有权商标的认证和保护工作，包括总部位于非欧盟成员国的企业的商标事宜。

6.4.3 商品名

商品名（trade name）是指商人或制造商使用的一种名称，用以标明和区分不同产品。商品名受到世界知识产权组织及《与贸易有关的知识产权协议》的保护。商品名与企业的法定名称不同，但可能与品牌名没有差别。可口可乐公司通常称自己为可口可乐——它的品牌名。肯德基、塔可钟、必胜客是百盛餐饮集团（Yum! Brands Inc.）的商品名。一家企业可能由于多种原因使用一个商品名，目的是使消费者关注产品线，远离负面宣传，或者以唯一合法公司的身份在多个地理区域或产品领域开展商业活动。多芬是联合利华（Unilever PLC/Unilever NV）的一个商品名。（在英国，PLC 表示公共有限公司，类似于美国的公司；而 NV 表示公众有限公司（Naamloze Vennootschap），与企业形式相同，为荷兰语。）宝洁（Procter & Gamble Co.）使用 P&G 这一商品名。在英国和澳大利亚，其洗碗液使用 Fairy Liquid 这一商品名和品牌名，而同样或相似的产品在美国使用的是 Dawn。企业可能拥有许多商品名。商品带有非法商品名或错误地说明了其来源，企业将被剥夺出口产品至世界知识产权组织的成员以及签署了《与贸易有关的知识产权协议》的国家的权利。

6.4.4 版权

版权（copyright）是作者、作曲家、软件开发者、剧作家、艺术家和出版商的专有合法权利，他们有权决定作品的出版和转让。该权利受 1886 年《伯尔尼公约》（Berne Convention）的保护，目前有 164 个国家遵守该公约。除此之外，世界贸易组织的所有成员同意遵守世界知识产权组织的《版权条约》（Copyright Treaty）和《与贸易有关的知识产权协议》。版权保护有形产权，因此理念本身并不受版权保护；理念必须以书面形式、电影形式、绘画形式或其他某种表达方式表现出来。互联网及其新型产权和分配（软件、下载、文件分享）形式，给版权法提供了新的应用途径。美国和欧洲的审判系统就电脑软件的知识产权保护使用过版权法。下载或复制大多数有版权的电脑文件，如书籍和音乐，侵害了所有者的版权。2000 年金属乐队（Metallica）起诉音乐分享网站纳普斯特（Napster），最终该网站被美国第九巡回上诉法院判决关闭。

6.4.5 商业秘密

商业秘密（trade secret）指的是一般不为公众所知，企业也希望能秘密保有的信息。商业秘密可能包括配方、设计程序、模型、设计或其他信息，或是能让一家企业比竞争对手更具经济优势的信息。一些国家允许保护生产过程而不是产品。企业不允许公众了解其商业秘密，以维持商业秘密的价值，这就要求企业采取举措确保秘密不被泄露。商业秘密可能价值巨大，但是每个国家有自己处理和保护商业秘密的方式。因此，国际企业要使用商业秘密在当地制造、创作或出售产品，就必须学习和遵守各个国家的法律。

商业秘密是国际企业进行知识产权保护最常见的形式，比专利、商标或版权更为常见。[15]对于管理人员来说，商业秘密有许多吸引他们的优点：商业秘密不需要任何注册程序，也不需要与政府分享设计程序或新发明。保护一个商业秘密往往比申请一项专利花费更少。不需要聘请律师，也不需要在外国政府机构完成各种行政程序，你唯一要做的就是在保护机密信息方面付出努力。与员工和合资伙伴签订保密协议，或制定在工厂和办公室使用机密信息的防控措施都是典型的保护手段。与专利相比，商业秘密也有一些缺点。一旦这个秘密被公开，任何人都可以使用。其他人可能通过观察和分析产品发现秘密所在，也可能合法地发现某个商业秘密并注册专利。[16]

国际商务实践

虚拟欺诈？第二人生和冒险岛的知识产权问题

一度被认为是极客们的避风港的第二人生（Second Life）在 2013 年 6 月举行了十周年庆典，称在全世界拥有超过 3 600 万用户。①冒险岛（Maple Story）原本是韩国的动画游戏平台，它维持一家购物中心，玩家可以在那里买到数码宠物、天神或其他物品。这些虚拟世界都创造了一个自给自足的空间，它们与现实世界几乎一样，在这里也有知识产权和纳税义务。

随着第二人生中的虚拟世界与现实世界越来越相似，居民对真实度的要求也随之提升。有的品牌所有者发现，它们的产品在未经授权的情况下出现在了网络世界中。本杰明·杜兰思科（Benjamin Duranske）是一名专门从事虚拟世界法律事务的律师，他发现，在第二人生中，有 15 家商店宣传法拉利汽车；有 40 家商店出售虚拟劳力士和香奈儿手表；还有 50 家商店拥有古驰（Gucci）、普拉达（Prada）、雷朋（Rayban）和奥克利（Oakley）等品牌的太阳镜。

虚拟世界里待售虚拟商品的创造者也担心侵犯了这些品牌的知识产权。第二人生的所有者林登实验室（Linden Lab）就被一名企业家起诉，称第二人生中卖给居民的 SexGen 床和其他商品的开发者是他。这名企业家称，林登实验室允许第二人生居民仿造他的作品，并以林登币（称为 L$）出售。他在诉讼中指出，这种行为无异于在纽约的运河街出售仿冒皮包。另一名在第二人生中出售虚拟服装的企业家也参与了这场诉讼，他指出，林登实验室允许其他商人仿制并出售他设计的服装，侵犯了他的知识产权。这两位原告在美国加利福尼亚的联邦地方法院提起了集体诉讼。他们称："林登实验室创建了第二人生，它不仅直接参与了侵权活动，还允许游戏用户参与其中，为用户提供各种能力，然后从它自己和用户的侵权行为中获利。”

那么，谁在乎呢？首先，第二人生和冒险岛的居民在乎。人们在那里购买这些虚拟的名牌仿制品，尽管使用的是虚拟货币，但是持有者可以将虚拟货币转换为真实货币或比特币。（可通过《布雷顿森林协定》查询 L＄。[②]）第二人生每年的交易额超过 5 亿美元。[③]当法庭为第二人生的居民是否加入集体诉讼犹豫不决时，诉讼各方同意调解并达成一致意见，该案就这样悄无声息地结束了。像第二人生和冒险岛这样因虚拟世界诉讼而引发的问题仍然未能解决。

2012 年 11 月的埃文斯 vs. 林登实验室一案中，加州北区的一名法官“证明‘被告林登实验室故意或有目的地通过暂停或关闭第二人生玩家的账户来转移一群人的资产，如虚拟事物、虚拟土地、林登币和/或美元’”。[④]57 000 名所有者失去了产权，后来案件以玩家分享 172 000 美元或 4 300 万林登币而告终。林登实验室争辩说虚拟产权不过是电脑软件中的代码，法官唐娜·柳（Donna Ryu）并不同意这种说法。

另一个更大的风险就是在现实世界中，生产带商标产品的公司可能在将来因营销目的而失去开发虚拟网站的能力。另外，这些公司在尝试更新商标时可能遭到竞争对手的反对，因为竞争对手称他们没有监管第三方的使用而放弃了自己的权利。最后一个简单的问题就是失控。英国电信公司（BT）不幸发现，PlayStation 2 游戏中的中心人物“The Getaway”在大肆杀戮前假装是英国电信公司的一名工程师。

第二人生和冒险岛仅仅是虚拟世界的冰山一角，还有许多虚拟世界存在，比如中国版海皮士（HiPiHi），德国版 Twinity 和 Smeet，新西兰版 SmallWorlds，美国版 IMVU 和 Kaneva，以及加拿大版 Utherverse。美国军队在第二人生上征兵，戴尔、IBM、联合利华、英国石油公司（BP）和万宝盛华（Manpower）等企业也非常活跃。考虑到居民的知识产权可能受到侵犯，虚拟世界的居民成立了第二人生专利和商标办公室。林登实验室也成立了“品牌中心”办公室来保护第二人生的名称和标志。冒险岛针对诸如 YouTube 的私人服务器和私人地点使用游戏中的素材实施了产权政策。

问题

1. 虚拟世界游戏背景下与现实世界中，知识产权与其实施的关系如何？

2. 随着网络空间虚拟世界的增加，一家公司该如何有效地监管不同的网站来保护自身的知识产权呢？

注释：

① Jef Reahard, “Second Life Readies for 10th Anniversary, Celebrates a Million Active Users a Month,” Massively by Joystiq, June 20, 2013 (April 2, 2014).

② http://forums-archive. secondlife. com/130/ed/85554/1. html (April 2, 2014).

③ “The Brand Reality of the Virtual World,” *Managing Intellectual Property*, December 1, 2007, http://www. managingip. com/Article/1788109/Thebrand-reality-of-the-virtual-world. html (April 2, 2014); “Second Life,” http://en. wikipedia. org/wiki/Second_Life (April 2, 2014); http://virtuallyblind. com/2008/03/26/sl-brand-center/ (April 2, 2014); and Peter Vogel, “Laying Down the Virtual Law in Second Life,” *E-Commerce Times*, July 6, 2013, http://www. ecommercetimes. com/story/78423. html (April 2, 2014).

④ See *Evans et al. V. Linden Research, Inc. et al.* http://dockets. justia. com/docket/california/candce/4:2011cv01078/238148/.

6.5 世界各地的法律标准化

各国都为法律的标准化做了很多尝试。标准化的优点之一是，当规则统一之后，商业运转将更为顺畅。然而在大部分地区，世界法律体系的协调进展缓慢。目前，商务人士必须正视一个现实：法律标准有时差异很大。

有些地区在协调不同法律上已经取得进展。人们基本上接受了国际商会提出的**《国际贸易术语解释通则》**（Incoterms）和《跟单信用证统一惯例》（Uniform Rules and Practice on Documentary Credits）。这些预先定义的商业术语创建了商业活动中用以描述义务和责任的通用语言。例如，表 6－2 列出了水路运输的一些术语。除了国际商会，联合国国际贸易法律委员会（UN Commission on International Trade Law，UNCITRAL）与世界贸易组织专门进行商务法律改革。国际统一私法协会（International Institute for the Unification of Private Law，UNIDROIT）是一家独立的政府间组织，研究如何实现私法，尤其是国家间商法的现代化、和谐化和协调化。

表 6－2　《国际贸易术语解释通则》范例

FAS 即船边交货。卖家将货物运到装运港码头船边，负责此前所有的交通和运输费用，同时负责办理货品出口清关。
CIF 即成本、保险费加运费。价格包括货物运到指定港口或目的地时所有的货物成本、保险费、运费和杂费。
CFR 即成本加运费。与 CIF 类似，但是买家负责买保险。一则因为可能买家购买的保险更加便宜，二则可能买方政府为节约外汇坚持使用当地保险公司。

资料来源：Incoterms are developed by the International Chamber of Commerce（ICC）. These definitions are located at www. export. gov.

在税法领域，各国关于税收和支付方式的协议或条约往往十分相似，其模式和条例都很常见。在反托拉斯地区，欧盟成员国和美国在有关竞争的法律上有相似之处。欧盟根据《罗马条约》（Treaty of Rome）的第 81 则和第 82 则条款处理竞争事项。美国的法律更多地关注消费者权益的保护，欧盟的政策则更注重欧盟成员之间的统一。在美国，法律的执行基于诉讼；在欧盟，法律的执行基于法规，相对来讲更官僚。[17]中国的反垄断法和巴西的反垄断条例在保护本国竞争方面发挥越来越积极的作用。有人建议建立世界性的反垄断协定，但是目前双边合作已然存在，即国家与国家间建立了合作关系。例如，欧盟和美国达成了一致协议，美国也和加拿大、德国、印度、日本、以色列、巴西、墨西哥、智利、澳大利亚和俄罗斯达成了协议。

在世界贸易组织的努力下，贸易限制逐渐减少，贸易环境更加自由，人们逐渐认为竞争可能会成为一种贸易壁垒。拥有反竞争法律的国家都认为自己的法律强于其他国家，因此跨国协调法律的可能性很小。法学家认为，世界贸易组织所做的努力是长期的，当前非正式协议和双边协议可能更为有效。[18]

国际商务仲裁中有一项相当可靠的法律协议，其中包括仲裁裁决的执行。如果一份有争议的合同控制着一国至另一国的投资，合同双方可以向世界银行的国际投资争端解决中心（International Center for Settlement of Investment Disputes）申请仲裁。另外，其他联合国有关组织和一些世界性协会也对成员国的法律协调化和标准化有一定影响。

《联合国国际货物销售合同公约》对签约各方提供统一的国际销售协议，目前有80个国家签署了该公约。联合国国际贸易法律委员会提出会计和破产标准，并结合《跨境破产示范法》(Model Law on Cross-Border Insolvencies）在会计和破产标准的标准化上取得了一定进展。《跨境破产示范法》同时也是《美国破产法》(U. S. Bankruptcy Code）第15章的基础。

除法律之外，其他领域的标准化也取得了一些进展，这些成就有望为收益的协调做出示范。国际标准化组织（International Organization for Standardization，ISO)、国际电信联盟（International Telecommunication Union，ITU)、国际电工委员会(International Electrotechnical Commission，IEC）都是成功提升协调水平的平台。国际电工委员会提倡几乎所有电工技术范围内测量法、材料和设备的标准化。国际标准化组织推荐其他技术领域的标准。国际电信联盟提出全球电信标准。世界上大多数政府和私人购买协议都要求产品符合这三个组织的具体规范。

6.6 一些具体的国家法律因素

在本模块中，我们将具体讲述竞争法或反垄断法、起到贸易壁垒作用的法律、侵权责任法和一些杂项法律，你会了解法学界跨国工作的复杂之处。企业经理认为他们对某个外国市场已经了解清楚，不需要当地法律人员的协助，结果花大价钱买教训，这样的例子不胜枚举。例如，迪士尼就因对当地法律缺乏了解而违反当地的雇佣法，影响了巴黎迪士尼乐园建筑合同的执行。[19]当地的法律顾问可能费用很高，但是不请顾问的代价更大。下面，我们以欧盟和美国为例比较合法对待竞争的方式。

6.6.1 竞争法

竞争法旨在阻止不恰当的经济实力的大型聚集，如垄断等。通常政府会采取行动，对企业执行**竞争法**（competition law）或**反垄断法**（antitrust law)，但是仍会出现某家公司起诉另一家公司的情况。前文中也提到，欧盟和美国应对竞争的方式源于历史考量，但是执行起来差别不大。为了防止限价、市场分配和商业垄断，人们严格执行竞争法。在美国由司法部负责执行反垄断法，在欧盟由欧盟委员会负责实施竞争法。除此之外，欧盟委员会还有权迫使成员国政府解散国有垄断组织，以防阻碍开放的社区化市场的发展进程。目前有超过120个国家拥有反垄断法。

美国和欧盟的反垄断法、管理条例和操作也有许多重要的不同之处。其中之一就是美国法律中的“本身”(per se)这一概念，在这一概念的基础上，限价等行为被视为不合法的。也就是说，即使没有造成任何伤害或损失，这种行为本身也是违法的。欧盟的《罗马条约》中，处理限制性贸易行为的规定并不包含美国反垄断法中本身非法的概念。这是由于在欧盟某个垄断联盟（卡塔尔）允许消费者之间的利益公平共享，美国则不同。而且，欧盟允许市场优势地位存在，除非有人滥用这一优势损害了竞争者或消费者的利益。本身这一概念显示出美国注重消费者在商业交易中潜在的影响，欧盟则更关注行业的竞争结构以及企业之间如何竞争。因此，美国看起来以顾客为先，而欧盟更关注竞争对手的目的。这两种方式最终都会给消费者带来好处。

在日本，反垄断法是在第二次世界大战后美国占领期间引入的。其反垄断法是以美国反垄断法为模板制定的，但是未与日本政府创建的合作财团（家族式金融和商业集团）相协调。事实上，日本经济发展中将反垄断措施视为一种阻碍。随着外国企业的增多，日本企业也将反垄断思维融入其策略。

日本文化十分重视合作，这有时会成为一种挑战，尤其是在遇到垄断联盟或企业时，比如三菱集团（Mitsubishi）通过股权和中心银行的方式维持连锁的商业关系。[20]日本的公平交易委员会负责执行反垄断法，它被视为日本政府最软弱无能的部门之一，极易受到金融部和国际贸易与工业部等权势部门的影响，这些权势部门更加关注如何保证日本传统的合作型商业形式占据优势地位。公平交易委员会的大多数目标小而弱；调查国内汽车、汽车零件或建筑等强大的行业时，它们往往以“劝告”作为惩罚手段。目标企业通常会接受这些劝告，否则，公平交易委员会会举行听证会，再下达指令。然而，与美国和欧盟法院不同，日本法院系统与公平交易委员会是分开运作的，因此法庭无权因目标企业不遵守公平交易委员会的禁令而判其藐视法庭。[21]

美国和日本反垄断法的一个主要不同点在于谁是发起者。在美国，90%的抱怨来自私人团体，而在日本，只有公平交易委员会先对案件调查后，才有可能出现私人的反垄断活动。由于日本的法律规定[22]，原告与被告证据共享，公平交易委员会获取公司信息的唯一方式就是进行搜捕，因此，除非委员会确定企业有违法行为，不然不会采取这种行动。没有任何信息就确定违法行为是几乎不可能的，但是一旦决定实施搜捕，公平交易委员会全权负责，不需要获得批准。

美国政府经常试图在其管辖范围以外执行美国的反垄断法。例如，华盛顿的大陪审团控告三家外国海运集团，未经美国联邦海事委员会（Federal Maritime Commission）同意进行限价。欧盟和日本政府强烈抗议，它们争辩：(1) 根据定义，该行为属于国际运输，美国无权实施单边行为；(2) 所控罪行在美国之外属于合法且道德的行为。美国高级法院不止一次允许美国反垄断法的境外使用，尽管近来法院的裁决似乎减小了外国原告使用美国法院寻求庇护的可能性。[23]美国反垄断法也规定了民事处罚和刑事处罚，联邦上诉法院规定即使共谋行为是在美国境外发生的，刑事处罚同样适用于外国企业。

欧盟内部的商业活动受到影响时，欧盟委员会也会在海外实施其竞争政策。例如，美国在线和时代华纳之间的合并谈判开始前，必须获得欧盟委员会的批准。它们还必须首先同意与德国传媒集团贝塔斯曼（Bertelsmann）断绝一切联系。欧盟认为微软具有反竞争性，在2008年对其处以89 900万欧元（约13亿美元）的罚款；2013年，以微软不尊重与欧盟达成的反垄断决议为由，对其处以73 200万美元的罚款。[24]

近年来，中国的反垄断法受到关注。2013年，英国外贸公司嘉能可（Glencore）决定收购瑞士公司斯特拉塔（Xstrata），这需要获得欧盟及其成员国和美国的同意，之后，嘉能可必须等待一年获得中国的批准，谈判中可能要求嘉能可以长期合约的形式向中国消费者提供铜精矿的具体价格。尽管嘉能可也许并不会在中国进行铜矿开采或加工，但是中国是世界最大的铜消耗国。[25]

6.6.2 贸易壁垒

政治和金融方面存在贸易壁垒，法律方面同样如此。各国对此都有相应的法律。关税是为了增加政府收入，但它也可能会阻止某种商品进入该国。配额限定了进口商品的数量和来源。

国家法律中有许多其他形式的贸易保护措施或壁垒。有的是卫生要求或包装要求，有的与语言有关。例如，在法国销售商品，其标签、广告、手册、保修单等必须使用法语，网站服务器的实际地点也必须在法国。越南出口的鲶鱼席卷美国市场时，美国鲶鱼行业的律师成功地证明越南产品并非鲶鱼，而是另外一种鱼。这一举动未能阻止鲶鱼进口，他们又称这些鲶鱼正在美国市场上"倾销"。[26]在许多国家，美国和欧盟的出口产品可能遭遇专利或商标保护不力、高关税、检疫期以及其他各种法律或监管性阻碍。表6－3给出了贸易壁垒的一些例子。

表6－3　世界关税和其他贸易壁垒举例（2013年）

产品	目的地	壁垒
美国大米	日本	政府管理大米进口配额，美国大米几乎不供消费者使用（用于工业食品加工或作为食物援助再出口），同时不标注其为美国大米
牛肉、柑橘类、奶制品		关税：牛肉（38.5%），柑橘类（冬季橙子为32%），奶制品（加工的奶酪40%，天然奶酪29.8%）
新汽车和摩托车	印度	关税：新车75%，二手车100% 联邦和国家附加税：150%或以上
知识产权		知识产权保护意识不强
汽车、摄像机和数字记录仪	中国	关税：汽车25%，摄像机和数字记录仪30%
欧盟产网络博彩	美国	歧视性法律
商用飞机	欧盟	欧盟政府补贴空中客车，降低其面对美国波音和其他飞机制造商的竞争风险

续前表

产品	目的地	壁垒
电影	加拿大	晚上 7:00～11:00 禁止非加拿大电影在加拿大广播公司播出，除非该电影提前两年发行，并且近十年来不在前 100 部卖座电影之列
美国家禽和猪肉	俄罗斯	进口限制（配额）和卫生措施与世界贸易组织的协议不符
白酒和红酒		至少 63.2%的关税，取决于酒精含量和产地

资料来源：Office of U.S. Trade Representative，2013 *National Trade Estimate Report on Foreign Trade Barriers*，http://www.ustr.gov/about-us/press-office/reports-and-publications/2013/NTE-FTB（April 2，2014）；and European Commission，"Report to the Trade Barriers Regulation Committee，" http://trade.ec.europa.eu/doclib/docs/2013/march/tradoc_150742.pdf（April 2，2014）.

美国有许多方法来应对海外贸易壁垒，可以对壁垒施加国实施报复性的产品壁垒，有时也使用关税和配额制度。美国还使用一种称为自愿限制协定（voluntary restraint agreement，VRA）或自愿出口限制的配额。"自愿"一词并不是十分准确，因为它是美国政府强加给出口国的壁垒。这也不可避免地增加了美国消费者的成本，因为出口商只出口定价更高的好商品，进口商则对稀有产品收费更高。美国不是唯一对贸易伙伴实施自愿限制协定和自愿出口限制的国家。日本、加拿大、欧盟成员国和其他许多国家也要求出口国"自愿"限制出口商品的数量和价值。

6.6.3　侵权行为法

侵权行为（torts）因有意或疏忽大意对其他人造成伤害。在美国，侵权案可能导致高额赔偿。其他国家限制了侵权行为的赔偿金额。

侵权行为的一个重要方面是**产品责任**（product liability），尤其是在国际舞台上。产品责任法规定，因产品造成人身伤害、损害或死亡，企业、企业高级职员和主管负有责任，可能处以罚款或监禁。这种问题产品和危险产品责任是 20 世纪 60 年代以来美国法律专业的一个发展领域。责任保险费飞速上涨，有人担心脆弱的小型制造企业能否存活。20 世纪 80 年代，这一趋势蔓延至欧洲和其他地方。外国公司购买或建立美国工厂，就面临责任和保险问题的挑战，这也是美国企业长期面临的问题。[27]

产品制造商通常被要求遵守**严格责任**（strict liability）标准，该标准规定设计师或制造商对产品造成的损失负责，原告不必证明产品设计和制造过程中有漏洞。欧盟和日本针对产品设计师和制造商确定的严格责任不如美国，许多方面可以证明这一点。欧盟允许企业使用"最先进"或"开发风险"等来为自己辩解，也就是说允许设计师或制造商证明在设计或制造中使用的是最先进、最前沿的技术。欧盟各国也有办法避免损害。相反，在美国由陪审团审理产品责任案，可以判原告获得实际赔偿和惩罚性赔偿。顾名思义，惩罚性赔偿的目的在于惩罚被告。如果被告受创严重，或者唤起了陪审团的同情心，可能会被处以百万美元的罚款以便“好好从中吸取教训”。在美国境外，由法官而不是陪审团审理产品责任案。与陪审团相比，法官更不易产生情绪化的反应，即使法官对原告十分同情，非美国法院也不能判处惩罚性赔偿。

美国法院的惩罚性赔偿将一些外国公司的产品拒之国门外。例如，英国公司 Axminster Electronics 的设备可以监测婴儿的呼吸以防止婴儿猝死，但是该产品并不在美国出售，因为它不能获得产品责任保险。每一个药品公司都知道，如果一个人在美国服用药物后生病，那么美国某地的陪审团有可能会判制造商对此负责并要求支付赔偿金。

日本的产品责任法要求原告证明设计或制造过程中存在疏漏，这在使用复杂的高科技设备的情况下十分困难。正如之前所述，原告的证明还因日本的法律限制而变得更加困难。

在美国而非其他地方，律师往往按胜诉收费方式受理案件，因此在产品责任案中，开始代理及开始行动时，他们不收取原告任何费用。只有当与被告调解或被告败诉的情况下，他们才会获得酬劳，酬劳相对较高，占调解金或赔偿金的 1/3～1/2。另外，若被告在美国境外胜诉，原告通常需要支付被告因原告行为产生的所有法律费用和其他花费。

全球辩论

威胁国家主权？美国金枪鱼“海豚安全”标识 vs. 世界贸易组织

如果捕获金枪鱼的过程符合某些标准，销售金枪鱼罐头的商家可以使用“海豚安全”标识。2011 年 5 月，世界贸易组织的一个专门小组裁定，长期存在的“海豚安全”标识要求违反了国际贸易法则。在一个案例中，人们检测了符合世界贸易组织协定的自愿标识产品的适应性，实际上接受标识方式也是加入世界贸易组织的条件之一。针对美国的调查结果可能为世界范围内的信息标识活动提供一个重要的先例。

首先介绍一下这个案例的背景。1959 年，南加利福尼亚州至北美洲太平洋海域的渔民开始使用大型围网法捕捞金枪鱼。采用这种方法，需要在海里撒网一英里以上来围住整个鱼群，网的底部像拉绳包一般系紧，网里的所有东西都被拉到船上处理。这一海域的海豚往往游在大型金枪鱼群的上方，为了捕获金枪鱼，捕鱼船只需找到海豚，将海豚和金枪鱼一网打尽即可。

围网法对于捕捞金枪鱼来说非常管用，但是给海豚带来了毁灭性的打击。1959—1972 年，许多海豚困在网中而死，海豚数量锐减。1972 年，美国国会通过了《海洋哺乳动物保护法案》(Marine Mammal Protection Act，MMPA)，禁止美国渔民使用可能置海豚于死地的捕鱼方式。1988 年，该项法律得到修正，若某国渔船使用围网捕捞金枪鱼，则禁止从该国进口金枪鱼。1990 年，美国国会通过了《海豚保护消费者信息法案》(Dolphin Protection Consumer Information Act) 并推出了“海豚安全”标识，即在美国，通过围网方式捕捞的金枪鱼不得标识“海豚安全”。这些举措极大地减少了海豚的死亡。

对于墨西哥三家最大的金枪鱼生产商 Grupo Herdez，Grupo Maritimo Industrial，Pescados Industrializados 来说，世界贸易组织的裁定是一次胜利。墨西哥农业部和经济部一直试图在美国市场出售金枪鱼，将“海豚安全”标识的相关要求视为非关税贸易壁垒。2008 年，墨西哥提起诉讼。尽管墨西哥捕获的价值 750 万美元的金枪鱼会于 2012 年出口美国，但墨西哥称，“海豚安全”标识会导致其在美国市场上销售金枪鱼面临不合理的挑战，因此违背了贸易原则。

使用“海豚安全”标识是自愿的，通过围网捕获的金枪鱼在美国可以合法地出售。世界贸易组织裁定，“海豚安全”是一项技术规则而非一种标准，任何阻碍金枪鱼“在美国销售”的举动都相当于贸易壁垒，因此，“海豚安全”标识违反了《建立世界贸易组织的协定》第 2.2 条，即禁止技术规定“在实现合法目标上更具贸易限制性，而非必要性”。因此，美国必须停止“海豚安全”项目，否则将面临世界贸易组织的制裁。美国上诉的可能性很小，因为美国同意世界贸易组织的协定，美国《宪法》第 6 条规定，《建立世界贸易组织的协定》“是国家最高法律；因此对各州法官具有约束力”。

有人认为，世界贸易组织的裁定显示了贸易协定能够削弱以公众利益和福祉为基础的国家政策。许多观察员纷纷表示担忧，世界贸易组织的这一先例十分危险，可能被引申至其他公共政策问题，比如栖息地的环境保护，水、空气和食物链安全。

问题

1. 你认为世界贸易组织能否禁止这种能为消费者提供潜在价值信息的标识？为什么？

2. 世界贸易组织是否应该确保当地法律法规背后的科学性，并且不会成为保护主义的幌子？如果应该，它该怎么做？

3. 一些人认为，世界贸易组织的成员国允许其做出不利于某国利益的裁决是一种放弃国家主权的行为，尤其是在许多世界贸易组织会议不向公众开放的情况下。你同意这种解读吗？如果同意，有什么办法可以解决呢？

资料来源：World Trade Organization，“Difference between a Technical Regulation and a Standard，” Technical Information on Technical Barriers to Trade，2014，http://www. wto. org/english/tratop_e/tbt_e/tbt_info_e. htm（April 2，2014）；Food and Agriculture Organization of the United Nations，“Tuna Purse Seining，” 2014，http://www. fao. org/fishery/fishtech/40/en（April 2，2014）；“U. S. Constitution-Article 6，” http://www. usconstitution. net/xconst_A6. html（April 2，2014）；Public Citizen，“U. S. Dolphin-Safe Tuna Labeling Rule Deemed a WTO Violation，” May 20，2011，http://citizen. typepad. com/eyesontrade/2011/05/us-dolphin-safe-tuna-labeling-rule-deemed-a-wto-violation. html（April 2，2014）；American Albacore Fishing Association，“WTO Court Rules Against US Dolphin Safe Label Requirement，” May 24，2011，http://www. americanalbacore. com/wto-court-rules-againstus-dolphin-safe-label-requirement（April 2，2014）；Loraine Mitchell，“Dolphin-Safe Tuna Labeling，” Economics of Food Labeling，pp. 22－25，http://agritrade. cta. int/en/layout/set/print/content/view/full/4738，2014（April 2，2014）；and Darryl Fears，“Dolphin Protection，Tuna Catch in Conflict for U. S.，Mexico，” The Washington Post，May 12，2013，http://www. washingtonpost. com/national/health-science/dolphin-protection-tuna-catch-in-conflict-for-us-mexico/2013/05/12/c07b6314-b990-11e2-92f3-f291801936b8_story. html（April 2，2014）.

6.6.4　五花八门的法律

在海外工作的人员必须尽量避免与当地法律及警察、军队或政府官员发生冲突。法律惩罚有时很严酷，从一些例子中可以看出。

- 一名有严重心理问题的英国人因携带海洛因进入中国而受到刑事处罚。[28]
- 沙特阿拉伯可能会严格制裁进口酒、饮酒以及穿着袒胸露肩服饰的人。
- 在日本，外国人如果未携带外国人在留卡出门，可能会被逮捕，这曾发生在一位出门倒垃圾的外国人身上。
- 在泰国，一位澳大利亚籍作家因在小说中侮辱了王储被判处 3 年监禁，其小说也仅卖出 7 本。[29]
- 2004 年以来，文莱鞭笞了近 500 名外国人，因为他们非法居住在伊斯兰教君主的领地里。[30]
- 2014 年春，固特异轮胎公司（Goodyear）的两名经理被告知要关闭法国北部的一家工厂，后来他们被锁在了大楼里，与当地工会谈判。尽管工厂已经停产了，但是根据法国的劳动法，工厂必须支付工人的工资。[31]

母国法律在所在国领地毫无作用，所以努力了解一下当地的法律吧。例如在沙特阿拉伯，严禁饮酒，违反者将被鞭打、监禁或驱逐出境。纽约的一家律师事务所 International Legal Defense Counsel（ILDC）在业内赫赫有名，因为它能应对那些监禁环境恶劣且美国大使馆和领事馆法律援助有限的国家。

现在我们来看看美国的《反海外腐败法案》和会计法律制度，它们对国际商务活动有重大影响。

《反海外腐败法案》 20 世纪 70 年代，美国企业支付给外国官员的数笔不合理或可疑的款项震惊了荷兰和日本政府。美国国会认为，企业行贿不仅损害企业，而且毫无必要，并通过了**《反海外腐败法案》**（Foreign Corrupt Practices Act，FCPA）来回应腐败丑闻。该法案不仅禁止对外国官员行贿，还对会计交易的透明化提出要求。至此，向外国官员行贿以获得或保住业务将视为违法。尽管如此，根据该法案，政府常规活动如签证签发、进口许可、政府文件处理中收费仍然是允许的。

毫无疑问，《反海外腐败法案》的目的是积极的，但是它的确给美国企业带来一些挑战。其中，法案中使用的术语仍存在不确定性。比如，根据法律起草者的意思，法案并未宣布收买为非法，收买是指仅为加速清关等可酌情决定的官方行为的疏通费用。但是，法律并没有清楚划分合法的收买和非法的行贿之间的界限。而且，法案对外国官员的界定十分宽泛，政府限定行为的标准不是依据金额，而是支付意图。

《反海外腐败法案》规定的会计标准也引发了一些问题：管理层必须了解到何种程度才能判断员工、子公司或代理商可能违反了法案；即使管理层并不清楚某项非法支出，如果他们有理由知道或人们期望他们知道这项支出的一部分将作为贿赂款，那么管理层也可能违反了该法案。

2010 年 1 月，24 名美国企业高管在一次秘密的诱捕活动中被指控对一名非洲国防部长行贿。在那一年反腐败的执行力度创纪录，美国司法部和证券交易委员会在清扫行动中继续追查在某种情况下可能会助长贪腐行为的企业。一家企业若被举报参与了贪腐活动，美国司法部和证券交易委员会将密切关注该企业、同行业和相关行业的其他企业以及其代理人的差旅和开支情况。

仅2013年一年，美国司法部和证券交易委员会对违反《反海外腐败法案》的企业的处罚额就超过63 500万美元，其中包括民事处罚和刑事处罚。IBM花费了1 000万美元了结在韩国和中国非法支付差旅和娱乐费用的指控。ATM机供应商迪堡公司（Diebold Inc.）则花费4 800万美元了结在印度尼西亚、俄罗斯等国不合理的差旅、礼物和休闲支出的指控。2014年4月，面对在俄罗斯、墨西哥和波兰长达4年的调查结果，惠普公司就行贿指控认罪，为此支付10 800万美元的罚款。[32]很明显，随着《反海外腐败法案》的执行力度加大，相关的指控和罚款将达到新的水平。[33]

《反海外腐败法案》通过时，批评家认为这会影响美国公司在海外的竞争力，因为相对于普遍的行为标准来说，法案对美国公司有更高的要求。美国国会认为法案对于出口产品的经济危害很小，仅会对使用行贿手段的公司造成影响。美国积极游说国际社会出台类似的法律，1997年经济合作与发展组织通过了《反腐败公约》（OECD Convention of Bribery）。1998年，美国对《反海外腐败法案》进行修正，吸收了《反腐败公约》的相关内容。

你可能想知道，美国反腐败的各项法律是否会使美国企业在国际竞争中处于不利地位。毫无疑问，《反海外腐败法案》、《反腐败公约》、欧盟法律、英国法律和联合国法案引发了一场关于贿赂和透明度的公开讨论。1997年的亚洲金融危机进一步加深了这场讨论，造成这场危机的原因之一就是金融交易缺乏透明度。因此对于跨国企业来讲，在透明度和诚信方面享有国际声誉，“光明正大地”进行交易变得日益重要。若讲诚信，交易中就不存在隐形的第三方（行贿者），他们的价值也就不复存在。若坚守道德，你就知道你的钱财流向何处，也能权衡利弊。然而，我们往往更了解那些使用不道德竞争手段的公司，它们的所作所为使其声名大噪。许多坚守商业伦理的企业在国际市场上更关注如何保证经营活动的透明度，同时专注做正确的事。使用合乎道德的竞争手段的公司会得到道德村协会（Ethisphere Institute）的认可，该协会是设立企业商业活动道德标准的领军者，成员包括盖璞、李维斯、福特、澳大利亚国民银行（National Australia Bank）、英特尔、谷歌、微软、威普罗、汉高（Henkel）、花王（Kao）、得州仪器（Texas Instruments）、塔塔电力（TATA Power）、福陆（Fluor）、凯洛格（Kellogg）、百事、意利咖啡（illycaffe）、明尼苏达矿务及制造业公司（3M）、通用电气、万豪（Marriott）、玛莎（Marks and Spencer）和联合包裹服务公司（UPS）。[34]

其中最值得关注的反腐败新协议是《联合国反腐败公约》（UN Convention against Corruption，UNCAC）和《英国反腐败法案》（United Kingdom Bribery Act）。2014年，有超过170个国家和欧盟在《联合国反腐败公约》上签字。[35]公约不限于贿赂问题，还涉及腐败问题的更多方面，包括权力的滥用、官方影响下的贸易活动以及被控告或判定参与腐败活动的官员的资产恢复问题等。

2011年，《英国反腐败法案》正式生效，其中包括对预防贿赂不力的企业处以罚款。从事贿赂活动的人不一定是英国人，法案也不仅仅适用于英国。根据该法案，一家公司只要在英国从事“某种商业活动或部分商业活动”即可受到指控，也就是说这部法律具有域外适用性。[36]

透明国际（Transparency International）的清廉指数（Corruption Perception Index）并不与美国法律正式对接，但是它会定期评估工业化国家的企业在海外参与行贿活动的可能性。该指数基于来自政府和国际企业经理的调查数据形成，更关注国家而非企业。2013 年丹麦和新西兰并列首位，芬兰和挪威紧随其后位列第三。表 6-4 总结了从透明国际的指标中选取的一些排名。排名的波动显示了世界上的企业和国家政府不仅越来越重视合乎道德的商业行为，还提出改进措施并加强监管，同时，政治环境的改变也影响了透明程度。更加道德的行为面临挑战，尽管我们在国家或企业层面考虑道德问题，实际上道德行为关乎每个经理，通常他们在国际环境下享有很大的自由裁量权。加强合乎道德的、透明的经营之道的培训更关键。

表 6-4　　部分国家清廉指数排名

国家	1999 年	2002 年	2006 年	2008 年	2013 年
新加坡	11	9	12	9	5
瑞士	5	2	1	3	7
荷兰	6	6	8	3	8
加拿大	2	5	5	1	9
澳大利亚	2	1	3	8	9
德国	9	9	7	5	12
英国	7	8	6	5	14
比利时	8	6	9	1	15
日本	14	13	11	5	18
美国	9	13	9	9	19
法国	13	12	15	9	22
西班牙	12	11	13	12	40
意大利	16	17	20	17	43
韩国	18	18	21	14	46
南非	n. a.	n. a.	24	14	72
巴西	n. a.	n. a.	23	17	72
印度	n. a.	n. a.	30	19	94
墨西哥	n. a.	n. a.	17	20	106
俄罗斯	n. a.	21	28	22	127

资料来源：Transparency International，*Bribe Payers Index 2008*，http://www.transparency.org/policy_research/surveys_indices/bpi（June 24，2011）；Transparency International，*Bribe Payers Index 2006*，http://www.transparency.org/policy_research/surveys_indices/bpi/bpi_2006（June 24，2011）；Transparency International，*Bribe Payers Index 2002*，http://www.transparency.org/policy_research/surveys_indices/bpi/bpi_2002（June 24，2011）；Transparency International，*Bribe Payers Index 1999*，http://www.transparency.org/policy_research/surveys_indices/bpi/bpi_1999（June 24，2011）；Transparency International，"TI Report：Emerging Economic Giants Show High Levels of Corporate Bribery Oversees，" December 9，2008，http://www.transparency.org/news_room/latest_news/press_releases/2008/bpi_2008_en（June 24，2011）；and Corruption Perceptions Index，2013，http://cpi.transparency.org/cpi2013/results/（April 3，2014）.

会计法律　世界性金融丑闻打击了投资者对于财务报表和企业管理的诚信度的信

心。这场信任危机极大地影响了企业、员工、退休人员、客户、供应商和其他利益相关者对经济前景的预期。

美国证券交易委员会和财务会计准则委员会（Financial Accounting Standards Board，FASB）指导美国的会计实践，要求企业遵守一般公认会计原则（General Accepted Accounting Principles，GAAP）。然而，包括欧盟在内的许多国家遵守国际会计准则理事会（International Accounting Standards Board，IASB）发布的标准，即国际财务报告准则（International Financial Reporting Standards，IFRS）。这些标准有所不同，促使它们融合的项目计划在2015年完成，这个时间已经提前了。

针对21世纪初泰科、安然和世通等公司的丑闻，美国国会于2002年通过了《萨班斯-奥克斯利法案》（Sarbanes-Oxley Act，SOX）。这一举措旨在促进道德行为，它对美国的上市公司（不论是国内企业还是国际企业）的董事会、管理层和会计师事务所提出了更高要求。该法案认为，企业管理者个人应对企业财务报告的准确度负责。研究显示，尽管许多企业从实施成本的角度对该法案提出批评，但是潜在投资者能够获取更多信息，市场也因此获益。立法者免除了小型企业的责任，因为实施成本对于它们来说过高。[37]

得到那份工作！从双肩包到公文包

罗里·博迪克：国际事业起航

罗里·博迪克（Rory Burdick）毕业于加州州立理工大学，主修商务，辅修经济学，均为国际化方向。下面是他投身国际工作的描述。

从加州州立理工大学毕业之后，我与从东亚去南非旅行的朋友一起外出游玩。我去了伦敦、阿姆斯特丹、柏林和布拉格，随后返回旧金山，在新兴的科技公司工作。对我来说，这段时间只是为了积累经验和攒钱。我之所以选择新兴企业，是因为它们能更快地为新员工提供更加有趣的工作机会。

起初，一家新兴企业雇用我周末工作，在积累了一定客户之后，它需要提供全天候的客户支持。管理层决定先在美国、欧洲、印度和中国实施。由于我将投身于这项工作，我得到了一个任务，那就是为海外支持机构提供管理培训，这也是我第一份国际工作。在这个项目中，我利用自己在国际商务课堂上学到的知识，反复尝试，学会了如何处理文化、交流和时区问题。

后来我获得去谷歌参加面试的机会，这还是我在新兴企业做培训工作时得知的。作为谷歌的一员，我加入了一个小型的全球小组，因工作需要去了亚特兰大、纽约和法兰克福。在山景城，一位到我们小组参观的主管提到，他在招聘一名去巴西工作的人。我表达了对这份工作的兴趣，人事经理安排了面试。之后我在圣保罗工作了六个月，其间还在布宜诺斯艾利斯工作了一段时间。

在谷歌，我努力工作，在当地管理层面前展示自己雄心勃勃、主动积极的形象，从而获取他们的信任来处理一些难度较大的项目，管理层不会为这些项目的普通员工提供很多支持。我被派往人手不足或是急需专门人员的地方出差，我得以与来自世界不同地方的员工互相交流，也为我在巴西长期工作奠定了基础。

动身去巴西之前，我与不同的人交谈，他们有的在南非工作过，有的是像我一样的美国人，还有的是巴西人。与他们的交谈使我获益匪浅，我了解了巴西的文化、人员安全、生活成本以及圣保罗将带给我的东西。他们都很有远见，但是没有人能替我做充分的准备。

在巴西的日子是我一生中挑战最大，也是收获颇丰的时光。圣保罗是世界上最具民族多样性的地区，我与其他人一起融入其中。我接手了一个项目，它的进度落后，卖家、承包商和内部顾客问题接踵而至。我必须在语言不通的条件下——我仅懂西班牙语和一点葡萄牙语，一边要尽快找出对策，一边要与巴西的商业伙伴维持积极的关系。后来，通过近距离观察身边人的文化惯例，以自信、积极的态度处理这些问题，通过展现我想表现出色的意愿和建立积极关系的兴趣，我鼓励巴西的工作人员与我一起寻找互惠的对策来面对共同的挑战。

在异国工作不仅刺激、令人欢欣鼓舞，对每个人来说也是一段无法做好充分准备的经历。我建议你与人交流，也可以通过阅读了解你将要去的国家的文化和历史，更重要的是学好语言并且保持积极向上的心态。我的经验就是：常存好奇之心，并且以乐观开放的态度对待每一个有兴趣从彼此身上学习成长的人。你与人沟通的能力越强，他们就会告诉你越多关于他们的文化、国家乃至他们自己的事情。尽你所能做好准备，去冒险吧！学习也要充满活力！

模块总结

1. 阐述法律制度的三种类型。

法律制度的三种类型分别是民法、普通法和宗教法。民法基于法律汇编，因此具有官僚主义色彩。普通法（美国和英国）基于先例和解读，往往具有复杂性和发展性。宗教法基于宗教文本，例如沙特阿拉伯地区的《古兰经》和宗教文件汇编。

2. 阐述法治及其来源。

当法律不是为政治独裁者或有权精英所掌控时，法治就得以存在。若一个国家的法律制度基于法治，外国投资者会受到鼓励，因为他们知道自己的利益会受到保护。法治国家往往会保护当地居民的人权，这也是跨国公司日益担忧的问题。法律的来源包括国家内部的法律和联合国、世界贸易组织等国际组织努力发展的国际协定。协定也称公约、契约、协议或议定书。还存在习惯国际法，比如禁止种族灭绝式屠杀。

3. 探讨全球商务中普遍存在的法律问题。

国际企业特别关注法律的三个方面，因为这影响着它们在国际环境而非国内环境下的活动。这三个方面分别是治外法权、合同履行和诉讼。一个国家可能试图将其国内的法律应用于其他地域的公民、非本地居民和外国人。国际环境下纠纷案中的合同履行变得十分复杂，因为没有现成的应对之策可循。国际诉讼是决定和实施某项特殊的法律权利的法律诉讼，有时费用高昂且十分复杂。除了审讯之外，美国大多数诉讼还包括冗长的预先审判，其中有一项称为发现。

4. 确定保护知识产权的方法。

知识产权依管辖区而定，专利、商标、商品

名、版权和商业秘密受到保护。专利给予产品或程序的发明者专有的制造、开发、使用和销售权。商标指一种形状、色彩设计，一句短语、一个缩略词以及声音，通常被用于产品命名和实现差异化。商品名是用以命名或区分产品的名字。商业秘密是一家公司想秘密持有的信息。联合国的世界知识产权组织的建立是为了执行国际产权协定，世界贸易组织中与贸易有关的知识产权机构也有类似的目的。

5. 探讨各国法律的标准化。

各国试图规范法律，尤其是影响贸易活动的法律标准化已经起步但进展缓慢。目前各国的法律标准大有不同，但在某些特定领域仍然取得了一些进展。国际商会的国际贸易术语规范了商业术语；联合国贸易法律委员会提供了破产和会计标准的协议；联合国大会关于国际货物销售的规定规范了商业程序和责任；世界贸易组织也开发了一套标准化的贸易程序。税款协定因协调税法而存在。竞争法存在差异，但仍有一些相似之处。标准化私法的努力仍在继续，尤其是在商业领域。

6. 阐述国家层面法律因素对竞争、贸易、侵权、伦理与会计等领域的影响。

国家层面的法律因素对商业活动有重要影响。竞争法往往阻止不恰当的经济实力的大型聚集，直接影响商业活动，尤其是在定价、市场分配和商业垄断方面。不同国家的法律有不同之处。例如，美国反垄断法使用"本身"这一概念，即便没有产生危害，这一行为本身就是违法的。

贸易壁垒通常是关税、配额、卫生和包装要求等国家法律的结果。这些法律都起到了贸易壁垒的作用。

美国的侵权法（尤其是在产品责任领域）严重困扰着企业，因为基于严格责任的概念，侵权诉讼中大型陪审团式判决可能让步。

《反海外腐败法案》、《反腐败公约》、欧盟法律、英国法律和联合国法案引发了一场贿赂和透明度的公开讨论，影响了国际商业透明度。

会计活动也影响着商业活动。美国证券交易委员会和财务会计准则委员会指导美国的会计实践，要求企业遵守一般公认会计原则。然而，包括欧盟在内的许多国家遵守国际会计准则理事会发布的标准，即国际财务报告准则。这些标准有所不同，促使它们融合的项目计划在 2015 年完成，这个时间已经提前了。

批判性思考

1. 如何判断一国法律制度的类型（民法、普通法和宗教法）是有用的？

2. 不同国家的法治概念（不是法律本身）的意思相同吗？

3. 没有国际警察或军事力量来支持国际法律，国际法律有效力吗？为什么？

4. 对于某个国家边界之外的治外法权的运用，其他国家可能有什么反对意见？

5. 你认为剽窃违反知识产权了吗？请解释你的理由。

6. 国家文化是否影响知识产权的意义？也就是说，在一种强调集体而不是个人的文化中，与个人主义较强的文化相比，你认为知识产权的定义会有所不同吗？

7. 你是一家美国公司的人力资源经理，与沙特阿拉伯员工和美国员工一起在沙特阿拉伯工作。所有的美国公司都被要求遵守《雇佣机会均等法》。但在沙特阿拉伯，女性通常不在公共场所工作，并且在公共场合男性和女性不得在一起。你该如何向沙特阿拉伯员工解释公司要遵守美国法律呢？

8. 为什么国家间对于适当的竞争限制的理解不同？

9. 产品责任是一种跨国家的标准化的法律概念吗？

10. 为什么跨国的会计法律融合是一项有价值的成就？

微型案例

确定国际商务争端的司法管辖区域

总部位于加利福尼亚州的一家公司的业务扩张非常顺利，刚刚完成首次大型出口销售。迄今为止，其所有的销售和采购合同都包含了一项条款，规定如果合同出现争议，将根据加利福尼亚州法律予以解决，任何诉讼都将在加州法院进行。来自意大利的新客户表示反对。她说她正在购买大量产品并打算支付费用，在签订销售合同之前，她希望公司同意按意大利法律由意大利法院处理纠纷。

问题

1. 你是公司的首席执行官，非常想拿到这个大的出口订单。你对你的律师事务所提供的服务感到满意，但你知道它没有国际经验。你的公司可以采取哪些形式的纠纷解决方案？每个方案的优缺点是什么？

2. 你必须决定是否仅使用加利福尼亚州法律来解决诉讼，或者允许外国客户的母国作为诉讼地。如果客户来自中国，你的决定会有所不同吗？客户来自俄罗斯或英国呢？为什么？

注　释

1. *The News Manual*, Vol. 3, ch 63a, http://www.thenewsmanual.net/Manuals%20Volume%203/volume3_63a.html (March 13, 2014).

2. Kathy Chu, "China Criticizes Judge's Ruling Suspending Auditors," *The Wall Street Journal*, January 27, 2014, p. C3.

3. http://www.wipo.int/amc/en/domains/decisions/html/2009/d2009-0218.html (March 12, 2014).

4. M. Galanter, "Law's Elusive Promise: Learning from Bhopal," Module 9 in *Transnational Legal Processes: Globalization and Power Disparities*, ed. M. Likosy, Cambridge, UK: Cambridge University Pr-ess, 2002.

5. WIPO, http://www.wipo.int/about-wipo/en/ (March 14, 2014).

6. "What Is ACTA?," Electronic Frontier Foundation, 2012, edri.org/ACTAfactsheet (August 15, 2014); and European Commission, Trade, July 4, 2014, ec.europa.eu/trade/policy/assessing-markets/intellectual-property (August 15, 2014).

7. European Patent Office, epo.org (March 14, 2014).

8. The U.S. Patent and Trademark Office, http://www.uspto.gov/patents/ (March 14, 2014).

9. Nolo: Law for All, http://www.nolo.com/legal-encyclopedia/types-patents.html (August 15, 2014).

10. RSW Information for Intellectual Property Users, http://www.isarpatent.com (August 15, 2014).

11. M. Hurley, P. Devinsky, and J. Hill. "The Supreme Court Decides *Quanta v. LGE*/U.S. and European Perspectives," 2008, http://www.ipo.org/wp-content/uploads/2013/03/Supremecourtdecidesquantavlge.pdf (March 14, 2014).

12. Avery Johnson, "Pfizer Buys More Time for Lipitor," *The Wall Street Journal*, June 19, 2008, p. B1, http://online.wsj.com/documents/print/WSJ_-B001-20080619.pdf (March 15, 2014); and L. Husten, "Atorvastatin Lifts Ranbaxy While Pfizer Abandons Its Lipitor Marketing Efforts," May 9, 2012, Forbes, http://www.forbes.com/sites/larryhusten/2012/05/09/atorvastatin-lifts-ranbaxy-whilepfizer-abandons-its-lipitor-marketing-efforts/ (March 14, 2014).

13. Laurie Burkitt and Kathy Gordon, "Burberry Appeals China Ban on Its Trademark Pattern," November 27, 2013, *The Wall Street Journal*, http://online.wsj.com/news/articles/SB10001424052702303562904579223651626050682 (August 22, 2014).

14. Aaron Schwabach, *Intellectual Property: Reference Handbook* (Santa Barbara, CA: ABC Clio, 2007), p. 8.

15. James Pooley, "Trade Secrets: The Other IP Right," *WIPO Magazine*, March 20, 2013, http://www. wipo. int/wipo _ magazine/en/2013/03/article _ 0001. html (August 16, 2014).

16. WIPO, "Patents or Trade Secrets?," http://ww. wipo. int/sme/en/ip _ business/trade _ secrets/patent_trade. htm (August 16, 2014).

17. Eleanor Fox, "US and EU Competition Law: A Comparison," http://www. iie. com/publications/modules_preview/56/10iel664. pdf(April 2, 2014).

18. Anu Bradford, "International Antitrust Negotiations and the False Hope of the WTO," *Harvard International Law Journal* 48, no. 2 (2007), pp. 383 – 439, http://www. harvardilj. org/site/wp-content/uploads/2010/07/HILJ _ 48-2 _ Bradford. pdf (April 2, 2014).

19. "Losing the Magic: How Euro Disney Became a Nightmare," November 13, 2010, http://www. independent. co. uk/news/business/analysis-and-features/losing-the-magic-how-euro-disney-became-anightmare-2132892. html (August 17, 2014).

20. Lee Youkyung, "Japan s Antitrust Watchdog Fines Samsung SDI, Ex-LG Affiliate for Price-Rigging," March 30, 2010, http://www. highbeam. com/doc/1G1-222922727. html (April 2, 2014).

21. James D. Fry, "Struggling to Teethe: Japan's Antitrust Enforcement Regime," *Law and Policy in International Business*, Summer 2001, http://business. highbeam. com/61320/article-1G1-83249553/struggling-teethe-japan-antitrustenforcement-regime (April 2, 2014); and Japan Fair Trade Commission, Legislation and Guidelines, 2013, http://www. jftc. go. jp/en/legislation_gls/amended_ama09/ (August 17, 2014).

22. Craig P. Wagnild, "Civil Law Discovery in Japan: A Comparison of Japanese and US Methods of Evidence Collection in Civil Litigation," *Asia-Pacific Law and Policy Journal* 3, no. 1 (Winter 2002).

23. Molly S. Boast and Hannah M. Pennington, "Extraterritorial Applications of U. S. Antitrust Laws: An Overview," http://www. abanet. org/antitrust/at-committees/at-ic/pdf/spring/05/boast. pdf (April 2, 2014, not an open site); John M. Connor and Darren Bush, "How to Block Cartel and Price Fixing: Using Extraterritorial Application of the Antitrust Laws as a Deterrence Mechanism," *Penn State Law Review* 112, no. 3 (April 2008), pp. 813–57, http://www. pennstatelawreview. org/articles/112% 20Penn% 20St. % 20L. % 20Rev. % 20813. pdf (April 2, 2014); and Leon B. Greenfield and David Olsky, "From Bananas to Vitamins: The Evolving Doctrine of the Extraterritorial Application of US Antitrust Law," *The Licensing Journal*, March 2006, pp. 7–12, http://www. wilmerhale. com/files/Publication/29ff537f-7ac7-4cd9-a3b8-de6c2814314b/Presentation/PublicationAttachment/d05eb7a7-df27-4479-ac00-ef-5eb197a3ce/Greenfield_Olsky. pdf (April 2, 2014).

24. George Trefgarne, "Brussels Clears Way for $ 220bn Merger," *The Telegraph*, http://www. telegraph. co. uk/finance/4468341/Brussels-clears-way-for-220bn-merger. html (April 2, 2014); Stephen Castle, "EU Fine Sends Message to Microsoft and Others," http://www. nytimes. com/2008/02/27/technology/27iht-msft. 4. 10498942. html (April 2, 2014); and James Kanter, "European Regulators Fine Microsoft, Then Promise to Do Better," *The New York Times*, March 6, 2013, http://www. nytimes. com/2013/03/07/technology/eufines-microsoft-over-browser. html? _r=0 (April 2, 2014).

25. Tom Fairless, Brent Kendall, and Cynthia Koons, "For Deal Makers, China Is a Drag," *The Wall Street Journal*, March 31, 2014, http://online. wsj. com/news/articles/SB10001424052702304157204579473500128825052? mod=djem_jiewr_swwps_040314 (April 5, 2014).

26. Alan Beattie, "From a Trickle to a Flood-

How Lawsuits Are Coming to Dictate the Terms of Trade," *Financial Times*, March 20, 2007, p. 11, http://www. ft. com/cms/s/0/a4fdfdf0-d688-11db-99b7-000b5df10621. html (April 2, 2014).

27. Harvey Kaplan and Jon Strongman, "United States: Developments in U. S. Product Liability Law and the Issues Relevant to Foreign Manufacturers," January 5, 2010, http://www. mondaq. com/unitedstates/article. asp? articleid = 89684 (April 2, 2014, registration required).

28. "Fury as China Executes British Drug Smuggler," *The Guardian*, December 28, 2009, http://www. theguardian. com/world/2009/dec/29/akmal-shaikh-execution-china (August 18, 2014).

29. "Writer Jailed for Alleged Thai Monarchy Insult," January 19, 2009, NBC News, http://www. nbcnews. com/id/28729720/ns/world_news-asia _ pacific/t/writer-jailed-alleged-thai-monarchy-insult/ #. U_Ip7Ug3fjY (August 18, 2014).

30. "Foreigner Gets Two-Month Imprisonment & Cane for Overstaying," BruDirect. com, May 20, 2014, http://www. brudirect. com/0-national/national/national-in-the-courts/item/3247-foreigner-gets-two-month-imprisonment (August 18, 2014).

31. "In France, Kidnapping the Boss Usually Pays Off," *Bloomberg Businessweek*, *January* 7, 2014, http://www. businessweek. com/articles/2014-01-07/in-france-kidnapping-the-boss-usually-pays-off (August 18, 2014).

32. Spencer Ante and Don Clark, "H-P Settles Bribery Investigations," *The Wall Street Journal*, April 10, 2014, p. B1.

33. BakerHostetler, 2013 *Year-End Foreign Corrupt Practices Act Update*, http://www. bakerlaw. com/files/uploads/Documents/FCPA/Web-2013 FCPAYearEnd. pdf (April 3, 2014).

34. "World's Most Ethical Companies Ranking," Ethisphere, 2014, http://www. ethisphere. com/worlds-most-ethical/wme-honorees/ (August 19, 2014).

35. "United Nations Convention against Corruption," https://www. unodc. org/unodc/en/treaties/CAC/signatories. html (April 3, 2014).

36. GOV. UK Anti-bribery Policy, https: //www. gov. uk/anti-briberypolicy (April 3, 2014).

37. John Coates IV and Suraj Srinivasan, "SOX Ten Years After: A Multidisciplinary Review," Harvard Law and Economics Discussion Paper No. 758, January 12, 2014, http://papers. ssrn. com/sol3/papers. cfm? abstract _ id = 2343108 (August 19, 2014).

模块 7 经济与社会经济因素

到 2050 年，中国、印度和美国将发展成为世界上最大的三个经济体，以美元计的国内生产总值将超过其他 20 国总额的 70%。仅中国和印度的国内生产总值预计将增至近 60 万亿美元，相当于当前世界经济的总量。

——尤里·达杜什和班尼特·斯坦希尔（Uri Dadush & Bennett Stancil），《2050 年的世界秩序》

学习目标

1. 解释经济分析的目的。
2. 基于国家经济发展水平，比较不同国家的类别。
3. 概述用于衡量经济的维度和指标。
4. 讨论用于衡量经济的社会经济维度及用于评估的指标。

开篇短文

齐皮士与中印发展竞赛

印度的报纸将有好工作的年轻人称为“齐皮士”，他们信心十足，口袋满满（步伐轻快而有活力）。在印度有许多这样的人，20～30 岁的人口达 3 亿多。他们是世界第三大经济体 12.7 亿人口中主张消费主义的年轻群体。

然而，哪个国家更有可能先富起来，印度还是中国？目前人们预计中国发展得更快。中国人口更多，达到 13.7 亿，经济体量更大，储蓄率更高，基础设施相对完善，生产率也达到了较高水平。2000—2013 年，中国吸引了超过 2.255 万亿外商直接投资，而印度只有它的 1/8。

中国的高净值个人数量也比印度多，2014 年初，百万富翁人数达 112 万，印度只有

182 000 人。奢侈品销售方面，中国位列第三，占世界奢侈品市场总额的 7%，预计 2014—2018 年印度的奢侈品销售增长更快。

从长远来看，印度更具优势。印度说英语的人更多，其中有 1.5 亿～2 亿人英语十分流利，约 2 000 万人将英语作为主要语言。许多人口音纯正，在工作之余观看《老友记》等电视连续剧。尽管这些数字存在争议，但是印度大学生人数比中国更多。迄今为止，印度的服务业为其一大优势，而中国是制造业大国，30%的国内生产总值来源于制造业，印度则为 13%。2014 年，印度平均每小时的制造人工成本为 0.92 美元，中国为 3.52 美元。中国和印度已成为美国和其他西方国家外包商业活动的主要目标。

不管中国和印度哪个先富起来，许多观察家认为，到 21 世纪中叶，它们都将成为超过美国的大型经济体。

资料来源：World Bank, "Foreign Direct Investment, Net Inflows (BoP, current US $)," http://data.worldbank.org/indicator/BX.KLT.DINV.CD.WD? page=2 (January 21, 2015); Central Intelligence Agency, "Country Comparison: GDP (Purchasing Power Parity)," *The World Factbook*, https://www.cia.gov/library/publications/the-world-factbook/rankorder/2001rank.html (January 21, 2015); Credit Suisse, *Global Wealth Report 2013*, October 2013, https://publications.credit-suisse.com/tasks/render/file/? fileID=BCDB1364-A105-0560-1332EC9100FF5C83 (January 21, 2015); Euromonitor International, "Global Luxury Goods Sales Exceed US $ 318 Billion," October 8, 2013, http://www.marketwired.com/press-release/global-luxury-goods-sales-exceed-us318-billion-1838681.htm (January 21, 2015); Aneki.com, "Countries with the Most University Students," http://www.aneki.com/students.html (January 21, 2015); and Bruce Einhorn, "India vs. China: The Battle for Global Manufacturing," *Bloomberg Businessweek*, November 6, 2014, http://www.businessweek.com/articles/2014-11-06/india-vs-dot-china-the-battle-for-global-manufacturing (January 21, 2015).

当决定是否要开展商业活动，或者在哪里开展商业活动时，国际公司的经理需要关注很多因素。本模块将仔细观察世界各地商机形成的关键因素：经济因素和社会经济因素。首先了解开展经济分析的目的；随后关注如何根据经济发展水平对不同国家进行分类，以及将涉及的经济和社会经济维度及其指标。

7.1 国际经济分析

经济因素是企业外部环境中最重要，同时也是最不可控的因素。经理和商业分析师如何及时把握最新的发展动态并为将来筹谋呢？多年来，企业从国家层面和国际层面综合评估和预测经济状况。为了完成评估，分析师会采用政府和国际组织（例如世界贸易组织和国际货币基金组织）发布的数据。这些数据虽然不像分析师期望的那样及时准确，但大部分可用。

分析师不仅仅采用政府公布的数据。私人经济顾问，如数据资源公司（Data Resources Inc.）、大通计量经济学研究所（Chase Econometric Associates）、国际商务（Business International）、经济学人智库（Economist Intelligence Unit）、沃顿经济预测研究所（Wharton Economic Forecasting Associates）发布的预测信息也为许多跨国公司订阅（有的还提供行业预测信息）。行业协会为成员提供的专门预测信息也是数据来源之一。另外，经济学家和营销人员也会使用某些经济指标来预测行业发展趋势。

经济分析的目的是评估整体经济前景以及企业经济状况变化所带来的影响。图 7-1 展示了仅一种经济因素发生的某一改变是如何影响整个公司的主要职能的。

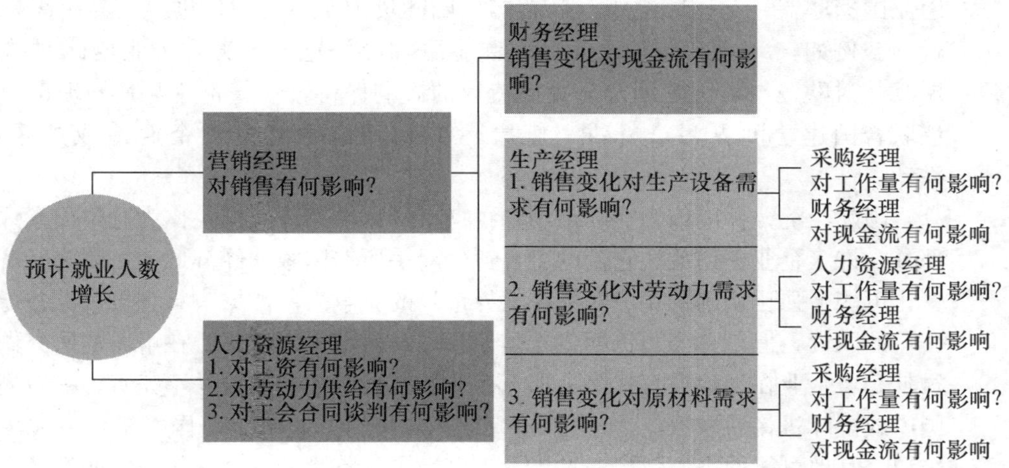

图 7-1　企业职能领域中经济预测的影响

假设某一特定市场领域的就业人数预计有所增长，营销经理会上调销售预测，也会要求产品经理增加产量。他们可能会增加一个工作班次，但是如果工厂已经 24 小时连续生产，则需要增加新机器。不论是何种情况，都需要更多的工人和原材料，这也给人事经理和采购经理带来了额外的工作量。如果原材料和劳动力市场紧张，公司可能要支付比平时高的价格和工资。

随后，财务经理可能会与银行协商贷款，以便公司在从销量增长中获得额外收益前能处理更大的现金支出。注意，这仅仅是一种经济因素即就业人数增长的预测变化所带来的一连串影响。实际上，不论何时都会涉及许多经济因素，它们之间的关系也十分复杂。经济分析将那些可能影响企业运营的因素分离出来，然后加以评估。

一家企业若进军海外市场，经济分析会更加复杂，因为经理必须在两种新环境即国外环境和国际环境下开展经营。国外环境包括母国之外的所有不可控因素，企业身在其中并受到影响。国外环境中有不止一种经济体存在，它们之间的区别非常大。国际环境包括各种互动，比如国内环境因素和国外环境因素之间的互动，或者某国企业的附属公司与其他国家的顾客做生意时，不同的国外环境因素之间的互动。从中可以看出：进军海外市场的决定带来的是更复杂的管理工作。

为一种经济形势制定的政策可能并不适合另一种经济形势。比如，总部可能要求子公司尽可能维持最低库存，首席财务官根据有利的利率，可能只会批准以外币计价的贷款。对于年通货膨胀率较低（0～15%）的国家来说，这些政策通常很有效。然而，对于像津巴布韦这样 2008 年 11 月日均通货膨胀率到达顶峰 98%的国家呢?[1] 对于如委内瑞拉一般 2014 年底仍在与 62.5%的通货膨胀率做斗争的国家呢?[2] 对于子公司而言，它们最不乐意见到的情形是现金或以外币计价的贷款，因此在高通货膨胀率的市场，应对之策应恰好与低通货膨胀率国家相反。

除了监管国外环境，分析家必须时刻关注贸易集团（欧盟、南方共同市场、东南亚国家联盟）与国际组织（联合国、国际货币基金组织、世界贸易组织）采取的行动。例如，2009 年初，欧元区引起金融和经济危机，美国企业据此对欧盟的发展及其对欧盟与美国之间贸易关系造成的影响保持警惕。企业及其经理也会密切关注联合国建立世界污染标准、健康标准和其他可能会对企业造成严重影响的举动。[3]

国际经济分析应该为实际市场和预期市场提供经济数据。作为竞争因素评估的一部分，许多企业密切关注它们的主要竞争对手所在国家的经济形势，因为经济形势的变化可能会强化或削弱竞争对手在世界市场的竞争力。数据收集和报告准备通常是总公司的职责，但是总公司仍期望外国子公司和区域代表对其所在市场的研究做出重大贡献。若企业在当地没有代表，那么企业所获得的数据通常并不完善，一般还可以从国内或国际机构获取数据。[4]中央银行或国际银行的报告是一国经济信息尤为重要的来源。其他可能的来源包括：世界上大多数国家首都的商会，领事馆的商务官员，联合国、世界银行、国际货币基金组织以及经济合作与发展组织。

7.2 经济发展水平

一国的经济发展水平影响商业活动的方方面面，国际经理会面对不同发展水平的市场。评估经济发展的一个公共基准是国民总收入（GNI），指一国居民创造的所有收入的总值，包括国内生产商品和服务的收入与海外收入。比如，世界银行基于人均国民总收入水平（通常以人均 GNI 表示），采用 2015 财年数据对不同国家进行分类：[5]

- 高收入经济体：人均 GNI 为 12 746 美元或更高
- 中等收入经济体：人均 GNI 为 1 045～12 746 美元，可进一步分为：
  —中上等收入经济体：人均 GNI 为 4 125～12 746 美元
  —中下等收入经济体：人均 GNI 为 1 045～4 125 美元
- 低收入经济体：人均 GNI 为 1 045 美元或更低

经济发展的另一种类别区分了发展中国家和发达国家，中低等收入经济体被称为**发展中经济体**（developing economies）。目前没有普遍认可的标准用来区分发达经济体和发展中经济体。根据联合国统计署的说法，它们使用“发达”与“发展中”这样的表述仅仅是为了统计方便，“不一定说明了某一国家或地区在发展过程中所达到的水平”。[6]**发达经济体**（developed economies）通常以工业化或后工业化、经济发达的服务型国家为代表。在这些国家，经济高度发达，公路、桥梁、公用事业、供电、电信等基础设施和其他社会运转所必需的结构要素已具备，人均收入高，人们可以维持较高的生活水平，包括购买商品，获得医疗保健、教育和其他必需品。

美国中央情报局和其他组织认为，经济发达的国家包括西欧国家、以色列、日本、澳大利亚、新西兰、新加坡、韩国、加拿大和美国，它们都具备表7-1左列展示的特征。

表7-1　发达经济体和发展中经济体的特征

发达经济体	发展中经济体
人均国民总收入为12 746美元或更高（世界银行标准）	人均国民总收入低于12 746美元（世界银行标准）
高水平物质生活、高质量寿命指数和大量中产阶层	中低水平物质生活和寿命指数，地区二元结构：部分地区生产力和收入较高，部分地区经济发展缓慢，收入分配不平等，中产阶层数量很少
经常使用最先进的生产技术和设备	技术二元性：一些企业使用最前沿的技术，一些企业使用非常传统的方法
生产资本基础雄厚，金融市场和银行体系高度发达，国际贸易各部门十分活跃	储蓄率低，银行设施不足，对少量出口产品有高度依赖性，通常为农产品或矿产品
农业产出占总产出很小部分，制造业产出占比日益减小	非生产性的农业为大部分人口生存之道
完善的政府和法律制度	政治不稳定，政府和法律制度不完善
教育机会多，文盲少	文盲率高，教育设施少
失业率和未充分就业率相对较低	变相失业和未充分就业（两人做一人即可完成的工作）
营养水平高，医疗保健便利	大范围营养不良和健康问题
	地形不适宜居住，例如沙漠、山区和热带雨林

资料来源："Updated Income Classifications," World Bank, http://data.worldbank.org/news/2015-country-classifications (January 21, 2015); Central Intelligence Agency, *The World Factbook*, https://www.cia.gov/library/publications/the-world-factbook/appendix/appendix-b.html (January 21, 2015); Lynge Nielsen, "Classifications of Countries Based on Their Level of Development: How It Is Done and How It Could Be Done," IMF Working Paper WP/11/31 (February 2011), International Monetary Fund, https://www.imf.org/external/pubs/ft/wp/2011/wp1131.pdf (January 21, 2015); and United Nations, Development Policy and Analysis Division, "LDC Information: The Criteria for Identifying Least Developed Countries," http://www.un.org/en/development/desa/policy/cdp/ldc/ldc_criteria.shtml (January 21, 2015).

相反，"发展中经济体"这一术语确定了世界低收入水平国家，它们属于技术欠发达国家。发展中国家的多样性比发达国家更大，它们中的大部分具备表7-1右列展示的特征。

从表7-1中可见，大多数经济发达国家与发展中国家中处于低端的国家在生活水平方面的差距很大。世界上大多数居民生活在处于两极之间的中低收入水平国家。许多管理者和国际组织开始关注**新兴市场经济体**（emerging market economies），它属于发展中经济体的一个子范畴。

根据世界银行的测量标准，新兴市场是指人均收入处于低等到中等之间的市场。它们通常处于向发达市场过渡的阶段，开始着手经济发展项目，改革开放，发展市场，以便出现在全球视野中。快速的发展和相关的经济与贸易机会通常会令新兴市场的本地投资和外国投资均增加，就业率显著提高，劳动力和管理技能提升，技术和基础设施加强。生产力的提升增加了国内生产总值，缩小了新兴市场经济体与发达经济体之间的差距。然而，其中的过程具有挑战性，新兴市场经济体可能遇到政治动荡和经济波动。新兴国家中最引人注目的当属中国和印度，它们有世界上 40%的人口，集体经济产出超过美国和欧盟。其他新兴国家有巴西、俄罗斯、印度、墨西哥、土耳其、印度尼西亚、马来西亚和韩国。

7.3 衡量经济的维度及其与国际商务的相关性

为了评估市场潜在需求，为公司的其他职能部门提供信息，管理者需要经济和社会经济因素变化的大小及变化率的数据。作为潜在市场，一个地区必须拥有足够多的有能力的消费群体。社会经济数据提供关于人群数量的信息，经济维度则告诉我们这些人是否有购买力。经济指标中更重要的几项是：国内生产总值、国民总收入、经济增长率、收入分配水平、个人消费支出、可自由支配的开支、单位劳动力成本和国家债务水平。

7.3.1 经济规模测量

国际管理者考虑在何处开展商业活动时，首先要考虑的是经济规模。下面，我们来看看测量经济规模的不同方法。

国民总收入 如前所述，国民总收入（GNI）是一国居民创造的所有收入的总值，包括国内生产的商品和服务的收入以及海外收入，主要用股息和利息减去支付给其他国家的类似费用得到。举例来说，德国的 GNI 包括位于德国的奔驰公司所创造的价值，以及位于美国的奔驰公司由来自德国的员工创造的那部分价值。如果德国子公司在美国装配了奔驰汽车，将这部分利润交给德国总部，那么德国的 GNI 也包括源于美国的利润。

比起国内生产总值（GDP），大多数国际组织更喜欢使用 GNI 来测量一个经济体创造的价值，因为 GDP 只测量一国某年在国内生产的商品和服务的市场价值。2013 年，各国的 GNI 差异较大，从美国的 16.97 万亿美元到岛国图瓦卢的 6 600 万美元不等。[7]这对于国际商务人士来说又有何关联呢？2013 年，印度的 GNI 为 1.96 万亿美元，丹麦为 3 430 亿美元，不到印度的 1/5，那么印度市场比丹麦市场更具吸引力吗？[8]因此，要比较国家间的购买力，国际管理者需要了解 GNI 所对应的国家人口。

人均国民总收入　根据世界银行提供的人均GNI数据，丹麦远比印度更具购买力：2014年丹麦的人均GNI为61 110美元，印度为1 570美元。[9]尽管印度的经济蛋糕是丹麦的5倍多，但是印度有超过丹麦220倍的人口来分享这块蛋糕。

从人均GNI中我们能学到什么？一般来讲，我们可以假设价值越高，经济越发达。然而，增长率对营销人员而言可能更为重要，因为高增长率表明市场高速发展，这个市场通常是令人满意的。如果要在某国投资，一国的GNI低但增长率高，另一国的情形正好相反，则管理层通常会选择前者。

尽管人均GNI普遍用于比较各国居民的幸福感以及评估市场或投资潜力，但是管理者要谨慎使用这一标准。例如，为得出GNI，经济学家必须将货币价值转嫁至各种市场上未售出的商品和服务，比如个人消费的食物等。而且，许多商品和服务被用于与低收入国家（因为人们的现金少）和高收入国家（因为人们希望减少上报的收入以少纳税）以物易物。未登记的这类交易是非正式经济的一部分，我们稍后会讨论。

将GNI转换为同一货币与购买力平价　GNI估算的另一问题是，对GNI进行比较，必须用汇率将它们转化为同一种货币，一般为美元。如果两种货币的相对价值即其市场汇率能准确反映每个国家消费者的购买力，那么这一简单的转换就可以接受。然而，事实往往并非如此。[10]通常，在发展中国家，消费者支付的商品价格比发达国家低。联合国国际比较项目（International Comparison Program，ICP）开发了一种根据购买力平价而非国际货币需求（市场货币汇率）比较GNI的方法。**购买力平价**（purchasing power parity，PPP）是调整两种货币汇率的一种手段，使货币具有同等的购买力。下面是购买力平价的计算方法。

假设泰国向世界银行报告，去年其人均GNI为170 766泰铢，世界银行将泰铢转换为美元。如果当前的汇率为31.8泰铢=1美元，则170 766泰铢相当于5 370美元（170 766/31.8）。那么这一方法能在多大程度上测量出泰国的福利呢？一名泰国居民以170 766泰铢购买的东西，如何与一名美国顾客在人均GNI为53 670美元的条件下买到的东西相比呢？假设下表反映了两个国家一篮子相同商品的当地价格。

商品	泰国（泰铢）	美国（美元）
香皂（一块）	50	1.25
大米（一磅）	35	0.55
鞋（一双）	905	70.00
裙子（一条）	780	85.00
袜子（一双）	95	3.25
总计	1 865	160.05

在泰国，1 865泰铢能买到在美国160.05美元能买到的东西。比较两种货币的购

买力，我们发现 1 865 泰铢/160.05 美元＝11.65 泰铢/1 美元。运用这一汇率计算，泰国的人均 GNI 为 170 766/11.65＝14 658 美元。而官方汇率为 1 美元＝31.8 泰铢，泰国的人均 GNI 为 5 370 美元。因此，泰国的 GNI 为美国 GNI 的 27%（14 658/53 960），而不是官方汇率可能显示的 10%（5 370/53 670）。当营销人员考虑泰国是不是一个对消费品有吸引力的市场时，这一差值举足轻重。

表 7－2 阐明了基于购买力平价（数据第二列）得出的人均 GNI 值的比较，其中发达国家的人均 GNI 值远低于以汇率为基础得出的值，发展中国家的人均 GNI 值远高于以汇率为基础得出的值。也就是说，如果使用购买力平价这一方法，发展中国家与发达国家的 GNI 值的差距比用汇率计算得出的 GNI 值的差距小。对于决定在全球何处开展商业活动的商务人士而言，这些差异可能至关重要。

表 7－2　基于联合国国际比较项目的人均 GNI（2013 年，部分国家）

国家	根据世界银行汇率转换得出的人均 GNI（美元）	基于购买力平价的人均 GNI（美元）
挪威	102 610	66 520
卡塔尔	85 550	123 860
美国	53 670	53 960
加拿大	52 200	42 590
日本	46 140	37 630
英国	39 110	35 760
沙特阿拉伯	26 200	53 780
俄罗斯	13 860	23 200
土耳其	10 950	18 760
马来西亚	10 400	22 460
墨西哥	9 940	16 110
中国	6 560	11 850
伊拉克	6 710	15 220
厄瓜多尔	5 510	10 310
尼日利亚	2 760	5 600
印度	1 570	5 350

资料来源：The World Bank，“GNI Ranking，Atlas Method，” http://data.worldbank.org/data-catalog/GNI-Atlasmethod-table（January 21，2015）；and The World Bank，“GNI per Capita Ranking，Atlas Method and PPP Based，” http://data.worldbank.org/data-catalog/GNI-per-capita-Atlas-and-PPP-table（January 21，2015）.

根据图表集法修正 GNI　世界银行对购买力平价与官方汇率的转换法不满意，采用图表集法得出人均 GNI 估值。**图表集法**（Atlas conversion factor）旨在降低汇率波动的影响。它是当前汇率与过去两年汇率的算数平均数，同时根据国内通货膨胀率与欧元区、日本、英国和美国组合的通货膨胀率进行调整。采用图表集法测量的收入通常长时间保持稳定，收入排名的变化可能源于相关经济效益而非汇率的波动。因此，管理者在评估国际市场时可能会发现，GNI 估值是采用图表集法得到的。

解释地下经济或非正式经济　如果某位经理希望分析不同市场的商业潜力，那么获取某一经济的整体规模的准确测量信息十分重要。然而，部分 GNI 并不是根据官方统计结果测量的，因为它们要么属于灰色收入，要么未经上报。**地下经济**（underground economy）包括未申报的商品和服务产品，其中既有合法产品（未申报收入或资产），也有非法产品（毒品、有版权的音乐或录像的盗版、赌博、使用非法入境的工人、人口贩卖和卖淫），以及这些产品所带来的活动（贩毒者或恐怖组织的洗钱活动），实物支付的隐藏收入（以物易物）。通常，税收水平越高，政府的繁文缛节越具压迫性，地下经济的规模会越大。[11]

美国的地下经济从 1970 年占 GDP 的 4%上升至 2003 年超过 8%。平均来说，2000—2012 年地下经济占经济合作与发展组织国家国内生产总值的 16%～17%，是新兴经济规模的 2～3 倍。据估计，许多国家的地下经济占比已经超过 GDP 的 50%，在玻利维亚、格鲁吉亚、巴拿马和津巴布韦更是超过 60%。估值大不相同，是由于使用了不同的数据汇编方法；那些拥有未申报收入的人也不太可能承认这一收入。同时，为了减少向政府缴纳的总税款，地下经济可能歪曲经济数据，这一点是管理者在使用这些数据做商业决策时必须考虑的。大规模的地下经济可能给公共政策制定者带来一些问题，还会增加复杂性与不确定性，进而改变管理者对特定国际市场吸引力的评估。

国际商务实践

用巨无霸指数评估购买力平价

《经济学人》（*The Economist*）是一份英国周刊，它的巨无霸指数（Big Mac Index）提出了一种有关购买力平价的有趣应用，由此形成了一个巨无霸篮子，里面装着经济学家一直以来使用的各种商品。这一指数计算汇率，即一个巨无霸汉堡包在美国以及其他国家所花费的成本。

首先，这一指数要求人们收集麦当劳餐厅的巨无霸汉堡包在世界各地的当前价格。然后，人们对基于当前汇率的汉堡包价格与基于购买力平价的汉堡包价格进行比较，指数就能表明某一货币的估价过高还是过低。举例来说，2014 年 1 月，在中国的五座城市，巨无霸汉堡包按照现行人民币对美元的汇率计算的平均价格为 2.74 美元，而在美国的四座城市均价为 4.62 美元。实际上，人民币比隐含的购买力平价汇率低 41%。中国的汉堡包真便宜啊。

基于巨无霸汉堡包的市场价格，下图显示了使用隐含汇率的各国货币的高估值与低估值。数据来源于 2014 年 7 月。挪威的货币被高估了约 70%，中国的货币则被低估了近 40%。

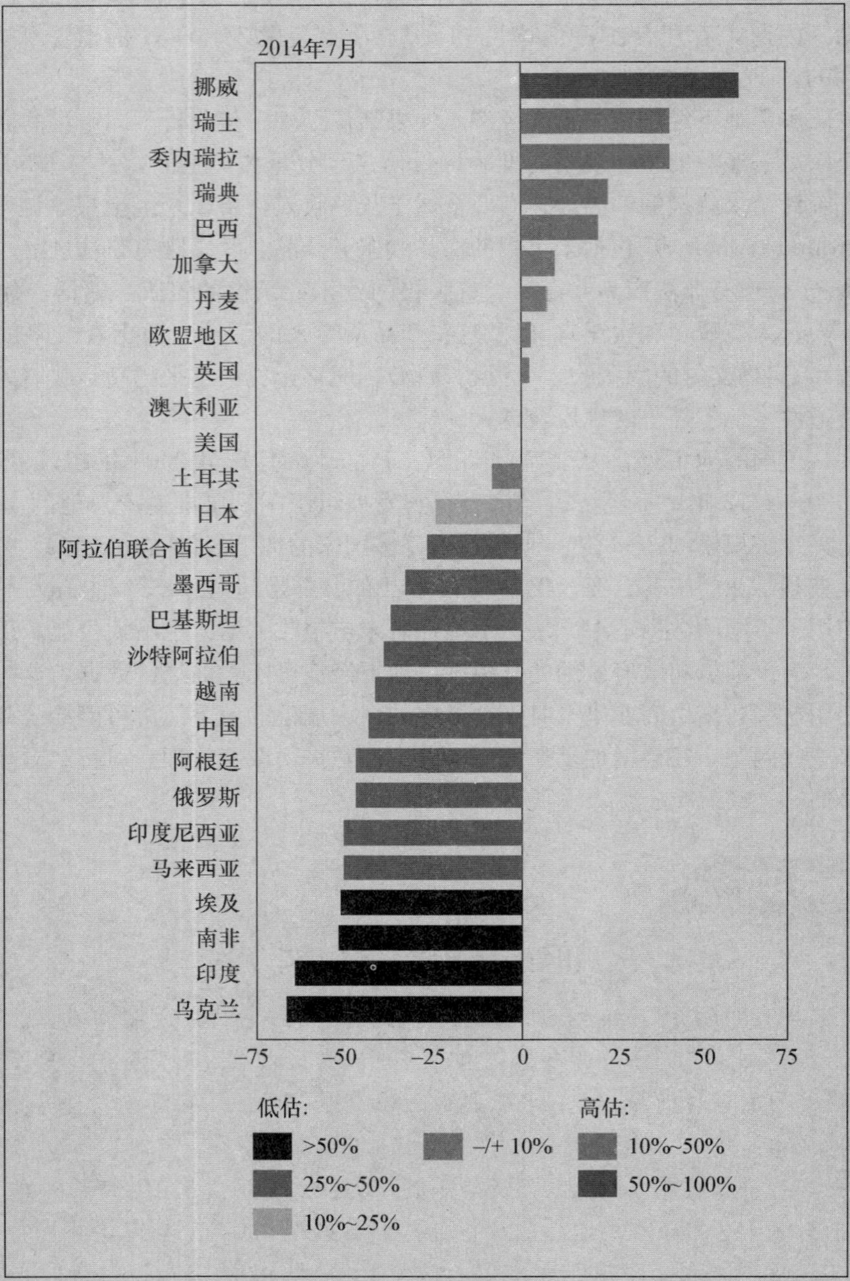

资料来源："The Big Mac Index," *The Economist*, July 24, 2014, http://www.economist.com/content/big-mac-index (January 21, 2015).

《经济学人》称，长期以来，巨无霸数据一致表现良好。事实上，在麦当劳的汉堡包数据基础之上衍生出了另一个新的术语——"汉堡包经济"。评估这一指数时，我们要记住：一个巨无霸汉堡包的价格反映的不仅仅是一篮子可交易的商品，还有购买力平价理论所阐述的情境。例如，顾客在购买巨无霸汉堡包时获得的服务是不可交易的，麦当劳的品牌形象同样如此。而且，这一指数有助于人们快速了解相关货币的价值及其走向。巨无霸指数的最新版本或许能帮助你选择物美价廉的度假地或者春假地。上图显示，在印度、南非和印度尼西亚，巨无霸汉堡包比美国便宜得多。而在巴西和挪威，巨无霸汉堡包价格很高。你可以登录 http://www.economist.com/content/big-mac-index/查找巨无霸指数的最新信息和实际价格。

7.3.2 经济增长率

GNI 或人均 GNI 等数据可以提供经济规模的大概情况，但无法告诉管理者经济是否在增长，增长或衰退的速度如何。因此，大多数经验丰富的管理者会观察经济增长率，估计经济规模，作为分析的补充。

这一方式的基本原理很好理解。如表 7-3 所示，2012 年和 2013 年，新兴经济体和发展中经济体的增长速度比发达经济体快不止 3 倍。而且预测显示，2014 年和 2015 年，这一增速将不止翻两番。快速提高的经济增长率显示了消费者的需求增长，同时表明贸易和外国直接投资可能随之增长，这对于国际公司来说是极具吸引力的市场机会。

表 7-3 各国和不同类别国家的经济增长率（增长率的同比变化）(%)

	2012 年	2013 年	2014 年	2015 年
发达经济体	1.4	1.3	2.2	2.3
美国	2.8	1.9	2.8	3.0
欧盟地区	−0.7	−0.4	1.0	1.4
日本	1.4	1.7	1.7	1.0
加拿大	1.7	1.7	2.2	2.4
其他发达经济体	1.9	2.2	3.0	3.2
新兴市场和发展中经济体	4.9	4.7	5.1	5.4
中欧和东欧	1.4	2.5	2.8	3.1
独立国家联合体	3.4	2.1	2.6	3.1
俄罗斯	3.4	1.5	2.0	2.5
发展中亚洲	6.4	6.5	6.7	6.8
中国	7.7	7.7	7.5	7.3
印度	3.2	4.4	5.4	6.4
东盟五国（印度尼西亚、马来西亚、菲律宾、泰国、越南）	6.2	5.0	5.1	5.6
拉丁美洲和加勒比海地区	3.0	2.6	3.0	3.3
巴西	1.0	2.3	2.3	2.8
墨西哥	3.7	1.2	3.0	3.5
中东、北非、阿富汗和巴基斯坦	4.1	2.4	3.3	4.8
撒哈拉以南非洲	4.8	5.1	6.1	5.8

资料来源：International Monetary Fund，"Is the Tide Rising?，" *World Economic Outlook* (*WEO*) *Update*，January 21，2014，https://www.imf.org/external/pubs/ft/weo/2014/update/01/pdf/0114.pdf (January 21，2015).

7.3.3 收入分配

尽管人均GNI和经济增长率的差值表明了一国国民财富的相对情况，但是这些信息有时也具有误导作用，因为通常财富并不是平均分布的。根据国民收入实际分布的数据，管理者必须对第一手原始购买力评估信息进行提炼。

基于海量信息来源，世界银行每年收集**收入分配**（income distribution）的数据并发布在《世界发展指标》(*World Development Indicators*)（见表7－4）上，这些数据表明了一国的收入是如何分配在居民身上的。国际公司用于测量潜在价值的另一种指标是**基尼系数**（Gini index），该系数测量一个国家中家庭收入分配的平均水平。基尼系数较低表示分配更平均。基尼系数的范围很广：瑞典为23.0%，南非为63.1%。

表7－4　　部分国家部分消费或收入所占百分比

国家	最低的20%	20%～40%	40%～60%	60%～80%	最高的20%	最高的10%	基尼系数（%）
阿根廷（2010年）	4	9	15	22	49	32	45.8
巴西（2009年）	3	7	12	19	59	43	51.9
中国（2009年）	5	10	15	23	47	30	47.3
厄瓜多尔（2010年）	4	8	13	21	54	38	48.5
印度（2010年）	9	12	16	21	43	29	36.8
马来西亚（2009年）	5	9	14	22	51	35	46.2
墨西哥（2010年）	5	9	13	20	53	38	48.3
尼日利亚（2010年）	4	8	13	20	54	38	43.7
秘鲁（2010年）	4	8	14	22	53	36	48.1
俄罗斯（2009年）	6	10	15	21	47	32	42.0
卢旺达（2011年）	5	8	12	18	57	43	46.8
南非（2009年）	3	5	8	16	68	52	63.1
土耳其（2010年）	6	11	16	22	46	30	40.2
美国（2012年）	3	8	14	23	51	—	45.0
赞比亚（2010年）	4	6	10	18	62	47	57.5

资料来源：World Bank, *World Development Indicators 2014*, http://wdi.worldbank.org/table/2.9 (January 21, 2015); U.S. Census Bureau, "Table H-2: Share of Aggregate Income Received by Each Fifth and Top 5 Percent of Households, All Races: 1967 to 2012," https://www.census.gov/hhes/www/income/data/historical/household/ (January 21, 2015); and Central Intelligence Agency, "Distribution of Family Income-Gini Index," *The World Factbook*, https://www.cia.gov/library/publications/the-world-factbook/rankorder/2172rank.html (January 21, 2015).

尽管对收入分配的研究困难重重，比如不一致的衡量方法，样本的代表性差异大，但是这些数据为商业活动提供了一些有用的信息。

1. 它们印证了这样一个信念：总体上，在更富裕的国家收入分配更均衡，尽管在发达国家和发展中国家存在一些重大差异。

2. 不同时期的比较显示：收入重新分配的进展十分缓慢，因此历史数据仍然有用。

3. 相同的比较表明：在发展早期收入不平等现象增多，在发展晚期则减少。事实上，某些国家中间 20%的人口增长是以牺牲 20%的顶层和底层为代价的，这意味着中等收入家庭数量的增长，这对营销人员尤为重要。

根据产品的种类和人口总数，相对均衡和相对不均衡的收入分配都暗藏着商机。尽管南非的 GDP 按购买力平价衡量为 5 970 亿美元，其中一半以上的总收入仅为前 10%人口的所得，这表明有很多人是小批量、高价位奢侈品的潜在消费者。考虑到 60%的最低收入人群的所得仅占国民收入的 16%，低价、高需求量的消费品或许具有吸引力。这种基于国民总收入、总人口和收入分配的简单计算或许能表明某个国家是不是一个较好的市场；如果看起来前景光明，分析家会继续收集数据来分析私人消费。

7.3.4　私人消费

营销人员关心的是消费者分配其**可支配收入**（disposable income）即个人税后收入的方式，如何在必需品和非必需品间进行购买选择。例如，家庭耐用品的制造者想知道此类商品的支出总额，非必需品制造商则对**可随意支配的收入**（discretionary income），也就是可支配收入减去必需品支出与税收更感兴趣，因为这是消费者可用于购买其产品的金额。幸运的是，可支配收入和必需品开支总额可以在《联合国统计年鉴》（*UN Statistical Yearbook*）中看到。更详细的支出模式可在世界银行发布的《世界发展指标》中找到。表 7－5 引用了其中部分数据，列出了根据购买力平价法确定的五个高收入经济体和五个低收入经济体的私人消费支出。

表 7－5　基于购买力平价的私人消费

国家	人均国民总收入(美元)/基于汇率，2013 年	人均国民总收入(美元)/基于购买力平价，2013 年	国内生产总值中的家庭消费支出(%)，2013 年	家庭消费百分比					
				食品与非酒精类饮品	服装与鞋类	教育	医疗保健	交通与通信	其他消费
澳大利亚	65 520	42 540	55	10	3	4	6	12	65
加拿大	52 200	42 590	56	9	4	2	4	17	64
印度	1 570	5 350	62	32	7	1	5	17	38
德国	46 100	44 540	57	11	5	1	5	16	62
日本	46 140	37 630	61	14	4	2	5	15	60
肯尼亚	930	2 250	80	47	3	3	2	11	34
智利	15 230	21 030	64	16	5	4	5	16	54

续前表

国家	人均国民总收入(美元)/基于汇率，2013年	人均国民总收入(美元)/基于购买力平价，2013年	国内生产总值中的家庭消费支出(%)，2013年	家庭消费百分比					
				食品与非酒精类饮品	服装与鞋类	教育	医疗保健	交通与通信	其他消费
纳米比亚	5 840	9 590	65	51	5	5	6	5	28
老挝	1 460	4 570	69	48	1	1	2	12	36
美国	53 670	53 960	68	7	3	2	21	13	54

资料来源：World Bank，"Household Final Consumption Expenditure，etc.（% of GDP），" *World Development Indicators 2014*，http://data. worldbank. org/indicator/NE. CON. PETC. ZS（January 21，2015）；World Bank，"GNI Per Capita Ranking，Atlas Method and PPP Based，" http://data. worldbank. org/data-catalog/GNI-per-capita-Atlas-and-PPP-table（January 21，2015）；Organisation for Economic Co-operation and Development，"Final Consumption Expenditure of Households，" http://stats. oecd. org/Index. aspx? DataSetCode＝SNA_TABLE5（January 21，2015）；and United Nations，"Individual Consumption Expenditure of Households，NPISHs，and General Government at Current Prices，" https://data. un. org/Data. aspx? d＝SNA&f＝group_code%3A302（January 21，2015）.

由于以购买力平价为基准的消费者支出减去了价格的差值，营销人员运用这些数据来分析消费的构成是如何随着发展水平而改变的。例如，发展中国家的家庭开支中食物和饮品所占百分比是工业化国家的2～4倍；发达国家的家庭用于交通和通信、消耗耐用品、医疗保健和其他消费的开支所占百分比是发展中国家的2倍。需要注意的是，消费类别的百分比差异与人均消费支出无关；尽管法国的高级时装十分吸引人，但法国的服装消费支出所占的百分比仅为中国香港的1/4。

国际商务经理很聪明，他们不会低估国家间细微的百分比差异的重要性。他们知道每一个百分比相当于一大笔钱，对大型经济体来说尤其如此。要想知道有多少，试着用人均消费支出总额乘以1%的人口。举例来说，如果美国消费者在服装上的支出增加了1%，那么服装行业的额外收入将达到1 700亿美元。

其他测量个人消费的指标有：（1）商品的所有权；（2）关键材料的消耗。例如，人均可用的商业能源与现代部门（比如城区、工业和机动交通等）的规模有关。世界银行发现，高收入国家人均商业能源使用量是发展中国家的7倍。同时，能源数量和组合也构成了一国发展水平的粗略指标。正如表7-6所示，通常工业化国家比发展中国家更重视这些指标。

表7-6　　人均拥有或消费重要商品和服务（部分国家）

地区/国家	每100位居民中的移动手机用户，2013年	人均电力消耗（千瓦时），2011年	每100位居民中的网络用户，2013年
欧洲			
瑞士	134	7 928	87
瑞典	124	14 030	95
意大利	159	5 515	59

续前表

地区/国家	每 100 位居民中的移动手机用户，2013 年	人均电力消耗（千瓦时），2011 年	每 100 位居民中的网络用户，2013 年
中东			
以色列	123	6 926	71
科威特	190	16 122	76
沙特阿拉伯	176	8 161	61
非洲			
南非	147	4 604	49
加纳	108	344	12
埃塞俄比亚	27	52	2
亚洲			
日本	115	7 848	86
中国	89	3 298	46
印度	71	684	15
南美洲			
智利	134	3 568	67
巴西	135	2 438	52
哥伦比亚	104	1 123	52
东欧			
匈牙利	116	3 895	73
俄罗斯	153	6 486	61
哈萨克斯坦	181	4 893	54
北美洲和加勒比海地区			
美国	96	13 246	84
特立尼达和多巴哥	145	6 332	64
墨西哥	86	2 092	44

资料来源：World Bank，"Electric Power Consumption，" *World Development Indicators 2014*，http://data.worldbank.org/indicator/EG.USE.ELEC.KH.PC (January 21，2015)；World Bank，"Mobile Cellular Subscriptions (per 100 people)，" *World Development Indicators 2014*，http://data.worldbank.org/indicator/IT.CEL.SETS.P2 (January 21，2015)；and World Bank，"Internet Users (per 100 people)，" *World Development Indicators 2014*，http://data.worldbank.org/indicator/IT.NET.USER.P2 (January 21，2015).

7.3.5　单位劳动力成本

构成一个令人满意的投资机会的因素之一是较低的**单位劳动力成本**（unit labor costs）或总体直接劳动力成本除以单位产出低于公司当前的可用成本。单位劳动力成本低或增长缓慢的国家吸引管理者的原因有二：首先，它们向企业展示了较低生产成本的投资前景；其次，如果同行业的其他公司已经在某国驻扎或投资生产，它们或许能成为世界市场新的竞争来源。

工资率的变化也可能引起一家跨国公司改变其供应来源。例如，耐克在美国不设工厂，它从 1964 年开始启用日本工厂。20 世纪 70 年代中期，日本劳动力成本上升，耐克将工厂迁至韩国以及泰国。之后，这些国家的成本也增加了，耐克将大部分生产线转移至中国的合同工厂。随着中国工资率的增长，耐克又开始担忧。因为零售价在

75～175 美元的鞋的生产成本和运至美国的成本达到 10 美元。耐克试图将生产线转移到其他地方，那里的工资水平比中国至少低 30%。如今，耐克在 44 个国家拥有 719 家工厂，尽管其产品的生产大部分仍位于低成本的亚洲国家如印度尼西亚和越南。中国仍是其运动鞋的最大生产地，但是 2013 年美国的进口量下滑，创 12 年历史最低。[12]

那么，导致劳动力成本变动的原因是什么？原因有三：(1) 薪酬；(2) 生产力；(3) 汇率。由于附加福利的差异，时薪的波动比工资大得多。若生产力的提高超过时薪的增长，那么单位劳动力成本不会随着薪酬的增加而增加。实际上，如果生产力提高得足够快，那么即使公司必须支付工人更多的薪酬，单位劳动力成本也会降低。

数据揭示了为何国际企业如此关注世界各地的劳动薪酬率。例如，1975 年，瑞典拥有世界上最高的时薪，美国和德国并列第 5，日本的平均时薪不到美国的一半。然而，到了 1985 年，美国的薪酬率成为世界最高的，美国管理者开始寻找海外生产地。仅仅 10 年，美国的时薪成本跌至第 13 位，除英国和西班牙外欧洲国家的时薪成本都比美国高。到 1995 年，美国仍处于第 11 位，但排名发生了一个重要的改变：在 1985 年薪酬低于美国的日本如今达到美国的 138%。许多日本企业将重要的工厂迁至其他劳动力成本较低的亚洲国家，如泰国、中国和印度尼西亚。（日本许多熟练技工和工匠的退休影响了这一海外迁移，使得外国劳工更加受欢迎。）图 7－2 显示了 2000—2011 年部分国家制造业的时薪成本。相对于图中大多数国家，美国的成本竞争力上升，这可能表明美国已经成为一个更有吸引力的投资地。

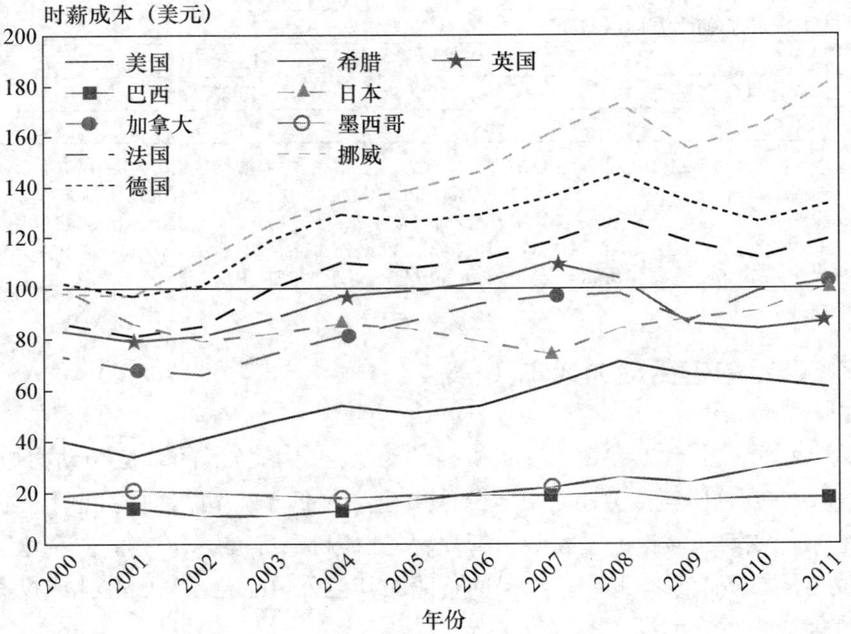

图 7－2　2000—2011 年部分国家制造业平均时薪成本指数

说明：时薪成本包括直接支付费用、社会保险费和劳动力相关税费。

资料来源：U. S. Bureau of Labor Statistics，"Indexes of Hourly Compensation Costs in Manufacturing，U. S. Dollar Basis，1996—2011，" http://www.bls.gov/web/ichcc/ichccaesuppt1_1.txt (January 21，2015).

7.3.6 其他经济维度

中低收入国家的国际债务引发了许多问题，不仅影响国家政府，还影响跨国公司。表7-7中展示了一些背负高额外国债务的发展中国家。这些债务数额庞大，且总额增长迅速。随着债务水平的增高，越来越多的资源被用于偿还利息而非投入生产。若偿还债务的能力弱，会增大其经济效益的不稳定性，阻碍政府的投资及应对来自基础设施和其他方面的压力，降低消费者的信任度。例如在2002年，阿根廷因拖欠外债引发了街头抗议和银行挤兑，造成三个月内货币贬值44%，对其经济造成了损害性后果。阿根廷在2005年及2010年重整债务，试图解决债务问题，却在2014年再次拖欠债务。持续的债务负担和一系列不稳定因素影响了阿根廷经济的方方面面。

表7-7　发展中国家中的主要跨国债务国　单位：10亿美元

国家	1980年	1990年	2000年	2010年	2013年	2013年债务/1980年债务
阿根廷	27	63	147	117	121	4.48
巴西	72	120	243	352	440	6.1
中国	5	55	146	560	754	150.8
印度	21	86	101	292	379	18.05
印度尼西亚	21	70	144	200	255	12.14
墨西哥	58	105	152	243	355	6.12
土耳其	19	49	117	299	337	17.74

资料来源：World Bank，"External Debt Stocks，Total (DOD，Current US$)，" http://data.worldbank.org/indicator/DT.DOD.DECT.CD (January 21，2015).

负债仅仅是国际银行家应该担心的问题吗？跨国公司管理者是否也该关注？当出口债务率达到200%～250%，偿债率即偿付金额与出口收入之比高于20%～25%时，很可能发生偿债困难。让我们来研究一家国际企业的高额外债所带来的后果。

一国的可用外币也称外汇，企业需要用来支付以外币为单位的进口订单。如果大部分外汇无法用于进口当地生产所需的零部件，当地工业就必须自行制造零部件，否则进口这些零部件的企业不得不停产。如果这家跨国企业一直将其母国所产零部件出售给子公司，那么无论做出何种选择都会使跨国企业销量减少。这种情况屡见不鲜，因为母国工厂的**纵向整合**（vertical integration）通常比子公司更好；也就是说，母国工厂的投入超过其生产流程所需。对于子公司来说，外汇不足也会造成原材料和生产设备所需的其他零部件的进口困难。如果总部希望其分支机构继续生产，那么它可能不得不借钱给分支机构偿还外币借款。一些跨国企业已经停止了它们在某国的经营活动，转而采取以货易货甚至出口其子公司的产品等措施，即使这些举措会减少出口额乃至降低本国工厂的当地销量。

债台高筑的政府可能会强制实行价格管制（这使得子公司更加难以获利），削减政府支出（这会减少公司销量），以及进行工资管制（以此限制消费者购买力）。随之而来的经济混乱可能会引发一场政治危机，如希腊通过财政紧缩计划来应对2012年的金融危机所遇到的那样。

外汇稀缺甚至会影响仅出口产品至高外债国家的企业，因为为了留住外汇并偿还外债，这些国家的政府肯定会强制实行进口限制。1981—1983年，拉丁美洲外债飞速增长，这一地区的美国商品进口额锐减三成。为了保护进口市场，美国企业不得不延长长期贷款。同样，2007年开始，斯里兰卡的外债不断增加，出口收入萎缩，2012年下降了7.4%，目前仍持续减少。[13]由此可见，管理者期望获取债台高筑国家的外债信息。

全球辩论

如何最佳地衡量发展：经济或人民？

衡量一国发展的最佳方法是什么？是否应该首先关注对国际企业至关重要的经济因素？或者还有其他办法可以用来了解包括国家居民生活质量在内的发展概况？时至今日，我们仍然依靠人均GDP和人均GNI等经济数据来获知发展情况，许多经济学家也是如此。然而，这些数据并没有捕捉到我们真正想获取的信息。我们的测量也许出错了。

评价发展的基本方法有两种，每一种都有许多变化。第一种是最常用的方法，关注经济，因为它会显示一国人民正在生产的产品，也就是他们的收入来源和消费来源。第二种方法以发展的眼光来看待人民以及满足人民健康生活的各种选择。

在本模块，我们通过经济因素跟踪并发展了这两种基本观点。第二种方法通常也称人类需求方法。1990年，联合国发展计划署（United Nation Development Program）跟踪了早期以人为本的一种方式，这种方式由国际劳工组织在20世纪70年代引入，之后因缺少发达国家的支持而弃用。这些发生于撒切尔-里根时期，世界经济萧条令人担忧，人们认为发展中国家应该偿还国际银行的欠款。对此，联合国发展计划署回应道："何为人类发展？"这暗示着人类应该采取一种人类需求方式来减少贫困、失业人数和收入分配不平等。减少贫困不仅意味着减少文盲、营养不良、疾病和早逝，也会带来农业生产向工业生产或以服务为基础的经济活动的转变。

联合国发展计划署提出了人类发展指数（Human Development Index，HDI），这一指数由三项指标构成：(1) 健康长寿，用平均期望寿命来衡量；(2) 掌握知识的能力，用成年人识字率来衡量；(3) 获取体面生活所需资源的途径，用人均国民总收入来衡量，根据购买力的差异加以调整。下表的内容来源于该项目的报告，挪威是最发达国家，排名最后的18个国家全部来自非洲。

人类发展指数排名	国家	平均期望寿命（年），2013 年	平均受教育年数，2012 年	人均国民总收入（购买力平价，美元），2013 年
1	挪威	81.5	12.6	63 909
2	澳大利亚	82.5	12.8	41 524
3	瑞士	82.6	12.2	53 762
4	荷兰	81.0	11.9	42 397
5	美国	78.9	12.9	52 308
8	加拿大	81.5	12.3	41 887
178	莫桑比克	50.3	3.2	1 011
180	布隆迪	54.1	2.7	749
182	厄立特里亚	62.9	3.4	1 147
184	乍得	51.2	1.5	1 622
186	刚果	50.0	3.1	444
187	尼日尔	58.4	1.4	873

资料来源：http://hdr.undp.org/en/content/human-development-index-hdi (January 21, 2015).

人类发展指数提倡投资于人类，经济学术语中的人类资本表明，发展不仅仅需要资本积累，人类发展不仅限于经济成就。人类发展通常伴随着经济发展，但是数据显示，发达国家可能在人类相关指标，比如人权、新生儿存活率和男女平等等方面表现不佳。美国的婴儿死亡率位于世界第 47 位，平均每 1 000 名新生儿中有 5.2 名死亡，高于古巴（4.7）、日本（2.17）和捷克（3.67）。

问题

1. 你认为对于国际经理来说，要评估一个潜在市场的发展水平，采取何种衡量发展的办法最为有效？请解释。

2. 你是否同意罗伯特·肯尼迪的主张：基于市场数据来衡量发展并不完全等同于衡量人类（和市场）发展？请解释。

3. 如果你是一家国际企业子公司的经理，东道国国家政府要求你证明公司是基于人类发展需要而提出工厂的投资计划，你会提出什么观点来支持你的立场？

资料来源：*Human Development Report 2014* (New York: United Nations Development Program), http://hdr.undp.org/en (January 21, 2015); Charles Kindleberger and Bruce Herrick, *Economic Development* (New York: McGraw-Hill, 1977), p. 1; Lee M. Stapleton and Guy D. Garrod, "Keeping Things Simple: Why the Human Development Index Should Not Diverge from Its Equal Weights Assumption," *Social Indicators Research 84* (2007), pp. 179–188, http://link.springer.com/article/10.1007%2Fs11205-006-9081-3 (January 21, 2015); Shyamal Chowdhury and Lyn Squire, "Setting Weights for Aggregate Indices: An Application to the Commitment to Development Index and Human Development Index," *Journal of Development Studies* 42, no. 5 (July 2006), pp. 761–771, http://www.cgdev.org/doc/event%20docs/10.23.03%20GDN%20Conf/Chowdhury%20and%20Squire%20-%20 Setting%20Weights%20for%20Aggregate%20Indices.pdf (January 21, 2015); George Psacharopoulos, "Returns to Investment in Education: A Global Update," *World Development* 22 (1994), http://econ.worldbank.org/external/default/main? pagePK=64165259&theSitePK=469372&piPK=64165421&menuPK=64166093&entityID=000009265_3961003230826 (January 21, 2015); Jean-Philippe Cotis, "Economic Growth and Productivity," http://www.oecd.org/economy/growth/37179645.pdf (January 21, 2015); and Wiliam A. Allen and Richhild Moessner, "The Liquidity Consequences of the Euro Area Sovereign Debt Crisis," BIS Working Paper 390, Bank for International Settlements, March 2013, http://www.bis.org/publ/work390.pdf (January 21, 2015).

7.4 经济的社会经济维度及其与国际商务的相关性

要评估一个市场的潜力，为企业的其他职能部门提供信息，除了前面提到的经济因素外，管理者还需要评估大量的社会经济因素。例如，一个地区必须有足够的居民有意愿购买公司的产品。社会经济数据提供了这些人的信息，经济维度则揭示他们是否具有购买力。下面，我们从人口总量的分析说起。

7.4.1 人口总量

人口总量作为一种最普遍的潜在市场规模指标，是分析人员研究的首要特征。各地人口规模差异极大。图 7-3 显示了 10 个国家 2014 年的人口规模和增长范围，预计到 2050 年，它们的人口规模将达到最大。

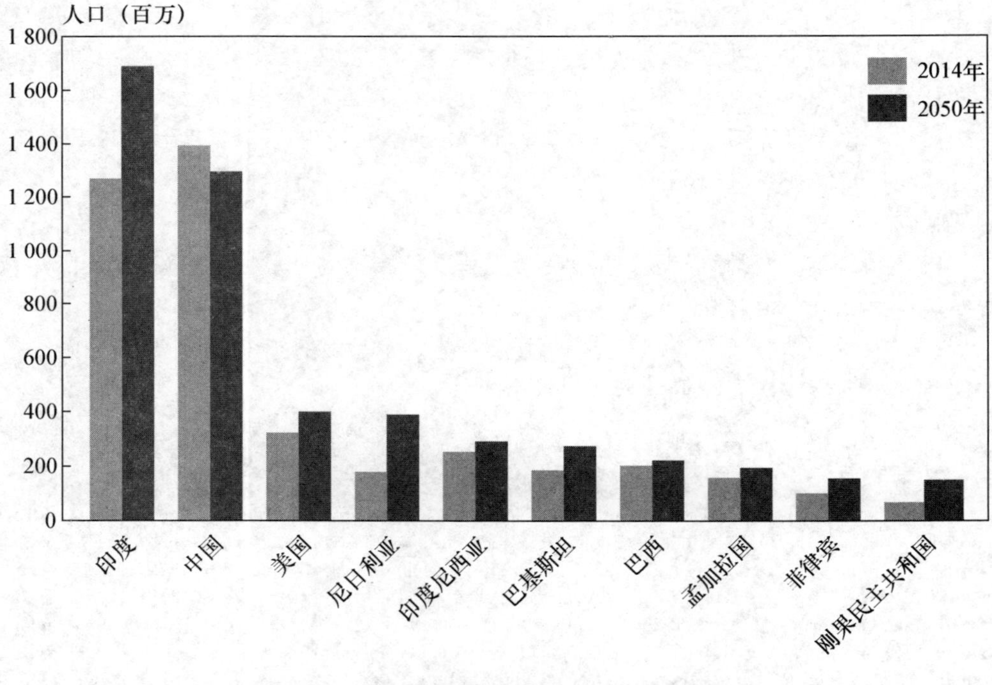

图 7-3　2050 年人口数量排名前 10 国家的人口增长

资料来源：United Nations Department of Economic and Social Affairs, *World Population Prospects*: *The 2012 Revision*, http://www.un.org/en/development/desa/population/publications/database/index.shtml (January 21, 2015); World Bank, "Population Projection Tables by Country and Group," http://web.worldbank.org/WBSITE/EXTERNAL/TOPICS/EXTHEALTHNUTRITIONANDPOPULATION/EXTDATASTATISTICSHNP/EXTHNPSTATS/0,contentMDK:21737699~menuPK:3385623~pagePK:64168445~piPK:64168309~theSitePK:3237118,00.html (August 1, 2014); and Worldometers, "Top 20 Largest Countries by Population (live)," http://www.worldometers.info/world-population/ (August 1, 2014).

事实上，许多发展中国家的人口不足 1 000 万，就人口规模来说，这体现了他们在经济优势和市场潜力上的不足。单就人口规模而言，仅少数低价产品如软饮料、香烟和肥皂或许能作为消费评估的基础。对于不在此列的产品来说，人口规模大或增长迅速也许并不能反映市场的直接扩大，但是如果收入逐渐增长，最终部分人口会转化为消费者。通过比较人口和经济增长率，我们能深入了解这些地区的收入增长速度。哪里的国民总收入增长速度超过人口速度，哪里就可能存在扩张的市场，反之则可能意味着市场紧缩，甚至意味着某个国家可能会发生政治动乱。如果关于教育制度的分析揭示了当地技校毕业生和大学毕业生中未就业人数增加，那么这里发生政治动乱的可能性更高。如果市场没有提供足够多的工作岗位来吸收这些人，政府可能会遇到大麻烦。目前有许多国家面临这种困境，埃及和沙特阿拉伯就是如此。

7.4.2　年龄分布

由于很少有产品是人人都会购买的，因此营销人员必须确定哪些人更乐意购买他们的产品。对于有些公司而言，年龄是一个重要的市场规模决定因素，然而不同年龄人口的分布大有不同。一般而言，发展中国家比工业化国家有更多年轻人，这得益于它们的高出生率。

发展中国家的人口占世界总人口的 3/4 以上。图 7－3 列出了到 2050 年人口数量预计最多的 10 个国家，其中只有一个是高收入国家（美国）。

对于企业管理者而言，这意味着什么呢？对于发达国家，儿童产品的需求增长，家具和服装次之，随着年龄的增长，医疗护理及相关产品、旅游和金融服务等的需求也会增长。产品需求减少的企业不得不从发展中国家寻找销量增长的机会，因为那里人口的年龄分布与发达国家相反。

出生率下降的原因有很多。虽然政府支持家庭养老项目，但事实表明，健康水平、教育水平和女性地位提高，收入分配更加平均，城市化程度提高，都对传统的家庭规模产生了影响。有专家称，一段时间内，成功的家庭养老计划和超出基本水平的女性受教育状况将极大地制约家庭规模的增长。

非洲和中东的一些国家鼓励减少家庭人口，这些地方的生育率很高，一名女性育有 7 个孩子。然而，工业化国家不断降低的出生率备受关注。世界银行报告，这些国家的生育率——也就是根据当前特定年龄，一名女性在其适孕年龄生产和养育儿童的数量——远远低于 2.1 名儿童的人口替代水平。印度、墨西哥和中国的出生率也在下降。

在欧洲，不结婚的年轻人逐渐增多，即使结婚，他们也会很晚结婚，生的孩子较少。到 21 世纪中叶，意大利人口预计减少 1 500 万，西班牙和俄罗斯的出生率更低。到 2050 年，欧盟许多国家将面临工人短缺问题，2009 年金融危机发生时的高失业率现象将不复存在。22%的欧洲人将超过 65 岁，欧洲政府不得不为他们提供医疗保障和养老金，而纳税人会更少（见图 7－4）。

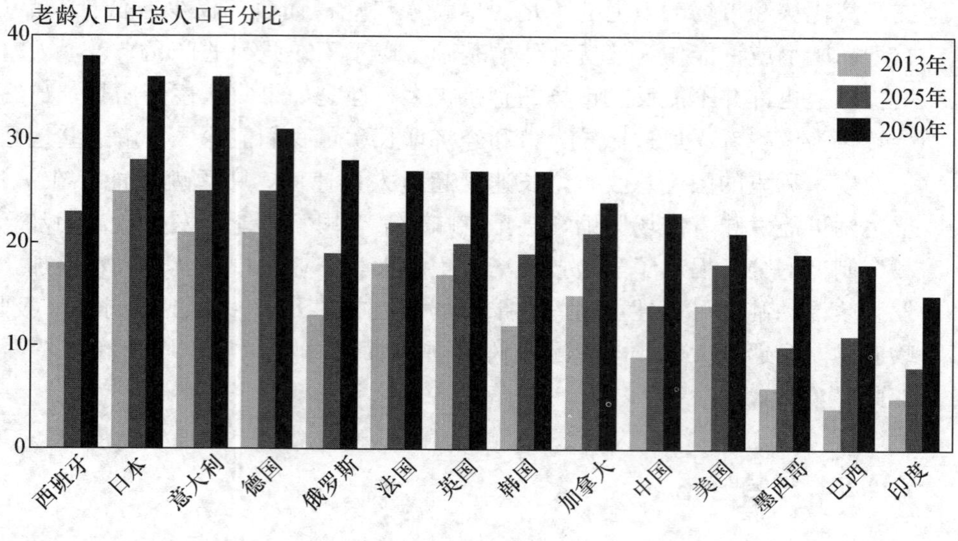

图 7－4　部分国家老年人口（超过 65 岁）所占比例

资料来源：World Bank，"Population Ages 65 and Above（% of Total），" http://data.worldbank.org/indicator/SP.POP.65UP.TO.ZS（January 21，2015）；U.S.Census Bureau，*International Data Base*，http://www.census.gov/population/international/data/idb/informationGateway.php（January 21，2015）；and United Nations Department of Economic and Social Affairs，*World Population Ageing*：1950—2050，*http://www.un.org/esa/population/publications/worldageing19502050/*（January 21，2015).

日本的情况似乎更严重。日本目前的生育率为一名女性生育 1.5 名儿童，远低于 2.1 名儿童的人口替代水平。到 2025 年，65 岁及以上的人口将占日本总人口的 28%，而在美国该年龄段人口仅占 18%。到那时，日本这一老龄化速度最快的工业化国家的老龄人口数量将是其儿童数量的两倍。政府的社会保障基金将几近枯竭，老龄人口的退休和医疗费用预计将消耗日本 73%的国民收入。到 2050 年，老龄人口将占日本总人口的 38%，问题会更加严重。

提前退休和退休人员的寿命延长也给许多国家的社会保障体系带来压力。在工业化国家，退休人员逐渐增加不仅增加了社会保障体系的成本，而且减少了就业人数，使缴纳的社会保障费用减少。发展中国家的情况恰恰相反。高出生率意味着人口更年轻，抚养比下降，工人用以支撑社会保障体系的成本降低，这对发展中国家的相对经济吸引力有着深远的影响。

7.4.3　人口密度和分布

人口密度（population density）和**人口分布**（population distribution）是企业管理者关注的其他因素。人口密度较大的地区的产品销售和信息交流往往更简单，成本也更低；你可能期待巴基斯坦（每平方千米 236 人）比加拿大（每平方千米 3 人）或巴西（每平方千米 23 人）更容易服务。[14]但是我们必须弄清楚这些人是怎样分布的。例如，巴基斯坦仅有 37%的人口为城市人口，巴西和加拿大则分别为 85%和

81%。[15]这些国家的地理特征极大地影响着其人口聚集。

世界各地尤其是发展中国家的人们为了更高的工资和更多的便利设施而搬到城市，这也是影响人口聚集的原因之一。从**城乡迁移**（rural-to-urban shift）来看，2008 年世界上半数人口居住在城市，到 2030 年这一比例预计将上升至 60%。正如表 7－8 所示，最大的城乡迁移活动发生在中低收入国家。对于营销人员而言，这一变化影响巨大，因为城市居民不像农村居民一样能自给自足，他们必须进入市场经济。大量人口居住在贫民区，会带来一系列社会、经济和其他挑战和机遇。

表 7－8　　**城乡迁移**

	城市地区的人口百分比					
	1950 年	1970 年	1990 年	2010 年	2030 年（预估）	百分比变化，1950—2030 年
全球	29	37	43	52	60	107
较发达地区	55	67	72	78	82	49
欠发达地区	18	25	35	46	56	211
最不发达地区	7	13	21	27	32	357

资料来源：United Nations, *World Urbanization Prospects, the 2011 Revision*, http://esa.un.org/wpp/ppt/CSIS/WUP_2011_CSIS_4.pdf (January 21, 2015).

7.4.4　其他社会经济维度

其他社会经济维度也能为管理活动提供有用的信息。例如在职女性数量的增多就尤为重要，因为它可能会增加家庭收入，推动产生更大日用品市场，以及带来改变推销方式的需求。人力资源经理关注这些增长数据，因为它们不仅意味着更大的劳动力供给，而且会带来生产工艺、雇员福利和人力资源政策的变化。

一国的离婚率数据会给营销人员发出警告，提醒他们注意单亲家庭和单身家庭，这些家庭的产品需求和购买习惯在很多方面与双亲家庭截然不同。在许多国家，市场营销经理和人力资源经理还需要考虑少数族裔的特殊需求。

拿到那份工作！从双肩包到公文包

杰森·杰克·彼得斯：通过潜心钻研来理解新文化

我是一名大学生，主修经济学与国际商务，辅修亚洲研究。在参加青少年高尔夫比赛时，我观察到韩国运动员与美国运动员之间的文化差异，前者具有强烈的职业道德观念，而后者普遍更加放松。这一发现促使我决定在大二时去韩国延世大学学习，在那里我选择了与国际商务和亚洲研究相关的课程，包括高强度的韩语课。与国际学生一起生活的日子开阔了我的眼界，让我接触到新的文化、食物、运动和人们对生活的普遍看法。寒假期间，我前往越南、老挝、泰国、柬埔寨、新加坡和印度尼西亚，旅行加深了我对亚洲文化的理解。之后，我参加了寄宿家庭项目，与一户韩国家庭一起生活，这使我明白真正的学习需要全身心地投入其他文化。因为寄宿家庭的夫妻只会讲韩语，所以比起住在宿舍的同龄人，我的韩语进步飞快。

在中国结束大三学习后，我获得 AIESEC 提供的实习机会，作为一名海外管理实习生在世界最大的高尔夫球会观澜湖高尔夫球会工作。尽管我不会说汉语普通话，但是我一直在学习，因为我要在岗位上表现出色，掌握基本的语言能力十分必要。我超喜欢用他们的方言跟人打招呼！

大四学年末，我旅行至巴西弗洛里亚诺波利斯，在圣卡特琳娜联邦大学（Universidade Federal de Santa Catarina）完成了最后两门本科课程。第一个月，我在巴西学习葡萄牙语，住在一个巴西寄宿家庭。起初我不懂葡萄牙语，遇到了语言障碍，但是，西班牙语在我学习葡萄牙语期间起了很大作用。一个学期后，我在巴西四处游历。我住过里约热内卢的贫民窟，体验过城市规划示范城库里蒂巴，也曾在圣保罗乘地铁出行。为了筹备 2016 年里约夏季奥运会，我有幸接触到一位知名的高尔夫球场设计师吉尔·汉萨（Gil Hanse）。与他相处的一天里，我学到了生态可持续高尔夫球场的知识。正如我的经历所体现的那样，你不应该畏惧与知名人士交流，因为很多人乐意指导你！

这些国际经历让我明白，最大的挑战其实来自自己。跳出你的舒适区会促进学习。要想有成功的海外经历，我的建议是：在离开前确定你的目标，制定实现目标的计划。问问你自己："我为什么要出国？"如果你想学习所在国的文化，就要全身心投入，并且努力学会说他们的语言。如果你的目标是商务方向的，就得研究所在国的商业文化，提前了解文化差异。尽可能多地了解所在国的文化：从主要的城市、首都、人口、人口统计信息、政治信息、宗教的地位、食物和锻炼的机会着手。最后，不要害怕说错话；这种情况会发生，但这也是进步的绝佳机会。保持乐观开放的心态。

模块总结

1. 解释经济分析的目的。

紧跟最新的经济发展动态，为将来做好计划。企业会定期从本地、本州或国家层面评估并预测经济形势。当企业进行国际化运营时，经济分析会变得更为复杂，因为管理者会面对两个新的环境：国外环境和国际环境。有很多经济体有待了解，这些经济体通常截然不同。

2. 基于国家经济发展水平，比较不同国家的类别。

比起在国内商务环境中工作的管理者，参与国际商务的管理者会遇到经济发展水平不同的市场环境。一国的经济发展水平影响商业的方方面面。通常我们会根据国家的经济发展水平将其归入不同的类别，比如发达经济体、发展中经济体和新兴经济体。发展中国家有一些共同的特征，比如收入分配不公平，技术和地区二元性，农业人口比例大，人口增长率高，文盲率高，受教育程度不高，储蓄率低。

3. 概述用于衡量经济的维度和指标。

企业的不同职能部门需要大量关于经济和社会

经济因素的规模和变化率的数据。经济维度中比较重要的有：国内生产总值、国民总收入、经济增长率、收入分配、个人消费支出、单位劳动力成本、国债水平和一系列其他经济变量。

4. 讨论用于衡量经济的社会经济维度及用于评估的指标。

为了评估市场潜力，除经济因素方面的数据外，管理者还需要社会经济因素方面的数据。对于分析人员而言，社会经济维度中比较重要的有：人口总量、人口增长率、年龄分布、人口密度和人口分布。

批判性思考

1. 经济预测对于一家公司的职能部门有什么影响？如果公司管理层通过分析了解到国家 A 的工资水平预计明年会增长 10%，那么企业的哪一个职能部门会受到影响？管理层为何会关注这一点？

2. 一国的经济发展何时可能误导营销人员？

3. 对于一家打算进军国外市场的国际公司来说，经济发达国家和经济欠发达国家间的差异意味着什么？

4. 为什么国际公司的经理要关注购买力平价？

5. 分析一个经济体的吸引力时，使用人均国民总收入和人口密度数据的作用是什么？在分析中使用这些数据可能会有什么限制或者潜在问题？

6. 哪种社会、政治和经济情况表示大型地下经济的存在？为什么管理者要注意这些信号？

7. 为什么收入分配对于国际公司的营销人员来讲至关重要？相对平等的收入分配为何吸引人？高度不平等的收入分配为何令人担忧？一个经济体的经济发展水平对评估有什么影响？

8. 一家在土耳其设立子公司的大型跨国公司的经济师向首席财务官递交了一份土耳其外债情况的报告，如图 7－3 所示。这位首席财务官可能会担忧什么？

9. 在发展中国家，哪些因素与出生率下降有关，它们之间有什么逻辑联系？

10. 发展中国家的城乡迁移可能会给国际公司带来哪些影响？

微型案例

Galawi 发展战略的影响

阿曼多·苏亚雷斯（Armando Suarez）是 Industrias Globales 的首席执行官，佩德罗·加西亚（Pedro Garcia）是公司国际运营部的主管，他们正在讨论 Galawi 财政部长今天发布的一份声明。

苏亚雷斯：今天部长关于改变发展战略的提议，你听说了吗？

加西亚：听说了，我很担心。为了进入 Galawi 市场，我们已经花费了很多时间和金钱。如果政府推行新的经济政策，我们将不得不更改工厂设计，打造不同的产品线，彻底改变营销计划。

苏亚雷斯：这比我想的更严重。从进口替代转为鼓励出口，这样的发展战略怎么会影响到我们呢？

加西亚：坐稳了，老板。我会为您详细解释这些战略及其如何影响我们在 Galawi 的整个启动项目。顺便说一句，我们在 Galawi 的竞争对手也不得不做出改变。

问题

假如你是佩德罗·加西亚：

1. 请你为首席执行官解释文中提到的战略。

2. 请你为他解释发展战略的改变是怎样从多方面影响公司的。

3. 公司的进入计划将做出哪些改变？

注 释

1. Steve H. Hanke and Alex K. F. Kwok, "On the Measurement of Zimbabwe's Hyperinflation," *Cato Journal* 29, no. 2 (Spring-Summer 2009).

2. Trading Economics, http://www.tradingeconomics.com/country-list/inflation-rate (January 21, 2015).

3. Many of these factors also affect domestic firms, but multinational firms are generally more vulnerable and usually must act more quickly.

4. If management is interested in a country as a possible site for investment, it will require the same detailed information as it does for an area where the firm is already doing business.

5. World Bank, "Updated Income Classifications," July 3, 2014, http://data.worldbank.org/news/2015-country-classifications (January 21, 2015).

6. United Nations Statistics Division, "Standard Country or Area Codes for Statistical Use," http://unstats.un.org/unsd/methods/m49/m49.htm (January 21, 2015).

7. World Bank, "GNI Ranking, Atlas Method," http://data.worldbank.org/data-catalog/GNI-Atlas-method-table (January 21, 2015).

8. World Bank, "GNI per Capita Ranking, Atlas Method and PPP Based," http://data.worldbank.org/data-catalog/GNI-per-capita-Atlas-and-PPP-table (January 21, 2015).

9. World Bank, "GNI Ranking, Atlas Method," http://data.worldbank.org/data-catalog/GNI-Atlas-method-table (January 21, 2015); and World Bank, "GNI per Capita Ranking, Atlas Method and PPP Based," http://data.worldbank.org/data-catalog/GNI-per-capita-Atlas-and-PPP-table (January 21, 2015).

10. World Bank, "Backmatter," *World Development Indicators 2014* (Washington, DC: World Bank, 2014), http://data.worldbank.org/sites/default/files/wdi-2014-backmatter.pdf (January 21, 2015); Tim Callen, "PPP versus the Market: Which Weight Matters?," *Finance and Development* 44, no. 1 (March 2007), http://www.imf.org/external/pubs/ft/fandd/2007/03/basics.htm (January 21, 2015); and World Bank, "Structure of Consumption in PPP Terms," *2000 World Development Indicators* (Washington, DC: World Bank, 2000), p. 224.

11. Anoop Singh, Sonali Jain-Chandra, and Adil Mohommad, "Inclusive Growth, Institutions, and the Underground Economy," IMF Working Paper WP/12/47, Washington, DC: International Monetary Fund, February 2012, https://www.imf.org/external/pubs/ft/wp/2012/wp1247.pdf (January 21, 2015); and Friedrich Schneider, Andreas Buehn, and Claudio E. Montenegro, "Shadow Economies All Over the World: New Estimates for 162 Countries from 1999 to 2007," Policy Research Working Paper 5356, Washington, DC: The World Bank, July 2010, http://www-wds.worldbank.org/servlet/WDSContentServer/WDSP/IB/2010/10/14/000158349_20101014160704/Rendered/PDF/WPS5356.pdf (January 21, 2015).

12. Mark L. Clifford, "The Swoosh Index for Emerging Markets," *BusinessWeek*, May 5, 1997, http://www.businessweek.com/1997/18/b352523.htm (January 21, 2015); Mark L. Clifford, "Pangs of Conscience over Sweatshops," *Business Week*, August 1, 1996, http://www.businessweek.com/stories/1996-07-28/pangs-of-conscience-over-sweatshops (January 21, 2015); Global Exchange, "Nike FAQs," http://www.globalexchange.org/sweatfree/nike/faq (January 21, 2015); and Shamin Adam and Sharon Chen, "Asia Soaring Wages Mean Rising Prices Worldwide," Bloomberg, http://www.bloomberg.com/news/2013-04-02/asia-soaring-wages-stoke-inflation-as-factory-costs-rise.html (January 21, 2015).

13. Dushni Weerakoon, "Sri Lanka's External Stability: Foreign Debt and Export Earnings,"

Institute of Policy Studies of Sri Lanka's Talking Economics, May 14, 2013, http://www.ips.lk/talkingeconomics/2013/05/14/sri-lankas-external-stability-foreigndebt-and-export-earnings/ (January 21, 2015).

14. World Bank, "Population Density (People per Sq. Km of Land Area)," http://data.worldbank.org/indicator/EN.POP.DNST (January 21, 2015).

15. World Bank, "Urban Population (% of Total)," http://data.worldbank.org/indicator/SP.URB.TOTL.IN.ZS (January 21, 2015).

模块 8
国际货币体系和金融因素

钱的作用并不是用来生钱，而是帮助商品流通。货币不过是我们运输系统中的一部分，它使商品在人与人之间流动。

——亨利·福特（Henry Ford）在福特汽车公司的一次演讲

学习目标

1. 描述国际货币体系的历史。
2. 描述当前浮动货币的汇率制度以及国际货币基金组织的货币安排。
3. 描述影响汇率波动的因素。
4. 探讨政府可施加的金融影响因素。
5. 阐释收支平衡对国际商务决策的重要意义。

开篇短文

恐怖主义组织的国际货币安排

恐怖主义组织的运营成本巨大，其资助者要有能力洗钱，隐瞒钱财来源，并且不露痕迹地转运至另一国。我们来看看在安全专家们眼中恐怖分子转移资金的几种方法，以及对于为恐怖主义服务的非银行类金融机构，政府作何反应。①

目前流行于印度、非洲和中东的一种非正式资金转移方法称为哈瓦拉（hawala，阿拉伯语为"转移"之意），这种方法不留什么痕迹，甚至无迹可寻。在其正当的使用过程中，想要寄钱回家的外国工人将钱交给当地的哈瓦拉（此词既表示资金转移，也表示实施资金转移的人），并告知有关收款方的信息。哈瓦拉随后联系目的地的对应方，让指定收款人提款。经过数次现金或非现金交易后，哈瓦拉交易两端的掮客逐渐稳定下来。他们保留了详细的交易记录，但是汇款人没有任何合同、收据或者法律文书；通过电话、传真或电子邮件进行的资金转移建立在信任和声誉的基础之上。

哈瓦拉们可能同属于一个大家庭，他们在交易中赚取少量佣金和一些汇率差价，虽然其汇率通常比银行的汇率更有利。绝大部分哈拉瓦交易是合法的，也起到了很重要的作用，但是这些行为也迎合了恐怖分子的需要。除了哈瓦拉之外，还有很多其他不留痕迹的金钱转移方式。其中之一就是篡改销售发票，如此一来，多余部分就转移到了收款人一方。一张 20 万美元的发票抬高 30%，就能转移 6 万美元。贸易转移、利用慈善机构、采用网上支付等也是恐怖分子使用的方式。这些方法都十分复杂且难以追踪。

所有工业化国家的财政部都监管有可能资助恐怖主义的货币交易活动，此外还会加强国际协调合作。七国集团（法国、德国、加拿大、日本、意大利、英国和美国）成立了反洗钱的金融行动特别工作组（The Financial Action Task Force，FATF），开发和推动反洗钱政策，提升洗钱活动的难度和风险。该组织与国际货币基金组织、世界银行、联合国和国家部门（如美国财政部）联合行动，定期审查和报告特定国家的反洗钱标准并公布结果。如果特别工作组的报告显示情况危急，那么各国政府需注意提醒本国银行和其他金融机构开展适当的尽职调查，同时在与所列国家进行交易时保持谨慎。例如，2014 年 2 月 14 日，特别工作组把伊朗等国列入积极资助恐怖主义组织的国家名单，把阿尔及利亚等国列为处理金融机构的缺陷问题进展缓慢的国家。② 虽然有人认为这些举措实际上迫使资金转移的方法和机构更加隐秘，但是金融世界仍密切关注所列国家。

为防范恐怖主义，金融行动特别工作组提出了一些建议：将资助恐怖主义的行为确定为非法行为；冻结或没收恐怖主义组织的资产；上报与恐怖主义有关的可疑交易；追踪平行或交替汇款体系，如哈瓦拉；监管电汇、非营利组织和现金快递。美国财政部列出了“311 行动”涉及的国家、个人和网络。“311 行动”根据《美国爱国者法案》（USA Patriot Act）命名，该法案赋予财政部长制裁特定组织的权力。可登录 http://www.treasury.gov/resource-center/terrorist-illicit-finance/311-Actions/Pages/311-Actions.aspx/查看更新后的“311 行动”列表。

注释：

① Nikos Passas,“Fighting Terror with Error: The Counter-Productive Regulation of Informal Value Transfers,” *Crime, Law and Social Change* 45 (2007), pp. 315–66 and conversation with Nikos Passas, March 21, 2014.

② FATF Public Statement, February 14, 2014, www.fatf-gafi.org (April 5, 2014).

8.1 国际货币体系简史

国际货币体系包含机构、协定和规定，以及支付、货币兑换和国际交易中跨境资本流动的步骤。[1] 理解这些机构和安排的演变，有助于人们明白当前的安排，因此我们从全球货币体系开始介绍。首先，描述金本位制和支持贸易的货币体系（即布雷顿森林体系）。之后，分析当国家货币作为储备货币时存在的冲突。我们将考察导致浮动利率制产生的货币体系的进化史。

8.1.1 金本位制

自古以来，由于特有的稀缺性和纯度的易评估，黄金一直被人们用来储存、交换和估价。自公元 1200 年到现在，黄金的价格一直在上升。[2]到 19 世纪末期，国际贸易商仍在使用金块和金币，然而随着贸易的发展，随身携带大量黄金已经不太现实：黄金很重，运输和储存需要成本，不能用它来赚取利息，对于小偷来说黄金是很明显的目标。黄金的这些缺点使纸币发展起来，纸币作为黄金的代用品获得了政府的支持，政府确保以一个固定汇率来换取黄金。

1717 年，一位伟大的数学家、英国铸币大师艾萨克·牛顿爵士（Sir Isaac Newton），以每盎司 3 英镑 17 先令 10.5 便士的标准确定了黄金的价格，令英国开始采用**金本位制**（gold standard）。在此之前，英国与中国、西班牙和印度一样，一直使用银本位制。

大部分贸易国家或工业化国家跟随英国也采用了金本位制。各国以一定单位的本国货币设定了每盎司黄金的价格，这些单位黄金等价物的比率就在金本位制的基础上构成了两种货币之间的汇率。例如，如果限定 5 英镑等价于 1 盎司黄金，10 法郎也等价于 1 盎司黄金，那么英镑与法郎的汇率为每英镑 2 法郎，或每法郎 0.5 英镑。

除了拿破仑战争期间，在 1914 年之前，英国一直乐意进行黄金和纸币的兑换。两个世纪中，世界上 90%以上的贸易资金是在伦敦筹集的。[3]然而，始于 1914 年的第一次世界大战的巨大开支迫使英国大量出售黄金，并且暂停了黄金汇兑。德国、法国和俄罗斯等参战国家也暂停了纸币和黄金之间的兑换，并且停止了黄金出口。在第一次世界大战和第二次世界大战期间，从 1939 年起，人们有过重新启用金本位制的不成熟想法，但没有成功。

金本位制的简明性非常具有吸引力。贸易失衡通过黄金流向盈余的方向来修正，货币供应量的升降与黄金流向有关。尽管金本位制多年来未成为国际货币体系，但是这一制度有一些忠实的支持者，大多数经济学家不在其列。支持者的中心论点可以用一个词来表达：自律。基于金本位制，政府不能在没有黄金支撑的情况下制造货币，不论该举动会带来多大的政治优势。[4]遗憾的是，这种自律牺牲了政府的货币灵活性。例如，在金本位制下，政府不能通过增加货币供应来防止经济衰退。在国际货币体系中，政府必须通过快速调整来应对货币价值的大幅波动，这时货币灵活性就尤为重要。经济学家保罗·克鲁格曼（Paul Krugman）指出，这种货币灵活性正是 1987 年股票市场崩盘没有造成类似 1927 年经济萧条的原因。[5]

8.1.2 布雷顿森林体系

1944 年，44 个同盟国在布雷顿森林探讨战后的货币安排，各国达成共识，认为建立稳定的汇率是有利于各国的，但是可能会导致许多调整。与会代表认为，浮动的或波动的汇率已经不能令各国满意。在建立国际货币基金组织的同时，会议创立了新的**布雷顿森林体系**（Bretton Woods system），也称金本位汇率或固定汇率制度。这一历史性的决议是 1945—1971 年国际货币体系的基础。

布雷顿森林体系在各成员国的货币之间创立了**固定汇率**（fixed exchange rate），即**票面价值**（par value）基于黄金和美元，每盎司黄金价值 35 美元。各国政府同意其央行发行的货币紧跟美元，而美元紧跟黄金。例如，英镑的票面价值为 2.4 美元，法郎为 0.18 美元，德国马克为 0.273 2 美元。有人认为，美国政府会用美元来兑换黄金，美元将成为唯一可兑换黄金的货币。这种以美元为基础的金本位制奠定了美元国际支付方式的地位，也使其成为各国政府充实国库的一种储备货币。**储备**（reserves）由一国央行或财政部掌管，用以作为负债担保；包括各种硬通货（日元、美元、英镑、欧元）和黄金，通常称为中央储备。

20 世纪五六十年代，布雷顿森林体系为国际贸易增长助力不小。其他国家参照美元和黄金调整其货币价值，只有美元岿然不动，保持每盎司黄金 35 美元的价格。这就意味着，为了满足其他国家对于储备货币日益增长的需求（因为这些国家将美元视为黄金的替代品），美国不得不维持国际收支赤字。也就是说，美元需求和流出量超出了流入量。美国之外的人希望持有美元，因为他们将它作为黄金的替代品。由于身处美国的外国人的出口销售和投资，美元的外部持有量大大超出了美元流入量。1958—1971 年，美国财政赤字累计达 560 亿美元，其融资部分动用了自己的黄金储备，部分来源于外国央行借债。由此，美国的黄金储备从 248 亿美元锐减至 122 亿美元[6]，美国国债也从 136 亿美元增长到 622 亿美元。[7]到 1971 年，美国财政部持有的外国央行的每美元的含金量只有 22 美分。

经济学家罗伯特·特里芬（Robert Triffin）首次提出关于储备货币的有趣悖论。储备货币国家出现赤字是不可避免的，这最终会导致人们对储备货币丧失信心，进而引发金融危机，也就是说，外国人持有的储备货币越多，他们对该货币就越没有信心。20 世纪 60 年代末出现贸易逆差后，法国总统戴高乐逼迫法国银行将美元储备兑换成黄金，这就引发了**特里芬悖论**（Triffin paradox）。最终，在 1971 年尼克松总统暂停了美元与黄金的兑换。

在布雷顿森林，财政部长们已经预料到使用一种货币作为储备货币的弊端，试图通过创建一种国际储备资产来对此做出调整，以避免潜在的危机。**特别提款权**（special drawing rights，SDR）于 1969 年创建，它是一种虚拟货币，不具备有形的实体形式；其价值根植于一揽子加权货币：欧元、日元、英镑和美元。国际货币基金组织将特别提款权用作记账单位，在 188 个成员国和 16 个国际机构中同样适用。然而，时至今日，特别提款权作为一种储备资产的作用已经不大，它作为安全网的能力也只能在国际货币体系遭遇严重困难时才能得到检验。你可以登录 http://www.imf.org/external/np/fin/data/rms_sdrv.aspx/查阅特别提款权的每日估值。

8.1.3　中央储备/本国货币的冲突

国际货币基金组织的每一个成员国都保有准备金账户（reserve account），它与储蓄账户类似，各国可以从账户中提取储备金，用于货币市场上的贸易资助、投资或干预。第二次世界大战结束后，美元成为世界上使用最广泛的中央储备资产；截至2014年3月底，世界约60%的储备资产为美元，24%为欧元。这种美元储备以长期国库券的形式存在，可以赚取利息，因此从持有者的角度看，中央储备账户中美元越多越好。然而，这些将美元作为外汇储备的国家不希望其中央储备资产贬值，因此存在一个矛盾：根据特里芬悖论，在某一时刻，持有大量美元（或其他产品）会造成美元（或产品）贬值。

同时，美元作为美国的货币，不可避免地会受到通货膨胀、经济衰退、利率、失业和其他内部问题的影响。美国政府也会采取财政政策和货币政策来解决这些问题，例如操纵税率，消耗额外收入，增加或缩减货币供应，以及控制增长或紧缩的速度。[8]

美国的本国利益与为数众多的将美元作为中央储备资产的国家的利益保持一致，这种情况只可能是一种偶然。例如，美国可能通过减缓货币供应增速，同时提高税收来对抗国内的通货膨胀，但是其他各国需要更多的美元流动资产，为发展、贸易或投资融资；美国也可能通过加快货币供应增速，降低税收来刺激经济，但与此同时，外界仍然有大量尚未消耗的美元，此时美元的价值就会下降，这对于持有美元外汇的国家来说可不是一件令人高兴的事情。这一段历史简要介绍了美国货币是如何被推至此般矛盾的地位的。国际货币基金组织希望特别提款权这种非国家型资产能够将美元和整个世界从冲突中解救出来，各国使用特别提款权作为它们的主要储备。然而这一目标尚未实现。

8.2 浮动货币汇率制度

1971年，美国总统尼克松宣布，美国将不再为各国央行以纸币换取黄金，这一举措大大减轻了美元作为国际货币体系之稳定器的负担。受此影响，外汇市场一度关闭了几天。外汇市场重新开启后，设计出一套新的制度，其中规则很少。货币是浮动的，其价值基于市场力量，由于美国不再允许用美元兑换黄金，因此之前设立的黄金每盎司35美元的规定已无意义。

1971年12月和1973年2月，各国尝试就设立新的、持久的固定货币汇率达成一致，最终签订了《史密森协议》(Smithsonian Agreements)。在这两次商议期间，银行、企业和个人都认为各中央银行没有正确地钉住汇率，并认为自己的判断每一次都是对的。到1973年3月，外汇市场上的几种主要货币都实现了自由浮动，它们的价值随供求变化而变化，这套**浮动汇率**（floating exchange rates）如今依然流行。**《牙买加协议》**(Jamaica Agreement) 建立了浮动制度的规则，国际货币基金组织成员于1976年予以接受。协议允许国际货币基金组织成员之间存在灵活汇率，并且容忍了央行为稳定动荡时期的货币市场的所作所为。同时，协议禁止黄金流通，取消了黄金作为储备货币的功能。然而，人们信赖黄金的价值，仍有许多国家将黄金用作储备资产，如美国和欧盟国家等。

8.2.1 当代货币制度

目前，国际货币基金组织承认八种货币兑换制度，这些制度是从三种初始制度延伸出来的。这八种策略阐述了各国如何将本国货币对应于其他货币，在一定限度内如何灵活变化。[9]

- 无单独的法定货币的汇兑安排：一国采用另一国的货币，或一些国家采用一种共同货币。第一种情况，如萨尔瓦多、巴拿马、津巴布韦和厄瓜多尔采用美元，黑山使用欧元。第二种情况，如欧盟成员国使用欧元作为共同货币。
- 货币局制度：货币局制度要求本国政府持有的特定外汇储备量与货币供应量一致，并且规定两种货币之间汇率固定。圣基茨和尼维斯、格林纳达、多米尼加和吉布提采用美元。保加利亚、立陶宛、波斯尼亚和黑塞哥维那采用欧元。
- 传统的钉住汇率制度：钉住或固定汇率关系允许本国货币与一种货币或一揽子货币的汇率在小于1%的范围内浮动。部分国家如沙特阿拉伯、约旦、阿曼、土库曼斯坦、阿拉伯联合酋长国和巴哈马钉住美元。部分国家如丹麦、拉脱维亚、贝宁、布基纳法索、科特迪瓦和刚果共和国则钉住欧元。
- 稳定化汇率制度：即水平区间内的钉住汇率制度，指不同的钉住安排中允许汇率浮动超过1%。柬埔寨、特立尼达和多巴哥就美元有这项制度。马其顿和越南就欧元有这项制度。
- 爬行钉住汇率制度：爬行钉住策略中，某一货币根据预先发布的固定汇率或指示变量定期做出调整。尼加拉瓜就美元有此项制度。从2005年起，中国放松了钉住美元汇率，试图以本国货币对抗一揽子贸易货币。
- 爬行区间汇率制度：一国围绕一个中心汇率对本国货币重新调整，使其波动保持在一定的幅度内。2013年，仅有汤加采用该制度，与一揽子货币联系在一起。只有在危机期间，这项制度才可能有用。在伦敦外汇市场，这项制度被认为是洞中之蛇。
- 管理浮动汇率制度：一国货币在受管理的区间内浮动，本国的货币当局一方面积极干预外汇市场，另一方面却不具体说明或者公布其目标和定位。很多国家采用这项制度，如秘鲁、韩国、墨西哥、菲律宾、南非、土耳其和巴基斯坦等。
- 自由浮动汇率制度：自由浮动汇率依托于市场。政府可能进行干预，但目的是减缓变化，而不是设立货币水准。采用这项制度的国家有加拿大、英国、美国、瑞士、日本和欧盟国家。

表8-1运用国际货币基金组织最初的三级分类方式，展示了2009—2013年的货币安排变化。从表中可以看出2008年金融危机的影响。各国先转向浮动汇率制度，随后转向软钉住汇率制度，包括钉住汇率制度、爬行钉住汇率制度、稳定化汇率制度、爬行区间汇率制度以及其他汇率制度。

表 8-1 国际货币基金组织汇率制度的三级分类及其使用者所占百分比（%）

汇率制度	2008 年	2009 年	2013 年
硬钉住类	12.2	12.2	13.2
无单独的法定货币	5.3	5.3	6.8
货币局制度	6.9	6.9	6.3
软钉住类	39.9	34.6	43.2
传统的钉住汇率制度	22.3	22.3	22.6
稳定化汇率制度	12.8	6.9	12.1
爬行钉住汇率制度	2.7	2.7	1.6
类爬行汇率制度	1.1	0.5	6.3
水平区间内的钉住汇率制度	1.1	2.1	0.5
浮动类	39.9	42.0	34.7
管理浮动汇率制度	20.2	24.5	18.9
自由浮动汇率制度	19.7	17.6	15.8
其他类			
其他	8.0	11.2	8.9

资料来源：IMF.

管理浮动和自由浮动两种汇率制度似乎正面临十分严峻的挑战，比如 2008 年春季发生的央行流动性危机，随后出现的全球性金融危机。除了使用经济政策之外，七国集团（或八国集团，包括俄罗斯）的协作逐渐成为外国汇率市场中至关重要的因素。近期的一次协作干预行动发生在 2011 年日本大地震后，为阻止日元升值，日本、欧洲和美国的央行稳定住势头强劲的日元，由此稳定了金融市场，避免了一场全球危机。此次不同寻常的干预行动参见本模块的“国际商务实践”专栏。

虽然七国集团央行可以更为老练地影响货币运行，但是世界外汇市场上货币交易的爆炸式增长对它们的努力构成挑战。央行的调查显示，2013 年 4 月，外汇市场的日均交易达到 5.3 万亿美元，小型银行占 24%，机构投资者占 11%，对冲基金占 11%。企业将外汇交易市场份额降至 9%，这或许预示着企业的财务职能日益集中化和外汇交易内部化。美元曾经是主要的交易货币，在一个月的交易中有 87%一方使用美元。[10] 1979 年的年度交易额约为 180 亿美元，如今外汇交易额约为1 378 万亿美元。[11] 因此，市场逐渐增大杠杆来影响汇率。例如，如果外汇市场玩家认为日元对美元将会升值（美元相对走强），日元卖家将会提高市场上的美元售价，那么不论政府如何实施市场干预，日元都会升值。浮动汇率制度似乎能够以其灵活性和相对指令来应对不同的市场行动。表 8-2 总结了货币制度由金本位制到固定汇率制度，直至浮动汇率制度的发展历史。

表 8－2　货币制度总结

制度	金本位制	布雷顿森林固定汇率	浮动汇率制度
优点	简单 深受信赖 强制性货币制度	固定汇率 有益于贸易增长	灵活性（自由/管理浮动，浮动钉住） 快速应对市场力量 适宜大规模交易
缺点	不适用于大规模贸易流通 持有成本高	导致美元国际收支逆差 导致美国政府对于外国央行的负债 减少了美国黄金储备量	造成货币价值大范围波动
控制机制	黄金流量：现金流动机制	政府根据美元调整汇率 美元对黄金保持恒定价值不变	市场力量和一些政府干预

浮动货币相对其他货币能够快速、大幅波动。造成这些变化的原因很多，如政治事件、预期和灾难，乃至政府的经济政策造成的贸易失衡和贸易逆差。这些货币波动带来大量不确定性，国际经理人必须应对，并通过对冲来管理风险。

另外，人们应该注意到当代货币制度的又一发展，即虚拟货币的发展，它是一种由其发起者发行的电子货币，在一些环境中可作为支付手段，但是这种货币不具有任何法律地位，也就是说，它不是由政府发行的，也不受政府管控。虚拟货币包括比特币、林登币等。它们是杂货店打折券和常旅客飞行里程的衍生物，由制造商发行的一种单向的类货币产品，用于购买商品。许多本地零售商和一些大型零售商如戴尔和 Overstock 可使用比特币。要查找当地接受比特币的商家，可登录 http://www.coinmap.org。美国国税局将比特币视为资产而非货币。若比特币的使用范围更加广泛，它将更具发展潜力。

8.2.2　国际清算银行

国际清算银行（Bank for International Settlements，BIS）是一家国际央行组织，旨在促进货币和金融稳定性，建立合作。了解该行运作的方式之一就是将它看作银行家的中央银行。它是世界上最古老的国际金融机构，于 1930 年成立，目的在于处理《凡尔赛条约》（Treaty of Versailles）规定的德国战争赔偿事宜。如今，国际清算银行有四种主要职能：银行家的中央银行、国际货币合作的论坛、研究中心和各类国际金融协定的代理方或受托方。主要工业国家的央行行长在瑞士巴塞尔一年至少会面七次，探讨全球金融制度。

国际清算银行作为最谨慎的金融机构闻名于世，这或许解释了它为何常常被看作一家机构，甚至一个实体地址。如果你曾到过瑞士巴塞尔，可能会看到银行的圆塔，那是去往市中心的中央火车站外一幢没有任何标志的建筑。

8.3 金融因素：波动的货币价值

回顾国际货币制度的基本信息后，接下来我们将聚焦金融因素。作为企业的外部因素，它具有极大的不可控性，影响着国际管理者制定决策的外部环境。这些因素包括货币汇率波动和汇率风险、货币汇兑管控、税收、通货膨胀以及国家层面的国际收支结余。尽管不可控意味着这些金融因素来源于企业外部且不受其影响，但是企业的金融经理并非束手无策。我们思考金融管理，围绕金融因素探讨管理办法。首先，我们将从波动的货币价值入手，审视外汇、外汇报价、汇率波动的原因和汇率预测。

8.3.1 波动的货币价值

在后布雷顿森林体系时代，自由浮动的货币波动频繁。为了影响某种特定货币的供给和需求，央行偶尔会大量购进和卖出该货币进行外汇市场干预。这项策略的基础十分简单：供给增多，价格下降，其他事物则保持不变，这被经济学家称为其他因素均不变（ceteris paribus）。这些干预行动是非公开的，但是我们能从市场波动中推断出来，本模块“国际商务实践”专栏介绍了有关例子：七国集团在日本 2011 年地震后制定干预计划以削弱日元。

多数情况下，诸如美元、英镑、日元和欧元等主要货币所属央行允许它们自由波动。有时会出现波动幅度极大的情况。例如，1999 年 1 月，欧元对美元汇率设定为 1.667 美元。2000 年 5 月，欧元对美元汇率跌至 0.889 5 美元，下降了近 24%。随后情况出现了反转。到 2010 年 5 月，希腊经济出现问题，暴露出单一货币制度的致命缺陷，为了应对这一挑战，欧元对美元汇率回归至 1.28 美元。2011 年 3 月，欧元价格为 1.443 4 美元，2014 年 4 月为 1.375 0 美元。图 8－1 以美元购买欧元数量的形式显

图 8－1 欧元/美元价值（1999—2014 年）

示了数据。很明显，货币价值出现了巨大波动。

货币动荡对金融交易活动有极大影响，它是决定进口还是本土制造更具优势的因素之一。假设你在经营中签订了一项购买协议，花费了 100 000 美元，将以欧元支付。签署协议之时，1 欧元值 0.889 5 美元。数年后（这里适当夸大），你收到货物，但是这时 1 欧元已升至 1.50 美元。你 100 000 美元的产品现在将花费 161 050 美元，这比你当初购买时多花费 61 050 美元，由此造成了一笔巨大的差额。

我们来看看为何会出现货币波动，即汇率的决定因素是什么。我们将简单回顾汇率的确定方式，进而解答这个有趣的问题。

国际商务实践

七国集团外汇干预

2011 年 3 月 11 日，一场毁灭性的地震过后，海啸席卷了日本本州岛东海岸，日元大幅走强。地震前，1 美元兑换 82.27 日元。然而在地震后第一周，1 美元仅能兑换 76.25 日元。这一变化似乎不合逻辑，因为人们原本预期灾难过后，日元会走势疲软，1 美元可兑换更多的日元。地震、海啸和核灾难严重损害了日本的经济，为了抵御货币疲软，日本银行将日元注入市场，以保证日元的可用性，因为市场是流动的。这一举措本该削弱日元，但日元相对美元升值了。这一无序的状况出乎人们的意料，威胁到全球经济市场的稳定性。

日元走强是因为外汇交易员猜测，日本的全球化企业出于对国家的忠诚，会将资金汇回国内帮助灾后重建。之后，日本银行与欧洲和北美中央银行、七国集团的其他成员进行市场干预，开始出售更多日元。《金融时报》报道，几小时内，日元的价值逆转，开始走弱。很快，1 美元可兑换 80 日元以上，日元对美元汇率持续走低。

此次七国集团的货币干预协作行动是 10 年来第一次，源于日元对美元的无序交易模式，威胁到日本乃至全球的金融稳定。

问题

1. 自然灾害面前，人们为什么期待一国货币出现疲软情况？
2. 为什么七国集团如此迅速地实施干预行动？

资料来源：Peter Graham, "Action by G7 Marks Turning Point for Yen," *Financial Times*, Foreign Exchange Special Report, March 23, 2011, p. 2.

8.3.2 为什么会出现外汇

人们通常喜欢使用本国货币来做生意，因为他们不希望考虑货币汇兑所带来的风险，但由于顾客需求和市场竞争，期望常常难以实现。在世界外汇市场上，外汇报价（也就是一种货币的价格以另一种货币来表现）以美元、欧元和本国货币为参照。长期以来，美元不仅作为许多国家的中心储备资产发挥着重要作用，而且起到周转货币和干预货币的作用。**周转货币**（vehicle currency）是在国际贸易或投资中使用的货币。例如，钻石市场将美元用作交易货币。**干预货币**（intervention currency）是指外汇市场上央行使用的一种实施干预行动的货币。通常，干预行动包括尽可能多地买进本国货币来减少市场上的货币供应量，以此强化本国货币。正如在谈论国际清算银行时提到的，87%的货币交易采用美元作为交易货币。[12]

8.3.3 外汇报价和外汇市场

表 8－3 是 2014 年 4 月 9 日外汇的部分报价单，标明了买入和卖出价格。假设你持有美元，你可能希望知道 1 美元可购买多少外币，或者 1 单位其他货币可以购买多少美元。**互惠货币**（reciprocal currency）是以每单位其他货币的美元报价，而不是以每美元的其他货币单位报价。

表 8－3　2014 年 4 月 9 日的平均汇率

2014 年 4 月 9 日星期二	买入价	卖出价
欧元/美元	1.376 74	1.373 80
美元/欧元	0.726 30	0.726 35
美元/日元	102.51	102.53
美元/加元	1.094 61	1.094 80
欧元/英镑	0.825 44	0.825 60
欧元/瑞士法郎	1.219 48	1.219 73
英镑/美元	1.667 70	1.667 90

资料来源：http://www.oanda.com.

外汇买卖或交易达成后两个营业日内进行交易的汇率称为**即期汇率**（spot rate）。2014 年 4 月 9 日欧元的即期汇率以美元计，为 0.726 30 美元。**远期外汇市场**（forward currency market）允许管理者确定以某个已知汇率购买外汇的合约，以此达成将来的外汇交付。**远期汇率**（forward rate）是合约当天的汇率和成本，它规定了在未来某日（通常为合约签订日起 30 天、60 天、90 天或 180 天内）买进或卖出规定量的某种货币。对你而言，远期汇率有利于从中得出该种货币价值走向的信息。虽然多数报纸不再刊登远期汇率，但是你仍然可以从网上找到答案。

接下来，让我们看看外汇市场到底是如何操作的。大部分交易为场外交易，这意味着并不存在实际的交易场所；交易是电子化的。外汇市场包括银行和其他大型金融机构，如养老基金和共同基金。之前，我们提到过买进价和卖出价；在外汇市场，它们被称为卖价和买价。**买价**（bid price）指目前市场上最高价格的购买订单，**卖价**（ask price）则是目前市场上价格最低的售卖订单。这两者间的差额即买卖价差为银行或代理带来了盈利空间（生产或购买价格与售价间的差额），使它们在买进和卖出时获取利润。网上列出的汇率是银行同业利率，客户进行大宗购买时使用该利率，交易额通常为 100 万美元或以上。对小型客户所使用的汇率则不利得多。

可想而知，外汇市场十分庞大，流动性强，并且竞争激烈，一天 24 小时经由国际银行进行的交易活动层出不穷。国际清算银行称，2013 年 4 月日均营业额达 5.3 万亿美元，外汇市场的庞大性和流动性由此可见一斑。外汇市场在很大程度上也不受管制。《华尔街日报》的一位作者曾称之为“全球资本主义的大西部……不同于主要的股票和商品期货市场，外汇市场实际上不受管理或监督”。[13]

2008 年金融危机爆发后，美国国会和总统授予美国商品期货交易委员会（Commodity Futures Trading Commission，CFTC）控制权，管控美国境内所执行的合约，这些合约称为互换和期货合约，金融经理用它们来预防交易中出现的风险。如今的外汇市场上，CFTC 承担着监督者的职责，同时制定管理条例。2013 年，密苏里州一家名叫 Champion Management International 的公司的资产被冻结，根据 CFTC 的《商品交易法案》(Commodity Exchange Act)，该公司被控犯有诈骗罪。CFTC 网站上公布了很多外汇诈骗案例，警示潜在投资者。

8.3.4　汇率波动的原因

1973 年以来，浮动货币的相对价值及其易兑换程度由市场力量决定，并且受到如下因素的影响：对两种货币供给和需求的预测；两国的通货膨胀率；相对生产力和单位劳动力成本；政治变动，如出乎意料的选举结果；政府的财政、货币和外汇市场的变动；两国的国际收支账户；基本心理状态。[14]政府的货币和财政政策包括税收决策、利率、贸易政策和其他商业外部因素，如国际事件，这些都可能起到至关重要的作用。**货币政策**（monetary policies）控制着流通中的货币数量，货币量是否增长，如增长，速度如何。**财政政策**（fiscal policies）处理政府获取和使用财政钱款的事项。

虽然经济学家至今没有提出一个公认的理论来解释汇率波动的原因，但是他们能够从这些影响因素中识别几种平价关系（parity relationship）。平价关系描述了等价性，其中利率平价和购买力平价是我们进一步探讨汇率的基础。它们依赖**一价定律**(law of one price)，也是一价定律的应用。这说明在一个有效率的市场中，相似产品的价格也相似。如果出现价差，**套利**（arbitrage）交易——同时买进和卖出以获取利润，且没有任何风险——会迅速填补任何价差，市场随后回归平衡。

一价定律应用于利率时，建议利率产生变化来应对不同的预期通货膨胀水平。从经济学上解释这种关系就得到利率平价，这就是著名的**费雪效应**（Fisher effect）。费雪效应指出，真正的利率是票面利率减去预期通胀率。真正的利率（rr）等于票面利率（rn）减去预期通胀率（I）：

$$rr=(rn)-I$$

由此，预期通胀率上升，则利率上升；预期通胀率下降，则利率下降。这就解释了为什么投资者期望在高通货膨胀时赚得更多来抵消投资时通货膨胀的影响。

利率平价概念的一个有趣应用为国际费雪效应（international Fisher effect），它表明，两种货币的利率差异反映汇率的预期变化。[15]例如，如果美国的名义利率为5%，欧盟为3%，那么我们可以得出若干年后美元相对欧元价值将减少2%，或者欧元将增加2%。

第二个重要的平价关系是购买力平价。购买力平价是为了使两种货币具有同等购买力而对汇率做出的调整量。我们用它来表示在两个市场上以两种货币购买相同数量的商品和服务所需要的货币量。购买力平价是一价定律针对一篮子商品购买的应用。它表明用1美元在英国和美国购买的尽可能多的商品，这些商品在英国的成本应该等于它们在美国的成本乘以美元对英镑的汇率。

对购买力平价理论的另外一种理解是，两国的货币汇率应该等于其一篮子商品价格水平之比。

例如，如果一篮子商品分别花费1 500美元和1 000英镑，则购买力平价汇率为1.50美元/1英镑。在交易市场上，如果实际即期汇率为2美元/1英镑，那么英镑估值过高，达到33%，或者说美元估值过低，达到25%。

英国周刊《经济学家》（*The Economist*）发表了一篇有关购买力平价理论应用于巨无霸指数的文章，用无处不在的巨无霸汉堡包代替一篮子商品。巨无霸购买力平价显示了在其他国家购买一个巨无霸汉堡包与在美国购买一个巨无霸汉堡包花费相同情况下的汇率。巨无霸指数表明，从长远来看，很多发展中国家的货币的估值过低，欧元和许多欧洲货币的估值则过高。可以登录 http://www.economist.com/content/big-mac-index/，查看最新的巨无霸指数，或者观看由《经济学家》发布的以通俗易懂的方式解释经济的视频。

8.3.5 汇率预测

由于汇率变动对国际商务活动的各方面如生产、采购、营销和金融等都有重要影响，许多商业决策通过预测来考虑汇率波动的风险。汇率的预测方法有很多，其中最主要的三种是有效市场法、基本因素分析法和技术分析法。接下来，我们简单介绍这三种方法。

有效市场法（efficient market approach）假设现有价格充分反映了所有可用的相关信息。这也表明远期汇率能最好地预测未来的即期汇率，因为它们会将所有的可用信息都考虑在内。例如，如果两国汇率不同，远期汇率会反映出这一点（通过国际费雪效应）。但是有效市场法并不意味着远期汇率能精确预测未来的即期汇率。更确切地说，差异是随机的。与有效市场法有关的预测理论称为**随机游走假说**（random walk hypothesis）。该假说认为，由于影响价格的因素难以预测，股票市场的价格变化类似于随机游走，毫无逻辑可言，因此未来价格的最好预测就是当日的价格。[16]1973年，普林斯顿大学的一名经济学教授波顿·麦基尔（Burton Makiel）在他的《华尔街漫步》（*A Random Walk Down Wall Street*）一书中提到了这一观察结果。

基本因素分析法（fundamental approach）关注那些有助于决定汇率的根本因素，运用不同的经济模型捕捉这些因素，从而得出它们之间的关系。国际金融学者切奥尔·尤恩（Cheol Eun）和布鲁斯·雷斯尼克（Bruce Resnick）对多种基本模型进行了调查研究，得出结论："就预测汇率而言，远期汇率模型或者随机游走模型比基本模型更精确"。[17]

汇率预测的第三种方法是**技术分析法**（technical analysis）。它从历史角度出发，假设历史就是未来，反映了变化趋势。技术分析法没有任何理论支撑，从波动和趋势入手。虽然学术研究通常遗漏了这种方法，但贸易商似乎经常使用这一方法。

至于这些方法的表现，尤恩和萨波维尔（Sabherwal）的研究结果显示，10 家商业银行的表现无法胜过随机游走模型。[18]同时，远期汇率和即期汇率在预测将来的汇率方面的价值几乎相同。技术分析法和基本因素分析法都无法超越有效市场法。另一项研究表明，由这些方法和附加模型所得出的组合预测可能有用。

我们分析了国际经理必须考虑的主要金融因素，即汇率的波动、波动的原因和汇率的预测。接下来分析其他一些重要的金融因素，如货币汇兑管控、税收、通货膨胀和利率以及国际收支差额的影响，政府可施加影响力。

全球辩论

固定汇率可能与黄金、浮动汇率或信仰挂钩吗？

绝大多数经济学家支持一种观点，浮动汇率对世界经济更有益。少数专家提倡回归金本位制和固定汇率制。让我们进一步了解。

20 世纪 70 年代早期，美国政府无法继续担保世界各地的浮动美元能够以约定比率兑换黄金。因此，它将美元与黄金重新匹配，之后世界货币汇率就不再固定了。①

经济学家奥博斯特菲尔德（Obstfeld）和罗格夫（Rogoff）认为，汇率无法固定的主要原因是 20 世纪 50 年代以来，世界资本主义市场迅速发展。直到贸易量增长后，政府才开始在全球市场上大规模买进或卖出本国货币，以维持本国货币的供需平衡。然而，全球交易额超出大部分国家的外汇储备后，政府无法继续实施有效的市场干预以维持本国货币的价值。同时，一场投机性攻击，即原先不活跃的交易商（克鲁格曼（Krugman）率先提出的关于外汇交易的术语）意外地通过市场买进某种货币，造成货币畅销而政府却难以应对的局面。随着互联网的出现，日均外汇交易额预计从 1994 年的 1 万亿美元增至 2013 年的 1 378 万亿美元。这一大规模增长可能会使政府难以管控本国的货币价值，很难想象有一天全球主要的汇率制度会重新回归固定汇率制。

即使一国央行会有效支持本国货币，对经济其他方面的影响仍然相当大。在某种环境下，如果 A 货币相对强于 B 货币，那么 A 国货币利率可能比 B 国高，这就增加了在 A 国做生意的成本。这个案例表明，利率变化、汇率价值和通货膨胀压力等影响货币政策的因素往往是互相联系的。

那么，又有哪些试图将汇率固定的主要言论呢?[2]首先，对于需要用船只将产品从一国运往另一国的行业而言，浮动汇率会增加交易成本，因为下订单和收货存在时差，这期间汇率可能会发生变化。无论是由买家还是制造商承担汇率变动的风险，抑或二者共同承担风险，都有办法使与时间相关的外汇风险最小化，但是这又带来了新的交易成本。

其次，浮动汇率制度下的汇率波动阻碍了贸易。它可能引发保护主义措施，进而剥夺一国居民获取贸易利益的权利。(然而，我们必须清楚固定汇率意味着政府没有管理货币政策的权力。)浮动制度下，市场上也有一些心理因素在起作用。买家逃离的货币呈疲软状，而买家跟进的货币会坚挺。坚挺的货币对于一国的出口有消极影响，因为该国的商品相对于其他国家的将更贵。

最后，固定汇率支持者认为，固定汇率会对政府施加货币原则约束，即在必要情况下时刻准备限制货币供给。然而，这一解释暗含着一个在当今不可能做出的选择，即一国政府远离其他国家独自行动。从人们珍惜的事物，到黄金货币、黄金替代物，再到很大程度上自由浮动的不同货币，我们没有唯黄金论，而是相信货币制度。

问题

1. 如果使用特别提款权，固定汇率制度是否可行呢?
2. 思考特别提款权的内涵，概述固定汇率制度的优缺点。

注释：

① M. Obstfeld and K. Rogoff, "The Mirage of Fixed Exchange Rates," *Journal of Economic Perspectives* 9, no. 4 (1995), pp. 73-96.

② P. B. Kenen, "Fixed versus Floating Exchange Rates," *Cato Journal* 20, no. 1 (2000), pp. 109-13.

8.4 政府可影响的金融因素

政府可以通过金融因素影响企业，包括货币汇兑管控和税收。通过货币政策，政府还可以影响通货膨胀和利率。接下来，我们将了解这些因素以及它们对国际经理的影响。

8.4.1 货币汇兑管控

政府有权限制任何特定交易中本国货币与其他货币汇兑的数量。各国之间，甚至一个国家内部，管控方法都大不相同，这取决于交易的类型。例如，发达国家几乎没有货币汇兑管控，发展中国家如墨西哥也减少了管控以鼓励外国投资。货币汇兑管控也可能变化迅速，毫无预警，因此国际管理者必须保持消息灵通。

可兑换货币（convertible currencies）可以不受限制地兑换其他货币，它也被称为硬通货，如日元、美元、英镑和欧元。如果一种货币是不可兑换货币，它的价值被固定，通常比自由市场上的定价要高，同时政府会对其施加汇兑管控，以限制或禁止该种货币在国际贸易中的合法使用。政府也会要求，对所有其他货币的购买或销售都由政府指定代理。这些可能限制了本国货币与外汇的转换额度，也限制了企业调资回国即将利润转回母国的能力。由于这些货币限制的存在，不可避免地出现黑市交易，但这对于国际管理者来说没有意义，因为他们需要遵守法律规定。

有的国家担心外汇储备被耗尽，因此对本国货币实施汇兑限制。外汇储备是清偿外债、进口采购和本国银行的其他外汇需求的来源之一。乌克兰、阿根廷、巴基斯坦就是如此。

当一国政府要求企业在获取购买许可后才可以购买外汇时，其汇率通常高于自由市场上的。如果一国政府不准购买外汇或者购买成本非常高，那么国际企业很可能认为该货币已被冻结，或者只能在该国境内使用。这些限制调资回国的因素经常给国际管理者带来困扰，他们要在国内寻找合适的产品和投资，或者想其他办法将其收入汇出，比如与需要本国货币的外国企业进行以货易货或互换等交易。

8.4.2　税收

税收有法律效力，同时也是一种颇具影响力的金融因素。如果一家企业可以比对手的赋税更低，就可以降低价格，获取更高收入，给员工发放更高的薪资和分红。世界各国政府广泛运用三种税收政策来获取收入：所得税、增值税和预扣税。所得税是一种直接向个人和企业收取的税款。图 8-2 比较了 20 国集团（G20）国家的企业税

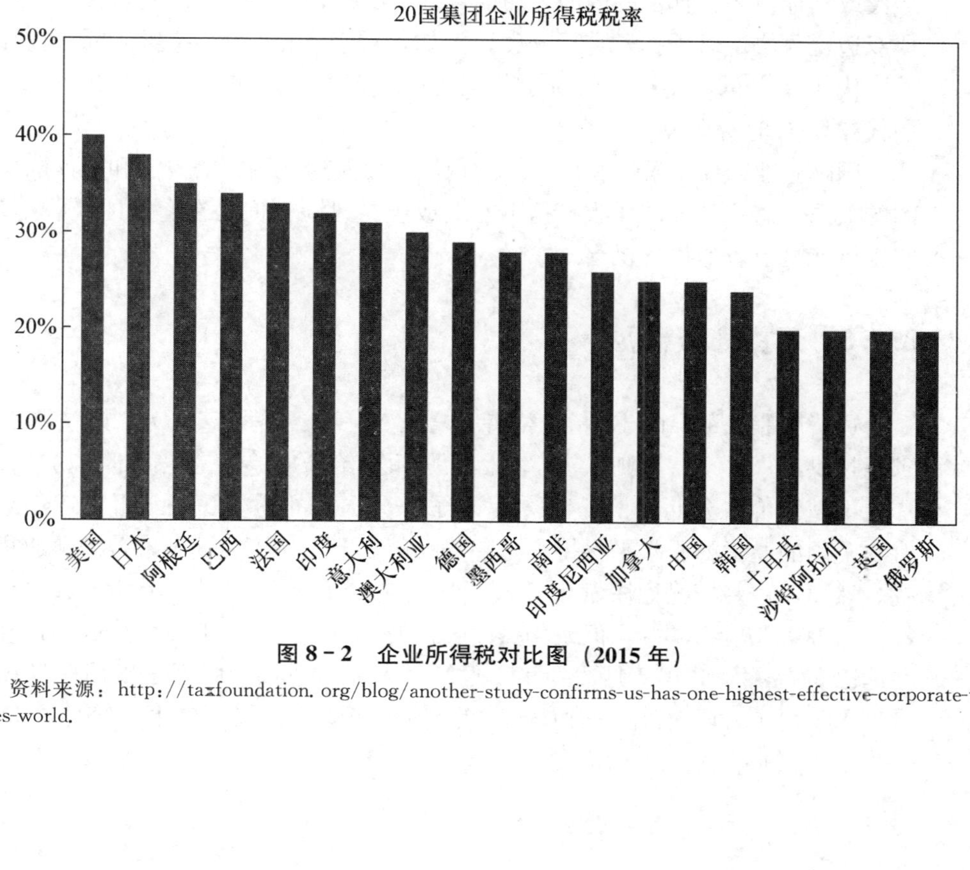

图 8-2　企业所得税对比图（2015 年）

资料来源：http://taxfoundation.org/blog/another-study-confirms-us-has-one-highest-effective-corporate-tax-rates-world.

率。需要注意的是，这些都是法定税率；实际税率可能远低于法定税率，因为有效的游说、税务筹划策略和伪造账目都可能导致减税。据《纽约时报》报道，2010 年美国通用电气公司没有纳税，税收优惠和减免额达 32 亿美元[19]，尽管它应缴纳 39.1% 的法定企业所得税。美国税务基金会（U. S. Tax Foundation）是一家税收研究组织，它计算出的美国企业所得税平均税率约为 27%，而全球平均税率在 20%以内[20]，经合组织平均税率为 24.1%，欧盟平均税率为 21.34%。[21]

除了通过税收优惠来降低实际税率外，企业还使用利润转移和税收倒置这两种基本策略来最小化税额。利润转移是将利润转至较低税率地区，税收倒置则是通过海外并购将法定注册地转移至较低税率地区。汉堡王（Burger King）收购位于加拿大不列颠哥伦比亚省的蒂姆霍顿斯公司（Tim Hortons Inc.）就是税收倒置策略的一个例子。2014 年中期，加拿大不列颠哥伦比亚省的税率为 26%（美国为 35%）。2014 年 9 月，美国财政部宣布新的法令，削弱此项避税技巧的吸引力，然而分析人士称，企业将寻求其他可用的税收倒置方法以减少税收负担。[22]

增值税是对商品从原材料到终端购买者这一生产过程中产生的增值额所征收的税款。它实际上是一种营业税，一阶段到另一阶段的增值税缴纳证明能作为税收抵免的重要依据，因为卖家在累计所售商品的税款后，可以抵销之前生产过程中缴纳的增值税。世界贸易组织允许实施增值税的国家向出口商返还增值税，这一激励措施使出口的费用更低，从而更具竞争力。

第三种基本税收是预扣税（withholding tax）。这是针对企业支付给暂住人口、居民或其他税务管辖范围内的公司的分红、版税、利息征收的间接税项。有的国家达成双边税收协定对预扣税进行分类。例如，对于支付给未签税收协定国居民的利息，美国代扣 30%的所得税。而对于英国居民，美国不预扣税。对于巴基斯坦居民，美国代扣 30%的所得税。

国际企业需要了解经营所在国的税法，以及这些国家的税法和其他国家的税法之间的关系。这一额外的税收负担可能造成金融风险，但是在有益的税收筹划情况下，它也可能是节省费用的机会。

8.4.3 通货膨胀和利率

通货膨胀（inflation）指价格持续增长。一些经济学家认为，通货膨胀是因为需求超过供给；另一些人则认为，是因为货币供给增加。但是他们都认为，在通货膨胀环境下整体价格会上涨。表 8-4 呈现了部分国家的通货膨胀水平。近年来日本、欧盟和美国的通货膨胀水平保持下降趋势。历史上，拉丁美洲国家曾遭遇通货膨胀的困扰。然而，这些情况往往发生反转。1990 年巴西通货膨胀率高达 3 118%，虽然在 2010 年成功降至 5.9%，但是仍然面临挑战。总体上看，通货膨胀率的最高纪录出现在津巴布韦，2008 年 7 月达到 149 亿%。大部分通货膨胀都是以消费者物价指数测量，用于揭示一段时间内一揽子消费品的价格变化。据世界银行统计，2013 年世界平均通货膨胀率为 3.9%。

表 8-4　　2011—2013 年不同国家的通货膨胀率（%）

国家	2011 年通货膨胀率	2012 年通货膨胀率	2013 年通货膨胀率
阿根廷	17.3	15.3	25.0（预估）
巴西	7.0	5.3	5.9
智利	3.4	1.8	3.0
中国	7.8	1.8	2.5
埃及	11.7	12.4	8.5（预估）
法国	1.3	1.5	0.69
德国	1.2	1.5	1.43
希腊	1.0	−0.8	−1.71
印度	8.5	7.2	9.13
爱尔兰	0.7	0.7	0.2
日本	−1.9	−0.9	1.61
挪威	6.7	2.8	2.04
俄罗斯	15.5	8.5	6.48
英国	2.3	1.7	1.50
美国	2.0	1.7	1.50
委内瑞拉	28.1	14.1	56.2
津巴布韦	7.9	5.9	8.3（预估）

资料来源：World Bank，Data：Inflation http://data.worldbank.org/indicator/NY.GDP.DEFL.KD.ZG.

通货膨胀作为企业外部的金融因素，在几个主要方面影响企业。首先，通货膨胀率决定资本市场上借贷的真实成本。你可能会想起我们在讨论汇率时谈到的费雪效应。企业在多国经营时会面临多种货币风险，也会因为各国通货膨胀率有所不同而令应对更复杂。当管理层决定筹集资本时，应该发行股票还是借贷呢？在哪个资本市场？使用何种货币？这些都是至关重要的问题，而通货膨胀率对于回答这些问题起着重要作用。

并且，增长的通货膨胀率鼓励借贷，因为未来可以用膨胀后更便宜的货币来偿还贷款。但是高通货膨胀率也会导致高利率，因为银行必须以更多的优惠来吸引人们存款。那么，通货膨胀也可能不鼓励借贷，因为贷方可能担心即使在高利率的条件下，偿还的金额加上利息也会低于贷出金额。由此，你可以看出通货膨胀和利率之间的关系是如何影响企业的决策的。另外，在讨论国际费雪效应时，我们观察到汇率趋势和利率之间的关系。因此，通货膨胀和汇率之间也存在某种关系。

通货膨胀后的货币往往走势疲软。在通货膨胀经济下，货币持有者不会借款，但可能买进一些有望增值的东西，这会进一步刺激通货膨胀。在巴西出现通货膨胀期间，农民贮藏农作物，并且用它们交换进口的农业设备和奔驰汽车。

贷方运用各种不同的利率——这些利率随着通货膨胀或升或降——将金融风险转移到借方身上。因此，借方应该更加小心。原始利率和将来的任何变动都是基于参考利率，如美国最低贷款利率（银行给予最重要客户的利率）和伦敦银行同业拆借利率（伦敦银行间的利率，LIBOR）。

如表 8－5 所示，2014 年 4 月，大多数国家的利率有小范围变化。这一趋势可能源于金融市场的联合，市场变得更加全球化。表中的 13 个国家的平均利率为 3.5%，在 1993 年则为 6.9%。

表 8－5　　中央银行利率样本

中央银行	2014 年 4 月利率
英格兰银行	0.50
日本银行	0.10
欧洲中央银行	0.25
美联储	0.25
瑞士国家银行	0.00
澳大利亚储备银行	2.25
加拿大银行	1.00
巴西中央银行	11.00
中国人民银行	6.00
印度储备银行	8.00
韩国银行	2.50
墨西哥银行	3.50
土耳其中央银行	10.00

资料来源：http://www.fxstreet.com/economic-calendar/world-interest-rates/.

最后，通货膨胀会造成在某国生产的商品和服务的成本增加，那么这些商品和服务的国际竞争力会减弱。高通货膨胀国家的生产商也会发现，出口销售十分困难。这些情况都可能导致贸易账户的国际收支赤字，各国的国际贸易情况都记录在案。因此，在这种情况下，管理者必须对政府政策的变动保持警惕，因为他们可能试图通过更具限制性的财政或货币政策、货币控制和进口关卡政策等来扭转贸易逆差。由于监督国际收支账户意义重大，接下来我们来看看国际收支平衡。

8.5 国际收支平衡

国际收支平衡（balance of payments，BOP）是一国与其他各国的交易记录。实际上，它追踪记录该国资金的流入和流出情况。国际商务人士对国际收支数据感兴趣有多个原因。一国的国际收支情况揭示了该国货币的需求量。如果一个国家的出口量大于进口量，那么其他国家对该国货币有很高的需求量，这又可能使该国货币走强。相反，如果一个国家的进口量大于出口量，该国货币可能会疲软。如果它不是浮动货币，可能会遭遇贬值，即政府宣布货币贬值。一国的进口量超过出口量时，会出现贸易逆差，这时政府可能倾向于实施紧缩型的货币政策或财政政策。例如，它可能实施货币或贸易管控。国际收支趋势也能帮助管理者预测某国经济环境下可能发生的某种变动，决定是否会承担在该国经营的战略风险，从而调整其选择。因此，国际经理在预测将来的经济环境时会使用国际收支数据。可能会发生货币管控吗？货币是否会贬值？利率可能发生变化吗？

国际收支账户　国际收支账户以复式记账形式记录数据。每一笔国际交易体现了借方和贷方的资本交换。支付给其他国家的货币作为资金流出记入借方账户（－），来自其他国家的支付款作为资金流入则记入贷方账户（＋）。如图 8－3 所示，一个国家的国际收支报表被分为许多不同的账户和子账户。

1. 经常账户
有形和无形商品和服务的进出口净变化。
A. 货品或商品账户：有形商品；净差额也称为贸易差额。
B. 服务账户：无形商品。
C. 单方面转移收支：没有互惠（礼物、资助、移民工人收入）条件下的转移，为了满足复式记账的要求，将资助或礼物登记为外购商誉。

2. 资本账户
一个国家金融资产和负责的净变化；居民出售股票、债券或其他金融资产给非本国居民，记入贷方；现金流入本国居民手中，但是本国居民的长期国际负债（记入借方）增加。
A. 直接投资：位于一个国家却受另一个国家居民的控制。
B. 证券投资：不受控制的长期投资。
C. 短期资金流：比如，与远期市场、期货市场、期权市场和互换市场挂钩的汇率和利率；波动率和交易隐私性使这一账目成为最不稳定的标准。

3. 官方储备账户
A. 黄金的出口和进口。
B. 政府持有的外汇（外国货币）。
C. 外国央行负债。

图 8－3　国际收支的主要账户

国际收支中的逆差和顺差　国际收支中的经常账户和资本账户组成了完整的国际收支账户。经常账户亏损总是伴随着资本账户的盈余，反之亦然。让我们看看这是如何运作的。如果你在美国花 200 美元买了一箱法国红酒，你支付的钱款从美国流出后进入法国葡萄酒厂，这笔支出会记入借方，存于美国经常账户项下 。一旦葡萄酒厂收到了你的付款，它们就会有所反应。如果葡萄酒厂的财务主管打算把钱存在一家美国银行的美元账户，就会记入美国资本账户项下的贷方。如果葡萄酒厂决定将美元兑换成欧元，那么接收美元的银行会考虑如何花掉这笔钱，或者将这笔钱用于投资。总有一天，这笔款项将记入美国账户的贷方。

不同于人们的普遍观点，经常账户赤字并不总是意味着糟糕的经济状况；这只意味着该国正在输入资本，它与进口红酒或奶酪一样，既不危险，也很自然。经常账户是对一国情况的反映，如过度的通货膨胀、较低的生产率或储备不足等。以美国为例，由于在美国投资既安全又能带来利益，因此很多外国人想在美国投资（外商直接投资是一种资本输入），然后将收益汇回国内（调资回国）。在这种情况下会发生经常账户赤字的现象。如果出现问题，也是隐藏在潜在状况之下，账户赤字本身无法体现。[23]如果一个国家有较高的价格水平、较高的国民生产总值、较高的利率和汇率，同时进口壁垒比较低，存在有吸引力的投资机会，那么相比其他国家，这个国家很可能出现国际收支逆差。[24]

近年来，美国经常账户时常出现大规模亏损。其商品的进口额超过出口额，然而，服务的出口额超过进口额。美国的资本账户也有结余，这笔结余用于支付进口的商品后，会以国内外商投资的形式（例如纽约短期国债和投资性房产）返还美国。因此，我们要记住，经常账户的亏损或结余必须与资本账户的相同结余或亏损结合起来进行分析或评价。这两者要结合起来审查。

国际货币制度不断发展，以支撑不断扩大的日益复杂的全球贸易体系。它很灵活，提供了保存价值的方法，却不需要过高的保存或运输成本。我们相信它能准确快速地转移价值。

得到那份工作！从双肩包到公文包

安德鲁·克拉内：通过在外国游历和工作了解金融因素

我在加利福尼亚长大。除了冲浪，我也很喜欢旅行和一切国际化的事物。从小，我跟随家人一起体验外国文化，我能说一口流利的西班牙语和英语。大学期间，为了能在暑期出去旅游，我会努力存钱。大二时，我去西班牙学习了一个学期，也利用这个机会在欧洲游历了一下。我的事业目标是参与创业项目，尽快拥有自己的公司。我希望公司位于美国之外的其他国家，或者有大量的国际旅行机会。

我的国际工作经验始于高中毕业后，那时我有机会在秘鲁、尼加拉瓜和多米尼加的非政府组织做实习生。大学期间，我幸运地在尼加拉瓜海岸边的一个高档社区找到了一份物业管理联络员的工作。为了能在这个岗位待够六个月，我决定将大学延期一个学期。这成为我人生中最好的决定之一，给我带来了前所未有的快乐体验。在非洲和拉丁美洲，我在一家非政府组织工作，这个组织需要愿意在外国工作且西班牙语流利的人。在多米尼加，我负责小额信贷机构和美国捐赠者之间的关系管理。我也负责审查多米尼加合作方的金融运作，同时为商务会议和实地考察担任英语和西班牙语翻译。

在尼加拉瓜工作期间，我十分感谢那里的居民，也很高兴有机会在那片土地上工作。或许因为我是南方人，我很享受参与植树甚至农业监管项目。那里的人很好，我现在仍与一起工作、生活过的一些人保持联系。

尼加拉瓜的经历也教给了我有关管理、公司政治及人际交往的知识。在管理事物方面，我学会了如何放权给6～24名男士，以便同时管理他们在社区不同地方的任务。在公司政治方面，我了解了许多影响公司决策的政治因素，也体会到有效地与下属沟通的重要性。

大学一毕业，我就去非洲工作了几个月，负责学校的小额信贷工作，帮助提升教育部门的支付能力。这是一次绝佳的学习机会，但语言障碍也是一种挑战。在加纳和卢旺达，你经常发现很多人其实不说英语，即使英语是它们的官方语言。为此，我以100美元每月的价格雇了一位实习生。他不仅翻译熟练，而且能在工作上协助我，这笔钱花得很值。

要想在另一个文化中生活，你需要做很多准备。最重要的就是要有开放的心态。一旦做到了这一点，在外国做生意会容易得多。

对于那些有兴趣探索国际商务的人，我有几点建议：去旅行，走出你的舒适区，看看生活会给你什么意想不到的机会。如果可能，你可以考虑去某个国家走走，在那里待上一个月或更长时间。你可以在非政府组织担任志愿者，它们会为你提供食宿。一旦你融入当地了解风土人情，你会惊讶于发展中国家给予一名西方人的机会。然而，大多数时候，你必须待在某个国家去了解它。这并不像职业网站上发布的工作机会。你可以访问 Go-Abroad（http://jobs. goabroad. com/search/finance/jobs-abroad-1）和 Kiva（http://www. kiva. org/）的网站，Kiva 是一家致力于小额信贷的组织。

模块总结

1. 描述国际货币体系的历史。

1914 年之前，金本位制支持贸易活动。货币钉住黄金，黄金汇兑做出了一些调整。随后一段时期，在布雷顿森林体系的固定汇率制度下，美元可兑换黄金。这导致美国长期处于赤字状态，美国的黄金储备也逐渐减少。美国随后停止以美元兑换黄金，允许美元在市场上自由浮动。这开启了浮动汇率制度的新时期，形成我们现在正在使用的汇率制度。国际货币基金组织的《史密森协议》制定了浮动制度的规则，包括自由浮动、不自由浮动和钉住货币。同时，世界银行创建了特别提款权作为储备货币。

2. 描述当前浮动货币的汇率制度以及国际货币基金组织的货币安排。

浮动汇率制度允许汇率自由浮动，它是由市场因素决定的。国际货币基金组织使用八种类别来阐述一国定位本国货币与其他货币之间关系的方法，以灵活度为特征。包括无单独的法定货币、货币局制度、钉住汇率制度、水平区间内的钉住汇率制度、爬行钉住汇率制度、爬行区间汇率制度、管理浮动汇率制度和自由浮动汇率制度。

3. 描述影响汇率波动的因素。

1973 年以来，市场因素确立了浮动货币的相对价值，这也受到很多因素的影响。这些因素包括两种货币的供给和需求预测；两国的相对通货膨胀；相对生产力和单位劳动力成本的变化；政治变动，如出乎意料的选举结果；预期的政府财政、货币和外汇市场的变动；国际收支账户；心理因素。真正决定汇率的因素十分广泛复杂，因此经济学家还没有得出一个公认的理论来解释这一现象。经济学家能解释汇率波动中出现的很多平价关系即等价关系，如利率平价和购买力平价。

4. 探讨政府可施加的金融影响因素。

政府能限制本国货币与他国货币的兑换，通过建立税率和货币政策影响利率和通货膨胀率。货币管控限制了本国境内的外币购买和兑换的数量，也可能限制企业支付进口货物及调资回国的能力。政府通过实施货币汇兑管控来减少外汇储备的损耗。

税收和通货膨胀率的不同会对企业造成极大影响，因此企业必须时常监控并预测税率和通货膨胀率。无论是增值税还是所得税，都会增加企业的成本。通货膨胀是指价格持续上涨，它由消费品价格指数测量，通常伴随着高利率。

5. 阐释收支平衡对国际商务决策的重要意义。

通过监控国际收支数据，企业可以预测未来。如果一国的出口量大于进口量，那么这个国家的货币在其他国家有很大的需求，因为它们要支付那些出口的货物。根据供求关系，这一需求可能会导致该国货币走强。相反，当一国的进口量大于出口量时，该国货币会因市场或者政府举措而走势疲软。遭遇贸易赤字时，政府往往倾向于采取紧缩型的货币或财政政策，或者实施货币或贸易控制。一段时间内的国际收支趋势也能帮助管理者预测某国在经济环境下可能发生的变化，这会影响他们是否选择承担战略风险的决策。

批判性思考

1. 那些认为应该回归金本位制的人，仅仅是出于怀旧还是有何依据？

2. 布雷顿森林体系注定会失败吗？为什么？

3. 你从葡萄牙出发去美国出差 90 天，每天的津贴为 400 欧元，不需要任何收据凭证。这笔津贴已经提前预支给你（36 000 欧元）。你将这笔钱存入活期账户，在美期间你使用葡币（欧元）信用卡支付所有费用。两周过后，美元比欧元弱了 15%。这次币值波动会使你陷入怎样的道德困境？你会如何处理？

4. 所有国家都使用特别提款权会对企业造成什么影响？

5. 你的公司在某国获取可观的收入，突然这个国家实施汇兑管控，禁止本国境内的外币购买和出口。这种情况下，你会与当地财务人员探讨什么问题？

6. 你供职的美国公司正打算签订一份合约，向北京的一家银行提供服务，合约规定要向银行预付 50% 的钱款。你希望这笔钱款以美元结算吗？为什么？

7. 美联储大幅调低利率，欧洲中央银行的利率却保持不变。这种政策差异会影响美元比欧元强势的情况吗？为什么？

8. 你供职的一家波士顿公司赚取的利润 54% 来自德国和法国。根据你对第 7 题的解答，你现在是否高兴呢？为什么？

9. 你供职的一家慕尼黑公司赚取的利润 64% 来自出口到美国的高精度汽车零配件。现在你要扩大生产，美国市场有很大的增长空间。你也可以选择相对便利却毫无成本优势的原材料产地。根据你对第 7 题的解答，你可能会选择德国还是美国扩大产能？为什么？

10. 为什么管理者应该定期监控那些有商业经营项目的国家？

微型案例

特别提款权外汇风险

亚洲开发银行（Asian Development Bank，ADB）是一家由 67 名成员组成的多边开发银行，该行使用特别提款权放贷，主要目标是减少贫困。自 2014 年 1 月起，银行发放的贷款总额达 210.2 亿美元，最大的借方为印度、巴基斯坦、中国、越南和印度尼西亚。亚洲开发银行通过进入远期市场进行外汇交易来覆盖其资本来源，这些外汇包括特别提款权货币篮子中的货币。想更多地了解特别提款权货币篮子，请访问 http://imf.org/external/np/fin/data/rms_sdrv.aspx。

问题

1. 为什么亚洲开发银行持有特别提款权货币，而不是美元或者欧元呢？

2. 构成特别提款权的货币金额为多少？

注　释

1. Cheol S. Eun and Bruce G. Resnick, *International Financial Management*, 4th ed. (Burr Ridge, IL: McGraw-Hill Irwin, 2007), p. 25.

2. Charles N. Henning, William Pigott, and Robert Haney Scott, *International Financial Management* (New York: McGraw-Hill, 1978), p. 149.

3. Albert C. Whitaker, Foreign Exchange, 2nd ed. (New York: Appleton-Century-Crofts, 1933),

p. 157; Richard Cooper, The Gold Standard: Historical Facts and Future Prospects, *Brookings Papers on Economic Activity* 1982, no. 1 (1982). The increases were gradual until the 1970s, when the price of gold spiked, largely as a result of the 1973 oil crisis.

4. Jacques Rueff, *La réforme du système monétaire international* (Paris: Plon, 1973).

5. Paul Krugman, "The Gold Bug Variations," November 1996, http://www.pkarchive.org/ (April 6, 2014).

6. *Federal Reserve Bulletin*, September 1969 and January 1974.

7. *Federal Reserve Bulletin*, December 1971 and January 1974.

8. Remarks by Chairman Alan Greenspan, November 14, 2005. See http://www.federalreserve.gov/boarddocs; IMF Currency Composition of Official Reserves, http://www.imf.org/external/np/sta/cofer/eng/index.htm (April 7, 2014).

9. IMF, *Annual Report on Exchange Arrangements and Exchange Restrictions*, 2013, https://www.imf.org/external/pubs/nft/2013/areaers/ar2013.pdf (April 8, 2014).

10. BIS, Triennial National Bank Survey, April 2013, http://www.bis.org/publ/rpfx13fx.pdf (April 7, 2014).

11. Ibid., p. 16. (Daily average, 260 trading days per year.)

12. Michael B. Devereux and Shouyong Shi, "Vehicle Currency," No. 10, Globalization and Monetary Policy Institute Working Paper from Federal Reserve Bank of Dallas, updated March 2011, Vehicle Currency, http://ideas.repec.org/p/fip/feddgw/10.html; BIS, Triennial National Bank Survey, p. 6 (April 8, 2014).

13. "U. S. Probes Whether Big Banks Stifle Rival in Currency Trading," *The Wall Street Journal*, May 15, 2002, p. A1.

14. Susie Gharib, "Slowing Global Growth May Energize the Dollar," February 28, 2008, PBS, *Nightly Business Report*, http://www.pbs.org/nbr/site/onair/transcripts/080208a (April 11, 2011).

15. Eun and Resnick, *International Financial Management*, pp. 147 – 48. The technical explanations here are clearly described and well illustrated.

16. Ibid., p. 149.

17. Ibid., p. 151.

18. Cheol Eun and Sanjiv Sabherwal, "Forecasting Exchange Rates: Do the Banks Know Better?," *Global Finance Journal*, 2002, pp. 195 – 215; Lillie Lam, Lawrence Fung, and Ip-wing Yu, "Comparing Forecast Performance of Exchange Rate Models," Hong Kong Monetary Department, 2008.

19. David Kocieniewski, "GE's Strategies Let It Avoid Taxes Altogether," *The New York Times*, March 24, 2011, p. 1, http://www.nytimes.com/2011/03/25/business/economy/25tax.html (April 12, 2011).

20. Kyle Pomerleau, "Another Study Confirms: U. S. Has One of the Highest Effective Tax Rates in the World," May 31, 2013, http://taxfoundation.org/blog/another-study-confirms-us-has-onehighest-effective-corporate-tax-rates-world (April 9, 2014).

21. KPMG Corporate Tax Rates Table, 2014. http://www.kpmg.com/global/en/services/tax/tax-tools-and-resources/pages/corporate-tax-rates-table.aspx (September 20, 2014).

22. http://dealbook.nytimes.com/2014/09/23/new-rules-makeinversions-less-lucrative-experts-say/?php=true&_type=blogs&module=Search&mabReward=relbias%3Aw%2C%7B%221$22%3A%22RI%3A8%22%7D&_1=0

23. "The Case for Open Trade," World Trade Organization, http://www.wto.org/english/thewto_e/whatis_e/tif_e/fact3_e.htm (September 21, 2014).

24. H. Kohler and J. Wolfensohn, "We Can Trade Up to a Better Financial World," *Financial Times*, December 12, 2003.

模块 9
国际竞争战略

商业战略的本质是什么？它和其他类型的企业规划有什么区别？一言蔽之，就是竞争优势。假如没有竞争者，那么战略就没有存在的必要了。因为战略规划的唯一目的就是让公司尽可能有效地获得足以压倒竞争对手的优势。

——大前研一（Kenichi Ohmae），
麦肯锡咨询顾问

学习目标

1. 解释国际化战略、竞争力和国际竞争优势。
2. 描述全球战略规划的过程及组成部分。
3. 描述战略规划的特点。
4. 讨论规划周期、组织层次以及战略规划的不同方法。
5. 概述战略规划的新方向。

开篇短文

国际化战略的准备需要着眼于未来

假设石油或食物价格飙升（2011 年就出现过这种情况，导致像英国航空和嘉年华这样的公司股价一落千丈），或者价格暴跌（比如 2014 年底的石油价格），你觉得会发生什么事情？东道国政府将核心公司或者整个产业国有化的可能性有多大，正如阿根廷和玻利维亚政府所做的？信贷市场一旦萎缩（比如 2007 年次贷危机后的美国以及 2014 年的西班牙和希腊）会导致什么后果？全球气候变化将怎样影响不同产业、不同地区的经济发展？

这些类型的变化令即使是规模很大的公司也会面临巨大的经济压力，甚至破产。因此，通过构建未来可能出现的各种场景，进而识别并评估公司内部及宏观环境因素，成为公司战略规划流程的重要组成部分。场景构建的目标是，促使企业主管对公司所处环境的假设提出质疑，将可能深刻影响全球战略和运作的不确定因素纳入规划。场景应当是言之有理的、充满挑战性的情景假设，但不是基于过去的预测。实际上，构建场景是让管理者意识到"经验之谈可能不适用"的一种手段。场景可以帮助管理人员预测未来的挑战，进而做出决策，帮助公司避免问题的产生，或者将潜在问题发生的可能性降到最小。

传统上，企业总部的战略规划者构建场景，然后展示给部门经理，这是一种展示说明。而现在，人们更加期待管理人员能够自己为战略决策构建场景。这样一个过程是如何运作的呢？在一个5～8人的团队里，管理者首先确定哪一项是非做不可的决定，然后通过阅读、观察、与专家交谈等方式收集信息。接下来，整个团队确定决策中的驱动力以及重要的不确定因素，并划分好主次轻重。团队成员准备3个或4个场景，描绘可信度较高的未来，而不是列出最好的场景、最差的场景和最可能发生的场景。然后团队确定每个场景可能的结果以及管理过程中绕不开的主要指标，从而制定出更强大有效的策略。通过预测未来以及认清前方的危险信号，管理人员能够更好地理解明天的格局，同时做出可以避免危机的高质量决策。

资料来源：Julie Verity, "Scenario Planning as a Strategy Technique," *European Business Journal* 15, no. 4, pp. 185–95, http://www.julieverity.co.uk/downloads/cranfield01.pdf (February 1, 2015); Shell Global, "New Lens Scenarios," http://www.shell.com/global/future-energy/scenarios/new-lens-scenarios.html?gclid=CKuPy-79v7wC-FedAMgodsGEA0w (February 1, 2015); Angela Wilkinson and Roland Kupers, "Living in the Futures," *Harvard Business Review*, May 2013, http://hbr.org/2013/05/living-in-the-futures/ar/1 (February 1, 2015); Gary Parkinson, "Big Users Bear the Brunt as Middle East Fears Send Oil Prices Surging," *The Times* (*London*), August 29, 2013, p. 43; and David Niles, "The Secret of Successful Scenario Planning," *Forbes*, August 3, 2009, http://www.forbes.com/2009/08/03/scenario-planning-advice-leadership-managing-planning.html (February 1, 2015).

在本模块中，我们将聚焦商业本身，学习在国际市场中管理人员可以采取哪些措施帮助公司更有效地竞争。我们将讨论国际化战略的概念、公司运用战略规划的方式以及提高国际竞争力的相关分析。

9.1　什么是国际化战略？公司为什么需要国际化战略？

国际化战略（international strategy）是指导公司在国际领域开发和分配稀缺资源的总体规划，包括提供什么产品和服务，进入哪些市场以及怎样开展竞争。[1] 国际化战略并不仅仅涉及营销或者生产等单一领域，而且涉及公司所有部门和活动，以及它们之间的联系。为使战略行之有效，公司的国际化战略必须在各部门之间以及公司产品和区域单元达成一致（内部一致），同时也要与国际竞争中的需求保持一致（外部一致）。

采用国际化战略的目的在于使公司在国内和国际上都能获得并维持独特、有价值的竞争地位，从而获得比竞争对手更高的利润率，这种能力称为**竞争优势**（competitive advantage)。为获得可持续的竞争优势，国际公司要么开展比竞争对手更加令人瞩目的活动，要么用更卓越的方式开展同样的活动。公司可以开发以下类型的技能或竞争力：(1) 能创造出消费者愿意支付的价值；(2) 稀有的；(3) 难以模仿或替代的；(4) 公司有能力发掘。[2]

如你所想，试图开发出竞争优势的国际企业管理人员面临巨大的挑战。为什么？因为诸如时间、天赋和金钱这样的资源总是稀缺的，而运用这些资源的方法多种多样。我们应该进入哪个国家？我们应该投资哪些技术？我们应该开发哪些产品或服务卖给客户？作为管理者，我们随时要选择“做”还是“不做”。如果没有做好规划，从竞争的角度来看，我们做出的决策就可能不大合理，而公司的国际竞争力也会因此受到伤害。

要想在当今的国际市场上取得成功，公司必须迅速发现并发掘国内外出现的各种机会。为了迎接这些挑战，你必须理解公司的使命、优势和劣势，并能够与全球的竞争对手准确地比较。战略规划为管理者完成这些任务提供了宝贵的工具。

为什么要进行全球规划？

战略规划（strategic planning）是指一个组织确定前进目标，并决定如何达成目标，如何评估目标是否达成，或者对目标完成进度进行评估的过程。为应对日益复杂的外部环境因素，许多国际公司意识到，正式的全球战略规划必不可少。只有这样，高层管理者才能认清世界各地的机会与威胁，制定应对策略，确定执行策略的财务与管理事宜。

战略规划可以确保决策者在商业、战略、战略背后的假设、外部的商业环境压力以及前行方向等方面达成共识。同时，战略规划可以提高世界各地的管理人员在行动上的一致性，促使他们考虑自己的行动在公司其他地理区域和职能部门引发的效应。战略规划同时也可以提高战略创新的概率，促进新想法的开发、获取和应用，使公司在极具挑战性的竞争环境中取得成功。

尽管许多人抱怨，有效执行规划是一项颇具挑战性的任务，尤其是在大型国际企业中。然而，贝恩公司（Bain & Company）关于管理工具和趋势的调查报告指出：战略规划仍然是全球管理人员最常使用的管理工具，同时也是满意度最高的工具之一。[3]

9.2　全球战略规划的过程

你应该认识到，全球战略规划是公司管理者的一大职责，它是这样一个过程：组织确定前进目标，并决定如何达成目标，如何评估目标是否达成以及在多大程度上达成。战略规划和决策制定的最终管理者是公司的首席执行官。在战略规划这一框架中，管理者将完成以下步骤：(1) 分析公司外部环境；(2) 分析公司内部环境；(3) 确定公司的业务和使命；(4) 制定公司目标；(5) 量化目标；(6) 制定战略；(7) 制定战术计划。以上步骤按线性排列，但在实际操作中可以灵活调整次序。公司所处的环境时刻都在变化，正因如此，战略规划的过程是反复的。例如，在分析环境时，规划委员会成员可以跳过一步，直接讨论新动态对当前企业目标的影响。比方说，当美国政府对从中国进口的太阳能电池板征收 20%～40%的关税时，在新加坡生产太阳能电池板的挪威 REC 集团就意识到，这为它在美国扩大市场创造了机会。其委员会成员开始讨论，公司是否有利用好这一环境变化所需的资产。如果他们推断公司具备实力，委员会就会尝试制定新战略，以挖掘开发美国市场的机会。如果能制定出可行的战略，委员会成员就会确定预期达到的公司目标。对该规划进行审核后，REC 将其在美国市场的预期销售额从原来的占公司总销售收入的 7%提高到 20%。这一变化引发其他运营环节的变化，包括生产、销售和营销。[4]

如图 9-1 所示，全球性规划过程与国内公司规划过程的基本框架是一致的。实际上，两种运营的大多数活动都是类似的。全球化公司的活动比国内公司复杂的原因在于，前者所处的外部环境是不可控的，面临大量不确定因素。

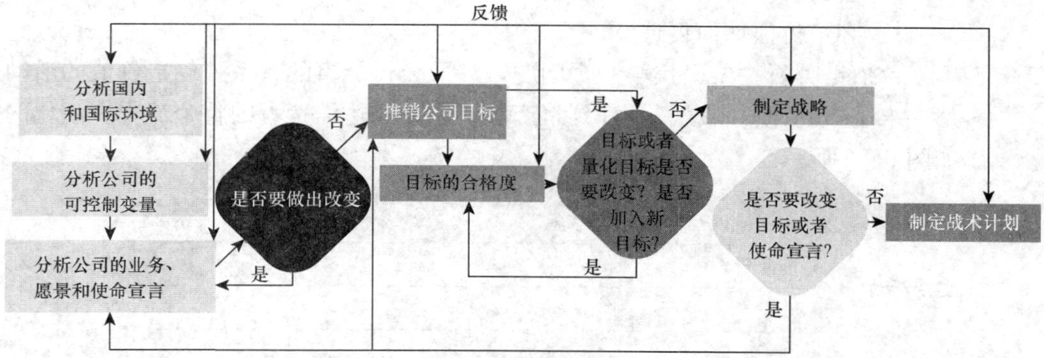

图 9-1　全球战略规划过程

9.2.1　步骤 1：分析国内和国际环境

由于企业控制外部力量的机会有限，因此企业管理者必须清楚目前这些外力的强度以及走向。对环境的审视有助于持续收集信息，但管理者也必须对一些关键性的环境因素，例如竞争对手的行动、政府税收和法规的变化，做出适当的回应。麦肯锡公司发现，就全世界范围而言，大多数管理者认为，有关环境、社会和商业的趋势，比如消费者越来越喜爱天然产品，利益相关者对企业社会责任日益重视，公司将业务外包以支撑其重要的竞争优势，都给企业战略和业绩提出了重大挑战。[5]尽管如此，只有少数企业针对这些趋势采取了相应措施。为什么？因为它们缺乏可以帮助其决定是否采取行动、如何采取行动和何时采取行动的技能和资源，而这些正是它们有效应对环境影响的关键。

9.2.2 步骤 2：分析公司的可控变量

对企业可控因素的分析同样包括环境分析以及预测。不同职能部门的管理人员既可自行提交报告，也可以将相关资料提供给策划人员，由他们为战略规划委员会准备报告。

这个过程要如何操作呢？一般来讲，管理人员会从原材料进入工厂的那一刻起到最终产品送到用户手上，全程对企业的活动进行研究，开展价值链分析。**价值链**（value chain）是指使最终产品或服务增值的一系列相互联系的活动。**价值链分析**（value chain analysis）则是对一个组织或者几个相互联系的组织的价值链活动进行的评估，用来确定最终产品或服务在哪个环节发生了增值，增值多少。作为分析的一部分，管理人员必须解决以下关于公司业务的三个关键性问题：

1. 公司的目标客户是谁？
2. 公司希望为这些客户提供什么价值？
3. 客户价值如何创造？

价值链分析主要聚焦第三个问题，涉及公司从事的一系列创造价值的活动，包括从寻求基本的原材料或者元件到将产品或服务送达消费者的整个流程。简化的价值链如图 9－2 所示。

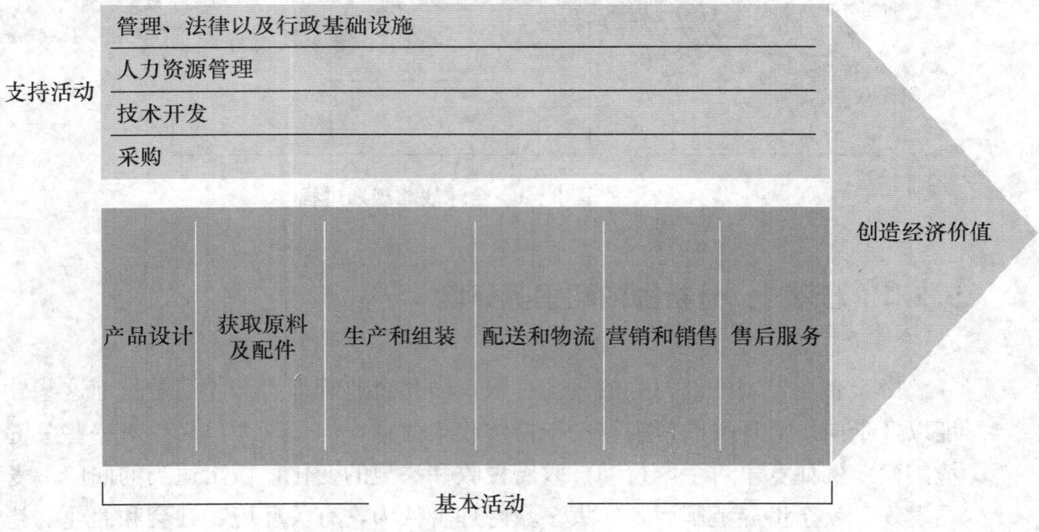

图 9－2 价值链

资料来源：Adapted from M. E. Porter, *Competitive Advantage* (New York: Free Press, 1985).

分析的目的是什么？价值链分析能帮助管理者认清公司价值链中的活动，包括公司自己从事的以及外包的活动。同时，管理者必须考虑，要在哪里进行价值链活动，是在本国、成本较低的国外地区，还是在接近海外消费者的地区？他们会检查价值链上各项活动之间的联系。例如，产品销售和产品开发之间的联系是否可以保证消费者的需求得到有效传达，并最终在产品中得到体现？我们与国内外的供应商、贸易伙伴、经销商和消费者的合作是否有效？通过分析，我们可以识别并建立一系列卓越而完整的价值链活动。这样一套系统可以帮助企业更高效地开发、生产、营销、销售产品，进而为获得全球竞争优势奠定基础。

知识是可控的企业资源 在如今竞争激烈、瞬息万变的知识密集型经济体中，企业可以跨越国界，运用组织知识形成竞争优势，这一过程称为**知识管理**（knowledge management）。知识管理指的是组织及其管理者用来识别、创造、获取、开发、传播和挖掘具有竞争价值的知识的操作。组织知识的基础包括员工个人能力和在团队中的能力，以及通过组织结构、制度和日常活动等途径融入组织的知识。

为加快获取、开发和挖掘这些具有竞争价值的知识，管理人员正开发各种途径促进知识在公司内部的流动，建立知识数据库，保证最佳实践能够在公司的国际运营网络上传播，进而为知识型的竞争优势奠定基础。

为了有效管理知识，企业必须鼓励员工以团队的形式攻克项目，或者以其他的方式分享想法。许多有价值的知识是隐性的。**隐性知识**（tacit knowledge）只可意会不可言传：一个人可以熟知隐性知识，但要以口头或者文本图片的形式表达出来，并非易事。因此，为了将隐性知识传递给他人，必须建立一套体系，将其转化成编辑完整的**显性知识**（explicit knowledge），再快速有效地传递给有需求的员工。例如，影响业务开展的文化习俗（诸如采购中的人际关系）并不会出现在说明书上，也没有行动指南来做专门介绍。文化习俗是一种能够控制行为的微妙准则，通过仔细观察才能掌握好。

除此以外，为了高效率地设计出迎合顾客需求的产品，公司需要获得供应商、客户和其他合作机构的有价值的知识。在某些情况下，管理人员甚至发现，为了获取这类知识，有必要在别的地方设厂。例如，作为通信技术的国际领头羊，诺基亚西门子（Nokia Siemens）和爱立信（Ericsson）两大企业都在硅谷设立了办公室。其目的在于挖掘该地区的供应商和客户（包括谷歌、苹果、英特尔以及其他一大批公司）的最新想法，再将这些知识传回欧洲总部。

企业面临一个持续的挑战，那就是要建立一种机制，以可靠地识别各种开发和传播知识并确保知识得以吸收的机会。同时，公司必须保护好专利知识，以防泄露给竞争对手，这样公司才能长久地保持竞争力。

分析公司的可控变量之后，规划委员会必须回答以下问题：我们的优势和劣势分别是什么？我们的人力资源和财务资源是什么？我们距离目前的目标还有多远？我们是否已经发现了放弃、更改或者增加目标的证据？当公司完成这样的内部审查之后，委员会就可以审视公司的使命、愿景和价值观宣言了。

9.2.3 步骤3：确定公司的使命、愿景和价值观宣言

公司的使命、愿景和价值观宣言将公司是干什么的，其发展方向是什么，以及指导公司成员行为准则的价值观是什么等信息，传递给利益相关者（员工、股东、

政府、合作伙伴、供应商、客户)。公司的**使命宣言**(mission statement)较为宽泛,阐述了公司存在的目的,包括其业务、目标以及达成目标的途径。公司的**愿景宣言**(vision statement)描述了公司未来期待达到的位置,以及公司通过获得必要的竞争力和成功执行策略所希望实现的目标。**价值观宣言**(values statement)则清晰简明地描述了公司希望其成员拥有的基本价值观、信仰和优先次序,反映了员工之间以及与客户、供应商和其他成员的相处原则。博思艾伦咨询公司(Booz Allen Hamilton/Aspen Institute)对 30 个国家的企业做了调查,结果显示,89%的企业都有明确的书面的价值观宣言,那些成功地将价值观融入其运营的企业财务表现更佳。[6]

这些宣言的实例是怎样的呢?谷歌公司的使命宣言如下:

> 整合全球范围的信息,使人人皆可访问并从中受益。[7]

谷歌的使命宣言用词十分宽泛。相比之下,亚马逊的使命宣言具体得多,集中阐述了客户、网购和低价:

> 成为全球最以客户为中心的公司,让客户能够寻找并发现他们可能需要在线购买的任何商品,致力于为客户提供尽可能最低的价格。[8]

下面是韩国跨国企业三星的愿景宣言:

> 我们致力于通过新技术、创新产品和创造性的解决方案来激励团队。同时,我们致力于通过为核心网络成员(行业、合作伙伴和员工)开发新的价值,创造更加充满希望的未来。通过这些努力,我们希望为大家创造一个更美好的世界,给大家带来更丰富的体验。
>
> 作为新愿景的一部分,我们已经制定出具体的计划,力争 2020 年的收入总额达到 4 000 亿美元,成为世界五大品牌之一。为此,我们还在管理方面制定了三个战略路径:创意、伙伴关系和人才。
>
> 我们对未来充满信心。在过去成绩的基础上,我们期待探索新的领域,包括保健、医药和生物技术。我们将致力于成为新市场的龙头创新企业,并在未来成为名副其实的第一品牌。[9]

非营利小额贷款机构 Kiva 的愿景宣言如下:

> 在我们期待的世界里,即使是地球上最偏远地区的人,都有权利为自己和他人创造机会。我们相信为那些有需要的人提供安全、可支付得起的贷款,可以帮助他们和他们的家庭过得更好。[10]

日本住友集团(Sumitomo Corporation)的九大基本价值观为:

> (1)诚实和健全的管理;(2)整合的企业实力;(3)有愿景;(4)变革与创新;(5)承诺;(6)热情;(7)速度;(8)人类发展;(9)专业性。[11]

确定好一个或者全部三类宣言后,管理者就可以拟定公司目标了。

9.2.4　步骤 4：制定公司目标

目标指导着公司的行动，使之不超越公司使命和愿景宣言的界限，并确保公司的持续生存。英特尔称，其使命在于“通过不懈地实现平台和科技的进步，对普罗大众的工作和生活方式产生重要影响，以取悦我们的顾客、员工和股东”。其目标是：“(1) 扩大硅技术和生产的领先地位；(2) 提供无可比拟的微处理器和平台；(3) 在世界各地提高盈利能力；(4) 客户至上，行业领先。”[12]英特尔如何知道自己是否达成这些目标？比如说，公司如何知道自己是否已经成功“提供无可比拟的微处理器和平台”？

9.2.5　步骤 5：量化目标

为了制定有助于达成目标的战略，公司必须将目标量化。虽说大多数高层管理者比较喜欢可考核的目标，但他们通常只制定非量化的或者方向性的目标。从组织层面发展到运营层面时，目标会逐渐被量化。因为大多数情况下，上一阶段的策略成为下一阶段的目标。

9.2.6　步骤 6：制定竞争战略

竞争战略（competitive strategies）是公司用来达成目标的行动计划。一般情况下，战略规划的参与者会考虑外部环境因素引导的方向、公司的优势和劣势、面临的机会和威胁，制定多个竞争战略以及对应的行动计划。

在制定和评估战略替代方案时，参与国际市场竞争的公司面对两个对立的目标：降低成本和迎合当地市场。企业必须尽量降低单位生产成本，否则消费者会认为其产品和服务过于昂贵。这就迫使企业将工厂设在成本较低的地区，同时要在不同国家开发高度标准化的产品。

然而，管理者必须对产品进行调整，以满足当地市场的需求，适应当地市场在分销渠道、政府法规和文化偏好方面存在的差异。然而，如你所想，如此调整会导致额外的支出，使公司的成本上升。

针对这对反向压力，公司可以采用五种不同的战略应对国际化竞争：母国复制战略、多国化战略、区域性战略、全球化战略和跨国经营战略。如图 9-3 所示，无论从整体还是从单个价值链活动来看，一个公司最恰当的战略是由其本土化和降低成本所面对的压力强度决定的。

母国复制战略　采取母国复制战略的国家通常将产品开发部门集中在本国。在本国市场开发出差异化的产品后，通常将产品出口到外国市场，以获取附加值。要想获得成功，公司必须有当地竞争对手所不具备的有价值的、独特的竞争优势。公司在母

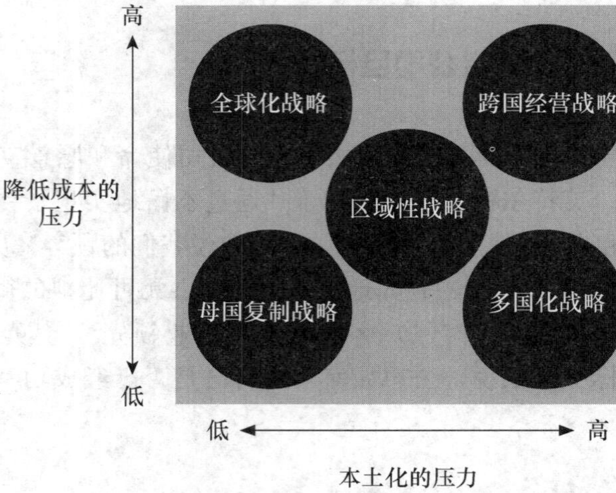

图 9-3 成本与本土化的压力以及对国际化战略的影响

国的总部牢牢把握住市场和产品营销的控制权，而地区分公司要好好利用母国的优势。产品和营销战略的本土化是有限的。一旦当地的需求和环境适合投资，公司就会在开展业务的各个主要国家设置生产和营销部门。

什么时候适合采用此战略？一般情况下，当公司面对的当地市场反应和降低成本的压力相对较小时，就可以采取母国复制战略。然而，如果当地市场的反应不积极，给公司造成巨大压力时，相比那些强调产品和战略本土化的竞争对手，采取母国复制战略的公司就会处于不利地位。小米公司在 2011 年中期推出第一代智能手机，并以其高性能、时尚设计、中国化的用户界面以及符合市场快速发展需求的营销策略，在中国国内快速占据巨大的市场份额。[13] 小米公司基本依靠在线渠道进行销售，充分利用了微博和微信这样的社交网络。然而，公司的战略在国际市场上遇到了挑战，市场行情、电子商务和用户习惯方面的差异影响了战略的有效性。采取母国复制战略的公司也可能面临较高的运营成本，因为在其他地区复制母国的生产设备造价极高。

多国化战略 当调整产品和服务以满足当地市场需求的压力很大时，多国化战略十分有效。公司制定决策时更趋于权力下放，允许子公司根据当地竞争和需求的变化改进产品，迅速做出回应。子公司会积极寻找开发和挖掘当地市场的机会，这就意味着在子公司层面，知识和能力需要得到开发。美泰公司（Mattel）进入印度市场时，并不单纯依靠在美国主推的芭比娃娃。公司以一位著名的宝莱坞女演员为原型，推出了一款印度芭比。通过为特定的市场量身定制产品，公司不仅增强了自身的吸引力，还获得了提价的机会。

不过，产品的本土化一般会增加公司的成本。公司不得不加大投入，以获得额外的能力，掌握当地文化、语言、消费者特征、人力资源管理实践、政府法规和分销系统等方面的相关知识。产品过于本土化会降低公司产品的独特性。肯德基在中国的快餐连锁店十分受欢迎，因为人们认为它反映了美国的价值观和标准。一旦肯德基将其店面和产品改造得更像中国的餐厅，那么其特质会不复存在。本土化程度会随着时间的推移发生改变，因为随着全球通信、全球媒体和全球旅行的出现，以及国与国之间收入差距的缩小，顾客的需求也会开始趋同。在不同国家和地区的市场协调不同的策略和产品，成本和难度会越来越大。

全球化战略　当公司面对的成本压力较大，而改造产品以适应当地需求的压力较小时，全球化战略就会起作用。战略和决策的制定通常集中在总部，公司一般提供标准化的产品和服务。海外办公室需要采纳公司范围内能找到的最高效的战略。价值链活动一般在一个或者少数几个地方进行，以帮助公司获得规模经济效应，降低成本。国际子公司需将信息传递给总部，并且服从总部的指挥。跨产品和市场的活动的紧密协作和整合，以及高效的物流和分销能力都受到高度重视。这些战略在行业里十分常见，比如半导体行业（英特尔）和大型商用飞机行业（波音）。

然而，采取全球化战略的公司在面临全国和地区消费者需求变化，从集中的生产地出口产品的运输和关税成本上升，以及商业活动集中在某一地区风险较大（公司可能面临政治变化、贸易冲突、汇率浮动或其他类似风险）等情况时，难以快速有效地做出调整。

国际商务实践

全球竞争的区域性战略

许多人认为，经济自由化、运输成本降低以及电信和计算机技术的进步创造了一个“无边界”的世界。采取全球化战略对于企业的成功不仅仅是合适的，甚至至关重要。在现实中真的如此吗？

跨国公司是驱动全球一体化的重要力量。世界最大的500家跨国公司贡献了全球一半的贸易额，以及90%的对外直接投资额。然而，对从事制造业和服务业的大型跨国公司的调查显示，大多数公司的主要营收来自一个地区，而非依靠广泛深入地进入国际市场。平均来看，80%的全球营收来自公司所在的地区，包括北美、欧盟和亚洲。这些数据表明，全球市场在本质上还是基于这三个地区，而不是全球范围的，至少对于大多数公司和行业而言如此。

一些研究人员称，这种“半全球化”可能仅仅是跨国公司发展过程中的一个阶段，当公司积累了足够多的经验，业务范围扩大后，销售和其他价值链活动的全球化会得到加强。为此，公司需要对商业模式进行试验和创新。跨国公司的业绩下降或许证明存在“国际化门槛”，公司至少具备在全球分散运作的能力之后才能实现国际化。事实上，某些调查结果表明，如果我们观察除销售以外的其他价值链活动（包括劳动力、资本、产品和知识的获取），可以发现，跨国公司的战略很少以某一地区为中心。

尽管如此，一项研究成果显示，在实施国际化战略时，要基于不同的地区因地制宜，而不是基于全球或者国家。根据自身在不同地区的市场地位，跨国公司需要采取不同的战略来适应不同的竞争环境。

问题

1. 文化影响如何阻碍全球化市场？

2. 国际贸易大多在三大地区进行，这种趋势背后的原因是什么？未来什么因素将改变这一趋势？

资料来源：Alan M. Rugman and Alain Verbeke，"A Perspective on Regional and Global Strategies of Multinational Enterprises，" *Journal of International Business Studies* 35，no. 1（2004），pp. 3－18；J. Michael Geringer，Paul W. Beamish，and Richard C. DaCosta，"Diversification Strategy and Internationalization：Implications for MNE Performance，" *Strategic Management Review* 10，no. 2（1989），pp. 109－19；Lei Li，"Is Regional Strategy More Effective Than Global Strategy in the U. S. Service Industries，" *Management International Review* 45，special issue（2005），pp. 37－57；Pankaj Ghemawat，"Semiglobalization and International Business Strategy，" *Journal of International Business Studies* 34，no. 2（2003），pp. 138－52；Eden Yin and Chong Ju Choi，"The Globalization Myth：The Case of China，" *Management International Review* 45（2005），pp. 103－20；Allen J. Morrison，David A. Ricks，and Kendall Roth，"Globalization versus Regionalization：Which Way for the Multinational?，" *Organizational Dynamics* 19，no. 3（1991），pp. 17－29；and Pankaj Ghemawat，"Regional Strategies for Global Leadership，" *Harvard Business Review*，December 2005，pp. 98－108.

跨国经营战略　当一个公司同时面对来自成本效益和本土化的双重压力，并且能通过应对这两大压力获取竞争优势时，就可以采取跨国经营战略。公司将其资产和能力分配到最有利于经营活动的地方，而不是像全球化战略那样高度集中，或者像多国化战略那样高度分散。子公司应该为国际公司的能力发展做出积极贡献，同时为其全球化运作开发和分享知识。通常情况下，上游的价值链活动会更为集中化，比如产品开发、原材料采购和产品生产，而下游的价值链活动更为分散化，更加接近消费者，比如营销、销售和服务。

当然，要在定位活动时实现最佳平衡，对公司管理层来说是个挑战，同时，公司面临竞争、消费者需求、法规和其他因素的变化，维持这一平衡也绝非易事。管理层必须确保其所在地的比较优势并内化，不会因为人员、结构以及协调和控制系统等方面的约束而浪费了这些优势。

采取跨国经营战略，企业的战略选择及组织结构和系统都更为复杂。例如，卡特彼勒公司（Caterpillar）试图在全球少数地区大量生产建筑和矿井设备的标准化零部件。与此同时，公司在各大主要市场开展装配业务，有时还在当地生产产品，因而提高了产品迎合当地需求的能力。

战略制定过程中的标准化和规划　前面的讨论涉及企业或公司层面的基本战略选择，但并非组织的所有活动都会同时遭遇全球化与本土化的压力。例如，相对于营销，公司在研发和生产上会更加标准化。许多高层管理者认为，由于外国环境存在差异，最好在当地进行营销战略决策。然而，许多跨国公司希望从标准化中获利。它们不能只关注当前环境，还要看到未来情况的变化，以及这些变化意味着什么。着眼于未来，公司在战略规划中越来越多地使用场景假设。

场景在战略制定中的运用　本章的开篇短文提到，由于不可控变量的快速变化，许多管理者不满足于仅对一组事件进行规划。他们转向了**场景**（scenarios），即未来可能出现的多个情景设想。场景整合了关于未来的各种想法，包括关键的必然事件和不确定性因素，然后用有效易懂的方式展示这些想法。在确定具体行动之前，管理者可以对各种假设的场景进行头脑风暴，提出设想，质疑设想，进而推出结果。通常情况下，假设分析的问题可以揭示当前战略的弊端。场景的提出必须与公司的优先等级保持一致，纳入公司目前或者未来必须采取的战略和运营决策。有些场景的主题较为宏大，比如销售量的突然变化（上升或下降），原材料价格猛涨，税收陡增，党派更迭等。

场景规划这一做法的起源无从考证。不过，跨国公司壳牌可谓普及这一技巧的先驱。早在40多年前，公司面临始料未及的全球石油短缺，将场景规划列为战略规划的重要内容。在充满不确定性和变化的情况下，依靠历史记录进行推断的传统战略规划方法发挥不了作用。对于管理者而言，要想摆脱对世界的现有看法并非易事。这是他们多年接受培训和实践的必然结果。场景法向他们展示了看待世界的另一个角度，让他们想象出传统思维框架之外的方案。这种方法尤其适用于面对高度不确定性和变化的跨国公司，因为它可以让管理者对无法完全预测或者控制的机会和威胁进行预判和准备。[14]

彼得·施瓦茨（Peter Schwartz）在《前瞻的艺术》（*The Art of the Long View*）一书中提出了做好场景规划的七个步骤。

1. 确定与公司相关度最高、影响最大的决策所涉及的领域、范围和时机。
2. 对大范围内现有的状况和趋势进行调查（包括你通常不会考虑的区域）。
3. 对于即将构建的场景，仔细检查可能影响其结果的驱动力或者关键因素。
4. 构建接下来可能发生的各种场景。
5. 分析这些可能发生的场景将来会对业务或者组织产生什么影响。
6. 检查答案，然后找出对上述几个场景都适用的行动或者决策方案。
7. 监控实际发生的场景，以触发早期反应系统。[15]

场景规划的主要价值是什么？最重要的不是形成的战略规划，而是通过场景规划实现战略思考方式的转变。

应急计划：战略制定的一部分　应急计划（contingency plans）是指针对最佳或最差状况的场景，或者对公司有严重影响的紧急事件所做的计划。许多公司都有应急计划。大多数汽油和危险化学用品生产商都会制定应急计划，特别是在2010年英国石油公司在墨西哥湾发生泄漏事故后。由于飞行燃料价格的变动对利润的影响相当大，制定应急计划对国内和国际航空公司来说很常见。2011年9月11日纽约世贸中心和华盛顿五角大楼遭受的恐怖袭击，2011年3月地震和海啸过后日本福岛第一核电站发生的悲剧，以及2012年的飓风桑迪，都使公司意识到制定应急计划的重要性。应急计划保证公司总部或其他关键部门在遭受攻击、暂时瘫痪的情况下可以继续运营。

9.2.7 步骤7：准备战术计划

战略规划的范围相当广，战术计划（也称操作计划）是其中必不可少的一环，它给出实现目标的具体操作。换句话说，战术计划旨在找到达成目标所需要的具体的短期的手段。例如，如果美国某方便食品公司的英国分公司要达成整体销售量提升20%的目标，那么它的战略可能包括向机构用户多销售30%。其战术计划则可能包括：新雇三个销售代表，参加四个贸易展，下一年每隔一个月就在两本行业期刊上做广告。这就是战术计划可以达到的具体程度。

9.3 战略规划的特点及战略执行的促进因素

战略规划的要素是什么？由谁执行战略规划？这一部分内容将讨论战略规划的内容和流程。

9.3.1 销售预测和预算

战略规划的两大显著特点是销售预测和预算。**销售预测**（sales forecast）是对未来销售业绩的估算。它不仅为管理者提供收入和销售量的预计数额，而且是其他职能部门做规划的基础。没有这一信息，管理者便无法制定生产、财务和采购的相关计划。**预算**（budget）是指对未来一段时期内收入和支出的逐项规划。和销售预测一样，预算也同时具有规划和控制两大功能。在规划过程中，需要协调公司的各个职能部门，向管理者提供一份具体陈述，阐明未来的运营结果以及达成目标所需的资源。

9.3.2 执行战略规划的协助工具

规划一旦完成，就必须执行。执行战略规划的两大协助工具分别是政策和程序。

政策 **政策**（policies）是指上级领导层为了协助下级管理者处理反复出现的问题而发布的宽泛的指导意见。政策较为宽泛，允许酌情行事。政策的目的在于节省管理时间，促进不同运营单元的一致性。例如，公司的分销政策声明，公司采取批发销售形式，那么全球的营销管理人员一般会执行，而不是将产品直接销售给零售商。又如，国际市场上贿赂事件的曝光促使许多公司发表声明，谴责这一做法。管理者被告知，企业的政策不允许行贿。

程序 **程序**（procedures）是指用来详细说明某项任务或活动的行动指南，以保证公司成员在行动上的一致性。例如，大多数跨国公司的总部会发布程序，要求子公司跟进年报和年度预算的准备工作。这一做法可以保证：无论预算报告来自哪个地区——泰国、美国或者巴西，采用的格式都是一样的，便于比较。

9.3.3　绩效衡量

战略规划的一个重要组成部分是绩效衡量，以此来评估战略及其执行是否成功，或确定是否需要对其进行修改。公司在评估战略绩效时至少有三种衡量方法。(1) 衡量公司获取和利用必需资源（比如金融、技术和人力资源）的成功程度。(2) 衡量在国际运营网络中公司员工完成自身任务的有效性。(3) 衡量公司在实现公司使命、愿景和目标时所取得的进步，以及在此过程中处事方式与公司声明的价值观之间的一致性。[16]还有一系列概念和工具可以用来衡量公司战略绩效，包括平衡计分卡、三重底线会计。例如，平衡计分卡将战略规划与公司的预算流程结合起来，由此得出的短期结果可以从四个维度来监控战略目标的达成程度：财务、客户、内部运营、学习与成长。

9.4　战略规划的类型

当然，战略规划各有不同，差异主要体现在规划周期和规划对应的组织层级两个方面。

9.4.1　规划周期

战略规划一般分为短期、中期和长期规划，但是对每个时期没有统一的定论。例如，对于某些行业，长期规划可能指 5 年。对于其他行业，比如商用飞机的生产商，5 年可能只是中期规划，长期规划可能为 15～20 年，甚至更长。短期规划一般是 1～3 年。然而，即便是长期规划，也会受到年度审查等的影响。另外，时间范围也会随着公司成立的年限和市场的稳定性而变化。例如社交网络领域的新公司（谷歌＋或 Instagram）或互联网电视领域的新公司（Hulu 或 Roku），就很难提前 3 年以上做出规划，不过对于一家处于稳定市场的成熟公司而言，提前 5～6 年的时间都没问题。

9.4.2　组织层级

公司的每一个组织层级都有对应的规划。例如，假设公司有四个组织层级（如图 9-4 所示），那么会有四个规划，每个层级的规划都比上一层级更加具体。此外，每个层级的职能部门也会有自己的规划，有时也会遵循同一层级的规划，具体要看公司的组织形式。

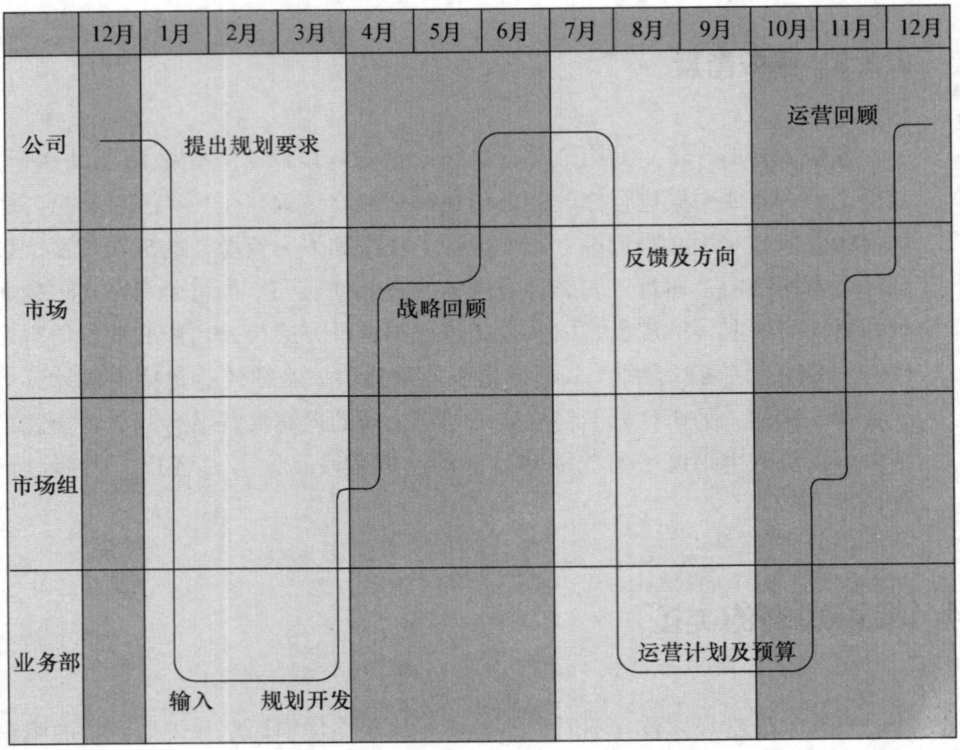

图 9-4 3M 公司的战略规划周期

资料来源：Author discussions with executives from 3M.

9.4.3 规划的方法

战略规划是怎样制定的？最常见的三种方法是自下而上规划法、自上而下规划法以及迭代规划法。

自上而下规划法 **自上而下规划法**（top-down planning）是指从组织最高层开始，自上而下的规划过程。在这一过程中，公司总部开发并提供行动指南，包括业务定义、使命和愿景宣言、公司目标、财务前提、规划内容以及特别事项。例如，假设某家公司设立国际分公司，那么分公司的管理人员可能会被告知，要贡献 3.5 亿美元的利润。分公司再将这一总额进行分割，分配到其管控的其他分支机构。德国的总经理会被告知，德国的运营要贡献 3 500 万美元的利润；巴西要上交 800 万美元；依此类推。自上而下的规划有一个好处：公司的总部具有全球性的眼光，可以制定出充分利用公司稀有资源的规划。这种方法也可以激发创造力，因为利用企业看待市场时机的眼光，可以获得单个国内市场的管理者所观察不到的真知灼见。

自上而下规划法也有其不足之处。这种方法限制了基层管理者的积极性，对当地情况不够敏感，在高层存在种族歧视的情况下更是如此。另外，在公司尤其是跨国公司里，内在联系密切，需要互相磋商。例如，高层管理者可以在不知晓当地分公司对可行性的看法的情况下，确定合理化的生产吗？

自下而上规划法　**自下而上规划法**（bottom-up planning）刚好相反，它指由组织的最低层级开始，自下而上的规划过程。最低的运营层级向高层报告他们希望做的事情，这些意见经整合就成了公司的目标。这种方法的好处在于，负责实现目标的人同时也在制定目标。还有谁会比分公司负责人更了解他们所负责区域可以销售多少数量的什么产品呢？由于各个主管在制定目标时并没有高层施加压力，他们会尽力实现这些目标。从实践的角度看，自下而上规划法可以帮助基层主管发现潜在的创新机会，以便在当地市场创造和利用价值，从而为绩效改善甚至是战略性试验奠定基础。然而，自下而上的规划有一个缺点：由于各个分公司得以在一定程度上自由追逐各自的目标，因此，这些分公司的目标总和不一定与总部的目标一致。当分歧出现时，总部就不得不采取措施消除分歧。

迭代规划法　**迭代规划法**（iterative planning）包括自上而下和自下而上两种方法的反复使用，直到所有的分歧都得到调解。迭代规划法越来越受欢迎，尤其是在跨国经营环境中力图实现统一的全球计划的国际公司中。迭代规划法结合了自上而下和自下而上两种方法。例如，2013年，3M公司的总营业额为300亿美元，其中2/3来自美国以外的市场。3M公司在60多个国家开展业务，产品销往200多个国家。[17]图9-4说明了3M公司的迭代规划法的运作过程。规划始于1月，公司6个运营部门的管理者分析了公司的优势、劣势以及外部因素，例如新科技和政府法规变动、竞争对手分析、确定达成目标所需的资源。[18]他们的规划传递给由3～5个业务部门组成的市场组。市场组的管理层对规划书进行审查，将意见整合后提交给战略规划委员会。委员会由总部12位代表不同市场的副总裁组成。委员会对规划进行审查，并与市场组讨论结果。市场与市场组管理层之间的分歧得到调解。

两个月过后（7月），战略规划委员会副主席所属的总部管理委员会对规划进行审查，并投票决定重点支出事项。他们的反馈和指导意见传递给业务部，业务部在12月之前准备好运营计划和预算，并提交总部。这些文件连同公司的全球化规划被最终确定下来。接下来，在12月份运营回顾的前几天，管理委员会组织头脑风暴会议，讨论未来15年的趋势和发展。各业务部的总经理展示本行业未来的最佳前景。会议的成果即为战略规划的行动指南。尽管运营部门的管理者负责制定规划，但规划服务和开发部门的主管和员工负责对3M公司在全球的20个主要竞争对手进行分析，并提供部门需要的其他信息。他们也在努力寻找时机和新品。

9.5　规划的新方向

战略规划在某些官僚主义严重的传统公司里往往被描述为例行公事，而不是对公司潜能的探索。这种传统的战略规划一般是：公司的首席执行官和规划主管聚在一起，设计出一套公司方案，然后交给运营部门的人去执行。这种规划方法假设未来和现在相似，即便有证据表明两者并不相似。[19]由此产生的规划无法执行到位就不足为奇了。

这种老式的规划正越来越多地被战略管理法（strategic management approach）取代。战略管理包括战略思维、战略规划和战略执行，并被认为是线性管理的一项基本任务，而不是公司规划部门员工的专职工作。虽然战略管理法不可避免地受到集体思维等问题的影响，但这种方法更现代，它尝试覆盖三个领域的变化：(1）由谁制定战略规划；(2）战略规划是如何完成的；(3）战略规划的内容。

9.5.1 由谁制定战略规划

尽管首席执行官宣称，他们希望每天把1/3的工作时间都花在战略上，但战略规划已经不再是公司最高层领导的专利了。[20]高层领导在战略咨询人员的敦促下，开始放手把战略规划交给不同地区、业务和职能领域的直线和员工管理团队，让他们像改进流程和质量那样去做战略规划。这些团队里，有创意十足的初级员工，也有直言不讳、经验丰富的老员工。新旧规划方法的另一个区别在于：传统的规划是关起门来完成的公司活动，新的方法则包括与重要客户、经销商、供应商和盟友的交流互动，以获得第一手的市场信息。其他重要的利益相关者，比如政府和活动家（来自社会、环境和政治领域），在这一战略规划中如果不是直接参与者，就不会产生相关的影响。结合他们的观点，可以帮助公司创造性地解决由于日益增加的不确定性所带来的挑战，并改变国际竞争环境。

9.5.2 战略规划是如何完成的

许多公司的高层管理者已经意识到，当国际危机令许多早期的预测报告不攻自破时，再来做出详细的5年规划是没有意义的。为此，他们转而采用形式更灵活、篇幅更简短的文件，并相信这样一个观点，那就是能够随时随地激发想法的战略规划才是有效的。在图9-1中，我们看到目标和战略是相互交织的，而战略和战术也是如此。如果规划团队无法提出执行战略的合适方案，就必须改变战略。如果无法制定战略使公司达到目标，就必须改变目标。

9.5.3 战略规划的内容

战略规划的内容也存在差异。许多高层管理人员说，现在他们更加关注议题、战略和执行，同时也更加注重吸纳创意十足、前瞻性强的想法，这些想法对于他们在不确定的国际环境中赢得竞争至关重要。当企业需要在新技术和其他竞争力上下赌注时，难以承受的是将大笔资金投向一个方向，多年后却发现方向错了。因此，他们需要采取新的战略规划方法，以长远的眼光做出决策和分配资源。

得到那份工作！从双肩包到公文包

爱德华多·兰赫尔：在国际体验中成长

爱德华多·兰赫尔（Eduardo Rangel）出生在美国，上学前是在墨西哥的提华纳度过的，他家就在那里，他的父亲往返于美国与墨西哥。下面是他关于如何从事国际商务的一些观察。

在社区大学度过3年之后，我转到一所州立大学去完成学业。我选修了公共课以达到商科的毕业学分要求，不过，我把大多数的精力都花在了国际商务课程上。

当时，我打算在毕业之后出国在商界找一份工作，而不是留在美国。这样做是为了走出自己的舒适区。我加入了AIESEC，获得了申请国际实习岗位的机会。亚洲是我去国外工作的第一选择，最后我在大四的时候选择在中国北京进行为期9个月的实习。在商科课程中，中国是我们最常讨论的话题。通过在北京工作，我可以了解一种新的文化，而不是市场上展示的推广形象。我去中国的这一决定，套用耐克的一句宣传语就是“想做就做”。

距实习还有3个月的时候，我就提前到了中国，目的是在当地的一所大学参加一个汉语强化班，同时也先逛逛中国。重点是消除文化冲击，也就是人们身处异国时那种焦虑、孤独和困惑的情绪。我的朋友在接受异国价值观这件事情上很纠结，到最后，有些朋友甚至决定离开中国，直接回家。

记得到北京一段时间后，我很沮丧。我切断了与朋友、同事之间的联系，待在自己的房间里，坐等有人来安抚我。我给一位教授打了电话，问她该如何重拾我初到中国时的那种热情。我向她解释，我一直在长时间地工作，拒绝了朋友约我去旅游的邀请，而我觉得这些都是理所当然的事情。她建议我放松自己，重新找回游客的感觉，不断地学习当地文化。我听了她的劝告，果然有用！

从北京回到美国后，我用3个月完成学业拿到了学士学位。随后我又回到北京工作了两年。全球经济危机的到来成为我在北京待得更久的借口，因为我在北京收入不错，活得也挺滋润。后来，虽然我回到了美国，但在超过10个国家的旅游经历和3个国家的生活经历给了我继续学习其他文化的动力。

下面是爱德华多提到的在中国工作的几个要点：

耐心　在跨国公司里，要做出成绩，并不意味着你开始新的工作后马上把你的想法告诉上级或者同事。中国的大多数公司实行微型管理，下属很少把争议和顾虑直接反馈给上级。许多外国人经常错误地把他们在本国的习惯带到他国。当他们把自己的方法强加给同事时，同事会感到很不舒服。

理论与体验式学习　在中国，阅读名片无法取代与潜在的客户在会议上面对面交流。在互换名片之后，中国式关系在晚餐和持续交流中会继续升温。这被视为通过肯定客户的价值来巩固友谊的一种方式。我在国际商务课上就学过相关内容，但是直到我实际体验了才真正了解其重要性。

明确你的目标 制定计划或大纲，确定你此次出行想达到的目标，同时要留有灵活调整的空间。我看到，在中国的许多外国人对于他们下一步的目标毫无头绪。他们留在中国工作，只是因为感觉轻松。把注意力集中到你的职业目标上，这样你才能在商业领域拥有一份国际化事业，而不仅仅是在中国找一份商务类工作。

模块总结

1. 解释国际化战略、竞争力和国际竞争优势。

当公司对在国际领域开发和分配稀缺资源做出基本选择时，国际化战略可以起到引领作用。国际化战略的目标是创造可持续的竞争优势。为达到这一目标，公司应该开发有价值的、稀缺的、难以模仿的技能或竞争力，同时有充分发掘这些技能和竞争力的能力，以建立和维持国际竞争优势。

2. 描述全球战略规划的过程及组成部分。

全球战略规划提供了一个框架结构，管理者完成以下步骤：（1）分析公司外部环境；（2）分析公司内部环境；（3）确定公司的业务和使命；（4）制定公司目标；（5）量化目标；（6）制定战略；（7）制定战术计划。一个公司的使命、愿景和价值观将公司的业务、目标以及指导公司成员行为的价值观等信息传递给利益相关者（员工、股东、政府、合作伙伴、供应商、客户）。公司的目标引领行动，战略则帮助管理层达成目标。量化目标不仅帮助公司认清当务之急，而且是公司评估目标完成进度的基础。在制定和评估战略备选方案时，在国际市场上竞争的公司面对两个对立的目标：降低成本和迎合当地市场。在此基础上，公司有五种不同的战略可以应对国际化竞争：母国复制战略、多国化战略、全球化战略、跨国经营战略和区域性战略。对于公司整体运营和价值链的活动而言，最合适的战略取决于这两种需求孰轻孰重。每种战略各有利弊。

3. 描述战略规划的特点。

战略规划的两大显著特点是销售预测和预算。销售预测不仅为管理者提供收入和销售量的预计数额，而且是其他职能部门做规划的基础。如果没有这一信息，管理者便无法制定生产、财务和采购的相关计划。和销售预测一样，预算也同时具有规划和控制两大功能。在规划过程中，需要协调公司的各个职能部门，向管理者提供一份具体陈述，阐明未来的运营结果以及达成目标所需的资源。在执行过程中，政策和程序指导集体操作，而绩效衡量提供反馈意见。其中一个工具就是平衡计分卡，它将战略规划与公司的预算流程结合起来，由此得出的短期结果可以从四个维度来监控战略目标的达成程度：财务、客户、内部运营、学习与成长。

4. 讨论规划周期、组织层次以及战略规划的不同方法。

战略规划一般分为短期、中期和长期规划，但是对每个时期没有统一的定论。组织内的所有层级都要做规划。战略规划可以是自上而下的、自下而上的，也可以是两者的迭代。在自上而下规划法中，公司总部开发并提供行动指南，包括业务定义、使命和愿景宣言、公司目标、财务前提、规划内容以及特别事项。自下而上规划法指的是由组织的最低层级开始，自下而上的规划过程。迭代规划法越来越受欢迎，尤其是在跨国经营环境中力图实现统一的全球计划的国际公司中。它结合了自上而下和自下而上两种方法。

5. 概述战略规划的新方向。

老式的规划正被战略管理法取代。战略管理将战略思维、战略规划和战略执行结合起来。规划中的领头羊是运营管理者，而不是专职规划人员。他们采用形式更灵活、篇幅更简短的文件，并且更加关注问题、战略和执行。

批判性思考

1. 国际化战略是什么？你认为在快速发展、充满不确定性的环境中，公司有没有必要花时间和精力准备国际化战略？为什么？

2. 对于国际和国内的商业活动，为什么公司不采取同一战略规划过程？

3. 假如竞争者分析显示，你公司的德国竞争对手的美国分部正准备在本土市场引进你公司没有的一条产品线，以扩大美国市场的产品组合与你竞争。环境分析显示，美元对欧元预计贬值，因此出口到德国的美国产品将变得相对便宜。这种情况下，你会采取防守型战略，还是在德国市场打击竞争对手？你将如何执行战略？

4. 假如你是Mesozoic Petrochemical公司的首席执行官，刚刚完成对外国子公司下一年规划的研究。非洲地区的规划相当乐观，因为该地区子公司的营业收入很高，令你很开心。不过，下个月OPEC将开会讨论成员国是否减产以提高国际油价。这种情况下，你是否应该让规划委员会构建一些场景？如果是，有哪方面的场景呢？

5. 请说明下列五种竞争战略的主要优缺点：母国复制战略、多国化战略、区域性战略、全球化战略和跨国经营战略。在建立和利用可以获得竞争优势的知识方面，每种战略会面临什么挑战？对于这五种不同的战略，公司可以采取什么措施来提高知识管理的有效性？

6. 如果不确定性和不稳定性都很高，导致难以做出准确的预测，那么场景分析有什么价值？这种情况下的场景不也是不准确的吗？

7. 当一个公司在本国开发出具有独特性的竞争力之后，开始考虑是否以及如何把这些独特的技能和相关产品进行国际化转移，这时候会出现什么战略性问题？

8. 你的公司多年来一直采取自下而上规划法，子公司则采取不同的方法完成目标，而且连时间框架都不一样。作为首席执行官，你将采取怎样的措施让子公司达成一致意见，并且让它们继续做出自己的贡献？

9. 你如何将战略规划的相关概念应用于生活中，比如找工作或者跳槽换更好的工作？哪些战略规划方法对你并不适用？为什么？

微型案例

沃尔玛的全球化

沃尔玛1962年成立于美国阿肯色州，逐渐发展成为世界上最大的零售商。沃尔玛以高质量的服务、强大的库存管理能力以及优惠的价格等优势压倒了对手，成为美国零售业的霸主。经历了20世纪80年代和90年代的快速扩张后，沃尔玛在美国遇到了发展瓶颈，不得不将目光转向国际市场。

1991年，沃尔玛第一家国际分店开业。许多人认为沃尔玛的商业实践和文化无法移植到国际市场上。然而，沃尔玛全球化的进程极快。公司在26个国际市场开了6357家分店，雇员达到90万人。2014年，沃尔玛海外收入占到公司总收入（4.8亿美元）的近30%，这一比例在接下来的10年内估计还会上升。

全球化中的沃尔玛：从哪里开始？如何开始？

沃尔玛决定在国际市场上扩张时，首先要确定目标国家。虽然欧洲的零售市场很大，但沃尔玛要想在欧洲取得成功，就必须从已有的竞争对手那里抢走市场份额。在美洲，沃尔玛瞄准了人口庞大而且还在增长的国家——墨西哥、阿根廷和巴西；在亚洲，它瞄准了中国。由于缺乏同时占据这些市场所需的组织、管理和金融资源，沃尔玛最后选择把精力放在美洲，而不是文化和地理位置都相去甚远的亚洲市场。

沃尔玛的第一家国际门店于1991年在墨西哥城开设。沃尔玛利用对半持股的合资公司来处理美国和墨西哥两国在文化和收入上的差异问题。其合作伙伴Cifra是一家企业集团，为沃尔玛在墨西哥的运营提供专业指导，并成为沃尔玛学习在墨西哥做零售的基地。借鉴在墨西哥的学习经验，沃尔玛在

1996 年进入巴西时与当地一家名为 Lojas Americana 的零售商成立了一家合资公司，沃尔玛持 60%的股份。后来进入阿根廷时，沃尔玛直接成立了独资公司。沃尔玛从这些合作伙伴身上学到了不少经验。1997 年，沃尔玛控股 Cifra，进一步扩大了在墨西哥的规模。到 2014 年，沃尔玛在墨西哥的 2 498 家分店的销售额占到墨西哥超市销售额的一半以上。

不过，要达到“有所为，有所不为”的境界并非易事。“太过纠结于阿根廷或者其他国家的沃尔玛本土计划，并不是什么好事。”沃尔玛国际的主席说，“我们在墨西哥分店设了很多停车位，结果发现许多顾客搭公交车去沃尔玛，购物后拖着装满商品的袋子穿过停车场。”①

来自中国的挑战

中国这块大蛋糕实在令人难以忽视。沃尔玛 1996 年在中国开设分店时是首批进入的国际零售商之一。中国对外国零售商的运营有要求，涉及合作伙伴、分店的数量和选址等方面。随后，沃尔玛与中国企业成立了合资公司——沃尔玛控股。沃尔玛最初选择在深圳发展业务，了解中国的零售业。在这个学习过程中，沃尔玛在中国出现了许多广为人知的失误。例如，沃尔玛曾试图向中国消费者销售伸缩梯，或者足以用一年的酱油或者洗发露，而消费者的住房面积不大，贮藏空间有限。

在运营方面，由于中国缺少高度现代化的供应商，沃尔玛无法实现预期的高效率运营。沃尔玛既要满足中国政府从本地采购的要求，又要保持超市的美国购物体验。为此，沃尔玛加大了对本土生产的美国品牌产品的采购力度（比如宝洁在中国工厂生产的产品）。沃尔玛也大规模地销售只在中国某些地区出产的产品，比如广东的椰子汁、云南乡村的火腿和蘑菇以及福建的燕麦。

沃尔玛也了解到与政府和当地社区代表建立良好关系的重要性，帮助当地慈善团体，为当地社区建学校。截至 2014 年，沃尔玛在中国开了 403 家门店，预计 20 年内其运营规模会和美国的一样大。

印度：期待开放拥有 10 亿人口的市场

印度是世界五大零售市场之一，市场规模超过 5 000 亿美元，国内拥有可支配收入的人口达到 4 亿多。尽管如此，印度零售业的低效率也是人尽皆知。超过 95%的零售量来自 1 500 多万茶摊、报刊亭、夫妻店。政府严格限制外资进入零售业，尽管情况可能会发生改变。“许多比我聪明得多的人认为，印度可能成为下一个中国。”沃尔玛国际运营前主管约翰·门泽尔（John Menzer）说，“对我们零售商而言，印度就是下一站。”②

开发印度市场是个不小的挑战，尤其是考虑到该国的官僚作风和落后的基础设施。沃尔玛必须面对自我保护意识强烈的政党，糟糕的道路系统、频繁的断电，难以获得合适的地段，以及缺乏足够的分销和冷藏系统等问题。国家的多样性也是个问题。印度有 18 种官方语言，各地的消费文化差异大。诸如 Provogue 和 Shoppers' Stop 等印度本土的连锁店开始出现，民族主义情绪可能对像沃尔玛这样寻求扩张的外国公司产生影响。

为了打开印度市场，沃尔玛开始与印度供应商、经销商和客户建立联系。2007 年，沃尔玛与当地的移动通信巨头巴蒂公司（Bharti）合资建立了巴蒂沃尔玛（Bharti Walmart），双方对半持股。2009 年，公司的第一家门店开业。由于零售受到限制，这家公司只专注于批发市场，向大型机构或批发商销售产品。与此同时，沃尔玛逐步修建基础设施，学习技能技巧，为零售市场松绑后做准备。到 2014 年，该合资公司开设了 20 家物美价廉的现代批发卖场，名为 BestPrice Modern Wholesale，并计划增加店面，成为市场领头羊。很明显，要想在印度最后开放市场时取得成功，沃尔玛必须了解印度的政治和市场动态，并且从之前进入其他新兴市场的经历中吸取教训。

问题

1. 为什么沃尔玛将国际扩张视为战略的重要组成部分？

2. 沃尔玛在拉丁美洲和中国采取了什么措施才取得了成功？

3. 沃尔玛要在印度获得成功，应该做什么？不应该做什么？

资料来源：*Walmart* 2013 *Annual Report*，http://stock.walmart.com/microsites/annual-report-2013/（February 1，2015）；Walmart，“Walmart Reports FY15Q3 EPS of \$1.15；Walmart U.S. Delivers Positive Comp Sales，” http://news.walmart.com/news-archive/investors/2014/11/13/walmart-reports-fy-15-q3-eps-of-115-wal-mart-us-delivers-positivecomp-sales (February 1, 2015); and Walmart, "Our Business," http://corporate. walmart. com/our-story/our-business/ (February 1, 2015)

注释：

① "ASDA Purchase Leads Way for Wal-Mart's International Expansion," *Wal-Mart Annual Report 2000*, p. 10.

② Eric Bellman and Kris Hudson, "Wal-Mart Trains Sights on India's Retail Market," *The Wall Street Journal*, January 18, 2006, p. A9, http://online. wsj. com/news/articles/SB113753852793448955 (February 1, 2015).

注 释

1. For an overview discussion of strategy, see Michael E. Porter, "What Is Strategy?," *Harvard Business Review*, November-December 1996, pp. 61–78; or Costas Markides, "What Is Strategy and How Do You Know If You Have One?," *Business Strategy Review* 15, no. 2 (2004), pp. 5–12, http://bsr. london. edu/lbsarticle/358/index. html (February 1, 2015).

2. Jay B. Barney, "Looking Inside for Competitive Advantage," *Academy of Management Executive* 9 (1995), pp. 49–61; M. A. Peteraf, "The Cornerstones of Competitive Advantage: A Resource-Based View," *Strategic Management Journal* 14, no. 3 (1993), pp. 179–91; B. Wernerfelt, "A Resource Based View of the Firm," *Strategic Management Journal* 5, no. 2 (1984), pp. 171–80; and Jay Barney, *Gaining and Sustaining Competitive Advantage*, 2nd ed. (Upper Saddle River, NJ: Prentice Hall, 2002).

3. Darrell Rigby and Barbara Bilodeau, "Management Tools and Trends 2013," Bain & Company, http://www. bain. com/Images/BAIN_BRIEF_Management_Tools_%26_Trends_2013. pdf (February 1, 2015), p. 9.

4. Biman Muhkerji, "U. S. Hits China Solar Firms," *The Wall Street Journal*, August 1, 2014 http://online. wsj. com/articles/u-s-hits-chinasolar-firms-1406882738 (February 1, 2015).

5. "Economic Conditions Snapshot, December 2013: McKinsey Global Survey Results," December 2013, http://www. mckinsey. com/insights/economic_studies/economic_conditions_snapshot_december_2013_mckinsey_global_survey_results (February 1, 2015).

6. Reggie Van Lee, Lisa Fabish, and Nancy McGaw, "The Value of Corporate Values," *Strategy+Business*, no. 39, http://www. strategybusiness. com/article/05206? pg=all (February 1, 2015).

7. Google, "Company Overview," http://www. google. com/about/company/ (February 1, 2015).

8. Amazon. com, "About Amazon," http://www. amazon. com/Careers – Homepage/b? ie = UTF8&node=239364011 (February 1, 2015).

9. Samsung, "Vision 2020," http://www. samsung. com/us/aboutsamsung/samsung_group/values_and_philosophy/ (February 1, 2015).

10. Kiva, "About Us," http://www. kiva. org/about (February 1, 2015).

11. Sumitomo Corporation, "SC Values," http://www. sumitomocorp. co. jp/english/company/principles/index. html (May 22, 2010).

12. "Intel's Mission Statement, Values, and Objectives," http://www. intel. com/intel/company/corp1. htm (February 1, 2015).

13. Brad Stone, "Xiaomi's Phones Have Conquered China. Now It's Aiming for the Rest of the World," *Bloomberg Businessweek*, June 4, 2014, http://www. businessweek. com/articles/2014-06-04/chinasxiaomi-the-worlds-fastest-growing-phone-maker (February 1, 2015); Chao-Ching Shih, Tom M. Y. Lin, and Pin Luam, "Fan-Centric Social Media: The Xiaomi Phenomenon in China," *Business Horizons*, 57, no. 3 (May-June 2014), pp. 349–59.

14. Shell Global, "New Lens Scenarios," http://www. shell. com/global/future-energy/scenarios/new-lens-scenarios. html? gclid= COKPy-6Vw-LwCFa9FMgodhicApw (February 1, 2015).

15. Peter Schwartz, *The Art of the Long View—Planning for the Future in an Uncertain*

World (New York: Doubleday, 1996).

16. Cornelius A. de Kluyver and John A Pearce II, Strategy: *A View from the Top*, 2nd ed. (Upper Saddle River, NJ: Pearson Prentice Hall, 2006), p. 9.

17. 3M, "Investor Relations," http://phx.corporate-ir.net/phoenix.zhtml?c=80574&p=irol-IRHome (February 1, 2015).

18. Frederick W. Gluck, "A Fresh Look at Strategic Management," *Journal of Business Strategy*, Fall 1985, p. 6.

19. Gary Hamel, "Strategy as Revolution," *Harvard Business Review*, July-August 1996, p. 70.

20. Eric D. Beinhocker and Sarah Kaplan, "Tired of Strategic Planning?," *The McKinsey Quarterly*, 2002 (special edition on risk and resilience), http://www.mckinsey.com/insights/strategy/tired_of_strategic_planning (February 1, 2015).

模块 10 组织设计和控制

我们正处于重大的转变之中……我们将会看到，顶尖公司在保持成长的同时也会摆脱各种组织结构与模式，以适应不断变化的环境。

——吉姆·克莱默（Jim Clemmer），《高绩效的组织结构及其特点》

学习目标

1. 解释为什么组织结构的设计对于国际公司至关重要。
2. 指出管理者选择组织结构时需要考虑的组织维度。
3. 解释母公司和全资子公司之间是如何进行决策分配的。
4. 讨论国际公司如何控制其合资公司或者持股比例少于50%的公司。
5. 列出国际公司的部门需要向其母公司报告的信息类型。

开篇短文

公司重构以提高国际竞争力：卡夫的组织结构演变之路

2012年，卡夫食品公司（Kraft Foods）宣布对其复杂的全球组织结构进行重组，目标是通过公司变革更好地应对日益严峻的国际市场形势。卡夫总部设在北美，它是北美最大的食品及饮料公司，在国际上仅次于雀巢。卡夫的产品包括卡夫奶酪、麦斯威尔咖啡、奥利奥饼干、奥斯卡美肉类、吉百利巧克力以及杰乐果冻等，销往150多个国家。

卡夫的重组代表着公司6年多的重新定位及结构改革至此尘埃落定。2006年，当艾琳·罗森菲尔德（Irene Rosenfield）接手公司时，卡夫已是江河日下：品牌没新意，对新兴市场的影响力不足，竞争者如雨后春笋般不断涌现。在接下来的4年里，尽管卡夫不断对公司文化和运作进行大规模的改革，公司在国际上的影响力依然没有太大的变化。美国市场日趋成熟，而公司利润不断下滑。为了应对这一挑战，提高国际影响力，卡夫在2010年以 190 亿美元收购了英国著名的糖果公司——吉百利（Cadbury）。

吉百利扩大了卡夫原有的生产线，增大了卡夫在新兴市场中的市场份额，同时提升了卡夫的全球供应链水平。为了提高公司的竞争力，更好地适应当地市场，一些决策从位于伊利诺伊州诺思菲尔德的卡夫总部下放到运营部门。业务部门自负盈亏，人力资源和财务资源更靠近市场。罗森菲尔德及其团队鼓励不同国家的经理人推出新产品，更好地迎合当地文化。一个显著的成果是：公司的标杆食品奥利奥被改造成一种夹心饼干，进入中国市场。这种新颖的饼干在中国马上火了起来，销售额占到卡夫中国市场总额（13 亿美元）的 23%。卡夫随后将这一成功模式搬到其他国家，将饼干销往亚洲、加拿大和澳大利亚等地。

然而，公司为实现持续增长和提高效率所付出的努力因各产品线之间的差异而受阻。为提高公司的全球竞争力，经过调研，卡夫的管理者认为，公司需要一次大改革，拆分为两个独立的公司。一个公司是卡夫食品集团，由负责袋装食品和饮料的卡夫杂货业务部组成，拥有 22 500 名员工，销售额达到 180 亿美元。另一个公司是亿滋国际（Mondelēz International Inc.），由卡夫的全球零食业务部组成，拥有 100 000 名员工，营业额达到 350 亿美元，主要经营巧克力、口香糖、糖果、曲奇饼和饼干。

根据卡夫管理层的说法，北美杂货业务部和全球零食业务部在运营、战略重点、地域范围等方面都有不同之处，两项业务如果分开运营，效率可能更高，运转可能更灵活。基于这些考虑，公司进行了重组。通过重组，两家公司更专注于自己的产品类别、分销系统、战略重点以及发展路径。同时，两家公司能够调整自己的组织结构和文化，适应不同的市场，抓住商机，而这正是在不断变化的国际竞争中取得成功的关键。

资料来源：Kraft Foods，"Kraft Foods Takes Steps to Position Company for Successful Spinoff，" January 17，2012，http://www.prnewswire.com/news-releases/kraft-foods-takes-steps-to-position-companyfor-successful-spinoff-137486908.html（February 1，2015）；"Kraft Foods Announces New Global Organizational Structure，" http://www.lexdon.com/article/kraft_foods_announces_new_global/56574.html（February 1，2015）；Julie Jargon，"Kraft Reformulates Oreo，Scores in China，" The *Wall Street Journal*，May 1，2008，http://online.wsj.com/news/articles/SB120958152962857053（February 1，2015）；Kraft Foods Group，Inc.，"Overview，" http://ir.kraftfoodsgroup.com/overview.cfm（February 1，2015）；Mondelēz International，Inc.，"About Us，" http://www.mondelezinternational.com/about-us（February 1，2015）；and Kraft Foods，Inc.，"Kraft Food Group Information Statement，" August 17，2012，http://www.kraftfoodscompany.com/SiteCollectionDocuments/pdf/KFG-InformationStatement08172012.pdf（February 1，2015）.

组织存在的目的是促使人们在群体活动中有效合作，进而实现目标。[1] **组织结构**（organizational structure）是指组织正式安排国内国际部门及活动，以及公司各组成部分的关系的方式。公司的结构决定了组织内部权力和权威的定位。通常，我们可以通过公司的组织结构图了解其情况。

建立和开发国际公司的结构是高层管理人员的基本任务。公司所有的管理者都在这一环境中工作。管理者还需要以符合公司结构的方式，在其职责范围内安排活动。如果你想成为国际公司的管理者，那么了解国际公司的构建方法及其利弊，将是你需要掌握的一项重要技能。

在本模块中，我们将讨论国际公司可以采用的不同组织结构形式，以及选择时需要解决的重点战略问题。同时，我们也会指出管理者在控制公司国际活动时应关注的要点。

10.1　组织设计是如何影响国际公司的?

组织设计（organizational design）是一个过程，它决定了一个公司应当如何组织，以保证其全球业务活动能以有效和有效率的方式整合。如图 10－1 所示，国际公司的结构与系统应当一致，同时也应与公司所处环境以及公司战略保持一致，这对公司来说至关重要。公司规模以及业务运营的复杂性同样影响组织设计。我们可以把这种一致性看作组织匹配。

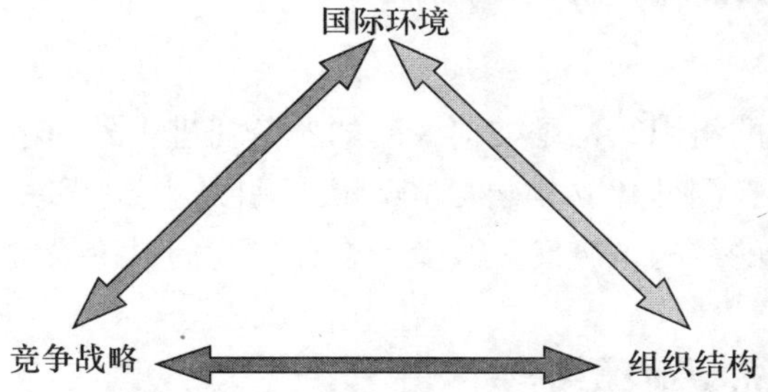

图 10－1　国际环境、竞争战略以及组织结构之间的联系

国际公司的结构应能够随着时间的推移而调整。这是一种重要的能力，它能够让国际公司及时应对变化，迅速高效地找到整合公司各部门中和部门之间能力与资源的方法。这样的灵活性对于国际公司而言是重大挑战，尤其是当其活动日益分散在全球各地，不断受到瞬息万变的环境和战略的影响时。倘若无法成功应对变化，公司的业绩将会受到影响，长期发展也将陷入困境。

那么组织结构是否应遵从其战略？答案是肯定的。国际公司的战略规划过程包括对公司外部环境以及公司自身优劣势的分析，往往揭示了组织变革的需求。不过，公司战略的改变会引起组织的变化，反之亦然。例如，国际公司可能会收购另一个国家或者其他商业领域的公司，就像卡夫食品公司所做的那样。战略规划和组织结构的关系极其密切，管理者通常将组织结构视为战略规划的组成部分。

那么，在设计国际公司的组织结构时，需要考虑哪些主要问题呢？管理者面临的两个问题是：（1）将公司部门化，以有效利用劳动力专业化带来的高效率；（2）协调不同部门的活动，以实现公司的整体目标。正如管理者所知道的，这两个目标可能会相互冲突。增加的协调成本有时会抵消劳动力专业化带来的效益。为寻求两者之间的最佳平衡，公司的结构需要重组。

设计国际公司的组织结构时，需要考虑哪些因素呢？下面列出了四个因素。

1. 公司不同业务所需的产品和专门知识。

2. 公司业务所处国家和地区的地理专门知识。

3. 评估不同国家和地区客户群体、行业形势、细分市场、人口群体相似度的消费者专门知识。

4. 公司价值链活动的专业知识。

不同的国际公司在组织和整合这四个因素的方式上各有千秋，没有一种结构适用于所有的公司和情景。实际上，管理者在决定国际公司的结构时必须考虑公司目前和未来所处的国际环境与战略。接下来，我们将讨论国际公司最常用的组织结构类型。在现实中，由于公司所处环境的复杂性、公司的历史渊源和发展的各种困扰，国际公司的结构有可能偏离以下基本的组织结构。然而，理解这些基本的设计，可以帮助管理者选择最适合他们所处环境的组织结构。

10.2 国际公司结构的演变历程

国际公司的组织结构是如何演变的？公司进入外国市场，首先出口产品，之后由于销量增加，在国外建立销售公司，最后引进生产设备。随着国际业务的发展与变化，国际公司的结构也会发生改变。在此，我们讨论最常见的国际公司结构。

10.2.1 国际事业部结构

公司一开始也许并没有安排人员专门负责国际业务，可能由市场部来处理出口的订单。接下来，公司设立出口部，这个部门极有可能设在市场部。如果公司在国外不同的地区投资，那么可以设立国际部来全盘负责国外事务。**国际事业部**（international division）是公司内与国内事业部同级的部门，负责所有的国外事务。大一点的公司，比如福特、IBM 和沃尔玛，会根据地区或者区域组建国际事业部（见图 10-2）。如今，大中型公司仍沿用国内事业部和国际事业部的结构，二者相互协调，共同促进公司在国外的业务发展。

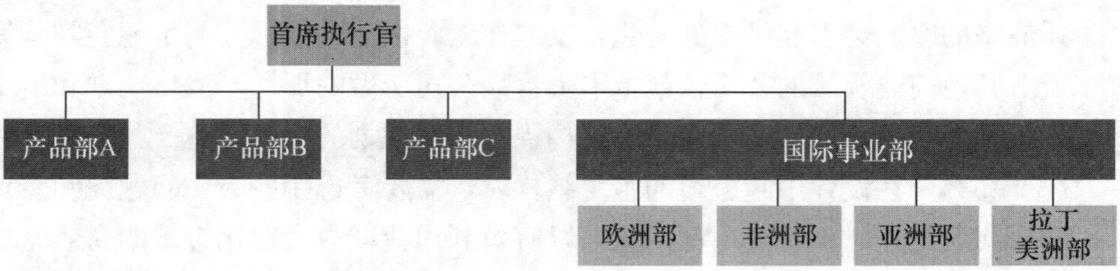

图 10-2 国际事业部结构

然而，采用国际事业部这种结构有可能在公司内部引起矛盾。例如，国内事业部和国际事业部可能在某些问题（比如产品设计、生产重点安排，或者国内部门对国际部门的记账价格）上产生意见分歧和权力纷争。随着规模扩张以及产品、市场和业务范围扩大，有效管理国际事业部成为一大挑战。倘若处理不当，有可能导致效率不断下降。因此，随着公司国外业务日益重要，业务范围不断扩大，管理层通常会取消国际事业部，转而以产品、区域、职能或者客户等级为分类标准，在全球建立新的组织结构。在第二、第三，甚至更低的等级中，产品、区域、职能和客户等级以及流程和子公司为进一步细分奠定了基础。

随着公司的发展，大多数国际公司会摒弃国际事业部，转而采用接下来介绍的全球结构，要么以全球产品要么以全球区域因素作为设立标准。图 10－3 结合组织结构的国际阶段模型，给出了国际公司设计和发展的路径。[2]

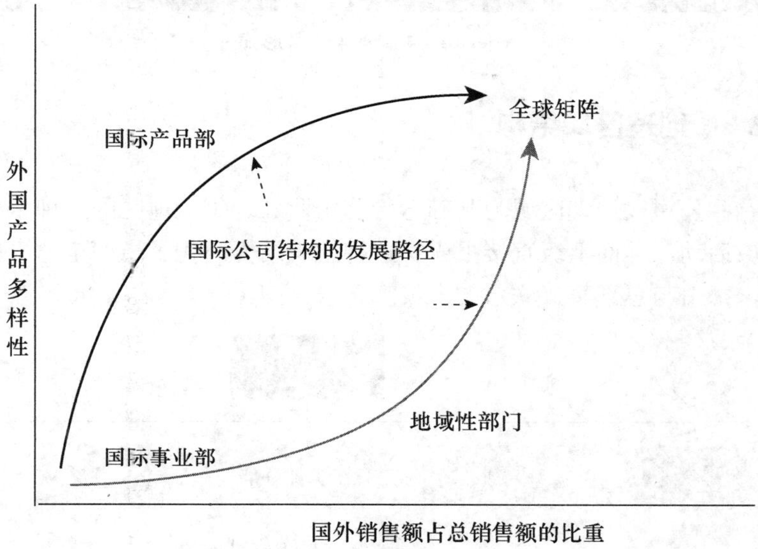

图 10－3　国际结构阶段模型

资料来源：Based on John M. Stopford and Louis T. Wells，*Strategy and Structure of the Multinational Enterprise*（New York：Basic Books，1970）.

当国际公司的管理者选择其中一种设计作为公司结构时，他们通常希望公司可以：（1）增强应对更多国际竞争的战略开发能力；（2）通过促进全球范围内的产品标准化和生产合理化，实现更低的生产成本；（3）提高技术转移和资源分配的效率。

10.2.2　国际产品部结构

国际产品部结构意味着回归到出口部之前的年代。国内产品部要负责全球的产品线和人员。产品部负责其所控制的产品和服务的国际业务，比如营销和生产。每个部门一般配有地区专家。这样的组织结构避免了国际部大量配备产品专家的问题，却带来了大量配备地区专家的问题。为了避免在每个产品部都配备地区专家，国际公司会在国际部安排一批管理型专家，对产品部进行指导，但其地位并不凌驾于产品部之上（见图 10－4）。例如，通用电气公司采用全球化的业务线结构对公司业务进行管理，每个业务地区的管理者会从全球化的角度对投资机会进行甄别和评估。

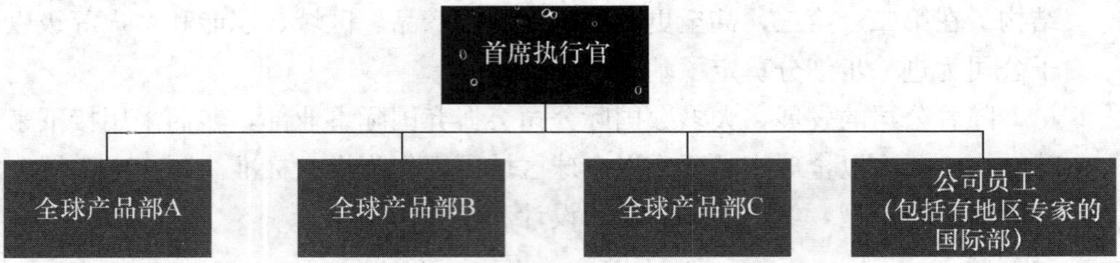

图 10-4 全球公司形式——产品部

10.2.3 地理区域结构

有些公司以地理区域为基础运行公司业务。每个地区的经理全权掌管自己所负责的区域活动，并向上级直接报告。这种组织结构简化了指挥全球事务的流程，因为每个国家都由与总部直接联系的人员掌管（见图 10-5）。

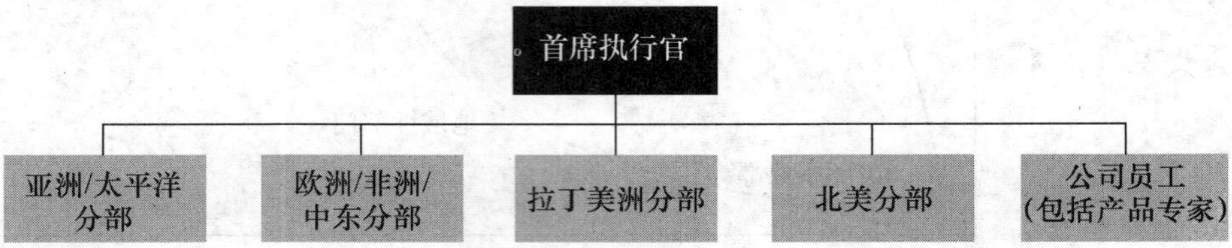

图 10-5 地理区域结构

跨国企业和全球企业都采用这种组织方式。全球企业把位于母国的部门视为为了分配资源和培养管理人才而设立的另一个部门。有些美国公司设立了北美分部，在涵盖美国的基础上还纳入加拿大、墨西哥和中美洲一些国家。这样做的部分原因是强调公司并没有偏心母国，对所有国家一视同仁。

地理区域结构在科技含量不高、依赖超强营销能力的公司中颇受欢迎。在产品类型丰富的公司里，这种结构也受到追捧。这类公司有不同的产品要求、竞争环境和政治风险。诸如生产熟食、药品和家用产品的公司就采用了这种结构。将企业按照地理区域进行划分有一个缺点：每个区域都必须配备自己的产品和职能专家。这样看来，尽管国际产品部结构中大量配备地区专家的问题得到了解决，但需要配备产品和职能专家。

跨地区协调生产和全球产品规划都是不小的挑战。为此，国际公司经常在总部安排专门的产品管理人员。这些管理人员虽然没有直线权力，但能够为公司的产品决策做出贡献。

10.2.4 全球职能结构

几乎没有公司会在最高层按照职能进行组织。比起产品或者地区知识，国际职能知识更为重要。在这种类型的公司中，向首席执行官报告的可能是不同职能部门（如生产、营销、财务部门）的高级主管，如图 10-6 所示。使用这种结构的组织的共同特点就是有范围小、高度整合的产品组合，飞机制造商和炼油公司就是如此。

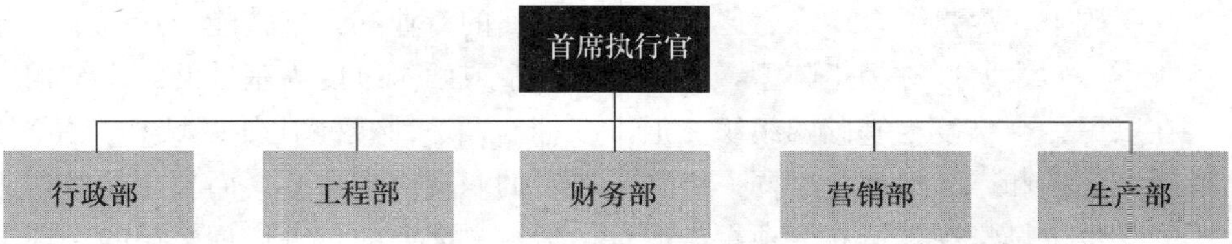

图 10－6　全球职能结构

10.2.5　混合型组织结构

混合型组织（hybrid organization）指用多个维度建立公司最高层的一种结构。在这种结构中，最高层综合采用了前面提到的几种组织形式，而往下的层级不一定采用同样的形式。图 10－7 展示了一种简单的混合模式。当区域型的公司高层认为新引进的产品线最好由国际产品部来掌控时，这种混合型的结构就会应运而生。发生收购时，如果被收购的公司拥有独特的产品和运行良好的营销系统，那么即使公司的其余部门原本是按区域组织的，被收购的公司也可以并入产品部。之后，随着公司管理层对运营环节日益熟悉，被收购的公司也可以逐步进行区域化。

当公司面向的销售对象是规模庞大且高度同质的客户群时，混合型组织结构同样适用。针对军方或者原始设备生产商这类客户，可以设立与区域或产品分部同级的专门分部，处理相关的销售事宜。

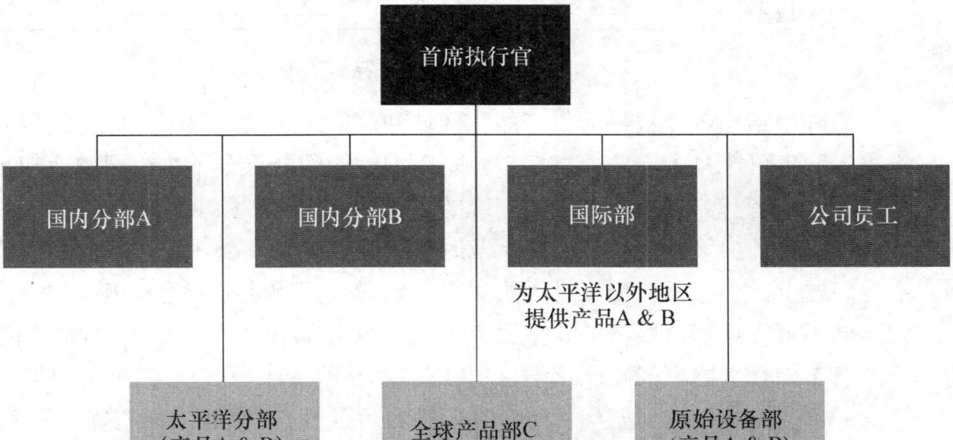

图 10－7　混合型组织结构

10.2.6　矩阵型组织结构

矩阵型组织（matrix organization）指包括一个或一个以上的层级结构，旨在融合产品、区域、职能和其他专业知识的一种组织结构。管理层在保留明晰的职权结构的基础上，尽量融合产品、区域和职能方面的专业知识与技能，这就是矩阵型结构的雏形。它之所以称为矩阵型，是因为以一个或两个维度为基础的组织结构本身也附加在以另一个维度为基础的组织之上。在拥有两个维度（比如区域和产品）的组织里，区域经理和产品经理处于同一级别，二者的职责出现重叠。而独立的经理比如说德国的某位市场经理就会有多项报告职责。他一方面要向负责地理区域的经理报告，另一方面要向总部负责全球营销的经理报告。图 10－8 阐述了基于两个组织维度构建的矩阵型极简结构。注意，全国经理同时对区域经理和产品经理负责。

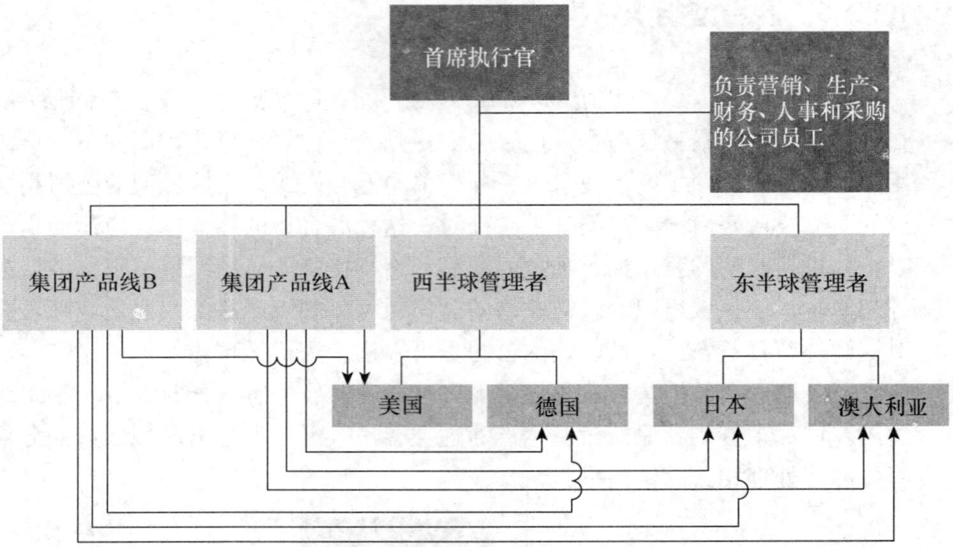

图 10－8　区域-产品矩阵型结构

矩阵型结构曾经被视为集产品、区域和职能结构的优势于一体的结构，然而其多重报告职责可能是个问题。事实上，矩阵型结构的缺点令不少公司望而却步。比如两名经理（或者三名经理，如果是三维的矩阵型结构）必须就一个决策达成一致。这可能造成折中的决策不理想、回复不及时或者强权政治，公司把过多的精力放在流程而不是问题上。当经理们的意见无法达成一致时，问题就会传达到组织的更高层级，迫使高层不得不处理这些事务。星巴克采取区域分部和产品分部相协调的矩阵型结构。业务遍布 160 个国家的陶氏化学公司在 2012 年改变了矩阵型结构，采用以 13 个全球性业务部门为基础的新架构，每个部门都自负盈亏。[3]原有的架构需要在沟通上花费大量的时间，而新架构有望提高沟通效率，促进业务价值链的整合，降低公司成本。

由于矩阵型结构存在一些问题，许多公司按照产品、职能、地理区域或者国际分部设计公司结构，同时将其他组织维度引入问责制。这种组织形式称为矩阵重合。

10.2.7　矩阵重合

矩阵重合（matrix overlay）指高层部门须听取基于另一个维度组建的部门的报

告的一种组织形式。这种组织形式可以避免矩阵型结构出现的双重报告问题，同时也能融合公司两个或两个以上的维度。矩阵重合组织试图通过对所有部门实施问责制来解决矩阵型结构的问题，同时避免纯矩阵型结构出现的管理难题。我们知道，以产品为结构维度的公司的某个部门里，也可以有区域方面的专家对产品决策提出建议。公司甚至可以按国际分部来组织。在区域型组织中，产品经理也可以对区域性决策做出贡献。

10.2.8　战略业务单元

在该类组织形式中，产品部门被定位为独特且独立的业务部门，采用**战略业务单元**（strategic business unit）的形式，每个业务实体都有划分好的市场、具体的竞争者、自行完成业务目标的能力，以及单个管理者足以驾驭的合适规模。大多数战略业务单元都以产品线为基础。比如，雀巢的战略业务单元以品类划分，例如咖啡和饮料、巧克力和糖果以及宠物护理。[4]英国石油公司的战略业务单元又称为战略绩效单元，以全球为基础构建。[5]如果某个产品为了适应不同市场而需要改良，那么一个全球性的战略业务单元就会被分为几个小的产品/市场战略业务单元，为不同的市场或人群服务。

10.2.9　目前的组织趋势

全球竞争日益激烈，商业环境瞬息万变，消费者越来越钟爱私人定制而非大批量生产的产品，科技变化越来越快，这一切都促使公司加快组织结构改革的步伐，以达到提高行动力、降低成本、改善产品质量的目的。公司与竞争激烈的环境保持一致步伐的能力成为其生存的一个基本决定因素。组织结构的设计中有三大关键趋势是显而易见的：流程再造、虚拟公司和水平型公司。

流程再造　跨国企业寻求改变的压力持续存在，导致组织形式的变革，通常称为**流程再造**（reengineering），这几乎成为常态。流程再造涉及组织结构、公司层级、业务系统以及流程的重新设计，旨在提高组织效率。这一过程不仅仅是旧的组织形式的整合，也会改变组织形式，其中有不少是建立已久的组织形式的升级。

流程再造还伴随着中层管理人员的大量裁减，不同职能部门之间的业务流程重组，以及战略执行速度和质量的改善。首席执行官努力使组织精简、扁平化，提高公司的反应速度和创新能力。

虚拟公司　国际公司的组织设计中另一个趋势是虚拟公司越来越多。**虚拟公司**（virtual corporation）又称网络化公司或者模块化公司，指利用传统组织以外的资源协调经济活动，为客户传递价值的一种组织。换言之，虚拟公司在开展业务时高度依赖第三方。公司采用外包的方式，以前是为了精简人员和降低成本，现在则是为了获取自己不具备的专业技能来服务新的市场或者获得新的技术。维基百科就是虚拟公司的一个例子。作为免费的网络百科全书，它的词条由分布在世界各地的志愿者合作贡献，该群体规模庞大，且流动性强。

通信技术、家庭办公以及灵活的工作方式共同促进了虚拟公司的繁荣。基于互联网连接的全球网络，各类规模的公司都可以实施外包。Inditex 是西班牙的跨国服装公司，旗下拥有 Zara 等名牌。公司利用信息技术以及对供应商和制衣商全球网络的高度整合能力，在接到订单后的数天之内就可以完成设计、裁剪、缝制等环节，将成品送达其品牌零售链。在这个过程中，省去了运输大批量库存成衣的环节，使服装不会因为错过时尚季而大打折扣。[6]

虚拟公司的名字虽然新颖，但是这一概念由来已久。不同的建筑公司有不同的专长，它们经常会合作参与项目投标，比如竞标道路或者体育馆的建设合同。项目一完成，组合就自动解散。类似的例子还有服装和运动鞋的运营商，比如耐克和锐步。

虚拟公司这一概念有几个潜在的优点。最为突出的就是虚拟公司比其他的公司结构上更灵活。虚拟公司不是一开始就建立起竞争力并产生有可能限制未来生产决策的高启动成本，而是建立一个动态的关系网络，利用其他组织的优势，达到更快地应对外部环境的目的。然而，这种组织形式也有缺点，包括可能削弱管理层对公司业务活动的控制，无意中“借用”了科技和其他知识，以及不合时宜地脱离了该关系网络。从员工的角度来看，公司稳定的长期雇佣关系和调薪承诺可能会因全球市场的不确定性发生变化。

国际商务实践

在国际虚拟组织中工作

埃森哲公司为全球的客户提供咨询、外包和科技服务。2013 年，分布在全球 200 多个城市，为 120 个国家提供服务的 289 000 名埃森哲员工创造了 280 多亿美元的收入。虽然公司注册地为爱尔兰，但高层表示，埃森哲并没有固定的总部或者分部。公司开展其全球业务的方式是虚拟的，对于负责咨询和行政事务的高级员工来说更是如此。

2000 年以前，埃森哲是安达信会计师事务所（目前已解散）的咨询部门。在“避税天堂”百慕大注册成为一家独立机构后，埃森哲的合伙人并不同意新公司的总部选址。由于埃森哲的领导要把大部分时间花在路上，他们决定直接住在自己想住的地方，放弃围绕总部建立组织。结果，公司的高管就住在加利福尼亚州的硅谷和德国，世界各地的咨询师几乎满世界飞，基本不在公司歇脚。公司的虚拟属性减少了维持总部运转的费用，经理和咨询师在客户所在地现场办公也让公司从中获益。不过，要查到员工某一天的行踪可能是个不小的挑战，让员工感受到共有的公司文化也并非易事。

协调分布在世界各地的员工有赖于对信息技术的巨额投资。无论是在家里、酒店、机场还是在全球 200 多个城市的租赁房里，埃森哲的员工每天都可以登录公司内部网络。每六周左右，公司的高层领导团队见面几天，见面地点在全球城市中轮换。公司首席财务官表示：“我们在某处落脚，和当地的客户见面，跟员工见面，然后聚在一起，团队作战，共同做出决策——如此循环往复。”埃森哲总主管评论：“如果有人说这样的管理方式很简单，那他一定是在说谎。"

问题

1. 你认为在像埃森哲这样的虚拟公司里工作，最大的优点和缺点分别是什么？
2. 你会喜欢在像埃森哲这样的虚拟公司里工作吗？为什么？

资料来源：Accenture，"About Accenture，" http://www.accenture.com/us-en/company/Pages/index.aspx（February 1，2015）；"Have Advice，Will Travel，" *The Wall Street Journal*，June 5，2006，http://online.wsj.com/news/articles/SB114946172033971020（February 1，2015）；Yongsun Paik and David Y. Choi，"The Shortcomings of a Standardized Global Knowledge Management System：The Case Study of Accenture，" *Academy of Management Executive* 19，no.2（2005），pp.81－84，http://www.jstor.org/discover/10.2307/4166177? uid＝3739840&uid＝2129&uid＝2&uid＝70&uid＝4&uid＝3739256&sid＝21103804469617（February 1，2015）；Jessica Marquez，"Connecting a Virtual Workforce，" *Workforce*，September 26，2008，http://www.workforce.com/articles/connecting-a-virtual-workforce（February 1，2015）；and Glenn Simpson，"The Economy：Consultants Accenture，Monday Take Steps That May Reduce Taxes，" *The Wall Street Journal*，eastern ed.，July 3，2002，p. A2.

水平型公司　某些行业（比如电子和计算机行业）竞争激烈的科技型公司采用另外一种组织形式——**水平型公司**（horizontal corporation）。水平型结构的特点包括横向决策、水平型网络和较强的公司经营理念。诸如 3M、通用电气、杜邦这样的公司都采用水平型结构，培养公司对先进技术的快速反应能力，成为产品创新者。在许多公司里，团队成员来自不同的部门，他们共同解决某个问题或者推出新产品。

水平型组织是"反组织的"，因为设计者的初衷就是消除传统组织结构的种种限制。全球范围内的员工通过精心培育的网络共同开发、生产和营销公司的产品。在水平型公司内，英国的营销人员可以绕过德国的总部办公室，直接和巴西的生产人员沟通。

为什么国际公司可以采用水平型组织结构呢？支持者认为，横向的结构可以激发创造力，促进产品开发，同时把更多的决策权留给中层员工和其他专业人员，省去向高层领导汇报细节的环节。水平型组织的目标是用人人都能参与的协调与合作取代严控和监督。如果能有效付诸实践，那么这种方法可以建立由熟练工人坐镇的跨国团队，创造和发挖出宝贵的无形资产。[7]

10.2.10　对国际公司未来的要求

未来的国际公司组织结构是怎样的？国际公司的管理者可以采用动态网络结构，将公司的主要部门进一步细分为小的公司，并通过精简的总部来协调这些小公司的运作。诸如营销和会计等部门可以由独立的公司持有，既可以是国际公司的全资或者合资公司，也可以是其他公司。为了达到最佳的组织设计和控制水平，公司必须专注于自身的核心业务。其他的业务可以由外部的供应商接手，它们可以用更低的价格更快更好地完成任务。[8]

当我们目睹国际公司在 21 世纪的国际市场上厮杀时，要切记：企业和人类一样，都有生命周期。在发展初期，公司规模尚小，发展迅猛，勇于冒险。然而，随着时间的推移，它们逐渐壮大，日趋复杂，与市场渐行渐远。国际公司必须学习如何在发展壮大的同时保持其企业家精神。正如某位首席执行官所说，“公司不是越小越好，而是越专注越好”。

10.3 全资子公司的决策地点

每一个成功的公司都会采取控制手段，使原有的计划生效，评估计划的有效性，做出合适的调整，同时评估、奖励或者纠正高管们的表现。在实现有效控制方面，与在一个国家运营的公司相比，国际公司面对的挑战要复杂得多，比如：不同的语言、文化和态度；不同的税制和会计方式；不同的货币、人工成本以及市场规模；不同的政治稳定性以及生命和财产安全性；构成挑战的其他因素。与国内公司相比，国际公司需要更多的控制。

在进一步讨论控制所带来的挑战前，我们需要澄清一些术语。“子公司”和“附属公司”这两个术语有时会混用，但在这里要更加精确。**子公司**（subsidiaries）是指其他公司（即母公司）通过拥有选举董事会多数表决票而取得控制权的公司。**附属公司**（affiliates）由其他公司控制，但少数股份持有者实施控制的方式较多，包括持股和非持股等途径。

首先看看完全由母公司控股的公司即全资子公司的治理。公司的控制是在哪里进行的，或者说，公司的决策地点是哪里？有三种可能性。理论上讲，所有的决策都可以集中在总部，也可以分散到子公司层面。然而，常识告诉我们，有些决策必须在总部进行，有些必须在子公司进行，还有第三种情形，那就是总部和子公司合作进行决策。许多变量会影响决策的类型和地点。其中比较重要的因素包括：(1) 公司产品和设备的标准化程度；(2) 子公司管理层的能力以及总部对其依赖程度；(3) 国际公司的规模以及成立时长；(4) 总部牺牲子公司利益换取公司整体利益的意愿；(5) 子公司因权力有限而产生的挫败感。接下来，我们将逐一讨论这些因素。

10.3.1 公司产品和设备的标准化程度

一些消费品的大型全球生产商，比如宝洁和高露洁，在一开始就为全球或地区市场开发标准化的产品。在这种情况下，附属公司必须遵循公司的政策。当然，附属公司的代表也有机会参与产品的设计，这些产品通常首先在本国市场推出。当生产流程稳定后，规格参数会发往附属公司，必要时，当地管理层可以对其做出调整，以适应本土市场，也称二级市场。

在缺乏全球产品政策的公司中，总部的运营管理者一般倾向于在尽可能多的海外工厂将产品（至少是生产环节）标准化。如果产品可以根据本土情况量身定做，为附属公司带来更大利润，那么该附属公司一般会受到青睐。当然，其决策还是要和母公司共同做出，因为母公司有权反对或者绕过附属公司的决议。

10.3.2 子公司管理层的能力以及总部对其依赖程度

国际公司对子公司决策的依赖程度取决于公司高管对公司政策的熟悉情况，总部管理层是否认为自己了解子公司所在国的环境，子公司所在国和母公司所在国的距离，以及母公司的规模和成立时长。接下来，我们简要地分析这几个因素。

许多国际公司经常在总部与子公司之间以及子公司与子公司之间调动管理者。因此，管理者要掌握总部的政策，同时预估在子公司实施政策时可能遇到的问题。这样调动的一个好处就是建立起国际公司的内部关系网。这样的关系网可以增加高管们对彼此的信心，让沟通变得更为轻松，同时可以减少工作上的失误。有些国际公司会把区域管理者调至总部，以提升沟通效率，降低成本。

总部对于子公司管理层的依赖程度还受到另一个因素的影响，那就是子公司对于自己所在国环境（包括文化）的熟悉程度。总部对于子公司所在国的环境越不熟悉，对子公司管理层的依赖程度就越高。

还有一个影响因素是子公司所在国与总部的距离。一家位于美国的母公司会更依赖印度尼西亚（而不是加拿大）的子公司管理层，原因有二：美国的高管一般认为他们可以更容易地了解加拿大的情况，美国与印度尼西亚的距离要比与加拿大的距离远得多。这里说的远不仅仅是地理上的，还涉及文化、制度、政治以及其他因素。

10.3.3 国际公司的规模和成立时长

一般来说，比起小公司，大公司更有实力聘请更多专家和有经验的高管。国际公司成立的时间越长，就越可能拥有一大批了解公司政策、在总部工作过且经验丰富的老员工。成功的经验是建立信心的基础。在大多数国际公司里，顶级的职位都设在总部，而这也是最有能力、坚持不懈的高管最终的归宿。因此，成功的国际企业总是由经验丰富的高管运营。无论是国内业务还是国外业务，他们都成竹在胸。

在规模越大、成立时间越长的国际公司里，决策越可能是在总部完成的，由子公司做出的决策则较少。规模越小、成立时间越短的企业越难聘请经验丰富的国际型高管，也没有时间在内部培养人才。这些公司不得不把决策权交给子公司的管理层。然而，国际市场的变化越来越快，竞争也日益激烈，市场之间的差异持续存在，许多老牌大公司发现有些决策权必须下放给子公司，因为它们可以察觉到适应的压力，提出和交流创新的举措，促进公司战略的实施。

10.3.4 总部牺牲子公司利益换取公司整体利益的意愿

国际公司可以采购原材料及部件，设立工厂，分配订单以及管理公司内部定价，这些机会都是非国际公司所不具有的。这些活动对于整个企业而言可能是有利的，却可能对子公司造成伤害。

国际公司可能决定把生产要素从一个国家转移到另一个国家，或者在某个国家进行扩张。除了成本、可操作性、劳动力水平，影响公司决策的因素还包括公司税率、市场情况、汇率浮动以及政治稳定性。可以理解，生产要素被剥离的子公司对于放弃目前的业务控制权必然是不情愿的，子公司的管理层也会对减少产能、缩减规模或取消业务等决策一拖再拖。但总部不得不做出这些决定。英特尔公司宣布，将选择中国作为投资新型半导体生产设备的目标国，而不是选择具备扩张条件的西方或者亚洲其他国家。英特尔希望投资拥有未来消费者的市场，那就是中国，世界上最大的智能手机市场和互联网用户最多的国家。[9]它在日本和马来西亚等国的亚洲子公司绝不可能做出在中国投资这一决定，因为这与它们自身的利益相悖。

类似地，一份来自阿根廷客户的订单可能由法国、南非和巴西三个国家的任一子公司完成。母公司决定哪个子公司可以得到该项业务。在决策过程中，可能要考虑的因素包括生产成本、运输成本、比较关税、客户的货币限制、可比较的订单积压情况、政府压力以及税率。由总部做出决策，可以避免同一集团的成员进行价格竞争。

单个国家的市场太小，不足以在生产工业产品或者提供完整服务的过程中形成规模经济。福特公司为亚洲市场生产的轻型车就是一个例子。福特与几个国家商议，最终达成的结果是：每个国家生产某一部件，最后各国共享并完成组装。这样，第一个国家制造引擎，第二个国家设有车身冲压工厂，第三个国家制造变速器，依此类推。业务的专门化实现了规模经济效应和成本控制。这样的跨国生产对于总部的治理程度和协调能力提出了很高的要求。

某些情况下，国际公司可能在两个或两个以上的国家中获得利润，比如其旗下两个或者两个以上的子公司与外部客户签订合同，共同为之提供零部件或者服务。总部可以让其中一个子公司比另一个子公司收取更高的费用，让前者获得更多的利润。如果其中一个子公司所在国的税率比其他子公司所在国的税率要高，那么国际企业就可以将低税率国家的利润最大化，并减少在高税率国家的利润。其他影响子公司所在国利润分配的因素包括货币控制、劳工关系、政治气候以及社会动荡等。尽可能把利润引流到货币限制少、劳工关系和政治环境稳定以及社会动荡小的国家，才是明智之举。

公司的内部交易也可能影响企业的利润分配决策。同一企业旗下的公司之间制定好的交易价格称为**转让定价**（transfer pricing）。尽管国际公司可能允许总部与子公司之间进行非直接的、公平的价格谈判，但是这可能无法实现企业整体利益最大化。类似这样的价格和利润分配决策最好由母公司总部确定，以保证公司整体利益的最大化。不过，子公司的管理层不会乐意接受低利润的决策，很大部分原因是绩效的明显下降会影响其业绩考核结果。

转让定价在实践中是如何起作用的呢？下面两张表格阐释了国际公司如何在一家子公司利润较少的情况下依然获利。假设现在有一份合作合同，由某家大型工业设备生产企业的两个子公司按照约定好的价格向某个外部客户出售产品及服务。子公司 A 所在国的收入税税率为 50%，子公司 B 为 20%。客户位于第三国，同意支付一笔费用（国际公司计算的税前利润可以达到 1 亿美元），并且不关心子公司 A 和 B 的销售收入如何分配。第一张表格显示了子公司 A 在其所在国获利 6 000 万美元，子公司 B 在其所在国获利 4 000 美元，以及两家子公司的税后利润。因此，企业整体的税后利润是 6 200 万美元。

子公司	税前利润（万美元）	已交税金（万美元）	税后利润（万美元）
A	6 000	3 000	3 000
B	4 000	800	3 200
			6 200

第二张表格显示了子公司 A 在其所在国获利 4 000 万美元，子公司 B 在其所在国获利 6 000 万美元，以及两家子公司的税后利润。按照这种支付方式，企业可以实现 6 800 万美元的利润。

子公司	税前利润（万美元）	已交税金（万美元）	税后利润（万美元）
A	4 000	2 000	2 000
B	6 000	1 200	4 800
			6 800

这个例子说明，只要该企业能够把其中 2 000 万美元的利润从子公司 A 转移到子公司 B，就可以多获得 600 万美元的税后利润，而在此过程中客户并没有遭受损失，因为在两种支付方式中，客户支付的总价是相同的。子公司 A 收到的付款减少 2 000 万美元，税后利润减少 1 000 万美元，但子公司 B 的税后利润增加了 1 600 万美元，而整个企业的税后利润增加了 600 万美元。由于世界上国家众多，税法也不一而足，因此，可以实现这种减税目的的方法很多。财务管理意识和控制是成功处理这类情况的关键。

我们并不是说，子公司和母公司所在国的政府察觉不到，或者不理会国际企业存在转让定价和利润分配。企业必须做好准备，应对来自双方政府的质疑，证明价格和利润分配的合理性。管理层需要证明其他公司对相同或者类似的产品收费相似；如果没有类似的产品，那么以其成本和利润来证明价格合理。至于利润的分配，以子公司 A 和 B 为例，国际企业需要证明子公司 B 所完成工作的规模或者重要性，或者子公司 B 所承担的责任（例如融资、售后服务或者保修）对得起提高的价格。当然，在本例中，假如子公司 A 存在把更多应税收入转移到子公司 B 所在国的可能性，那么子公司 A 所在国的政府会就此提出质疑。[10]

10.3.5　子公司因权力有限而产生的挫败感

就母公司的管理而言，极其重要的一个因素是子公司管理层的积极性和忠诚度。如果所有的重大决策都在总部完成（或者大家都认为是在总部完成的），那么子公司的管理层就会失去积极性和威望。这些管理人员可能渐生敌意，并且对公司不忠。

因此，尽管由总部做出决策情有可原，但是总部也应该尽可能合理地把决策权下放给子公司。对于与自己所在区域相关的决策、谈判和发展，每个子公司的管理层都应该拥有充分的知情权和咨询权。把权力由子公司集中到母公司，会令子公司的管理层感到沮丧，甚至可能导致员工离职。

全球辩论

大软公司：是否允许企业从国际转让定价中获利？

从近几年国际巨头（如苹果、星巴克、菲亚特、微软等）的案例来看，转让定价对于公司利润和税收的影响已经成为一个重要话题。[11]下面我们讨论国际电脑软件行业的某强劲竞争对手——大软公司（BigSoft）的虚构案例。

大软公司总部设在美国，在全球100多个国家设有子公司。它80%以上的长期资产都位于美国，在580亿美元的营业额中，有60%来自美国。然而，公司250亿美元的税前收入中，有60%是由国际市场贡献的，其中大多数国家的公司税率比美国要低得多（美国公司税率为35%）。

大软公司减少所缴税金的途径之一就是谨慎合法地使用转让定价。以下是转让定价发挥作用的一个例子。大软公司在爱尔兰（欧洲税率最低的国家之一）设立了一个子公司，当地的公司税率在2014年仅为12.5%。子公司名为绿宝石岛（EIE），向欧洲的消费者授权使用大软公司的软件。尽管大部分软件开发工作都是在美国完成的，但美国总部对于该子公司的软件授权费维持在一个极低的水平。这一决策导致EIE的业务为美国总部创造的营收也相当低。因此，大软公司在美国缴纳的税费比对EIE收取高额授权费所缴纳的税费要低。

尽管母公司对EIE收取的软件授权费较低，但EIE对大软公司在欧洲的其他子公司收取价格更高的授权费。这一操作令EIE在低税率的爱尔兰获得高额的营业收入和应税所得。高额的授权费也减少了其他欧洲子公司的应税所得，这些国家的税率都比爱尔兰高。根据税收协定，EIE的税后收入在转移到美国总部的过程中无须进一步纳税。

通过这样极富创造力的价格转让操作，大软公司每年可以减少大约5亿美元的税费支出。然而，从另一个角度看，大软公司实际上是在剥削政府（本案例指美国政府）的税收。低价卖给EIE的授权产品在美国完成开发，属于美国贸易活动的一部分。EIE的总部位于美国，享受美国的福利，比如运输和通信基础设施、稳定的政治环境、法制以及财产保护。如果将本案例的企业当成一个独立的个体来考虑，它就得像美国侨胞一样为自己的全球收入纳税。之前也有将公司作为人来看待的先例，比如保护公司的自由发言权，公司得以通过独立渠道发表自己的政治声明。公司通过价格转让操作来减少在高税环境中的税负，这一做法是否应该被禁止？你的看法是怎样的？

问题

1. 如果你是大软公司的股东，你会支持公司价格转让的做法吗？为什么？
2. 如果你代表爱尔兰政府，你会支持大软公司价格转让的做法吗？为什么？
3. 如果你代表美国政府或者除爱尔兰以外的其他欧洲国家政府，你会支持大软公司的做法吗？为什么？

10.4 合资企业和非全资子公司的决策地点

合资企业有可能是由国际公司和本土公司共同持股的公司实体，可能是两家或两家以上的外国公司入股当地的合资公司，也可能是在一定期限内要完成某项工程（比如建造堤坝）而与其他公司合作的公司。其他类型的公司包括子公司和附属公司，但它们也可能是完全独立的公司实体。

之前提到的国际公司总部、子公司或者两者合作决策的所有理由在合资企业中同样适用。然而，合资企业的总部基本不可能像拥有全资子公司的企业有那么大的行动自由和灵活性。

10.4.1 自由与灵活性的缺失

为什么国际公司会在合资企业和非全资子公司中失去自由与灵活性？如果国际公司以外的股东拥有附属公司的控制权，那么它们可以封锁总部的任何操作，比如转移生产要素，将出口订单交由另外一个附属公司或子公司处理。即便这些外部股东只是少数，无法直接控制附属公司，它们同样可以向国际公司施以法律或政治压力，阻止总部为了自己的利益而牺牲附属公司的利润。与此相似，对于合资企业的当地合作伙伴而言，为了公司的利益而同意接受惩罚的可能性微乎其微。类似的因素将极大地削弱总部对子公司及其活动的控制力。但在这些情况下，国际公司是否还能达到一定的控制水平？

10.4.2 即便只拥有部分所有权甚至没有所有权，公司也可以实现控制

即便持有表决权的股票比例不足 50%，甚至不持有股票，国际公司仍然可以对子公司的决策和行动加以控制。保持控制的部分方法如下：

- 起草一份管理合同；
- 保留对财务的控制；
- 保留对技术的控制；
- 将总部人员安排在重要的行政职位。

如你所料，国际公司对合资企业或者子公司的所有权不足 100%，试图将总部人员安排到这些公司的重要行政职位上，会面临来自合资伙伴或者东道国政府的反抗。这些合资伙伴和政府希望保护自己的利益，比如让自己的国民身居同样重要的职位，保证本土员工可以获得技术及管理方面的培训和经验，或者为本土运营提供开发及供应国外市场的专业知识。

10.5 报　告

为了有效地进行决策及控制组织资源，国际公司的所有部门都必须为总部提供及时、准确、完整的报告，包括：(1) 财务报告；(2) 技术报告；(3) 市场机遇报告；(4) 政治和经济报告。

10.5.1 财务报告

附属公司一般会留存盈余资本，以备投资及意外支出之需。这样的资本盈余放在母公司的作用也许更大，母公司可以为此支付分红。若其他子公司或者附属公司需要资金，就可以将这笔盈余借出或者用于投资。显然，总部必须清楚盈余资本的存在及规模，以决定其最佳用途。

10.5.2 技术报告

新技术层出不穷，子公司或者附属公司一般会比总部更早掌握出现在本土的新技术。如果总部认为某项创新有发展前景，就可以联系开发者取得使用权，或者直接买下开发该技术的公司，获得技术的所有权和控制权，以获取竞争优势。

10.5.3 市场机遇报告

分布在不同国家的附属公司可能会发现公司某些产品的新市场或者成长的市场。这是一件两全其美的事情，因为国际公司可以卖出更多的产品，附属公司可以赚取销售佣金。当然，如果新市场足够大，附属公司可以向母公司或其他附属公司申请许可证，开始组装或者生产产品。

其他应当向总部报告的市场相关信息包括竞争者的行动、价格走势以及总部可能感兴趣的新产品。重要的信息还包括子公司的市场份额及其变化，同时给出解释。

10.5.4 政治和经济报告

近年来由于政权的倾覆和更迭，政治和经济报告的数量及重要性与日俱增，因此，接收较新的政治和经济报告对于国际公司的管理至关重要。

得到那份工作！从双肩包到公文包

艾萨克·拉什在天津：有所不知比无所不知要有趣得多

艾萨克·拉什（Isaac Rush）的本科专业是国际贸易。在踏上墨西哥的土地，帮助流浪者重建家园之后，他对国际工作产生了兴趣。其他人的生活方式令他兴致盎然。他说："我对不同的文化和人群十分着迷，比如他们有不同的饮食习惯、不同的爱好以及完全不同的做事方法，他们的行为有时会令我费解。我开始发现，当你对周围的事物不甚了解之时，生活中会有更多冒险经历。这也是我选择走向国际的原因。"最近几个月，他一直在中国教英语。下面是他的报告，其中包括他的一些建议。

一开始选择中国，是因为这里有许多机会，对外籍教师的需求量很大。通过AIESEC，我联系上中国天津的一所大学，获得了这个实习机会。我知道中文是世界上最难学的语言之一，而且中国的生活成本并不高。这是中国最吸引我的两个地方。当时我刚从学校毕业，手头有点紧，同时我也在寻找新的挑战，希望可以为我的个人简历增光添彩。

为了准备中国之旅，我联系了一些中国学生，从他们那里得到一些非常有价值的提议：买张地图，多准备几份护照复印件。同时，我也联系上了一对美国学生情侣，他们正在中国工作，告诉了我许多窍门，比如说，要申请哪种类型的签证，找房子时要多个心眼，因为当地的卫生标准比美国低。我买了一些关于中国文化和旅游的书，以及一本日常用语的书。我还上 YouTube 练习了一些基本用语的发音。

在中国期间，我做了一件很有价值的事情，那就是通过电子邮件和 Skype 同我的家人和朋友保持联系，这样，我不会觉得和自己熟悉的东西完全脱离了。我建议多参加活动，认识一些新朋友。如果没有几个好朋友，我都不知道怎么活下去。我还保持了我在美国时的一些日常活动，比如跑步、读书，去星巴克喝咖啡。

我一开始教各类学生：小学生、高中生、大学生，甚至是职场人士。我在天津的几家公司工作，根据受众的不同不断调整我的课程。我专门教授口语，帮助学生通过雅思考试。雅思是学生出国的认证考试，证明学生的英语水平。

我面临的一大挑战是点菜，因为我不认识那些食物。还有一个难题就是在城市里出行，我得记住地标，因为不会说中文，只能坐着出租车在城里绕来绕去。后来，我专门找一些带有饭菜图片的餐馆，直接用手指比画点菜。为解决出行问题，我买了一张英文版的地图。鉴于出租车司机听不懂我讲话的概率高达 95%，我把地址写在一张小卡片上以防万一。

在中国的一大乐趣就是去中国朋友的家里，享受他们父母准备的佳肴。我去他们家里时，他们会用最好的水果、坚果和零食招待我。他们会不断拿出一大堆好吃的，一个劲儿地招呼我吃。中国人实在好客！我也十分欣赏中国人家庭至上的观念。许多中国人和亲戚都住在同一个城市里，这个习俗世代流传，生生不息。

在这里我想给个建议：在衣食住行方面，尽量做到入乡随俗。这样可以显示出你很关注他们的文化，而且愿意从他们的角度去看待事物。入乡随俗可以带来更多的机会。

下面是我想分享的重点事项：尽全力学好当地的语言，因为这是最难的一件事情，但也是学习外国文化的必需工具。严格要求自己，因为学好语言需要下很大的决心、付出很大的精力。

模块总结

1. 解释为什么组织结构的设计对于国际公司至关重要。

国际公司的结构涉及国内和国际部门及活动的安排，以及权力在公司内部的分布。这可以帮助公司在部门内和部门之间整合和利用自身的优势和资源，成功实现公司战略。公司选择的组织结构必须与公司本身的能力和资源相匹配，同时也要与公司所处环境及战略相适应。选择组织结构时，国际公司的管理者必须从产品和技术、地理区域、客户以及职能等方面考虑专业知识的要求。

2. 指出管理者选择组织结构时需要考虑的组织维度。

公司可以设立国际事业部，按照产品、职能或者区域设计结构，或者综合这两种形式（混合形态）。为了在产品和区域知识之间取得平衡，一些公司尝试了矩阵型组织结构。这种模式的缺点在于，公司可能会在传统的产品、区域或者职能模式之上安排部分重合的矩阵，而非直接使用组织矩阵。

3. 解释母公司和全资子公司之间是如何进行决策分配的。

国际公司内部的决策由几个因素决定，包括产品的标准化程度，国际公司的规模和成立时长，不同部门之间利益的权衡，以及信心的建立或者挫败感的避免。

4. 讨论国际公司如何控制其合资公司或者持股比例少于50%的公司。

所持有表决权的股票比例不足50%，国际公司可以通过以下方法对子公司保持控制，包括管理合同、控制财务、控制技术以及在关键部门安排总部人员。

5. 列出国际公司的部门需要向其母公司报告的信息类型。

子公司应当向国际公司报告以下信息：财务状况、技术发展、市场机遇和发展，以及经济和政治局势。

批判性思考

1. 对于国际公司而言，为什么组织结构是一项重要的议题？

2. 在组织结构中设立国际事业部的主要优点和缺点分别是什么？在哪种情形下适合采用这种结构？

3. 比较分析国际公司区域型结构和产品型结构的异同点。

4. 公司的矩阵组织不起作用；花在决策上的时间过长，而且目前看起来，你得到的是折中方案，而不是最佳解决方案。公司的首席执行官应当如何解决这个问题？

5. 假如你是Mancon公司的首席执行官，刚刚收购了一家名为Pozoli的意大利小型设备制造商（生产电动剃须刀、小型家用及个人护理设备）。该公司已经运营了40多年，在墨西哥、爱尔兰和西班牙都设有工厂。产品销往100多个国家，其中包括美国。公司现在按两个产品组（剃须及个人护理）进行组织，同时在上层设有国际部。你打算把Pozoli纳入公司的哪个部门？请给出理由。

6. 公司在制定新战略之前必须发现改变组织的需求。你能描述情况刚好相反的某些情景吗？

7. 在设备和产品已经实现标准化的前提下，公司选择由母公司还是子公司做出决策时应该考虑哪些因素？如果设备和产品是为不同国家和市场量身定做的，又该考虑哪些因素？

8. 关于国际公司的治理问题：

（1）哪些决策会给子公司造成损害，但可以给公司整体带来更大的利益？

（2）在这些情形下，公司决策由谁做出，是总部还是子公司？

9. 在非全资子公司或者没有持股的合资企业中，公司可以采取哪些措施对其实施控制？

10. 部分公司为全球的不同部门或运营配备了相同的控制系统。比如，在不断向全球扩张的同时，星巴克、肯德基以及麦当劳采用了同等严格的质量控制系统。为什么公司会在全球各地采用同等严格的质量标准？如果由于国家或地区差异需要对质量标准进行修改，哪些修改应该被允许？公司为什么允许这样的改动？

微型案例

万联股份：需要改组吗？

万联股份有限公司（Connect All Inc.）生产用于计算机、家用电器、通信设备、采矿设备及汽车气囊和防滑系统等多种产品的电子电气专用接头。该公司已经营 50 多年。下表汇总了过去 5 年的重要财务信息。

万联五年重要财务总结　　单位：百万美元

	2014 年	2013 年	2012 年	2011 年	2010 年
净利润	353.00	298.20	271.90	257.40	231.10
毛利润	131.4	116.3	110.3	106.7	94.9
销售、管理以及综合开支	70.5	61.2	55.8	51.8	45.1
公司收入	63.6	55.1	54.5	54.9	49.8
所得税	23.9	20.9	20.9	21.8	20.9
有效税率（%）	37.6	37.9	38.3	39.7	42.0
净利润	39.7	34.2	33.6	33.1	28.9

长期以来，万联的出口产品远销南美洲，其主要市场为巴西、阿根廷、智利、哥伦比亚和秘鲁。据公司出口部经理向市场经理汇报，公司对外销售仅限于出口时，出口部运作良好。然而，在 2013 年，另一家美国公司试图进入巴西市场，并有传言称，相关行业的一家巴西公司正寻找拥有专利的美国公司向其提供生产技术。万联决定在巴西建立其第一家海外工厂。为此，万联在南美洲聘请有经验的财务人员和营销人员，并在总部设立国际部以监管巴西业务。公司董事长认为，这种情况可能会在智利、哥伦比亚或者其他国家重现。这些国家都是当时出口的好市场，但有理由认为，一些竞争对手很快就会在其中一个或多个国家建立生产设施，而这将极大地影响万联向这些市场出口的潜力。成立一个拥有南美洲专家的小型国际部来负责监测这些市场，有助于公司“知彼”。

万联在巴西设立工厂后，与出口时期相比，有更多的当地公司愿意与它进行业务上的合作。事实上，公司 2014 年的销售额增长归功于巴西工厂。然而，新增的消费者使万联面临一轮全新的、更强劲的竞争。巴西当地的竞争者以比万联快得多的速度生产新产品。董事长认为如果与一些公司进行跨职能的横向联合，如与汽车制造商合作，或许能缩短时间，增强竞争力。董事长在巴西视察时，营销人员告知了他一些没有传达到总部的有关市场和竞争者的信息。

董事长意识到，海外销售额的增长急需对公司重组。虽然当前万联只在巴西设有海外工厂，但他认为需要建更多的海外工厂。万联要如何重组以应对新的海外生产需求，并且缩短新产品设计开发的时间呢？

注释

1. Nitin Nohria, *Note on Organization Structure* (Boston: Harvard Business School, 1991).

2. John M. Stopford and Louis T. Wells, *Strategy and Structure of the Multinational Enterprise* (New York: Basic Books, 1972).

3. Anders N. Liveris, "The Dow Chemical Company," Credit Suisse's 25th Annual Chemical and Ag Science Conference, September 11, 2012, http://www.dow.com/investors/pdfs/presentations/20120911CreditSuisseConference.pdf (February 1, 2015).

4. Nestlé *The World of Nestlé* http://www.nestle-family.com/ourcompany/english/assets/downloads/The-World-of-Nestle.pdf (February 1, 2015).

5. BP p.l.c., "roup Organization," http://www.bp.com/en/global/corporate/about-bp/company-information/group-organization.html (February 1, 2015).

6. Inditex, "bout Us," https://www.inditex.com/en/our_group (February 1, 2015).

7. Lowell L. Bryan and Claudia Joyce, "The 21st-Century Organization," *The McKinsey Quarterly*, no. 3 (2005), http://www.veruspartners.net/private/app/webroot/files/the_21st-century_corporation.pdf (February 1, 2015).

8. Remo Häki and Julian Lighton, "The Future of the Networked Company," *The McKinsey Quarterly*, no. 3 (2001), pp. 26 - 39, http://unm2020.unm.edu/knowledgebase/economics-2020/9-the-futureof-the-networked-company-mckinsey-quarterly-2001.pdf (February 1, 2015).

9. "Intel and Tsinghua Unigroup Collaborate to AccelerateDevelopment and Adoption of Intel-based Mobile Devices," *Business Wire*, September 26, 2014 (February 1, 2015).

10. Prem Sikka and Hugh Willmott, *The Dark Side of Transfer Pricing: Its Role in Tax Avoidance and Wealth Retentiveness* (University of Essex, February 2010), http://www.essex.ac.uk/ebs/research/working_papers/wp2010 - 1%20 -%20psikka%20transfer%20pricing%20paper.pdf (February 1, 2015); Glenn R. Simpson, "Wearing of the Green: Irish Subsidiary LetsMicrosoft Slash Taxes in U.S. and Europe," *The Wall Street Journal*, November 7, 2005, http://online.wsj.com/news/articles/SB113132761685289706 (February 1, 2015); and Third World Network, "Transfer Pricing and Tax Evasion: Beyond the Trans-Atlantic Furor," http://www.twnside.org.sg/title2/resurgence/2012/268/cover02.htm (February 1, 2015).

11. Howard Gleckman, "The Real Story on Apple's Tax Avoidance: How Ordinary It Is," Forbes, May 21, 2013, http://www.forbes.com/sites/beltway/2013/05/21/the-real-story-about-apples-tax-avoidance-how-ordinary-it-is/ (February 1, 2015); Neil Chenoweth, "How Ireland Got Apple's $9bn Profit," Financial Review, March 6, 2014, http://www.afr.com/p/technology/how_ireland_got_apple_bn_profit_erlmHONvoHJGixwLU pFckN (February 1, 2015); Tom Bergin, "Special Report: How Starbucks Avoids UK Taxes," Reuters, October 15, 2012, http://uk.reuters.com/article/2012/10/15/usbritain-starbucks-tax-idUKBRE89E0EX20121015 (February 1, 2015); and John McKinley and John Owsley, "Transfer Pricing and Its Effect on Financial Reporting," Journal of Accountancy, October 2013, http://www.journalofaccountancy.com/Issues/2013/Oct/20137721.htm (February 1, 2015).

模块 11
全球领导力及实践

要成为全球领导者，需要以独特的方式看待世界、思考问题和机遇，正直坦诚地寻求解决问题的方法。

——Financial Times Lexicon-ft. com/lexicon

学习目标

1. 讨论构建公司全球思维的重要性。
2. 描述全球领导力与国内领导力实践的异同。
3. 识别高效的全球领导者的能力。
4. 区分挑选与培育高效全球领导者的不同方式。
5. 描述全球化团队的领导艺术。
6. 识别引领全球变革的挑战。

开篇短文

林赛·莱文对国际领导者地位的追求

林赛·莱文（Lindsay Levin）绝对是一名领导者。她是英国一家企业集团的首席执行官，企业的业务涵盖了汽车交易、房地产、居民健康护理设施。莱文 1999 年获得安永企业家奖。由于在全球化背景下从业，她关注全球领导力，并于 2001 年建立了一个非营利社会机构：寻求领导者（Leaders' Quest），其使命是通过帮助个人培育领导力打破国与国之间的界限。其中一种核心能力就是消除不同国家、不同文化、不同视角、不同领域之间的分歧。

在一个共享的、越来越复杂的互相关联的世界中，一个负责任的企业意味着什么？莱文对此的关注催生了领导力项目。当莱文还是英国剑桥大学经济学专业的学生时，这个问题便萦绕于她的心头，激起她领导此类企业的愿望，以战胜贫困、营养不良及其他世界性问题。莱文这样描述：有一次，在肯尼亚参加完一次会议后，她坐在一棵树下与当地农民交谈。当地农民想要知道，“当金融危机袭击欧洲和美国时，我们中一些人的山羊和房屋却被收回，这是怎么一回事呢？”[①]这些问题使她深刻认识到，伦敦和纽约做出的决定会影响肯尼亚农村地区牧羊人的生活。她意识到，尽管先进的技术带来了疫苗、太阳能，使知识不费吹灰之力便可广泛传播，尽管人类在认识自己和认识星球方面取得了举世瞩目的成就，见证了热气球之旅、登月之举，但我们仍然面临诸多挑战，仍然惧怕陌生人。我们仍然无法让每一个人都有饭可食、有衣可穿、有书可读。[②]

寻求领导者发起了一个奖学金项目，启动了一个公司与非政府组织的培训项目。莱文意识到，拥有消除分歧的核心能力或许会带来一些意外的合作关系。例如，来自伦敦南部的阿龙·桑桑（Aaron Sonson）与比尔·利斯克（Bill Leask）合作开发了ITV伦敦新闻节目。前者是Stop & Search应用程序的联合创始人，此应用可用来追踪警方调查的事件，后者是美通社欧洲产品总监。寻求领导者项目包含洞察的新途径，这被称为积极的希望，它基于三种能力：提出问题时抛弃偏见，接受不确定性；倾听；鼓足勇气去行动。寻求领导者的世界被绘成一幅富勒投影图（戴马克松地图），通过12个点将地球展示为一个20面体的形状。通过富勒地图，地球成为一个紧密连接的大陆，我们可以看到彼此间的联系，而在我们更熟悉的墨卡托投影图上，看到的却是彼此分离。

林赛·莱文在《隐形的巨人：一步步改变整个世界》（*Invisible Giant*：*Changing the World One Step at a Time*）（2013，Bristol，UK：Vala）一书中谈到了她的领导力项目和她个人的发展。你可以阅读该书，或许你也想加入进来。正如她所观察的，“依我之见，人们拥有无尽的潜能可以开发”。

注释：

① businesslife. ba. com/Ideas/Features/The-impact-of-your-business-on-the-world-by-Lindsay-Levin-of-Leaders-Quest. html (February 8，2015).

②http://www. youtube. com/watch? v=H2kaGHRqjHI (February 8，2015).

你能成为一名全球领导者吗？如果能，你需要为此角色做什么准备？因为我们是在国际商务环境下探讨领导力，所以我们要明白，领导力面临的挑战因公司和环境不同而不同。并不存在通用的挑选和培养全球领导者的方式。然而，我们知道，掌握扎实的国际商务基础知识是重要的第一步。在不同文化、语言环境及其他不熟悉领域的经历，或许可以帮助你培养全球领导者应对复杂的国际挑战“所需的素质”。

尽管出现了许多国际商机，但大部分企业都缺乏抓住这些机遇的领导者。本模块从全球思维这一概念出发，对全球领导力进行探讨。随后，我们将讨论全球领导力与国内环境下的领导力有何区别，它为何如此重要，并深入了解当今几位全球领导者。我们要识别出高效的全球领导者所需的能力，以及与挑选全球领导职位候选人相关的事宜。然后，我们将探讨全球化团队的领导力，以及全球领导者通常要面临的最重要的挑战：全球变革管理。

11.1　全球思维

调查表明，许多首席执行官认为，培育公司全球思维模式是成为“全球行业领导者的必要条件”。[1]全球思维被定义为一种视野，“对不同文化及市场持开放态度，保持敏感性，并将其与协调多元化的倾向和能力结合起来”。[2]全球思维有两个关键要素：（1）智商，包括商业敏感性；（2）全球情商，包括自我意识、跨文化认知、文化调整及跨文化效用。[3]二者构成个人全球领导力风格的组成部分，即行为能力的基础。具有全球思维的经理人乐于认识有不同背景的人，对来自其他文化的人偏见较少，渴望从不同角度处理问题。[4]

珀西·巴尼维克（Percy Barnevik）曾牵头负责瑞典 Asea AB 公司与瑞士 BBC Brown Boveri Ltd. 公司的合并事宜，以创建一个全球性的工程与生产巨头 ABB。他发现，“全球型经理人思想极其开放，他们尊重不同国家的处事方式，思考并理解如此行事的原因。他们也很敏锐，超越了文化的限制。当有人说‘由于工会的原因，你不能在意大利或西班牙那么做’，或‘由于财务省的原因，你不能在日本那么做’时，全球型管理者不会消极地接受。他们会挖掘出文化借口之碎片，寻求创新之机遇。”[5]培育具有全球思维的管理者队伍和企业文化，是全球型领导者面临的重要挑战。这个挑战也有助于强调全球领导力的差异性和重要性。

11.2　全球领导力是什么？为何如此重要？

领导力是一个复杂的跨学科的概念，有许多定义。我们可以把领导力视为个人的特质与行为、个人运用权力施加影响的方式、领导力的环境，以及这些方式的组合。对文献粗略回顾便可发现，领导力存在多种定义。[6]本书中，我们对**领导力**（leadership）的定义为：组织一个团队，为实现共同的目的或目标所需要的行为及过程。

大多数专家都赞同这一观点：领导力与管理不是一回事，尽管它们存在共性。[7]领导力及管理学领域前沿学者沃伦·本尼斯（Warren Bennis）对二者做出如下区分：

- 领导者注重创新，管理者注重经营。
- 领导者注重发展，管理者注重维护。
- 领导者挑战现状，管理者接受现状。
- 领导者眼光长远，管理者目光短浅。
- 领导者寻求“是什么”“为什么”；管理者寻求“怎样”“什么时候”。
- 领导者注重首创，管理者注重模仿。
- 领导者注重激励，管理者注重控制。[8]

基于领导力与管理之间的差异，我们现在思考全球层面的领导力有何不同。

11.2.1 全球领导力与国内领导力有何差异？

国内环境下所需要的领导力在全球背景下同样重要。然而，相对于国内领导者，全球领导者面临更多不同的情形。来自 Corporate Executive Board（CBE）的研究人员对 12 000 余名全球型领导者的工作风格进行研究后发现，与在单一市场工作的同行相比：

- 全球型领导者曾与超过 17%的不受其直接管理的员工一起工作。
- 全球领导者获得不准确的市场信息的可能性低于 32%。
- 全球领导者的管理职责范围扩大了 74%。
- 全球领导者与超过 160%的利益相关者共事。[9]

研究结果清楚地告诉我们，相对于国内的同事，全球领导者面临极为不同的领导环境。

全球化及全球领导者面临的挑战具有复杂性，学者指出了这一复杂性的四个重叠维度：（1）多样性，指的是全球领导者需要处理呈几何级增长的事物及不同特性的事物；（2）相互依赖性，指公司不同的业务单元虽然分布于各地，却系统地相互联系，而且越来越依赖外部的组织；（3）模糊性，指处理缺乏清晰度、包含定量与定性维度的信息所带来的挑战，以及对于因果关系及有效解决问题所做努力的理解的影响；（4）动态性，指国际性制度本身是持续变化的。[10]

全球化拓展了公司外部环境（地理环境和文化环境）以及内部环境，涵盖员工多元化的背景以及激励手段。所以，全球化越来越强调招募和培养在极具挑战性的环境中可以成功经营的管理者。[11]全球项目（Project GLOBE）进行了一项关于全球化领导力的重要研究，其数据来源于 17 300 位中层管理人员，他们服务于食品加工、金融服务和电信服务等领域的 951 家企业。研究者发现，来自不同国家的人对于领导者特质的理解有相同和不同之处。[12]其中有 22 项领导力特质被广泛接受，包括果断、学识、诚信、活力、熟练的行政管理技巧、协调能力、公正、组建团队能力、高效的谈判、可靠、双赢的问题解决能力、前瞻的规划、聪明以及追求卓越等。有 8 项领导力特质被普遍否决：冷酷、自我、不善交际、表达含糊不清、急躁、不具合作性、独断专行以及孤僻。

全球项目通常称为豪斯研究（House study），以其开发者罗伯特·豪斯（Robert J. House）的名字命名，发现大量领导力特质取决于文化背景。其中包括热情、自我牺牲的意愿、乐于冒险、真诚、抱负、感知、谦逊、同情心、独特性、坚持。该团队基于领导力风格在后续研究中开发了国家群集。下面是六种类型及其关注点：[13]

- 结果导向：高标准，果断，创新；远见与核心价值。
- 团队导向：自豪感，忠诚，合作，团队一致性，团队凝聚力，共同的目标。
- 参与型：决策及执行时听取他人意见；授权，平等。
- 以人为本型：富有同情心，慷慨，耐心，支持；为他人着想。
- 自治型：独立，自主，自我。

- 自我保护型：程序化的，重视地位，顾全面子，安全性，保障性。

表 11－1 对第二项研究的发现进行了总结[14]，根据人们对领导者风格的不同偏好对国家集群进行了分组。组群与组群之间存在巨大的差异，但组群内部并没有明显的差异，此研究强调了全球领导力的情境特异性以及全球领导者特质。

表 11－1　全球项目的社会群集与对领导力风格的偏好

结果导向	团队导向	参与型	以人为本型	自治型	自我/群体保护型
较高					
盎格鲁 日耳曼 北欧 东南亚 欧洲拉丁语区 拉丁美洲	东南亚 儒家文化圈 拉丁美洲 欧洲拉丁语区 北欧 盎格鲁 中东 日耳曼	日耳曼 盎格鲁 北欧	东南亚 盎格鲁 非洲 儒家文化圈	德国东部 欧洲 儒家文化圈 北欧 东南亚 盎格鲁 非洲 中东 欧洲拉丁语区 拉丁美洲	中东 儒家文化圈 东南亚 拉丁美洲 东欧
适中					
儒家文化圈 非洲 东欧		欧洲拉丁语区 拉丁美洲 非洲	日耳曼 中东 拉丁美洲 东欧		非洲 欧洲拉丁语区
较低					
中东		东欧 东南亚 儒家文化圈 中东	西欧 北欧		盎格鲁 日耳曼 北欧

尽管成功的国内领导力所包括的大部分能力也是全球领导力所必需的，但两种领导力下的行为差异巨大，该差异在全球背景下所带来的可能结果影响更深远，波及范围更广，以至于许多学者认为，全球领导力与国内领导力本质上不同。[15] 正如一群研究人员指出的那样：

> 与国内领导力相比，全球领导力在以下方面存在差异：相互联系，跨域管理，复杂性，伦理挑战，处理紧张局势与悖论，模式识别，学习环境的建立，团队与社区，以及跨越不同文化领导大规模变革的努力。[16]

11.2.2　寻找具备所需素质的全球领导者面临的挑战

全球化不仅可以创造许多新的商机，而且让新生代的领导者在快速全球化的世界中施展拳脚。新兴市场特别是金砖国家（巴西、俄罗斯、中国、印度和南非）的经济快速增长，为消费品和工业品创造了巨大的新市场。通信及电脑科技革命（包括互联网、社交媒体、智能手机及其他的发展进步）使得分布各地、多元化的员工群体可以协同工作并相互学习。为保持竞争力，面对航运及物流的发展，公司重组国际价值链的压力不断增大。运营范围的扩大使公司面对不同的法律环境、不同的供应商与竞争对手，以及各种不熟悉的风险。

为了在如此复杂、动态的全球环境中取胜，跨国企业需要新型的领导者。除了熟悉业务，他们必须具备文化理解力、适应性，而且可以与不同国家、不同文化的员工一起工作并激励他们。

这种全球领导者何处可寻？他们可能来自世界任何一个角落。巴西人卡洛斯·戈恩（Carlos Ghosn）曾领导日本日产（Nissan）与法国雷诺（Renault）两家汽车制造公司，其母亲是法国人，父亲是黎巴嫩人。土耳其裔美国人穆赫塔尔·肯特（Muhtar Kent）高中在土耳其就读，大学在英国就读，现在成为美国可口可乐公司的领导者。在印度出生并接受教育的女性英德拉·努伊（Indra Nooyi），是全球领先的消费品企业百事公司的主席兼首席执行官。

11.3　高效的全球领导者需要哪些能力？

一个全球领导者具备什么能力才可成功？一家旨在为其客户打开世界之门的咨询公司 Aperian Global 列出了归国的外派人员所认同的成功的全球领导者必须具备的五种能力。这些能力分别是：

- 洞察差异。这是在文化背景下的一种自我意识。领导模式是由文化塑造而成，并且存在不同的做事方式。
- 建立联系。在全球化背景下，关系是把事情做好的先决条件。“通过关系获得结果”十分重要。
- 调整。这是一种“思维转移”，要求认知的灵活性以洞察差异，迅速调整行为。
- 整合及引领变革。这是一种综合能力，一方面调整以适应当地的惯例，另一方面又将外来做法兜售给当地，这是一种适应与质疑现状相结合的能力。
- 本土化。这是指培育本地人才的能力。[17]

管理学学者亨利·明茨伯格（Henry Mintzberg）与其他学者列出了全球领导者可能需要扮演的众多角色。

- 监督者：勘察环境，搜寻信息，监管企业的不同部门。
- 发言人：宣传并代表公司，与不同级别的内外部利益相关者沟通。
- 联络员：建立关系网，组织协调，负责内外部交流。
- 领导者：激励并指导员工和团队，建立并维护企业文化。
- 谈判者：达成交易，管理冲突。
- 创新者：抓住机遇，催生新想法，推进公司愿景。
- 决策者：答疑解惑，做出决策。
- 变革的代理人：采取措施，制定并执行变革计划。[18]

这一系列职责表明，高效的全球领导者需要一种复杂的综合能力。

创新型领导力中心（Center for Creative Leadership）的学者所做的研究表明，相对于国内领导者，全球领导者在情绪稳定性、学习能力、决策及谈判角色等方面会面临更多挑战[19]，这是文化差异引起的。另外，全球项目研究人员总结认为，全球思维、文化适应性和灵活性以及容忍度是高效的全球领导者所必需的特质。[20]在一项全球领导力研究调查中，艾伦·伯德（Alan Bird）汇总了220余项能力，归纳为三类：管理业务所需能力，管理员工、维护关系所需能力，管理自我所需能力。[21]表11-2总结了这些领导能力，每一项都列举了行为实例。[22]

表 11-2　　全球领导者所需的三类能力

业务管理能力

远见与战略性思维	聪慧，能够处理复杂的事情，协调细节与宏观愿景的关系，环境勘察，思维转移
商业头脑	商业敏感，结果导向，全球化资本，技术才能，寻求创造性的第三种解决方案
社区管理	客户导向，股东导向，建立合作关系与联盟，影响股东，建立社区，跨界沟通
组织能力	全面的组织才能，在全球范围内设计、协调、建立、管理预算
引领变革	催化战略变革、文化变革，并发挥引领作用

人员管理能力

跨文化交流	沟通能力，文化桥梁，对文化充满兴趣且敏感，文化理解力，用心交流，文化自我意识
社交能力	情商，影响力，快速理解能力，喜欢与人交流，社会适应灵活性，通过关系追求结果
重视人的价值	善于看懂他人，理解行动者，文化头脑，恭敬的调解人，尊重他人，务实的信任
授权	能够授权他人，鼓舞人，奖励与反馈，互动教学，分享领导力
团队组建能力	组建团队，有多文化团队组建能力及管理能力，强调团队合作与社交能力

自我管理能力

弹性	抗压，情绪弹性，随机应变，乐观，充满活力，自信，个人管理，生活平衡
性格	正直，成熟，人格魅力，诚实，责任感，自我认知，核心价值观与灵活性，道德决策，不屈不挠
求知欲	求知，好奇，善学，积极的见解，思想开放，乐于体验，接受不可预知之事，摒弃偏见，自信谦逊，乐于学习并接受错误
灵活性	思维活跃，真正的灵活性，思想开放，思维及战术灵活性，兴趣灵活性，容忍性，接受事物的双重性
全球思维	全球思维及世界主义，认知复杂性，国际视野

资料来源：Andrea Straub-Bauer，consultant，"Overview of Global Leadership Competencies，" http://di.dk/globalleadershipacademy/newsandarticles/insights/Pages/GlobalLeadershipCompetenciesanoverview. aspx（February 8，2015）.

全球辩论

全球领导职位是企业与女性所期待的吗？

世界银行阐明的核心发展目标是实现性别平等，让女性全面参与商业活动，尤其是在发展中国家。尽管如此，正如阿德勒（Adler）指出的那样[①]，大部分关于领导力的研究都聚焦于男性，仅有少量研究关注女性作为领导者的潜力。研究指出，企业领导者角色中，女性比例失衡。

下面介绍在美国企业中女性首席执行官的情况。尽管在美国各组织机构中，女性在专业与管理职位上的占比超过51%，但在企业高层领导者中，女性少之又少。[②]女性首席执行官，诸如百事的英德拉·努伊以及雅虎的玛丽莎·梅耶尔（Marissa Mayer），在上市企业领导者中是极少数。

针对《福布斯》1 000强榜单中942家企业的研究发现，几乎半数企业的高管中没有女性身影，7%的企业女性高管超过2位，女性高管超过3位的企业不足3%。[③]截至2014年，《福布斯》1 000强企业中，只有4.8%的首席执行官是女性。《福布斯》1 000强企业仅按收入排名，因此包括上市企业与私有企业。[④]这些数据表明，在不久的将来，美国女性首席执行官的数量将会受限，因为目前女性高管的后备数量不足。

研究表明，典型的女性领导风格与男性领导风格迥异。例如，女性领导者倾向于将领导职位视为给下属授权的机会，并增大其不断超越他人的可能性；男性领导者则倾向于将领导职位视为对下属施加控制的机会。[⑤]阿德勒认为全球领导者职位中应该有更多女性，部分原因是有研究表明，女性有代表性的特质同高效的全球领导者所需的特质一致。[⑥]她发现：

- 女性全球领导者来自多元化的背景，对其走上领导职位的途径没有可预测的模式。
- 女性全球领导者并非仅仅出现在对女性友好的公司或国家。
- 女性全球领导者的当选意味着希望、改变与团结，特别是考虑到她们往往迎难而上，有推动组织或社会变革的潜力。
- 女性全球领导者成功的驱动力在于其远见卓识，而非对于等级地位的渴望。
- 女性全球领导者依赖于基础广泛的大众的支持或者草根的支持，而不是传统的基于等级地位的支持。
- 女性全球领导者通往权力之路包括组织内部同级职位调换，而非男性领导者中常见的更加传统的晋升。
- 由于是女性，女性全球领导者受到更多关注，她们可以利用这一关注度。特殊的地位让女性全球领导者吸引更多媒体的注意，她们可以借此巩固其职位，增强其表现。

与阿德勒的研究一致，其他研究也发现，相对于男性，女性的领导风格更具参与性、互动性及关系性，女性的情商与移情能力更高。[⑦]这些都是成功的全球领导者所需的特质。一些研究表明，跨国企业在增加女性员工特别是女性高管之后，收益能力明显提高。[⑧]有发现指出，相对于男性，女性更加关注社会责任、包容性和多元化以及全球化技能，而且人们相信，女性在这些领域更具优势。[9]与男性相比，女性倾向于参与式、民主的领导风格，而且比较委婉、注重分享。[10]

基于研究，公司应该招募女性来领导其全球化业务，这是一个合乎逻辑的考虑。你是怎样想的呢？这种人力资源战略会给公司带来竞争优势吗？会让女性担任她们渴望的领导职位吗？

问题

1. 研究结果表明，女性可能比男性更适合应对全球领导力的挑战。考虑到高层管理职位中女性人数非常少，你认为这个建议可行吗？

2. 为提高全球领导职位中女性的比例，你认为还有哪些可选方案？

3. 你认为是否的确存在某些行业、国家或环境，由女性来担任领导者是不适合的或者不受欢迎的？为什么？

注释：

① N. J. Adler, "Global Leadership: Women Leaders," *Management International Review* 37, no. 1 (1997), pp. 171–96; and N. J. Adler, "Global Leadership: Women Leaders," in *Developing Global Business Leaders: Policies, Processes and Innovations*, ed. M. Mendenhall, T. Kühlmann, and G. Stahl (Westport, CT: Quorum Books, 2001), pp. 73–97.

② U. S. Department of Labor, Women's Bureau, 2010, "Quick Facts on Women in the Labor Force in 2010," http://www.dol.gov/wb/factsheets/Qf-laborforce-10.htm (February 8, 2015).

③ C. Helfat, D. Harris, and P. Wolfson, "The Pipeline to the Top: Women and Men in the Top Executive Ranks of U. S. Corporations," *Academy of Management Perspectives* 20, no. 4 (2006), pp. 42–64.

④ Catalyst, "Statistical CEOs of the Fortune 1000," May 9, 2014, http://www.catalyst.org/knowledge/women-ceos-fortune-1000 (February 8, 2015).

⑤ J. Rosener, "Ways Women Lead," *Harvard Business Review* 68, no. 6 (1990), pp. 119–25.

⑥ Adler (2001), pp. 90–96.

⑦ For example, N. Fondas, "Feminization Unveiled: Management Qualities in Contemporary Writings," *Academy of Management Review* 2, no 1 (1997), pp. 257–82; and M. A. Brackett, S. E. Rivers, S. Shiffman, N. Lerner, and P. Salovey, "Relating Emotional Abilities to Social Functioning: A Comparison of Self-Report and Performance Measures of Emotional Intelligence," *Journal of Personality and Social Psychology* 91 (2006), pp. 780–95.

⑧ J. Siegel, L. Pyun, and B. Y. Cheon, "Multinational Firms, Labor Market Discrimination, and the Capture of Competitive Advantage by Exploiting the Social Divide" (Cambridge, MA: Harvard Business School), Working Paper 11-011, February 10, 2014, http://www.hbs.edu/faculty/Publication%20 Files/11-011 _ 512c2b3a-2df5-41f9-a4ec-99af4716ba5f.pdf (February 8, 2015).

⑨ A. Lajtha and A. Carminati-Rabasse, 2008 *Women's Research—One Step Ahead of 2011: A New Horizon for Working Women* (Accenture: 2008), http://www.diversityresources.com/rc/pdfs/2011WrkingWomenRpt.pdf (February 8, 2015).

⑩ A. H. Eagly and B. T. Johnson, "Gender and Leadership Style: A Meta-Analysis," *Psychological Review* 109 (1990), pp. 573–98.

与领导力能力列表不同的是，全球领导力的五级金字塔模型（见图 11－1）试图指出高效的全球领导者所需的不断发展的能力。在最底层的是必要的全球知识基础。构建于知识层面之上的是第二层级，包括四种基本特质：谦逊、正直、好学、灵活。第三层级包括态度及影响全球领导者的感知、解读世界方式的导向。第四层级包括人际沟通能力，可以帮助全球领导者进行有效的跨文化交流。第五层级位于金字塔的顶端，包括可以使全球领导者成功地影响公司内外部人员的系统能力。

我们提到的一系列全球领导力凸显了全球领导者所面临挑战的复杂性及多元化本质。此领域的研究始于 20 世纪 90 年代，现在仍处于研究初期。

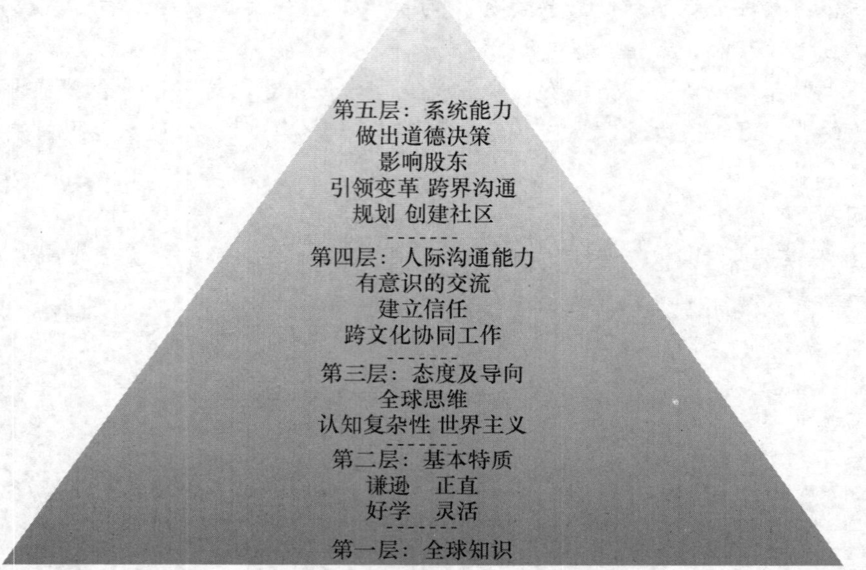

图 11-1　全球领导力金字塔模型

资料来源：Adapted from M. E Mendenhall，J. Osland，A. Bird，G. R. Oddou，and M. L. Maznevski，Global Leadership：Research，Practice，and Development（New York：Routledge，2008），Figure 3.3.

11.4　挑选与培育高效的全球领导者

随着人们对全球领导力逐步理解，挑选与培育全球领导者的程序也在不断变化。下面，我们来看看企业是如何挑选并培育全球领导者的。我们先了解能力的评估方式，之后分析培育全球领导者的模型，最后讨论全球领导胜任力是如何培育的。[23]

11.4.1　评估全球领导胜任力

若要培育全球领导者，企业面临的一大关键挑战就是评估候选人的能力。关于全球领导力的研究处于初期阶段，有关所需技能与素质的研究有许多竞争模型，不同模型中的变量使评估复杂化。

有许多评估工具可以衡量全球领导胜任力，其中最受关注的是跨文化适应性量表（Cross-Cultural Adaptability Inventory，CCAI）[24]、跨文化发展量表（Intercultural Development Inventory，IDI）[25]、全球能力量表（Global Competencies Inventory，GCI）[26]、全球行政领导力量表（Global Executive Leadership Inventory，GELI）[27]。跨文化适应性量表是自我评估跨文化适应性的工具，可用来评估个人调整适应新文化的能力，或用来设计培训项目促进个人成功地融入另一种文化。跨文化发展量表识别出与跨文化敏感性相关的能力，它通常用以评估调整文化视角、调整个人行为以适应不同文化背景的能力。全球能力量表用以评估与有效的跨文化行为及全球管理能力相关的人格倾向，它涉及 16 个领域的能力，分为知觉管理、关系管理、自我管理三类。全球行政领导力量表是一个 360 度的反馈方式，用以识别领导者的能力与不足。每一个测量工具都可以帮助人们理解全球领导胜任力的不同方面。

11.4.2　培育全球领导者的模型

国际公司面对的一个重要问题是弄清楚如何培育高效的全球领导者。候选人在全球领导力背景下有效发挥作用，是因为其“天生”就具有一系列特别的能力与品质，还是因为这些能力是个人品质、经历或其他因素相互作用逐渐形成的结果？大部分学者认为，高效的全球领导力是培养的结果，而不是天生的，至少在某种程度上是如此。[28]由此，各种类型的全球领导力发展模型应运而生。理解这些模型，或许可以帮助国际公司找到合适的方法，培育全球具有领导力的管理者。下面讨论两个模型：全球领导力专业发展模型以及正确能力模型。

全球领导力专业发展模型　全球领导力专业发展（Global Leadership Expertise Development，GLED）模型是为了让全球领导者掌握专业知识而设计的（见图 11－2），强调培养专业知识的方法。[29]它始于对全球领导者及其专业知识的培育，分为四类：个人特征、文化体验、全球教育和项目创新。一般认为，全球领导力专业知识水平由四个因变量决定：认知过程、全球知识、跨文化能力和全球组织能力。此模型假定，转换过程会影响初始状态与其引发的结果之间的关系。转换过程包括一系列的经历、际遇、决定、与全球领导者专业知识相关的挑战。我们观察到，就全球领导力专业知识水平而言，肩负全球责任的领导者之间存在差异。而这一转换过程恰恰被认为是造成差异的主要原因。

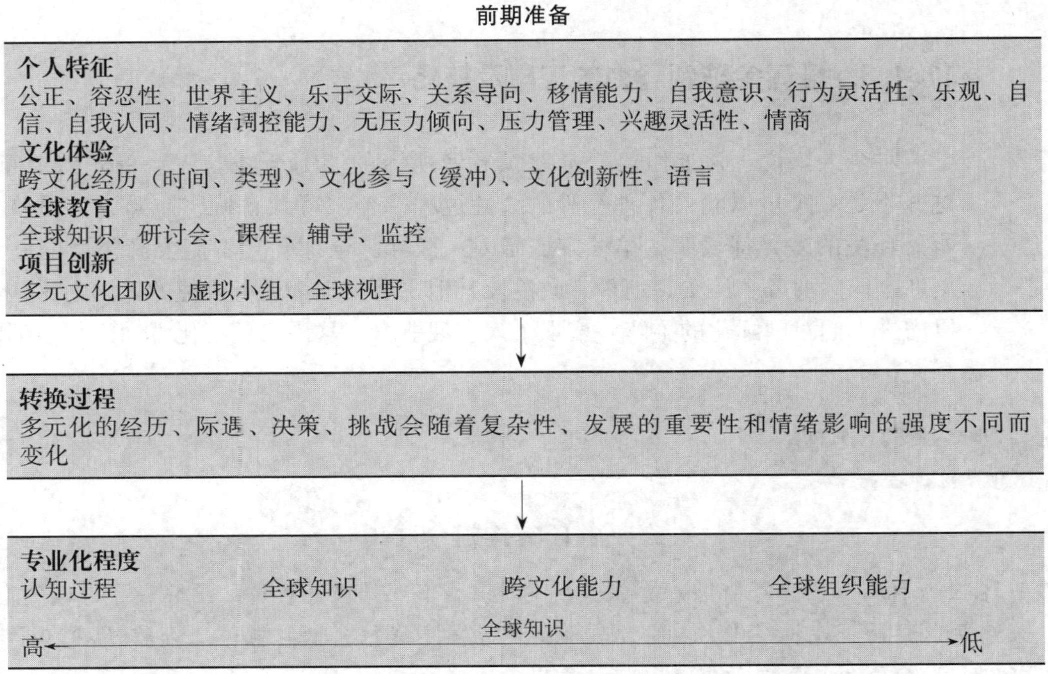

图 11－2　全球领导力专业发展模型

正确能力模型 正确能力模型(见图 11－3)，聚焦于培育具有正确能力的全球领导者，这些能力是就其所学知识以及其作为领导者而言的。培养有正确能力的领导者，是领导者本身与组织相互作用与合作的结果。候选领导者的基本能力与其发展经历及所处环境共同催生全球领导者的能力，这是企业在特定情形中所需的能力。此模型认为，企业的全球化业务战略是全球领导者所需的经验及能力的决定因素。由于全球领导者所需的正确能力取决于企业战略，因此不同的企业存在差异。例如，一个依托于广泛的外部企业联盟的公司要求领导者有与外部企业合作的能力与经验。如果企业决定在欠发达国家参与竞争，就需要明确企业领导者所需具备的文化能力的宽度和广度。

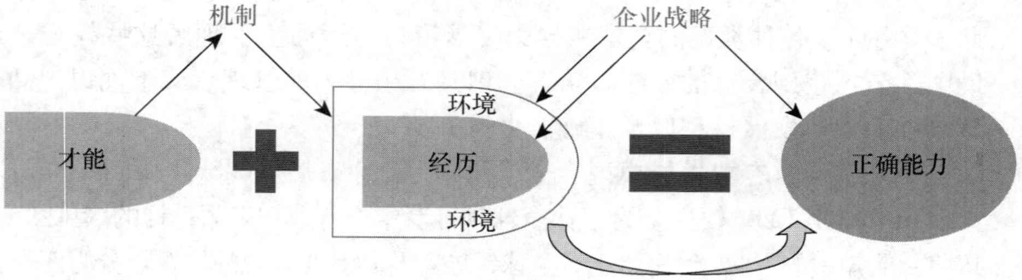

图 11－3 正确能力模型

从我们的讨论可见，全球领导者的培育是一个复杂的过程，要有灵活性，以与个体、组织以及外部环境相吻合，在这三种情境下，领导者需要学习与表现。要成功培育高效的全球领导者，没有适用于所有领导者候选人、可以跨越所有情境的标准程序。

11.4.3 培育全球领导力的工具及技巧

对个人来说，该如何培养全球领导者所需的能力与经验呢？首先需要意识到，这并不是一个可以涵盖各种经验的线性过程。个人背景、特质差异、公司差异以及所处环境的差异都表明，培育方法需因人而异。全球领导者需要高强度的商业基础培训，国际商务、历史、地理、政治及其他主题知识都是有价值的，因为这些领域可以增进人们对国际化的了解并增强个人表现能力。从语言及文化方面进行培训同样有意义。

国际商务实践

志愿者任务构建全球领导力

在校生及刚毕业的学生通常会思考他们该如何开始培养自己的国际领导力，他们可能没有海外经历，也没有做过相关工作。管理学学者保拉·卡利朱里（Paula Caligiuri）描述了企业社会责任项目的新发展，或许可以提供思路。

越来越多的企业员工接受为期 3～6 个月的国际企业社会责任（CSR）项目中的志愿者任务，企业会给予员工时间和经济上的补贴。[①] 该项目促成了来自葛兰素史克（Glaxo Smith Kline）、道康宁（Dow Corning）、百事、联邦快递、IBM 的员工与非政府组织员工间的协作，目的是让员工了解企业社会责任的价值和全球领导者的基本能力。我们明白，"要想在不同的文化中与文化背景各异的员工一起高效工作，全球领导者需要跨文化能力，包括模糊容忍、换位思考、谦逊与适应性"。[②] 卡利朱里对这些企业社会责任项目的分析评估表明，这是培养全球领导者技能的有效途径。

卡利朱里与她的同事克里斯琴·瑟古德（Christian Thoroughgood）认为，培养全球领导者的技能，训练过程具有五个关键特征。第一个特征是，应该包括与来自不同文化背景的同事进行富有意义的合作，因为此类活动可以将文化敏感性、理解力及兴趣构筑于目标人群的需求之中。第二个特征是，志愿者任务还应该是个人实用工作技能的延展。此过程应该测试文化知识与假设的限度，这样就可以得知文化界限所在。随后可以进一步将此文化界限应用到志愿者经历中。

第三个特征是，参与旨在培育全球领导力的国际志愿者项目，应成为一个践行谦逊有礼的机会。这指的是你在多大程度上赞赏东道国的贡献，并认识到东道国值得你学习。这有助于了解你的行为是如何被与你交往的东道国成员解读的。

为了培养全球领导力，你所参加的项目应具有的第四个特征是，它应该通过有意义的工作积极强化企业社会责任行为。卡利朱里指出："神经领域的科学家发现，若以慷慨无私的方式处事，人的大脑会产生快乐的感觉。"这或许是志愿者项目可以培育出负责任的全球领导者的原因："做好事会感觉良好。"最后一个特征是参与的项目要能起到激发同理心的作用。同理心指理解、感受他人情感的能力，可以通过观察自己的无私对他人产生的影响来培养。

帮你找到自己定位的组织很可能具有上述五个特征，而且会为志愿者与实习生提供许多选择，这类组织包括 NGO Abroad，VolunteerMatch，AIESEC 以及 One World 365。如果决定加入，你可以提高企业所需要的全球领导者能力。

注释：

① P. Caligiuri，A. Mencin，and K. Jiang，"Win-Win：The Influence of Company-Sponsored Volunteerism Programs on Employees，NGOs，and Business Units，" *Personnel Psychology* 66（2013），pp. 825−60.

② P. Caligiuri，C. Thoroughgood，Developing responsible global leaders through corporate-sponsored international volunteerism programs，Organizational Dynamics，（2015），http://dx. doi. org/10. 1016/j. orgdyn. 2015. 02. 008.

这些能力的习得大多来自传统的渠道，例如，通过大学里的学习、国际商务模拟强化训练、短期的管理课程与研讨班。[30] 然而，对全球领导力的复杂问题进行深入细致的了解，不大可能仅仅通过传统的学习方式实现。为了培养所需能力，高效应对复杂、不明确的高层次挑战，全球领导者需要一些技巧与经验。这些技巧和经验可能在大学期间或大学刚毕业时获得。未来领导者在海外留学时，为了增强语言与文化能力，可以入住寄宿家庭，接受有偿或者无偿的国际实习机会，去国外进行私人或商务旅行，参与短期或长期的国际市场的外派任务，在大学、工作或其他环境中发展有效的人际网络关系，寻找机会在多元文化与国际团队（包括虚拟团队）中工作，接受或提供辅导、指教，从事国际志愿者工作（一种经常被忽视的经验式学习、培养全球化技能的方式）。有意识地考虑自己的发展需求，并参与恰当的活动，对培养全球领导力很有意义。

领导力发展过程的目标是通过转化经验来培育全球领导者。当然，并非所有国际的、跨文化的经验都有相同的影响，不断的反思与自我评估对于识别学习盲点、寻找进一步发展的机遇也是必要的。如果你渴望成为全球领导者，就需要认清自己，对自身发展进行监控和评估，并付出努力以确保自己取得实质性进步。

11.5 带领全球化团队

在国际化工作中，与来自不同国家的成员组成**全球化团队**（global teams）日益普遍。这类团队的特征是高度多元化，成员天各一方，虚拟互动而非面对面交流。额外的几个测量维度加剧了其复杂性，包括成员来自不同国家，地处不同时区，使用不同的通信技术，企业、文化及经济环境迥异（见表 11-3）。首先，我们从一般意义上讨论团队领导力，然后谈谈团队领导通常要参与的三项活动，最后讨论全球化团队对领导力（包括绩效管理）提出的额外挑战。

表 11-3　　传统团队与全球化团队的区别

传统团队——单一环境	全球化团队——多元化环境
1. 单一工作地点	1. 多个工作地点
2. 共同的地域，相同的国家文化	2. 多个地域，多种国家文化
3. 共同的经济、政治及社会条件	3. 多种不同的经济、政治及社会条件
4. 母语使用者，一种工作语言	4. 母语、非母语使用者，多种工作语言
5. 专业知识与沟通能力	5. 专业知识与沟通能力，跨文化能力与适应性
6. 工作任务无须跨越公司及国家界限	6. 工作任务需跨越公司及国家界限
7. 频繁的面对面及非正式互动交流机会	7. 面对面及非正式互动交流机会很少，交流通过技术手段实现
8. 在同一时区工作	8. 工作跨越多个时区

资料来源：Adapted from J. Gluesing and C. Gibson, "Designing and Forming Global Teams" in *The Blackwell Handbook of Global Management* (Malden, MA: Blackwell Publishing, 2004), p. 203.

11.5.1 带领团队

几乎在所有情形下，带领团队都要开展三项主要的活动：组建团队、指导团队成员及制定团队规范。[31]在全球化背景下，上述各项活动都得到加强。

第一项活动是组建团队。在这一过程中，领导者要强化团队成员的身份及团队规范认同感，因为这种认同会带来良好的表现。若团队成员都能待人如己，而且认为他们的团队独一无二，即便团队成员多元化，团队也可能表现出很高的积极性。[32]积极的团队规范对于全球化团队将非常有益，因为在微妙的文化价值观的影响下，全球化团队中高度的多元化对团队成员彼此了解是一种挑战。

第二项活动是指导团队成员。多元化的团队中，如果对一名团队成员的工作不熟悉，同事就会认为那名成员表现不好。查特曼（Chatman）和肯尼迪（Kennedy）指出，不论那名成员的实际能力如何，这种想法会出现，而且可以让有这种想法的人感到自我满足。[33]面对这种偏见，团队领导可以公开表扬团队成员的优点。一旦团队开始工作，激励性的指导同样重要，在团队后期发展中，当战略选择开始起作用时，战略性指导会非常重要。

制定团队规范是所有团队领导面对的第三项关键性活动。**团队规范**（team norms）的定义为："借以评估行为恰当与否的合理的、共享的标准。"[34]它极大地影响团队活力，尤其是在合作与体谅两个方面。合作至关重要，特别是当团队成员身处异地时。在职场中，通常优先考虑面对面交流，比起响应身处异地、不同时区的团队成员，响应身边同事的请求要容易得多。支持全球化团队合作的一种方式是提升团队成员视其他成员为"自己人"的程度。奖励制度也可以起到鼓励团队合作的目的。

体谅他人有时被视为礼貌，对于团队同样重要，尤其是对全球化团队来说。例如，如果每个人都减少潜在的、冒犯性的语言，多元化的团队就会较快建立起信任。这种信任越早建立，团队就可以越早投入工作。

11.5.2　全球化背景下团队的复杂性

除了发挥传统团队领导者的作用，全球化团队领导者还需在全球化环境中工作。正如本章之前描述的，全球化带来了巨大的转变，团队变得十分复杂。全球化背景下，已知三种情况会增加全球化的复杂性，即多样性的增加、相互依存的增加、模糊性的增加。[35]为了理解全球化团队领导者面对的复杂性，我们进一步了解这些因素。

多样性源于参与博弈的角色数量不断增加。全球化带来了更多的竞争者、更多的利益相关者以及更多的消费者，这就需要处理更多的关系，考虑更多的观点。多样性导致相互依赖的提升，包括经济上的相互依赖、公司价值链各项活动间的相互依赖以及结盟伙伴之间的相互依赖。伴随多样性及相互依赖而来的是模糊性，这是因为面对不断增加的信息量，存在诸多解读方式。然而，数据越多，解读这些数据的方式就越模糊。比如，因果关系不清晰；有多种似是而非的解读相同数据的方式；信息本身可能并不清楚。面对眼前的信息，我们不知道该如何解读以指导决策的制定。这就是全球化团队所处的复杂环境。

11.5.3 全球化团队领导力与文化

全球化团队领导者需要考虑团队绩效的基本条件——组织、社会过程、作业过程——以及伴随国际环境而来的事宜，其中主要的一项内容就是文化。全球化团队成员给团队环境带来了不同的文化期望，包括他们从深层次如何看待此团队。（此团队是一个家庭、一个宗族、几个朋友的集合，还是一个体育队伍?）明确地讨论文化期望方面的差异，可以成就优异的绩效。然而，研究人员指出，多元化团队的一个倾向是压制个性差异，而聚焦于团队成员的共性。[36]

研究文化的影响时，你会明白文化会影响人们的思维，如何定义、管理角色，如何识别可接受的沟通方式以及冲突解决规范。在高权力距离文化，例如大多数亚洲及拉丁美洲文化中，团队成员会期待有一个明确的层级结构，以及唯一的有决策权的领导。他们或许并未完全意识到这种期望（与我们大多数人一样）。在斯堪的纳维亚文化中，人们期待一种更易变的领导力模式；根据工作任务及领导者的能力，领导力为成员共享并不断转变。在个人主义文化中，例如美国或英国，角色得以清晰界定，责任得以分配，员工获得个人奖励。这与集体主义文化形成对比，例如在马来西亚与泰国，责任承担与奖励获得都是以集体为单位的。公开讨论这些差异为团队相互理解以及商讨角色任务奠定基础。

全球化团队同样需要明确探讨其沟通及冲突机制。在一些拉丁美洲国家，人们可以随时大声说话，即便其他人正在讲话；在一些亚洲国家，人们只会回应直接的问题，沉默是一种常见的沟通方式。文化倾向性如何在虚拟世界中发挥作用？来自不同文化的团队成员如何处理争议？公开分歧是否合适？和谐是否重要到要压制争议？团队需要建设性地解决纠纷，然而，要这样做需要下功夫。

了解团队成员多元文化的一个途径是运用映射-弥合分歧-整合模型（map-bridge-integrate model，MBI)。MBI模型由玛莎·马兹纳维斯奇（Martha Maznevski）提出，可以用来开启团队成员可能拥有的文化建构。[37]映射为第一步，请所有团队成员讨论他们的异同点，也就是对其性格特征进行说明。随后是弥合分歧的过程。团队成员就彼此的差异进行交流，并且明确彼此之间该如何合作。弥合分歧包括摒弃自我主义，也就是理解他人的观点，有点类似于感同身受，并且避免责备他人。有效的分歧弥合同样可以促进整合，整合是管理团队诸多差异的过程，团队成员开始理解同事的预期、假设以及他们的背景与能力。MBI的应用需要花费时间，然而，它可以使团队运转良好并提高绩效。

11.5.4 虚拟团队与地理上分散的团队

许多全球化团队成员天各一方，只能通过科技手段沟通。若团队成员身处不同大洲，位于不同时区，需要通过诸如短信、邮件或视频会议等方式沟通，带领这样的团队会面对独特的领导力挑战。虚拟沟通，即便是视频通话，也不如面对面沟通内容丰富。研究表明，团队组建伊始召开面对面会议，之后再通过虚拟沟通规划工作，是团队成员间建立信任的好方法，而信任对于团队的运转至关重要。大多数团队在成立之初或发生危机时进行面对面的交流。马兹纳维斯奇指出，实际上，高绩效的虚拟团队会定期会面来讨论进展，进一步发展团队成员之间的关系。这种定期会面会在团队成员间建立起某种情感。“团队成员之间一旦有了感情，就可以不通过面对面会议完成其他虚拟任务……这种方式比‘需要时再会面’的方式成本更低、效率更高。”[38]

11.5.5　全球化团队的绩效管理

对于如何嘉奖文化多元化、地理上分散的虚拟全球化团队，我们了解多少呢？研究人员指出，全球化团队失败的一个原因是无效的奖励与表彰策略。[39] 为实现全球化团队的高效率，至关重要的问题有：

- 薪酬的计算是基于个人绩效、团队绩效，还是二者的结合？
- 哪些因素对基于团队的薪酬有影响？
- 表彰起到什么作用？

在虚拟全球化团队中，基于个人的薪酬制度是最常见的，尽管个人的贡献难以区分，特别是在虚拟的环境中。基于团队的薪酬被认为会鼓励**社会性懈怠**（social loafing），即某一团队中有些人不愿付出更大努力。许多研究人员认为，将个人薪酬与团队薪酬结合起来是一种很好的方式，可以避免类似问题的产生。如何实现团队薪酬与个人薪酬的平衡？有五个方面的问题需要考虑：

1. 工作的本质是什么？相互依赖程度有多高？依赖程度越高，团队薪酬的比例应该越高。

2. 团队成员是否稳定？如果团队边界是不固定的，或团队成员经常变化，确定合适的团队薪酬会比较困难。

3. 团队成员所属的民族文化如何？需要考虑个人主义—集体主义的文化维度。对于成员来自集体主义文化的团队，较高的团队薪酬比例是恰当的，而对于成员来自个人主义文化的团队，较高的个人薪酬比例是恰当的。若文化多元化程度高，薪酬系统的开发中应该包含团队薪酬。

4. 影响员工薪酬的劳动法是怎样的？在许多地区，薪酬水平由当地或国家政府或者工会制定，其灵活性受到限制。

5. 有什么可选的奖励方式？除了物质回报，表彰是一种重要的奖励。当体现出团队成员的国家文化价值时，这种奖励方式是最有效的。[40]

请记住，全球化团队的绩效考核同样会受到国家文化以及其他团队因素的很大影响，这些因素在讨论奖励方式时已经提到。

全球化团队领导力是一项不断发展的能力，它的重要性随着国际业务的发展而增加。早期的调查表明，全球化团队需要一般团队所需的领导力，还要有更强的意识以及更加细微的领导力技能，以帮助团队建立在多元化与地理分散的基础之上，而这都发生在一个日益复杂的环境之中。

11.6 引领全球变革

引领公司变革是一个充满艰辛的过程，很大程度上是因为变革需要应对不断变化的个体行为。吉姆·克劳森（Jim Clawson）认为，变革是领导力的核心部分。他指出，领导力包括三要素：（1）发现什么是需要改变的；（2）了解在此情况下起作用的所有动因；（3）有勇气采取行动改善现有状况。[41]在成功的变革过程中，核心参与者需要改变其行为方式，而这又依赖于其假定、价值观、信念、感知、任务及角色。[42]如果全球经理人希望变革产生全球性的影响，那么变革过程会变得非常困难。困难源于组织规模、地理上的分散性，最重要的是，个人对于在不同文化中变革的期望及价值观是不同的。

11.6.1 变革模式

关于全球变革的研究还处于初期阶段，但它是基于更普遍的有关变革的研究。在此，我们探讨关于变革及领导力的两个模型，随后讨论可能会影响全球变革领导力的文化方面的因素。每一个模型都描述了变革的过程及阶段。

最有名的变革模型是由库尔特·勒温（Kurt Lewin）设计的三阶段模型：解冻—推动—重新冻结。[43]第一阶段为解冻期，要求克服惰性，为变革做好准备，包括建立应对反对变革的防御机制。此时，充满压力和紧张情绪，对变革需求有所认识。第二阶段是推动新做法的实施，此阶段的特点是存在诸多困惑。再冻结是最后一个阶段，在此阶段，新做法或被接受，或被体制化，或被拒绝。

约翰·科特（John Kotter）对勒温模型进行了拓展，他对变革的方法提出了八个步骤：

1. 增强紧迫感，鼓动人们向切实的、明确的目标靠拢。
2. 建立变革指导团队，确保领导层的人选正确，同时具有较高的情感认同度、较强的综合能力及高水平的技能。
3. 制定变革的愿景及策略。
4. 让团队成员了解此愿景并愿意接受。
5. 通过扫除障碍以授权广泛的行动。
6. 赢得短期胜利并给予奖励。
7. 不要放松；坚定决心，持之以恒。
8. 通过领导者培训及换届巩固改革成果。[44]

人们可能会误解这些模型，认为这些模型意味着变革是一个有序的过程，而且其步骤也是完美地衔接的。然而在实践中，不论是渐进式的变革还是革命性的变革，都不是有序的，这很大程度上是因为变革依赖于人的行为。通常，许多经验都是通过试错的方式习得的。

11.6.2 变革与文化

毫不奇怪，文化因素与变革过程是相联系的。这包括影响人们对歧义的容忍度、权力距离、对计划所持态度、沟通方式及灵活性等的文化特质。最新研究指出，国家文化对变革结果的影响要强于组织文化的影响。[45]乔伊斯·奥斯兰（Joyce Osland）在其有关变革实施的著作中，详细分析了这一现象，而且我们的讨论都是基于她的分析。[46]歧义容忍度高的文化，也就是不确定性规避度较低的文化，更可能对变革持欢迎的态度。美国是一个最好的例子。不确定性规避程度较高的文化倾向于固守不变。要在日本、德国及法国引领变革，变革过程必须精细规划，而且要频繁沟通。

来自权力距离较大文化圈的人对等级制度很适应，而且希望由高层管理人员做决策，并给出指示。同样，对过去心怀无限尊重的文化很有可能会抵制变革。这些文化变量的影响表明，跨文化交际能力与建立信任的能力对全球管理者至关重要，因为他们要在自己的组织中推动全球变革。

得到那份工作！从双肩包到公文包

查得·亨利：培育全球领导力及积累经验从克罗地亚的实习开始

我上大学靠的是足球奖学金，获得学位后，我努力寻找自己的方向。我想做一些与自己生活不同的事情。我认为自己并不是传统的“追逐金钱的人”，传统的职业道路不能给我带来满足。我期望进入一个新领域，获得在国外工作和生活的机会。

我在 AIESEC 的安排下到克罗地亚实习。对于克罗地亚我几乎一无所知，动身之前，我收集了尽可能多的信息，就好像为了考试而恶补一样。我的准备工作主要集中在了解我将要去的地方，确保它是安全的，并且让我的父母有所了解。

我的实习期为 12 个月，然而，最后我学会了说一口流利的克罗地亚语，尝试了一系列工作，一待就是 10 年。那时，克罗地亚正处于变革之中。我曾在斯普利特、瓦拉日丁和萨格勒布生活，而且游历了整个欧洲。我从事的工作有出口拓展、战略发展及海外直接投资。我还为一家克罗地亚球队打过职业篮球比赛，为一支橄榄球队做过教练。

我能够不断调整的关键在于保持非常开放的心态以及有成功的决心。这种能力帮助我应对各种挑战。我所遇到的最大挑战是学着去接受事物的本来面目，而不做评论。请记住，任何事情都是相对的，而不是绝对的。作为个体，我们从自己的文化中学到了做事情或处理问题的某种方式，这并没有对错之分。当你尝试接受不同的观点，看到其中的价值，即使你未必赞同，也足以使你享受并适应你所在的文化。

在克罗地亚的经历带给我的收获包括：学会了如何管理工作价值观完全不同的员工；找到了一种可以使员工价值最大化的工作方式，并且被来自其他文化的朋友接受。我学会了从不同角度看待和认识事物，适应并回应不利的甚至敌对的情形。

以下是我对国外生活的一些建议：

● 在国外，确保你可以理解他人的观点。观点是基于文化差异及价值观形成的。如果不能理解，你将无法应对差异、处理纠纷或激励他人。

● 学习当地语言。

● 对该国的历史有大致了解。

● 提出问题。

尽情享受这种别样的经历吧，学习另一种文化并不总是那么容易。

模块总结

1. 讨论构建公司全球思维的重要性。

全球思维“对多元文化及市场持开放态度，保持敏感性，并将其与协调多元化的倾向和能力结合起来”。它有两个关键组成部分：(1) 智商，包括商业敏感性；(2) 全球情商，包括自我意识、跨文化认识、文化调整及跨文化效用。具有全球思维的经理人乐于认识有不同背景的人，对来自其他文化的人偏见较少，渴望从不同角度处理问题。

2. 描述全球领导力与国内领导力实践的异同。

全球领导力是在更加复杂的全球化背景下的领导者行为，多样性、相互依赖性、模糊性以及动态性增大了挑战性。国内领导力及全球领导力在能力需求层次及应用方面的差异非常大，在全球化背景下，潜在的结果影响深远且波及范围大。在本质上，我们可以认为全球领导力与国内领导力是不同的。

3. 识别有效的全球领导者的能力。

全球领导者需要一系列复杂的综合能力。不同的研究人员识别出不同的能力组合，包括商业头脑、跨文化适应性、跨越多元文化培育人才的能力、全球战略性思维、在新市场开拓业务的能力、组建全球化团队的能力、与当地政治利益团体沟通的能力、稳定情绪的能力、学习的能力、决策与谈判的能力、全球思维、文化适应性与灵活性以及歧义容忍度。其他学者对以下事物的重要性进行了论证：(1) 高度的认知复杂性，以收集和理解来源不同的、相互矛盾的数据，随后做出有效决策；(2) 出色的人际沟通能力，以使他们可以在特定国家与情形下明白该如何表现；(3) 总结经验教训的能力；(4) 极强的道德推理能力，以理解伦理困境。全球化领导力的金字塔模型确定了五个层次的能力：全球知识、基本特质、态度及导向、人际沟通能力、系统能力。

4. 区分挑选与培育高效全球领导者的不同方式。

全球领导力专业发展（GLED）模型启发人们，将现状与转换过程互动结合，以培育全球领导力专家。正确能力模型则指出，将领导者候选人的基本素质与他们的发展经验及环境相结合，将催生出正确的技能与能力。然而，此模型认为，全球领导者需要学习的相关课程及需要培育的能力主要由公司的全球业务战略决定，因此，不同企业的全球领导者所需的正确能力是不同的。

5. 描述全球化团队的领导艺术。

全球化团队领导力是一种发展技能。研究表明，除了所有基本的团队领导能力外，它还需要更强的意识、更具体的领导技能，以帮助团队建立在多元化及地理分散的基础之上，所有这些都发生在日趋复杂的环境之中。映射-弥合分歧-整合模型（MBI）是一种帮助理解团队成员不同文化的工具。在虚拟团队中建立信任对于全球团队领导者而言也是一种重要的能力。

6. 识别引领全球变革的挑战。

引领组织变革是一个艰辛的过程，这很大程度上是因为需要改变个体行为。在一个多样性、相互依赖性、模糊性及动态性不断增强的背景下，全球变革同样需要可以迅速捕捉到文化差异的能力。

批判性思考

1. 一名缺乏海外经验的学生该如何培养全球思维？为什么培养全球思维如此重要？

2. 优秀的管理者同样是优秀的领导者吗？为什么？

3. 一位同事嫉妒她的朋友可以因公出差，认为没有必要将全球领导力与其他领导力区分开，额外培训与开发。你是否同意这个观点？解释你的立场。

4. 设定一个小的场景，分析全球领导者需要承担的三种不同角色。

5. 根据本模块所学内容，你认为国际环境下的领导者是天生的还是后天培养的？我们是否可以打造全球领导者？

6. 比较有关领导力培养的 GLED 模型与正确能力模型。

7. 对志存高远的全球领导者来说，为了培养自己的全球化领导能力，他可以做些什么？

8. 相对于成员来自同一国家的团队而言，什么因素使得全球化团队更具挑战性？

9. 解释导致全球化不断复杂的因素。

10. 国家文化是如何影响变革意愿的？请举例说明。

微型案例

贾斯汀·马歇尔——失败的全球领导者？

贾斯汀·马歇尔（Justin Marshall）毕业于美国中西部地区一所知名的州立大学，获得了商科荣誉学士学位。毕业后，他在一家消费品公司的财务部工作了两年，之后又在商务拓展部工作了两年，表现一直非常出色。随后，他进入美国一所一流大学攻读工商管理硕士学位（MBA），最终以班级排名前 5%的成绩毕业。多家公司向他伸出了橄榄枝，他选择了薪酬不低的 Compcorp 公司，这是一家知名的电脑软件与服务企业。贾斯汀在公司晋升很快，31 岁时已任美国区域副总裁，他负责的区域从业绩平平变为公司盈利能力最强的。

贾斯汀的表现引起了公司高管的注意，他被任命为亚太区副总裁。这一区域的销售有所增长，但是最近几年的表现一直不如几个主要的竞争对手。Compcorp 的高管告诉贾斯汀，他们希望他复制之前的成功，提高亚太区的业绩。

贾斯汀抓住了这一机会。他曾经梦想在国外工作和生活，他有信心快速诊断出此区域的问题并改变局面。一个月之内，他就转变角色，安顿好家庭，移居亚太区香港总部附近的一套公寓。凭借之前积累的能力与经验，他开始对新区域进行评估。他仔细审阅了财务报表及其他文件，会见了亚太区的许多关键人物，很快启动变革以改善业绩。公司实施了严格的报告要求及业务评估。贾斯汀与亚太区每个国家的经理及其他重要的高管都见了面，并就一系列野心勃勃的降低成本及增加收益的目标达成了一致意见。他开始严密监控每个团队的业绩，并将结果在区域高层管理人员中分享。如他所预期的，在上任亚太区副总裁的第二个季度，业绩大幅上升。当他返回公司总部，与上司及其他区域负责人一起参加季度评估会议时，他自豪地称，他负责的区域业绩有所改善，未来业绩表现会更好。贾斯汀沉浸于各种积极的反响以及老板对于其成绩的关注，并且为收到一笔不菲的奖金而感到欣喜。贾斯汀觉得，再次晋升只是时间问题，或许可以升至总部做高级副总裁。

第三个季度，业绩略有下滑，令他惊讶的是，几位关键经理递交了辞职信，有人到竞争对手那边任职。关于士气受损的传言在香港的办公室扩散开来。尽管贾斯汀做了努力以挽回局面，但在他任职的第四个季度，员工流失与业绩下滑仍在继续。美国总部的团队多次到访亚太区，与贾斯汀及其管理团队成员、下属会面，试图找出问题并加以解决。

贾斯汀意识到，他必须马上做些什么来阻止业绩下滑趋势，否则他的职位不保。他又发起了许多快速的变革，但业绩仍毫无起色。他在任第五个季度的业绩低于平均水平，他很快被叫回公司总部与总裁会面。贾斯汀被告知，他将调至公司一个不怎么知名的国内区域，担任副总裁一职，亚太区负责人将由他人接替。

尽管从表面上看这是一个平级调任，但贾斯汀知道在公司内部实为降职，他的职业生涯遭受重创。尽管他在新职位上努力工作，重新建立起自己在公司的影响力，但他感到自己的努力没有得到回报。在调回美国一年内，贾斯汀离开了公司，去另一家企业寻求机会。

问题

1. 作为亚太区负责人，贾斯汀的领导角色表现欠佳的原因可能是什么？

2. Compcorp 公司可以采取什么措施来提高贾斯汀的业绩？贾斯汀可以做些什么来提高自己在新职位上成功的可能性，而不至于在 Compcorp 前途受挫？

注 释

1. C. A. Bartlett and S. Ghoshal, *Managing Across Borders: The Transnational Solution* (Boston: Harvard Business School Press, 1989); Vijay Govindarajan and Anil Gupta, *The Quest for Global Dominance: Transforming Global Presence into Global Competitive Advantage* (San Francisco: Jossey-Bass, 2001), p. 106; and M. F. R. Kets de Vries and E. Florent-Treacy, "Global Leadership from A to Z: Creating High Commitment Organizations," *Organizational Dynamics* 30 (2002), pp. 295–309.

2. Govindarajan and Gupta, *The Quest for Global Dominance*, p. 111.

3. S. Rhinesmith, "Basic Components of a Global Mindset," in *The Many Facets of Leadership*, ed. M. Goldsmith, V. Govindarajan, and A. Vicere (Upper Saddle River, NJ: Financial Times Prentice Hall, 2003).

4. Grovewell LLC, http://www.global-mindset.net/GM-Concept.html (February 8, 2015).

5. Govindarajan and Gupta, *The Quest for Global Dominance*, p. 111.

6. As identified and reviewed in G. Yukl, *Leadership in Organizations*, 6th ed. (Upper Saddle River, NJ: Pearson Prentice Hall, 2006).

7. Ibid., pp. 6–7.

8. Warren Bennis, *Learning to Lead: A Workbook on Becoming a Leader* (New York: Perseus Books, 1997), p. 9.

9. Corporate Executive Board, *Strengthening the Global Leadership Pipeline*, 2012, http://www.executiveboard.com/exbdresources/pdf/executive-guidance/EGQ32012-Final.pdf (February 8, 2015).

10. H. W. Lane, M. L. Maznevski, and M. E. Mendenhall, "Hercules Meets Buddha," in *The Handbook of Global Management: A Guide to Managing Complexity*, ed. H. W. Lane, M. Maznevski, M. E. Mendenhall, and J. McNett (Oxford: Blackwell, 2004), pp. 3–25.

11. For example, J. Osland, A. Bird, M. E. Mendenhall, and A. Osland, "Developing Global Leadership Capabilities and Global Mindset: A Review," in *Handbook of Research in International Human Resource Management*, ed. G. K. Stahl and I. Bjorkman (Cheltenham, UK: Edward Elgar, 2006), pp. 197–222; and Asperian Global, *What Is Global Leadership?*, http://www.aperianglobal.com/newsletter_archive/publications_newsletter042.asp(February 8, 2015).

12. D. N. Den Hartog, R. J. House, P. J. Hanges, S. A. Ruiz-Quintanilla, P. W. Dorfman, and Associates, "Culture Specific and Cross-Culturally Generalizable Implicit Leadership Theories: Are Attributes of Charismatic/Transformational Leadership Universally Endorsed?," *Leadership Quarterly* 10, no. 2 (1999) pp. 219–56.

13. This summary is adapted from Michael Hoppe, "Culture and Leader Effectiveness," The

GLOBE Study, September 18, 2007, http://www.inspireimagineinnovate.com/PDF/GLOBE summary-by-Michael-H-Hoppe.pdf (February 8, 2015).

14. R. J. House, P. J. Hanges, M. Javidan, P. W. Dorfman, and V. Gupta, *Culture, Leadership, and Organizations: The GLOBE Study of 62 Societies* (Thousand Oaks, CA: Sage, 2004). The follow-up study is *Strategic Leadership Across Cultures: GLOBE Study of CEO Leadership Behavior and Effectiveness in 24 Countries* (Thousand Oaks, CA: Sage, 2014).

15. M. E. Mendenhall, J. S. Osland, A. Bird, G. R. Oddou, and M. L. Maznevski, *Global Leadership: Research, Practice, and Development* (New York: Routledge, 2008), p. 17.

16. J. S. Osland and A. Bird, "Global Leaders as Experts," in *Advances in Global Leadership*, vol. 4, ed. W. Mobley and E. Weldon (Stamford, CT: JAI Press, 2006), pp. 123–42.

17. A perian Global, http://www.aperianglobal.com/newsletter_archive/publications_newsletter042.asp (February 8, 2015).

18. H. Mintzberg, *The Nature of Managerial Work* (New York: Harper and Row, 1973); J. P. Kotter, "What Leaders Really Do," *Harvard Business Review* 68, no. 3 (1990), p. 103; J. S. Osland, "The Multidisciplinary Roots of Global Leadership," in *Global Leadership: Research, Practice, and Development*, M. E. Mendenhall, J. S. Osland, A. Bird, G. R. Oddou, and M. L. Maznevski (New York: Routledge, 2008), Ch. 2.

19. J. B. Leslie, M. Dalton, C. Ernst, and J. Deal, *Managerial Effectiveness in a Global Context* (Greensboro, NC: CCL Press, 2002), p. 63, http://www.ccl.org/leadership/pdf/publications/ccl_managerialeffectiveness.pdf (February 8, 2015).

20. M. Javidan, P. Dorfman, M. Sully de Luque, and R. House, "In the Eye of the Beholder: Cross Cultural Lessons in Leadership from Project GLOBE," *Academy of Management Perspectives*, February 2006, pp. 67–90.

21. A. Bird and M. J. Stevens, "Mapping the Content Domain of Global Leadership Competencies," in *Global Leadership: Research, Practice, and Development*, M. Mendenhall, J. Osland, A. Bird, et al. (London, UK: Routledge, 2013).

22. Andrea Straub-Bauer, consultant, "Overview of Global Leadership Competencies," http://di.dk/globalleadershipacademy/newsandarticles/insights/Pages/GlobalLeadership Competenciesanoverview.aspx (February 8, 2015).

23. http://kozaigroup.com/inventories/the-interculturaleffectiveness-scale

24. C. Kelley and J. Meyers, *The Cross-Cultural Adaptability Inventory* (Minneapolis, MN: National Computer Systems, 1995).

25. M. R. Hammer, M. J. Bennett, and R. Wiseman, "Measuring Intercultural Sensitivity: The Intercultural Development Inventory," *International Journal of Intercultural Relations* 27, no. 4 (2003), pp. 421–43.

26. Kozai Group Inc. *The Global Competencies Inventory* (St. Louis, MO: Author, 2002).

27. M. F. R. Kets de Vries, P. Vrignaud, and E. Florent-Treacy, "Global Executive Leadership Inventory: Development and Psychometric Properties of a 360-Degree Feedback Instrument," *International Journal of Human Resource Management* 15, no. 3 (2004), pp. 475–92.

28. See, for example, M. W. McCall Jr. and G. P. Hollenbeck, *Developing Global Executives: The Lessons of International Experience*, (Boston: Harvard Business School Press, 2002); and Corporate Executive Board, *The Great Global Leader*, http://www.executiveboard.com/exbd/human-resources/global-leadership/index.page (February 8, 2015).

29. J. Osland, A. Bird, M. E. Mendenhall, and A. Osland, "Developing Global Leadership Capabilities and Global Mindset: A Review," in *Handbook of Research in International Human Resource Management*, ed. G. K. Stahl and I. Bjökman

(Cheltenham, UK: Edward Elgar, 2006), pp. 197-22; and J. S. Osland and A. Bird, "Process Models of Global Leadership Development," in *Global Leadership: Research, Practice, and Development*, M. E. Mendenhall, J. S. Osland, A. Bird, G. R. Oddou, and M. L. Maznevski (New York: Routledge, 2008), Ch. 5.

30. J. Michael Geringer and W. R. Pendergast, "CEO Views on the Value of International Business Skills and Education," *International Journal of Management and Business* 1, no. 1 (2000), pp. 12-35.

31. J. Chatman and J. Kennedy, "Psychological Perspectives on Leadership," in *Handbook of Leadership Theory and Practice*, ed. N. Nohria and R. Khurana (Boston: Harvard Business Press, 2010), pp. 159-83.

32. M. Swann, L. Milton, and J. Polzner, "Should We Create a Niche or Fall in Line? Identity Negotiation and Small Group Effectiveness," *Journal of Personality and Social Psychology* 79, no. 2 (2000), pp. 238-50.

33. Chatman and Kennedy, "Psychological Perspectives on Leadership," p. 166.

34. A. Birenbaum and E. Sagarin, *Norms and Human Behavior* (New York: Praeger, 1976) as referenced in Chatman and Kennedy, "Psychological Perspectives on Leadership."

35. Lane, Maznevski, and Mendenhall, "Globalization: Hercules Meets Buddha," pp. 3 - 25. This portion of the discussion draws on the introduction to the handbook.

36. M. L. Maznevski, "Leading Global Teams," in *Global Leadership: Research, Practice and Development*, M. Mendenhall et al. (London: Routledge, 2008), pp. 94-113. The discussion on global teams is strongly influenced by Maznevski's work.

37. H. Lane et al., *International Management Behavior: Leading with a Global Mindset* (Chichester, UK: Wiley, 2009), p. 79.

38. M. Maznevski, "Leading Global Teams," p. 108.

39. B. L. Kirkman and D. N. Den Hartog, "Performance Management in Global Teams," in *The Handbook of Global Management: A Guide to Managing Complexity*, ed. H. W. Lane, M. Maznevski, M. E. Mendenhall, and J. McNett (Oxford: Blackwell, 2004), pp. 250-67.

40. These suggestions are drawn from the work of Kirkman and Den Hartog, "Performance Management in Global Teams."

41. J. Osland, "Leading Global Change," in *Global Leadership: Research, Practice and Development*, M. Mendenhall et al (London: Routledge, 2008), p. 131; J. G. Clawson, *Level Three Leadership: Getting Below the Surface* (Upper Saddle River, NJ: Prentice Hall, 2006), p. 6. Joyce Osland's work on international change management has greatly influenced this discussion of change leadership.

42. M. Maznevski, "Global Leadership Issues and Practices," in *International Management Behavior: Leading with a Global Mindset*, H. Lane et al. (Chichester, UK: Wiley, 2009), p. 250.

43. K. Lewin, "Trontiers in Group Dynamics," *Human Relations*, 1 (1947), pp. 5-40.

44. J. Kotter, "The 8-Step Process for Leading Change," http://www.kotterinternational.com/our-principles/changesteps (February 8, 2015).

45. T. Savolainen, "Challenges of Intercultural Management: Change Implementation in the Context of National Culture," *Proc. 12th International Conference on ISO 9000 & TQM*, 2007, ed. Samuel Ho, http://www.academia.edu/419429/Challenges_of_Intercultural_Management_Change_Implementation_In_the_Context_of_National_Culture (February 8, 2015).

46. J. Osland, "Building Community through Change," in *The Blackwell Handbook of Global Management: A Guide to Managing Complexity*, ed. H. W. Lane, M. Maznevski, M. E. Mendenhall, and J. McNett, pp. 143-51.

模块 12

国际市场：评估与进入模式

要有本土化思维，提供价值，耐心等候。最后一个是关键：你可以让一头大象跳舞。然而，要找到正确的节奏需静心等候。

——欧姆·马利克（*Om Malik*）谈针对印度的营销，Business 2.0

学习目标

1. 回顾市场筛选的步骤及环境分析的技巧。
2. 讨论贸易代表团与贸易展览会的价值。
3. 描述市场调研人员在国外市场遇到的一些问题。
4. 阐释进入国际市场的方式。

开篇短文

国际市场营销顾问聚焦：InSites Consulting

InSites Consulting 是一家经营 15 年以上的公司，拥有 125 名“工作狂”，在美国、欧洲和澳大利亚分设 6 家办处事，他们自认为集中了“有学术远见者、充满激情的商人和研究创新者”。InSites 采用的调查方法有：网上小组讨论、咨询委员会、网上采访、数字调查、社交媒体倾听及消费者民族志。公司帮助意大利设计品牌迪赛利用社交媒体网站 Pinterest 营销，该网站声称，迪赛的粉丝增加了 25%。InSites 与联合利华合作，将个体消费者与联合利华的研发团队成员联系起来。公司还为达能（Danone）、美国电话电报公司（AT&T）及其他全球性企业提供咨询服务。其他类似的聚焦于全球化趋势的公司包括 Trendwatchers，Faith Popcorn 以及 The Business of Fashion。

2014 年，InSites 在千禧一代中发现了“五个看似荒谬的趋势”。

- 逆龄现象。1950—2010 年，人的寿命延长了 252 个月，这正是衰老延缓趋势的反映。

另一个例证是，苹果应用商城有 50 000 个健康和健身应用程序，“健康娱乐”正在兴起，包括假期爬山、骑行。

● 分享经济或“快捷社会”。InSites 发现，可汗学院（Khan Academy）与 Coursera 提供慕课（MOOC），Lyft 与优步（Uber）提供打车服务，出现了可移动式集装箱旅馆、“点对点寄宿公司”。InSites 发现，当 11%的美国、英国婴儿潮一代使用在线点对点服务时，已有 33%的千禧一代在使用这一服务了。

● 隐行。年轻一代越来越多地创建私人主页，或在脸书上建立封闭小组，试图屏蔽其他人。类似的趋势包括去头像化（用匿名图片或面具代替你的照片），去自我化，去分享化，删除化（例如，阅后即焚的信息自动删除功能），以及黑暗网络（允许匿名上网、聊天或搜索的网络）。

● 可预测的消费者。如今，我们在网上做选择或搜索时会留下痕迹。所以，即使匿名，我们也会留下大量信息。InSites 指出，塔可钟（Taco Bell）整合社交媒体上关于畅销品及其他产品的评价信息，获取消费者购买以及偏好方面的信息。近几年，塔可钟发布的产品总会大受欢迎。

● 意外惊喜。千禧一代喜欢惊喜，常常因无聊而不快，这是一种因无聊或无趣而产生的恐惧。别人做的三明治更好吃，因为在制作过程中我们没有尝过，当我们品尝时会有小小的惊喜。在协作性的社交网络上会有一些偶然的发现。比利时 Deauty. be 公司的化妆及护肤品推出的“惊喜盒子”，美国的化妆品订购平台 Bespokepost（面向男士）以及 Birchbox（面向女士），都是迎合这一趋势的例子。

资料来源：http://www.insites-consulting.com/; Megan Yunker, “How InSites Enhances Unilever's R&D with Social Market Research,” community.zimbra.com/zblogs/b/teamblog/archive/2012/08/24/how-insites-enhances-unilever-s-r-amp-d-with-social-marketresearch? Redirected = true (December 10, 2014); other trendwatchers include http://www.faithpopcorn.com; trendwatching.com and http://www.thebusinessoffashion.com.

12.1 市场筛选的途径与技巧

我们评估国际市场潜在扩张的吸引力，往往会因国际环境因素变得复杂。尽管公司使用了一系列方法来评估国外市场，但其中许多方法不系统，而且容易出错。因此，我们提出一个更加系统、结构化的国际市场筛选方法。

市场筛选（market screening）是环境扫描的一种应用，企业通过环境勘察，分析市场中活跃的环境因素，以识别出有吸引力的市场，剔除不受欢迎的市场。**环境扫描**（environmental scanning）是一个应用更广的程序，企业可用来搜寻会影响它的环境因素的变化。[1]有时，管理者在战略规划过程中会采用环境扫描法，获取可能会影响公司经营环境的威胁和机遇信息。进行环境扫描的人员可能隶属于诸如竞争情报专业协会（Society of Competitive Intelligence Professional, www.scip.org）之类的机构。如果公司自身没有能力，许多私人公司如 Smith Brandon International （www. smithbrandon. com）和 Stratfor（www. stratfor. com）都可以提供环境扫描服务。

在市场筛选过程中，公司审查市场是基于市场基本的潜在需求以及外部环境因素，例如经济、财务、政治、法律、文化条件。尽管这些因素在环境扫描中没有固定顺序，但基于数据的可接触性和主观性，图 12－1 给出了顺序安排，就分析难度而言，是从易到难的。最小数字所代表的环境因素放在最后，这也是困难最大耗资最多的。

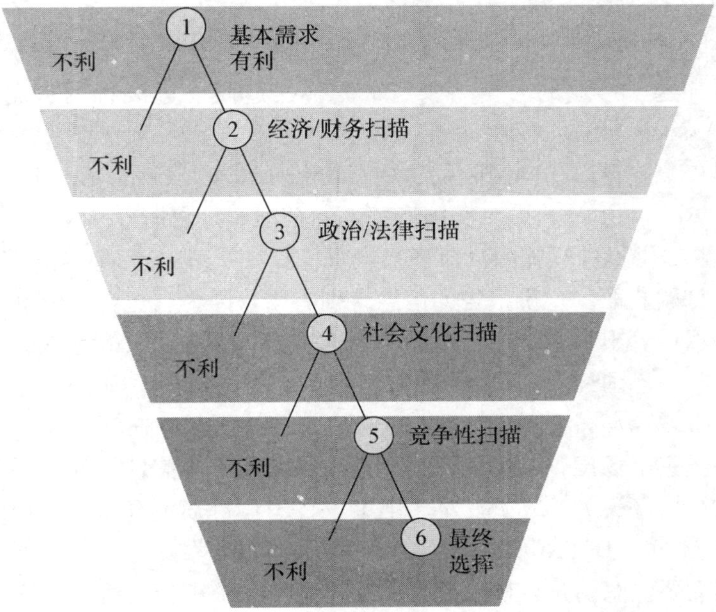

图 12－1　国外市场选择

对于仅在国内市场销售产品但意识到拓展海外市场可能会增加销售额的公司，以及已经成为国际公司又不想失去潜在新市场机遇的公司而言，市场筛选是有益的。在这两种情形下，市场筛选提供了一种有序、相对快捷的方式来分析评估近 200 个国家（以及国家内部众多细分市场），以精确定位最有潜力的市场。

在本模块中，我们将了解市场筛选的两个层次：**国家筛选**（country screening），将国家作为相关分析单位；**细分市场筛选**（segment screening），分析国家内部消费者组群。初步筛选是为了发现基本的潜在需求，并剔除对所研究产品没有基本需求的国家。

12.1.1　初期筛选：基本的潜在需求

基于基本的潜在需求的初期筛选是合乎逻辑的第一步。如果对产品或服务没有需求，就不会投入精力和金钱去推销。例如，一些产品基本的潜在需求取决于不同的物理条件，比如气候、地势以及自然资源。如果公司生产空调，分析人员就会寻找气候炎热的国家。大型农用拖拉机制造商认为，由于山地地形，瑞士并不是一个有潜力的市场。大型游艇生产商认为，巴拉圭之类的内陆国家不是有吸引力的潜在市场。加湿器在气候湿润的地区不大可能有市场。在新加坡，有些小型公寓被称为“鞋盒子”，低矮的小型家具可能会有市场。

评估某些商品的基本的潜在需求比较容易。例如，评估专业工业材料或重型除雪设备等工业设备的基本潜在需求，就没有什么困难。而对于广泛使用且专业性不强的产品，评估其基本潜在需求所面临的挑战就比较大。例如，对巧克力、消费机器人或超高清电影的基本潜在需求的评估就很困难，因为对于这些产品而言，我们要解决的是欲望而不是需求问题。

许多公共数据源可以用来确定基本的潜在需求。从某行业协会和专门的贸易媒介可以得知这一行业的公司名录。水泥窑建造商通过波特兰水泥协会（Portland Cement Association）的网站获得全世界水泥厂的名称及地址。想要了解美国竞争者的商品出口地，可以访问国际贸易局（International Trade Administration，ITA）的网站（www. ita. doc. gov）。美国商务部的全国贸易数据库（National Trade Data Bank，NTDB）提供报告《美国出口商品》（*U. S. Exports of Merchandise*），该报告可以通过网上订阅获取。这份报告的信息特别有用，因为它包含单位价值与美元价值，分析人员可以计算出每单位出口商品的平均价格。许多国家的贸易或商务部会整理国外贸易数据。美国商务部每月都会发布报告《美国国际商品和服务贸易》（*U. S. International Trade in Goods and Services*），通常称为FT900。另外，许多国家发布国家市场调查，提供产品在某一国家的市场信息。例如，欧盟数据办公室出版《对外贸易》（*External Trade*）年鉴，日本国际贸易组织（Japanese External Trade Organization，JETRO）发布各种贸易与产业数据。

然而要注意的是，进口并不能完全衡量一个市场的潜力。贸易往来只表明目前的销售规模，进口并不反映市场潜力的全部。可能存在营销不力、缺少外汇以及价格高企等问题（可能是运输、关税和利润造成的）。而且，对于一个全新产品的潜在需求，进口数据无法提供更多信息。

进口数据只能表明一个市场曾经从国外购买某些商品，无法确保这些商品的进口会持续下去。竞争者可能决定在当地进行生产，这将造成许多市场进口的停滞。一国政治局势的变化同样可能催生或取消进口，就如当下的叙利亚。尽管如此，进口数据的确给企业提供了相关信息，比如在现行价格下对潜在市场的保守估计。如果公司正在考虑本地化生产，而且数据表明在该国生产可以降低售价，那么公司可以期待比当前进口额更大的销售额。

12. 1. 2 二级筛选：财务与经济因素

经过初期筛选，分析人员的扫描范围会大大缩小。基于财务与经济因素的二级分析将进一步缩减潜在市场。这一部分主要关注通货膨胀趋势、货币汇率以及利率。其他财务因素，比如信贷可获得性、消费者支付习惯以及相似投资的回报率也很重要。然而，这种筛选并非完整的财务分析。如果市场分析及评估表明一个国家有足够的潜力进行资本投资，才会进行完整的财务分析。

基于经济数据的两种市场需求测量法尤其有用，即**市场指标**（market indicators）

与**市场因素**（market factors）。另外，**趋势分析**（trend analysis）和**聚类分析**（cluster analysis）两种方法也都依靠经济数据，可以用来预估需求。

未来几年，拉美地区网上购物人数预计每年增长 20%。如表 12－1 和表 12－2 所示，阿根廷的网上购物人群占比最大，电子商务销售增长也最快。[2]

表 12－1　　拉美地区电子商务销售额与增长率（2013—2018 年）

拉美地区 B2C 电子商务销售增长，以国家为单位，
2013—2018 年（10 亿美元，百分比变化）

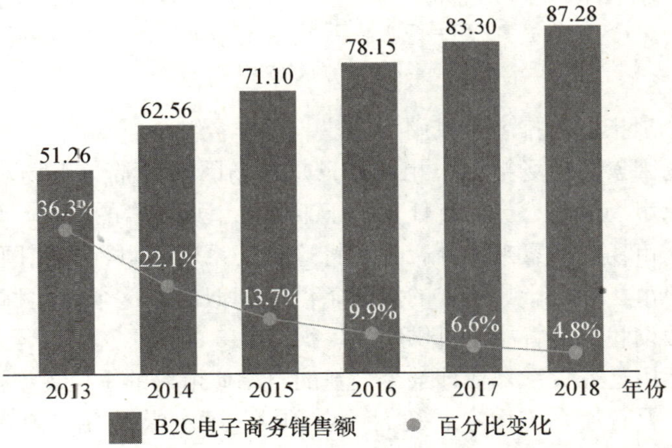

拉美地区 B2C 电子商务销售增长，以国家为单位，
2013—2018 年（百分比变化）

	2013 年	2014 年	2015 年	2016 年	2017 年	2018 年
阿根廷	24.9%	30.0%	20.0%	15.0%	12.0%	10.0%
巴西	25.4%	21.5%	10.1%	8.0%	7.1%	6.0%
墨西哥	41.9%	20.0%	14.5%	10.0%	5.0%	4.3%
其他	49.9%	21.0%	15.4%	10.5%	5.5%	2.3%
拉丁美洲	36.3%	22.1%	13.7%	9.9%	6.6%	4.8%

说明：包括通过任何设备在网上订购的产品、服务，以及休闲、未监管的商旅销售，而不考虑支付方式或履约方式。

表 12－2　　拉美地区网上购物者（2010—2016 年）
（上网用户的百分比）

	2010 年	2011 年	2012 年	2013 年	2014 年	2015 年	2016 年
阿根廷	31.9%	38.2%	43.9%	45.7%	47.4%	48.3%	49.3%
巴西	24.7%	30.0%	34.0%	36.0%	37.7%	39.0%	40.0%
墨西哥	16.4%	18.3%	19.6%	20.4%	21.3%	22.3%	23.3%
其他	24.4%	29.0%	32.5%	34.0%	35.3%	36.4%	37.1%
拉丁美洲	23.8%	28.3%	31.7%	33.2%	34.6%	35.6%	36.4%

说明：过去一年有至少一次网上购物经历的 14 岁以上的网络用户。
资料来源：eMarketer，July 2012.

用于衡量不同地区相对市场优势的经济数据标准称为市场指标。例如，通过收集表 12-1 及表 12-2 中的分类数据并加以排名，分析人员可以为拉丁美洲国家建立电子商务发展潜力索引，以便对此地区国家进行对比。数据将包括优势指标及整体经济的增长率，以及与电子商务或通信更相关的因素，这些有助于电子商务的发展。

三个指标可用于此分析，每个指标权重一致：

市场规模＝城市人口规模＋用电消耗量

市场增长率＝商业能源使用平均增长率＋实际国内生产总值增长率

电子商务成熟度＝每千人手机拥有量＋每千人电脑拥有量＋每百万人互联网主机拥有量

这个项指标的排名可以用于构建一个排名组合。

市场因素与市场指标很相似，只是市场因素通常与市场对某商品的需求密切相关。如果市场分析人员没有任何关于某国外市场因素的信息，可以选取国内某市场或类似的子市场的因素来估计。为了将这种关系转至目标研究国，分析人员必须假定，在这两个市场中，影响需求的潜在条件是相似的。这个过程称为类比估计，很有效。例如，假设我们是智能手机供应商，得知 1/5 的乌干达人每年都要更换智能手机，我们可以运用这一关系来估计某个全新的、相似市场的手机更换需求。如果这一新市场已有 300 万智能手机用户，我们可以预测，每年将售出 600 000 部智能手机用于更换。也许对该国的研究结果不尽相同，然而，这种估计数代表了一种合理的近似值，为进一步分析奠定了基础。类似的因素有许多，调研人员都很熟悉。

若分析人员了解相关经济变量或某进口商品的增长率的历史数据，就可以通过趋势分析预测未来增长，这是一种通过对某变量在固定间隔时间内连续观察，来预测未来值的统计学方法，固定的时间间隔往往体现出一定的模式。趋势分析中，与回归模型类似的时间序列或历史增长率的算数平均数适用历史数据。在运用增长率时，要做一定的调整或者制定备选方案，因为趋势分析法假定影响因变量的历史条件保持不变。如果机械地运用平均年增长率，用不了几年，因变量就会达到一个惊人的数值。例如，5%的增长率，每年复合一次，15 年之后，其原始值就会翻一番。

由于跨国公司要开拓更多的市场，管理者寻找依据共同特征对国家或地理区域进行归类的方法。聚类分析将主体（市场区域、个体、消费者、其他变量）分为不同群组，这样，每个群组的变量都相似。一群坐在餐桌前的大学生垒球运动员可以组成一个小的群组；苹果手机和安卓手机用户可以组成两个群组。市场人员通过聚类分析法来识别一组市场，这一组市场可以使用同一种促销手法；律师采用聚类分析法，根据某些类型法律的相似点对不同国家进行归类；人类学家也通过聚类分析法将相似的文化进行归类。换句话讲，可以采用聚类分析法将堆积如“山”的信息进行分类，组成有意义的信息“堆”。

12.1.3 三级筛选：政治与法律因素

有许多政治与法律因素可以打消对某个市场进一步考察的想法，或使其更具吸引力。我们审视对国际公司影响最大的因素，包括进入壁垒、政府管控、政府政策的稳定性以及政治稳定性。

国际公司的进入壁垒可能是由当地政府设置的。进口限制既可能是积极的，也可能是消极的，这取决于管理者是考虑通过出口来服务该市场（该公司产品能否进入该国?），还是通过建立国外工厂来服务该市场（竞争性进口是否受阻?）。如果进入国外市场的目标之一是掌握100%的所有权，那么，该国法律是否允许，或是否有当地参股的要求？换句话说，该国政府是否会接受当地股份较少，或本国国民对此子公司的股权控制有最低限度的百分比要求？是否有法律规定某些产业只允许东道国政府或公民进入?[3]东道国政府是否苛求外国企业将技术转移至拟设子公司，而外国企业希望将技术留在母国工厂？或许东道国政府对本地化程度有要求，而潜在投资者认为这一要求很过分？或许有一家国有企业将会与拟设工厂竞争。根据这些情况以及管理层对进入该市场的意愿的强烈程度，任一条件都可能打消对该国家进一步考察的想法。

即使不存在进入壁垒，如果管理层认为东道国对盈利汇回母国设置了过分的限制，也会将该市场排除在外。例如，东道国政府可能会设定限制，将允许转回国内的盈利额与国外投资额或其他条件挂钩，或者该国可能历来就无法为利润汇出提供外汇。

政府政策的稳定性是另外一个考虑因素。例如，若新任领导人就职，政策是否有连续性？该国的政治环境如何？该国政府是否稳定？该国领导人内部是否存在暗斗？对公众生活同样需要审视。是否存在动乱？若发生骚乱，武装力量是否历来都会介入其中？只要环境稳定，企业可以适应任何政府并繁荣兴盛。然而，不稳定的环境会带来不确定性，使规划变得复杂。经常听到的抱怨是："他们又改变了规则。"注意政治稳定性与政策稳定性的差异。虽然统治者更换，权力更迭，但只要影响企业的政策不发生大的变化，政治方面的变化可能就不会影响到企业。事实上，衡量政治稳定性，首先考虑的是领导人变化，相比其他许多国家，美国是一个政治不稳定的国家，因为美国最高领导人每四年就要换一次。政治与政策稳定性分析的来源有很多，例如斯特拉特福公司（Stratfor），商业环境风险情报（Business Environment Risk Intelligence S. A.，www.beri.com），经济学人智库（The Economist Intelligence Unit），以及The PSR Group（www.prsgroup.com），它们都会发布排行榜，就政治风险事宜对不同国家进行比较。

全球辩论

克洛泰尔·拉帕耶：国际市场调研领域的行骗者，还是非凡的密码破译者?

克洛泰尔·拉帕耶（Clotaire Rapaille）可能是一个江湖骗子，也可能是一个公司无法离开的顾问。起初，拉帕耶只是一名在欧洲治疗儿童孤独症的心理医生。如今，他在纽约上州的一座大厦里办公，许多企业高层领导都来咨询他关于走进印度人、法国人或挪威人内心的"密码"的建议。拉帕耶的见解可以帮助企业了解该如何鼓励这些国家的人购买自己的产品。

拉帕耶早期的突破性见解源于他对比了法国人与美国人对奶酪的态度。他说，对于法国人，奶酪是“鲜活”的，法国人不会把奶酪放进冰箱，就像不会把猫咪放进冰箱一样。拉帕耶发现，奶酪对于美国消费者而言是“死的”，所以他们会把奶酪密封在塑料箱子里放进冰箱，那里就是一个“停尸房”。美国人更关心安全及卫生状况，而不是口味；而法国人刚好相反。美国消费者食用的只是相对无菌的、毫无口感的产品，法国人则享受的是我们无法理解的各式奶酪。这个秘密所揭示的文化原型在深层次上与美国的关注点有联系。就购买时做出选择或决定的原因而言，美国人将卫生与清洁放在首位。而法国人更关注感官体验，对于清洁的态度相对宽松。这种文化原型是在奶酪中发现的：单个塑料包装的片状卡夫维他奶酪，与餐后留在桌上用于次日早上搭配长棍面包、含奶油的松软布里干酪形成对比。

拉帕耶称，自己在克莱斯勒的漫步者敞篷车（PT Cruiser）的研发中发挥了重要作用。（漫步者敞篷车是一款非常成功的复古车。）他的客户中至少有 50 家《福布斯》100 强企业。在他的指导下，许多团队都破译了“吸引力”“青少年互联网”等“密码”。一次印度之行后，他声称等级制度只是一种“实用的”方式，以向所有人表明他们在社会中的位置，“等级制度不是一个问题，而是一个解决方式”。

拉帕耶表现出一种可以称得上自大的自信，而且他采用的研究方法也与众不同。他不依赖于焦点小组或调查，而是通过聚焦或访谈对话来破译许多国家的“密码”。在对话中，被调查者会获得报酬。他们首先会讨论感兴趣的话题，随后会被问及情绪反应，最后拉帕耶会对此进行探索。他发现最后一步非常有用。“千万不要相信人们所说的东西，”拉帕耶说，“我想要了解人们为什么要做他们在做的事情。”最后，他可能会让被调查者以胎儿体位躺在地上，重现儿时的记忆。

通过这种方法，拉帕耶发现了文化原型。观点很容易改变，但文化原型具有长期性。一些前客户曾以“奶酪是死的”来嘲笑他以及他的方法。对于其他人，可用一个单词或短语来总结人们复杂的态度，比如，德国人对于美国人的密码是美国著名演员约翰·韦恩（John Wayne）。这一观点有些愚蠢。然而，许多老客户还是会回来找他——宝洁就来找过他 35 次。

问题

1. 拉帕耶的密码系统是不是了解文化复杂性，使市场调研更加简单的一种捷径？或者它只是一个江湖骗子的肤浅的骗局？

2. 作为一名管理者，你是否会雇用拉帕耶来协助你评估并解读国际市场机遇？

资料来源：Danielle Sacks，“Crack This Code,” *Fast Company*，April 2006，pp. 97-101；http://www.pbs.org/wgbh/pages/frontline/shows/persuaders/interviews/rapaille.html（September 16，2014）and http://www.archetypediscoveries.com/（December 15，2014）.

12.1.4 四级筛选：文化因素

下一步筛选基于文化因素，这通常是一个艰苦的过程。首先，对于文化因素的识别是一个相当主观的诠释性过程。除非分析人员是研究该国的专家，否则他们必须依赖其感知以及其他人的意见。其次，收集数据非常困难，尤其是远距离收集信息。幸运的是，有些顾问在该国或该地区是“老手”，经验颇丰。一些人可能有一套特别的方法论，比如，克洛泰尔·拉帕耶的方法。专业性组织和高等院校也会组织研讨会，解读在某个国家或地域经营企业会涉及的文化因素。

通过四级筛选，分析人员应该掌握一份对某个行业有需求的国家一览表。现在，我们特别想知道，哪个潜在市场可以为公司产品带来最好的前景。基于竞争性因素的五级筛选将会提供此类信息。

12.1.5 五级筛选：竞争性因素

此阶段的筛选要基于竞争性因素来审视市场，比如：

1. 竞争对手的数量、规模及财务实力；
2. 竞争对手的市场份额；
3. 竞争对手的市场营销策略；
4. 竞争对手促销计划的显著性效果；
5. 竞争对手生产线的质量水平；
6. 竞争对手产品的来源——进口或者本地化生产；
7. 竞争对手的定价策略；
8. 竞争对手售后服务水平；
9. 竞争对手的分销渠道；
10. 竞争对手的市场覆盖率。（市场细分是否会区分出目前还未得到良好服务的利基市场?）

对特定国外市场中的地域/民族亚文化进行审视是非常重要的。这些亚文化可能是自然存在的，或至少是细分的，在这里，某些具体的市场营销计划可能会取得成功。例如，150 万日本后裔居住在巴西，大约占所有海外日本侨民的一半。同样，在日本的巴西人也很引人注目。通过此阶段的筛选，我们排除那些调查显示由于竞争对手强大，公司盈利将非常困难的国家，除非该公司的策略是紧跟其全球竞争对手的脚步，或者该公司认为进入竞争对手的本土市场会分散该竞争对手对其海外市场的注意力。

12.1.6 对新市场的最后选择

尽管许多信息可以通过分析获得，但亲自考察那些看似最有潜力的市场是无法替代的。管理者或公司团队应该在复审了筛选资料以及调研人员可提供的所有新信息之后，实地考察那些仍然看似大有市场前景的国家。为获取更多的信息，准备一个问题清单将十分有益。考察的目的在于证实通过案头研究即五级筛选所获取的信息。考察报告应该包括对市场的第一手观察资料，包括竞争性活动，公司目前营销组合的适用性评估，以及支持性服务（例如仓储、媒介、信贷）的可用性。

实地考察不应草草了事，应安排充足的时间，与国内类似的实地考察所花时间一样。重点是，要对目标市场状况有所感知，而这种感知不可能很快就获得。需要看到现实情况，而不能总是基于假设行事。例如，日本年轻人模仿美国篮球明星穿耐克运动鞋，日本的运动鞋消费观察人员注意到，这些年轻人在打篮球时会换上杂牌运动鞋。与拉美其他地区相比，智利男性去杂货店购物更加普遍。在东亚，男性自己动手做家装并不是一项传统，这是家得宝及类似品牌所擅长的业务。如果没有大量实质性的市场考察，是不大可能有收获的。

在许多情况下，实地考察报告将为决策提供最终的数据。有时公司要投入的财力及人力很大，管理层希望从潜在市场收集信息，而不是仅仅依靠案头调查和实地考察报告。一家消费品生产商筹划进入某工业化国家巨大的竞争性市场，可能就面临这一情形。如果市场状况与公司所熟悉的环境存在很大差异，管理者会提出实地调研的建议。面对面访谈中，信息通常透露出去后不会被记录。在此种情形下，对当地市场的调查要提供关于市场定义、长远规划的信息，并且协助制定有效的市场营销组合。

12.1.7　细分市场筛选

当公司打算在多国经营时，管理者可以选择两种宽泛的市场筛选方法：国家筛选或者细分市场筛选。按照第一种方法，巴西可能被视为目标细分市场。运用第二种方法，巴西则代表了一个大的消费群的实际位置，此时细分市场的重要变量是不同国家的消费者共同的需求及欲望。这些消费者可能居住在不同国家，使用不同语言，但他们对某种产品或服务有相似的需求。从这个角度来看，年龄、收入及消费心理（生活方式）都是识别细分市场至关重要的方式。相关的市场营销问题并不是消费者在哪里生活，而是他们是否分享相似的需求与需要。目标消费人群可能是全球青少年、中产阶层管理者或者有小孩的年轻家庭；这些细分跨越了国界，存在相似的需求与需要。

识别并评估细分市场时，非常重要的一点是，细分市场应具有以下特征：

1. 可定义。这些细分市场可以被识别与衡量。越是基于生活方式的差异而非社会经济指标来细分市场，这一过程就越困难，但分析可能越准确。

2. 规模大。细分市场应该足够大，这样才值得付出努力来服务此市场，细分市场还应该有增长潜力。当然，由于采用 3D 打印机生产，为某些产品（包括服装和其他消费品）寻求大规模细分市场的需求开始减弱，这或许会引发进一步的本土化浪潮。

3. 可进入性。如果促销或分销渠道无法接触到目标细分市场，就不会成功。

4. 可付诸行动。如果无法使营销方案组合（4P 组合，即产品（product）、促销（promotion）、渠道（place）、价格（price））发挥作用，也不会成功。例如，在墨西哥，玉米饼的价格是由政府控制的。因此，在价格因素上竞争是不可能的。外来者无法通过供应低价的标准玉米饼来渗透墨西哥市场。

5. 可获取性。尽管人们渴望发现需求未得到完全满足的细分市场，在许多情况下，这些细分市场已经有竞争对手在服务了。尽管如此，仍然可以参与竞争。在完全竞争的细分市场上，任务会更加艰巨。

在最后的分析中，按照国家系列将关于其他世界（市场）的观点进行整理。然而，在审视国际市场时，也许可以将这些观点抛诸脑后。随着对国家内部亚文化以及各国亚文化之间相似点的日益重视，我们希望拓宽视野，超越将国家作为相关分析单位的传统观点。

12.2 贸易代表团与贸易展览会

若政府外贸专员认为某行业在国外市场存在机遇，他们或许会组织一个**贸易代表团**（trade mission），由商务人士、政府官员对该市场进行考察以寻求商机。其目的在于，派行业内的公司管理者到某个国家或某些国家去了解市场的第一手资料，与重要的顾客面对面会谈，并与对代理自己公司产品感兴趣的人员建立联系。鉴于考察期间机票、酒店及招待费用打折，其成本可能比公司管理者自行安排考察要低。而且，组团考察的影响范围通常要大于单个公司考察。在代表团到来之前，大使馆或领事馆官员将会宣传此次考察，而且会与当地感兴趣的公司沟通。一国的联邦政府、州政府、贸易协会、商务部及其他出口和发展导向的机构也会组织贸易代表团。

许多国家会定期举办**贸易展览会**（trade fairs），这是企业促销其产品的大型展览会。贸易展览会一般向公众开放，但在特定时间段（通常是早上）只限想要与参展商做生意的商人进入。

发展中国家的展览会大多是综合性的，展出许多种类的产品，而欧洲的展览会通常是专业性的。例如，德国汉诺威消费电子、信息及通信博览会（CeBIT）[4]，巴黎航空展（Paris Air Show），法兰克福书展（Frankfurt Book Fair）等。

除了和潜在的采购商、代理商建立联系之外（在展会期间通常也会进行销售），大多数参展商会通过展会了解更多的市场信息，收集竞争性情报。他们同样会从参观者那里收集对其展品的反馈，而且有机会观察竞争对手的动向。

12.3 当地市场调研及其实践

若公司的调研人员在目标国家没有任何经验，通常管理层会引入当地调研小组来完成这项工作。一般会使用国内市场的调研方法，尽管这种方法需要适应当地的环境。负责此项目的人员需要对该国家或在文化上与之相似的国家，最好是同一地理区域的国家有一定了解。如果无法获取市场的二手资料，调研人员必须收集第一手资料，此时他们会面临其他由文化和技术难题带来的复杂情况。[5]

如果调研人员来自某一文化，却在另一种文化环境中工作，他们可能会遭遇一系列文化问题。如果他们对当地语言或方言不熟悉，那么使用调查工具及与受访者交流就需要翻译。同一国家可能有多种语言（在意大利就有 31 种濒临消失的语言），而且即使一个国家只有一种语言，一个单词的意思可能会因地区不同而不同。[6]

调研人员在尝试收集资料时会遇到其他一些文化问题。识字水平低，使得利用邮件调查问卷几乎不可能。假设在某市场上访谈一位丈夫，而家庭的购买决定通常是由其妻子做出的，那么从他身上获取的资料可能就价值甚微。应该访谈谁并不总是那么明确。受访者有时拒绝回答问题，因为他们一般不信任陌生人。在其他情况下，受访者取悦他人的欲望会导致其答案刻意取悦采访者，这称为**社会期许偏差**（social desirability bias）。

通常，人们不想接受采访是有实际原因的。在某些国家，收入所得税是依据对个人所拥有的有形资产的评估而定的。在这些国家，当被问及家庭是否有音响设备或电视机时，受访者可能会怀疑采访者是一位税务评估员，因此拒绝回答。为了应对这种情况，有经验的调研人员通常会雇用大学生担任采访者，因为他们的语言习惯及其穿着都恰如其分。

调研人员可能还会遇到各种技术难题。比如，缺乏最新版的地图，为抽样而选取的街道可能有三四个名称，房子可能没有编号。在日本，地址使用的是网格系统，而不是街道名称或数字。据说在东京只有出租车司机才能找到街道地址。在意大利威尼斯，路标可能已有 600 年历史，根本无法识读。[7]

在国外市场进行营销调研时会遇到许多障碍。也许你根据二手资料的可用性做出推测，营销调研在许多地区高度发达，这些地区市场规模大，而且错误决策的成本很高。其中一些方法借助了合作性在线调研社区，应用了大数据。

在线调研社区（有许多其他名称，如在线市场研究社区）是市场调研的一种新趋势。这是一种在线平台，将企业与一群感兴趣的消费者连接起来，并与消费者一起合作推进实质性研究项目。本章开篇短文中提到的 InSites Consulting 发现，消费者乐意提供帮助，共同创造品牌及产品/服务的未来；在亚洲一款移动应用会提高参与度：移动用户登录次数增加 2.3 倍，浏览网页增加 1.4 页，而且相对于非移动用户参与者，移动用户在讨论中的活跃度要高 65%。[8]

许多人生活在国际市场中，但适应多元文化的艺术还有待改善，同时，在向国际消费者销售产品的努力过程中还面临多重障碍。发现市场需求是开展业务的基本要素，这在异域环境中会更加复杂。毕竟，相对于国内消费者，这些国家有不同的文化、不同的优先选择顺序与不同的日常生活之需。而且，与国内市场一样，这些需要即使在社区之间也存在差异。作为世界上最大的比萨连锁店之一，必胜客在国际舞台上经验颇丰，它在 120 个国家拥有 14 000 家餐厅。它开展了一次旨在增加利润的活动，收集了有关顾客偏好的数据，然后依据顾客购买习惯、特征及其他行为，将顾客群分为群集和微群集。随后，一些具体的跨渠道参与项目（比如在必胜客餐厅或连锁店网站上）就会盯上这些群。

有意思的是，大数据分析在对购买体验进行准确的个性化设计的过程中同样发挥了作用。对时装及其他消费品进行分析得到的趋势，可以帮助识别每一个来访客户，相应地定制客户体验。在线电子商务平台可以显示产品的历史销售情况，以及购买此产品的客户的资料。

银行也非常了解它们的客户。由于拥有处理大量数据的能力，银行发现，大数据的意义不只是有益于反诈骗。利用数据的方法之一就是努力向客户销售更多的产品。对于被认为可能对某项银行产品感兴趣的分行客户，西班牙桑坦德银行（Santander）每周都会发送产品清单，其中包括家庭保险。有些银行通过这种有针对性的方式提供的产品甚至不是金融产品。在新加坡，花旗银行（Citigroup）密切关注客户的信用卡交易，以寻找机会向客户提供商店或酒店打折服务。花旗银行在亚洲有 250 多名员工专门从事数据分析工作。它在新加坡设立了创新实验室，将数据分析师与大型机构客户聚集在一起，还在班加罗尔设立了大型数据分析中心。

在发展中国家，一些具有前瞻性思维的政府正在证明，政府可以通过建立自己的数据集及对大数据应用的主动管理来促进生态系统的发展。2011 年 6 月，肯尼亚启动了新的开放数据门户，包括 2009 年人口普查的完整数字版、12 年的政府开支数据、家庭收入调查，以及学校与医疗设施的位置。该门户在网上支持不受限的数据访问，而且通过移动电话向研究人员、网页及软件开发人员、记者、学生、民间团体和公众开放。民间组织、手机应用开发人员及传媒集团使用这些数据来增进对人口规模的了解，提高政府的透明度，定位公共服务。[9]

12.4 进入国外市场的方式

公司一旦决定进入某国外市场，就必须选择最适合公司并且对公司战略起到最佳支撑作用的进入方式。星巴克进入中国的例子说明西方企业可以成功地适应当地市场。在中国，星巴克面临文化障碍。中国有几千年的饮茶历史，传统茶文化也很强势。然而，如今有许多中国人在星巴克喝咖啡，星巴克已在中国多座城市开设了门店。基于这种势头，公司规划在未来四年每年新开 400 家门店。星巴克成功地将喝咖啡这一生活方式与中国新兴的年轻中产阶层联系起来，而且在其产品中融合了对茶传统的尊重，包括小口啜饮的习惯。星巴克在中国的案例说明，全球品牌可以调整其产品以适应当地市场并取得成功。差异化思维的能力，良好的战略执行，适应本土市场，致力于长期发展，这些都是在国际市场取得成功的重要步骤。[10]

我们现在讨论国际公司进入新市场的方式，即市场进入模式。就国际公司是否将股权作为对新市场的承诺，图 12-2 对市场进入模式做了描述。我们首先看一下非股权式进入模式，这种模式风险较小，对市场上产品的控制权也较小。股权式进入模式的风险较大，控制权也较大。

非股权式市场进入模式
　出口
　交钥匙工程
　授权经营
　特许经营
　管理合同
　合同制造
股权式市场进入模式
　全资子公司
　合资企业

图 12-2 市场进入模式

12.4.1 非股权式进入模式

如果公司进入国外市场时不想进行股权投资，可有其他选择。在此，我们讨论出口、交钥匙工程、授权经营、特许经营、管理合同以及合同制造。

大多数公司都是以出口的形式开始国际商务之旅的——也就是在国外市场销售一部分常规产品。这种方式所需投入较少，风险相对较小，是一种不用投入太多重要的资源却能体验国际商务的绝好方式。

交钥匙工程（turnkey project）是对技术、管理知识、资本设备（某些情况下）的出口。承包商同意设计并建造一家工厂，提供工艺技术与生产投入，培训运营人员。过了试运行期，设施就要转交给买方。承包工程发包人可能是专于某一行业设计与建设（例如石油提炼、钢铁生产）的承包商。承包工程发包人依靠其专有技术，将建好的可即刻运营的工厂交付给买方从而盈利，不是仅仅出售所拥有的技术。承包工程设施一旦建设，公司通常还要提供工作培训。

世界各地的公司常常会收到请求，为那些具备资本与管理优势的企业提供技术支持。通过**授权经营**（licensing）协议，一家公司（许可人）授权另一家公司（被许可人）有权使用其专有技术，比如生产工艺（专利或非专利）、营销方式、许可人的一种或多种产品商标。被许可人签订授权经营协议时，要支付一笔固定的费用，在协议有效期（通常 5～7 年有一次续约的机会）内支付 2%～5%的销售额作为许可费。许可费的具体数额取决于支持的力度与双方的相对议价能力。2014 年，世界银行报告，美国 2012—2013 年在知识产权使用方面的支出达到 400 亿美元。[11]

最近几年，美国与欧盟法庭处理的专利保护案件越来越多。例如，美国得州仪器公司控告 9 家日本企业在没有支付许可费的情况下使用其专利工艺，结果被告支付了得州仪器公司 10 亿美元。由于专利法的实施力度加大，更多的国内外公司开始获取许可权。

技术许可并不是唯一的支持公司进入其他市场的手段。在时装行业，许多设计师许可他人使用其名字。皮尔·卡丹（Pierre Cardin）是规模最大的许可人之一，据报道，皮尔·卡丹为 170 多个国家的数千件产品提供了 400 余件许可证，从服装到雪橇、煎锅、沙丁鱼罐头、地砖等。这些授权经营协议每年为公司带来盈利大约 7 500 万美元。[12]

尽管通过授权可以获得可观的收入，但许多公司，尤其是生产高科技产品的公司，不会这么做。它们担心协议期满后，被许可人成为竞争对手或者在海外市场疯狂推销其产品。许可人通常会在协议中加入禁止出口的条款，但大多数政府不会接受。

企业走向国际还有一种不同形式的许可——**特许经营**（franchising）。特许经营是许可的一种形式，两家公司签订合同，在一套明确的规则下经营，被特许经营者有权使用广为人知的品牌及一套成熟、可控的营销策略，来销售其产品或服务。快餐行业特许经销商最多（例如，赛百味、麦当劳、肯德基以及汉堡王）。其他类型的特许经销商有酒店（洲际酒店），商业服务店（The UPS Store），健身机构（Jazzercise），建筑维修公司（Service-Master，Nationwide Exterminating），以及房地产公司（ReMax）。国际特许经营协会（International Franchise Association，IFA）对 2014 年度的预测报告显示，770 368 家特许经营机构将雇用 850 万员工，带来 8 390 亿美元产值。[13]

管理合同（management contract）指的是一家公司为另一家公司的部分或全部职能部门提供管理服务，获取一定的酬金，通常占销售额的 2%～5%。与国际公司签订此类合同的公司有：不拥有所有权的公司（例如，希尔顿酒店为国外使用希尔顿品牌的酒店提供管理服务，达美航空公司为国外航空公司提供辅助管理服务）；合资企业合伙人；全资子公司。最后一种形式允许母公司从子公司提取一定利润。在某些外汇短缺的国家，如果子公司向母公司汇回的利润额受限，这一点就变得重要。而且，该费用是一项支出，子公司很可能从国际公司的母国获得减税好处。这种做法也帮助母公司将高税率国家的利润转移到低税率国家，以减轻公司的税务负担，从而更好地管理公司。

国际公司也会采用**合同制造**（contracted manufacturing）方式。这指的是为进入国外市场或在国外市场转包工作，一家公司与另一家签订合同，按照指定规格生产产品。通过合同制造进入国外市场，并不需要对工厂设施进行投资，因此有时被视为没有投资的国外直接投资。合同公司的销售部门在促销产品时使用的仍是自己的品牌。当国际公司通过转包成为转包商最大的或唯一的客户时，一家新公司实际上已在东道国建立起来，并创造了就业机会与外汇。通常，国际公司会向国外承包商提供借贷资本，这种方式和全球或多国公司向其子公司提供贷款是一样的。从母公司的视角来看，这种做法通常具有政治敏感性，称为外包。

12.4.2　股权式进入模式

若管理层决定对国外直接投资，通常有几种可选方案，尽管并非所有的方案在某个国家都切实可行。其中包括全资子公司与合资企业。在这里我们也提到了战略联盟，它既可能是股权式市场进入模式也可能是非股权式市场进入模式。

一家企业期望完全拥有一家海外子公司，可以从零做起，设立一家新工厂（绿地投资），或者收购一家盈利企业。公司可能会收购其经销商，获得一个熟悉其产品的分销网络。从历史来看，国际公司在对外直接投资中可能更偏好全资子公司。然而，美国的境外投资者更偏好收购经营中的企业，以即时获取被收购企业提供的市场进入渠道。收购后，它们也少了一个竞争者。有时，在国外市场不可能拥有全资子公司，因为当地政府不允许，公司可能缺少单独投资的资本或知识，或者在税收和其他方面的优势有利于采取另外一种投资形式，例如合资企业。

合资企业（joint venture）可以是一家企业实体，由一家国际公司和当地所有者组成，或由两家国际公司为了在第三方市场经营而组成；或由政府机构（通常在投资国）和一家国际公司组成；或是两家或者多家公司在有限项目期内组成的一个合作性企业。大型建筑工程（例如大坝或机场）通常都是由合资企业完成的。这些合资企业通常是**战略联盟**（strategic alliance），与竞争对手、客户、供应商合作。战略联盟也可能会采取其他形式。在调研、产品研发、营销费用增加的背景下，战略联盟是应对不断加剧的全球竞争的一种方式。战略联盟可以帮助企业更快地进入市场并孵化新企业；获得新产品、市场与技术；分担成本、资源与风险。我们或许已经注意到航空公司共享代码联盟。其他的例子包括星巴克与巴诺书店（Barnes & Noble）合作，在书店开设咖啡店；美国礼来制药集团公司（Pharmaceutical Eli Lilly）建立 100 多个战略联盟，促进探索、开发与营销。

得到那份工作！从双肩包到公文包

龙尼·陈·吕格贝格：冒险试试！

成长过程中，我经常旅行，四处游历。居住在亚利桑那州与康涅狄格州时，我常常去奥斯汀，在我父亲的餐厅打发时间。高中三年级时，我打算主修机械工程专业。我参加了在马里兰大学帕克分校区举办的“全国学生领导力会议”（National Student Leadership Conference）来学习相关内容，三个月的时间，我感到无聊之极。那时，我意识到我的生活需要一些刺激，而这恰恰是定理与微积分没法带给我的。这最终促使我下决心去西班牙的马德里留学，学习国际商务与市场营销。

在马德里学习期间，我游遍了欧洲。毕业后，我有机会在一家总部设在澳大利亚的软件公司做市场营销工作。目前，我是一家总部位于爱尔兰的软件公司的渠道营销经理。海外工作及旅行的最大魅力在于这些经历。没有什么比爬上雅典卫城，观看马德里的斗牛直播，或感受皇家马德里队的胜利更刺激的事情了。

基于我的国际经验，我可以给出的最好建议就是：要有开放的心态，有幽默感，积极地从错误中吸取教训。去另外一个国家，不要有思维定式，认为你的文化是对的，他们的文化是错的。如果那样的话，你将无法乐享其中，而且将一无所获，还可能遭遇冲突。每个人都会犯错，重要的是你如何应对，从中学到什么。越快意识到自己所有可笑的错误并从中学习，就可以越轻松地适应新的文化与环境。海外工作与旅行是最有益的经验，你必须冒险去试试，才会有收获。你必须忘记自己所有的烦恼。如果你仍然不采取行动，最伟大的故事及成就不会发生，因为你不敢走出去探险。

模块总结

1. 回顾市场筛选的步骤及环境分析的技巧。

筛选过程连续审视各种不同的因素，在每一步都会筛掉一些国家。筛选的顺序是：（1）基本的潜在需求；（2）财务与经济因素；（3）政治与法律因素；（4）文化因素；（5）竞争性因素；（6）实地考察。每一步都减少了潜在市场的数量，每个步骤的调研都越来越困难，花费越来越多。环境分析是对外部环境因素的检查。两种基本的方式是国家筛选与细分市场筛选。

2. 讨论贸易代表团与贸易博览会的价值。

贸易代表团与贸易博览会帮助潜在买卖双方寻求交易机会，同时也提供了相互联系并直接观察竞争对手的机会。

3. 描述市场调研人员在国外市场遇到的一些问题。

市场调研人员在国外市场会遇到文化与技术难题。可能会出现语言与方言问题。社会期许偏差可能会起作用。技术难题包括不可靠的邮件服务，或街道名称难以弄清楚。幸运的是，基于互联网的调查有助于减少这些困难。

4. 阐释进入国际市场的方式。

非股权进入模式包括出口、授权经营、特许经营、管理合同以及合同制造。股权式进入模式包括全资子公司与合资企业。战略联盟可以是非股权式参与，也可以是股权式参与。

批判性思考

1. 选取一个国家与一种产品，你认为你的公司可以在哪里成功经营？列举每一步筛选所需要的信息来源。

2. 市场筛选的顺序有什么逻辑？你认为在什么时候这种顺序可能会发生改变？

3. 一家公司出口经理查阅联合国的《国际贸易统计年鉴》，发现竞争对手已经开始出口。该经理可以通过哪种方式得知这家美国竞争对手向哪些国家出口产品？

4. 一个国家的进口情况可以完全衡量某产品的市场潜力吗？为什么？

5. 请举出三个有关政治与法律障碍的例子，可以是真实的，也可以是假设的，说明这些障碍会打消进一步考察某个市场的想法。

6. 贸易代表团就是政治性的旅游，拿纳税人的钱来资助政客度假。你同意这一观点吗？为什么？

7. 在国外市场收集原始数据的过程中，调研人员可能会遇到什么复杂情况？举例说明。

8. 思考细分市场筛选方式。就拿生活方式细分市场来说，有人喜欢自己动手装饰家庭。这种市场细分的方式如何帮助你识别潜在的国外市场？

9. 假设你是蜘蛛侠电脑游戏开发商的顾问，负责向Gameloft首席执行官报告最有可能的国际市场在哪里。你会怎么做？

10. 假设你的教学单位（或许是一所商学院）想要在国外开设一个校区，院长要你准备一份候选国家的名单。你该如何着手完成院长交办的任务？

微型案例

乔班尼改变我们的饮食方式

20年前，哈姆迪·乌鲁卡亚（Hamdi Ulukaya）从未离开过他的家乡土耳其。现在，他成了亿万富翁，将一款在欧洲及中东大受欢迎的产品打入美国市场，改变了美国消费者对酸奶的看法。乌鲁卡亚是乔班尼（Chobani）的创始人及首席执行官。乔班尼是美国最畅销的希腊酸奶品牌，占美国65亿美元酸奶市场的20%。

乔班尼并不是他的第一家公司。1994年，他来到纽约学习英语，并在纽约北部的一家农场找了份工作。他父亲来纽约看他，在品尝了早餐提供的芝士之后，便催促他进口他们在土耳其的家族企业生产的芝士，结果颇受欢迎。于是在2002年，乌鲁卡亚在纽约北部开了一家小型工厂，制作松软的白色芝士，小有成功。2005年，他听说纽约一家设备齐全的酸奶生产厂要出售。第二天，他便参观了这家有90年历史的工厂，全球食品生产商卡夫（Kraft）打算关闭它。

乌鲁卡亚从小企业管理局（Small Business Administration）获得100万美元的政府补助，买下了这家工厂，随后邀请土耳其酸奶大师穆斯塔法·多甘（Mustafa Dogan）与他合作。他们花了18个月尝试不同的美国酸奶与进口酸奶，并且使用自己的配方进行试验。“通常认为，美国消费者只吃极其香甜且上色的酸奶。”乌鲁卡亚说。他并没有接受这些“常识”，而是去倾听人们的心声，很多人告诉他，非常喜欢在欧洲或中东旅游时尝到的酸奶，他注意到“吃得更好”这一趋势。他们两个人专注于制作不加防腐剂或人造香料的酸奶。在包装上，他们同样花了大量的时间与金钱，改变了传统的杯装容器，使用敞开的碗状容器，以区分产品。

关键还在于消费者。乌鲁卡亚坚持把酸奶摆在超市的酸奶区，而不是专营店，这对于公司来说比较容易而且花费较少。“我们是为谁制作的这种产品呢？不是为专业市场和收入高的人群。”他说，“我们认为这是一款简单、纯正的产品，每个人都买得起。”

乌鲁卡亚睡在工厂，以比萨和酸奶为食，数月之后，于2007年在长岛的一家超市推出了300箱乔班尼。“乔班尼”是土耳其语，意思是“牧羊人”。订单接踵而至。工厂每周可生产100 000箱，产量翻了两番。“如果你出错了，就完了。”他说，“要独立，和顾客建立联系……我们可以尽早做出决定。”

该公司在2011年才开始做广告。然而，电视广告不得不暂停，因为公司满足不了剧增的需求。乌鲁卡亚自始至终都相信自己的直觉。“我们一直都依赖自己的直觉以及直接来自顾客的信息。我们从未做过研究，从未做过市场调研。”他说，“这就是作为一名企业家所相信的，你必须看到地下的种子，而不是地上的小树。在其他人还没有看到之前，我们就要看到。”

2013年9月，乔班尼召回了爱达荷工厂生产的可能被污染的酸奶；2014年，全食超市（Whole Foods）禁止销售乔班尼，因为该连锁店要寻找新产品做重点推介。乔班尼经受住了这些考验，并且利用公共关系巧妙改善了形象。2014年2月，索契冬奥会期间，乔班尼计划向美国运动员赠送酸奶未被允许，便将这批酸奶捐赠给了纽约和新泽西州的食品银行。

问题

1. 为了让产品适应美国市场，外国企业家会遇到什么障碍？

2. 询问你认识的外国留学生，他们是否可以想起一些在自己家乡可以买得到，但在你的国家却买不到的产品。这些产品需要做多大的改变才可适应你所在的市场？

资料来源：Anna Fifield，“Founder Follows His Gut Instincts，” http://www.ft.com/cms/s/0/fe252dc2-a07b-11e2-a6e1-00144feabdc0.html#ixzz2R8Ceih2W，April 9，2013 (February 10，2014)；http://www.fda.gov/Safety/Recalls/ucm367298.htm (February 12，2014)；Anna Andrianova，“Chobani CEO：Whole Foods Diss Won't Hurt Us，” http：//www.huffingtonpost.com/2013/12/20/chobani-whole-foods_n_4479410.html (February 14，2014)；and Walter Isaacson，*Steve Jobs*，(New York：Thorndike Press，2011)，p. 567.

注 释

1. An example of scanning the environment，by the American Hospital Association is the “2014 Environmental Scan，” at http://www.aha.org/research/2014scan.shtml (December 15，2014)；the segment screening approach was inspired by Masaaki Kotabe and Kristiaan Helsen，*Global Marketing Management* (New York：Wiley，2014).

2. “Market Research Projects 20% Growth in

the Number of Latin American Online Shoppers," http://www.marketresearch.com/corporate/aboutus/press.asp? view=3 & article=2512&g=1 (December 9, 2014).

3. Virtually all governments have barriers to foreign direct investment and at the same time offer a variety of incentives to potential foreign investors. For example, Mexico currently restricts foreign investment in the petroleum industry. See, for example, UNCTAD's annual World Investment Reports: http://unctad.org/en/pages/PublicationWebflyer.aspx? publicationid=937(December,2014).

4. You can see information about CeBIT 2015 at http://www.cebit.de/en/exhibition/facts-figures/ (February 4, 2015).

5. Secondary data and sometimes primary data will be gathered on a field trip, but the visitor rarely has the time or ability to conduct a complete field study.

6. "Questionnaires in Translation," http://isites.harvard.edu/fs/docs/icb.topic506406.files/znspez3_04_Harkness_Glusberg.pdf (December 12, 2014).

7. "How to Find an Address in Venice, Italy," http://www.ehow.com/how_2038251_address-venice-italy.html (December 15, 2014).

8. http://www.insites-consulting.com/publications/runningresearch-communities-in-asian-markets/ (December 12, 2014).

9. "Crunching the Numbers," *The Economist*, http://www.economist.com/node/21554743 (December 15, 2014); "Big Data, Big Impact: New Possibilities for International Development," http://www.weforum.org/reports/big-data-big-impact-newpossibilities-international-development (December 18,2014); "How Big Data Can Help Marketers Cater to an International Audience," http://smartdatacollective.com/gilallouche/166746/how-big-data-can-help-marketers-cater-international-audience (December 15, 2014); and http://mashariazgitonga.blogspot.com/2013/11/oracle-equipping-kenya-for-big-data.html(February 3,2015).

10. Wang Zhuqioing, "Cafes Catch Cold from Starbucks Expansion Plan," http://www.chinadaily.com.cn/bizchina/2014-12/10/content_19054318.htm (December 10, 2014).

11. The World Bank, "Charges for the Use of Intellectual Property, Payments (BoP, current US $)," http://data.worldbank.org/indicator/BX.GSR.ROYL.CD (February 4, 2015).

12. Thayne Forbes, "Set the Right Royalty Rate," *Intellectual Asset Management*, http://www.intangiblebusiness.com/Brand-Services/Marketing-services/News/Set-the-right-royalty-rate~317.html (June 21, 2011); and Christina Passariello, "Pierre Cardin Ready to Sell His Overstretched Label," *The Wall Street Journal*, May 2, 2011, http://online.wsj.com/article/SB10001424052748704547604576263541408680576.html (December 10, 2014).

13. "Franchise Business Economic Outlook for 2014," http://franchiseeconomy.com/wp-content/uploads/2014/01/Franchise_Business_Outlook_January_2014-1-13-13.pdf, (December 5, 2014); and "The Top Franchised Countries," http://www.bluemaumau.org/the_top_franchised_countries, (December 9, 2014).

模块 13 国际市场营销

一家全球性企业在经营中应该总能敏锐应对不同国家间在零售、分销渠道或支付系统等运作方式上的主要差异。然而，核心产品或服务应该保持不变，因为那正是需要“全球化”的东西。

——西奥多·莱维特（Theodore Levitt），
《哈佛商业评论》中具有里程碑意义的关于标准化的文章
“全球化的市场”的作者

学习目标

1. 讨论为什么国际市场营销经理可能期望将营销组合标准化。
2. 区分总产量、有形产品以及品牌名称等概念 。
3. 比较消费品、工业品与服务为国际销售而做的调整。
4. 识别出三种产品选择与三种促销方式可组成的产品策略。
5. 讨论互联网可能对国际市场营销带来的部分影响。
6. 解释“全球本地化”广告策略。
7. 定义价格策略与分销策略。

开篇短文

社交媒体与技术引领方向

“你只需要 1 000～2 000 人（便可在蒙古国首都乌兰巴托开设一家门店）。你不能通过平均收入来判断，平均收入没有任何意义。”

——路易威登总裁圣·卡斯利（Yves Carcelle）

社交媒体的影响力正在波及国际市场，即便传统的营销模式拒绝退场。在中国北京，英国的奢侈品时装店博柏利为其 57 家门店配备了数字设备，包括穿衣镜大小的顾客触摸屏，员工配有 iPad。博柏利、百事以及麦当劳都在利用微信与中国顾客进行一对一交流。微信是中文版的即时通信应用程序，加入了脸书及 Instagram 的部分元素。到 2020 年，中国将成为世界上最大的奢侈品市场。

社交媒体变得与传统营销模式同等重要，实际的营销对象以及营销方式也需要改变。

俄罗斯拥有主流奢侈品时装旗舰店及百货公司，拥有一套不同的时装产品分销网络——通常称为“秘密展示厅”。奢侈品通过社交平台以低于官方零售价的价格销售。其中一些是以预订为基础的小规模业务，经营者通过脸书或 Instagram 传播时尚单品的照片，以激发客户的购买兴趣，随后再进口这些货品。俄罗斯时尚精品店的经营者有很多是以“长途贩运商人”起家的，他们以游客身份来往于中俄两国，从中国带回大量商品，从生活必需品到时尚单品，然后转售这些商品。有些情况下，这些“秘密展示厅”会帮助独立的时装设计师进入俄罗斯市场，但与知名的零售商没有什么联系。

在中国四川省绵阳市，百盛购物中心的一个巨大广告牌欢迎着购物者。广告牌上是佩戴施华洛世奇水晶的澳大利亚超模米兰达·凯尔（Miranda Kerr）。百盛只是这个城市六个高端购物中心之一。在这里，奢侈品销售额暴增。当地的奥迪和宝马销售商每个月可以售出 100 多辆车；路虎、捷豹与凯迪拉克刚刚挤入该市场。

中国消费者特别信赖同辈人的观点。波士顿咨询公司的调查显示，中国消费者会参与关于产品和服务的网上评论，并且会参照评论行动，而西方人不太会这样做。关于保湿霜的购买研究发现，2/3 的中国消费者会依赖朋友或家人的网上推荐；而在美国，不到 40%的人会这样做。“呛口小辣椒”（Miumiu 与 Viviandan）是重庆的一对双胞胎。10 年前，她们开始发布自己的时尚照片，并报告生活方式的发展趋势。她们几乎每天都要通过社交网站，比如 Instagram 或微博推送一些建议。她们的喜好可以使产品大获成功，也可毁掉产品。

印度是即时通信应用增长最快的市场。在全球 6 亿 WhatsApp 用户中，印度就占了 6 500 万。2014 年，脸书花 190 亿美元收购 WhatsApp，成为世界上最大的科技类交易之一。奢侈品及高档品牌，例如卡地亚（Cartier）、阿玛尼（Armani）、迪赛以及许多中小企业都通过即时通信应用程序与顾客保持联系。

这些市场只是其中的一部分，5 年或 10 年前，这些市场几乎还不存在。在本模块中，我们将研究既定的或新的方式来触及消费者，无论他们来自乌兰巴托、芝加哥，还是多哈、班加罗尔。

资料来源：Laurie Burkitt，“Burberry Stores in China Get Digital Makeover,” *The Wall Street Journal*, April 14, 2011, http://www. wsj. com/articles/SB10001424052748704547804576260320650086228 (February 17, 2015); Maureen Orth, “The Luxury Frontier,” *The Wall Street Journal*, June 23, 2011, http://www. wsj. com/articles/SB10001424052702304186404576388153101917860 (February 17, 2015); Jana Reynolds, “Inside Russia's Clandestine Showrooms,” http://www. businessoffashion. com/2014/11/inside-russias-clandestineshowrooms. html? utm_source=Subscribers&utm_campaign=4935fffc39-&utm_medium=email&utm_term=0_d2191372b3-4935fffc39-416920817 November 27, 2014 (February 17, 2015); “Doing It Their Way,” http://www. economist. com/news/briefing/21595019-market-growing-furiously-getting-tougher-foreign-firmsdoing-it-their-way, January 23, 2014 (February 17, 2015); and Vijaya-Rathore & Varuni Khosla, “Luxury Brands Like Cartier, Armani, Diesel and Others Use WhatsApp to Promote Products in-India,” http://articles. economictimes. indiatimes. com/2014-10-09/news/54827542_1_whatsapp-reliance-brands-corneliani (February 17, 2015).

13.1 国内贸易与国际贸易的区别

世界各地的营销人员必须了解他们的市场；开发产品与服务满足消费者的需求；制定该市场乐于接受的产品或服务价格；将产品或服务提供给买家；告知潜在顾客并鼓励他们购买。而且，正如表 13－1 所示，新顾客及与其接触的方式都是存在的。然而，一种产品或服务是起初就为全球设计，并且适应当地市场，还是这种想法来自国内，随后用于海外市场，国际营销人员必须意识到国内营销与国际营销之间可能存在或大或小的差异。

表 13－1　　接触消费者的方式/地点

	既定方式	新方式
既定位置	芝加哥电视广告	巴黎社交媒体
新位置	乌兰巴托零售店	班加罗尔移动电话广告

尽管国内营销与国际营销的基本功能是相同的，但国际市场通常存在较大的差异，因为在不同国家，不可控环境因素存在巨大差异，包括社会文化、资源与环境、经济与社会经济、法律及财务等。而且，即使是可控的因素在不同市场也存在差异。例如，我们惯用的分销渠道可能并不适用；产品的某些方面需要修改，原因可能是口味、审美或电压、海拔等方面有差异。同样，促销组合也需要调整，以适应语言及其他方面的差异。最后，特定市场的不同成本结构要求制定不同的价格。

因此，国际市场营销经理的任务非常复杂。他需要规划并控制各种不同的市场营销战略，而不是一个统一的或标准化的战略。随后他要协调并整合这些战略，形成一个单一的市场营销计划。对全球企业的营销经理来说，即使他们想要采取某种世界通用型战略，也会意识到那几乎是不可能的。他们必须充分了解不可控的变量，在必要时快速做出决定性的改变。

13.1.1 市场营销组合

市场营销组合（marketing mix）是关于产品、促销、定价和渠道的一系列战略决策，目的是满足目标市场顾客的需要与愿望。这种战略决策的变量数目很大，可能会出现数百种组合。通常，一家公司的国内业务已经建立起某种成功的市场营销组合，因此希望在海外采用相同的战略与战术。另外，数字工具使实现个性化更加容易，而且触手可及，即使横跨万里。然而，对每一个市场，国际市场营销经理必须解决的问题是："我们可以实现全球标准化吗？我们是否应该做出某些改变？或者我们是否应该制定一种完全不同的营销组合？"

13.1.2　标准化、适应还是从零开始？

通常情况下，高层管理者更乐意将营销组合在全球实现标准化，在该公司的所有市场上使用相同的营销组合，因为标准化可以节约大量成本。如果国内产品与营销组合可以不加变化地移植到国外，不论该产品的生产地在哪里，该公司都可以对生产做出更长期的计划从而降低生产成本。除了规模经济，长期的经验曲线或学习曲线同样可以促进经济发展：一个常见的事实是，我们做某件事（包括市场营销）的经验越丰富，效果就越好。例如，李维斯并没有去适应不同的国家，而是将其 501 蓝色牛仔裤在全球标准化，并推出了第一则全球广告（虽然它也推出了针对亚洲年轻消费者的 Denizen 品牌，随后面向美国与其他地区人群销售）。

若广告宣传活动、宣传资料（卖点广告展示）、网页与社交媒体以及销售培训项目可以统一标准的话，那么花费高昂的创造性工作与工艺创作只需做一次即可。一个标准化的**企业视觉形象**（corporate visual identity，CVI）包括公司名称、商标、颜色以及带有图形的标语，它可以向全世界传递一个统一的形象。[1]其他形象识别元素，比如歌谣、音乐乃至气味，都可以标准化。公司在不同的分公司实行标准化定价策略，可以避免同一产品报价不同的尴尬。

尽管标准化有优势，但几乎所有的公司都发现实施起来并没有那么容易。很多公司要调整国内的营销组合，或制定一个新的营销组合。调整的力度取决于产品种类、环境因素以及期望的市场开放程度。而且，标准化这一概念与市场营销原则相冲突——市场营销原则以买方而非卖方的需要为中心——我们或许不必过于失望，因为对于卖方，尤其是消费品的卖方而言，完全标准化几乎是不存在的。

可口可乐公司通常被认为是标准化产品的典范，但它也发现标准化策略越来越没有前景。可口可乐前 CEO 道格拉斯·达夫特（Douglas Daft）曾说："随着 20 世纪渐进尾声，这个世界已经改变了航向，然而我们却没有。这个世界要求更多的灵活性、反应性与局部敏感性，而我们却更加注重决策与规范标准化……'走向全球'的下一个重大发展方向就是'本土化'。"[2]

同样，重新思考老品牌的需求反映了一个新的事实，即像强生之类的公司更加努力地接受当地文化、口味以及新市场的习俗。在伊斯兰国家，无酒精的零度李施德林（Listerine Zero）受到欢迎；绿茶李施德林（Green Tea Listerine）则是专为亚洲市场设计的；天然李施德林（Listerine Naturals）于 2014 年面向美国市场推出，而且拓展到海外，这种漱口水专为痴迷于天然配方的美国人打造。[3]

13.2　产品策略

产品或服务是市场营销组合的核心。如果它无法满足消费者的需求，无论多大幅度的促销、降价或便利的配送都无法说服消费者购买。例如，如果清洁剂无法使衣服像广告宣传的那样洁净，消费者就不会第二次购买。

制定产品策略时，国际市场营销经理必须牢记，产品不仅仅是一件有形物品。顾客购买的**全产品**（total product）包括实体产品、品牌名称、附件、售后服务、保修期、使用说明、公司形象以及包装（见图 13－1）。这就意味着，相对于改变产品的物理特性，产品调整可能成本更低，也更加容易。例如，不同的包装尺寸、促销信息可以在不同市场创造出全新的产品。这就是全球出售的产品比我们预期的在外形上更趋标准化的原因。可以改变产品的包装、品牌名称、附件、售后服务、保修期、使用说明书以及公司形象，以实现本地化。

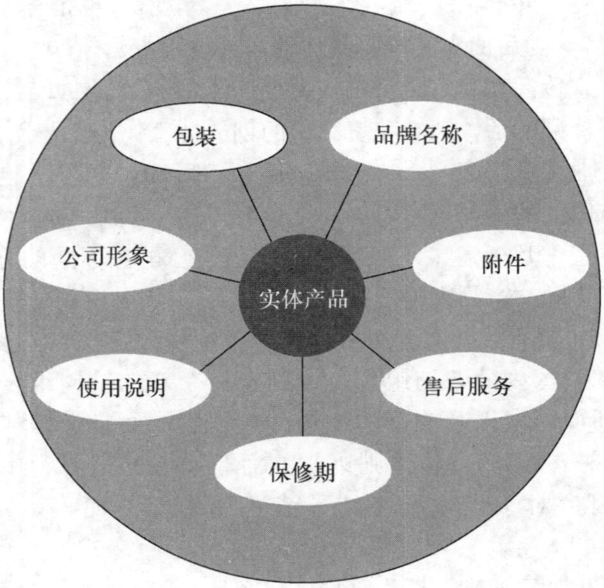

图 13－1　全产品的组成部分

为了阐释全产品这个概念，我们考虑三种消费品：汤力水、巧克力与速溶咖啡。作为一种实体产品，汤力水具有全球性，因为它遍及世界各地。然而，作为一种全产品，它具有多国属性，因为不同市场的消费者购买汤力水的原因各异。法国人直接饮用，而英国人将其掺入酒中。巧克力既不是全球性实体产品，也不是全球性全产品。在一些地区，巧克力被当成一种零食；在一些地区，巧克力被放进三明治中；在另一些地区，巧克力被视为一种甜品。由于强烈的本地化偏好，巧克力口味大不相同，有苦味的、非常甜的，甚至辣味的，取决于所加入的佐料。雀巢生产的不同口味的咖啡在近 200 个国家销售，但都使用相同的品牌名称“雀巢咖啡”、统一的形象，以及相同的标语“一切从一杯雀巢开始”。[4]这家公司的品牌名称是全球性的，其实体产品则是本地化的。

13.3 调整产品类型

一家公司对其产品或服务的调整力度受到一些因素的影响，比如产品销售市场属于消费市场还是工业市场，以及海外环境因素。通常，相比工业品，消费品需要做出更大的适应性调整，特别是当产品很流行很时尚时，如图 13－2 所示。

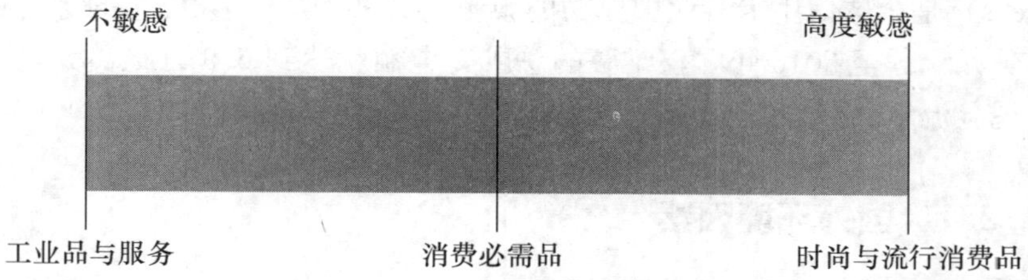

图 13－2 国外环境的连续敏感度

工业品 正如图 13－2 所示，许多工业品不需要改变便可在世界范围内销售。例如，不论电脑在哪里生产，都会用到内存芯片，而且不涉及文化元素。

在偶然情况下，工业品需要做出调整以满足当地的法律要求，例如有关控制噪声、安全性以及排放的要求。为了避免更改产品的麻烦，有些生产商依照最严格的法规来设计产品，即使对于其他市场而言这种设计是没有必要的。有时，政府通过了十分严格的法律条文，保护当地生产商不受进口竞争的影响。如果是这种情况，公司或许乐意为法律较严格的国家设计产品，并退出前一个市场。

消费品 相对于工业品，消费品需要更大的调整以满足当地市场的要求。然而，某些消费品，特别是香槟及香水之类的奢侈品，在某些细分市场无须调整也可销售。这些细分市场虽跨越不同国家但具有相似的特征，包括在国外接受教育并且经常旅行的国民以及侨民。许多产品与服务对于当地来说都是新的体验，通过首次针对这些相似群体营销，一些喜好已经成功引入许多国家。其他细分市场的成员随之购买，直至这种消费成为一种普遍现象。

尽管在不同国家富有的消费者有许多共同之处，但当市场营销人员深入每个国家，就会发现在社会及文化价值观方面存在极大的差异。通常，预期的直接市场渗透越大，产品的调整就越大。但这并不意味着必须改变实体产品。也许全产品中某个方面加以调整就够了——不同的尺寸或包装颜色、品牌名称的变化或者一个全新的定位。售后服务的侧重点不同也许同样重要。例如，当玛氏（Mars）在巴林准备推出 M&M's 巧克力时，巴林的糖果进口额出现了下降。幸运的是，公司的营销调研团队发现，巴林人认为花生是一种健康食品，公司便将其花生 M&M's 巧克力重新定位为健康食品。通过强调带有传统宣传语“M&M's 巧克力只溶在口，不溶在手”的包装，玛氏把海湾地区炎热的气候变为对其有利的因素。

服务 服务型产品的全球营销与工业品的营销一样，不像消费品的营销那么复杂。例如，咨询公司埃森哲在 120 多个国家拥有 319 000 名员工，提供的商务专业知识与美国相同。[5]

然而，有时法律和海关会要求供应商改变其服务。人力资源公司在有些市场无法经营，因为在这些地区私人职业中介是违法的。不同国家的会计法差异很大，大型会计公司在全球经营时根据需要进行本地化调整。印度西海岸的 Sereno Spa 除了提供与其他昂贵的温泉一样的享受，还利用其位置优势引入了瑜伽和阿育吠陀方面的本地专家。[6]维萨（Visa Card）、万事达（Master Card）以及美国运通（American Express）是全球信用卡行业中成功的典范。1996 年，三家公司的综合计费达到 1.7 万亿美元；截至 2013 年，仅维萨的总成交金额就达到 6.9 万亿美元，其中包括支付额与现金流量。[7]

13.3.1 国外环境因素

我们已经审视了跨国企业基于产品类型的市场营销策略。接下来，我们通过几个具体的例子，来看看国外环境因素（比如社会文化、经济与法律因素）是如何影响产品与服务供应的。

社会文化因素 文化模式通常要求实体产品或全产品的某些方面做出调整。例如，家用电器生产商发现，消费者洗衣服的偏好存在差异。法国消费者喜欢上开门的洗衣机，而英国消费者喜欢前开门的洗衣机；德国消费者偏爱高速运转的洗衣机，因为他们希望脱水时可以带走大部分水分，而意大利消费者偏爱脱水速度较慢的洗衣机，因为他们会让太阳将衣服晒干。因此，惠而浦（Whirlpool）需要生产不同的模型，尽管它已经收购了飞利浦的家用电器业务和美泰克公司（Maytag）。惠而浦采取了多种方法才把不同国家的独立公司整合成为地区生产设备与产品平台。例如，欧洲公司强调不同平台之间的分享。惠而浦的 CEO 认为国家间的差异被夸大了：“此行业在全球都一样。可以大大地利用这种同一性。”[8]

该公司经历了痛苦的重建，在这一过程中，关闭了西班牙的工厂，解雇了 2 000 名员工，对库存集中控制，将欧洲仓库由 36 个减至 8 个，欧洲的销售额与营业利润均出现改善。实际上，惠而浦生产出了“世界牌洗衣机”，在美国被称为 Duet，在欧洲被称为 Dreamspace，它兼顾了美国人对大容量的喜好，欧洲人对前开门的喜好，并将其与感应技术结合起来，以选择洗涤时间与耗水量。[9]

虽然有些跨国企业，比如金宝汤（Campbell Soup）在全世界成功地运用了相同的品牌名称、商标以及颜色，其他企业却认为，由于存在文化差异，它们必须改变品名、商标或颜色。拉丁美洲的产品包装经常出现金色，因为拉美人将金色视为质量与声望的象征。宝洁公司在英国推出了银色盒装的 Crest Tartar Control Formula，两个月后，高露洁推出了金色盒装的同款产品。随后，宝洁公司发现，金色包装在欧洲也有价值。宝洁官方承认，高露洁的金色包装要比其银色包装好，虽然在美国产品的包装是银色的。[10]德国跨国公司汉高（Henkel）不得已放弃了使用蓝色与黄色的 Bref Duo Stick 牌抽水马桶清香剂，因为这款产品看起来与邻国乌克兰的国旗非常相似，显得有些诡异。

颜色在不同文化中传达的意义也是营销时考虑的因素。例如，在荷兰，蓝色是暖色，偏女性化；而在瑞典，蓝色是冷色，偏男性化。即使颜色的意义是相同的，商标的说明也要翻译成当地市场所用语言。有些地区使用两种或多种语言，比如加拿大、瑞士、比利时以及美国，在这些地区销售的公司可能需要多种语言的商标。有些产品并没有要求添加使用说明，因为这些消费品或工业品的用途人尽皆知。有些国家的某些产品非常知名，此时商标文字使用该国语言是一种优势。为香水贴上法语商标有助于提升该产品在美国的形象。

某一完美的品名可能不得不弃用，因为在另一种语言中，它的含义也许不受欢迎。有一种美国产品在瑞典没有市场，因为它的名称翻译后意思为“灌肠剂”。在拉丁美洲，有一种产品被迫退出市场，因为生产商发现该产品名称的意思是“公驴油”。一家比利时酿酒厂向美国及加拿大市场推出 Delirium Tremens 啤酒，也以失败告终。该产品首次出口美国时，美国管理部门告诉该公司，该啤酒名称鼓动人饮酒，该啤酒被重新命名为“Mateen Triple”，以让政府监管人员改变看法。[11]

有一个关于产品名称的传说。据报道，雪佛兰（Chevrolet）的万星（Novas）车型在西班牙语国家卖不出去，因为 no va 在西班牙语中的意思是“走不动”。事实上，因为发音不同，Nova 的重读音节在 no，而 no va 的重读音节是 va。对于讲西班牙语的人而言，这两个词的含义是不同的，而且 nova 能很好地与“star”联系在一起，这可能是雪佛兰的初衷。你可能会惊讶地发现，墨西哥国家石油公司（Pemex）曾经称其常规汽油为万星（Nova）。因此，这个故事是个传闻。

有关社会因素的另一个重要差异令美国市场营销人员不习惯，那就是在其他国家，人们喜欢每天去逛附近的小便利店以及大型市场，人们在购物的同时进行社交活动。频繁的购物需要小型的包装，这对于没有汽车的顾客来说很重要。然而在欧洲，这个习惯正在改变，消费者想购买只有大型商店才提供的组合套装。消费者购物的频率也在下降，因为传统上负责食物采购的欧洲女性发现，她们的闲暇时间比以前少了。一种解决方式就是建立大型综合超级市场——一种折扣商店，位于郊区，提供大量停车位。

法律因素　对于产品设计，法律可能是一个强有力的限制因素，因为如果公司不遵守某国管控该产品的法律，就无法在该国经营。世界许多地方都制定了关于污染、消费者保护以及操作人员安全的法律，这些都限制了营销人员在全球将产品组合标准化的能力。例如，美国机器生产商发现，瑞典的操作人员安全要求比美国《职业安全与健康法案》（Occupational Safety and Health Act，OSHA）严格，如果它们想要进军瑞典市场，就必须生产特殊的型号。当然，为了保护国民而制定的产品标准，同样可以有效保护本地产业不受国外竞争者的威胁。

产品纯度及商标方面的法律会影响食品及药品。在加拿大出售的食品，不论进口还是本地生产，都必须严格遵守规定：商标上使用英语和法语两种文字，单位要使用公制单位。该法律甚至规定了数字与单位之间有空格，“16　盎司”是正确的，“16盎司”则是错误的。委内瑞拉政府规定，生产商或进口商必须在包装上标明产品的最高零售价，印度也有大致相同的价格机制。在沙特阿拉伯，没有人需要任何含猪肉的食品，若出售含动物脂肪或肉类的产品，其商标要标出所使用的动物油脂类别，或者说明没有使用任何与猪相关的原料。

法律因素同样可以阻止全球性企业在其所有的海外市场使用相同的品牌名称。美国法律是基于使用的先后顺序来规定品牌名使用权的，习惯于此的管理者会惊讶地发现，在大多数国家，品牌属于第一个注册该品牌名称的人。在美国，历史悠久的公司品牌名可能在国外被其他人注册并合法地用于自己的产品，或者被一些人剽窃，企图将其卖给原公司而获利。

为了避免这种困境，在每一个使用其品牌名称的国家，公司都必须立即注册。《巴黎协定》给予在某一国注册商标的公司六个月的时间在其他地方注册。为了确保新产品有足够多的名称，联合利华在全世界注册了超过 100 000 个商标，其中大部分都是作为备用，尚未使用。

网络域名的使用表明这类问题并没有消失。一项研究发现，美国运通已经在 19 个国家注册了域名“americanexpress”，在另外 11 个国家，该域名已被其他人注册了。有一个更极端的例子，哥伦比亚广播公司（CBS）发现，对于它的名称，它只能注册 4 次，因为其他人或组织已经注册了 46 次。当日语字符可以用于注册日本域名时，小型公司 Web Japan Co. 先拔头筹，注册了大约 100 个域名，其中包括大型企业的名称。关于专利的法律则更令人困惑。美国沿用其“首先发明”政策数十载，直至 2013 年改为“最先归档”系统，才与大多数国家保持一致。[12]

经济因素　全球收入差异是在世界范围内将产品标准化的一个障碍。对于一些发展中国家的消费者而言，有些产品定价过高，公司就要调整价格以适应消费者的购买能力。有时，公司可以通过简化或者重新包装产品达到此目标。除了普通瓶装外，宝洁公司在印度出售独立包装洗发水。此外，全世界许多消费者都购买价值仅几美元的手机预付卡，甚至从中介租用手机，按照通话次数付款。然而，消费者的期望可能会非常高。波士顿咨询公司 CEO 讲了一个故事，一名女性建了一栋房子，设计了空调通风口以及两个车位的停车库，尽管她既没有空调，也没有汽车。[13]

某些情况下，母公司可以生产出完整的产品组合，分公司却无法做到。汽车生产商可以在当地建一条花费较少、产量较高的生产线，或者通过进口高端车型拓宽当地产品组合。跨国公司在有可能的情况下会采用这一营销技巧，因为它们可以利用颇具吸引力的国外销售公司来促进母公司的出口，另外，从中获得的收入可以帮助支付分公司的经营费用。然而，通用汽车公司首先在中国推出了别克作为高端品牌，随后转向中端及经济车型，获得了成功。2013 年，通用汽车在中国的市场份额达到 15%，将大众挤下了老大的位置。[14]

物理因素　诸如气候与地形之类的物理因素同样不利于国际产品标准化。洗衣机生产商发现，通过增强设备的抗热性、防尘性及动力性，可以在印度取得成功。热带地区的温度高湿度高，要求电力设施的设计必须加强绝缘性。易受潮的消费品必须有特殊包装，因此药片可能采用箔片包装或泡罩包装。

高海拔地区通常要求产品做出改变。食品生产商发现，对于住在高海拔地区的人们，必须更改其烹饪说明，因为烹饪在高海拔地区花的时间更久。同样，稀薄的空气要求蛋糕粉生产商加入的酵母要少一些。

13.4　促销策略

促销（promotion）作为市场营销组合的基本要素之一，在公司和大众间起到沟通作用。促销可以带来有利的购买行为，使公司对产品或服务更有信心。注意，促销指向的不仅仅是最终顾客群体，还指向零售商以及分销渠道中的其他成员。

促销不仅影响了其他的市场营销组合变量，同时也受其影响。把三个产品选项用不同的方法组合起来，市场营销人员可以设计出九种营销策略。这三种产品选项分别是：（1）在所有地方都营销同一种产品；（2）使产品适应国外市场；（3）设计出带有相同/适合的/不同的信息的产品。[15]以下是九种营销策略中最常见的六种。

1. 相同产品-相同信息。当市场营销人员发现，目标市场在产品使用和顾客态度方面相差无几时，就会在所有市场提供相同的产品，采用相同的促销手段。雅芳（Avon）采取的正是此策略。

2. 相同产品-不同信息。相同产品可能满足不同的需求，或者被应用到不同地方，这意味着产品可以不做修改但需要有不同的信息。本田（Honda）早期的宣传语"你在本田遇见最好的人"，对使用本田摩托车作为娱乐交通工具的美国人很有吸引力。但是在巴西，本田强调摩托车是基本交通工具。如今，本田在巴西摩托车市场的份额为 90%。[16]

3. 产品适应-相同信息。当产品用途相同但需要适应不同情况时，产品做了适应性调整后也可以带有相同的信息。在日本，利华兄弟（Lever Brothers）用精美的盒子包装力士肥皂，因为顾客经常用肥皂作为礼品。

4. 产品适应-信息适应。在某些情况下，产品和营销信息都要为适应国外市场而做出调整。在拉丁美洲，Tang 是经过甜味加工、预调的小袋包装的饮品。而在中东，Tang 成了菠萝味的饮品。[17]为了迎合当地需求，卡夫在 Tang 中添加了维生素，例如在巴西和菲律宾出售的产品中添加了铁元素。

5. 不同产品-相同信息。在许多市场上，潜在顾客买不起为发达国家市场生产的产品。为了避免这种情况，公司通常为这些市场生产不同的产品。用廉价的塑料按压瓶代替喷雾罐，用半自动洗衣机代替全自动洗衣机就是两个很好的例子。然而，如果产品性能一样，那么这些市场的营销信息与发达市场的营销信息基本相同。

6. 相同功能的不同产品-不同信息。通常，不同的产品要求不同的信息。相比节省劳动力的高自动化机器，面临高失业率的发展中国家政府更青睐创造就业机会的劳动力密集型工艺。这种情况下，低科技含量的焊接吹管会比焊接机器人更好。

沟通这些信息的工具正是促销组合：广告、人员推销、销售促进、公共关系和宣传。与产品策略一样，促销组合取决于产品类型、环境因素和市场渗透程度。

企业雇用社交媒体战略人员或全职社交媒体经理，使用社交媒体推广产品和服务，可以得到真实并可测量的结果。脸书拥有最多的每月活跃用户（13.5 亿），推特拥有 2.71 亿，微信拥有 4.61 亿，新进入者陌陌（Momo）和碰碰（PengPeng）也在争取更多的中国用户。[18]

13.4.1　广告

在所有的促销组合要素中，广告也许是世界范围内变化最小的。**广告**（advertising）指的是由某一确定的出资方付费，对创意、产品或服务的非个人的呈现。美国广告代理公司通过建立全资子公司、合资公司以及与当地机构签订业务协议，进入全球市场服务其合作顾客。

做出一个决定并不容易：是像苹果公司推广 iPad 那样，采用全球化广告策略，还是像越来越多的 iPad 应用开发商一样，在本地投放广告？一位评论员注意到，当今的趋势是本地化，至少目前是这样。[19]

文化维度在这些决定中起到重要作用。以下总结摘自研究员拉尔斯·佩内尔（Lars Perner）关于文化维度影响的研究成果：[20]

- 直接与间接。美国的广告倾向于直接表达。产品能带来什么好处呢？对于日本顾客来说，这么直接的表达太有压迫感了，会被解读为傲慢。卖家怎么可以认为自己了解顾客会喜欢什么呢？
- 比较。大多数国家禁止比较性广告，尤其是在亚洲，此类广告会起到反作用。因为在亚洲，即使法律允许，比较性广告仍被视为带有对抗和吹嘘之意。在美国，比较性广告有很好的效果（尽管实际操作是很微妙的）。
- 幽默。尽管幽默很普遍，但不同文化中所认为的有趣事情是不一样的。因此事先测试很重要。英国人经常在笑话中使用讽刺手法，美国顾客能理解，但很少这么做。
- 性别角色。研究表明，相比欧洲或澳大利亚的广告，美国广告中出现的女性通常扮演更传统的角色。有一些国家比美国还要传统。非洲电视广告更偏好展示女性作为传统角色的一面。
- 露骨程度。比起美国顾客，欧洲顾客更能忍受露骨的、通常带有性暗示的广告。
- 精致度。欧洲人，尤其是法国人，要求高精致度的产品。而美国顾客更在意情绪感染。比起其他国家的广告，美国广告更喜欢使用拟人化手法。
- 流行文化与传统文化。美国广告经常使用当代的流行文化，通常包括流行音乐。而在一些较传统的文化中，广告倾向于使用较陈旧的音乐。
- 信息内容与废话。美国广告里经常有一些夸张的内容，对东欧国家的人来说，这种废话不起任何作用。东欧的顾客想要的是事实。

全球性广告与区域性广告　生产商越来越多地使用全球性或区域性的广告，原因如下：

1．成本。标准化宣传方式成本更低。制作在一个区域内投放的商业电视广告，公司可以节省 50% 的生产成本。

2．质量。依靠单一地区来源完成高质量工作，会比在几个国家获取来源更容易。

3．品牌形象。一些营销经理认为，公司一定要在区域内拥有唯一的品牌形象。

4．区域性组织。公司通过建立区域性组织，使市场营销等各项职能实现集中化管理。

5．易于传播。全球性和区域性卫星以及有线电视设施已普及。

6．规模经济。相同的产品更容易生产。

品牌是将科学与心理学结合起来的一个承诺。[21]商品有生命周期，但是品牌的生命周期远远超过商品。品牌传递始终如一的质量、可靠性和体验。品牌是有价值的。许多公司会在资产负债表中列入品牌价值。看看世界上最具价值的全球品牌的美元价值（包括本地市场和国外市场的价值）（见表 13－2）。[22]

表 13－2　　2006—2014 年全球品牌价值比较

2014 年排名	2006 年排名	品牌，所在国家	价值（百万美元，2013 年）
1	39	苹果，美国	118 863
2	24	谷歌，美国	107 439
3	1	可口可乐，美国	81 563
4	3	IBM，美国	72 244
5	2	微软，美国	61 154
6	4	通用电气，美国	45 480
7	20	三星，韩国	45 462
8	7	丰田，日本	42 392
9	5	麦当劳，美国	42 254
10	10	梅赛德斯-奔驰，美国	34 338

资料来源：http://www. bestglobalbrands. com/previous-years/2006（February 17，2015）；and http://www. bestglobalbrands. com/2014/ranking/(February 17，2015).

全球性广告或全国性广告　国际市场营销人员一直在讨论，要把品牌推广为全球性品牌、区域性品牌还是全国性品牌呢？例如，全球大型企业雀巢在同一产品中使用两个品牌：一个是只对小部分顾客有知名度和吸引力的本地品牌，另一个是类似“Nestle”或“Nestle Cafe”的公司战略品牌。这样，既建立了顾客知名度又提高了营销效率。在一些市场，包括亚洲市场，多类产品的质量被认同，得益于某个共享品牌。

媒体有效性　卫星电视广播公司的存在，使得许多节目网络能以多种语言向多个国家的居民提供服务。国际印刷媒体包括本地的、全国性的以及区域性的版本。《国际纽约时报》、《曼彻斯特卫报（国际版）》和《金融时报（国际版）》在许多地区发行。未来 4 年电子广告将引领全球媒体的增长，占总广告收入的 33%，仅次于电视。电视广告的全球产值 2014 年将达到 1 737 亿美元，2018 年将达到 2 147 亿美元。同时，网络广告的产值将从 1 330 亿美元增至 1 945 亿美元。[23]平板应用程序通常由广告支撑。广告商还可以通过其他媒体进入市场。全球许多地方（包括挪威、奥地利、英国和巴西）都有电影广告，电影广告收入在 2014—2018 年将增长近 5 亿美元。[24]在一些发展中国家，装有喇叭的摩托车穿街过巷宣传产品，路标上也挂着广告信息。如果房主同意在外墙上发布广告，就可以获得免费油漆墙壁。巴士和火车上也贴着广告。一条最天才的广告是，一家茶公司向前往麦卡的朝圣者派发印刷好的经文，经文的背面就是茶的广告。

关键的一点是，多媒体适用于所有市场，当地经理和广告机构都很熟悉各类广告的优势。对于那些试图使媒体组合标准化的国际广告经理来说，选择哪类媒体是一项挑战。媒体可用性有很多变化，因此把广告项目中的媒体选择交给当地机构是最好的办法。

13.5 媒体可用性与网络广告

网络是一个很有价值的市场进入工具与广告媒介。

网络广告有以下优点：

1. 网络可以影响大量的可接触的观众群。尽管许多国家的用户偏好使用本国语言的网站，但是他们可以阅读英语或其他通用语的内容。

2. 网络广告价格低廉。

3. 在线广告的管理有时不像其他类型的广告那么严格。在欧洲禁止直接刊登处方药广告，但是可以在网站上向潜在顾客提供这些产品的信息（附上只提供给美国顾客的免责声明）。

4. 与电视或报纸广告不同的是，网络交流是交互式的，顾客可以选择接受哪些信息。因此，公司网站会向用户提供量身定制的信息。定制化更多地应用了市场营销概念。

5. 某些群体（例如青少年）比其他人群收看电视节目的时间更少，更喜欢使用社交媒体或玩电脑游戏，因此网络和手机广告是接触这些群体的好方法。在 65 岁以上的美国人中，1/2 的人使用网络，1/3 的人使用社交媒体，例如脸书。[25] 2012 年，伊朗网络使用增长率达到令人震惊的 205%。[26]

因此，网络和社交媒体很快成为全球广告商必不可少的工具。

13.5.1 产品类型

全球的工业品和奢侈品的买家购买此类商品都是出于相同的动机，因此工业品和奢侈品使用的是标准化方法。这种标准化使得资本商品的生产商，如通用电气和卡特彼勒在不同的市场准备的国际广告大同小异。一些消费品市场也很相似，当产品价格低廉，用途和购买理由都很单一时，企业在全球主打相同的卖点。这类产品包括汽油、汽水、洗涤剂、化妆品和航空服务。

13.5.2　国外环境因素

如同媒体可用性中存在众多变量，国外环境因素对广告在全球的标准化起到阻碍作用，其中最具影响力的就是社会文化因素。

在文化方面，市场营销人员需要做出的一个基本决策是：把产品定位和宣传成国外产品还是本地产品？这通常取决于国家、产品类型和目标市场。例如在德国，顾客对宣传“美国技术”的汽车制造商不感兴趣。但波旁威士忌、快餐和牛仔裤等纯美国产品在德国和欧洲其他市场备受欢迎。同样，在日本和亚洲其他地方，一些消费品的本国身份有利于建立产品形象。比如中国青少年热衷韩国的产品。韩国线上商城 Pandakorea. com 抓住机遇向中国青少年销售商品而获利。韩国肥皂在土耳其也卖得很好，这可能是因为韩国人强调的是浪漫而不是赤裸裸的性暗示。

美国快餐店，例如麦当劳、肯德基、奶品皇后（Dairy Queen）和美仕唐纳滋（Mister Donut）占餐饮企业市场份额的一半。肯德基瞄准了更大的亚洲市场——在中国有 4 500 家分店。[27] 肯德基还是南非最大的连锁快餐企业，以及尼日利亚最大的外国连锁店。由于尼日利亚的公共电网质量差，在购物中心内由发电机提供的 Wi-Fi 信号成为吸引顾客的主要因素。[28]

供应商从过往经验得知，年轻人市场正如奢侈品市场一样是国际化市场。欧洲 MTV 全球音乐电视台的一名前任主管观察到，巴黎的青少年和纽约同龄人的相似之处比他们和自己父母的更多。他们看一样的电影，购买一样的商品，喝一样的可乐，听一样的音乐。[29] 这意味着除非产品策略要求产品具有“外国身份”，不然市场营销人员只要翻译一下就可以向这些顾客提供全球一致的广告。而是否赋予产品“外国身份”，就需要参考当地市场的反应。

当双方语言不通时，沟通是无法实现的，因此要把内容翻译成顾客听得懂的语言。然而，一个单词在某个国家可以准确表达某个意思，在另一个国家，意思可能完全不同。所以，有经验的广告经理会使用回译法（把翻译后的语言再翻译回去，看看意思是否正确），并且保证翻译文本简短，附有大量的插图。

由于一国的法律通常反映了大众的观点，因此文化因素和法律因素是紧密联系的，法律因素对广告的影响大且广。我们知道，法律影响媒体的可用性，还限制了可做广告的产品种类以及可以使用的广告文案内容。

1995 年，百事推出了一系列电视商业广告——百事挑战活动——用于测试 30 个国家有关比较性广告的法律。百事市场经理称“公司试图在全球市场内挑战比较性广告法的极限”。[30] 广告中使用了某些国家禁止的方法（被视为不公正广告）去展示竞争对手的产品。由于比较性广告带来的某些争议，一些拉丁美洲国家发现其法律存在不完善之处。在欧洲，一些成员国允许比较性广告，另一些成员国禁止，因此欧盟委员会宣布限制比较性广告。

在伊斯兰教国家，广告商受到各种限制，中东不同国家的限制又有所不同。黎巴嫩和埃及的广告中，女性出现的次数和美国的广告一样多。但在沙特阿拉伯的广告中，女性出现的次数只有美国广告的一半。黎巴嫩广告中的女性和美国广告中一样，通常穿着“不端庄”（穿西式裙子），而埃及的广告中女性较少这样穿，沙特阿拉伯的广告中女性从来不穿西式裙子。[31]

国际标准化进程中存在这么多阻碍，国际广告经理应该如何应对呢？一些专家建议，好的品牌和好的产品可以适用于所有国家，但是应该做出调整以迎合当地市场。让我们看看以下例子。

正如苹果 iPad 一样，全球化产品和全球化品牌可以不做任何修改就进入许多市场，这会节约大量成本。[32] 这类产品通常是创新型产品。全球化产品采用本地化品牌，通常是兼并的结果。德国汉高公司生产 Right Guard 牌和 Dial 牌肥皂及其他消费品，一直保持本地化包装以及产品标准化生产（如肥皂粉），提高了生产效率。本地产品采用本地品牌，是最本地化的方法。这种方式适用于在一个国家畅销，由于文化差异而无法进入另一个国家的产品。以洗洁精为例，人们会根据当地水质对产品做出调整，并取当地品牌名进行销售。在英国，宝洁的 Fairy Liquid 与美国市场的 Joy 一样，在品牌名和产品上都迎合了当地的需求。就像麦卡恩-埃里克森公司（McCann-Erickson）的国际大客户所称，不同国家的社会阶层有共同的情感：“一名意大利籍的男性中层管理人员与一名英国籍的男性中层管理人员感觉更相似，但是和一名意大利农民就没有什么共同情感可言了。这些共同情感造就了全球化品牌。”[33]

推广全球化品牌的方法是寻找各个国家和市场的相似点，然后向全球提供具有吸引力的营销主题而获利。另一种方法认为，人的本性在任何一个地方都是相似的，但西班牙人就是西班牙人，牙买加人就是牙买加人。因此，对不同文化和国家的顾客展示不一样的卖点，才能更好地获利。

全球辩论

古巴：机会还是麻烦？

2014 年接近年尾，古巴和美国官员宣布将在未来几个月举行高规格会议，并将分别在哈瓦那和华盛顿建立大使馆。美国总统称，将放宽对古巴金融交易的某些限制，解除美国公民到古巴旅游的管制，允许向古巴私人企业出口更多的美国商品。声明还指出，第一步是重建两国政府的正式外交关系以及重开古巴到美国贸易以及旅游的通道。

哈瓦那能从上述进程中获利，尤其是当其区域合作伙伴委内瑞拉面临不稳定局势之时。古巴还可以预见到一些改变。在商业方面，古巴的汽车都是 20 世纪 50 年代的老古董，旅游业将迎来新机遇，农业、建筑业以及食物设备生产商会有新商机。古巴还可以进口大量的长粒米，长粒米是美国南部的特产。然而，麦当劳这类公司能否在古巴受到欢迎还是未知数。

问题

1. 外国市场营销人员应该尽快和古巴进行贸易，还是应该采取观望态度，等待政治局势彻底明朗？请解释你的回答。

2. 古巴是否向外国出口商提供了足够的机会？为什么？

3. 古巴的政治环境为美国出口商或投资者带来了什么问题？

资料来源：Damien Dave，“Focusing on the Future，Cuba Leaves Fidel Castro to History，” *The New York Times*，December 18，2014，http://www.nytimes.com/2014/12/19/world/americas/the-revolution-fidelcastro-began-evolves-under-his-brother.html(February 17，2015)；Julie Creswell，“U.S. Companies Clamor to Do Business in New Cuban Market，” *The New York Times*，December 18，2014，http://www.nytimes.com/2014/12/19/business/us-businesses-assesscuba.html? _r50 (February 17，2015)；and Stratfor，“The United States and Cuba Begin Restoring Relations，” December 17，2014，http://www.stratfor.com/geopolitical-diary/united-states-and-cuba-beginrestoring-relations #axzz3MAquwobP(February 17，2015).

13.6 既不是纯粹全球化也不是纯粹本地化

你可能注意到，大多数企业采取的广告营销方式既不是纯粹全球化的也不是纯粹本地化的。这恰恰是国际广告推广的最佳方法。实际上，处于全球化—本地化两端的公司都会渐渐移向中点，即采用“全球本地化”（结合全球化和本地化）的模式。通过这种方法，公司可以在更大范围内建立起有效的战略。可口可乐将之概括为“思想全球化，行动本地化”。三星就是一个很好的例子。三星在印度销售的洗衣机添加了“莎丽服”选项，确保清洗 5 英尺长的莎丽服时不会打结。在印度的其他制造商如博世（Bosch）也添加了这种设置。

吉列（Gillette）根据区域群（泛拉丁美洲、泛中东、泛非洲和泛大西洋）和文化群进行广告宣传。公司认为，这种做法可以从具有相同文化、顾客习惯和市场发展水平的地区或国家的消费者中，识别出有相同需求以及购买动机的人群。在澳大利亚和南非，吉列会使用相同的欧洲风格广告。但在亚洲，吉列的广告会偏向如菲律宾、印度尼西亚、泰国和马来西亚这类发展中国家的风格。在向印度推广改良后的锋速 3（Mach 3 Turbo）剃须刀时，吉列雇用了当地的营销机构。营销机构在呼叫中心和商场外停放有剃须展位、音响系统和女性推广人员的卡车。这种尝试使许多顾客抛弃在印度普遍使用的传统双叶剃须刀，立刻转向吉列剃须刀。经历了 2002 年威锋（Vector）剃须刀的失败后（吉列选择美国麻省理工的印度籍学生，而不是居住在印度的印度人进行焦点小组访谈），Guard 剃须刀取得了成功。这款产品强调“安全性”胜于“贴面紧密度”，而且采用单面刀片设计。[34] 吉列遵循“地区性-哪里-可能”（regional-where-possible）的思路开展营销，逐渐在合适的市场采用全球化市场战略，同时也考虑地区和国家之间的差异。

程序化管理法（programmed-management approach）是另一种中间立场广告策略，即公司总部和国外子公司就营销目标达成一致，然后各个子公司一起做一个初步的广告推广方案。公司总部审核子公司提交的方案并提出建议，然后在当地试点广告推广，公司总部根据结果做出评价。子公司会向总部提交完整的推广方案。一旦总部同意，就会下拨资金给子公司开展推广活动。结果可能是每个市场都高度标准化，或者根据当地环境对个别市场进行调整。程序化管理法既使公司总部对推广程序中可以标准化的部分进行标准化管理，又可以保证推广方案根据不同市场环境做出弹性改变。你可以在以下网址浏览更多关于程序化管理法的资料：Michael F. Hanford, "Program Management: Different from Project Management," IBM DeveloperWorks, May 14, 2004, http://www.ibm.com/developerworks/rational/library/4751.html (February 17, 2015).

13.6.1 人员推销

除了广告以外，促销组合还包括人员推销。与广告相比，人员推销的相对重要性很大程度上取决于成本、可用资金、媒体可用性以及产品种类。为与海外市场交流，工业品的制造商更多地依赖人员推销，而不是广告。消费品的生产商也会重视在海外市场进行人员推销，尤其是在一些发展中国家。

有证据表明，当网络被用来建立信任时[35]，网络可能是人员推销的有效工具。网络的价值还可以通过面对面交流增加。在虚拟世界中建立信任的方法不断改进，并取得一定成效，Ebay 社区以及其他销售和社交网站就是很好的例子。

许多公司尽可能让其海外销售队伍、销售演示和培训方法与本国高度相似。因担心消费者安全和传销的不良影响，中国在 1998 年禁止上门推销[36]，而雅芳（Avon）当时主要推行面对面的直销策略。因此，雅芳（中国）转为零售模式，并于 2006 年在6 000 家美容店和 1 000 家美容专柜销售公司产品。中国允许雅芳进行直销后，雅芳恢复其销售模式。

雅芳在墨西哥也取得了成功。但在进入市场之初，当地专家预计雅芳无法取得成功，因为墨西哥中产阶层女性在白天都出去交际了，根本不在家。然而，雅芳做出了细微但重要的改变。雅芳刊登了大量广告，告诉墨西哥人雅芳的来访会带来什么。雅芳采用了标准化的美国广告，加入了有关销售方法的信息。另外，雅芳招聘高学历的中产阶层女性作为销售代表，并为她们提供培训。雅芳也鼓励这些女性去拜访她们的朋友。在中国和墨西哥，市场法规和文化的差异要求雅芳对美国计划做出调整，以便进入市场。然而，网上销售模式的兴起迫使雅芳在未来几年对策略进行调整。

在外国招聘销售人员比在本国更困难，因为销售经理有时必须处理发生在某地的与销售有关的不光彩的事情。销售经理还需要雇用从文化角度能被消费者和渠道成员接受的销售人员。如果市场很小，顾客使用不同的语言，有文化差异，那么对公司来说就是很大的挑战。

13.6.2 销售促进

销售促进（sales promotion）指为实现市场营销功能提供帮助，包括的活动有：售卖点展示、竞赛、有奖销售、贸易展、名人宣传、折扣优惠和优惠券发放等。优惠券是一个很好的例子。尼尔森调查发现，为了节省开支，顾客会更多地使用优惠券。在美国，46%的顾客表明会更多地使用优惠券，而全球使用优惠券的平均水平为

19%。[37]网络也影响到优惠券的使用，因为线上提供了许多优惠券。

当市场营销人员考虑把销售促进技巧应用到其他市场时，必须考虑文化制约因素。例如，赠品必须对购买者有意义。美国的顾客可能会喜欢厨房小配件，但是拉丁美洲的顾客可能不太感兴趣，因为和美国顾客差不多经济状况的拉丁美洲顾客都喜欢雇用管家。

竞赛、抽奖和游戏在居民喜欢下赌的国家会很受欢迎。人们每周买彩票，希望成为赢得大奖的 50 万分之一的幸运儿，他们怎会不参加免费的竞赛呢？许多零售商喜欢采取售卖点展示方式，即便展示场地面积太小，无法摆放所有的展品。在了解了当地市场的制约因素后，市场营销经理如果能制定出一份计划周详的项目书，那么其投入时间和资金就能带来好的结果。

13.6.3　公共关系

公共关系（public relation）指的是企业与各公众方（包括当地政府）交流的方法，为的是给公众留下好印象。就像一位作家所说，"公共关系就是对企业的市场营销"。福特公司的公共关系传播范围很广。福特基金会是由埃德赛尔·福特（Edsel Ford）和两位公司总裁创办的慈善组织。2000—2012 年，福特基金会向来自非洲、中东、亚洲、拉丁美洲和俄罗斯的研究生提供了 28 亿美元奖学金。[38]

尽管美国企业在本土已经开展了多年的公共关系项目，但是其中一些企业在其他国家很少关注这一重要活动，也没有很好地让当地民众了解企业究竟是做什么的。在许多国家，民族主义强烈，民众抵制跨国公司，这使得公司必须针对与商业无关的民众推出行之有效的公共关系项目，促进双方的交流。在发展中国家，国际制药商经常受到质疑，因为药品虽能减轻病人的痛苦，但制药商从穷人身上获利。为了提升形象，大型制药公司在全球开展与疾病相关的项目：2014 年，赛诺菲（Sanofi）因研发登革热疫苗而受到嘉奖，因为许多发展中国家的穷人受到登革热的折磨。几年前，比尔和梅琳达·盖茨基金会买入九家大型制药公司的股份，价值 20.5 亿美元。这表明比尔·盖茨的个人投资策略发生转变，对其基金会运作产生影响。这对鼓励富人把个人财产捐赠给比尔和梅琳达·盖茨基金会是重要的一步，对于那些需要良心抚慰、重塑或改进形象的富人来说，这无疑是一种榜样的力量。[39]

对公司而言，最大的挑战之一是应对对公司运营和动机的批评。一些公司试图召开会议公开回应批评，有关利益的话题常常是讨论的重点。一些公司选择与批评者私下会面，它们发现，批评者会不断提出新的要求，事情变得没完没了。

一些公司的成功策略是与国际组织或政府组织合作发起辩论，而不是直接和批评者接触。例如，东芝、飞利浦和佳能在发展中国家取得了实效。[40]

公司也可以选择不作为。如果针对公司的批评并没有受到注意，那么很快就会因为缺少公众关注而消失。有时，被中伤的企业会选择走法律程序，维护自身声誉。海伦·斯蒂尔（Helen Steel）和戴夫·莫里斯（Dave Morris）在伦敦街头派发小册子，指控麦当劳使发展中国家贫困人口挨饿，利用儿童做广告，破坏中美洲热带雨林。他们还宣称，麦当劳虐待动物，因为鸡在被杀时可能还是清醒的。麦当劳认为自己受到中伤，在 1994 年起诉了海伦·斯蒂尔和戴夫·莫里斯。这成为英国历史上耗时最长的诽谤罪诉讼，两年后麦当劳在花费了 1.6 亿美元后才获得 9.8 万美元的赔偿。尽管麦当劳从未收到那笔赔偿，但仍有一家抵制麦当劳的主要网站（www. McSpotlight. org）致力于反对这家公司。[41]

13.7 定价策略

定价是市场营销组合的第三个要素。定价决策会影响公司其他职能的执行，并直接决定公司的总收入，从而影响公司的收益。大多数关于定价的研究都是基于北美地区，令人们对其普遍适用性产生怀疑。[42]例如，美国的购物者喜欢促销活动，而在某些货品稀缺的国家，消费者会认为促销代表的是产品质量差，而不是公司试图占据市场份额。有证据表明，在英国和日本，人们认为价格和质量之间高度相关。因此，在英国和日本市场，折扣店很难生存。在发展中国家，市场不信任外来者。在这些市场，文化差异会影响买家如何衡量交易。在某些地区，消费者是按周结薪，而不是双周或按月结。这也会影响定价。比起月薪、周薪工资单，“一天一美元”的影响更大。

有效的定价组合不是机械地将标准利润加在成本上。为了获得最大利润，经理必须像考虑其他可控变量一样考虑定价，因为定价作为市场营销组合的因素，必须根据公司的市场目标做出不同的改变。

例如，如果市场营销人员希望把产品定位为高品质商品，那么相对高的定价会令营销重点放在品质上。然而，低价加上高品质的促销卖点会引起矛盾，损害消费者对产品的信任。定价还会影响中间人的选择，因为如果企业需要批发商代理、储存、促销以及运送商品，就需要给批发商很大的折扣，而给代理商的折扣不会那么大，因为代理商提供的服务比较有限。

这些例子解释了定价如此复杂的一个原因：定价与市场营销组合其他要素会相互影响。此外，还有两种因素会影响定价：环境因素以及市场营销和公司其他职能领域的相互影响。请考虑以下情况：

1. 财务人员希望产品的定价既可盈利，又有助于现金稳定流动。

2. 生产主管希望定价可以创造高销售量，使生产线能以低成本长期运作。

3. 执法部门担心对同类消费者提供不同定价会违反反垄断法，对全球贸易商标保护和知识产权问题感到焦虑。

4. 征税人员关注价格变动对税收负担的影响。

5. 国内销售经理希望出口定价足够高，以避免与公司产品竞争，这些产品是为了出口而购买的，但会再进口到国内市场。如果出口价格太低，就会让灰色市场转售商有机可乘，它们会在外国购买产品然后出口到制造国内市场。

市场营销人员必须考虑以上所有情况，以及法规和其他环境因素的影响。

13.7.1 标准化价格

追求统一的全球化定价政策的公司明白，对定价起作用的力量，正是那些抑制市场营销组合其他要素实现国际标准化的力量。为海外市场定价比较困难，因为必须考虑两类定价法：**国外定价**（foreign national pricing），即在其他国家采用当地定价；**国际定价**（international pricing），即在一个国家生产，然后在另一个国家销售的产品定价。

13.7.2 国外定价

价格有变动是因为不同国家的成本不同。一些政府可能会对进口原材料征收高额进口税，也可能会补贴公共事业，而另一些政府就不会这么做。劳动法的差异也会造成劳工成本的不同。在某个市场本地供应商之间的竞争可能很激烈，这使企业能以较实惠的价格买到原材料。

为把产品引进新市场，一些企业可能会使用撇脂定价策略（price-skimming strategy），即为了收回研发成本而设定较高价格。早期尝试者会为了得到商品而支付额外的费用。其他企业则会采用渗透定价策略（penetration strategy），即设定较低价格使产品能快速在新市场立足。苹果公司采用的是撇脂定价，而其竞争者采用的是渗透定价。超高清电视制造商则从撇脂定价转向渗透定价。

13.7.3 国际定价

国际定价是指为在一个国家生产，在另一个国家出售的产品设定价格。转让定价属于特殊的一类定价方法，在大公司应用得非常普遍，因为大公司希望其子公司可以专注生产某些产品，其他产品可以进口。这些公司进口的可能是组装到成品上的零件，例如把在一个国家生产的电脑芯片安装在另一个国家生产的主板上。公司也可能会进口制成品，放入相关产品组合中。

网络使定价被重新定义。网络对于比较价格起到重要作用——可以在某些网站上查看商品在不同卖场的价格——这意味着国界已没什么意义。从某种程度上来说，针对消费者而设的国际价格就快变成现实了。这也影响到企业对企业间的定价。

13.7.4 分销策略

分销策略的发展在国内市场遇到很多挑战，在国际市场更是如此，因为市场营销经理必须考虑两个职能：把货物运到国外市场（出口），在每个而非一个国外市场对商品进行分销。

分销决策通常和市场营销组合其他要素存在相互依赖的关系。例如，如果产品要有大量的售后服务，那么公司会希望与拥有设备、人员和资金的代理商合作销售产品，因为代理商可以帮助购买零件以及培训服务人员。渠道决策也很关键，因为这是一项长期的决策。与价格、产品和营销决策不同，渠道决策一旦确定就不易更改。可口可乐在中国花了很大代价改变其渠道系统。因为传统渠道下，渠道成员会因为竞争而影响公司与市场的交流，所以可口可乐转而与小型零售商建立关系。[43]

13.7.5 分销标准化

尽管管理人员希望在全球范围内对分销模式进行标准化运作，但有两个基本的限制因素：企业目标市场中渠道成员可用性的差异；不同市场中的环境因素。国际经理发现，总体政策有灵活性，才能得到有效实施。子公司可以根据当地环境执行分销政策以及设计渠道策略。

作为渠道设计的第一步，本地经理可以使用在国内市场取得成功的分销系统。当整个市场营销组合是根据特定渠道类型（比如直销团队或特许经营者）建立时，总部对在全球使用相同渠道的支持就会特别有效。麦当劳就是一个主要依靠国内外特许经营而成功的例子。

13.7.6 国外环境因素

地理差异也会极大地影响分销。试想，在瑞士的山势地形下，该如何进行分销。文化带来的改变通常需要时间，法规引起的改变却是彻底而迅速的。例如，大型超市正在世界各地包括欧洲改变分销模式，但欧洲政府尝试制定法律来限制超级市场和大型超市的建造。

在欧盟内部，也曾施行过其他种类的分销管制。制造商试图阻止批发商跨境交易，但欧盟借助反垄断法禁止这样做。实际上，如果某企业在欧盟内建了两家成本不同的工厂，产品价格存在明显差异，则很难杜绝低成本工厂的产品和高成本工厂的产品之间的竞争。

经济差异使得实现分销的国际标准化有难度，尽管市场营销人员会适应不同的环境。在日本，许多女性没有时间购物和准备传统的日本食物，因此她们购买电视广告推销的方便食物。日本还有超过 50 家连锁便利店，可以送货上门。7－11 是最大的连锁便利店，差不多有 13 000 个门店，其中有许多是由以前的小店主经营的。

零售可以实现全球化吗？法国的家乐福认为可以，它在法国、西班牙、巴西、阿根廷和美国都开了店。西夫韦（Safeway）、古驰、卡地亚、贝纳通和玩具反斗城（Toys R Us）也强势进入了加拿大、欧洲、中国香港和新加坡市场。沃尔玛遍布全球 27 个国家，正在学习如何使全球零售本地化。

脱媒（disintermediation）即脱离传统分销架构，通常是企业将网络和快速配送业务（比如联邦快递和 UPS）等相结合的结果。脱媒正在动摇传统的分销渠道，使企业在有无正式分销架构的情况下都能快速服务顾客。越来越快的货运速度意味着专用渠道的影响越来越小。从另一个角度来说，网络提供了新的渠道架构，例如 eBay 和直销渠道。

得到那份工作！从双肩包到公文包

妮可·基萨姆：考虑从事市场营销工作

妮可·基萨姆（Nicole Kissam）拥有工商管理学士学位，专业为国际管理。现在，她在加利福尼亚州帕罗奥多市的 Matrix Consulting Group 担任西部金融服务部副总裁。除了英语，她还会说捷克语和西班牙语，在布拉格工作了三年。在此期间，她在一家拥有许多跨国客户的独资广告公司担任会计部经理。以下是她的感想。

毕业后，我在 AIESEC 实习。我被派到捷克一个小镇执行一项为期四个月的任务。这个任务是与一家拥有多项业务的雨伞公司合作。我负责调查公司某些产品的市场潜力。我强烈推荐毕业生到像 AIESEC 这样的国际学生组织实习。通过实习，我接触到许多人，获得很多经验，这帮助我随后在捷克找到一份长期的工作。尽管我最终回到了美国，但在小企业工作积累了很多经验，有助于我进入大型跨国公司工作。

对我来说，学习不同层次朋友的礼仪之道，了解如何建立相互联系是很有趣的事情。例如，美国的成年人习惯提前预约而不是顺路拜访。而在捷克，如果双方非常了解，是密友，就会在没有提前告知的情况下拜访对方。你这样做就像朋友间的友好相聚。通常会有一壶热茶，一点小酒，面包配芝士，大家一边吃喝，一边聊上半小时。突然约吃饭也是很平常的。

捷克人拜访别人时通常会带点礼物，例如巧克力、茶和面包。我在美国也这样做，这会使大家关系更密切。

当然，工作表现决定了你能否获得成功，但融入外国文化，让当地人喜欢你，给予你工作所需也是很重要的。语言能力并不是必需的，因为全球大多数商人都讲英语。然而，如果你在学习语言上有天赋，绝对会令你在国外的体会更深。

在捷克工作让我发现了自己的潜能。我用不到六个月就学会了一门新语言，也成功在国外策划和举办了广告活动。跨文化环境下工作是很棒的经历。在不同国家工作和生活的方式不同，有时需要去适应。

我最难忘的经历就是在布格拉日复一日的工作。每天，我从公寓走到办公室，坐火车到欧洲各个城市拜访客人。在积累工作经验的同时，我也不忘欣赏布拉格的迷人风景。

模块总结

1. 讨论为什么国际市场营销经理可能期望将营销组合标准化。

总体来说，公司总经理对如何用相同的产品和营销组合来省钱感兴趣。这种做法还可以帮助控制项目，减少制定市场营销计划所花的时间。

2. 区分总产量、有形产品以及品牌品称等概念。

产品的每个组成部分都可以改变。产品改进后，品牌名称可以维持不变。有时实体产品不改变，需要修改不合适的品牌名称。

3. 比较消费品、工业品与服务为国际销售而做的调整。

工业品（如水泥）几乎不包含“文化输入”，因此不涉及个人偏好问题。消费品则反映了个人偏好。然而，消费者市场中关于时尚就没什么国家偏好的差异。全世界的路易威登钱包的尺寸都一样。

4. 识别出三种产品选择与三种促销方式可组成的产品策略。

六种常用的促销策略可以这样形成：把相同的、修改后的或全新设计的产品与相应的促销信息结合起来。

5. 讨论互联网可能对国际市场营销带来的部分影响。

互联网提供了更多的价格信息，增加了分销的可能性（例如，博柏利在中国的门店会播放时装秀，店员用 iPad 立即订购缺货的产品），可以根据个人尺寸和其他需要提供更多元化的服务。

6. 解释“全球本地化”广告策略。

全球本地化广告策略即设计国际项目后，根据当地经理的需求对项目作出修改。

7. 定义价格策略与分销策略。

定价策略需考虑市场细分、竞争者、行业、市场环境以及成本。分销即把产品送给终端用户。

批判性思考

1. 路易威登的总裁伊夫·卡塞勒曾说：“你需要关注一两千名顾客。你不能用平均收入去做判断，平均不意味着所有。”尽管他谈论的是奢侈品市场，你认为他对平均的看法能应用到其他市场吗？为什么？

2. 你对全球广告的未来有什么看法？

3. 全球市场营销组合标准化的优劣势是什么？

4. 随着教育水平提高，生活条件改善，人们对产品的偏好会变得更相似吗？为什么？

5. 全球化方法在哪种情况下适用？

6. 假设你是索尼的顾问，在 PlayStation 4 即将面世前，为了吸引不同的国外顾客，你会给索尼什么建议？

7. 在外国市场介绍有搜索和发现功能的网站 Foursquare 会遇到什么问题？

8. Candy Crush Saga 这个小游戏拥有超过 7.5 亿脸书用户，但美国用户只占 16%。你认为 Candy Crush Saga 对其他文化背景的顾客有什么吸引力？

微型案例

诙谐机智，不惧权威，还是有点过火？

卡夫食品在 2011 年为其鹰嘴豆泥的 Athenos 系列发布新广告，令人震惊。广告中，一位年轻女性米歇尔用 Athenos 系列鹰嘴豆泥招待朋友，一位希腊奶奶或祖母级的人指责米歇尔穿得像一个妓女。米歇尔一时没反应过来，因此奶奶重复了“妓女”这个词。叙述者指出，至少奶奶接受 Athenos 系列鹰嘴豆泥。宣传语为：“Athenos 可能是奶奶唯一喜欢的东西。”

这则广告是卡夫为了摆脱刻板印象以及吸引脸书和推特用户而做出的努力。另外，卡夫在其他广告中展示了父母因为吃了孩子的通心粉和奶酪而被捕，通过推特分发通心粉和奶酪。卡夫还举办了一场比赛，离婚的双方如果是因为对卡夫奇妙酱有不同看法而分开，就可以赢得奖金，这使得广告中的奶奶名声大噪，在脸书上获得了超过 15 万次点击。另一则广告讲述了一对情侣的故事，在奶奶告诉他们如果不结婚就会下地狱前，他们称自己喜欢在早餐喝 Athenos 酸奶。在另一则广告中，奶奶称一位家庭主男为“妻子”。

一些希腊人抱怨广告带有攻击性，然而广告

吸引了许多人购买鹰嘴豆泥（尽管一位评论家称鹰嘴豆泥其实不是希腊食物）。几年后，尽管奶奶已经不再流行，却还显示在 Athenos 系列的官网上。

问题

1. 你觉得这些广告带有攻击性吗？一些希腊人会这样觉得。你觉得卡夫应该播放这些广告吗？

2. 你认为这类广告可以帮助卡夫摆脱刻板的形象吗？

3. 你可以为其他需要更新的老式品牌或产品设计类似的广告吗？

资料来源：Ron Dicker，"Greek Outcry Over Kraft's Athenos Ads：Hummus and Hookers，Oh My!，" February 28，2011，http://www.walletpop.com/2011/02/28/greek-outcry-over-krafts-athenos-adshummus-and-hookers-oh-my/(February 17，2015)；Julie Jargon，"Kraft Spiffs Up Its Old Brands，" *The Wall Street Journal*，June 30，2011，http://www.wsj.com/articles/SB10001424052702-304450604576416051591186240(February 17，2015)；and "Kraft's Greek Grandmother Ads Draw Criticism，" http://archive.chicagobreakingbusiness.com/2011/03/kr-afts-greek-grandmother-ads-draw-criticism.html(February 17，2015). View the ad at http://www.bing.com/videos/search? q=athenos+hummus+yiayia+commercial&FORM=VIRE1#view=detail&mid=5D461F940A7272BC-75B95D461F940A7272BC75B9(February 17，2015).

注　释

1. T. C. Melewar and John Saunders，"International Corporate Visual Identity：Standardization or Localization?，" *Journal of International Business Studies*，Third Quarter 1999，pp. 583 – 98；Adesegun Oyedele，Osama J. Butt，and Michael S. Minor，"The Extent of Global Visual Identity as Expressed in Web Sites：An Empirical Assessment，" working paper，2014；and "What Is Corporate Visual Identity?，" http://www.wisegeek.com/what-iscorporate-visual-identity.htm (February 17，2015).

2. Douglas Daft，"Back to Classic Coke，" *Financial Times*，March 27，2000，p. 16.

3. Rachel Abrams，"Adapting Listerine to a Global Market，" *The New York Times*，September 12，2014，http://www.nytimes.com/2014/09/13/business/adapting-listerine-to-a-global-market.html? module = Search&mabReward = relbias：r%2c%7b%221%22：%22RI：8%22%7d&_r = 1 (February 17，2015).

4. Nestlé，"Nescafé，" http://www.nestle.com/brands/allbrands/nescafe (February 17，2015)；and Nestlé，"World's Favourite Coffee Brand，Nescafé，Launches REDvolution，" June 17，2014，http://www.nestle.com/media/newsandfeatures/nescafe-red-volution (February 17，2015).

5. "Accenture Reports Strong First-Quarter Fiscal 2015 Results，" December 18，2014，http://finance.yahoo.com/news/accenturereports-strong-first-quarter-120100380.html;_ylt=A0LEV1d9d5R-UHXsAftpXNyoA(February 17，2015).

6. Hyatt Spas，"Sereno Spa，Goa，" http://goa.park.hyatt.com/hyatt/pure/spas/(February 17，2015)；and "Review of Sereno Spa，" http://www.tripadvisor.com/ShowUserReviews-g312681-d1751658-r126844193-Sereno_Spa-Cansaulim_Goa.html(February 17，2015).

7. VISA，*Annual Report 2013*，http://investor.visa.com/files/doc_downloads/annual%20meeting/Visa%20Annual%20Report%202013%20final%20website.pdf(February 17，2015).

8. Patrick Oster and John Rossant，"Call It Worldpool，" *BusinessWeek*，November 27，1994，http://www.bloomberg.com/bw/stories/1994 – 11 – 27/call-it-worldpool(February 17，2015).

9. Peter Marsh，"The World's Wash Day，" *Financial Times*，April 29，2002，p. 6；"High Efficiency Front-Load Washers，" http://www.whirlpool.com/Laundry-1/Laundry_Laundry_Washers-3/102110047 + 4294966820/(December 23，2014)；and Whirlpool Corporation，"Whirlpool Corporation Announces Changes at Several Manufacturing Facilities in North America，" October 3，2006，http://investors.whirlpoolcorp.com/releasedetail.cfm? ReleaseID=532036 (February 17，2015).

10. "A Global Comeback," *Advertising Age*, August 20, 1987, p. 146.

11. Hop & Wine Beverage, "Brewery Spotlight: Delirium Tremens Beer," January 7, 2013, http://www.hopandwine.com/breweryspotlight-delirium-tremens-beer/(February 17, 2015).

12. Sam Holmes and Christopher Rhoads, "Web Addresses Enter New Era," *The Wall Street Journal*, June 21, 2011, http://online.wsj.com/article/SB10001424052702303936704576396963900727284.html (February 17, 2015); and Ashby Jones, "Inventors Race to File Patents," *The Wall Street Journal*, March 15, 2013, http://www.wsj.com/articles/SB10001424127887324077704578360681887241150 (February 17, 2015).

13. Leslie Kwoh, "Wrangling Big Issues to Draw Clients," *The Wall Street Journal*, April 10, 2013, http://www.wsj.com/articles/SB10001424127887323820304578412970197399366 (February 17, 2015).

14. James Detar, "Here's How General Motors Holds as No. 1 in China," *Investor's Business Daily*, August 30, 2013, http://news.investors.com/management-managing-for-success/083013-669386-gm-volkswagen-ford-compete-in-china-market.htm#ixzz2hEg7cB37 (February 17, 2015).

15. Warren J. Keegan, "Multinational Product Planning Strategic Alternatives," *Journal of Marketing*, January 1969, pp. 56-62, combines these strategies to formulate five product and promotional strategies.

16. Honda, "High Inflation: The Challenge of a Crisis," http://world.honda.com/history/challenge/1975cg125/page08.html (February 17, 2015).

17. Belay Seyoum, *Export-Import Theory, Practices, and Procedures*, 3rd ed. (New York: Taylor & Francis, 2014).

18. Jayson DeMers, "The Top 7 Social Media Marketing Trends That Will Dominate 2014," September 24, 2013, http://www.forbes.com/sites/jaysondemers/2013/09/24/the-top-7-social-media-marketingtrends-that-will-dominate-2014/(February 17, 2015); Statista, "Statistics and Facts about Twitter," http://www.statista.com/topics/737/twitter/(February 17, 2015); and Lorraine Luk, "China's PengPeng Aims to Take on Facebook, WeChat," *The Wall Street Journal*, December 11, 2014, blogs.wsj.com/digits/2014/12/11/chinas-pengpengaims-to-take-on-facebook-wechat/(February 17, 2015).

19. Geoffrey Fowler, "Intel's Game: Play It Local but Make It Global," *The Wall Street Journal*, September 30, 2005, http://www.wsj.com/articles/SB112803053030756129(February 17, 2015).

20. Lars Perner, "International Marketing," December 23, 2014, http://www.consumerpsychologist.com/international_marketing.html (February 17, 2015).

21. Scott Goodson, "Why Brand Building Is Important," *Forbes*, May 27, 2012, http://www.forbes.com/ sites/marketshare/2012/05/27/why-brand-building-is-important/(February 17, 2015).

22. Note that the top brands are technology companies. Google was 38th in 2005 and was not in the first 100 in 2004.

23. CMO Council, "Marketing Spend," April 6, 2014, http://www.cmocouncil.org/facts-stats-categories.php? category=marketingspend (February 17, 2015).

24. Statista, "Global cinema advertising revenue from 2014 to 2018 (in billion U.S. dollars)," http://www.statista.com/statistics/237807/global-cinema-advertising-revenue/(February 17, 2015).

25. Kathryn Zickuhr and Mary Madden, "Older Adults and Internet Use," *Pew Research Center Report*, June 6, 2012, http://www.pewinternet.org/2012/06/06/older-adults-and-internet-use/(February 17, 2015).

26. ABC Signup, "Befriend These Internet Trends," June 6, 2013, http://info.abcsignup.com/blog/bid/180983/Befriend-TheseInternet-Trends (February 17, 2015).

27. Liza Lin and Leslie Patton, "KFC Loses Its Touch in China, Its Biggest Overseas Market," *Bloomberg Businessweek*, May 16, 2013, http://www.businessweek.com/articles/2013-05-16/kfc-loses-itstouch-in-china-its-biggest-overseas-market (February 17, 2015); and Joe McDonald, "McDonald's, KFC in China Face New Food Scandal," July 21, 2014, http://finance.yahoo.com/news/mcdonaldskfc-china-face-food-scandal-035715-659.html;_ylt=A0LEVznqkJdU7SwA2YZXNyoA;_ylu=X3oDMTBya3R2ZmV1BHNlYwNzcgRwb3MDNARjb2xvA2JmMQR2dGlkAw (February 17, 2015).

28. Chris Kay, "KFC Follows Nigerian Fast Food Pioneer in African Growth," *Bloomberg Business*, March 27, 2014, http://www.bloomberg.com/news/2014-03-27/kfc-follows-nigerian-fast-foodpioneer-in-african-growth.html (February 17, 2015).

29. Referenced in Marieke de Mooij, *Consumer Behavior and Culture: Consequences for Global Marketing and Advertising* (Los Angeles, CA: Sage, 2011), p. 9.

30. "PepsiCo's New Campaign to Knock Rival Coca-Cola," *Financial Times*, January 19, 1995, p. 12.

31. "How Gillette Execs Spent a Fortune Developing a Razor for India Using MIT Student Focus Groups... Without Considering the Country's Lack of Running Water," *Daily Mail*, October 3, 2013, http://www.dailymail.co.uk/news/article2443191/Gillette-spentfortune-Indian-razor-forgettin-g-countrys-running-water.html (February 17, 2015).

32. Morris Kalliny, Grace Dagher, Michael S. Minor, and Gilberto de los Santos, "Television Advertising in the Arab World: A Status Report," *Journal of Advertising Research*, June 2008, pp. 215-23.

33. Gerrit Wiesmann, "Brands That Stop at the Border," *Financial Times*, October 6, 2006, p. 10, http://www.ft.com/cms/s/0/71f1d064-54d6-11db-901f-0000779e2340.html (February 17, 2015).

34. Rachel Kaplan, "Ad Agencies Take On the World," *International Management* 49, no. 3 (April 1994), pp. 50-52.

35. Eric Pfanner, "On Advertising: A Race to Connect in India," *The New York Times*, November 27, 2005, http://www.nytimes.com/2005/11/27/business/worldbusiness/27iht-ad28.html?_r=0 (February 17, 2015).

36. Stephen X. Doyle and George Thomas Roth, "Selling and Sales Management in Action: The Use of Insight and Coaching to Improve Relationship Selling," *Journal of Personal Selling & Sales Management*, Winter 1992, p. 62.

37. Melissa Campanelli, "Avon's Calling in China," *Direct Marketing News*, March 10, 2006, http://www.dmnews.com/avonscalling-in-china/article/90546/(February 17, 2015).

38. "Our Social Lives and Personal Image the First to Suffer When the Going Gets Tough," ACNielsen, April 18, 2006, http://my.nielsen.com/news/20060418.shtml (December 23, 2014).

39. John LaMattina, "Cleveland Clinic Survey Shows Big Pharma Innovation Renaissance," *Forbes*, November 3, 2014, http://www.forbes.com/sites/johnlamattina/2014/11/03/cleveland-clinic-surveyshows-big-pharma-innovation-renaissance/(February 17, 2015); and Ruben Rosenberg Colorni, "Bill Gates, Big Pharma, Bogus Philanthropy," http://newsjunkiepost.com/2013/06/07/bill-gatesbig-pharma-bogus-philanthropy/(February 17, 2015).

40. "Agencies Responsible for Censorship in China," U.S. Congressional Executive Commission on China, http://www.cecc.gov/pages/virtualAcad/exp/expcensors.php (December 23, 2014).

41. "McDonald's Wins Its Libel Case against Two Activists in the UK," *The Wall Street Journal*, June 20, 1997, p. B2; and McSpotlight, "The McLibel Trial," http://www.mcspotlight.org/case/index.html (February 17, 2015).

42. Lars Perner, "International Marketing," December 23, 2014, http://pptbusiness.net/inter-

national-marketing-lars-pernerinstructor. html (December 23, 2014).

43. "Coke Ends Year on the Better Side of Earnings," *Financial Times*, December 30, 2005, http://www.ft.com/cms/s/0/7d8bb15c-7894-11da-a356-00007-79e2340.html (December 23, 2014).

模块 14

国际环境下的人力资源管理

全球化聚焦于人才，搜寻全世界的智力资本，因为招募到最佳人才的团队才会胜出。

——通用电气“关键增长倡议”

学习目标

1. 确定影响一个国家劳动力数量和质量的主要因素。
2. 解释竞争战略（国际化战略、多国化战略、全球化战略和跨国经营战略）与国际人力资源管理方法（民族中心主义、多中心主义、区域中心主义和地球中心主义）之间的关系。
3. 比较国际公司管理人员在母国、东道国和第三方国家招聘和选拔时的注意事项。
4. 区分国际公司管理人员在母国、东道国和第三方国家做培训和开发时的注意事项。
5. 确定外派人员会遇到的挑战和机遇。
6. 描述外派人员薪酬待遇的复杂之处。

开篇短文

你是否应该寻找国际工作机会?

老板把你叫到她的办公室说：“我们在亚洲有一个问题，需要你去解决。”你在公司的表现一直很好，你的工作要求你对自己的国家很熟悉，但是现在公司在国外发现了市场，想抓住这些机会。你经常梦想着去国外，可是，除大学毕业后和朋友去了哥斯达黎加的热带雨林外，你未出过国。2013 年，大约有 700 万企业管理人员在海外工作，预计到 2017 年要增长 5%以上[①]，现在你有机会加入这个群体。离开老板的办公室后，你迫不及待地打电话告诉家人这个消息。

你就要成为一名**外派人员**（expatriate），到国外生活。你的家人会很高兴，你会学习一门新语言，融入另一种文化，国外的经历将成为你晋升的通行证。你会成就一番事业。对吗？

或许是这样的。但是你必须非常谨慎。对很多接手国外任务的雇员来说，这是“眼不见心不烦”的差事，当你回母国公司时，可能会发现自己有点脱节。然而，如果你在出国前采取正确的步骤，完成外派任务将成为你晋升的通行证。

如果可能的话，让公司职级比较高的人给你些指导，最好找一个承担过外派任务的员工，向他取经。本国的指导者应该能告诉你回到母国公司后的变化和发展，这个人应该能经常提及你的名字，让你在国外的时候也不被遗忘。你还应该考虑在东道国找一个能协助你理解当地文化的指导者，给你介绍有价值的商业人脉，当你承担外派任务时，帮助你了解当地环境。

在你接受外派任务前，坚持让老板告诉你，公司到底期待你完成什么。你需要设立用于经营的工厂、装备系统，或者将目前在本国运作的方案予以实践，安排资金，协商投资，或者为东道国的接任者提供培训？这是一个长达两年或四年的任务，还是只包括一个或几个短期的任务，你主要处理专门的问题或传递专门的知识？

当然，尽管你很努力很谨慎，公司仍有可能忘了你或不珍视你。意识到这一点，你应该确保好好工作，从外派任务中获利；了解新的市场；熟悉当地语言，这会让你更好地理解其文化；充分利用你的国际经历，以创新的思维看待世界、理解挑战和机遇；培养重要的与适应新环境有关的新的生活技能；积极构建国际人脉。你可以积极加入当地商会、社会俱乐部和运动俱乐部以建立社交网络。

所有这些都会使你对其他公司有价值，也会让它们注意到你。从本质上讲，外派经历相当于由公司支付的价值100万美元的培训。这对你本人、所在公司和其他公司都是有用的。毕竟，积极的外派人员是全球公司寻求高级主管的一个重要来源。

注释：

①Finaccord，*Global Expatriates：Size，Segmentation and Forecast for the Worldwide Market*，January 2014，http://finaccord.com/documents/rp_2013/report_prospectus_global_expatriates_size_segmentation_forecasts_worldwide_market.pdf(February 2，2015)，p.9.

一个组织的有效性在一定程度上取决于劳动力的性质，以及人力资源的利用情况。人力资源的有效利用与管理层的政策和实践密切相关。管理公司的人力资源是一项共同的责任。对工作人员的日常监督是运营经理的责任，他必须将人力、财力和物力资源整合进一个高效的生产系统。然而，一般由人事经理与负责营销、生产和运营、财务的主管以及公司律师合作，制定以下方面的政策和程序：（1）预估劳动力需求；（2）招聘和选拔；（3）培训和开发；（4）激励；（5）薪酬；（6）纪律；（7）终止雇佣关系。

在任何情况下，找到合适的人来管理一个组织都不容易，而要找优秀的管理者来负责海外运营尤其困难。这种职位比从事国内执行工作需要更多不同的技能。合适的人选需要了解两种不同的文化，了解本国商务实践的知识以及东道国的商务实践和商业惯例。要想充分了解一种文化，通常有必要掌握当地语言。只有如此，才能理解语言的微妙和幽默之处，明白东道国的现状。尽管很难找到这样的管理者，但这种人才的确存在，可能会在本国、东道国或者第三国。选拔人才的一个关键前提是了解劳动力状况和趋势。

14.1 世界劳动力条件

当外国公司进入一个新的国家时，它必须了解当地**劳动力市场**（labcr market）。劳动力市场是指可找到的位于雇主的通勤距离内且有必要技能的劳动力。然而，世界各国和地区的劳动力数量和质量是不同的，随着时间的推移而变化。因此，当考虑是否在某国投资时，谨慎的公司会研究当地劳动力市场。信息来源众多，比如《外国劳动力趋势》（*Foreign Labor Trends*）和《劳动统计手册》（*Handbook of Labor Statistics*），这些可从美国劳工部获得，还有国际劳工组织出版的《劳动统计年鉴》（*Yearbook of Labor Statistics*）。本节简要介绍与劳动条件相关的方面，包括劳动力的总体规模、人口老龄化、劳动力城市化、移民劳动力和工会等。

14.1.1 劳动力的总体规模

首先，我们从一些非常宏观的人口统计学数据来看世界总体的形势。2014 年，世界居民数量为 72 亿，其中 34%的人口不到 20 岁。[1]由于出生率高及婴儿死亡率下降，发展中国家的人口越来越多，并渐趋年轻化。仅印度和中国两个发展中国家就拥有全球超过 1/3 的 15～24 岁的青少年，这是未来 10 年新增劳动力的一个重要来源。[2]

与之相反，由于低出生率和低移民率等因素，在未来几年内，发达国家的人口预计呈下降趋势。例如，2006—2050 年，日本人口预计将从 1.27 亿降至 9 500 万，俄罗斯人口将从 1.41 亿降至 1.24 亿，而德国人口将从 8 100 万降至 7 200 万。[3]对已经接纳了大量外国移民的国家，比如美国、英国、加拿大和澳大利亚来说，由于其移民年龄低且出生率较高，预计它们的人口将会持续增长。例如，2010—2050 年，美国人口预计从 3.22 亿增至 3.98 亿，加拿大人口从 3 600 万增至 4 400 万。[4]

14.1.2 人口老龄化

除了将人口作为一个整体来考察，我们需要考虑人口老龄化对劳动力的影响，这个趋势影响世界许多国家。65 岁及以上年龄的人口在世界人口中所占比例迅速上升，在最近几年已经引起关注。2010 年，65 岁及以上年龄的人口是 4.25 亿，到 2050 年，这个数字预计将翻四番，达到 15 亿左右。[5]

人口老龄化在发达国家比在发展中国家更明显。预计到 2050 年，65 岁及以上年龄的人口的比例会从 2010 年的 12%上升到 25%。[6]在大多数发达国家，老龄化人口对许多方面都产生了影响，比如：对劳动力规模和技能的要求；移民相关政策的制定；经济增长；一系列与养老金、医疗保健以及其他重要的方面相关的政治问题。例如，预计到2050年，欧盟的世界总产出的份额会减少一半，降到15%，除非一些主要的政策得到改变。[7]相反，更年轻化的美国可能会扩大其在世界产出中的份额，许多经济快速发展的国家也将如此。相对于发达国家，发展中国家只有约一半的人口达到65岁及以上。以印度为例，与其他国家尤其是发达国家相比，印度处于传统的工作年龄（20～64岁）的人口所占比例更大。对于考虑生产地以及寻找针对工作年龄段的成年人的产品市场的国际公司来说，这可能有重要意义。

14.1.3 劳动力城市化

在过去一个世纪里，全世界的人口和劳动力从农村急剧转向城市。如图14-1所示，在1950年，近30%的世界人口居住在城市。[8]到2010年，世界上超过一半的人口属于城市人口，而到2030年，这个比例预计会上升至60%。虽然发达国家的城市化水平高，但1975—2014年，发展中国家城市化水平的提高速度几乎快六倍，这些国家的人口与经济同步增长。

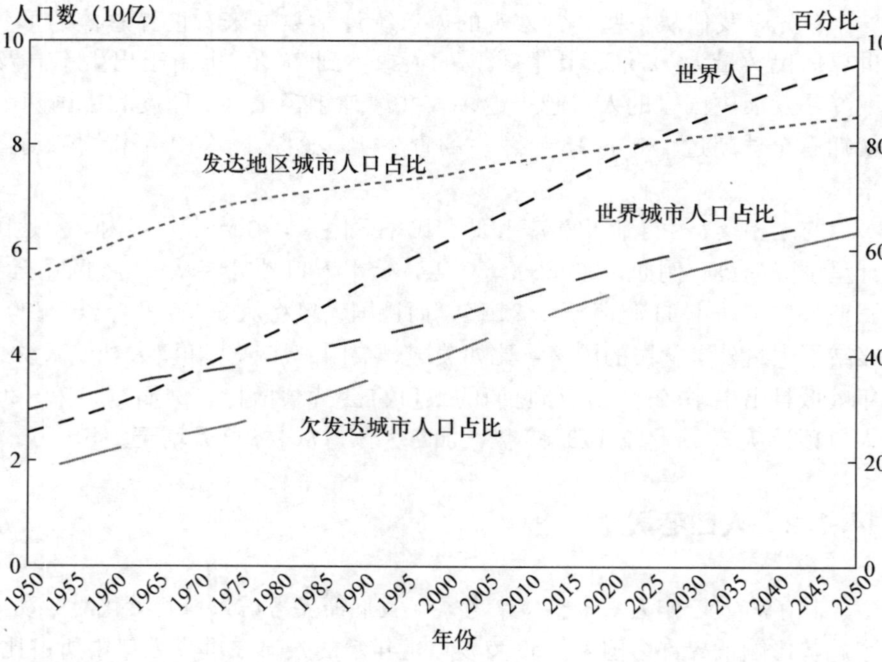

图14-1 世界人口的城市化趋势（1950—2050年）

资料来源：United Nations, *World Urbanization Prospects*: *The 2014 Revision*, http://esa.un.org/unpd/wup/CDROM/Default.aspx(February 2, 2015); and *World Population Prospects*: *The 2012 Revision*, http://esa.un.org/unpd/wpp/index.htm (February 2, 2015).

随着人口从农村地区转向城市地区，特别是发展中国家内部的迁移，劳动力由从事农业转向从事工业和服务业。通常情况下，从农村地区涌入的劳动力会成为低成本、低技能的工人，其中很大一部分可以归入弱势劳动力，他们最有可能丢掉工作。虽然在发展中国家的国际公司的培训师发现，人们能快速学习行业技能，但更大的挑战是，教会来自农场和村庄的新工人如何在社会和心理上适应现代工业和服务业的要求。

14.1.4　移民劳动力

劳动力流动（labor mobility）指人口在国与国之间的流动。虽然古典经济学家假定劳动力是固定的，但我们现在知道，劳动力流动确实存在。不论社会经济水平如何，如果可能的话，人们都愿意到经济环境更好的地方，移民与劳动力的供求以及影响这些因素的法规有关。比如，1850—1970 年，至少有 6 000 万人口离开欧洲在海外工作与生活。从第二次世界大战到 20 世纪 70 年代中期，大约 3 000 万工人从欧洲南部和北非流向北欧八个国家，那里经济繁荣，需要劳动力。苏联解体后，欧盟因中欧国家的加入而不断扩张，世界其他地方发生国内冲突和政治剧变，这些都促进了移民。2014 年前，欧洲劳动力的增长中，移民占 70%，美国劳动力的增长中，移民占 47%。[9]

超过 2.15 亿人口生活在出生国以外的国家，1960 年，这个数字翻了三番。[10]世界移民中，60%的人口居住在发达国家，特别是美国、欧洲各国和澳大利亚。[11]移民输出最多的国家是墨西哥、俄罗斯、印度、中国、乌克兰、孟加拉国和土耳其。接收国际移民最多的是美国、俄罗斯、德国、乌克兰、法国、印度和加拿大。

虽然美国的人口只占世界人口的 5%左右，但在全球超过 2.32 亿移民中，美国移民占 20%。[12]2012 年，居住在美国的人口中有 13%出生在外国，这个数字在 1970 年是 5%。[13]21 世纪头 10 年，在美国人口的总增长中，新移民（合法的和非法的，加上移民的新生人口）的贡献率为 80%。[14]美国移民来自世界各地，主要来自拉丁美洲和加勒比海（53%）、亚洲（28%）和欧洲（12%）。

移民从事的既有信息技术和医疗等技术水平较高的工作，也有农业、清洁和家政服务等技术水平较低的工作。许多移民做的是肮脏、危险和不体面的工作，这些都是本国工人拒绝从事或工作人员不足的工作。许多这类职位聘用弱势工人，也就是说，工人没有合同，工作没有福利，工资是私下支付的，这些雇佣关系往往违反了当地法律。工人通常是未成年人或非法移民。关于移民工资效应的研究表明，这可能导致国家现有工人的工资变低。一项关于 20 年内加拿大工人的研究显示，移民使受过高等教育的工人的实际工资下降了 7%。[15]由于移民的加入，劳动力的供给量增加了 10%，工资减少了 3%～4%。美国的一些研究也呈现了相似的结果。[16]虽然移民在缓解通货膨胀和提升企业的国际成本竞争力方面起到积极作用，但移民对工资水平的影响引发了劳工组织和其他组织对移民的反对。国内或国家之间大规模的移民包括受过培训的专业人员，也包括无一技之长的普通劳动力，这些已经成为人力资源经理考虑的重要问题。

14.1.5 外来工人

接收了很多难民或者出生率高的国家可能拥有较多的劳动力，有些国家却缺乏劳动力。法国、德国、北欧国家和瑞士等国的出生率都较低，面临劳动力短缺问题。这些国家有一些**外来工人**（guest worker），他们从事某些类型的工作，通常是服务业或建筑业的工作。大多数外来工人来自土耳其、西欧和北非。

外来工人提供了东道国需要的劳动力，只要经济持续发展，就有劳动力需求。但是当经济增长放缓时，所需的工人数量减少，问题也就产生了。失业率上升，人们失业之后会想得到外来工人的工作。为了满足本国公民的要求，一些国家拒绝更新外来工人的许可证。在一些国家，工作有季节性，外来工人在季节末被驱逐出境，不能留下来从事其他工作。外来工人的存在有时可能激起东道国的不安情绪，很多时候，在东道国的社会结构中，外来工人不被视为组成部分，较少受到法律和其他方面的保护。

14.1.6 人才流失

创纪录的移民正前往经合组织国家寻找工作。经合组织的年度《国际移民趋势》（*Trends in International Migration*）指出，一些经合组织成员的经济衰退没有影响到始于 20 世纪 90 年代中期的国际移民上升趋势。[17]

一个国家最聪明的受教育程度最高的人的流失称为**人才流失**（brain drain），这通常是由于人们想要寻求更好的经济环境和获得更好的专业机会。人才流失已经成为发展中国家的一个严重问题，因为它意味着科学家、信息专家、工程师、教师、卫生保健人员等专业技术人员的流失。在一些中美洲国家和撒哈拉以南非洲国家，受过大学教育的人口一半以上移居外地，以在他们接受教育的地区获得充分的资源。[18]

传统上看，技术移民的主要目的地一直是美国，影响因素包括：一流的大学，有活力的公司，开放的、以绩效为基础的经济系统，较好的社会环境和较高的生活水平等。由于工资高和研究机会多，美国持续吸引着其他国家的科学家和工程师，这些移民已成为美国经济健康的一个基本要素。例如，在美国，近 25%受过大学教育的员工出生于国外，拥有工程学博士学位的员工比例超过 56%。[19]大约 53%的外国学生在获得科学博士学位后留在了美国。研究表明，移民为美国创造的新业务比本地出生的居民多 30%，有助于增加就业机会和促进经济增长。[20]美国风险投资协会（National Venture Capital Association）发现，移民在美国创办了 25%的风险投资公司，包括谷歌、英特尔、雅虎和 eBay。[21]

逆向人才外流（reverse brain drain）指那些为接收国做出贡献的高技能移民回国，这成为美国教育家、政策制定者和企业人员近来关注的问题。这与外包不断增加以及一些政府允许甚至鼓励“有争议”的科学家移居其他国家有关。[22]一些发展中国家开始支持逆向人才外流项目，以便帮助人才回国工作。例如，北京推出了“千人项目”，旨在吸引从中国移民出去的人才。该项目给顶尖科学家提供 100 万元人民币的资助、高薪和丰厚的实验室资金。在美国，政府限制发放给外籍工人的工作签证数量，等待移民签证的时间漫长，都加剧了人才外流。[23]外包业务的增长令印度专业人才回国。国际公司能很好地促进人才回流，因为它们将知识性工作——工程、软件、产品设计和开发——外包给中国、印度和俄罗斯等国。美国政府对科学上存在争议的一些领域的研究有所限制，比如干细胞研究，科学家——无论本地的还是非本地的——都愿意到对这些前沿研究给予更大支持的环境中工作。

14.1.7 工会

工会（labor unicn）是劳工组织，国与国之间的差异很大。它们在发达国家往往作用更大，但欧洲各国、美国和日本相比较，各国的工会也有明显不同的目的，它们对雇员事务的影响也不同。美国劳工法主要局限于**集体谈判**（collective bargaining）的框架。在集体谈判的过程中，当工会和管理层协商时，工会代表每一个人（可能包括工会成员和非成员）的利益。在欧洲，政府的角色较为活跃，通常以立法形式规定工资和工作条件。拉丁美洲国家政府在处理雇主和雇员关系方面也很活跃，这往往是由于工会软弱和工会领导人缺乏经验。

相反，在欧洲和美国，工会和管理层之间通常是敌对关系，日本的工会往往强烈地认同公司的利益。例如，如果日本工会认为过多地增加工资会有损公司的竞争力，它们往往不会过于要求加薪。日本工会以企业为基准，而不是像美国那样以全行业为基准。

工会会员的比例在不同国家差异很大，在一些国家是个位数，在一些国家则达到 80%以上。图 14-2 显示了部分国家工人成为工会会员的比例，以及近几年比例的变化情况。

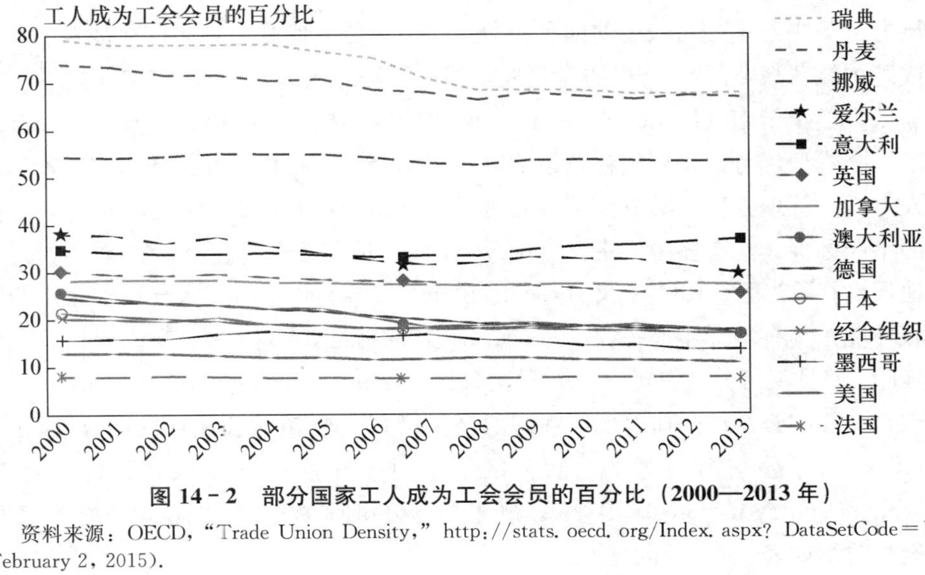

图 14-2 部分国家工人成为工会会员的百分比（2000—2013 年）

资料来源：OECD，“Trade Union Density，” http://stats.oecd.org/Index.aspx? DataSetCode=UN_DEN (February 2，2015).

过去 40 年里，大多数发达国家的工会会员人数下降，特别是产业部门的工人。造成这一趋势的原因包括：

- 雇主已努力使企业工会保持自由，包括让雇员参与经营委员会，制定利润分享计划。该合作方法在许多情况下达到了预期的效果。
- 更多的妇女和青少年加入了劳动队伍，他们通常属于中等收入人群，接受较低的工资，对工会没有多少忠诚度。
- 工会已取得了成功。工资上涨有时也导致成本更高，雇主的竞争力下降，从而导致裁员和就业机会转移到低成本地区。从这个意义上来说，工会一直是自己成功的受害者。
- 随着发达国家向知识经济转型，构成工会会员关系核心的产业岗位正在减少。

尽管产业部门的工会会员普遍减少，在后产业经济扩张的服务部门中，一些国家的工会成功地将工人组织起来，有助于阻止工会工人的占比整体性下降。

全国性工会已意识到，企业会有机会通过相对简单的国际外包将产品运输到另一个国家，来逃避工会组织。工会认为这样做是有风险的。为了抵御风险，全国性工会采取了以下措施：（1）收集和发布有关公司的信息；（2）与其他国家的工会协商；（3）在和一些公司打交道时，与工会的政策和策略协调；（4）鼓励支持国际公司的行为守则。尽管工会因意识形态不同而有差异，并且通常带有强烈的民族主义色彩，但一些跨国公司的劳工活动可能会增加。一般而言，其大多数精力和金钱都用于游说保护民族产业，而不是与其他国家的工会合作。

14.2 国际人力资源管理的战略方法

两种相互竞争的力量——实现全球性整合和降低成本的压力，以及本地化经营的压力——决定了公司采用的四种竞争战略（母国复制战略、多国化战略、全球化战略或跨国经营战略）。[24]公司的竞争战略促进了国际人力资源管理方法的发展。

大卫·希南（David Heenan）和霍华德·珀尔马特（Howard Perlmutter）开发了一个模型，考虑采用四种竞争战略，来确定组织在招聘和提拔员工时所采取的国际人力资源管理方法：具有**民族中心主义**（ethnocentric）的特征，即基于本国母公司的参照标准；具有**多中心主义**（polycentric）的特征，即基于子公司运营的特殊的当地环境；具有**区域中心主义**（regiocentric）的特征，即基于子公司运营的特殊的区域环境；具有**地球中心主义**（geocentric）的特征，不考虑种族或国籍，基于能力和经验。[25]员工可分为三类：（1）**母国公民**（home-country national/parent-country national，PCN），母公司总部所在国的公民；（2）**东道国公民**（host-country national，HCN），子公司所在国的公民，区别于母公司所在国的公民；（3）**第三国公民**（third-country national，TCN），既不是母公司所在国的公民，也不是东道国的公民。这些关系如表 14-1 所示。

表 14-1　战略方法、组织关注点以及所使用的国际人力资源管理方法

情况介绍	情况介绍			
	民族中心主义	多中心主义	区域中心主义	地球中心主义
主要战略定位/阶段	母国复制	多国的	区域的	跨国的
持续性（招聘、人员配置、开发）	母国员工担任世界各地公司的重要职位	当地员工担任公司在本国的重要职位	区域内员工担任本区域内公司的重要职位	最优秀的人才担任世界各地公司的重要职位
组织的复杂性	在母国复杂，在子公司很简单	多变的和独立的	在区域的基础上高度独立	"全球网"，复杂，独立，世界范围的联盟/网络
权威，决策制定	总部很高	总部相对低	区域性总部高和/或子公司间高度合作	总部和世界各地子公司间合作
评估和控制	本国标准应用于人员和表现	根据当地的情况判定	根据区域的情况判定	全球一体化
奖励	总部高，子公司低	大幅变化，对子公司表现的奖励可高可低	奖励对区域目标有贡献者	奖励达到当地和世界目标的主管
交流，信息流	大量的订单、需求、对子公司的建议	到达总部和从总部发出的少，子公司间少	到达公司总部和来自公司总部的少，但是到达和来自区域总部的和国家间的可能多	水平的，网络关系
地理判定	所有者的国家	东道国	区域公司	真正的全球公司，但是认同国家利益（"全球的"）

资料来源：Adapted from David A. Heenan and Howard V. Perimutter, *Multinational Organization Development* (Boston: Addison-Wesley, 1979).

14.3　员工招聘与选拔

员工的招聘和选拔通常称为人员配置（staffing），其确定方式应该与组织寻求的四种国际人力资源管理方法相一致。接下来我们将讨论这一话题。[26]

14.3.1　基于民族中心主义的人员配置政策

当公司的导向主要是国际化（其特征是降低成本的压力小，本地市场响应的压力小）时，可能会采用基于民族中心主义的人员配置政策。据此，大部分的决定由总部做出，采用母国的参照标准。在重要的国外管理和技术岗位上，国际公司会使用母国公民。劳资谈判人员和其他专家可能会被派去处理诸如产品保证、国际联络、税收、会计和报告之类的问题。母国会派遣团队来协助建立新厂，直到子公司的人员培训结

束，子公司可以独立运作和维护新工厂为止。

母国公民通常并不了解东道国的文化和语言。许多外派人员学习了该国语言，融入了东道国，虽然管理者在克服文化偏见、在新的运营环境中有效理解和执行任务方面遇到许多困难，尤其是在执行任务的早期，他们对东道国缺乏了解。

在国外雇用母国公民的一大优点是可以帮助他们积累经验，为在总部晋升做准备。如果企业要从国际市场赚取大部分利润，会要求高层管理人员无论在商业上还是在政治上都具有全球视野。然而，如果没有在国外生活和工作相当长一段时间，很难或几乎不可能拥有国际视野。

如果子公司要应用某种新技术，母公司可能至少安排一名技术专家到子公司，直至当地人员掌握技术为止。通过这种方式，母公司就能确信，员工可以阐明总部的政策和程序，并自觉遵守，向国际公司管理层解释当地进展情况。国际企业设立的职位或提出的要求有时并不受东道国政府欢迎。东道国公民接受这样的职位可能显得并不爱国，然而，如果是外国人，东道国政府就能理解和接受。

基于民族中心主义的人员配置政策的一个缺点是使用来自母国的员工可能并不便宜。除了他们的工资可能会比相应的东道国管理者更高，可能还有安置员工和家属的额外费用。由于语言和文化差异，加上其他一些环境因素，母国管理者也会发现，基于民族中心主义的人员配置政策难以在东道国有效发挥作用。

14.3.2 基于多中心主义的人员配置政策

当公司的主要战略导向是多国化的，降低成本的压力小，但本地市场响应的压力大时，就可能会采用多中心主义的方法。基于多中心主义的人员配置依赖针对本地运营的具体情况而制定的符合当地水准的人力资源政策。公司主要招聘东道国公民为子公司工作，招聘母国公民为总部工作，从本地子公司升迁到总部任职的情况并不常见。

当国际公司为子公司配置东道国公民时，不会遇到不熟悉当地风俗、文化和语言的问题。此外，雇用人员所需的初期成本一般较低（与雇用母国公民和支付其安置费用相比），尽管为了让东道国公民了解国际公司及其做事方法，有时需要花相当高的培训成本。如果东道国有较浓的民族主义氛围，让其公民担任管理者可以使子公司显得不那么外国化。

一些国家的政府发展计划和法律规定，各部门以及各阶层的就业要反映社会的种族构成。也就是说，必须给当地人提供更多的技术和管理职位。如果印度尼西亚的外资公司没有雇用足够的本地人，这些公司可能会遇到外籍员工难以获得再次入境许可的问题，并难以获得政府发放的其他执照和许可证。贿赂情况一直有增无减，除非有更多的本地人被雇用和提拔。

雇用当地管理者的缺点是他们往往不熟悉国际公司的母国情况，以及企业文化、政策和做法。就像德国化工集团朗盛（Lanxess）的人力资源负责人刘正荣（Liu Zhengrong）对此所做的评论，“在与总部沟通方面，你失去了一些东西，但换来的是你对当地市场的更多了解。”[27]由于态度和价值观的差异，当地管理者的行事方式可能会令总部人员感觉惊讶或不悦。此外，由于较强的文化习惯或家庭纽带关系，本地管理者可能对晋升有自己的看法，不愿意离开自己的国家到母公司总部或其他子公司工作。

雇用和培训当地员工的外国公司经常遇到一个常见的且具有破坏性的国际人力资源管理问题。在很多国家，有才能、有经验的管理人员和其他技术型员工缺乏。其中最优秀的人才可能被当地公司或其他国际公司的子公司挖走，因为当地的招募公司不断搜寻和吸引最有才华的员工，促使他们离开原来的国际公司，加入另一家正在寻求解决自身技术人才短缺问题的公司。

最后，东道国和雇主之间可能存在有关忠诚的冲突。例如，来自东道国的雇员可能会优先考虑当地供应商，即使进口的产品可能价格更低或质量更好。本地管理者可能会反对总部提出的降低转让价格的要求，降低转让价格可以降低支付给东道国政府的税收，有益于国际公司。

14.3.3　基于区域中心主义的人员配置政策

当企业具区域性战略导向（和多国化战略相比，其降低成本的压力略小，本地市场响应的压力略小）时，可以采用基于区域中心主义的人员配置政策。据此，选择区域内的员工担任该区域的重要职位，意味着国际公司会雇用许多东道国公民和第三国公民以满足子公司对人员的需求。

雇用母国或东道国公民有缺陷，这些缺陷可以通过派遣第三国公民填补管理职位空缺来避免。派往阿根廷的智利人可能并不存在文化或语言方面的障碍，但国际公司总部应注意，不要过于依赖语言的相似性，并由此联想到文化其他方面的相似性。例如，如果墨西哥人要迁至阿根廷，他们可能必须做出相当多的调整，他们发现，迁至西班牙更困难。这是因为在一般情况下，墨西哥文化与阿根廷文化、西班牙文化大相径庭。尽管阿根廷和智利的文化不同，但它们有许多相似之处。相对客观的总结是，一旦某个执行主管成功地适应了新的文化和语言环境，之后适应起来就更容易。

雇主不应该指望依靠使用第三国雇员来节约成本。虽然他们也许来自工资水平较低的国家，如巴西；在大多数欧洲西北部国家，有经验的管理人员和技术人员的工资水平可能高于其他发达国家，比如美国。

14.3.4　基于地球中心主义的人员配置政策

对选择跨国战略导向的公司来说，在降低成本和本地市场响应的双重高压的驱动下，通常遵循基于地球中心主义的人员配置政策。相关组织为每个职位挑选最佳人选，不考虑国籍问题，因此可以充分利用每一种人员配置政策的有利方面。遵循基于地球中心主义的人员配置政策，所有子公司的人力资源管理策略往往保持一致，并借鉴全球公司运营中最好的做法，而不倾向于仅仅在总部或当地环境中应用的实践方法。然而，更难招募和留住掌握过硬的全套本领的雇员，原因在于价值观、所掌握技能的稀缺性以及他们对潜在雇主的吸引力。这将提高成本，对基于地球中心主义的人员配置政策构成挑战。对推行这一策略的公司来说，在世界各地做出不同的选择，就最佳实践达成一致，也是一个挑战。

国际商务实践

对掌握全球技能的高级管理者需求很大

全世界对掌握全球技能的高级管理者的需求不断增加。普华永道会计师事务所预计，到 2020 年，国际派遣人数将增长 50%，在发展中国家这种需求更大。你可以看看中国和拉丁美洲的情况。

某美国消费品公司在中国运营时，将技术方面很擅长的西方管理者派往中国。然而他们失败了，因为他们不懂中国文化。为了解决问题，这家美国公司从亚洲其他国家招聘了会说中文的员工。但是文化差异依然存在，这些会说中文却并不了解中国价值观的管理者遇到了一些预料之外的问题。

在中国，雇用当地人的成本比雇用外籍人士的成本要低，当地人往往更了解中国市场和顾客。一个当地的老板可以激励有抱负的下级员工，也能促进交流和提高士气。正如沃尔玛（中国）执行主管杜丽敏（Du Limin）所言，“他们把我当成大姐，会把家里的事向我倾诉。如果你是一个外籍人士，不可能会这样”。[①]然而，对国际公司来说，在新兴市场找到能够胜任的当地候选人并不容易。即使国际公司想实现劳动力本地化，也会发现大多数本地人没接触过国际原则。在短期内，供需之间的不平衡不可能改变。

许多非拉丁美洲企业想要在急需双语主管的地区运营。然而，语言流利的人不一定拥有特定职位所需的技能。这些公司寻找可以用双重模式运营的人，将美国的效率和企业文化与拉丁式的做事方式（更加个人化）结合，这需要对西班牙人和葡萄牙人有所了解。I-Network. com 的主管伊格纳西奥 · 克莱曼（Lgnacio Kleinman）举了一个关于文化对比的例子。他观察到，某位美国商务主管可能想通过电话来达成一项交易，但拉丁式的风格是，搭乘飞机前往客户所在国家，一起吃午饭，讨论足球和家庭。“之后，客户会感到和你更亲近。如果没有私人关系，几乎不可能达成交易。”[②]

要如何提升技能和积累经验来有效完成外派任务？首先，不要与当地文化脱节。“在一个国际环境中管理，意味着你要管理的人不仅有时间和距离的差异，还有文化、社会和语言的差异。”位于印度班加罗尔的思科（Cisco）全球发展中心的常务董事德瓦拉贾（S. Devarajan）说，“你需要在团队成员间建立联系，并经常和他们互动交流。”[③]到达一个国家时，很多外籍人士选择待在对他们而言熟悉的区域：他们坐在会说英语的司机开的车里往来于各地，经常去迎合美国人口味的商店、餐馆和酒吧。这样的管理者通常被称为“Teflon expatriates”，因为他们在国外生活，但并未融入当地的文化。结果就是，他们不可能有效地培养在当地文化中与同伴共事的能力。

问题

1. 为了圆满完成外派任务，需要什么技能或经验?
2. 公司要如何评估候选人是否拥有这些技能和经验?

注释：

① Cui Rong, "Firms in China Think Globally, Hire Locally," *The Wall Street Journal*, February 27, 2006, http://online.wsj.com/news/articles/SB114099511085483717(February 2, 2015).

② Chris Kraul, "Latino Talent Finch Hobbling U.S. Firms'Expansion Plans," *Los Angeles Times*, June 25, 2000, http://articles.latimes.com/2000/jun/25/business/fi-44585(February 2, 2015).

③ Glenn Rifkin, "The Soft Skills of Global Managers," *Harvard Management Update* 11, no. 3 (March 2006), http://hbswk.hbs.edu/archive/5370.html(February 2, 2015).

14.4 员工培训与开发

培训和开发活动包括：努力帮助员工获得工作相关的知识、行为和技能。针对国际公司经理和其他重要的员工的培训和开发做法各异，这取决于候选人是来自母国、东道国还是第三国。接下来，我们讨论这一话题。

14.4.1 母国公民

大多数派遣到国外工作的员工来自母国，派往国外的新雇用大学毕业生相对较少。[28]通常，外派人员在母国公司工作多年，由于努力、机会或运气等，可能会参与公司的国际化运作。例如，他们可能先被分配到公司总部的国际事业部，在那里学会处理外国子公司提交的问题，接待来访的海外人员。

如果公司想要派遣母国公民出国，在外派前，公司经常会鼓励他们学习东道国的语言和文化。启程前，他们可能会被安排国外短途旅行，处理一些特殊任务，接触国外环境。新聘用的有海外经验的母国公民可能也会接受类似的培训，但时间会更短。

美国国际公司越来越多地将美国商学院的课程作为海外工作内部培训的补充。认识到国际业务日益重要，这些商学院正扩大国际商务课程的数量和范围。此外，许多大学的商学院在他国办学，有些商学院为学生提供机会以获得国际环境下的商业经历，比如咨询和实习活动。

雇主还要考虑随迁到海外的高管家属事宜。即使员工能适应并享受国外生活，其家属也许并非如此，一个不幸福的家庭可能会影响员工的情绪，甚至导致婚姻破裂。在这种情况下，公司可能要付出很大成本将其家属送回国。因此，在选拔外派人员前，许多企业会评估外派人员的家属能否适应国外环境。这是我们在本章后面会谈到的有关外派人员的话题。

14.4.2 东道国公民

选择母国员工的通用标准也适用于东道国公民。然而，为东道国公民开展的培训和开发活动通常与为母国公民准备的活动不一样，因为东道国公民可能更缺乏先进的商业技巧，特别是针对国际公司的商业应用与运营的知识。

在母国聘用东道国公民 许多跨国公司尝试聘用来自母国商学院的东道国毕业生来解决业务技术问题。这些新员工通常被送到国际公司总部学习该公司的政策和流程，接受某职能部门（如财务、市场营销或生产部门）的业务培训。然而，这些人在国外的商学院学习，在总部接受培训，回到自己的国家后有脱节的可能。例如，许多新兴（和更加发达的）市场正经历政治、经济方面的快速变化。在国外生活了几年的人回国时可能会面临一些挑战。

在东道国聘用东道国公民 由于从母国大学毕业的东道国公民的数量有限，跨国公司需要在当地招聘管理人员。为传授商业技巧，公司可能会做许多事。它可能会在东道国的子公司开设内训课程，也可能利用东道国大学的商业课程。国际公司也可以派新员工去母国的商学院，或参加母公司提供的培训课程。此外，前途看好的员工有机会多次派往母公司总部、公司部门和其他子公司，以观察企业的各种运营情况，并且与其他管理人员交流。这对母国公司和其他子公司来说也是学习的机会。

14.4.3 第三国公民

聘用的人员既非母国公民，也非东道国公民，这种做法往往是有优势的。与来自母国的员工相比，第三国公民可以接受较低的工资和福利，他们可能来自与东道国文化类似的国家。另外，他们可能在国际公司的另一个部门工作过，熟悉公司的政策、流程和人员。其培训和开发可以简化。在发展中国家，由于缺少有文化、懂技术的本地员工，聘用第三国公民特别盛行。聘用居住在这个国家，有必需的工作许可证，并了解当地的语言和习俗的人是有好处的。

然而，如果东道国政府重视本国公民就业，第三国公民就不会比本国公民更受欢迎。事实上，第三国公民在申请工作许可时可能会面临额外的障碍。例如，东道国政府可以理解，子公司的德国母公司希望一些德国高管来管理其在东道国的利益。也许很难说服政府，第三国公民比本地执行总监更有益于母国公司。

我们必须谨慎对待关于第三国人员的概括，部分原因是人们会用不同的方式获得这一地位。他们可能是在母国受雇被派到东道国子公司的外国人，因为他们有在此地工作的经验，或者该国文化类似于其母国文化。第三国公民可能最初是派往国外的母国人员，后来对工作不满意（不过并非对东道国不满意），离开外派公司，到其他跨国公司的子公司任职。还有一种方式是在国际公司内部晋升，成为第三国公民。例如，如果意大利跨国公司在西班牙的子公司的某位西班牙执行主管晋升为哥伦比亚子公司总经理，那么这位西班牙执行主管就是一名"第三国公民"。

随着跨国公司越来越多地从地球中心主义的视角（根据能力而不是国籍）提拔人员，我们一定会看到更多雇用第三国公民的情况。随着更多高管获得母国以外的经验，这个速度将会加快。另外，更多的第三国公民来自国际机构，比如联合国和世界银行各部门。这些机构处理几乎所有人类活动领域的事务，成员国派遣本国公民代表到位于世界各地的国际机构总部和分支机构工作。这些人员正是国际公司可以考虑雇用的对象。

14.5　外派人员

即便是中小型企业，国际市场对其成功也越来越重要。为充分利用国际机会，国际运营中的人员配置已成为一个重要的战略性问题。虽然许多员工可能在东道国被聘用（有时称为内派人员），国际公司一直派员执行海外任务。一些国际职位，尤其是需要处理特殊技术问题或转让专有知识的职位，由母国或者第三国员工担任，这属于短期任务（被称为弹性外派）。然而，公司会继续将从母国或第三国外派到东道国的员工安排在重要的岗位上，任务周期较长（一般长达 2～5 年）。[29]事实上，80%的大中型企业都派遣员工在海外工作，普华永道会计师事务所预计，到 2020 年，国际任务的数量会增长 50%。[30]有外派任务的国家比以前更广，调查显示，过去 41%的外派人员平均年龄小于 40 岁，现在超过一半的人员年龄小于 40 岁。[31]此外，外派人员中，女性人数所占比例较高，约为 22%，而历史平均水平为 15%。[32]

为什么要使用外籍员工而非当地员工？外籍员工可以给东道国带来所缺乏的技术或管理技能；可以帮助建立或传播公司的体系或文化；可以提供可靠的帮助，便于对国外运营的监管或控制，无论是一家新公司还是一个存在已久的公司；国际任务可以帮助外籍员工开发技能并获得经验，为今后更快地晋升奠定基础。在日益复杂和国际化的世界，最有效率的领导者往往是那些能够理解各利益相关者并与之有效互动的人，即使存在文化或地域差异。接受外派任务可以展示许多技能，包括对政治和社会资本的开发，这些任务据说有助于快速晋升。[33]人们发现，国际任务的执行经验可以令员工在公司内部的晋升速度提升 40%。[34]事实上，80%的受访者认为，执行外派任务的主要目的是培养领导和管理技能。[35]

使用外派人员的成本极大，美国公司每年约花 500 亿美元，因此，公司看重外籍员工的表现。[36]然而，各种研究显示，外派任务的失败率——包括未能达成国际任务的绩效目标或过早放弃任务回国——为 25%～45%。[37]约 1/4 的外籍员工在执行海外任务的过程中离开了公司，还有 28%的人在回国后一年内离开了公司。这要求国际公司提升能力，留住外籍员工，并充分利用外籍员工执行国际任务所获得的技能和经验。[38]尽管公司对外派人员进行了投资，但受访公司中有 61%并未对完成外派任务的员工在两年内离开公司的比例进行追踪，75%未对外派人员回国后的职业发展进行追踪。[39]

外派人员出现绩效问题的一个重要原因是**文化冲击**（culture shock），当人们从熟悉的文化进入完全不同的文化，经常会感到焦虑。[40]由于新的文化环境中不存在熟悉的标志和符号，经历文化冲击的人往往缺乏方向感，或在新的文化中不知道应该做什么，事情该如何处理。对前往其他国家工作、生活、学习的人来说，他们经常会感到不安、迷惑和混乱。许多外派人员及其家庭成员深受文化冲击的影响。有趣的是，一个人习惯了新的文化后，回到国内也会有类似的感受，即逆文化冲击（reverse culture shock）。

研究人员已经确定了与跨文化适应相关的三个维度。[41]第一个维度与工作环境相关，如工作的清晰程度，人员角色上的内在冲突，与完成工作任务相关的自由裁量权的数量。第二个维度涉及适应一般环境，与对住房、食品、教育、健康、安全和交通方面的差异的反应相关。第三个维度是与当地人的互动，包括调整行为规范、冲突处理、沟通模式上的差异，以及其他可能导致愤怒或挫折的事宜。外派人员可能在某种程度上经历与这三个维度相关的文化冲击。

为了提高外派人员绩效，国际公司应该考虑为员工提供出国前、执行任务期间以及调回本国后的支持。[42] Brook-field Global Relocation Services 执行副总裁司格特·苏利文（Scott Sullivan）说："由于商务活动持续扩展到更多国家，或相对成熟国家的偏远地区，比如说中国二三线城市。未来国际任务成功与否，取决于能否将对个体的定制支持与适应能力更强、更灵活、更胜任的被派遣者结合起来。"[43]

在外派前，公司提供的支持重点是确保外派员工拥有出色完成海外任务所需的技能，包括语言和文化培训、职业辅导以及所需技术或技能的提高。执行任务期间的支持包括提供导师（来自母国与东道国）辅导、职业辅导和沟通策略，确保外派员工与国际公司在战略、人员、政策和文化上不脱节。对外派人员回国后的支持包括回到母国或其他国家后的重新安置，以及再次融入公司等事宜，本节后面会讨论。企业的支持被证明是外派人员能否成功适应其国际职位的预测指标。[44]这些支持性工作可以提高外派人员的积极性，提高他们应对具有挑战性的国际工作环境的适应力，并提高工作绩效。[45]

14.5.1 外派人员的家庭

有关外派失败的研究表明，在每 10 个失败的案例中，有 9 个与家庭有关。最近的调查显示，在婉拒重新安置的员工中，超过 75%的人说，做出这样的决定是由于家庭原因。[46]与那些想转换身份的移民相反，外派人员通常只是临时住在某一新的国家，因此他们往往不能接纳东道国的文化，很少试图获取该国的公民身份。

文化适应的压力对随行配偶来说可能特别大，虽然他们大多拥有高学历并且追求专门的职业，但他们往往无法在东道国工作，还可能会遇到更多与个人身份有关的挑战。相对于外派人员而言，这些配偶一般需要与当地社区进行更广泛的互动，涉及购物、学校事务和家政服务等，这些问题会加大适应压力。[47]搬迁到海外，配偶和孩子的压力最终都会影响员工，不管他们对公司多么忠诚。更糟的是，如果外派人员因为家庭要求提早回国，那么企业就损失了"数百万美元的培训投资"。另外，当配偶和其他家庭成员都能很好地适应东道国环境时，外派人员往往会有较高的满意度和绩效。[48]虽然研究表明，公司认为跨文化培训非常有价值，对提高绩效有重要的意义，但只有 20%的公司为外派人员和家属进行这样的培训。[49]

双职工家庭的随迁配偶 约 80%的外派人员都有配偶或伴侣相伴，双职工家庭的数量也在增加。这是影响外派适应性和绩效的一个主要因素，当一个人的配偶在国外得到一个很好的工作机会时，事情可能变得复杂。[50]约 82%的外派人员的配偶拥有大学学位，近 90%的配偶都有工作。[51]然而，在许多国家，员工的配偶不具有合法工作的权利，因为发给外国人的工作许可证很少或很难拿到。结果，只有 8%的配偶在外派人员执行海外任务时被雇用，这就增大了经济压力，使双方在外派任务执行前、执行中和执行后的整个过程中关系变得紧张。[52]随行配偶必须在生活方式、家庭权利平衡和自我形象上做出重大调整。他们经常因舍弃自己的事业而伤心，有时难以调整心态。[53]事实上，员工拒绝外派任务的第二大原因是担心国际任务会对伴侣及其事业产生影响，第一大原因是家庭方面的担忧（如子女教育、家庭适应、伴侣的拒绝、地点不便、文化适应、任务期限和语言）。

为了解决这些问题，有的公司已经启动一些项目，帮助随行配偶更好地做出调整。比如，协助配偶在东道国求职，在准备简历方面提供帮助，安排语言和文化培训，找到职业发展机会，或给出当地面试技巧的建议。许多公司更多地安排短期的国际任务，认为这对外派人员的家庭生活造成的影响可能更小，同时可以从外派人员的国际任务中获益。[54]

很多企业积极寻求另一种方式，雇用单身的更年轻的人员来完成外派任务，承担外派任务的人员中，40%以上是未婚者。[55]应当指出，这么做也存在潜在问题。

对外派人员孩子的挑战　尽管人们认为，在海外工作一段时间可能对家长的职业发展很关键，然而，父母在做国际迁徙计划时往往会忽略孩子的因素，尽管 45%的外派人员家庭的孩子年龄在 5～12 岁。[56]孩子随同父母外派，能获得不少益处，如遇到来自世界各地的人，熟悉很多文化，学习多种语言，开发更多的世界性方法，在培育全球思维方面先人一步。另外，一些人认为，孩子在适应新环境方面可能比其父母更灵活。

尽管孩子随同父母到国外获益不少，但外派任务常常会对孩子的生活产生很大影响。在移居国外的初步决策过程中，孩子很少参与。由于远离朋友，身份得不到认同，孩子可能会产生许多不好的感觉，如不安全、沮丧和无助。移居不仅仅涉及换学校，还要面对新的体制、新的学习方式、新的语言等，孩子必须做出调整。有时，这些儿童被称为“第三文化儿童”(third-culture kids，TCK)，因为他们会讲几种语言，持有多国护照，很难解释清楚他们来自哪里（“家”在哪里）。面对这种挑战，公司越来越关注解决孩子面临的问题。

14.5.2　为移居做准备：语言培训

英语已经成为世界性的通用语，实际上，这是许多人的第二语言。尽管如此，外语技能已被证明是影响外派人员及其家庭成员在东道国有效调整的重要因素。当你试图出售物品给潜在客户时，最好使用他们的语言。能讲点客户的语言，不仅能让你更好地了解对方的文化，还能帮助你提升建立信任和良好工作关系的能力。当使用英语的人试图向国外市场销售商品时，他可能会讲客户的语言，而其客户极可能会说英语。这样，客户在谈判中就没有语言障碍。据报道，只有 10%的本地出生的美国人会说两种或以上的语言，56%的欧盟居民会说多种语言。[57]如果你的业务涉及国际商务，而你只会说英语，就可能会吃苦头。

14.5.3 外派人员服务

虽然大多数美国的外派人员目前仍采用公司国内的健康保险计划，随着外派人员保健项目的设立，这种情况在不久的将来会有所改变。外派人员保健项目可以在保险索赔、语言翻译、货币换算和服务标准化方面为公司和外派人员提供帮助。同样，银行正在开发外派人员服务措施，允许外派人员在网上签名，并向客户提供 24 小时帮助，不管外派人员的工作地点是在哪个国家。

意识到外派人员的家庭问题后，一些公司准备提供帮助。帮助的形式可以是：向外派人员事先介绍外派工作的真实情况（有时是专门针对其家庭成员），提供东道国文化和语言的培训，协助寻找合适的学校或医疗专家，甚至当外派人员远居海外时，安排照顾其年迈的亲属或父母。公司还可能帮助找新房子，安排当地人或者先期到达的外派人员陪同去杂货店购买安家所需物品。当地人可以告诉你社会规范，可以到哪里购物。先期到达的外派人员可以告诉你在哪里可以找到只有外派人员想要的东西。一些关注外派人员所遇问题的网站可以帮助你做好准备，适应新的国家，以及帮助你返回国内，这类网站包括 www. ExpatExpert. com 和 www. transitionsabroad. com。

14.5.4 调回本国：回国后的冲击

正如前面提到的，调回本国的外派人员往往会经历逆向文化冲击。他需要获得新的技能和知识，公司的态度和人员会有所变化。外派人员回国后往往需要在更严峻的工作环境下奋斗。回国后，由于未能获得晋升或未达到工作期望，他们会感到沮丧。如果调回本国的人员能得到充分使用，他们可以给公司提供稀缺的、难以模仿的、有竞争力和有价值的知识和技能。

这就是在海外工作开始前就规划好一个外派人员的归国事宜的原因。外派人员和雇主应该预先讨论这项外派任务如何才能与员工的长远职业目标相吻合，以及该公司要如何处理员工遣返事宜。甚至应该在出发前就对员工回国后会遇到的挑战进行讨论，并考虑实施导师方案，让先期归国的外派人员给予指导。在执行任务期间，应鼓励外派人员定期回母国公司探访，使他们不至于脱节，并体会到自己是公司一分子。当外派人员归国时，企业必须清楚他们的变化，充分利用他们所拥有的新知识，努力帮助他们找到能充分利用其新技能的合适职位，并帮助外派人员及家庭成员再次适应文化，包括获得辅导和其他形式的支持，最终帮助外派人员成功调整并对企业忠诚。[58]然而，只有 49%的国际公司安排了归国计划，68%的外派人员表示，在完成国际任务后，他们在公司里并没有得到有保障的职位。[59] Cendant Mobility 咨询公司主管丽莎·约翰逊（Lisa Johnson）说："我们正目睹全球化迅速发展，如果每个人听到的都是回国后感到不满意的人说的话，那么要找到愿意去海外且能胜任的人将会是个问题。”[60]

全球辩论

为什么不挑选更多女性来执行海外任务?

不断有来自企业的报告称，它们对有能力的全球领导人的需求在增长，但是难以找到合适的人。虽然女性在美国的劳动力中占47%，但她们在外派人员中所占比例只有22%，这是个相对小（尽管有上升）的比例。为什么会有这种差别，尤其是在对有能力的全球领导者有迫切需求的情况下？南希·阿德勒（Nancy Adler）教授研究了国际管理中有关女性的三个流言：

流言1：女性不想成为国际经理人。

流言2：公司拒绝派遣女性出国。

流言3：外国人对女性的偏见会使她们难以发挥作用。

当阿德勒对这些流言进行实证研究时，发现第一个和第三个并没有得到研究结果支持，但第二个得到了支持。阿德勒的研究表明，在所选的样本中，70%的国际公司都对选派女性到国外持犹豫态度。为什么？提到的理由是，作为双职工一方的女性在执行国际任务时会遇到问题，性别偏见会使女性在具有挑战性的国家或文化中的表现受到限制，女性在执行国际任务时可能会感到孤独、被孤立或受到性骚扰，确定执行国际任务人选的男性决策者受传统观念的影响存在偏见，对选派女性承担外派任务的恰当性有成见。

不愿意选择女性执行国际任务是合理的吗？研究表明，女性和男性一样渴望出国，甚至比男性更想出国。外派人员的表现与性别无关，与他们对东道国环境的适应无关，也与他们离开所在国际公司的意图无关。研究表明，与男性相比，女性在海外工作，特别是在女性作为劳动力被广泛接受的国家或者行业中并不处于劣势。研究表明，与女性相关的技能和身份特征（例如，专注于个人业务，适应不确定性，在建立人际关系过程中愿意共享信息、权力和技能），可能使女性在某些外派任务中比男性更具优势，更受雇主青睐。

另外，与曾经争论的观点不同的是，性别歧视文化并不是女性外派人员的工作障碍，可能给女性的国际角色带来优势。事实上，女性可以通过展示个人任职的合法性和能力（如知识和经验），转移人们对性别的关注，提高执行国际任务的效率。研究表明，女性可能获益于晕轮效应，外国人认为，负责外派任务的女性肯定非常优秀，才竞争过男性。研究表明，女性外派人员被分配到女性社会地位较低的国家后，往往更难适应，然而，她们的工作效率与男性一样。一些日本人甚至将外派的女性称为“第三性别”，因为她们被赋予了与当地女性不同的角色和地位。很多女性外派人员表示，她们在其他文化环境中也有类似的经历，比如在沙特阿拉伯，即使当地女性很少或几乎没有机会申请这样的职位，外国女性也可以像公司经理那样有效率。澳大利亚的一项研究表明，没有子女的单身女性最有可能承担外派任务，因为她们不会遇到已婚女性和有子女的女性会面临的角色冲突问题和社会压力。已婚女性不太可能像男性外派人员一样携伴侣出国。只有16%的女性会带伴侣，男性外派人员携伴侣出国的比例是57%。研究表明，与过去相比，男性接受国际任务的意愿更低，这也为女性提供了机会，使她们能成功地获得外派工作，并在这一过程中有良好表现。

为了减少女性在寻求外派机会时可能面临的阻碍，人力资源公司 Leverage HR 的萨普纳·威尔士（Sapna Welsh）和卡罗琳·克斯滕（Caroline Kersten）提出了以下步骤：

- 管理层认识到女性外派带来的好处，以及女性在选拔过程中可能遇到的阻碍。
- 很有可能为外派职位带来潜在利益的女性提高相关认识。
- 提高女性克服外部障碍和自设障碍的能力，发展外派人员取得成功的能力，为接受外派任务的人员创建支持性网络。

问题

1. 国际公司是否应该选择更多的女性执行外派任务？请说明理由。
2. 你认为在哪种情况下应该着重考虑外派女性，在哪种情况下不该考虑外派女性？为什么？
3. 公司如何确保更多有潜力的女性受到鼓励去申请外派任务，确保她们的外派经历得到支持并被有效利用？

资料来源：Nancy J. Adler，"Women Do Not Want International Careers：And Other Myths about International Management，" *Organizational Dynamics* 13，no. 2（1984），pp. 66-80；Paula M. Caligiuri and Wayne Cascio，"Can We Send Her There? Maximizing the Success of Western Women on Global Assignments，" *Journal of World Business* 33（1998），pp. 394-417；Rosalie Tung，"Female Expatriates：The Model Global Manager?，" *Organizational Dynamics*，August 2004，pp. 243-53；Phyllis Tharenou，"Disruptive Decisions to Leave Home：Gender and Family Differences in Expatriation Choices，" *Organizational Behavior and Human Decision Processes*，March 2008，pp. 183-200；Ann Pomeroy，"Outdated Policies Hinder Female Expats，" *HR Magazine*，December 2006，p. 16；Yochanan Altman and Susan Shortland，"Women and International Assignments：Taking Stock—A 25-Year Review，" *Human Resource Management* 47，no. 2（Summer 2008），pp. 199-216；Jeremy Smerd，"More Women，Young Workers on the Move，" *Workforce Management*，August 2007，pp. 9-10；Jan Selmer and Alicia Leung，"Are Corporate Career Development Activities Less Available to Female than to Male Expatriates?，" *Journal of Business Ethics* 43，no. 1（2003），pp. 125-36；Susan Shortland，"Gender Diversity in Expatriation：Evaluating Theoretical Perspectives，" *Gender in Management：An International Journal* 24，no. 5（2009），pp. 367-69；Sapna Welsh and Caroline Kersten，"Where Are Women in the Expatriate Workforce?，" Society for Human Resource Management，January 1，2014，http://www.shrm.org/hrdisciplines/global/articles/pages/women-expatriate-workforce.aspx（February 3，2015）；and Susan Shortland，"Networking：A Valuable Career Intervention for Women Expatriates，" *Career Development International* 16，no. 3（2011），pp. 271-92.

14.6 外派补偿

制定公平一致，同时又不过度补偿的外派人员薪酬方案，是一项具有挑战性且复杂的任务，特别是"一刀切"的做法并不能很好地体现多元化公司和国家的实际情况。越来越多的公司派员工赴海外工作，因此需要跟上生活成本的变化。为了确保公司的投资获得良好的回报，员工得到公平的经济补偿，公司要对外派项目加强管理。如果国际公司不能以一种公平且有吸引力的方式进行补偿，想要吸引满足公司国际化要求、高素质的外派人员会更难。这也会从根本上影响公司的未来领导人从海外工作经历中得到提升的程度，并影响其在日益复杂和国际化的商务环境中领导技能的开发。

传统上受到大多数美国国际公司青睐的方法是资产负债表法，向外派人员支付的基本工资和国内相应职位的员工相同，在此基础上发放外派津贴和奖金。[61]这种方法对公司中高层职位的外派人员来说会很有吸引力。和相同或相似职位的国内员工相比，外派人员并不会吃亏，这还有利于促进员工在外派职位和国内职位之间流动。然而，对公司管理者来说，这个方法可能较复杂且成本较高，尤其是当国际公司在很多国家和地区设有类似职位时。表 14－2 展示了一个美国经理被派往俄罗斯的莫斯科执行为期三年的任务的薪酬成本。和国内的相应成本比较，海外工作的额外成本相当高。

表 14－2　　一名美国管理者外派到俄罗斯的总薪酬成本

以下薪酬成本说明的是一家国际公司每年派遣一名美国经理以及家人（配偶和两个孩子）去俄罗斯执行为期三年的任务所需花费的成本。

工资项	年度成本（美元）
基本工资	170 000
激励计划	34 000
地区差异（艰苦地区补贴）	25 500
住房补贴	96 000
生活补贴	42 500
汽车补贴	36 500
探亲假	25 000
教育补贴	30 800
搬迁/调回本国费用	25 000
税前总工资	485 300
所得税补助	77 060
总工资费用	562 360
其他费用	
准备服务（护照、签证、语言培训等）	10 000
安家服务	8 500
紧急事假	15 000
外派总年度成本	672 360
三年期任务总成本	2 017 080

资料来源：Author estimates and relocation experts.

外派任务的成本高昂，一些公司尝试各种方案来降低成本。一些公司尽可能使用本地员工，寻找雇佣成本较低的能胜任的当地人来替换外派人员。在其他情况下，一个外派人员可能一开始会有较高的薪酬及福利，但随着时间的推移，额外的薪酬待遇中有一些被取消，形成综合的补偿方案（例如，一些重要的福利可能会保留下来，如子女上学或住房补贴，其他津贴则被取消）。

另外，一些公司提供一次付清的方式，支付基于本国水平的工资，加上额外的福利，外派员工可以选择不同类型的补偿，如住房、教育补贴等。[62]这种做法可以使公司避免提供一些员工不看重的东西，但是需要做复杂的分析才能计算出合适的总金额。对一次付清法的改进方案称为“自选方法”，公司设定了选项，供外派人员选择，如公司提供一辆轿车，公司为其配偶或孩子支付教育费用，而不是直接支付一笔钱。另一种方法是，取消所有外派人员额外的薪酬和福利，对他们实行与本地经理一样“本地条款”。这种本土化的方法会在最初招聘时或任职达到一定的时间后被采用。[63]

14.6.1　薪酬

支付给来自母国的外派人员与母国相应职位者一样的工资，可以使这部分薪酬在全球范围一致。由于越来越多地雇用第三国公民，公司一般以同样的方式对待这些人。

一些公司秉持同工同酬的理念，给东道国公民支付同样的基本工资。在年度奖金和公民的家庭津贴合法化的国家，本地员工的薪酬看起来比外派人员更高，虽然公司通常支付给外派人员额外的报酬以避免他们的收入低太多。在很多国家，尤其是个人所得税高的国家，通常的做法是，公司给执行主管相对较低的工资，但给他们提供不低的额外补贴，如配有司机的汽车、高级住房、为配偶和孩子提供的精英教育，以及俱乐部会员资格。

14.6.2　津贴

津贴（allowances）是在工资以外支付给外派人员的额外补偿，因为在国外生活的花费可能会更高。最常见的津贴有住房补贴、生活补贴、税收差异补贴、教育补贴和搬迁补贴。

住房补贴　发放住房补贴是为了让主管们能住在和国内水平相当的房子里。然而，在国外很多地方，尤其是在主要的城区，要提供与外派人员在国内住房一样大小的房子，在经济上不可行，也不现实，尤其是当外派人员来自在城郊随处可见大房子的国家。[64]员工的家庭规模是影响所提供住房大小的一个关键因素。虽然国际公司的经验法则是以超出外派人员工资的15%的标准支付全额租金，但这个决定取决于外派人员在执行外派任务期间是否继续支付国内住房费用。事实上，大约2/3的国际公司不要求外派人员支付国外住房费用，以减少外派人员被迫出售或出租其国内住房以补贴国外住房的情况。

生活补贴　生活补贴是基于海外食品、公共设施、交通、娱乐、服装、个人服务、医疗费，与总部所在城市的对应物品的价格差异而定。许多国际公司使用美国国务院的指数，该指数是基于这些物品在华盛顿特区的成本而定，但并不能完全令人满意。批评者声称，这一指数没有得到及时调整，没有考虑一些国家的通货膨胀或相对货币价值变化。另一种反对意见是该指数并没有涵盖公司有业务运作的城市。结果，许多公司自己进行调查，或使用来自联合国、世界银行、国际货币基金组织或私营咨询公司的数据。在私人出版物中也可以找到生活成本、物价、工资的比较数据。表 14－3 提供了 2014 年生活成本最高的 10 个城市的排名，以及生活质量最高的 5 个城市的排名。

表 14－3　2014 年生活成本排名前 10 和生活质量排名前 5 的城市

（1＝最高排名）

生活成本排名	城市	国家	生活质量排名	城市	国家
1	罗安达	安哥拉	1	维也纳	奥地利
2	恩贾梅纳	乍得	2	苏黎世	瑞士
3	香港	中国	3	奥克兰	新西兰
4	新加坡	新加坡	4	慕尼黑	德国
5	苏黎世	瑞士	5	温哥华	加拿大
6	日内瓦	瑞士			
7	东京	日本			
8	伯尔尼	瑞士			
9	莫斯科	俄罗斯			
10	上海	中国			

资料来源：Mercer Human Resource Consulting，*2014 Cost-of-Living Survey*，http://www.imercer.com/uploads/GM/col2014i7863/index.html（February 2，2015）；Mercer Human Resource Consulting，*2014 Quality of Living Survey*，http://www.mercer.com/qualityofliving(February 2，2015).

税收差异补贴　外派人员在东道国和母国拥有同等薪酬和消费水平的情况下，当东道国的税收水平比母国高时，国际公司会支付税收差异，确保外派人员在东道国拿到的税后工资不会比在母国少。然而，这对母公司会造成一笔不小的额外经济负担。例如，美国《国内税收法规》（U.S. Internal Revenue Code）把税收补贴纳入额外的应纳税收入，有些来自美国的外派人员可能得交税，即使他们在另一个国家生活和工作。[65]其他国家可能会对雇主提供的福利和奖金征税。[66]

教育补贴　外籍人士必然会担心孩子的教育问题，至少要获得与国内水平相当的教育。许多员工希望他们的孩子能接受母语教学。世界各地许多城市的中小学都有来自发达国家的教师，但这类学校大多是私立学校，学费较高。国际公司要么支付学费，要么自己办学校，如果外派人员的孩子够多的话。几十年来，在中东的石油公司一直为员工的孩子开办学校。一份调查显示，53%的企业为长期外派人员的子女提供教育补贴。[67]教育费用在许多地方都不低，员工是否接受外派职位的一个决定性因素就是公司能否支付这笔费用。[68]

搬迁和适应补贴　公司一般会支付员工迁移到海外的总费用。[69]这些费用包括：家庭迁移的交通费、搬迁家用物品的相关费用，以及家庭成员等待家用物品到达期间住酒店的全部费用。一些公司发现，用飞机运输家用物品比用船更便宜，这是因为节省的酒店住宿费用比弥补较高空运成本的费用要多。公司还发现，员工越早搬入住房就越能提高士气。公司渐渐开始支付安置费用，无论是在母国的费用还是在东道国的费用，抑或是在两个国家的费用，目的是帮助外派人员和他们的家庭搬迁到新国家并适应那里的环境。公司可能会为员工及其家属支付一些适应费，让他们尽快安顿下来。公司通常需要支付语言学习费用，有些公司需要给家庭提供处理复杂的日常生活事务的指导，涉及购物、聘请家政人员，购买新的或二手的家用电器，加入外派人员协会或社会团体，为孩子寻找合适的学校，办理入学手续。

14.6.3 奖金

与补贴不同，**奖金**（bonuses）是外派人员所得的除基本工资和津贴以外的补偿金，因为外派家庭在国外居住时会遇到一些困难、不便或者危险。奖金包括海外额外费用、合同终止费用和探亲报销。

海外额外费用 海外额外费用是额外支付给外派人员的费用，通常是按基本工资的一定百分比计算。一般情况下占基本工资的10%～25%，如果居住条件极其不理想，公司会向艰苦岗位的员工支付更多的费用。美国国务院提出了一张不同艰苦条件下应该支付的额外费用的清单，国际公司和外派人员经常用作参考，表14-4显示了截至2014年5月20个城市艰苦程度的差异。

表14-4 部分城市艰苦程度差异支付溢价（2014年）

城市（国家）	差异支付溢价（%）
喀布尔（阿富汗）	35
达卡（孟加拉国）	30
拉巴斯（玻利维亚）	25
圣保罗（巴西）	10
金边（柬埔寨）	25
武汉（中国）	30
开罗（埃及）	25
第比利斯（格鲁吉亚）	20
太子港（海地）	30
加尔各答（印度）	25
雅加达（印度尼西亚）	25
巴格达（伊拉克）	30
内罗毕（肯尼亚）	25
墨西哥城（墨西哥）	15
白沙瓦（巴基斯坦）	35
马尼拉（菲律宾）	20
利雅得（沙特阿拉伯）	15
基辅（乌克兰）	25
加拉加斯（委内瑞拉）	20
哈拉雷（津巴布韦）	25

资料来源：U.S. Department of State，"Post (Hardship) Differential，Percentage of Basic Compensation，" January 25，2015，http://aoprals.state.gov/Web920/hardship.asp(February 2，2015).

合同终止费 这笔费用的目的是鼓励员工坚守岗位，直至海外合同到期。如果员工工作到合同终止，就可得到这笔奖金。这类奖金一般用于石油和建筑等行业，以及其他要求员工在国外工作一段时间或者完成特定项目的公司。合同终止费也适用于海外条件艰苦或者不那么令人满意的岗位。

探亲费用[70]　雇用母国公民或第三国公民的国际公司，会给外派人员及其家属支付定期回国的旅费。这样做至少有三方面的原因。[71]第一，公司不希望员工和家人与祖国及其文化脱节；第二，公司希望员工至少花几天待在公司总部，维护与总部员工的关系，了解公司新的政策和做法；第三，让外派人员能从海外工作中暂时脱身，好好休息一下，对于那些处在艰苦岗位的员工及其家属是非常有必要的。《经济学人》杂志的一项调查显示，56%的公司为外派人员提供定期回家的机会并报销费用。[72]一些公司给予在国外工作 3 年的员工 3 个月的探亲假，但更多的公司每年给外派人员 2～4 周的探亲假。公司报销往返的交通费，以及在公司总部停留期间的所有费用。随着劳动力的构成更加多样化，国际公司需要决定外派人员跨文化家庭的“家”在哪里。另外，随着新技术的兴起，诸如视频会议（Skype 和 Facetime）、电子邮件、社交网络改变了这类旅行的性质和频率。

14.6.4　补偿方案可能会很复杂

有人可能认为，**补偿方案**（compensation packages）虽然成本高，通常是基本工资的一半或更多，但计算十分简单，不会脱离现实。对于外派人员来说，补偿方案包含多种类型的报酬或补偿，必须考虑汇率和通货膨胀率。

占基本工资多大的比例？　所有补贴和一定比例的工资通常会以东道国货币支付。这个比例会是多大？在实践中，从 65%到 75%不等。剩余部分将按员工意愿存入银行。这么做的一个原因是减少工资收入的当地部分，降低向东道国缴纳的收入所得税，并向政府和本地员工表明外派人员的薪酬并无太大差别。另一个原因是外派人员有很多开支必须使用其母国的货币支付。这样的开支可能包括专业协会会员费，休探亲假期间的购物费用，员工在母国未偿付的债务（如抵押贷款、学校贷款），子女在国内上大学的学费以及其他费用。

什么汇率？　绝大多数外派人员的薪酬通常是以东道国的货币计价，但是考虑母国货币。为了让企业的薪酬可以做比较，必须选择一个货币汇率。在一种货币可以自由兑换成另一种货币的国家，这并不是什么大问题，尽管有经验的外派人员表示，汇率只涉及国际贸易，可能并不能表示当地和母国间真实的购买力平价。举个例子，面包和牛奶一类的物品很少进行跨国交易，东道国的生活成本和通货膨胀率可能都比母国高得多。国际公司尝试用生活补贴来弥补这些差异。

在汇率控制和货币不可兑换的国家，有许多难题需要解决。如果公司使用某种汇率，而货币在法定汇率的基础上一般被高估，那么外派人员肯定要吃亏。公司可能会参照东道国货币在美国或瑞士等自由货币市场的自由市场汇率，或者参照东道国的黑市，但都不能给出最终答案。总之，所有公司必须支付外派人员薪酬，让他们和在其他公司有着相同职位的人过得一样好，而不管这个数目是怎么算出来的。

在许多美国公司，一种常见的补偿方式是持股计划，让员工有机会以优惠条件获得公司股份。设计这类项目的目的是提高员工忠诚度和生产力。然而，这一做法在美国之外有时会遇到问题。股权在许多国家是未知的或受到限制的，持股计划经常会遇到众多挑战，这些挑战来自会计、税收、安全等方面法律的差异。[73] 例如，杜邦公司发现，在 53 个国家里有 25 个不能给予员工股份，主要是因为这些国家的法律禁止或限制外国股份的所有权。

14.6.5 第三国公民的报酬

尽管一些公司对第三国公民有不同的补偿计划，但给予他们和母国外派人员一样的待遇逐渐成为趋势。无论是哪一种情况，都存在问题。其中之一是所得税计算方法不同，从来自美国的外派人员与来自另一国的外派人员的比较中就可以看出。这是由于美国政府对美国公民有独特的征税方法，即使在国外生活和工作也要交税，而且公司给予的税收差异补贴计入额外的应纳税收入。[74] 其他国家没有以这种方式对其公民征税。

另一个问题与探亲费用有关。安排探亲假有两个目的：一是避免外派人员与母国文化脱节；二是让他们拜访国际公司总部。为了实现这两个目的，第三国公民必须访问两个国家，而不只是一个国家，额外成本可能极高。

不管问题如何，雇用第三国公民越来越受欢迎。随着企业竞相扩大国际经理人才队伍，对第三国公民的需求也更大了。他们能说几种语言并了解行业或国家，因而能获得工作机会。随着国际公司越来越多地雇用第三国公民担任主管，发放薪酬更复杂。

14.6.6 国际地位

在讨论中，我们一直在描述对获得**国际地位**（international status）的外派人员的补偿。员工来自另一个国家，并不必然获得我们提到的所有福利。子公司可能聘用母国公民或第三国公民，支付与东道国员工同等的薪酬。然而，管理者发现，虽然一个美国人可能一开始会同意接受工作，并接受当地水平的工资，但当这个人看到其他美国人享受国际职位津贴，而他却无权享有时，会有不好的感觉，矛盾就会产生。

有时，公司会提拔没有出过国的东道国员工，这是一种奖励有价值员工的做法，让他们与来自其他国家的同级员工地位相当，以免他们为了更好的工作而跳槽。

因此，获得国际地位，意味着能得到前面讨论的部分或全部津贴和奖金，可能还有视情况而定的其他种类的报酬。对于外派人员而言，薪酬待遇是非常重要的，因此在人力资源部门有专职人员负责，有的公司设有国际员工福利顾问。外派人员也可从国际公司外部寻求帮助。大型咨询公司会印一些小册子，里面有关于主管外派到特定国家的建议。

14.6.7 特别待遇

特别待遇起源于中世纪庄园领主的特权，他们的工人将部分利润或农产品交给领主，以被允许继续工作。如今，津贴是公司中等级的象征，在使税收最小化的同时，还能给予主管补贴。最常见的特殊待遇是：

- 汽车，可能会配备司机，尤其是对于高级主管；
- 私人养老金计划；
- 退休金；
- 寿险；
- 健康险；
- 紧急疏散服务（由于医疗或其他原因）；
- 绑架、赎金和敲诈保险；
- 公司房屋或公寓；
- 国外子公司管理者的职位；
- 研讨会（假期旅行）；
- 俱乐部会员资格；
- 秘密的行贿基金（这类基金是非法的，据说一些公司有）。

14.6.8　对你来说什么重要？

在考虑移居国外时，无论是几个月还是几年，你需要考虑什么样的补贴和福利对你很重要。普遍的考虑因素包括生活费用、人身安全、医疗设施、住房和学校，还可能包括是否有好的餐馆、体育设施、购物场所、剧院或其他娱乐场所。再看一下表14－3中生活质量排名世界前5的城市，没有一个位于新兴国家。

每年的假期天数对许多雇员来说可能也很重要。例如，日本和韩国每年假期的平均天数为25天，巴西为34天，德国为35天，法国为37天，意大利为42天。美国平均为13天，是加拿大的一半。[75]近25%的美国工人没有带薪假期。[76]

在决定企业经营地点时，需要考虑的因素包括生活成本、商业环境和办公室租金等。尽管西欧和北美国家的劳动力市场存在问题，市场机会的吸引力不够，但其商业环境仍然优于大多数新兴国家市场，因为发达国家拥有先进的机构如金融部门、可靠的法律制度且政治稳定。再看一下表14－3中世界上一些城市的生活成本的比较。该调查比较了派往国外的管理者家庭消费的商品和服务的一般价格。你会注意到，排名前10的几个城市位于新兴国家。

得到那份工作！从双肩包到公文包

劳拉·甘德森

我第一次爱上旅行是在六岁。作为外派员工家庭的一员，我在印度尼西亚的雅加达长大。回到美国后，我把时间花在到全国各地旅行、生活和学习上，然后去了澳大利亚、墨西哥、新西兰和英国等国旅行。我没想过在满足我对旅行和获得国际视野的渴望的同时，我还能赚取生活费。

我上大学后很快发现，无论你是什么水平，作为一名学生，你得选择商科课程，如金融、会计、经济学、商法或市场营销，这些课程的内容显现出一些共性的东西。当一个企业想要在国际上以各种方式扩张时，这种共性令人难以置信的复杂。这对我触动很大，我想了解如何将企业的方方面面协调起来，以提出最好的解决方案……不仅限于美国。当我要选择本科专业的方向时，我想："我怎么能不选择国际商务呢?"

我关注新发现的教育课程，选择了所有与解决国际商务问题相关的课程。国际人力资源管理（IHRM）特别令我感兴趣。虽然我不知道要怎样做，但我知道自己想和一家公司一起，最大限度地利用其资产和人员取得成功。我可以将自己对人的热情与对商业成功的热情（这可以追溯到童年时期，夏天我在人行道上销售柠檬水和咖啡）结合起来。我毕业时正赶上国家几十年来经济最困难的时期，这个梦想看上去几乎不可能实现。然而，经过艰苦的努力和准备，我现在已经从事国际人力资源工作一年多，负责协调一家《财富》100 强公司在三个大洲间的人员外派、归国以及东道国之间的事务。我与全球各个部门和各个地区的外派人员、商业领袖和人力资源同事合作。在工作中，国际人力资源管理为企业的成功提供支持，我遇到了许多关系到企业成功的国际人力资源管理方面的挑战，其中包括：

安置 我们如何协调员工在移居和税务方面的事宜？我们如何让他们为即将面对的文化差异做好准备?

人才管理 我们如何最好地利用个人执行任务所获得的经验和知识？我们如何避免外派人员在调回国内时有"眼不见心不烦"的心态?

招聘 我们选择候选人的标准是什么?

员工发展 我们的文化是否支持将任务作为一个职业的基石？我们如何确保外派人员仍能作为国内雇员平等地接触到人力资源项目并获得支持?

薪酬 我们如何适当地激励员工在不太理想的地区生活和工作，特别是在他们有家庭的情况下?

劳工关系 工会所代表的环境是否会影响员工完成任务的能力或意愿?

信息系统 在一些并不拥有我们所特有的基础设施或软件系统的国家，我们如何管理员工数据?

考虑到经济形势，成本是每一个决定需重点考虑的因素。在权衡什么在战略上对公司最好与什么最适合外派人员又能保持底线时，最佳选择是什么？这些挑战中有许多是独一无二的，我们的团队必须想办法，使用所有可用资源来采取行动，这些通常要在短时间内完成。我学会的解决这些问题的最佳方法是尽可能多地提问，不断地从自己和他人的经验里学习。对于一个入门级的人，没有人会期望你是一个专家，否则他们会雇用一个专家。你不从某个地方开始的话，你就不会成为一个专家。我在上大学时得到的一个教训从我工作的第一天起就起作用了，因此不管你信不信，保留课堂笔记和教科书是非常有用的。

一位善于鼓励人的导师对我说，运气不过是你在一个机会出现时做好了准备，这让你能应对任何情况。我发现这句话在任何情况下都完全正确，这就是为什么作为一名人力资源专业人士、一位经历了长期而艰难的求职过程的人，我最大的建议就是做好准备。这并不意味着你必须有十几个海外实习经历，或是能说五种语言，因为我也绝对做不到，不过有丰富的实习经验、会说多种语言肯定不会有什么坏处。我建议你申请尽可能多的职位，以便知道如何与招聘人员轻松自如地交谈。把你的简历发给教师、导师、校友、家人和朋友，让他们帮你看看，提些意见，这也许会帮助你打开预料之外的一扇门，建立人际网络。如果你目前已被雇用，但还没有获得国际人力资源管理职位，你可以作为一名志愿者参与相关的人力资源项目，尽可能多地了解与你公司有关的国际计划。继续建立你的人际网络，与更多的人交流你的兴趣，机会总是会有的。宣传你自己和你的兴趣是必要的，同时尽可能为国际人力资源管理职位出现的那一日做好准备。

虽然国际人力资源管理职位有挑战性，而且有压力，但这份工作有非常不错的回报。我觉得我是真的在寻找对公司和员工个人而言最佳的解决方案，以此来帮助人们，并促进项目成功。无论是在个人还是专业方面，通过自我拓展，国际人力资源管理工作为我从事国际商务工作奠定了基础，我真正理解了人力资源是如何直接支持国际商务企业的。每个人都可以从这个经历中获益，并使职业之路越走越远。

模块总结

1. 确定影响一个国家劳动力数量和质量的主要因素。

影响一个国家劳动力的数量和质量的因素包括年龄、城市化、移民劳动力可得性、外来工人、人才流失和工会化等。

2. 解释竞争战略（国际化战略、多国化战略、全球化战略和跨国经营战略）与国际人力资源管理方法（民族中心主义、多中心主义、区域中心主义和地球中心主义）之间的关系。

两个竞争力——实现全球一体化和降低成本的压力，以及本地化经营的压力——决定了公司应采用哪一种竞争战略（母国复制战略、多国化战略、全球化战略或跨国经营战略）。竞争战略是国际公司所采用的国际人力资源管理政策的主要决定因素，因为它决定了公司成功所要做的事，要做好的事。因此，四种国际人力资源管理方法必须符合公司的战略。表 14-1 简要概述了公司的战略方法之间的联系、公司主要的考量，以及应该使用的适当的国际人力资源管理方法。

3. 比较国际公司管理人员在母国、东道国和第三方国家招聘和选拔时的注意事项。

国际公司主管的来源可能是母国、东道国或第三国，他们的文化、语言、能力和经验有所不同，可以加强国际公司的管理。民族中心主义的人员配置政策对于采取国际化战略目标的公司是很常见的，大部分决策由总部做出，并使用母国的参照标准。多国化战略通常采用多中心主义的人员配置政策，总部的职位雇用母国公民，子公司的职位雇用东道国公民，以充分运用当地知识。区域性战略通常会伴随着区域中心主义的方法，一个区域内的重要职位可能同时雇用东道国公民和第三国公民。具有跨国战略目标的公司倾向于遵循地球中心主义的人员配置政策，为各个工作岗位选择最适合的人，不考虑国籍。

4. 区分国际公司管理人员在母国、东道国和第三方国家做培训和开发时的注意事项。

国际公司管理人员和其他关键的员工的培训和开发有所不同，取决于候选人是来自母国、东道国还是第三国。虽然母国公民可能对国际公司及其运作有所了解，但他们往往缺乏在外国工作的知识和经验，这表明培训和开发的重点包括语言和文化方面的准备。选择母国员工的一般标准也适用于东道国公民。然而，针对东道国公民开展的培训和开发活动与针对母国公民开展的活动通常不同，因为东道国公民可能更缺乏先进的商务技术知识，特别是专门的国际商务应用和运营方面的知识，且缺乏对一个公司整体的了解。雇用既非母国公民也非东道国公民的第三国公民，他们可能来自与东道国文化类似的文化背景。此外，他们可能在国际公司的另一个单元工作过，因此熟悉公司的政策、程序和人员。这可以简化对聘用人员的培训和开发。人们可能会通过不同的方式获得地位，我们必须小心对待第三国公民的培训和开发。

5. 确定外派人员会遇到的挑战和机遇。

外派职位让员工能在外国工作，为其学习和成长（包括个人方面和专业方面）奠定了基础，也为其在国际公司晋升奠定了基础。外派人员也会发现自己的绩效目标不明确，绩效评估的基础也不清楚。许多外派人员的家庭发现难以适应国外生活。

6. 描述外派人员薪酬待遇的复杂之处。

外派主管的薪酬待遇可能极其复杂。其他造成复杂性的因素有：汇率浮动和通货膨胀率的差异。薪酬待遇主要包括工资、津贴和奖金。

批判性思考

1. 在许多发达国家和在一些城市化进程很快的新兴国家，人口老龄化趋势对国际公司有什么启示？为了应对这一趋势，国际公司可能会做出什么改变？

2. 阐明反对移民劳动力进入一国的理由。限制移民人数，谁受益最大？与允许移民劳动力进入相关的主要争论是什么？

3. 对熟练工人转移到国外的国家来说，为什么人才外流可能会带来益处？一个国家如何实现人才外流的利益最大化，同时减少劳动力流动带来的潜在损失？

4. 当国际公司尝试将国际人力资源管理方式与竞争战略联系在一起时，为什么会遇到挑战？要如何应对这些挑战？

5. 为什么国际公司在开展国外业务时越来越多地使用第三国公民？你认为这种趋势会持续吗？为什么？

6. 国际公司经常遇到一些与外派人员的表现有关的问题，问题通常和外派人员的家庭有关。你会给国际公司提出什么建议来避免这类问题？

7. 作为执行外派任务的一部分，员工将家人带到国外之前应该考虑哪些与生活质量相关的问题？

8. 为什么外派人员的工资通常比同等职位的本地同事高？你认为这合乎情理吗？

9. 假设你是一家美国跨国公司的首席执行官。公司负责美国运营的部门里有几个聪明、干练、敬业的女高管。她们也很有雄心壮志，在公司，只有有了国际经历才有希望进入最高管理层。公司在中东的子公司有一个执行副总裁的位置空缺，这个子公司的总部设在沙特阿拉伯。一位女员工申请了这个职位，她能很好地胜任这份工作，比公司其他人更合适。你会给她这个职位吗？赞成和反对的争论焦点是什么？

10. 以问题 9 中的公司为例，假设其他职位空缺，比如日本子公司的财务主管空缺。公司加州分部的首席财务官申请这个职位。大家都很满意她的表现，她似乎完全有资格成为日本子公司的财务主管。此外，她会说日语，能写日文。她的母亲是日本人，父亲是美国人，他们鼓励她掌握了英语和日语。你会给她这份工作吗？为什么？

微型案例

杰登·怀特：他是否应该接受去中国的外派任务？

杰登·怀特（Jayden White）是 Techtonics International 公司一名管理者，32 岁。星期四早上，他刚回到办公室。在公司主管的午餐室吃中饭时，他的老板告诉他有一个去中国上海工作的机会，在那里，他将为公司建立一个负责东亚地区事务的办公室。当他坐在桌后注视城市地平线时，他感到既激动又有些担忧。他是否应该接受这个职位？或者放过这个机会等未来别的机会？在做这个重要决定时，他应该考虑哪些因素？

10 年前，怀特在获得霍华德大学商务专业学士学位不久，就加入 Techtonics 公司成为一名销售助理。之后，他晋升了好几次，现在是副经理，负责公司一项主营业务在北美的运营，管理 2 100 名员工，销售额达 70 亿美元。他被看作公司"冉冉升起的星星"，接受公司一位资深副总裁的指导，他在职业道路上似有无限可能。

怀特总是梦想着在国外生活和工作。学生时代，他出国留学，在伦敦学习了一个学期，之后和几个朋友在欧洲旅游了一个月。毕业后，他在 AIESEC 做过六个月的实习生，为总部在西班牙的一家出口公司工作。加入现在的公司后，他的国际经历主要是去加拿大或加勒比海进行商务旅行，参加一些会议；再就是去欧洲和亚洲，有选择地拜访几个客户；还有两次额外的度假，一次是去泰国，一次是去德国。当他的老板提到去中国的机会，他几乎没办法控制住自己的激动之情。

然而，怀特也开始考虑他的家庭，以及海外工作会对家庭产生什么影响。他的妻子艾瑞莎（Aretha）是一家大型会计公司的会计。尽管妻子有成功的事业，但怀特还是认为她可能会接受这个改变。他还有两个孩子：8 岁的小杰登（Jayden Jr.）和 5 岁的长托亚（Chantoya）。他们对搬去一个新国家会有什么反应？是现在移居好些，还是过几年再说？

如果他接受了这个去中国的任命会怎样？关于移居中国，需要和公司讨论哪些事情？老板希望他在一个星期内给出答复，如果他接受了，就要在六个月内去中国。

怀特看着办公大楼外的高速公路开始变得拥堵，拿起手机打给他的好友，询问如何决定这件事。

问题

1. 如果你是杰登·怀特的好友，关于他是否应该接受这个国际任务，你会给出什么建议？
2. 在作出决定前，他应该注意哪些事情？

注　释

1. U. S. Census Bureau, International Data Base, "World Population by Age and Sex," http://www. census. gov/idb/worldpopinfo. html(February 2, 2015).

2. United Nations, "Population Aged 15-24," http://data. un. org/Data. aspx? d=PopDiv&f=variableID%3A21(February 2, 2015).

3. The World Bank, "Population Projection Tables by Country and Group," http://data. worldbank. org/data-catalog/populationprojection-tables(February 2, 2015).

4. Ibid.

5. United Nations, "Population Aged 65 or Over," http://data. un. org/Data. aspx? d=PopDiv&f=variableID%3A23(February 2, 2015).

6. National Institute on Aging, U. S. Department of Health and Human Services, "World Population Aging," http://www. nia. nih. gov/research/dbsr/world-population-aging(February 2, 2015).

7. European Commission, *Global Europe 2050*, October 2011, http://ec. europa. eu/research/social-sciences/pdf/global-europe-2050-summary-report_en. pdf(February 2, 2015), p. 15.

8. United Nations, *World Urbanization Prospects: The 2014 Revision*, *http://esa. un. org/unpd/wup/CD-ROM/Default. aspx* (February 2, 2015); and *World Population Prospects: The 2012 Revision*, http://esa. un. org/unpd/wpp/index. htm (February 2, 2015).

9. OECD, "Is Migration Good for the Economy?," Migration Policy Debates No. 2, May 2014, http://www. oecd. org/migration/mig/OECD%20Migration%20Policy%20Debates%20Numero%202. pdf (April 2, 2015).

10. The World Bank, "Migration, Remittances, and Diaspora," http://web. worldbank. org/WBSITE/EXTERNAL/TOPICS/0, contentMDK:21924020~pagePK:5105988~piPK:360975~theSitePK:214971,00. html(February 2, 2015).

11. OECD, *International Migration: The Human Face of Globalisation* (Paris: OECD, 2009).

12. United Nations, Department of Economic and Social Affairs, "Number of International Migrants Rises Above 232 Million," September 11, 2013, http://www. un. org/en/development/desa/news/population/number-of-international-migrants-rises. html(February 2, 2015); *Costs and Benefits of International Migration* (New York: Council on Foreign Relations, September 2005); and World Bank, "Global Bilateral Migration Database," http://data. worldbank. org/data-catalog/global-bilateral-migration-database (February 2, 2015).

13. United States Census Bureau, *Current Population Survey—March 2012 Detailed Tables*, http://www. census. gov/population/foreign/data/cps2012. html (February 2, 2015).

14. Steven A. Camarota, "Immigrants in the United States, 2010: AProfile of America's Foreign-Born Population," Center for Immigration Studies, August 2012, http://cis. org/2012-profile-of-americas-foreignborn-population (February 2, 2015).

15. Eric Beauchesne, "Immigration Cuts Wages; StatsCan Study Finds 7% Slide at Top of Pay Scale," *National Post*, May 26, 2007, p. FP7.

16. Eric A. Ruark and Matthew Graham, "*Immigration, Poverty and Low-Wage Earners: The Harmful Effect of Unskilled Immigrants on American Workers*" (Washington, DC: Federation for American Immigration Reform, May 2011), http://www. fairus. org/docs/poverty_rev. pdf(February 2, 2015).

17. OECD, "Migration and the Brain Drain Phenomenon," http://www. oecd. org/social/poverty/migrationandthebraindrainphenomenon. htm (February 2, 2015).

18. OECD, "Poverty Reduction and Social Development: Migration and the Brain Drain Phenomenon," http://www. oecd. org/social/poverty/migrationandthebraindrainphenomenon. htm (February 2, 2015).

19. National Science Foundation, National Center for Science and Engineering Statistics, Scientists and Engineers Statistical Data System (SESTAT) (2010), http://www. nsf. gov/statistics/seind14/index. cfm/chapter-3/c3s6. htm(February 2, 2015).

20. Diana Furchtgott-Rott, "The Economic Benefits of Immigration," Manhattan Institute for Policy Research, Issue Brief No. 18, February 2013, http://www. manhattan-institute. org/html/ib_18. htm#. VM-qVFs-9Kk(February 2, 2015); Jason Furman and Danielle Gray, "Ten Ways Immigrants Help Build and Strengthen Our Economy," *The White House Blog*, July 12, 2012, http://www. whitehouse. gov/blog/2012/07/12/ten-ways-immigrants-help-build-and-strengthenour-economy (February 2, 2015).

21. Stuart Anderson, *American Made 2.0: How Immigrant Entrepreneurs Continue to Contribute to the U. S. Economy*, (Washington, DC: National Venture Capital Association, 2013).

22. Alan M. Webber, "Reverse Brain Drain Threatens U. S. Economy," *USA Today*, February 23, 2004, http://www. usatoday. com/news/opinion/editorials/2004-02-23-economy-edit_x. htm(accessed February 2, 2015); Vivek Wadhwa, "Beware the Reverse Brain Drain to India and China," October 17, 2009, http://techcrunch. com/2009/10/17/beware-the-reverse-brain-drain-toindia-and-china/(February 2, 2015).

23. Vivek Wadhwa, "The Reverse Brain Drain," *Business Week Online*, August 23, 2007, http://www. businessweek. com/stories/2007-08-22/the-reverse-brain-drainbusinessweek-business-newsstock-market-and-financial-advice (February 2, 2015).

24. These four strategy types are discussed in

module 9.

25. David A. Heenan and Howard V. Perlmutter, *Multinational Organization Development* (Boston: Addison-Wesley, 1979).

26. Consistency between mind-set and IHRM practices was reported in Linda K. Stroh and Paula M. Caligiuri, "Strategic Human Resources: A New Source for Competitive Advantage in the Global Arena," *International Journal of Human Resource Management* 9, no. 1 (1998), pp. 1-17.

27. Geoff Dyer, "A Spun-Out Tale of Two Corporate Cultures," *Financial Times*, May 22, 2006, http://www.ft.com/intl/cms/s/1/5db1846e-e9b0-11da-a33b-0000779e2340.html? siteedition=intl#axzz32eDkIb9j (February 2, 2015).

28. Kalpana Pathak, "Over 70% of Companies to Increase ShortTerm Assignments of Expatriates in 2013," *Business Standard*, April 18, 2013, http://www.business-standard.com/article/companies/over-70-companies-to-increase-short-term-assignments-of-expatriates-in-2013-113041800999_1.html (February 2, 2015).

29. *Up or Out: Next Moves for the Modern Expatriate*, London: The Economist Intelligence Unit, 2010, http://graphics.eiu.com/upload/eb/LON_PL_Regus_WEB2.pdf(February 2, 2015).

30. Brookfield Global Relocation Services, *Global Relocation Trends 2012 Survey Report*, http://espritgloballearning.com/wpcontent/uploads/2011/03/2012-Brookfield-Global-RelocationsTrends-Survey.pdf (February 2, 2015); Pathak, "Over 70% of Companies to Increase Short-Term Assignments of Expatriates in 2013"; Sapna Welsh and Caroline Kersten, "Where Are Women in the Expatriate Workforce?," Society for Human Resource Management, January 1, 2014, http://www.shrm.org/hrdisciplines/global/articles/pages/women-expatriate-workforce.aspx(February 3, 2015); and Mary G. Tye and Peter Y. Chen, "Selection of Expatriates: Decision-Making Models Used by HR Professionals," *Human Resource Planning* 28, no. 4 (2005), pp. 15-20.

31. Brookfield Global Relocation Services, *Global Relocation Trends 2012 Survey Report*; Sue Shortland, "The Changing Nature of Expatriate Demographics," *Relocate Magazine*, August 19, 2013, http://www.globalrelocationfinder.com/tha-changing-natura-ofaxpatriata-damographics-a241163.html(February 2, 2015); and "Expatriate Workforce Demographics," *HR Magazine* 51, no. 5 (May 2006), p. 16.

32. Welsh and Kersten, "Where Are Women in the Expatriate Workforce?"

33. Michael Harvey and Milorad Novicevic, "The Development of Political Skill and Political Capital by Global Leaders through Global Assignments," *International Journal of Human Resource Management*, November 2004, pp. 1173-88; and Brookfield Global Relocation Services, *Global Relocation Trends 2012 Survey Report*.

34. Brookfield Global Relocation Services, "Global Mobility Trends," http://www.brookfieldgrs.com/what-we-know/globalmobility-trends/(February 2, 2015).

35. Cartus Corporation, *2014 Trends in Global Relocation: Global Mobility Policy and Practices*, http://guidance.cartusrelocation.com/research-and-trends-2014-global-mobility-policies-and-practicessurvey.html(February 2, 2015).

36. John C. Beck, "Globalization: Don't Go There...," http://www.accenture.com/SiteCollectionDocuments/PDF/going_global_pov_rev.pdf (February 2, 2015).

37. Juan I. Sanchez, Paul E. Spector, and Cary L. Cooper, "Adapting to a Boundaryless World: A Developmental Expatriate Model," *Academy of Management Executive* 14, no. 2 (May 2000), pp. 96-106; and A. Esther Joshua-Gojer, "Cross-Cultural Training and Success versus Failure of Expatriates," *Learning and Performance Quarterly* 1, no. 2 (2012), http://lpq.sageperformance.com/journal/article/view/24 (February 2,

2015).

38. GMAC Global Relocation Services, *Global Relocation Trends 2007 Survey Report*.

39. Cartus Corporation, *2014 Trends in Global Relocation*.

40. Lalervo Oberg, "Culture Shock and the Problem of Adjustment to New Cultural Environments," http://www. worldwide. edu/travel_planner/culture_shock. html(February 2, 2015).

41. Margaret A. Shaffer, David A. Harrison, and K. Matthew Gilley, "Dimensions, Determinants, and Differences in the Expatriate Adjustment Process," *Journal of International Business Studies* 30, no. 3 (1999), pp. 557-81.

42. Pei-Chuan Wu and Siah Hwee Ang, "The Impact of Expatriate Supporting Practices and Cultural Intelligence on Cross-Cultural Adjustment and Performance of Expatriates in Singapore," *International Journal of Human Resource Management* 22, no. 13 (2011), pp. 2683-2702; Deirdre McCaughey and Nealia S. Bruning, "Enhancing Opportunities for Expatriate Job Satisfaction: HRStrategies for Foreign Assignment Success," *Human Resource Planning* 28, no. 4 (2005), pp. 21-29; and Jie Shen, "International Training and Management Development: Theory and Reality," *Journal of Management Development* 24, no. 7 (2005), pp. 656-66.

43. Brookfield Global Relocation Services, *Global Relocation Trends 2012 Survey Report*.

44. Shaffer et al., "Dimensions, Determinants, and Differences in the Expatriate Adjustment Process"; and Wu and Ang, "The Impact of Expatriate Supporting Practices and Cultural Intelligence on Cross-Cultural Adjustment and Performance of Expatriates in Singapore."

45. Brady Firth, Gilad Chen, Bradley Kirkman, and Kwanghyun Kim, "Newcomers Abroad: Expatriate Adaptation During Early Phases of International Assignments," *Academy of Management Journal* 57, no. 1 (2014), pp. 280-300.

46. Cartus Corporation, 2014 *Trends in Global Relocation*.

47. Margaret A. Shaffer and David A. Harrison, "Forgotten Partners of International Assignments: Development and Test of a Model of Spouse Adjustment," *Journal of Applied Psychology* 86, no. 2 (2001), pp. 238-54.

48. Riki Takeuchi, Seokhwa Yun, and Paul E. Tesluk, "An Examination of Crossover and Spillover Effects of Spousal and Expatriate Cross-Cultural Adjustment on Expatriate Outcomes," *Journal of Applied Psychology* 87, no. 4 (August 2002), p. 655.

49. Hsiu-Ching Ko and Mu-Li Yang, "The Effects of Cross-Cultural Training on Expatriate Adjustment," *International Communication Studies* 20, no. 1 (2011), http://www. uri. edu/iaics/content/2011v20n1/12Hsiu-ChingKoMu-LiYang. pdf (February 2, 2015); and GMAC Global Relocation Services, *Global Relocation Trends* 2007 *Survey Report*.

50. Sue Shortland, "The Changing Nature of Expatriate Demographics," *Relocate Magazine*, http://www. globalrelocationfinder. com/tha-changing-natura-of-axpatriatadamographics-a241163. html(February 2, 2015); Cartus Corporation, 2014 *Trends in Global Relocation*; GMAC Global Relocation Services, *Global Relocation Trends* 2003/2004 *Survey Report*, www. nftc. org/default/hr/GRTS _ 2003-4. pdf (September 19, 2008); and GMAC Global Relocation Services, *Global Relocation Trends* 2007 *Survey Report*.

51. *Up or Out: Next Moves for the Modern Expatriate*, p. 14.

52. Michael Harvey, "Dual-Career Expatriates: Expectations, Adjustment and Satisfaction with International Relocation," *Journal of International Business Studies* 28, no. 3 (1997), pp. 627-58; Shortland, "The Changing Nature of Expatriate Demographics"; Cartus Corporation, 2014 *Trends in Global Relocation: Global Mobility Policy and Practices*, http://guidance. cartusrelocation. com/research-and-trends-2014-global-mobility-policies-and-pra-

cticessurvey. html (February 2, 2015); and Perri Capell, "What 'Trailing Spouses' Can Do," *The Wall Street Journal*, May 2, 2006, p. B6.

53. Alison Langley, "Always Beginning Again," *Financial Times*, November 3, 2006, http://www. ft. com/intl/cms/s/0/b4e311a0-6a7311db-83d9-0000779e2340. html(February 2, 2015).

54. Brookfield Global Relocation Services, *Global Relocation Trends 2012 Survey Report*; and Cartus Corporation, 2014 *Trends in Global Relocation*.

55. Cartus Corporation, 2014 *Trends in Global Relocation*; Pathak, "Over 70% of Companies to Increase Short-Term Assignments of Expatriates in 2013"; and Jeremy Smerd, "More Women, Young Workers on the Move," *Workforce Management*, August 2007, pp. 9-10, http://www. workforce. com/articles/more-women-youngworkers-on-the-move(February 2, 2015).

56. Expatica, "How Children View Moving Abroad," http://www. expatica. com/hr/hr-mobility/How-children-view-movingabroad _ 20327. html (February 2, 2015).

57. Dorie Clark, "English—the Language of Global Business?," *Forbes. com*, October 26, 2012 (February 2, 2015).

58. Alan Paul, "Combating the Repatriation Blues," *The Wall Street Journal*, March 20, 2009, http://online. wsj. com/news/articles/SB1237459810808 83001 (February 2, 2015); Expat Info Desk, "Coming Back Home: Repatriating," http://www. expatinfodesk. com/expat-guide/coming-back-home/ (February 2, 2015); Annette Haddad and Scott Doggett, "Road Home Hard after Working Overseas," *Los Angeles Times*, March 13, 2000, p. C2, http://articles. latimes. com/2000/mar/13/business/fi-8316 (February 2, 2015); and Leslie Gross Klaff, "The Right Way to Bring Expats Home," *Workforce*, July 2002, pp. 40-44, http://www. workforce. com/articles/the-right-way-to-bring-expats-home(February 2, 2015).

59. Kathryn Tyler, "Retaining Repatriates," *HR Magazine* 51, no. 3 (March 2006), pp. 97-102, http://www. shrm. org/publications/hrmagazine/editorialcontent/pages/0306agenda_global. aspx (February 2, 2015).

60. Ibid.

61. Society for Human Resource Management, "Global: Expatriate: How Should We Compensate an Employee on a Foreign Assignment?," December 11, 2012, http://www. shrm. org/templatestools/hrqa/pages/howshouldwecompensateanemployeeonaforeignassignment. aspx(February 3, 2015).

62. Ibid.

63. *Up or Out: Next Moves for the Modern Expatriate*, p. 9.

64. Andrea Groutides, "Establishing an Expatriate Housing Policy," ECA International, October 2, 2012, http://www. ecainternational. com/news/articles/7716/Establishing_ an_ expatriate_ housing_ policy #. VND5bFs-9Kk (February 3, 2015).

65. Expat Info Desk, "Negotiating Relocation Packages," http://www. expatinfodesk. com/expat-guide/negotiating-your-contract/key-inclusions-in-an-expat-contract/(February 3, 2015).

66. Dezan Shira & Associates, "How to Calculate Your 2013 Expatriate Individual Income Tax in China," *China Briefing*, March 19, 2014, http://www. china-briefing. com/news/2014/03/19/2013-individual-income-tax-calculations-for-china-expats. html(February 3, 2015).

67. *Up or Out: Next Moves for the Modern Expatriate*, p. 11; and Constance G. Konold, "DHRs: Are You Expatriate Savvy?," *The HRDirector*, http://www. thehrdirector. com/features/expatriates/dhrsare-you-expatriate-savvy/(February 3, 2015).

68. Rob Budden, "How Does Your Expat Package Stack Up?," *BBC*, May 8, 2014, http://www. bbc. com/capital/story/20140507-expat-smarts-get-a-good-package(February 3, 2015).

69. Konold, "DHRs: Are You Expatriate Sav-

vy?"; Expat Info Desk, "Negotiating Relocation Packages."

70. Some writers regard paid home leave as an allowance, but our experience convinces us that it is a bonus, because ICs consistently give more frequent or longer home leaves to employees working in less desirable assignments.

71. "Managing Expatriate Reward: Home Leave," Expatica, http://www.expatica.com/hr/hr-mobility/Managing-Expatriate-RewardHome-Leave_20857.html (February 3, 2015).

72. *Up or Out: Next Moves for the Modern Expatriate*, p. 11.

73. Scott E. Landau and Bradley A. Benedict, "Going Global with U.S. Employee Stock Plans," Pillsbury, Winthrop Shaw Pittman LLP, May 12, 2011, http://www.pillsburylaw.com(February 2, 2015).

74. American Citizens Abroad, "U.S. Taxes While Living Abroad FAQ," americansabroad.org (December 6, 2014).

75. World Tourism Organization, "Paid Vacation around the World," http://www.infoplease.com/ipa/A0922052.html(February 2, 2015).

76. Tanya Mohn, "U.S. the Only Advanced Economy That Does Not Require Employers to Provide Paid Vacation Time, Report Says," *Forbes*, August 13, 2013, http://www.forbes.com/sites/tanyamohn/2013/08/13/paid-time-off-forget-about-it-a-report-looksat-how-the-u-s-compares-to-other-countries/(February 2, 2015).

模块 15 国际会计与财务管理

草率的决定是危险的。

——索福克勒斯（Sophocles，公元前 496—前 406）

学习目标

1. 概述国际企业进行外汇操作时遇到的主要会计问题。
2. 概述三重底线的优缺点。
3. 对比国际企业可选的资本结构及其重要性。
4. 描述国际企业转移资金的原因以及国际金融中心的作用。
5. 明确国际企业面对的外汇风险以及应对措施。
6. 描述作为国际金融力量的税收。

开篇短文

主权财富基金：全球化进程中

主权财富基金是由政府控制的投资基金。基金可能来自国家储备金、养老基金或其他由政府控制的款项。主权财富基金在中国与盛产石油的国家稳步发展，产生了高达数万亿美元的共同资金。资金拥有者可以对目标地区的国际市场造成影响。它们还随时做好在发达国家收购商业资产的准备。负责追踪这些基金的主权财富基金研究所（Sovereign Wealth Funds Institute）把拥有 8 380 亿美元的挪威列为最大的个体基金，排在第二位的是拥有 7 730 亿美元的阿联酋的阿布扎比。沙特阿拉伯和中国分别以 6 759 亿美元和 5 752 亿美元紧随其后。主权财富基金研究所只追踪管理下的个体基金，因此上述金额无法反映一个国家主权财富的整体水平。例如，中国就有一些基金名列前茅。

政府通过投资资产使国民获利，并分散国家风险。例如，如果一个国家的主要收入来自石油，那么在无关行业的投资可以使其不受石油市场走弱的影响。作为多元化投资，拥有丰富石油和天然气储备的卡塔尔军队买下了位于巴塞罗那中心的万丽酒店（Renaissance）。万丽酒店是万豪国际旗下的五星级酒店，万豪将继续负责管理。

你可能会问："问题是什么呢？"为什么不使用挪威、阿拉伯和中国的财富去调节发达国家的增长呢？主权财富基金的投资往往会给发达国家带来一些有趣的问题。首先，它们代表了当下对私有化看法的转变。只有在出现金融危机等严峻形势的情况下，政府才会营救一些私人公司，发达国家往往鼓吹企业风险应由私人承担，政府不要干预。然而，主权财富基金实际上代表了外国政府的所有权。

除了利益商业化外，主权财富基金可能会选择不同于股东利益最大化的目标。政府的经济政策会鼓励投资于对国防很重要的公司，或者将增加就业机会而不是盈利作为目标。公司的政府所有权一旦确立，企业的商业决策可能会受到政治目标或其他目标的影响，而这些都不符合最佳经济利益原则。进一步来说，主权财富基金属于私人基金，透明度低，所以很难对基金经理如何操作资金进行评估。

政府通过立法应对这些问题，比如限制国外直接投资，要求信息公开，或要求外国投资得到多个国家机构的许可。有许多国有公司的例子。在美国，公共养老基金在政府机构投资中占比超过40%。全球超过80%的石油是由国有企业开采的。西铁古公司（Citgo）归委内瑞拉政府所有。关于主权财富基金，还有一点值得注意。它们代表了全球的趋势，即所有权由美国、欧洲和日本向发展中国家转移。除此之外，它们鼓励持续增长，并提供了缓解金融危机的方法，由此为发达国家带来利益。请记住，发展中国家的资产增长是发达国家的两倍。麦肯锡的研究预测，到2020年，全球超过一半的储蓄和投资都出现在发展中国家。

资料来源：James Surowiecki, "The Financial Page: Sovereign Wealth World," *The New Yorker*, November 26, 2007, p. 70; Alan Murray, "The Outlook: Ascent of Sovereign Wealth Funds Illustrates New World Order," *The Wall Street Journal*, January 28, 2008; "Farewell to Cheap Capital? Implications of Long-Term Shifts in Global Investment and Saving," McKinsey, October 2010, http://www.mckinsey.com/insights/global_capital_markets/farewell_cheap_capital(April 16, 2011); Stephen Burgen, "Qatar's Armed Forces Pay Euro 78.5 for Barcelona's Renaissance Hotel," January 31, 2014, http://www.theguardian.com/business/2014/jan/31/qatar-armed-forces-buysbarcelona-renaissance-hotel(April 17, 2014); Sovereign Wealth Fund Rankings, http://www.swfinstitute.org/fund-rankings/(April 17, 2014); and https://www.citgo.com/AboutCITGO/BostonSign.jsp(December 13, 2014).

国际管理者在日常管理中经常遇到财务挑战，包括波动的货币价格、汇兑管理、税收、通货膨胀以及利率。如果他们来自美国，那么必须同时遵守东道国和美国的会计准则。对此，管理者并不是一筹莫展。现在让我们关注管理者应对这些问题的方法。它们都是合法的，其中一些既富有想象力又简洁明了。

国际财务是复杂的，即使没有高等会计或财务背景也能认识到财务问题是公司运作的核心，这通常导致不同的结果。我们由会计入手，因为它是财务管理的基本工具，而且会计惯例和标准会因国家不同而不同。首先我们关注不同国家记录财务数据（会计的本质）方法的差异。幸运的是，对于跨国公司来说，会计标准趋同使过程变得更加简单。

在本模块的后半部分，我们将讨论跨国公司财务管理中的主要问题，比如跨国公司资本如何架构，现金如何管理。之后，我们讨论税收。我们力图用易理解的方式加以描述，让你体会它们对跨国公司成功的贡献。

15.1 会计和外汇

外汇操作中只有两种情况会引起会计问题：当交易使用到外汇时；当分公司或子公司操作外汇，需要在母公司的财务报告中记录时。首先我们关注国际会计的一般目的，然后介绍交易、折算和财务报表合并过程，接下来介绍全球会计标准趋向一致的过程，最后探讨文化在会计中所起的作用。

15.1.1 国际会计的目的

无论在哪一个国家，会计的目的都是为管理者提供做决策所需要的财务信息，给外部利益相关者（投资者、政府、贷方、供应商和其他人员）提供有助于做出决策的定量信息。会计还向政府提供调节税收所需的数据。当你回想起你所了解的每个国家的文化价值是如何不同时，你不会因每个国家有用的会计信息不尽相同而惊讶。例如，在许多遵守法典和民法的国家，例如德国，会计信息的主要使用者是债权人，他们关注公司的财务稳定性。所以在这些国家，会计往往趋于保守，并且将重点放在资产负债表和公司资产上。与之相反，在遵守普通法的国家，例如美国，个人投资者是财务信息的主要使用者，他们最关注公司的前景。他们认为损益表预示了公司的未来。与德国人相比，他们不太关注资产负债表，他们的财务报表也往往更乐观。[1]

15.1.2 外汇交易

当美国公司进行基于外币的交易，比如销售、采购和贷款（借出或借入）时，需在美国记为收入、支出、资产或债务。下面举例说明。

假设一家美国公司于 6 月 1 日在日内瓦购买了价值 25 000 瑞士法郎（CHF）的瑞士手表。由于公司使用美元记账，因此交易以 6 月 1 日汇率折算为美元入账。假设汇率是 0.963 149 美元/瑞士法郎，即 1 瑞士法郎可以兑换 0.963 149 美元。采购分录将记入 24 078.73 美元，应付账户将同样记入 24 078.73 美元，汇率将标注为“CHF25 000@＄0.963 149。”

如果按美元（US＄）立即结算，那么交易就完成了。假设出现了时间差，约定在 8 月 1 日按瑞士法郎结算。与此同时，汇率也发生了变化。由于按瑞士法郎结算，这次采购的美元价值随之发生变化。假设在支付到期日 8 月 1 日，瑞士法郎对美元汇率走弱，汇率变为 1 瑞士法郎兑换 0.943 00 美元。现在，美国公司需要支付 23 575 美元，比原采购分录中的金额少了 503.73 美元。这种差异造成了外汇获利。在这种情况下，采购分录数额不变，获利（损失）将记入损益表。

根据美国财务会计准则理事会（FASB）第 52 号公告，对于以外币结算的交易，公司应以交易发生日的即时汇率进行记录（交付两天内的汇率）。因应付应收货款汇率变化所引起的兑汇损益将反映在损益表中。作为大多数国家认可的国际会计准则组织，国际会计准则理事会（IASB）也有相同的规则。我们将在谈论会计标准趋同时对此进行讨论。

15.1.3 外币并账：折算货币与功能货币

现在我们来谈论会计实务中关于外币的第二个问题，这个问题发生在国际企业把外国子公司财务成果折算回公司总部所在地和本国货币时。当一家美国的国际企业的外国子公司报告其财务成果时，不可在总部使用沙特里亚尔、人民币和秘鲁索尔进行合并。按照一般公认会计原则（GAAP），结果必须折算为母公司的操作货币——本例中是美元。把来自外国子公司的不同结果并到一个财务报表的过程就叫作**合并**(consolidation)。

有关汇率的问题再次出现。美国公司应该使用哪天的汇率，是合并日的汇率还是交易日的汇率？折算的两种方法分别是**现行汇率法**（current rate method）和**时态法**(temporal method)。两种方法客观上都能准确地反映商业结果。

在现行汇率法下，除股东权益等所有者权益项目外（折算按历史汇率，即实际交易发生日汇率），流动资产和负债均按资产负债表日的现行汇率折算。在时态法下，如现金、应收应付账款等货币项目按现行汇率折算，固定资产和长期负债分别按购买或发生日汇率折算。

这两种方法分别在什么情况下使用呢？这取决于货币本身，货币在经济活动中支配当地现金流、定价、支出和融资，即为功能性货币。一般而言，**功能性货币**(functional currency）是业务活动发生国当地货币，但是在某些情况下可以是其母公司的本国货币。美国财务会计准则委员会第 52 号公告和国际会计准则理事会第 21 号公告详细说明了折算过程的所有细则。图 15－1 总结了使用当地和母公司货币作为功能性货币的含义。

功能性货币	当地货币	母公司货币
折算方法	现行汇率法	时态法
资产折算	按资产负债表编制日的现行汇率折算	货币资产按现行汇率折算 固定资产按历史汇率折算
损益表折算	按汇率期间平均汇率折算	已售货物和折旧按历史汇率折算 按报告期间平均汇率折算 其他项目按会计期内平均汇率折算
所有者权益折算	按股票发行时汇率折算	按股票发行时汇率折算
留存收益折算	按收益公示日汇率折算	按收益公示日汇率折算

图 15－1 功能性货币及其折算方法

15.1.4 国际会计准则趋同发展

世界各国采用的会计规范分为两种：一种是世界大多数国家普遍采用的形式，另一种是美国采用的形式。由 7 名成员组成的财务会计准则委员会（FASB）是美国一家私营机构，是美国证券交易委员会（SEC）根据现行会计准则管理的正式机构。财务会计准则委员会制定的准则作为一般公认会计原则（GAAP），得到美国证券交易委员会承认。

国际会计准则机构是国际会计准则理事会（IASB），其制定的准则称作国际财务报告准则（IFRS）。2002 年，美国财务会计准则委员会和国际会计准则理事会原则上同意统一准则。趋同将为全球市场提供一个统一标准。这将会增加可比性，允许跨国公司在外国股票市场上市，以便利用自身作为新股东的潜力。这将大大增强全球资本市场运作的效率。

如今，国际上达成向国际财务报告准则趋同的协议，迄今为止，在企业合并、非控股权益和公允价值计量等领域的谈判取得重大进展。因为过程本身过于复杂，之前认为 2015 年就能实现趋同是不现实的。全球经济衰退也减缓了趋同进程。然而，趋同还是取得了一些实际性进展。2007 年，美国证券交易委员会决定，外国公司在美国上市时不需要重做一份符合财务会计准则委员会准则的财务报表。一份技术方案把剩余的工作分成多个项目，并设置了建议上交截止日以供股东评价。你可以登录 www. fasb. org 了解这个方案。

一般公认会计原则和国际财务报告准则的主要差别之一体现在它们所采用的一般方法上。一般公认会计原则的建立依赖条例和规范，属于正式制度，合规是基于权宜之计。也就是说，我们遵守一般公认会计原则，是因为我们不想面对不遵守这个原则的法律后果。与之相对照的是，国际财务报告准则建立在共享原则的基础上，属于规范性引导，合规是基于社会责任。国际财务报告准则也允许解读和合理的判断。而一般公认会计原则需适用条例。要调和这些有差异的方法，接受一般公认会计原则培训的会计人员需要学习新的思维方式，更关注他们不熟悉的会计过程。

在趋同形势下，全球金融市场将更趋融合，投资人和其他参与者可以比较公司在不同国家的绩效。公司也无须重报其财务报告，复杂的合并过程变得更加简单。这些标准化特征将降低公司成本并给所有人提供更充分的信息。

15.1.5 会计与文化

对印度塔塔集团（Tata Group）、中国海尔集团或美国宝洁公司等国际企业来说，必须以外币从事交易，这对会计实务有明显的影响。公司对会计信息的需求不同，导致全球财务报表的变化是很正常的。还有一个原因会导致会计的变化，该原因与文化差异的联系更加直接。一个国家的法律、政治、经济体系和历史会影响本国公司对会计目的的理解，所以文化在会计实务中起到重要作用。

研究者西德尼·格雷（Sidny Gray）从两方面对文化是如何影响会计的进行了测度，包括公司提供的信息以及资产估价。这些功能在会计中分别称作披露实践（disclosure practice）和会计计量（accounting measurement）。在图 15 - 2 中，格雷的研究从保密度—透明度、乐观主义—保守主义等维度对国家进行分类。[2] 从保密度—透明度的维度判断公司向公众披露信息的程度。相对于透明度，德国、日本和瑞士等国家更重视保密和隐私。而在英美国家，披露信息比保护隐私更为重要。

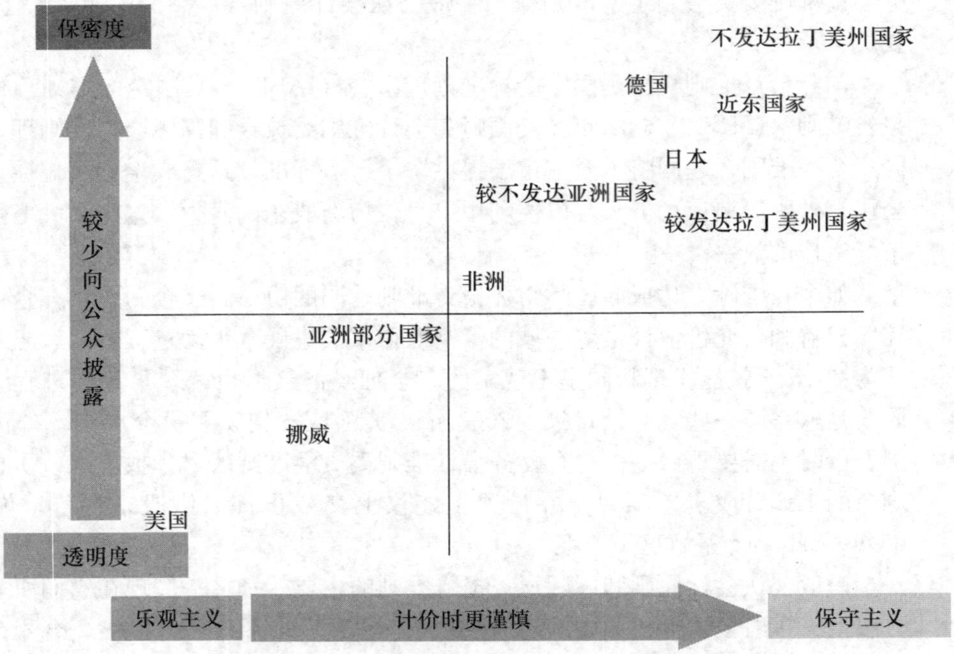

图 15 - 2　会计体系中计量和披露的文化差异

资料来源：Adapted from Lee Radebaugh and Sidney J. Gray，*Accounting and Multinational Enterprises*，5th ed.（New York：John Wiley & Sons，2002）.

从乐观主义—保守主义的维度，判断公司对资产计价和收入计算的谨慎程度。采用保守的资产计价法的国家，往往在会计报告中低估资产和收入，采用乐观的资产计价法的国家则恰恰相反。法国、德国和日本往往采用保守的资产计价法。在这些国家，上市公司的资本结构更加依赖于债务而非产权，因此银行成为债务的主要来源。银行注重的是流动性。保守的利润报表会减少税务风险和股息支付，增加用于偿债的现金储备。而在采用乐观计量法的美国和英国（尽管英国的方法更加节制），公司希望展示令人惊讶的收益，这将会吸引投资人，股票很快就会增值。

15.2　三重底线会计

随着环境可持续发展对企业和消费者的重要性不断增加，公司努力向利益相关者汇报它们在环境、社会和财务上的成果。此汇报框架中的重点被约翰·艾尔金顿

(John Elkington) 命名为三重底线（3BL)。在 1997 年出版的《食人族与叉：21 世纪商业的三重底线》一书中[3]，艾尔金顿认为，资本主义可以文明化。其隐喻是，在消费者压力和其他社会力量的影响下，资本家可以被教会使用叉子吃饭，可以变得文明。企业资本主义可以转变成可持续资本主义。

可持续性（sustainability）是一个才与资本主义扯上关系的体系概念，由环境（或生态)、社会以及经济三个主要方面组成。艾尔金顿描述了可能把资本主义转化为可持续资本主义的八种驱动力：消费者需求、市场、对环境重要性的认识的改变、对增加透明度的期望、生命周期技术的突破、利益相关者间更广泛的合作关系、时间、公司治理的影响。

目前的情况是，我们在经济层面衡量商业成果，而一旦受到来自政府和社会的压力，我们就要在环境层面（例如，排放物和危险废物控制）以及社会层面（例如，平等就业机会委员会对联邦民权法的执行）对商业成果进行评估。然而在环境和社会领域，我们倾向于更多地了解问题本身，而不是公司层面的考虑。利益相关者需要知道公司如何行动及其对这三方面的影响。社会舆论要求公司向利益相关者提供其决策对环境和社会的影响的衡量标准。

即使对 3BL 持批评态度者也认为，对生态和社会负责任的商业实践是可取的，然而，他们也认为，衡量成果不会使现状变得更理想。韦恩·诺曼（Wayne Norman）和克里斯·麦克唐纳德（Chris MacDonald）的研究表明，在评价社会绩效和环境影响时，人们无法像采用经济测量方法去评价公司行为那样客观。[4] 他们指出，这听起来很吸引人，而且在这两个领域咨询水平很高，但是能够对企业在环境和社会方面的绩效进行测量并且广泛实施的框架并不存在。他们认为，过于重视对活动的测量，会削弱人们努力寻找将积极的经济成果与可持续性和社会责任完美结合的方法，到目前为止，这是个更大的挑战。

其实最重要的是公司做了什么，而不是将道德规范挂在每间办公室的墙上，挂起来并不能代表行为符合道德规范。是否执行了道德标准取决于做了什么，公司成员如何理解公司价值，以及价值是如何表明对利益相关者的责任的。[5]

也许这类报告需要我们重新定义对组织成果的看法并不断完善。全球报告倡议组织（Global Reporting Initiative，GRI）是一个国际组织，拥有来自不同组织的超过 20 000 个利益相关者，包括本地和跨国的私营企业、非政府机构和政府机构。在对环境、社会和财务等进行实质性报告的框架构建方面，全球报告倡议组织做出了贡献。全球报告倡议组织作为一个独立机构，还与联合国环境规划署（United Nations Environment Programme，UNEP）合作。你可以在 www. globalreporting. org 上找到相关信息。

15.3　国际财务管理：公司资本结构

下面，我们来看一下公司如何管理跨国资金。在转换国际价值的过程中，有许多变量，包括货币汇率、资金流动中的各种限制、不同的税收体系以及不同的经济环境。你可能会把这种挑战看作将风险、机会和复杂性合而为一的复杂过程。

介绍财务管理，先从公司资本结构入手，然后分析跨国现金流管理，着眼于财务流动本身以及流动的方法，之后分析外汇风险管理，最后聚焦税收问题。我们的目的是了解国际财务经理管理公司跨国现金流动时会遇到的挑战以及应对措施。

我们发现，为了开发有吸引力的机会，公司在市场和资源开发上越来越国际化。这些全球机会同样适用于公司资本结构，越来越多的首席财务官涉足国际金融市场的开发，既有公开市场，也有私募市场。由于金融市场尚未完成全球化整合，即使金融市场之间的相互联系愈发紧密，市场中仍然存在不同的机会以及不同的成本。如果公司首席财务官可以在国外市场以低于国内市场的成本筹资，就是一个增加股东价值的绝好机会。

公司通过两种方式进行融资：在内部通过留存收益，在外部通过权益（股票发行）或债务（杠杆作用）。当权益证券（股票）发行时，公司所有权的一部分被出售。当债务证券（债券）发行时，借入的钱无须偿还。

许多公司选择发行股票。为了开发本国金融市场以外更多的投资者市场，它们可能会在外国市场发行股票，这会提高公司股票价格，降低资本成本。通过提升公司品牌在海外的知名度，在外国市场发行股票能获得市场优势。在众多外国公司中，已经在美国发行股票的有联合利华、富士、加拿大太平洋公司、荷兰航空公司、索尼、丰田、西班牙国际银行和西麦斯等。高速增长的小型新兴公司因经营历史短或者规模太小，难以在传统资本市场筹资，于是通过风险投资（以权益为回报的私人资本）进行筹资。风险投资在美国和欧盟最为活跃（美国是风投的发源地），并且正在中国、越南和印度等发展中经济体蓬勃发展。

有时外国股票直接在美国股票市场交易，但很多时候采用的是**美国存托凭证**（American depository receipts，ADR）的形式。这些凭证代表了在股票发行国内由托管人（通常是美国银行）持有的股票。凭证以美元计价，按美元汇率交易，避免了在发行国雇用代理人以及汇兑的麻烦。1927 年，摩根大通集团在纽约为英国百货公司塞尔福里奇（Selfridges）的上市开发了这个项目。你可以访问 ADR 数据库（http://www.adr.com/）。还有其他国家如卢森堡、印度和欧盟国家的存托凭证项目。

在外国股票市场出售大量公司股票，会引起人们对外资大量控制国内资产的担心。如果相关行业对国家安全至关重要，更可能如此。在这种情况下，政府会限制外资对股票的持有，这在发展中国家比较常见。例如，在中国、印度、墨西哥和印度尼西亚，限制外资对某些特定行业的持股。在发达国家，政府通过批准程序来限制一些行业被外国持股。在美国，航空业就受到限制。美国航空公司必须由美国公民所有和控制。[6]另外，外资并购必须经过美国财政部下设美国外资投资委员会（CFIUS）的批准，并要得到美国总统的最终批准。2012 年，美国外资投资委员会调查了 114 宗提议收购案，注意到来自中国的收购数量剧增。时任总统奥巴马否决了一家中资企业拉尔斯控股公司（Ralls Corp.）对美国风力发电厂的收购案，并要求其撤回之前对美国风电厂的投资。[7]

债务市场是公司另一个资本来源，渐成趋势的是，首先开发当地市场。这意味着在美国筹集经营所需资金时，日本丰田的子公司会首先关注美国市场。除了在公司层面获得资金外，跨国公司还可以在国内外债务市场借钱，降低资本成本。它们还可利用被称作避税天堂的**离岸金融中心**（offshore financial centers）。在这些国家和地区，税率较低，银行管制宽松，由非居民公司专门提供融资服务。瑞士、开曼群岛和巴哈马就是离案金融中心的例子。

人们普遍认为，债务融资比股票融资成本更低，因为支付债务的利息通常可以减税，支付给投资者的分红则不然。当然，当地习惯做法会影响公司在债务融资和股票融资之间的平衡。相对其他国家，美国、英国和加拿大的公司更倾向于股票融资。在日本和德国，银行一直在融资方面起到比股票市场更重要的作用。我们发现，日本的经连会（Keiretsu）是个关系网，在这个网络中，大型企业家族中的相关公司，比如三井（Mitsubishi）、住友（Sumitomo）、大正（C. Itoh）正是以银行为中心，通过拥有股票和债券所有权而连在一起。实际上，这种结构避免了债务持有人和股票持有人之间的利益冲突，体现了把和谐视为重要文化价值的国家文化的特点。

当地政府的税收政策也会影响国际公司的资本结构。如果当地税率很高，而债务利息可享受税收减免，那么债务可以在一定程度上让利润少缴税。国家政策同样影响决策。例如，外汇管制（即对某国货币兑换的限制）会对外国股票持有者的分红起到限制作用，国家制定政策鼓励当地再投资会限制分红。总而言之，当地的习惯做法、税收和其他国家层面的政策会影响公司的资本结构。图 15－3 列出了部分国家的资本结构比例。

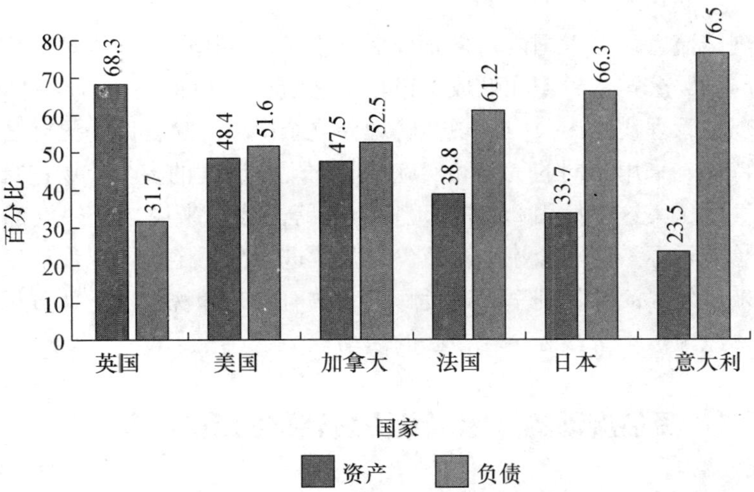

图 15－3 某些国家的资本结构比例

资料来源：Data extracted from S. Besley and E. Brigham，*Essentials of Managerial Finance*（Mason，OH：Thomson South-Western，2008），Table 12.7.

财务经理在融资过程中需要做的决策如下：

1. 考虑到不同货币的长期的优劣势，要按哪种货币筹资？例如，2012 年末，瑞典时装设计师尼德伦·舍登（Gudrun Sjoden）在美国建立全资商店，她会按美元筹资，因为预测美元对瑞典克朗走弱。

2. 对所筹集资金如何确定股票和债务的构成？一家拥有良好信誉的小型家族瓷器公司从墨西哥进入美国，可能对采用股东权益融资犹豫不决，因为家族成员希望维持对公司的控制。

3. 哪些资本来源是可行的？可以通过普通贷款从商业银行借钱；向银行借钱作为掉期交易的一部分（通过交换不同货币，规避由于汇率浮动引起的风险）；向其他公司借钱作为掉期交易的一部分；向跨国企业的其他部门借钱；公开募股，既可以采取首次公开募股（IPO）的形式，也可以在世界资本市场之一比如纽约或欧盟债券市场增发股份。

4. 如果公司决定选择一个世界级资本市场，那么在哪个市场中管理部门可以最低成本实现目标？

5. 还有其他可行的资金来源吗？可以是合资企业伙伴、私人资本或东道国政府。如果公司的进入可以给东道国带来国际企业的技术、管理经验和就业岗位，那么该国政府可能会提供资金来源或者减免税收。

6. 企业需要在多长时间内使用多少资金？比如，如果公司正进入一个新市场或者开发新产品，那么在产品引入期或工厂建造期内，公司需要更多的资金，但公司无法提供如此庞大的资金。

15.4 国际财务管理：现金流管理

现金流管理是以国内财务管理活动为基础的国际财务管理的重要一环。例如国内公司与国际公司都希望在低成本市场上融资，然后把剩余资金投向回报最高的地方。全球现金管理比国内公司的现金管理要复杂得多，这是因为国际公司需要在有不同的经济特征、采用不同的货币和实施不同的规章制度的多个市场进行操作。对于诸如通用电气或雀巢这样使用 25 种当地货币的跨国公司来说，这一点都不奇怪。现金流管理的总体目标是当资金流动时减少风险，进行公司定位，以便从中获利。一些风险和机会来自外汇流动、利率、通货膨胀、政府管制和税收。下面分析国际公司资金流动的主要原因，了解国际金融中心的活动。

15.4.1 资金流动的原因以及资金转移的技巧

公司转移资金的原因有很多，其中包括：子公司支付给母公司红利、专利费、使用费；母公司给子公司贷款，或子公司之间借贷；子公司和母公司之间实施销售转移定价。红利来自母公司在子公司的权益，使用费是指使用商标、技术、咨询和管理系统等公司资产需交的费用。这些支出对公司而言很重要，对现金流管理也起到重要作用。这有助于把来自子公司的利润从高税收环境转移到低税收环境。这是一个将利润从禁止或限制利润回流的国家转出的途径；也可能是一种把货币从存在贬值的高风险环境转移到低风险环境，从而减少外汇风险的办法。注意，这些支出属于商业费用，所以会影响到纳税义务。

贷款也是现金流管理中有用的技巧。母公司可以直接贷款给子公司，但东道国政府会限制子公司汇款给母公司，包括偿还贷款。**弗罗廷贷款**（fronting loan）是风险较小，但可以为企业达成相同目标的方法。在弗罗廷贷款中，母公司将资金存入一家国际银行，然后该银行将同等金额贷给外国子公司。相对于其他汇款，东道主政府很少限制子公司偿还贷款，尤其是支付给一家国际银行。母公司需要支付少量费用，而银行没有任何风险，因为银行持有的是抵押贷款。如果存款来自避税天堂，那么还可以享受税收优惠。这种贷款还可以绕过东道主政府为了保护支出平衡而设置的资金封锁。

还有一种转移资金的方法可以帮助公司进行现金流管理，那就是转让定价。**转让定价**（transfer pricing）指关联企业之间在交易时制定的价格。这种交易在遍布全球的企业中很常见，占全球贸易的 60%。因为造成转让的销售发生在公司内部，其成本具有弹性。这有可能使资金从高税收、货币走弱的环境中转移出来，公司从中获利。转让定价还可以绕过东道主政府的货币转让控制和税收。

转让定价会引发道德问题。其操作过程虽合法，但并没有遵守东道主政府的税收和货币条例。例如，东道国政府机构会仔细审查因转让定价引起的税收损失。经合组织和美国国税局已出台转让定价条例。一些公司自愿在内部定价方法上与东道国政府达成共识。这些协定除了向决策者提供道德规范外，还减少了公司在法律和税务审计上的风险。

15.4.2 国际金融中心

全球财务的复杂化，加上日益激烈的全球竞争，使得公司要把更多精力放在财务管理上。在许多公司，这种意识导致了作为利润中心的财务管理的集权化，有点像公司银行。其他影响因素有：(1) 浮动汇率，有时不稳定；(2) 资本和外汇市场数量的增长，在这些市场中公司可以有较低的利息和更好的汇率；(3) 国与国之间不同的通货膨胀率，并且在不断变化；(4) 先进的电子现金管理系统；(5) 财务经理意识到，通过平衡子公司闲置资金的创新管理，可以增加投资效益和利润；(6) 金融衍生工具（合约的价值取决于标的资产的价值）爆发性增长，对商品、货币、利率和其他风险起到了预防作用。

集中化的金融中心可以开发资本市场，管理通胀风险，对现金管理技术创新进行管理，对金融衍生工具的使用进行管理，处理内外部货品计价，帮助有弱势货币的子公司，加强子公司估价和报告体系，平衡和对冲外币敞口。**对冲交易**（hedging）指的是持有某一市场的资产（占据交易地位）的过程，目的是抵消相反的交易中价格变动所带来的风险。对冲业务被广泛用来降低风险。现在我们转向现金流管理，关注公司金融中心用来管理现金流的两种方法——多边净额结算以及加速清收与延期付款。

15.4.3 多边净额结算

子公司和母公司之间、子公司与子公司之间存在许多种类型的现金流动。母公司给子公司贷款，可能会以权益资本的形式增加投资。而源自销售、红利、使用费和手续费的现金，反向地从子公司流向母公司。子公司之间也存在现金流动。金融中心用来管理和优化现金流动的战略称为**多边净额结算**（multilateral netting）。这是一种集中化的方法，子公司把公司的净现金流转到现金中心，现金中心再把现金分给各个结算接收者。参与成员所涉及的每一笔交易，不管是进还是出，都根据净额轧差进行现金结算。这种结构本质上属于车轮辐模型。

为什么公司考虑使用多边净额结算？转移资金需要支付费用，也就是交易成本，同时当资金转移时，公司付出了机会成本：公司无法使用这些资金。另外还产生了外汇成本。减少转移交易的数量，意味着缩短资金的闲置期，降低实际转让成本，减少所需的外汇交易。举个例子，考虑一家公司在中国、德国、墨西哥和印度的子公司之间的多边净额结算情况。每一家有应付结算交易的子公司隔一段时间会把其资金转移到一个中央账户，中央账户经理再把资金转给结算接收者。比较图 15-4 所示的两种方法。如果不通过净额结算，合并这些款项需要 8 次交易和 120 万美元。通过净额结算，只需要 4 次交易和 60 万美元，减少了外汇交易成本。

15.4.4 加速清收与延期付款

货币汇率总是在浮动，给跨国公司带来风险，因为货币价值可能在毫无征兆的情况下发生变化。为了降低风险，一种有效的方法就是**加速清收与延期付款**（leading and lagging），即安排资金清收和付款的时间。这其实很容易操作，也许你曾尝试过：尽早收钱，尽量延后付款。在国际上，加速清收与延期付款可以限制外汇风险。加速清收指的是当外汇预期走弱时，提早清收应收款项；当外汇预期走强时，提前支付应付款项。延期付款指的是当外汇预期走强时，延迟清收应收款项；当外汇预期走弱时，延迟支付应付款项。如果将多边净额结算同加速清收与延期付款两种方法结合使用，国际公司的子公司可以合力重置资金，帮助补偿受限制资金或即将受限制资金带来的损失。

15.5 外汇风险管理

进行跨货币交易时，跨国公司经常会遇到汇率变动的状况。这些意料之外的变化给国际商务带来风险，因为资产和负债的价值被改变了。风险通常分为三类：交易风险、折算风险和经济风险。这些风险描述了已补进或未补进的头寸，即已对冲或未对冲的头寸。

美元			
子公司	应收款项	应付款项	净值
中国子公司	350	450	(100)
德国子公司	250	300	(50)
印度子公司	150	300	(150)
墨西哥子公司	450	150	300

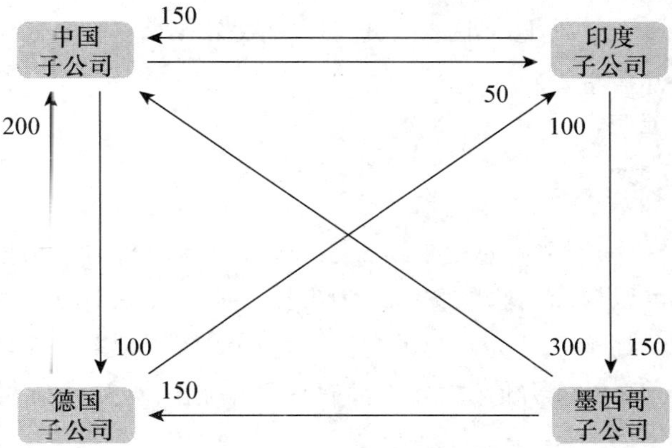

(a) 跨国公司内部子公司之间现金流动
(美元)

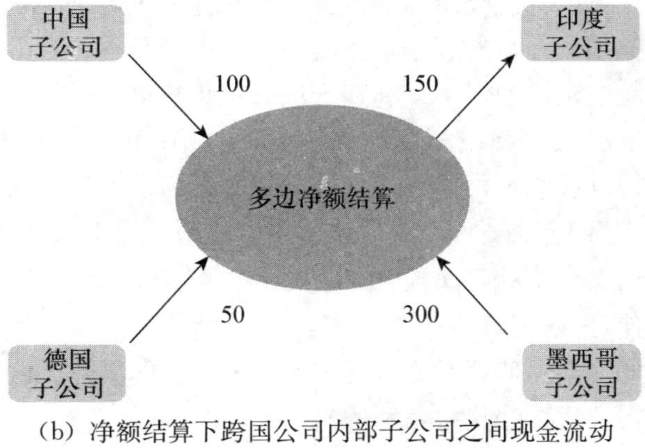

(b) 净额结算下跨国公司内部子公司之间现金流动
(美元)

图 15-4 多边净额结算的优势

15.5.1 交易风险

交易风险(transaction exposure)的发生是由于约定以外币计价,而结算时的汇率与签订合同时的汇率不同,从而盈利或亏损。例如,一家位于密西西比州的公司订购了价值 15 万欧元(即 18.9 万美元,按当时的汇率 1 美元兑 1.26 欧元计)的德国柴油发动机,180 天内付款。如果公司把美元兑换成欧元时,欧元对美元的汇率变为 1 欧元兑 1.38 美元,那么发动机价格就从 18 万美元上升到 20.7 万美元。在这种情况下,只有进口商受到现金流动的影响,因为出口商确定的价格不变。

有许多方法可以规避交易风险。首先，公司可以拒绝签订按外币结算的合同。然而，如果希望进行跨国交易，就要接受这种风险，而且这是合同谈判策略的一部分。还有其他一些方法。还记得我们对加速清收与延期付款的讨论吗？下面举例说明。

美国纽柯钢铁公司（Nucor）正出口价值 2 000 万欧元的再生钢到西班牙。纽柯钢铁公司接受外汇风险，将之作为营销策略之一，同时把对货币汇率变化的预期纳入欧元计价。以下是外汇和汇率数据（虚构数据）：

欧元汇率	4.00％
美元汇率	5.00％
即期汇率	1.534 美元
远期汇率	1.527 美元（一年后）

纽柯钢铁公司的应收账款面临交易风险。有六种方法可以规避风险。第一种，纽柯钢铁公司可以提前清收账款，因为市场表明，美元对欧元可能升值（从 1.534 美元的即期汇率升到 1.527 美元的远期汇率，说明市场预期一年后欧元可兑换美元数额变少，所以美元对欧元升值）。如果没有任何措施激励提前支付，西班牙顾客或许希望延期支付。

第二种方法是通过公司行为对冲风险，纽柯钢铁公司可以采用与多边净额结算相似的集中操作方式：风险净额法。公司会开立一个可以减小货币之间外汇风险的中央清算账户。使用货币群有利于识别出一些货币与另一些货币走势一致，例如欧元、美元和英镑走势一致，或者美元和瑞士法郎走势相反。许多国际公司采取这种方式。

第三种方法是**远期市场套期保值**（forward market hedge），这是一种简单的交易：公司出售其应收外币期货（合同规定一方当事人在将来某个特定日期以确定的汇率向另一方当事人交割货币），以换取本国货币，使未来日期与应收账款到期日一致。当西班牙公司支付款项，纽柯钢铁公司将款项转交银行（即其在远期市场套期保值合同的合作伙伴）。纽柯钢铁公司在与西班牙公司的交易中不会受到货币风险的影响，因为远期市场套期保值可以规避既定交易中所有的风险。这种方法广泛使用，但同时也减少了公司从货币变化中获利的机会。

如果还想从货币升值中获利，就要使用第四种规避风险的方法——外币期权。通过**货币期权套期保值**（currency option hedge），你可购买在特定时间买入或卖出特定金额货币的期权。这些合同通过社交媒体及银行公开招标。套期保值指的是买入按外币结算的应付账款（或带有购买期权的合同），以及出售按外币结算的应收账款（或带有出售期权的合同）。这些是期权，如果市场对你不利，你可以行使合同。如果市场对你有利，就不需要行使期权。例如，假设纽柯钢铁公司今日记入一笔 100 万瑞士法郎的应收账款，9 个月付清。公司希望确保其美元价值，因此立即以期权进行美元交易。今日，1 瑞士法郎兑换 1.04 美元。纽柯钢铁公司行使看跌期权，以今日的汇率（即履约价）出售瑞士法郎换取美元。如果 9 个月后瑞士法郎升值到 1.075 4 美元，纽柯钢铁公司就会从这笔交易中获利，而且无须行使期权合同。瑞士法郎支付金额将产生 1 075 400 美元的收益。如果瑞士法郎在 9 个月后贬值为 0.99 美元，纽柯钢铁公司已经规避其外币风险，可以行使期权。

货币市场也提供了对冲外汇交易的机会。在**货币市场套期保值**（money market hedge）中，纽柯钢铁公司向欧洲货币市场借入的欧元与对西班牙公司的应收款项金额相同。这个理念就是相同货币的负债与资产负债表上的资产（在这个例子中为销售额）相匹配。货币市场套期保值的运作方式是：纽柯钢铁公司借入与 2 000 万美元等值的欧元，即 13 035 300 欧元，持有期与应收款项到期日相同。纽柯钢铁公司以即期汇率把欧元兑换为美元，用作投资。然后它用西班牙公司支付的欧元偿清欧元贷款。已投资的美元加上所挣利息就是纽柯钢铁公司在这宗交易中所挣得的美元。

掉期合约（swap contracts）是第六种规避外汇风险的方法。掉期合约指的是在特定日期或连续日期内，以特定汇率汇兑的合约。掉期合约极具弹性，可以长期持有，比远期市场合约的持续时间长得多。如果纽柯钢铁公司在下一个 10 年在欧洲有许多按欧元结算的交易，公司可以签订一系列掉期合约，从而提早知道汇率或系列汇率。

上面提及的套期保值方法中，有许多涉及利息支付。伊斯兰银行业的核心之一是，商业关系不可以涉及利息支付，因为利息带来回报，却没有风险。伊斯兰国家有一系列对冲工具。在伊斯兰教的道德和法律准则下，这些工具公平地分摊所有风险。

全球辩论

借钱给穷人：慈善行为还是营利活动?

你可能认为，借钱给发展中国家的穷人很傻。借款人将如何还钱？但是向小企业主或创业者，比如菜贩、裁缝、蜡烛制造商提供小额贷款，同时具有慈善意义与商业意义。全球许多发展组织发现，世界上最穷的创业者大多数是女性，她们几乎连本带息地偿还了贷款。

小额信贷为许多小微创业者提供小额流动资本，为他们建立信用记录，在他们遇到困难时再次提供贷款。这些资金帮助他们开始做生意或者扩大业务，促进当地经济发展。小额贷款的概念是由穆罕默德·尤努斯（Muhammad Yunus）提出的，这位曾在美国接受教育的孟加拉国经济学家创办了孟加拉乡村银行。美国一家小额贷款机构 ACCION 也在小额贷款方面积极尝试。2006 年，尤努斯获得了诺贝尔和平奖，以表彰他与贫困做斗争的贡献。

小额贷款的偿还率比一些主权国家的偿还率高得多。与美国联邦担保学生贷款高达 13.8%的拖欠率相比，小额贷款也表现出色。ACCION 报告称，此项目的拖欠率只有 3%。康帕多（Compartamous）是墨西哥一个小额贷款项目，据称只有 1%的拖欠率。然而，批评者指出，小额贷款不足以使一个刚起步的创业者走出贫困，更不要说一个国家。与培训和支持相结合的系列贷款是必要的。

由于小额贷款的成功，一些非营利小额贷款项目转型为银行，一些开始上市，向投资者出售股份。向营利的私营企业转变逐渐改变了小额贷款的模式，提供小额贷款的慈善组织转向非营利组织。慈善机构使用的资金来自世界银行和欧洲复兴银行这类国际金融机构，利息相对较低。现在康帕多向其信用客户收取100%（按年计算）的费用，包含贷款利息、费用和税收。其成本是向其他小额信贷机构借款的3倍。更复杂的是，许多从康帕多首次公开募股中获利的股东就是小额贷款的贷方，例如ACCION。

从向穷人提供的贷款中获利是对的吗？尤努斯反对这种做法，并且拒绝把康帕多与小额信贷相提并论。康帕多的两位创始人有不同的看法。他们认为，正如饥荒中的食物，贫穷的国家也有钱；问题是如何分配。他们认为，快速有效地获利可能把私人资本带给有需要的人。他们把上市看作缩小世界上的财富和贫穷差距的方法。

在 www. pbs. org/now/shows/338/上可以观看关于这个问题的视频。

问题

1. 借钱给穷人获利，是一个道德的商业模式吗？
2. 非营利小额贷款是更有效地接触更多穷人的方法，还是一个错误的发展方向？

资料来源："Yunus Blasts Compartamos," *BusinessWeek*, December 13, 2007, http://www. businessweek. com/magazine/content/07_52/b4064045920958. htm(April 21, 2014); Haley Dillan, "Microfinance Leaders on the Global Economic Crisis, Women, and For-Profit Lending," November 4, 2009, http://www. globalenvision. org/2009/10/20/microfinance-update-interview(April 20, 2014); and http://www. ACCION. org (April 21, 2014).

15.5.2 折算风险

在公司层面编制母公司与子公司的合并财务报表时，就会发生**折算风险**（translation exposure)。因为外国子公司以非美元货币运营，在合并报表时，其财务报表上的金额需折算为母公司的货币。汇率变动对财务报表上的价值产生实质性的影响，继而影响到每股收益和股票价格。以在巴西、日本、西班牙和英国各地均设有子公司的某美国公司为例。每一家子公司均会按当地货币编制财务报表，因此以四种货币计价的金额需折算为美元。汇率的变化将影响到报表结果的美元价值。这种变化——无论是盈利还是亏损——都不会反映在现金流上，它们只反映在文件上。

折算风险的关键问题是，用什么汇率折算。我们回顾折算的两种方法（现行汇率法和时态法）以及每种方法下的汇率使用规则。不同国家规避折算风险的方法也不一样。

许多机构不规避折算风险，因为折算引起的盈亏并不表示现金流动。同样，规避折算风险实际上增加了交易风险。例如，如果通过外汇负债比如债务对冲折算风险，那么债务在交易层面可能成为一种风险。

15.5.3 经济风险

经济风险（economic exposure）发生在经营层面，源于外汇汇率变动影响预计现金流量。与交易风险强调单个交易不同，经济风险关乎全公司的长期发展。比如，若美元升值，正如 20 世纪 90 年代那样，美国出口价格上升。美国出口商品在外国市场的价格竞争力降低，销售额下滑。然而，若美元贬值，美国出口价格在外国市场重获优势。这些变化是经济风险可能会带来影响的例子。由于经济风险会影响海外销售量，因此经济风险会影响公司海外资产和债务的美元价值，以及公司的现金流量。资产风险涉及企业的固定资产及金融资产。从现金流到汇率变动的风险称为经营风险（operating exposure）。经营风险很难衡量，因为它影响了现金流和更大的商业环境，以及与获取投入和销售相关的竞争环境。对经济风险的管理可利用我们之前提到的规避交易风险的两种方法：套期保值以及掉期合约，利用采购的灵活性，采用投资组合的方法参与外国市场。

15.6 税　收

税收是影响国际管理者做出决策的外在金融力量，因为它影响到收入。在美国，公司所得税的纳税额是公司业务收入减去本期费用（包括工资和利息），扣除库存成本以及资本投资的折旧。大部分常驻美国公司支付的最高税率是 35%。公司所得税是美国国家收入的第三大来源，其次是个人所得税。

如果仔细研究每个国家税收的具体细节，将发现国际税收十分复杂。但是从总体上看，各国政府的税收分为三种——所得税、增值税和预扣税。**所得税**（income tax），直接按收入征税，如上述美国的例子。**增值税**（value-added tax）是间接税收，因为征税部门的征税对象是在生产或销售过程中产生增值额的个人或者公司，而不是征税项目的持有人。产品的最终使用者缴纳全额税款，而税款将返还给价值链上的其他参与者。

预扣税（withholding tax）也是间接征税，是对非劳动收入，比如使用费、红利和利息等征收的税，征税对象是支付此类费用的商人。在美国，工资需要缴税，雇主会预扣所得税，然后通过雇员的账户支付给政府。这是个人所得税，不是公司所得税。

至于政府征税的范围是什么，分别有全球通用和地区通用两种方法可以解决这个管辖权问题。全球通用的方法是根据居民的全球收入征税。美国采用的就是这种方法。也就是说，尽管有税收条约，美国驻海外子公司在与海外本地公司的竞争中处于不利位置。[8]地区税收仅对国内收入征税。在美国，只要海外缴税额低于美国本地缴税额，美国居民和公司就可以享受税务减免或者免除双重税收。

在美国，公司在海外的经济活动的组织形式对于其海外收益的纳税至关重要。如果是以**分公司**（branch）形式运营，即隶属于母公司，不是独立法人，母公司可以从美国应税收入中扣除损失。如果海外公司的实体是子公司，即独立法人，那么国际公司只持有 10%～50%的少数股份。无论是主动收入（工资）还是被动收入（租金、红利、使用费），子公司只有在汇款给母公司时才需要缴税。母公司持股 50%以上的子公司称为受控境外企业（controlled foreign corporation，CFC），当主动收入汇入母公司时，需在美国纳税，被动收入（使用费、许可费、红利、服务费）则在其产生时纳税。

当决定海外经营场所和结构时，国际企业的经理会考虑可能的地点所处国家的税率，以及经济活动需采用的法律模式。通常，新创办的企业都会经历几年亏损，所以建立分公司比建立子公司更好。因为从税收的角度看，分公司的亏损对母公司而言是有价值的。我们之前提及的转移定价，可以为国际企业提供另一种减免税收的方法。

一些国际企业在税务风险的管理上做得很成功。据《纽约时报》报道，2010 年，通用电气并没有对其在美国盈利的 51 亿美元缴纳一分钱税，实际上，其中 32 亿美元盈利还申请了税务优惠（在其他国家缴纳了税款）。[9]在好几年里，通用电气通过把利润留在国外来控制其在美国的纳税额。[10]美国辉瑞制药公司收购英国阿斯利康（AstraZeneca）公司失败，其目的也是减少纳税额。辉瑞制药计划把其总部从纽约移到海外，这一举措至少可以使公司每年少缴纳 10 亿美元税款。这个过程叫作转位（inversion），意味着把公司至少 20%的股份转移到海外子公司，然后在一个低税收国家建立合法实体。[11]2014 年秋，美国财政部通过减小税收限额来逐步约束美国公司转位。新法规限制了公司把现金留在海外而延迟在美国缴税的做法，而且增大了公司建立海外子公司的难度。[12]新法规立刻生效，正推进转位的美敦力、汉堡王和迈兰公司（Mylan）接受审核。

得到那份工作！从双肩包到公文包

布莱恩·戈德芬格：Kiva 在拉丁美洲的小额信贷

在大学三年级，我去哥斯达黎加的蓬塔雷纳斯省学习。我住在一个讲西班牙语的家庭，参加西班牙语课程。在这一年，我迷恋上旅游、西班牙人和西班牙文化。我的西班牙语讲得很好，我希望帮助那些不幸的人。回到家乡后，我转修国际商务管理（会计方向）。毕业后，我在毕马威会计师事务所从事审计工作。毕业后到上班之间的那几个月，我从尼加拉瓜游玩到阿根廷。这段旅程带来的价值远超我的想象。

我在毕马威的规划是完成注册会计师考试，花两年时间做审计，然后在毕马威的海外办事处进行一次国际体验。在第一年工作结束时，我开始觉得我的工作无法帮助到他人，坦白地说，会计职业的生活方式不适合我。于是，我离开了毕马威。

有一次和朋友谈到我的未来，他让我描述一下我梦想的工作。我意识到，这份工作必须包括国际商务旅行，能让我用到西班牙语，不要经常待在办公室里，并且可以实现社会价值。两天后，他给我发了一封邮件，谈到一个朋友，在巴拉圭一个叫 Kiva 的机构工作。邮件上还附了一个网页链接（www.kiva.org）。Kiva 的宗旨是通过贷款把人与人连接在一起，帮助消除贫困。个人可以通过机构的网页给发展中国家和美国的创业者提供 25 美元以上的资金。然后 Kiva 把资金转给合作的小额信贷机构，该机构利用这些资金提供贷款。

我申请的是 Kiva 的研究员职位。Kiva 的研究员是和 Kiva 合作机构共事的志愿者，帮助执行 Kiva 的政策，面见借款人，以及核实合作的小额信贷机构提供的信息。实际上，Kiva 的研究员如同 Kiva 的眼睛和耳朵，把 Kiva 的四个利益方——借方、贷方、小额信贷机构和 Kiva 总部——联系在一起。Kiva 研究员的实际工作差别很大，取决于原有的经验、技能以及与之合作的机构。

作为 Kiva 的一员，我完成了两份实习工作，一份在秘鲁，一份在尼加拉瓜的马那瓜。在秘鲁实习工作的主要任务是核实借方。我从一些小额信贷机构的贷款中选取小部分样本，拜访借方，核实合作机构提供给 Kiva 的信息是否符合真实情况。在拜访期间，我还要写简短的日记，记录借方的进展情况，这些信息会上传到 Kiva 官网，并发送给贷方。在尼加拉瓜，我主要和一家小额信贷机构合作，评估其社会效益。社会效益监控是有关小额贷款的新课题，相关的监测工具和机构很多。其目的是审查小额信贷机构的社会效益，具体来说，就是小额信贷的目标是什么，目标完成得怎么样。

由于工作地点和职责各异，Kiva 研究员往往得到不同的经验、挑战和奖励。对于我来说，最有成就感的经历是拜访和面见借方，从而有机会亲历并观察小额信贷所带来的成效。与信贷人员踏足未知的领域，面见意料之外的人，深入探寻他们关于事业和生活的问题，最后问“你们的希望和梦想是什么”。这些对我来说是有益的经历。

我早已预料到，我需要学习如何在新的国家和小额信贷文化中工作。幸运的是，除此之外我并没有遇到什么困难。我遇到的最大挑战是孤独和缺少社会关系，尤其是在秘鲁实习期间和在尼加拉瓜实习的前期。工作旅行和观光旅游或者海外游学是不一样的，带给我非凡的回报和宝贵的经验。这种经历中没有海外学习项目的支持小组，也没有观光旅游时的休闲时间和住宿环境，而这些对社交是有帮助的。每一次实习结束，我都不希望这么快离开。在这种情况下，千万不要封闭自己。你会很容易依赖互联网和家庭的舒适，但这无法解决问题。出去走走，放下你的骄傲，认识一下新朋友，去做一些你从未想过的事情。

对于那些想从事国际工作的人，我的建议是，在此之前获得尽可能多的工作经验。无论是海外学习、国际实习机会、在海外打工，还是仅仅旅游而已，你都能获得在课堂学不到的知识和体验。

模块总结

1. 概述国际企业进行外汇操作时遇到的主要会计问题。

国际会计的目的是给管理者提供决策时所需要的财务信息，给外部利益相关者（投资者、政府、贷方、供应商和其他人士）提供有助于做出决策的定量信息。会计还给政府提供征税时所需要的数据。国际企业遇到的主要会计问题包括与外币有关的问题，例如在常规操作和合并期间使用哪种货币折算，使用现行汇率还是定期汇率，以及选择哪种功能性货币。

会计准则的趋同将为全球市场创建一个标准，增加一致性使国际企业能够在外国市场上市，开发其作为股东来源的潜力。美国通用法按条例和规定行事，而欧洲通用法倾向于按原则办事。

要认识到，会计受到文化的影响，因为会计处在被一国的法律、政治、经济体系以及该国的历史影响的环境中。会计假设建立在对人类行为的了解以及对控制的需求上。

2. 概述三重底线的优缺点。

我们不仅在经济层面上，而且更多地在环境层面（例如，排放物和危险废物控制）以及社会层面（例如，平等就业机会委员会对联邦民权法的执法机构）上评定商业成果。然而在环境和社会领域，我们往往通过媒体了解问题是什么，却没有从公司层面去思考这些问题。三重底线（3BL）报告分享了公司在经济层面上的决策会带来什么样的环境和社会影响。这就是三重底线的优点。它的局限性在于，它既不反对支持可持续性的承担生态责任的商业实践，也不反对企业履行社会责任。三重底线的反对者认为，这些维度的测量结果并不那么理想。

3. 对比国际企业可选的资本结构及其重要性。

企业在内部留存收益，在外部通过出让股权、发行股票、申请贷款（杠杆作用）获得资金。公司可能选择在海外市场发行股票，从而开拓投资者市场，提高股票价格，降低资本成本。债务市场是公司资金的另一来源，首先开发本地市场成为趋势。税收低、银行要求松的离岸金融中心也是债务融资的来源之一。债务融资通常比股票融资成本更低，但需要考虑当地操作和税收问题。

4. 描述国际企业转移资金的原因以及国际金融中心的作用。

企业转移资金的情况有以下几种：子公司支付给母公司红利、专利费和使用费；母公司给子公司贷款或者子公司之间贷款；子公司和母公司之间实施销售转移定价。国际金融中心可以作为利润中心，平衡以及规避货币风险，开发资本市场，管理通货膨胀风险，管理现金，管理科技创新，管理金融衍生工具的使用，处理内外部计价，帮助处于货币疲软国的子公司以及改进子公司的估价和汇报系统。

5. 明确国际企业面对的外汇风险以及应对措施。

意料之外的汇率变化会给国际贸易带来风险。这些风险可以分为三类：交易风险、折算风险以及经济风险。交易风险指在约定以外币计价的交易过程中，由于结算时的汇率与交易发生即签订合同时的汇率不同，从而盈利或亏损。在公司层面编制母公司与子公司的合并财务报表时，就会发生折算风险。经济风险指的是在公司经营层面上，外汇汇率变动影响未来现金流量。与交易风险强调单个交易不同，经济风险关乎全公司的长期发展。

有许多方法可以规避交易风险。公司可以通过提前清收与延期付款、风险暴露的净额结算、货币期权套期保值、远期市场套期保值、货币市场套期保值或者掉期合约规避风险（公司还可以通过拒绝按外币结算来规避交易风险）。折算风险就是另一回事。许多公司不会规避折算风险，因为折算引起的盈亏不会反映在现金流量上。而且，规避折算风险实际上会增加交易风险。公司长期决策和外部力量会带来经济风险。对经济风险的管理可利用我们之前提到的规避交易风险的两种方法（套期保值以及掉期合约），利用采购的灵活性，采用投资组合的方法参与外国市场。

6. 描述作为国际金融力量的税收。

税收作为外部金融力量，会对国际管理者的决策产生影响，因为税收影响收入。政府使用的征税方法有三种：所得税、增值税和预扣税。

批判性思考

1. 国内会计和国际会计唯一的不同之处是国际交易中需要把使用的货币折算成美元。请对这个观点进行评价。

2. 你认为会计实操在其他国家有什么不同？

3. 会计准则趋同过程是否会给正在进行跨国经营的美国企业带来好处？

4. 采纳三重底线会计对美国企业在海外市场的竞争力有什么影响？

5. 你是一家正在建立首家海外子公司的企业的首席财务官。当你考虑如何筹资时，你对利用当地和本国的债务和股票市场有什么考虑？

6. 一家初涉出口业务的本地企业和利雅得的

卖家签订了销售合同。合同要求 6 个月内以沙特里亚尔付清 300 万美元。你会建议出口商采用哪种对冲方法？

7. 集中式结构的特点之一是耗时长且减缓创新速度。全球化贸易需要快速的反应，为什么跨国公司还会设立集中式现金流动管理系统呢？

8. 美国企业使用三种手段减少应缴税款：把海外收益留在海外；谨慎开展海外经营活动；探索转位操作。你认为以上哪种方法对公司来说最为可靠？

9. 能否通过把海外销售产生的收益在工作日结束时转换为母公司的货币来规避交易风险？

10. 当会计体系完全趋同时，公司的功能性货币还有作用吗？

微型案例

按人民币结算的交易风险之应对

你是一家美国跨国公司的财务经理。你的公司最近向中国出口了价值 600 万美元的高科技产品。由于来自欧洲和其他美国公司的竞争压力，你同意签订按人民币结算的合同，尽管这不符合公司的常规操作。

销售合同要求，中国进口商分三次在发货日（合同签订后 60 天内）后的 6 个月、12 个月、18 个月支付金额相同的货款。你计划一收到货款就把人民币兑换为美元。你的公司在中国没有任何经营活动，不需要人民币。你意识到这笔交易存在风险。你要如何规避风险？

注　释

1. Ryan Teeter, "Worldwide Accounting Diversity," https://www.youtube.com/watch?v=qsvpB7wijo4; and Timothy Doupnik and Hector Perera, *International Accounting*, 3rd ed., Chapter 2 New York, McGraw-Hill, 2011).

2. Sidney J. Gray, "Towards a Theory of Cultural Influence on the Development of Accounting Systems Internationally," *Abacus* 24, no. 1 (1998), pp. 1-15.

3. John Elkington, *Cannibals with Forks: The Triple Bottom Line of 21st Century Business* (Gabriola Island, BC, Canada: New Society Publishers, 1997).

4. Wayne Norman and Chris McDonald, "Getting to the Bottom of Triple Bottom Line," *Business Ethics Quarterly*, 2003, http://isites.harvard.edu/fs/docs/icb.topic549945.files/Canadian%20Paper.pdf April 18, 2014).

5. A good example of this is BP. For years it ran an advertising campaign based on the company's sensitivity to the environment. In fact, BP's observed behavior through crises in the first decade of the 21st century in Texas, Alaska, and the Gulf of Mexico shows different priorities: 1993—1995, Hazardous substance dumping in Alaska; 2006—2007, Prudhoe Bay Alaska pipeline corrosion; 2010, Texas City chemical leak (two weeks before oil spill); 2010 Gulf of Mexico Oil Spill (http://en.wikipedia.org/wiki/BP).

6. James Oberstar, House Transportation and Infrastructure Committee testimony before the U.S. Senate Committee on Commerce, Science and Transportation, May 9, 2006; and U.S. Department of Treasury, Committee on Foreign Investment in the United States, http://www.treasury.gov/resource-center/international/Pages/Committee-on-Foreign-Investment-in-US.aspx (April 19, 2014).

7. Annual Report to Congress, Committee on Foreign Investment in the United States, December 2013, http://www.treasury.gov/resource-center/

international/foreign-investment/Documents/2013%20CFIUS%20Annual%20Report%20PUBLIC.pdf (December 14, 2014).

8. Daniel Mitchell, "Job Creation and the Taxation of Foreign Earned Income," *Executive Memorandum* 911, The Heritage Foundation, 2004.

9. David Kocieniewski, "G. E.'s Strategies Let It Avoid Taxes Altogether," *The New York Times*, March 24, 2011 (April 20, 2011).

10. Kevin Drawbaugh and Patrick Temple-West, "Many Big U. S. Corporations Pay Very Little in Taxes: Study," February 25, 2014, *Reuters*, U. S. edition, http://www.reuters.com/article/2014/02/26/us-usa-tax-corporate-idUSBREA1P04Q20140226 (April 20, 2014).

11. Liz Hoffman, "Pfizer Sees Tax Savings from Deal, Leaving U. S.," *The Wall Street Journal*, April 29, 2014, p. 1.

12. John McKinnon and Damian Paletta, "The Obama Administration Issues New Rules to Combat Tax Inversions," *The Wall Street Journal*, September 22, 2014, http://www.wsj.com/articles/treasury-to-unveil-measures-to-combat-tax-inversions-1411421056(December 16, 2014).

附加模块 A
商业视角下的国际制度

如果一个组织需要天才或超人管理，它就不可能生存下去。一个组织必须有这样一个形式：在一个由普通人组成的领导集体下能够正常运行。

——彼得·德鲁克（Peter Drucker）

学习目标

1. 阐明主要国际制度对商务决策制定者的重要性。
2. 运用新制度理论描述制度。
3. 描述联合国制度，以及其与国际管理者的关联。
4. 描述国际货币基金组织和世界银行这两个货币组织的目的。
5. 讨论经济合作与发展组织和世界贸易组织的资源。
6. 依据经济一体化的水平来确认贸易联盟的种类并举例说明。

开篇短文

联合国维和：运行中的组织

联合国自 1948 年起参与维和，当时联合国安全理事会在中东设置军事观察员来监督以色列和阿拉伯国家休战。1949 年，联合国再次出面监管印度和巴基斯坦休战。其工作内容是监控和观察休战协定的执行情况，维和人员大多没有武装。

前两项维和行动发生于冷战时期，当时，由于五个有投票权的常任理事国中的两个——美国和俄罗斯——无法在应对危机的方式上达成一致，因此联合国安理会无法做出决定。当安理会无法通过一个解决方案时，维和行动是联合国监管及缓和紧张局势的一种方法。

有时，维和部队采取更积极的行动。1956 年发生苏伊士危机，由于埃及总统纳赛尔（Nasser）将苏伊士运河国有化，以色列、法国和英国入侵埃及。这一次法国和英国否决了让他们撤出埃及的决议。[①]为了应对此僵局，联合国大会召开了第一次紧急会议，并通过了休战的决定。大会派出了第一批联合国紧急部队来加快撤军，还发布了军事禁令，派人对苏伊士运河进行清理，以便再次开通。军队只到达埃及的边界线旁，因为以色列拒绝让军队进入其领土。在联合国的压力下，英国、法国和以色列从埃及撤军。联合国在这个案例中的行动完全符合其成立的目的：在冲突各方同意的情况下进行维和行动。维和部队有 6 000 人，来自巴西、加拿大、哥伦比亚、丹麦、芬兰、印度、印度尼西亚、挪威、瑞典和南斯拉夫，在苏伊士运河行动中伤亡 109 人。[②]

1956 年以来，联合国维和部队在全球最危险、最大的冲突中维护和平。在过去的 10 年里，它更多地保护公民，而不像早期监控和观察休战协定的执行，也不像苏伊士危机中那样直接介入冲突。维和部队旨在保障安全、正义、稳定和人权。

注释：
① http://www.un.org/en/peacekeeping/missions/past/unef1backgr1.html.
② http://www.un.org/en/peacekeeping/missions/past/unef1facts.html.

全球气候变暖，全球经济面临一个又一个危机，内战带来巨大的破坏，我们需要学会如何更好地利用全球性机构，因为我们遇到的问题太复杂了，单个国家解决不了。联合国前副秘书长马克·马洛克·布朗（Mark Malloch Brown）在《未完成的全球革命》（*The Unfinished Global Revolution*）一书中，呼吁全球性机构一起迎接挑战。[1]布朗的主要观点值得关注：世界越来越紧密地联系在一起，在国家层面变得不那么可控制。

什么是国际组织？它们如何影响公司？在本模块中，我们将探讨这些问题，考察那些对国际管理者而言最重要的机构，包括全球性合作组织（比如联合国、世界贸易组织和国际货币基金组织），以及地区性合作组织（比如贸易联盟）。

A.1 什么是制度？为什么制度是有用的？

强势的制度对国际决策者而言很重要，因为它们能让问题在由对抗变成敌对前得到解决。比如，考虑一下中国和美国在世界舞台上的角色，它们必须合作。[2]尽管合作对双方都不是易事，但世界贸易组织和联合国这样的国际组织会鼓励这样的努力，让合作更可能成功。[3]

制度对商务决策制定者而言很重要，因为它们提供了解决冲突和争论的方法。它们也为决策制定者提供了基础设施。在研究这些制度之前，我们先来看看制度理论。

A.2 制度理论

制度是一个由群体、社会或文化组成的“令社会生活稳定和有意义”的组织[4]，是“调节个人间相互关系”的规范的集合体。[5]想想你每天打交道的各类机构是如何影响你的生活的。学校、政府、宗教组织、体育社团等机构都有助于我们的社会生活变得有意义并保持稳定。制度是基于社会而建立的，由某一群体、社会和文化组成，同时也限制了人们的行为。这种理解机构的方法就是**新制度理论**（new institutional theory），该理论认为，制度对商务活动很重要，它们提供了基本的规则和行为准则，无论是书面的还是非书面的，这些规则和行为准则会限制和指导公司做决定。在某种程度上，它们为管理者提供了游戏规则，减少了公司在外部环境中的不确定因素。[6]

A.2.1　制度的种类

学者认定了两种基本的制度，即正式制度和非正式制度，这一区分有助于思考国际商务实践中的微妙之处。

正式制度　**正式制度**（formal institutions）运行时通过法律和规则来影响行为。任何用强制的方式来让人服从的就是正式制度。

非正式制度　**非正式制度**（informal institutions ）通过规范、价值、风俗和意识形态来控制行为，而不依靠法律来控制。[7]很多社会行为都是遵守规范和风俗的结果。传统的礼仪是非正式制度的一部分，可以减少社会互动中的不明确之处。在会计实践中，没有警察来强制执行标准。我们之所以遵守一般公认会计原则（GAAP），并不是因为违反了会进监狱，而是因为我们认为这些原则能确保专业性和效力，或者是因为不希望别人认为我们不履行社会责任。

基于非正式制度的主要关注点，可以将其进一步细分为规范实体（normative entity）和认知实体（cognitive entity）。非正式规范制度制定标准，“宣传原则，广泛代表‘人权’”。[8]专业组织和非政府机构（NGO）就是规范实体的一个例子，这种机构通过共享规范和价值来影响行为。GAAP、美国会计师协会（AICPA）、联合国、世界贸易组织都是非规范实体。联合国成员之所以同意遵守联合国的规则，是因为它们公开承诺要这么做，要承担社会责任。

非正式认知制度对国际管理者来说也很重要。认知制度是共享观念的集合，能通过概念性框架或模式来定义现实，这些概念性框架或模式通常既不明确也无形体。例如，义务、母亲身份、良好的习惯、性别角色。事实上，文化本身也是认知制度的集合，是规范和价值的无形的集合，通常隐藏在我们的思想中，只是我们没明确感觉到而已。缺乏对认知制度的理解很大程度上导致了国际管理者所面临的挑战。非正式认知制度很重要，我们看一个例子，涉及在日本和美国商务活动中发现的对供应商关系的理解。

日本的“供应商游戏”需要供应商和潜在购买者之间建立起信任关系。这样的关系使两个公司能互相了解对方的可靠性与组织文化，这两者在应对危机中十分重要。在日本的购买决策中，价格可能并不是首要的考虑因素。

在美国的供应商关系中，游戏规则并不一样。价格起到更明显的作用，有时可能是采购决策的第一标准。另外，美国有个习俗，即在交易后分享饮料，这是一种奖励，也是一种庆祝方式。在日本，饮料是在交易达成之前喝，作为建立关系的一种方式，交易过程中和交易后都会这么做，以维护关系。

我们在日本和美国的供应商关系中看到的很多行为反映了不同的理解，但是这些“游戏”规则并没有写入采购指南。你知道自己公司采用的方法，可能觉得那很正常，即便你意识到不妥。有助于建立供应商关系的行为制度化了，通常是在我们未意识到的情况下。如果我们是其中一员，会了解游戏是如何进行的；如果我们是局外人，不了解这些规则，可能会觉得这些行为不寻常或者令人困惑。日本和美国有关供应商关系的认知制度已经限制行为选择，并降低了不确定性。

正如霍夫斯泰德观察到的，这些例子说明，非正式制度在运行时有点像软件。[9] 它们能影响公司决策制定者如何理解所处的环境，进而影响公司在国际活动中的选择。学者彭维刚（Mike Peng）注意到，非正式制度在发展中国家比在发达国家发挥更大的作用。他表示，非正式制度的兴起能给发展中经济体混乱又松散的环境带去更多的秩序，发展中经济体缺乏成熟的正式制度。[10]

用来描述国际管理者面对的制度类型的框架是由理查德·斯科特（Richard Scott）提出的。图 A－1 详细描述了这些制度的类型，包括遵守规则和标准的基础、制度化的方式、内在的逻辑、合法性基础、衡量指标或证据。[11] 图 A－2 显示了制度对企业、管理者和企业行为的影响。

	制度种类	正式	非正式	
	社会协定是：	调节型	规范型	认知型
属性	基于服从	权益	社会责任	倾向 （理所当然）
	基于制度化	强制	规范	模仿
	基于逻辑	达到目的的手段	适当	一致性，正统
	基于合法	法律实施	道德上的管理	文化支持，概念正确性
	指标/证据	规则，法律，制裁	证明，验证	流行，相似性

资料来源：J. McNett after W. R. Scott (1995), *Institutions and Organizations* (Thousand Oaks, CA: Sage, 1995), p. 10.

图 A－1 新制度理论：制度的特征

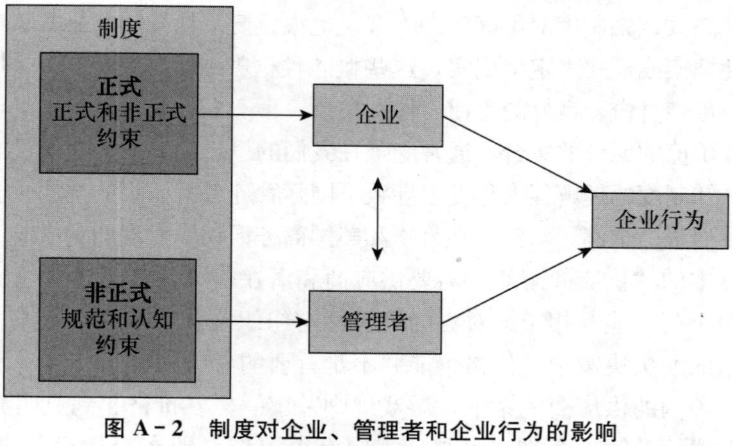

图 A－2 制度对企业、管理者和企业行为的影响

资料来源：Influenced by W. R. Scott, *Institutions and Organizations*, third edition (Thousand Oaks, CA: Sage, 2008), and W. M. Peng, Global Business (Mason, OH: South-WesternCengage, 2009).

下面，我们进一步探讨对国际商务很重要的主要国际组织，先介绍联合国，然后介绍国际性组织，例如世界贸易组织、经济合作与发展组织，以及经济一体化协议下成立的各种联盟。

A.3 联合国

联合国（United Nations，UN）可能是最知名的世界性组织，其193个成员（几乎包括世界上所有的国家和地区）都致力于促进和平和全球稳定。由于在稳定世界经济方面的影响力，联合国为营造有利于国际商务发展的环境做出了贡献。其许多活动都影响到企业以及其运行所依赖的基础设施。作为一个机构，联合国致力于在成员范围内，基于共同标准、非正式的规范制度，按照自愿协议运作。

A.3.1 联合国对商务的一般性支持

联合国对影响商业关系的国际协议（包括国际法中的许多部分）负责。以下涉及的某些领域的协议未被普遍接受，联合国在这些方面对国际商务发挥了重大的作用。

- 联合国协定制定了技术标准和规范。这些标准和规范对全球经济起着“软基础设施”的作用。联合国贸易便利化和电子商务中心（UN/CEFACT）对贸易文件进行标准化制作，还制定了关于电子数据交换的标准。
- 联合国在健康、教育、治理和政治稳定等领域，为新兴经济体的相关投资和劳动力的发展做准备。联合国教科文组织为让世界近7.75亿不会读写的成年人和儿童识字而努力。世界人口中，10.5%的青年人是文盲。
- 联合国各机构积极应对全球化所带来的风险，如恐怖主义、犯罪、毒品和军火交易。它们制定了针对绑架人质之类的恐怖主义的条约，使联合国成员有协同一致的处理方式。
- 联合国为寻求全球环境问题的解决方案付出了努力，比如说联合国环境组织所做的工作为气候变化大会奠定了基础，促使1997年《京都议定书》的达成，其目的是减少温室气体的排放，该议定书于2005年生效。联合国环境组织发起了很多倡议以支持可持续的商务活动。
- 联合国全球契约致力于解决教育和健康问题，这需要在商务方面实现全球性协作。这使得发展中国家的私营企业与团体加强合作。
- 联合国促进社会正义、人权和劳动权。负责此项事务的是联合国经济及社会理事会。
- 联合国为相互依赖的世界奠定了基石：信任和分享价值。作为可持续发展计划的全球契约就是一个例子。全球契约为商业可持续发展提供了框架，这个商务模式基于10项普遍接受的与环境、人权、劳工和反腐败等相关的原则。

A.3.2 联合国对商务的直接影响

除了上述对商务方面的普遍影响，联合国还在一些特别的领域对商业活动产生直接影响，因为联合国委员会协商全球性协定，并实现货物、服务、货币和信息的国际交换的标准化。

- 联合国大会的法定规则保护船只自由地穿行大海并通过国际海峡。
- 根据国际民航组织（International Civil Aviation Organization）的协定，商业航空公司有权飞过边界线，在紧急情况下着陆，国际民航组织也是联合国体系中的一部分。
- 世界卫生组织（World Health Organization）制定药物质量标准，规范药品名称。
- 万国邮政联盟（Universal Postal Union）的协议旨在防止邮件丢失，使邮件能够跨越国界传送。
- 国际电信联盟（International Telecommunication Union）的频率分配防止电波被阻断，从而避免无线电传播中的干扰。
- 世界气象组织（World Meteorological Organisation）在成员国间收集和重新分配数据，以便发布全球天气预报，并对特定国家的天气情况进行预测。
- 《海上货物运输法》(Carriage of Goods by Sea）下的《联合国国际买卖公约》(UN Sales Convention）和《联合国公约》(UN Convention）帮助制定买卖双方在国际货物交易中的权利和义务。

关于与联合国直接交易，可登录 http://business.un.org 查看业务合作信息，你会发现很多公司都是联合国的商业伙伴，包括瑞典连锁服饰品牌 H&M、全美篮球协会、耐克、雀巢、微软、优衣库和星巴克。下面简单介绍联合国的组织结构。

A.3.3 联合国组织

联合国的工作主要由五个主体承担，联合国通常称之为机构（organs)。所有的联合国成员都属于**联合国大会**（General Assembly)，这是主要的审议机构，各国都有投票权，无关国家大小、财富和权势。联合国大会采纳表达成员意愿的解决方法。这些决策都很规范，受到世界舆论的关注，然而，它们对各国政府和人民并没有法律上的约束力。联合国大会可以通过网络直播观看开幕会议。《联合国杂志》(*Journal of the United Nations*）会报道联合国大会的日程，这可以在 un.org/en/documents/journal.asp 上找到，有 6 种语言可供选择，分别是阿拉伯语、汉语、英语、法语、俄语和西班牙语。

联合国安全理事会（UN Security Council）负责维护国际和平与安全。设有 5 个常任理事国，即中国、法国、俄罗斯、英国和美国，每一个国家都有投票权；还有 10 个由联合国大会选出的非常任理事国，以及一些有代表性的地区。历史学家马克・马佐尔（Mark Mazower）认为，安理会是同盟国建立的，目的是确保它们在第二次世界大战后继续拥有政治和经济支配权，结果却背道而驰，支持少数族裔和人权。[12]目前，安理会在非洲、欧洲、亚洲和太平洋、加勒比海和中东的 16 个地区开展维和行动。[13]

从**联合国经济及社会理事会**（Economic and Social Council）的名称就可以了解，它关注的议题是贸易、交通、工业、经济发展、人口增长、儿童、住房、妇女权利、种族歧视、毒品、犯罪、社会福利、青少年、人类环境和食品。联合国经济及社会理事会就以下方面的问题提出建议：如何改善教育和健康状况，促进世界各地人权和自由的发展。这些活动有助于各国培养高素质劳动力。

国际法院（International Court of Justice）又称国际法庭（World Court），对涉及国家政府间争端的问题做出法律决策，并给出建设性意见。因为只有国家会向法庭提出诉讼，政府经常代表各自国家的公司和个人进行交涉。即使国际法庭拥有世界范围内的司法权，可以审理政府间的争端，然而所审理的案件数量相对较少。有的案件正在审理，有的案件审而未决。[14]多数案件都是关于领土纷争的，还有关于捕鲸纷争和其他方面的。国际法院的总部设在荷兰的海牙，有 15 位由联合国大会和安理会选出的来自不同国家的法官，任期 9 年。

秘书处（Secretariat）由联合国秘书长领导，属于联合国员工。秘书长由安理会推荐，联合国大会任命，任期 5 年，可以连任。联合国秘书处员工约 4.4 万人，来自世界各地。

以上是联合国的大致情况。其中一些活动对国际管理者而言意义重大。你可能也注意到，联合国及其分布于世界各地的机构是很有趣的，你可以在此开启国际职业生涯。

A.4　国际金融机构

有两个主要的全球性货币组织——国际货币基金组织（IMF）和世界银行（WB）——均在 1994 年举行的布雷顿森林（新罕布什尔州）会议上成立。为了反抗轴心国（德国、意大利和日本），44 个国家的代表于第二次世界大战快结束时聚集在一起商讨有关货币问题。布雷顿森林体系是在布雷顿森林协定下形成的，由于这是世界上首个由独立国家协商达成，并希望通过金融机构来支持贸易的协议，因此其意义重大。会议创立了两个主要的全球金融机构，分别是国际货币基金组织和世界银行，前者为国际金融政策及其执行制定规则，后者给国家贷款以促进其发展。

A.4.1　国际货币基金组织

国际货币基金组织（IMF）是在各国合作下运行的，其前提是所有成员国在国际金融体系中的共同利益应大于有冲突的各国利益。[15]IMF 促进了国际金融合作，包括有序的汇率安排和支付系统，为实现收支平衡提供基金。

尽管 IMF 从官方意义上只与政府打交道，但它也和许多国际组织合作，尤其是金融机构和有共同利益的组织，比如联合国、贸易联盟、非政府组织、宗教组织和其他民间组织，目的是建立稳定的金融环境来创造有利于减少贫困的条件。IMF 的政策和行动对全球商务活动产生了深远的影响。

188 个成员国在 IMF 中的份额由该国在世界经济中的相对规模决定。一国对 IMF 所做决策的投票权由其份额决定。当前，份额由以下指标的加权平均数得到：国民生产总值（50%）、开放性（30%）、经济波动性（15%）和国际储备金（5%）。[16]每个国家的份额一直在接受复审，以便反映发展中国家的变化。在现行的定额分配制下，中国的投票权占总数的 4%，美国占 17.69%，德国占 6.12%，日本占 6.56%。[17]

特别提款权 特别提款权（SDR）是 IMF 设立的一种储备资产，可以说是 IMF 的“货币”。特别提款权也是 IMF 的记账单位，因而份额可以用特别提款权计价。这项创设很有意思，就像无纸化货币，很有趣的一点是，SDR 不可以向 IMF 提出索偿，但可以据此向 IMF 的成员国提出货币兑换。SDR 的价值和一揽子货币相连，一揽子货币由四种在贸易中广泛流通的货币组成，分别是欧元、日元、英镑和美元。SDR 等值兑换四种货币的价格每天都会公布在 IMF 的网页上，2014 年 2 月 6 日的 SRD 等同于 1.462 03 美元。[18]累积的缴纳份额构成一笔钱，以备 IMF 借贷之需。美国拥有最大的 IMF 份额（或税捐），当前拥有 421 亿 SDR（相当于 630 亿美元），分配给岛国图瓦卢的份额最少，为 180 万 SDR（相当于 270 万美元）。

国际货币基金组织和汇率 IMF 协议条款于 1945 年生效，为成员国间的货币制定了固定的汇率，面值和设定价值以黄金和美元为基准，1 盎司黄金价值 35 美元。之前，金本位制用黄金作为货币间的普遍标准，因供应稳定而需求不断增长，其承受了过大的压力，尤其是在经济大萧条时期（1929—1933 年）。在布雷顿森林体系中，英国英镑的面值定位为 2.40 美元，法国法郎为 0.18 美元，德国马克为 0.273 2 美元。有人认为，美国政府将会用美元兑换黄金，美元是唯一可直接兑换成黄金的货币。这个体系从 1944 年持续到 1971 年，黄金兑换以美元为基准，美元既是一种国际流通货币，也是一种储备货币。尼克松总统在 1971 年使美国脱离了金本位制，他关闭了美国财政部的黄金兑换窗口。如今，IMF 关注在变化的世界中与其设立的目标相关的核心问题，一些经济学家认为，IMF 可能会在汇率方面重新发挥作用，缓和市场的波动状况。

对 IMF 的批评 IMF 受到了广泛的批评。世界银行前首席经济学家、诺贝尔经济学奖得主约瑟夫·斯蒂格利茨（Joseph Stiglitz）在《全球化及其异议》（*Globalization and its Discontent*）一书中阐述了对 IMF 以及世界银行和世界贸易组织的批评观点。20 世纪 80 年代，罗纳德·里根（Ronald Reagan）和玛格丽特·撒切尔（Margaret Thatcher）提议在美国和英国开拓自由市场，他们将 IMF 和世界银行作为“传教的机构”，利用这两个组织在急需 IMF 贷款的贫困国家推动自由市场政策。[19]的确，这两个组织是促进发展中国家合作的金融领导者，但是斯蒂格利茨指出，由于这些国家高度贫困并且十分需要资金，它们很少有选择的权利。

斯蒂格利茨以玻利维亚以及 1997 年亚洲金融危机后的印度尼西亚和泰国为例来说明 IMF 存在的问题。他指出，IMF 和世界银行的领导层都没有代表它们所服务的国家，开发经验也不是考虑两个组织领导人选的先决条件。根据惯例，IMF 的常务董事是欧洲人，而世界银行的主席是美国人。法国前财政部长克莉丝汀·拉加德（Christine Lagarde）曾是 IMF 的常务董事，韩裔美国人金辰勇（Jim Yong Kim）则是世界银行的领导。一些对 IMF 的批评看上去并不公正，IMF 似乎有意从错误中学习。

当前 IMF 的问题　在支持国际货币合作方面，IMF 努力帮助各国管理全球化固有的风险，比如说全球化的资本市场，其变化不可预测且迅速，对经济是一项挑战。IMF 的经济学家专注于为汇率相关事宜、宏观经济政策和金融部门的稳定提供技术支持，IMF 起到最后借贷人的作用。不过其中也隐藏着 IMF 的问题。

IMF 的援助与一国遵守 IMF 提出的实现财政稳定增长的建议相关。这个建议——确切来说不是一个建议，更像一个贷款条件——通常包括同时减少预算赤字和通货膨胀的要求。货币主义者关注货币供给，其措施易于在短期内迅速改善当地贫困状况。他们在促进社会长期发展方面也能发挥重要作用，比如在公共健康、缓解贫困和教育方面。例如，当借款人采纳 IMF 的建议令本国货币贬值时，就造成了国内的一些问题。比如，贫困加剧导致的政治动荡。有国家认为，IMF 的做法是导致日本在全球地位下降的主要原因。[20] IMF 的介入也引起了严重的社会动荡，例如阿根廷和肯尼亚所遇到的情形。

IMF 也处于西方国家和较大的发展中国家的对峙之中，它们因自己在 IMF 中的影响力和发言权有限而感到失望。截至 2014 年秋，2010 年度用以解决发展中国家问题的份额再分配方案仍在等待美国国会的批准，以将不到 2.6%的投票权从西方国家转移到新兴市场和发展中经济体。发展中国家宣称需要更多的投票权。政治经济学家韦德（Wade）和韦斯特高（Vestergaard）指出，金砖四国（巴西、俄罗斯、印度和中国）创造了世界国民生产总值的 24.5%，而最大的四个经济体（德国、法国、英国和意大利）共创造了 13.4%。[21] 然而金砖四国占 IMF 投票权的 10.3%，而四个欧洲经济体占 17.6%。阻碍更加公平的份额改革的是美国和欧洲国家对如何决定份额看法不一。美国提议为国民生产总值增长的国家提供支持，这对许多发展中国家来说意味着投票份额增加，欧洲国家则认为，这些国家需要增加透明度和民主途径。有关讨论陷入僵局。

一些人批评 IMF 起到了帮助独裁政权发展经济的作用，促进了对美国和欧洲跨国公司有吸引力的市场的成长。这种批评似乎没错。IMF 在采取行动时并没有测试政治效果，而是测试了经济效果。

IMF 似乎意识到这些批评中至少有部分是公正的，也正在改进不足之处。在 2013 年春季会议上，IMF 批判美国过于收紧其货币供应量，还指责其采用全面预算而非更细致、更集中的方式来削减借款。

A.4.2 世界银行

世界银行是在布雷顿森林会议上与IMF同时成立的，主要负责处理经济发展事宜。各国根据需要选择加入世界银行集团（Word Bank Group）。它包括两个主要机构、三个小型机构，作为非营利组织帮助其成员获得低利率的资金。两个主要机构是指：国际复兴开发银行（International Bank for Reconstruction and Development，IBRD），简称世界银行，有188个成员；国际开发协会（International Development Association，IDA），有172个成员。两个机构为成员提供贷款，支持发展，从而缓解贫困。IBRD关注人均GDP在1 000～10 000美元的中等收入国家，那里聚集了世界上70%的穷人，另外关注有信誉的贫困国家。IDA帮助世界上最贫困的82个国家，其中40个位于非洲。IDA为一些领域的发展项目提供无息贷款和拨款，如水资源、环境卫生、防洪、交通、健康、教育、农业、法律与司法等领域。

从1960年起，IDA将目光放长远，有很多项目的回报期达25～45年，挽救了成千上万条生命，并提高了他们的生活水平。近年来，IDA每年的贷款和拨款额平均为150亿美元，其中超过50%的资金都流向了非洲。[22]这些国家的稳健成长对于商务发展很重要，因为随着生活水平的提高，人们都参与到世界经济中。自2000年起，发展中国家的出口需求增长占全球的一半以上。在世界银行的交互式地图（http://geo.worldbank.org/）上，你可以通过地图、卫星视图以及混合型视图了解世界银行的项目情况。世界银行用于减少贫困的项目给人留下了深刻印象。

由于IMF和世界银行被发达国家支配，金砖国家（金砖四国加上南非）很有挫败感，这个蓬勃发展的新兴经济体在2013年3月宣布将组建自己的发展银行，即新开发银行（New Development Bank）。该银行计划于2016年正式运营，总部设在中国上海，计划筹集1 000亿美元用于放贷，还计划储备1 000亿美元以满足发展中国家之需。[23]这种制度性努力将对发展起到非常重要的作用，同时会为金砖国家带来杠杆效应，让其更好地参与IMF和世界银行的活动。

另有三个新机构加入世界银行集团，这对国际管理者来说也非常重要。国际金融公司（International Finance Corporation，IFC）投资于发展中国家的公司和金融机构，以建立国内资本市场，使当地企业获得资金。多边投资担保机构（Multilateral Investment Guarantee Agency，MIGA）鼓励外国直接投资于发展中经济体，并通过政治风险保险、技术援助和纠纷调解来确保私营部门投资。解决投资争端国际中心（International Centre for the Settlement of Investment Disputes，ICSID）旨在协助解决政府和国外投资者之间的争端，帮助引入外国直接投资。目前，有197起案件得到听证，在网上可以查看相关细节。在这些案例中，有一个是关于伦敦矿业公司（London mining company）要求印度尼西亚政府撤回勘探特许权的；另一个是关于菲利普莫里斯公司（Philip Morris）同乌拉圭和澳大利亚政府因包装条件而起的争端，菲利普莫里斯公司表示，它在这些国家的投资协议受到影响。[24]

A.5 世界发展和贸易组织

经济合作与发展组织（以下简称经合组织）和世界贸易组织（以下简称世贸组织）是两个全球性组织，致力于更广泛的经济体的经济发展。

A.5.1 经济合作与发展组织

经合组织支持政府加快经济增长，与贫困做斗争，保持经济稳定，并帮助非成员国发展经济。如今，经合组织在成员国内部提供经济和其他活动的信息，成为讨论分享经济和社会政治问题的论坛。经合组织对广泛领域的国际商务和经济主题进行调研，发布大量调查报告，这些成为与国际商务相关的案头研究的重要素材。受到高度认同的国别调查为美国中央情报局的《世界概况》（https://www.cia.gov/library/publications/the world-factbook），补充提供了可靠的有关人口统计和经济的信息。另外，最近的研究包括经合组织成员国的养老金市场、全球养老金数据、保险市场趋势、对绿色汽车的市场和宽带渗透率的研究。[25]表 A-1 包含经合组织现有的成员国。

表 A-1　　经合组织成员国

澳大利亚	法国	韩国	斯洛文尼亚
奥地利	德国	卢森堡	西班牙
比利时	希腊	墨西哥	瑞典
加拿大	匈牙利	荷兰	瑞士
智利	冰岛	新西兰	土耳其
捷克	爱尔兰	挪威	英国
丹麦	以色列	波兰	美国
爱沙尼亚	意大利	葡萄牙	
芬兰	日本	斯洛伐克	

资料来源：OECD.org (February 9, 2014).

经合组织在许多方面都发挥了作用，包括鼓励成员国消除贿赂行为，为跨国公司建立行为准则，提议通过专项立法。经合组织的工商咨询委员会（Business and Industry Advisory Committee，BIAC）成立于 1962 年，代表商业和产业参与经合组织中的讨论及与商业有关的工作，比如贸易自由化、可持续发展、电子商务、税收和生物技术。

A.5.2 世界贸易组织

世界贸易组织是一个基于规则、成员驱动的组织，所做出的决策均由成员国政府协商决定，是旨在建立和帮助实施国家间贸易规则的全球性组织。世贸组织成立于1995年，目的是减少或消除世界范围内的贸易壁垒和限制，从而减少生产商、服务商、进出口商的交易成本。通过限制可能的行为，政府可以接受它们的贸易关系。世贸组织是一个促进贸易的组织，有159个成员，拥有全球96.4%的贸易量、96.7%的世界GDP以及90.1%的世界人口。世贸组织所有的成员都在世贸组织每一项协定上签了字。值得注意的是，非成员国中有一些具有观察员身份，如阿富汗、阿尔及利亚、伊朗、伊拉克、乌兹别克斯坦、朝鲜和土库曼斯坦。

世贸组织原则 在世贸组织谈判中，成员间建立了五种基本原则与标准，是全球贸易系统运转的基础。[26]

1. 非歧视贸易。最惠国待遇原则或者非歧视性原则要求各国平等对待世贸组织的所有成员。如果一个国家给予另一个国家某一优惠待遇，那么这个待遇也需给予其他成员。这意味着进口货物不会遭遇市场歧视。

2. 通过协商逐渐提升贸易自由化水平。较低的贸易壁垒促进了贸易增长。世贸组织协定通过逐步改变以建立“逐步自由化”体系，发展中经济体也有更长的时间来做出调整。

3. 通过增强约束和透明度实现可预测性。可预测性有助于经营者了解真实成本。世贸组织通过“约束”关税或协定来限制一定时期从量税的提高。这样的承诺与降低关税一样起到较好的作用，因为它们给经营者提供了实际的数据。透明度原则使贸易规则变得清晰并可理解，也有助于经营者预测稳定的未来。

4. 促进公平竞争。很多人将世贸组织描述为“自由贸易”组织，它确实为贸易自由化做出了贡献。世贸组织也认识到，各经济体间的贸易关系极其复杂。许多世贸组织协定都支持农业、服务业和知识产权的公平竞争，打击补贴和以低于生产成本的价格进行销售的产品倾销行为。

5. 鼓励经济发展与改革。世贸组织成员中，3/4的成员属于发展中经济体，正在进行市场经济转型，它们积极参与世贸组织的**多哈发展议程**（Doha Development Agenda）或相关的扩大会议。

多哈发展议程 2001年，多哈回合（Doha Round）谈判在卡塔尔的多哈举行。此次谈判主要讨论发达国家和发展中国家与贸易相关的问题。发展中国家从世贸组织贸易体系获得的益处受限，尤其是在与纺织、服装、农业和渔业相关的贸易方面。多哈谈判于2003年在墨西哥的坎昆举行，发展中国家与发达国家在农业问题上分歧很大，谈判失败。2007年，世贸组织启动了贸易援助（Aid for Trade）计划，在基础设施、技术支持和生产力等方面帮助最不发达的成员，这会影响到发展中国家从贸易协定中获得的益处。贸易援助计划在2008年经世贸组织成员通过，2013年，超过2 000亿美元被调用为贸易援助资金。

2013年末在巴厘岛举行的会议上，巴厘一揽子协定（Bail Package）同意对来自最不发达国家的商品开放市场并加大技术支持力度。发达国家开始对从最不发达国家进口的很多商品免税和免配额，但是在农业方面仍难达成一致。2005年，巴西就美国对棉花实施补贴向世贸组织提起诉讼，2009年，世贸组织做出了对巴西有利的裁

决 。2014 年，巴西和美国终于就争议达成协议。多哈谈判有关成员国食品供给的讨论仍在继续，美国和欧盟原则上同意减少农业补贴。

除了农业，知识产权也是世贸组织成员国谈判难度较大的领域，也是多哈谈判的症结所在，即使最近有了些进展。关于《与贸易有关的知识产权协议》的讨论，促使专利权保护期 20 年和著作权保护期 50 年成为共识。然而，对知识产权的侵犯在一些领域，比如音乐、软件和制药领域等仍很常见，这些大多发生在发展中国家的小群体中。世贸组织达成了一个基本的协定，即产权不应该优先于公共健康，在 1995 年前，任何遵守《与贸易有关的知识产权协议》的国家都有权仿制有专利权的药品。世贸组织建立了强制许可系统，授权版权拥有者许可发展中国家的制造商使用其版权，世贸组织为与世界知识产权组织有伙伴关系的政府官员提供关于世界知识产权的课程，世界知识产权组织是联合国的一个机构。

多哈回合谈判一直存在分歧，全球金融危机和全球经济复苏缓慢也使得谈判进程放缓。然而主要参与者仍在谈判，并致力于推动这一进程。他们并没有放弃谈判，2013 年的保释协议（Bail Package）表明，进展可能慢了点，但还是有成果的。

国际商务实践

千年发展目标：运行中的商业模式正产生效应

联合国在世纪之交设立了千年发展目标，要在 2015 年消灭极端贫穷，普及小学教育，促进男女平等，降低儿童死亡率，改善产妇保健，对抗艾滋病病毒以及其他疾病，确保环境的可持续性，全球合作促进发展。这八个目标促进了世界上许多国家的发展，其中一些目标要在 2015 年末完成。所有目标都是未来发展承诺的基础。

企业对消除饥饿作用巨大。你可能会问："如何做?"这些都体现在价值链上。包容性企业采取措施，将穷人纳入其生产链，令他们成为生产者、雇员和消费者。说比做容易，贫民窟和小村庄通常缺乏基本的市场基础设施，比如公路、市场信息和商业支持服务。进入市场的供应链可能又长又复杂，因此要确保适当的工作标准和质量有很大挑战性。另外，通常缺乏相关法律、银行和技术。很多穷人也承担不起注册和开办企业所需要的法律文件的费用。①

这些都是重大挑战，公司充满激情应对。仅仅推动公司履行社会责任是不够的，穷人参与产业链需要制度化。我们知道这是可以做到的。地毯标志（RugMark）国际组织创建了好纺织（Goodweave）项目，这是村一级的地毯编织认证计划，为村民提供工作机会和进入市场的途径，同时保护本行业的工人。结果，由 50 多万儿童从事的编织工作改由成年人完成，儿童则走进了学堂。英美资源集团（Anglo American）是南非最大的私营业主，开展了一个对艾滋病病毒进行检验的医学项目，确保检测结果为阳性的 17%的劳动力的工作机会。国际公平贸易标签组织是一个生产者协会，为产品发放认证标签，它也是一个营销组织。你们可能见过它的标识。它为世界上最贫困的国家生产的商品和工作环境制定标准。公平贸易也让大家通过购买选择来参与这个重要的过程。

以下为截至 2014 年末，千年发展目标的一些成就。

1. 2010 年达成了将极端贫困率降低一半的目标。尽管现在仍然有 12 亿人处于极端贫困状态。

2. 2010 年，发展中国家小学教育的普及率达到 90%，能阅读的年轻人的性别差异大幅降低。

3. 小学教育实现了男女平等。但在中等教育上，贫困对女孩来说仍是个障碍。

4. 每天儿童的死亡人数减少约 17 000 人。大约 80%的儿童死亡发生在撒哈拉沙漠和南亚。在贫困家庭出生的儿童在 5 岁前死亡的概率是在富裕家庭出生儿童的两倍。

5. 产妇死亡率大幅下降。在东亚、北非和南亚地区，产妇死亡人数减少了 2/3。

6. 艾滋病病毒感染率持续降低。2012 年，21 万儿童的死亡与艾滋病相关，2005 年，这个数字是 32 万。关于艾滋病病毒传播的知识和避孕套的使用使青年人患艾滋病的比例保持较低水平。

7. 臭氧消耗减少了 98%，二氧化碳排放量自 1990 年以来增加了 50%。

8. 发展援助在 2013 年高达 1 348 亿美元。对最贫困国家——这些国家经常在千年发展目标上拖后腿——的援助经常转向其他国家。

登录 http://www.un.org/millenniumgoals，查看千年发展目标进展，思考你可以提供什么帮助。

问题

1. 企业应该参与类似千年发展目标这样的活动吗？还是将重心放在盈亏底线和给股东分红上？

2. 当地企业如何将贫困人口纳入其价值链？找一个当地企业，给出它可能加入千年计划的方法。

注释：

① "MDGs: Everyone's Business," UNDP, http://business.un.org/es/assets/e705f241-e7db-44f3-8874-b76e56ea6d16.pdf (November 23, 2014).

世贸组织的向前推进 除了农业和知识产权，世贸组织成员还有很多担心的问题，包括农民、妇女和企业家的权利，这些方面都要力争在发展中国家取得成功。世贸组织成员认识到，为了使全球贸易顺利开展，兴起的浪潮必须推动所有的船只。世界贸易未来的发展和发展中国家经济的健康有赖于全球化，这样所有的参与者才能从贸易中获利。新兴国家的新市场、受过教育的劳动力、经济增长和稳定的政治对于国际商务发展都很重要。[27]从中国和印度可以看到发展的前景。两国人口占全球的 1/3，由于贸易增长，两国的绝对贫困人口均减少。

对世贸组织还有更具批判性的观点。许多国际组织存在问题，包括世贸组织不能真正解决问题，多哈回合谈判无法结束，IMF 缺乏效力，以及世界银行存在一些问题，这些都反映出第二次世界大战后主要国家为保持对全球经济的掌控所做的努力。如果真的是这样，我们面对的是印度和中国完全参与的真正的多边主义。

近年来，由于世贸组织在推动贸易自由化和处理全球化不公平问题上进展缓慢，区域性贸易协定应运而生，填补了制度性空缺。据世贸组织报告，截至 2013 年，全球有超过 546 项区域性贸易协定，分别涉及商品贸易、服务贸易和新加入已生效协定的成员国。[28] 事实上，每个世贸组织成员至少参与了一项区域性贸易协定，一些成员还参与了 30 项区域性贸易协定。对区域性贸易协定，有两种思考方法。欧盟和北美的自由贸易协定可能会削弱世贸组织，因为它们破坏或限制了外部国家的贸易。另外，这两个协定可能会进一步削弱贸易壁垒。下面，我们来研究这些贸易协定以及经济一体化的过程。

A.6　经济一体化协定

经济一体化显示了国家尝试创立一个协定，来提升参与者的贸易环境。经济一体化协定是基于成员间的约定而建立的非正式的规范制度，其发展倾向于遵循以下模式：先建自由贸易区，再进入共同市场，最后实现经济一体化。

A.6.1　自由贸易区

经济合作通常是从签订自由贸易区协定开始的，如加拿大、墨西哥和美国之间的《北美自由贸易协定》(NAFTA)。在**自由贸易区**（free trade area，FTA）内，成员国之间相互进行贸易，没有关税和配额，然而每个成员国对从其他国家进口的货物都各自征收关税。在自由贸易区内，服务（比如会计、保险、法律服务）、人员（劳动力）和资本的自由流动受到限制。自由贸易区的另一个例子是东南亚国家联盟(ASEAN) 即东盟。还有很多其他的自由贸易区，包括已经成立的和提上议程的。

自由贸易区经常发展成**关税同盟**（customs union），即在自由贸易区的基础上增加共同的对外关税。南部非洲关税同盟（Southern Africa Customs Union，SACU）成立于 1910 年，是最早的关税同盟，成员国包括南非、莱索托、纳米比亚、斯威士兰和博茨瓦纳。另一个例子是**南方共同市场**（Common Market of the South/Mercosur or Mercosul），成员国包括阿根廷、巴西、巴拉圭、乌拉圭等。还有一个例子是安第斯共同体（Andean Community），由秘鲁、厄瓜多尔、玻利维亚和哥伦比亚组成。

A.6.2　共同市场

经历了自由贸易区和关税同盟的阶段，经济一体化的下一个层次为**共同市场**(common market)。当关税同盟取消了成员国之间有关服务、人员和资本流动性的限制时，共同市场就产生了。共同市场本质上属于单一的市场，因此对所有成员国来说，所有的贸易壁垒（比如标准、边界、税收）都是统一的。为了达到经济一体化的水平，共同市场的成员国建立起共同的经济政策，为此，需要有共同的政治意愿。南方共同市场正朝着这个方向发展。俄罗斯、白俄罗斯和哈萨克斯坦同意成立共同市场，即统一经济空间（Common Economic Space，CES）。

A.6.3 经济一体化

共同市场最终实现**经济一体化**（economic integration），欧盟就是个例子。这样的一体化需要高度的政治一体化，因为成员国需要放弃主权中的重要成分。比如在欧盟，设立一个中央官僚机构负责协调所有成员国的税率、劳工系统、教育系统及其他社会和法律系统，而欧洲中央银行为加入货币联盟的成员国制定货币政策。单一货币欧元被创立，以取代各成员国的货币，在28个成员国中的18个国家通用。至少有6个非欧盟成员国或地区（如梵蒂冈、黑山、安道尔、圣马力诺和科索沃等）也将欧元作为其官方货币。

A.6.4 经济一体化协议的例子

自由贸易区和共同市场等贸易集团在几个方面影响到跨国公司，比如通过降低关税、配额和其他贸易壁垒，降低了一体化地区企业的成本，同时提高了贸易区之外企业的成本。表A-2比较了主要贸易区和贸易国家的相对大小。

表A-2 主要区域性贸易区和贸易国家

区域集团	面积（平方千米）	人口	国内生产总值（美元，购买力平价）	人均国内生产总值	成员国数量
欧盟①	4 381 376	508 300 348	15.7万亿	34 500	28
北美自由贸易区	21 775 720	467 457 725	18.864万亿	40 354	3
南方共同市场②	12 790 294	282 027 400	4.849万亿	17 193	5
中国	9 596 961	1 349 585 838	12.38万亿	9 100	—
印度	3 287 263	1 220 800 359	4.735万亿	3 900	—
俄罗斯	17 098 242	142 500 482	2.509万亿	17 700	—
加拿大	9 984 670	34 030 589	1.335万亿	39 600	—
墨西哥	1 972 550	113 724 226	1.56万亿	13 800	—
东盟	4 435 674	604 803 000	2.178万亿③	3 601③	10
美国	9 826 675	316 668 567	15.66万亿	49 800	—
全球	5 100 720 000	7 095 127 980	83.23万亿	12 500	

说明：①除了国内生产总值和人均国内生产总值，欧盟的数据包括克罗地亚。克罗地亚2012年国内生产总值为796.7亿美元，人均国内生产总值为18 000美元。

②南方共同市场包括巴拉圭（2013年选举前暂停），不包括玻利维亚（正在审批）。

③名义上的，非购买力平价。

资料来源：CIA，*The World Factbook*，2013，https://www.cia.gov/library/publications/the-world-factbook/index.html/（figures are estimates）；ASEAN Trade Database，http://www.asean.org（February 9，2014）.

《北美自由贸易协定》　根据《北美自由贸易协定》，加拿大、墨西哥和美国于1994年1月1日共同创立了自由贸易区。基于三个成员国之间的自由贸易，《北美自由贸易协定》为强劲的经济增长和繁荣铺平了道路。通过《北美自由贸易协定》，这三个国家创造了世界上最大的自由贸易区之一，其生产力也是全球经济中最强劲的。如今，北美的贸易基本上互免关税。上一次降低关税的贸易是美国玉米出口到墨西哥，许多小农户获得过渡期保护。[29]最初的谈判包括对加拿大乳品、家禽、鸡蛋和制糖业等作为例外对待。[30]

非洲贸易联盟　尽管大多数非洲国家和发达国家（通常是前宗主国）建立了主要的贸易关系，非洲国家业已形成地区性贸易联盟以促进非洲大陆的经济增长。中国对非洲的援助、贸易和直接投资，尤其是在开采部门的投资增长很快，给非洲带来实质性的经济增长。[31]中国了解如何发展，并且会将有关发展的知识传递给非洲伙伴。20世纪70年代末，中国开始改革开放时也很贫穷，而且面临更具挑战性的制度、教育和农业问题。[32]

除了南非和尼日利亚，非洲经济总体比较小且发展不成熟，因此在世界贸易中处于边缘地位。不稳定的环境无助于经济增长，它们坚持经济合作，尽管政府面临各种挑战：基础设施建设；与艾滋病病毒、肺结核、疟疾相关的公共健康需求；腐败；叛乱和内战。联盟中的5个经济体分别是：由16个国家组成的西非国家经济共同体（ECOWAS）；由19个国家组成的东南部非洲共同市场（COMESA）；由15个国家组成的南部非洲发展共同体（SADC）；由26个国家组成的非洲自由贸易区（AFTZ）；由55个国家组成的非洲联盟（AU），其前身是非洲统一组织（OAU）。

拉丁美洲贸易联盟　在南美洲、中美洲和加勒比海地区，我们发现几个重要的经济一体化协定。南方共同市场寻求共同市场的地位，并取得了实质性的进展。南方共同市场内的大多数贸易都是免关税的，成员国在多数产品上采取共同的对外关税政策。

《中美洲自由贸易协定》（DR-CAFTA）包括美国、危地马拉、洪都拉斯、尼加拉瓜、萨尔瓦多、哥斯达黎加和多米尼加。尽管对《中美洲自由贸易协定》有批评的声音，因为它很不均衡（中美洲成员国的国内生产总值还不到美国国内生产总值的1%），贸易数据显示《中美洲自由贸易协定》经济体有实质性增长，其中某部分的增长可以归功于自由贸易区的影响。《中美洲自由贸易协定》是美国同发展中经济体签署的第一份贸易协定。其他的南美洲贸易区包括安第斯共同体，它在哥伦比亚、秘鲁、厄瓜多尔和玻利维亚等国之间起关税同盟的作用。

亚洲贸易联盟　在亚洲，有10个成员国参加的东南亚国家联盟（ASEAN）成立于1967年，旨在促进成员国间的和平，为应对政治威胁相互提供保护。由于东南亚是世界上发展最快、最有活力的地区之一，东盟（文莱、柬埔寨、印度尼西亚、老挝、马来西亚、缅甸、菲律宾、新加坡、泰国和越南）的意义变大，也发展成为自由贸易区，即东盟自由贸易区（AFTA）。东盟的初步协定是相互不插手内部事务，这一点使各国能克服冲突，创造共同市场所需的凝聚力和价值。东盟＋3（ASEAN＋3）机制将中国、日本和韩国纳入其中，以促进亚洲合作和金融稳定。

欧洲联盟 欧洲联盟是从关税同盟发展而来的，先演化成共同市场，然后进一步加强政治一体化，发展成为区域性组织。我们简单看一下欧盟的发展及其基本结构，再看看其影响和前景。

第二次世界大战后，欧洲意识到原有的经济和政治机构已经落伍。这个意识慢慢发展成一个酝酿已久的想法，即放弃国家主权的一些方面来实现经济和政治稳定。1950 年，法国外交部长罗伯特·舒曼（Robert Schuman）将煤炭业和钢铁业并入欧洲煤钢共同体（European Coal and Steel Community）。它最初的 6 个成员，即比利时、联邦德国、法国、意大利、卢森堡和荷兰，在 1957 年签署了《罗马条例》（Treaty of Rome），建立了煤炭和钢铁的共同市场。1967 年前，这个核心联盟将共同市场扩大，建立了欧共体（European Community），以及**欧盟委员会**（European Commission）、**欧洲议会**（European Parliament）和部长理事会（Council of Minister）。之后在 1993 年，欧共体的成员签署了《马斯特里赫特条约》（Maastricht Treaty），根据条约成立了**欧洲联盟**（European Union，EU），形成了经济、外交政策和国内事务的一体化。

1973 年，丹麦、爱尔兰和英国加入欧盟前身，希腊于 1981 年加入；西班牙和葡萄牙于 1986 年加入；奥地利、芬兰和瑞典于 1995 年加入。2004 年，欧盟迎来了 10 个新的成员国：塞浦路斯、捷克、匈牙利、爱沙尼亚、拉脱维亚、立陶宛、马耳他、波兰、斯洛伐克、斯洛文尼亚。2007 年，保加利亚和罗马尼亚加入。2013 年，克罗地亚加入。目前有 5 个候选国，包括马其顿、冰岛、土耳其、黑山和塞尔维亚，这几个国家都被接受入盟，但具体日期尚未确定。阿尔巴尼亚、波斯尼亚、黑塞哥维那和科索沃也在就成为候选国谈判。如今，欧盟的 28 个成员国最大限度地体现了欧洲的经济、产业和人口方面的优势。[33]欧盟大约有 5 亿人口，占世界人口的 7%，比美国人口多 60%。它是世界上最大的出口商和第二大的进口商，占全球贸易量的 17%。相比而言，美国是第二大贸易商，占 15%的份额。[34]值得注意的是，有些西欧国家拒绝加入欧盟，瑞士和挪威都是基于国民投票决定不加入欧盟。

欧盟努力推进经济、外交事务、安全和司法等方面的一体化。**经济与货币联盟**（Economic and Monetary Union，EMU）也称欧洲货币联盟（European Monetary Union），创立了欧元，欧元成为仅次于美元的第二大储备货币。[35]在国际领域，欧盟代表其加入世界贸易组织的成员国以及欧盟委员会和欧洲理事会（European Council）主席参加 20 国集团会议。欧洲法院有权对违背欧盟协定的个人、公司和成员国处以罚金和其他惩罚。

欧盟由 9 个机构组成，其功能与国家政府机构相似。欧洲议会代表欧洲人民，由成员国选举产生。会议实况可访问 http://www.europarl.europa.eu 收看。**欧盟理事会**（Council of the European Union）代表其成员国，是欧盟主要的政策制定机构。当理事会开会时，对特定领域的问题进行讨论，成员国相关部长代表成员国出席。比如说，要讨论财政问题时，就由成员国的 28 位财长参加会议。理事会的决策按照规则和指令提出并超越国家，比如，处理外交政策问题（欧盟主权债务危机、马里武装力量和恐怖主义）以及健康安全问题（埃博拉病毒、流感追踪和预防、灾难应急、安全生产设备、计算机使用规则、工人环境安全问题）。

欧盟委员会管理欧盟的日常运营。它有 28 个委员，分别来自 28 个国家。委员由各国自行提名，由当选委员会主席任命，再经欧盟委员会投票通过。其余的 6 个欧盟机构主要关注金融和社会问题，包括欧洲中央银行和欧洲法院。

全球辩论

国际组织：国家的危险之路或全球化的方式？

有的国家反对前文提到的全球机构，担心这些机构削弱国家主权。比如，美国拒绝批准联合国公约中的《儿童权利公约》(Convention on the Rights of the Child)，认为这会使国际法凌驾于美国联邦法和州法，影响父母做出与孩子的成长和教育相关的决定的权利。另外，美国没有批准《京都议定书》及其附件。美国表示，这样一个关于排放的国际协议将会改变联邦政府和州政府管理相关地区的权利。当地的管控对很多市民而言很重要。

主要的反驳观点是，超国家协定带来的利益要远远大于所做出的让步。尤其是在气候变化和污染防控等方面。随着全球化加快，地球渐渐变成一个地球村，国与国的界限不再那么明显。我们需要地区和全球组织来处理与气候变化、污染和恐怖主义相关的事宜。

问题

1. 类似联合国这样的国际组织能否促进和谐发展，或者它们是否侵犯了国家主权？阐明你的理由。
2. 一个没有国际组织存在的世界会不会更好？阐明理由。
3. 是否达成结果（建立国际组织）就能证明手段（超国家协定）的正当性？

欧盟已经成为世界上一股重要的政治和经济力量。其指令规则取代了 28 套国家规则，并且使国家标准、标签法、检验程序和维护顾客权益的方式一致，覆盖范围从玩具到食品，从股票经纪人到教师。这 28 个国家取消了超过 6 000 万道海关和税收手续，并正在实施统一的专利制度。欧元的引入是欧盟最有意义的成果之一。

国际管理者需要关注欧盟，因为它深刻影响到他们所开展的商务活动。单一货币和统一的进出口程序降低了欧盟内部的交易成本。欧盟的标准很先进，尤其是在环境和可持续性要求方面. 同时因为它的市场规模，许多欧盟规则对美国、日本和中国及其他国家也产生重要影响。比如，为了减少电子设备浪费，欧盟要求制造商对销售的所有设备进行回收，包括手机、电脑、家用电器和电视机。

欧盟的数据隐私监管机构建议谷歌对其 12 项隐私保护进行调整，以符合欧盟法律。谷歌称已经遵守相关法律，欧盟对此回应："请明确地遵守，否则我们将采取法律措施。"[36]一般来说，欧盟关于数据隐私保护的标准比美国更高。例如，根据欧盟法律，电子商务网站向计算机使用者的设备发送 cookie 前，应获得使用者的知情同意。

微软公司就是一个实例，其业务很大程度上受到欧盟的影响。欧盟委员会命令微软支付 497 00 万欧元（约 60 780 万美元）的罚金，将其软件代码与竞争者共享，提供视窗操作系统的非捆绑式版本。微软公司这么做了。2005 年，欧盟规定，如果微软公司提供给竞争者的软件代码没有更好的文件，则被处以每天 237 万美元的罚金。2008 年，欧盟强行征收了 13.5 亿美元的罚金，因为微软没有完全遵守 2004 年提出的共享代码的要求。2009 年，欧盟宣布，将对微软捆绑在视窗操作系统上的网页浏览器进行调查，在微软同意用户从包括 Explorer 在内的 12 个相互竞争的浏览器中做出选择，并且所有浏览器都能在浏览器选择菜单看到之后，这场调查才终止。2013 年 3 月，由于微软没能执行欧盟在 2009 年制定的不捆绑销售的规则，欧盟又对微软处以 73 200 万美元的罚金。这表明，如果外国公司要进入欧盟市场，就必须依据欧盟的规则进行商务活动，这不仅限于全球层面，在欧盟内部也是如此。

欧盟逐渐摆脱经济危机，很大程度上得益于欧洲中央银行对地方银行的注资，这也揭示了欧盟机构发展的领域。《金融时报》的沃尔夫冈 · 穆乔（Wolfgang Munchau）指出，"由德国和塞浦路斯等国家组成的欧元区无法持续下去"，除非有一个银行联盟，其职能为监管、提出决议以及存款保险。但是这样一个联盟最多能撑过 5 年。德国表示反对，因为这对德国来说代价太大了。塞浦路斯也反对，因为这会破坏其离岸银行的商业模式。[37]问题在于，欧盟是否过于分散而无法经受更多的金融危机。外交事务专家大卫 · 昂格尔（David Unger）暗示，欧盟迫切需要像亚历山大 · 汉密尔顿（Alexander Hamilton）或詹姆斯 · 麦迪逊（James Madison）一样强有力的领导人来推动整体发展。欧盟现任领导人倾向于支持国家利益。因此，像德国这样富有的国家用德国选民喜欢的方式解决复杂的问题，比如说当经济下滑时，提高税收和裁员。昂格尔认为，这种方式在大环境下没有意义。[38]

制度很重要，因为它们能限制国际管理者的选择，使环境变得简单有序。国际管理者一旦意识到制度的好处、局限性和贡献，就可以从中受益。

得到那份工作！从双肩包到公文包

卡蒂 · 艾米克：以智力和精神上的成长为目标的国际体验

在大学主修国际商务时，我参加了"海上学府"（Semester-at-Sea）项目，得以验证先前学习过的有关内容和概念。我们拜访了 13 个国家和 30 个主要城市，其中很多面临贫困和人口过剩的挑战。为了准备行程，我研究了将要到访的地方，制作了一份指南。我还联系了去过这些国家的人，与他们交流，获得一些建议。我在做了充分准备之后，以开放的心态自信地出发了。为了让这次国际体验有收获，我们需要融入外国文化，而非仅仅期待。

我在国外面临的最大挑战是这些国家的交通不便，尤其是在基础设施较差的人口密集城市。语言障碍使情况变得更复杂，即使是日本这样的发达国家，语言障碍也是一大挑战。很多情况下，我迅速了解城市公共运输系统，充分利用公共交通设施，得以在大城市到处走动。然而，我花了很多时间解决迷路问题，通过手势和绘图与当地人沟通。就像学习国外交通系统一样，我在国外面临的大多数挑战都亲身体验了。

回想起来，我最大的乐趣不是在世界上最高的桥上蹦极，与18英尺长的大白鲸一起潜水，在南非的小镇参加跳伞运动，登上中国的万里长城，或者骑骆驼、驾驶沙滩车穿过撒哈拉沙漠。尽管这些经历令人愉快，但它们都不如我与各地人互动触动更大。值得一提的两件事是探访南非和印度贫民窟。

在这两个国家，我和另一名学生一起，拜访了出租车司机的家，事后才觉得有风险。我们远离城市，深入迷宫一般布满临时搭建的陋室的地区。在南非，我们和当地人一起度过了一个下午，在酒馆分享鹿肉，和孩子玩跳绳，拜访只有一个房间的家。小镇上犯罪事件频发，很少有外国人来访。

在印度金奈，我们拜访了出租车司机的家，探访了贫民窟。三轮车在黑暗中穿过路边满是人群的窄道。我们和那里的居民一起待了几个小时，他们邀请我们进入简陋的家里，和孩子们的互动也很令人感动。离开时还有一群小孩跟着我们。

在旅途中，我对自己的了解多于对我探访的人和地方的了解。我发现最重要的一点就是学习！外面有无限的知识等着我们去发现，有无数的机会去探索。我们每个人都有潜力带来积极的影响，让世界变得更美好。下面是我关于国际职业发展的一些建议：

1. 除了所有自己强加的限制，全力进行自我发现。

2. 对旅行要有预期，而不是简单地期待！

3. 尊重并考虑你的环境。完全理解你所处之地，全身心地投入。不要因琐事、不相关或其他的因素而分心……把握住国际经历，活在当下。

4. 写日记。尝试对事件做出说明，将与经历相关的想法记录下来。照片能诉说你经历的故事，用日记说明你学到的东西。

模块总结

1. 阐明主要国际制度对商务决策制定者的重要性。

制度的存在限制并指导了决策者能够做出的决定，它们因此约束了公司的选择范围。制度通过简化外部环境来实现这一约束。无论制度是正式的还是非正式的（规范性的或认知性的），都通过各种方式创造了让人遵守的规则、行动方式和思维方式，并有效减少了公司所面对的选项，或有效建立了游戏规则。它们的商业价值在于简化了外部环境，这可以帮助企业更好地了解环境和进行运作。

2. 运用新制度理论描述制度。

根据影响行为的方式，制度可分为正式制度和非正式制度。正式制度使用法律和法规发挥作用，非正式制度则使用习俗和意识形态发挥作用。非正式制度可能是规范性的，也可能是认知性的。规范制度通过价值观和规范发挥作用，而认知制度通过产生效力的共同设想来实现。联合国、世界贸易组织和两个货币机构（世界银行及国际货币基金组织）都是全球性制度的例子。包括公司和非政府组织在内，还有许多属于各个层面的全球性制度。经济一体化协议就包含于此。有许多区域性制度，比如经济合作协定、贸易协定等。

3. 描述联合国制度，以及其与国际管理者的关联。

联合国出台非正式的规范制度，政府基于道德原则和社会义务遵守联合国协议。联合国的工作通过五个主要机构进行。联合国大会是论坛，联合国的每一个成员都有一票投票权；安理会的重点是和平与安全；经济及社会理事会处理有关贸易、教育、卫生及其他经济和社会问题；国际法院审理国家之间的案件；由秘书长领导的秘书处是联合国的行政部门。通过提供政府间互相交流的论坛，联合国为和平和稳定做出了贡献，为创造促进国际业务的条件做出了贡献。

4. 描述国际货币基金组织和世界银行这两个货币组织的目的。

国际货币基金组织的基本思想是可行的货币体系应该符合所有国家的利益。其协议条款概述了该基金组织的六个目的：促进国际货币合作，促进国际贸易的扩大和平衡增长，促进成员之间的汇率稳定和有秩序的汇兑安排，协助建立多边付款秩序，使基金组织的资源可用于国际收支平衡，缩短所需时间，减少成员国际收支的不平衡。世界银行集团包括国际复兴开发银行和国际开发协会，为收入中等但信誉良好的贫困国家提供发展项目的资金。它给最贫困国家的一些项目提供低息贷款和拨款，以帮助它们发展基础设施、卫生和教育以及其他相关的领域。

5. 讨论经济合作与发展组织和世界贸易组织的资源。

经合组织对各种国际商业和经济话题进行广泛的研究，并做了一些受到高度重视的国别调查。对研究人员和商务人士来说，这些资源性材料对深入了解市场有重要的价值。

世贸组织试图减少全球的贸易壁垒以促进贸易。其成员由世界主要的贸易国家组成，具有显著影响世界贸易的潜力。世贸组织就各国之间的贸易争端做出裁决。世贸组织的多哈发展议程停滞不前，尤其是在发达国家的农业补贴、规则执行和裁决以及知识产权等领域。

6. 依据经济一体化的水平来确认贸易联盟的种类并举例说明。

经济一体化的四大主要形式是自由贸易区（成员国取消关税）、关税同盟（自由贸易协定加上共同对外关税）、共同市场（关税同盟加服务、人员和资本的流动）和完全一体化（共同市场加上统一货币及额外的经济和政治一体化）。《北美自由贸易协定》是自由贸易协定的一个例子，南方共同市场则属于关税同盟，其目标是共同市场。非洲经济一体化也遇到了困难并举步维艰。迄今为止，欧盟已经取得了显著的成功，能够抵御金融危机的不稳定以及由经济疲软引起的经济衰退。批评者认为，它可能会达到其制度的极限。

批判性思考

1. 选择一个特定的非正式认知制度，讨论它的特点，评价为什么该制度对国际管理者有意义。

2. 联合国以维和使命而名扬天下，但它也有很多机构直接影响到商业发展。选择某一贸易活动，描述联合国对它的影响。

3. 今天，很多发展中国家都有主权财富基金和高储备金，它们过去是向国际货币基金组织贷款的主要国家。在越来越少的国家需要向其申请贷款的情况下，国际货币基金组织要如何做出调整？

4. 以你的判断，《北美自由贸易协定》和南方共同市场的双边贸易协定是否会削弱世界贸易组织的作用？阐明你的理由。

5. 尽管遭到工会和工人的强烈反对，美国国会依然通过了《北美自由贸易协定》。你同意工人的反对吗？请说明理由。

6. 南方共同市场的主要贸易伙伴是欧盟而非美国，为什么会出现这种情况？

7. 经济合作与发展组织被称为“富人俱乐部”，为什么这个组织对富国以外的国家也很重要？

8. 用新制度理论的概念来描述三个国际组织。

9. 欧盟对欧盟以外的商务活动有什么影响？

10. 对诸如联合国和欧盟等国际组织的批评，通常集中在这些组织会威胁国家主权及自主管理国家的权力。全球化会怎样影响一个国家自主管理的能力？

微型案例

向全球制度寻求帮助

Vertbien是一家法国公司，致力于可再生能源的开发，你是这家公司的国际经理。Vertbien一直在监控中国对非洲能源部门日益增长的投资，担心中国会在非洲的风能、水利和太阳能市场上占据较大份额。在一个小组中，你被要求调查西非国家可再生能源的直接外国投资方式，不管是100%自主经营还是找一个当地合作伙伴。在本模块涉及的机构中，你会寻求哪些组织的帮助？请拟定一个投资方案，并制定推荐所有权方式的标准。

注　释

1. Mark Malloch Brown, *The Unfinished Global Revolution: The Limits of Nations and the Pursuit of a New Politics* (London: Allen Lane, 2012).

2. Martin Wolfe, "Why Washington and Beijing Need Strong Global Institutions," *Financial Times*, April 19, 2006, p. 13.

3. Ibid.

4. W. Richard Scott, *Institutions and Organizations*, *3rd ed*. (Thousand Oaks, CA: Sage, 2008), p. 48.

5. Talcott Parsons, "Prolegomena to a Theory of Social Institutions," *American Sociological Review* 55 (1934/1990), pp. 319-39, as referenced by Scott (2008), p 14.

6. Douglass North, *Institutions, Institutional Change and Economic Performance* (Cambridge: Cambridge University Press, 1990), p. 4, as quoted in Scott (2008). Also see Gerry Everding, "Douglass North Prizes Economic History," *Washington University Record*, October 21, 1993, p. 3. Douglass North received the Nobel Prize, along with Robert Fogel, for work using economic theory to explain institutional change. Douglass C. North, *Understanding the Process of Economic Change* (Princeton, NJ: Princeton University Press, 2005).

7. Scott, *Institutions and Organizations*.

8. Ibid.

9. Geert Hofstede, *Cultures and Organizations: Software of the Mind* (San Francisco: Jossey-Bass, 1991).

10. M. W. Peng, "How Entrepreneurs Create Wealth in Transition Economies," *Academy of Management Executive* 15 (2001), pp. 95-108, as cited in M. W. Peng, Global Business (Mason, OH: South-WesternCengage, 2009), p. 33.

11. Scott, *Institutions and Organizations*, p. 100, referencing John Boli and George M. Thomas, "World Culture in the World Polity: A Century of International Nongovernmental Organization," *American Sociological Review* 62, pp. 171-90.

12. Mark Mazower, *No Enchanted Palace: The End of Empire and the Ideological Origins of the United Nations* (Princeton, NJ: Princeton University Press, 2009).

13. http://www.un.org/en/peacekeeping/operations/current.shtml (November 22, 2014).

14. See http://www.icj-cij.org/docket/index.php?p1=3&p2=1 (November 22, 2014).

15. See http://www.imf.org (November 22, 2014).

16. See http://www.imf.org/external/np/exr/facts/quotas.htm (November 22, 2014).

17. See http://www.imf.org/external/np/sec/memdir/members.aspx for charts of current and proposed voting and quota allocations (November

22, 2014).

18. http://www. imf. org/external/np/fin/data/rms_sdrv. aspx (November 22, 2014).

19. Joseph Stiglitz, *Globalization and Its Discontents* (Penguin Books, 2002), pp. 12-19.

20. Alan Beattie, "Retread Required," *Financial Times*, December 1, 2009, p. 7.

21. Robert H. Wade and Jakob Vestergaard, "The IMF Needs a Reset," *The New York Times*, *Opinion Pages*, February 4, 2014, http://www. nytimes. com/2014/02/05/opinion/the-imf-needs-areset. html? hp&rref=opinion&_r=0 (February 6, 2014).

22. http://www. worldbank. org/ida/what-is-ida. html (November 22, 2014).

23. Andrew England, "Brics to Create Development Bank," *Financial Times*, March 28, 2013, p. 3.

24. See http://icsid. worldbank. org/ICSID/FrontServlet? request Type = GenCaseDtlsRH&actionVal = ListPending (November 22, 2014).

25. See http://www. oecd. org/finance/private-pensions/globalpensionstatistics. htm; http://www. oecd. org/insurance/GlobalInsuranceMarketTrends2012. pdf; http://www. oecd-ilibrary. org/d-ocserver/download/5k95xtcmxltc. pdf? expires=1364511327&id=id&accname=guest&checksum=2EAF8CA8CACEA75552CC05CCFD6E41AF; http://www. oecd. org/sti/broadband/.

26. See http://www. wto. org/english/thewto_e/whatis_e/tif_e/fact2_e. htm (February 7, 2014).

27. See Yale Center for the Study of Globalization for resources on issues related to globalization and equity, http://www. ycsg. yale. edu/.

28. http://www. wto. org/english/tratop_e/region_e/region_e. htm (February 9, 2014).

29. http://www. ers. usda. gov/amber-waves/prior-issues-%28through-2003%29. aspx #2007 (February 6, 2014).

30. See http://www. international. gc. ca/trade-agreementsaccords-commerciaux/agr-acc/nafta-alena/tariff-accel. aspx? lang=en&view=d (February 9, 2014).

31. OECD, "China-DAC (Development Assistance Committee) Study Group," http://www. oecd. org/document/63/0, 3746, en_2649_34621_44173540_1_1_1_1,00. html (February 9, 2014).

32. "Is China Transforming Africa?," The Atlantic Chinafile, March 27, 2013, http://www. theatlantic. com/china/archive/2013/03/ischina-transforming-africa/274401/ (February 9, 2014).

33. See the EU website for information on accession: http://europa. eu (March 29, 2013).

34. Figures from *The World Factbook*, CIA, http://www. cia. gov/library/publications/the-world-factbook/geos/us. html (February 9, 2014).

35. "Currency Composition of Official Foreign Exchange Reserves (COFER)," International Monetary Fund, January 3, 2013, http://www. imf. org/external/np/sta/cofer/eng/cofer. pdf (February 9, 2014).

36. Clark Asay, "The Impact of EU Privacy Regulation in the US," JURIST-Forum, November 9, 2012, http://jurist. org/forum/2012/11/clark-asay-eu-privacy. php (February 9, 2014).

37. Wolfgang Munchau, "The Break-up of the Eurozone Edges Even Closer," *Financial Times*, March 25, 2013, p. 9.

38. David Unger, "Who Can Bring the E. U. to Its Senses?," *The New York Times*, March 31, 2013, p. 10.

附加模块B

进出口贸易实务

自从披头士进入美国，这50年以来音乐出口增长计划给了许多年轻英国艺术家在国际舞台成功的机会。

——英国前贸易与投资部部长利文斯顿爵士（Lord Livingston）

学习目标

1. 明确出口咨询和支持服务的来源。
2. 解释国际商务术语、定价、销售条款和支付。
3. 描述出口融资的来源。
4. 描述出口文件。
5. 明确进口来源。

开篇短文

政府呼吁摇滚品牌和文化出口：走出去！

Afrikan Boy，Catfish and Bottlemen 及 Throwing Snow 三个乐队除了名字都很吸引人以外，还有一些共同点：它们都获得英国政府的财政支持。英国政府两年半内向14个唱片公司提供了250万英镑（约410万美元），还将为更多的唱片公司拨款。

英国的做法并不稀奇。鉴于美国音乐全球份额从1990年的37%下降到2014年的29%，美国政府向美国独立音乐协会（American Association of Independent）拨款30万美元，让黑键乐队（Black Key）、音速青年（Sonic Youth）和其他独立的乐队访问首尔、上海和香港。主要的音乐公司，如索尼、华纳和维旺迪等正聚焦于非洲市场以及日本等国的市场，在那里人们对录音带和CD这类实体产品还有较高需求。

瑞典是全球第三大音乐出口国，仅次于英国和美国。Billboard 排行榜前 10 位中，有一半歌曲都是由瑞典人编曲或制作的，其中包括单向组合（One Direction）、贾斯汀·比伯（Justin Bieber）、弗洛·里达（Flo Rida）和凯蒂·佩里（Katy Perry）演唱的歌曲。

另一个政府支持艺术出口的例子是酷日本基金（Cool Japan FUnd），它致力于将日本文化推广到海外。基金建立两个月后，东京就赢得了 2020 年奥运会举办权，这无疑是一个好兆头。

酷日本基金仅投资于海外项目，并不向国内艺术家或创作者提供支持。通过 Tokyo Otaku Mode、脸书、电子商务网站和 Daisuki 公司提供网络服务，西方和其他全球市场逐渐被开发。Daisuki 公司和万代南梦宫（Bandai Namco）、旭通（Asatsu-DK）、Aniplex 共同组成日本协会。除了音乐、日本动漫和漫画外，酷日本基金还支持食品、时尚、建筑和设计行业。目前，酷日本基金计划支持向东南亚出口“超可爱”时装设计、化妆品和日本的美少女文化。

资料来源：“Independent Music Companies to Receive Export Help，” https://www.gov.uk/government/news/independent-music-companies-to-receive-export-help (January 9，2015)；“A2IM's Trade Missions in *The Wall Street Journal*，” May 6，2013，http://a2im.org/news/a2ims-trade-missions-in-the-wall-street-journal-2/；“The Swedish Music Export Phenomenon，” July 12，2012，http://www.sacc-sandiego.org/415/ (January 22，2015)；“Quick hat with . . . Afrikan Boy，” September 4，2012，http://www.voice-online.co.uk/article/quick-chatafrikan-boy (January 22，2015)；“Cool Japan Sets Its Sights on Southeast Asia，” http://www.japantimes.co.jp/culture/2014/11/28/general/cool-japan-sets-its-sights-on-southeast-asia/#page (January 21，2015)；Roland Kelts，“Japanamerica：Why ‘Cool Japan’ Is Over，” http://www.3ammagazine.com/3am/japanamerica-why-cooljapan-is-over/ (January 22，2015).

B.1 出口信息、咨询和支持服务的来源

出口的理由有很多。而公司不出口的主要原因只有两个：专注国内市场以及不愿意进入未知的新市场。当进一步问到这类公司的经理时，他们一般会提到缺乏以下三个方面的知识：对国外市场的识别、支付和融资程序以及出口程序。

在许多国家，国家和省（州）一级的商贸部门、银行、小企业发展中心和私人咨询公司都可以提供帮助。在本模块，我们研究阻碍管理者开发出口能力的问题：如何寻找国外市场，支付和融资程序如何运行，实际的出口程序如何运作。

定位国外市场的第一步是确定市场对公司产品是否有需求。初步的遴选步骤可能会阻碍新产品出口。在现实中，公司是如何开展国外市场调研的呢？可以通过拜访出口支持机构获得帮助。这类支持机构在日本、欧盟、美国都很普遍。另外，也有协助欠发达国家潜在出口商的机构和基金会。辛里奇基金会（Hinrich Foundation）和世界银行为欠发达国家的企业提供支持，帮助它们提升出口能力。一旦潜在出口商确认了公司产品的可能市场，就可以制定出口营销计划。

下面以美国为例，说明出口咨询和支持服务的来源。所有主要贸易国的国家或联邦政府的计划都差不多。Export.gov 是美国政府的贸易门户网站，你可以从联邦政府那里找到几乎所有与贸易有关的信息，包括最近成功出口的案例分析、海外贸易任

务和培训计划的通知。这个网站汇集了来自美国商务部国际贸易管理局、美国商业服务机构、进出口银行、国际开发署、小企业管理局、美国国务院、海外私人投资公司的出口资源。欧盟贸易服务平台（http://www.exporthelp.europa.eu/thdapp/index.htm），日本经济贸易产业省的METI（http://www.meti.go.jp）和其他国家的贸易网站上也有相似的信息。

对已开始出口的美国公司，国际贸易署（International Trade Administration，ITA）提供出口推广活动，包括出口咨询、外国市场分析、行业竞争力评估，以及通过举办出口促销活动，开发市场机会和代理产品。ITA的服务分为三组。[1]全球市场组向美国公司提供在特定国家的出口推广和市场进入支持。全球市场组帮助TCI国际公司获得了价值1 250万美元的合同，向马其顿共和国电子通信局提供了一个可监控全国通信频带的系统。行业和分析组通过制定具体行业的贸易政策和推广策略，包括组织贸易代表团、贸易展会和贸易研讨会来促进美国各行业的贸易。行业和分析组的目标是增加美国出口。例如，美国是地热设备和服务的最大供应商，许多海外市场的地热领域尚未开发。因此，行业和分析组推广海外地热，帮助美国出口商打开市场。执行与监管组监控和执行美国贸易法规和协议。例如，关注倾销和阻碍贸易的补贴，帮助遭遇不公平的美国公司。

小企业管理局通过其国际贸易办事处提供贸易开发和财务援助，鼓励小企业主开展出口贸易（详见http://www.sba.gov/offices/headquarters/oit/）。国际出口计划鼓励和支持位于缅因州法尔茅斯的International公司大量出口阀门和控制栓。现在公司的业务扩展到大多数国家的各个领域。小企业管理局还开展了一个州级财政拨款项目，支持州政府提高自身的出口实力。州贸易和出口拨款项目（State Trade and Export Program Grant，STEP）是一个为期三年的试验计划，项目在前两年向各州提供了6 000万美元，以提升出口能力。

美国教育部向国际商务和研究中心（Center for International Business and Research ）提供资助，支持17所大学开展有关国际商务的教学。这个项目还获得其他拨款以支持外语学习、国际学习、国际商务研究和本科生的国际研究。据统计，有2 015个项目共得到6 330万美元拨款。

美国商务部还向有意向开始或扩大出口贸易的公司提供相关的帮助。美国商务部的项目提供的是一种匹配服务，为所有潜在出口商寻找特定市场的商业伙伴，也帮助企业在海外寻找合适的收购目标。商业部还对有助于寻找海外代表和促进销售的贸易活动提供赞助。

提升小型企业出口水平的努力似乎颇有成效。美国人口普查局2014年有关出口公司的调查报告称，中小企业出口占全美出口的比例持续增长。图B-1显示，2013年，中小企业出口大约占出口商品总价值的35%，继续稳步增长。在海外销售美国商品对整个国家的经济健康发展做出了巨大贡献，数据也表明了中小企业的重要性。[2]

除了联邦政府，州政府也对出口商提供援助，设立出口发展项目以及出口融资项目。在私营领域，世界贸易中心联合会（World Trade Centers Association）作为在

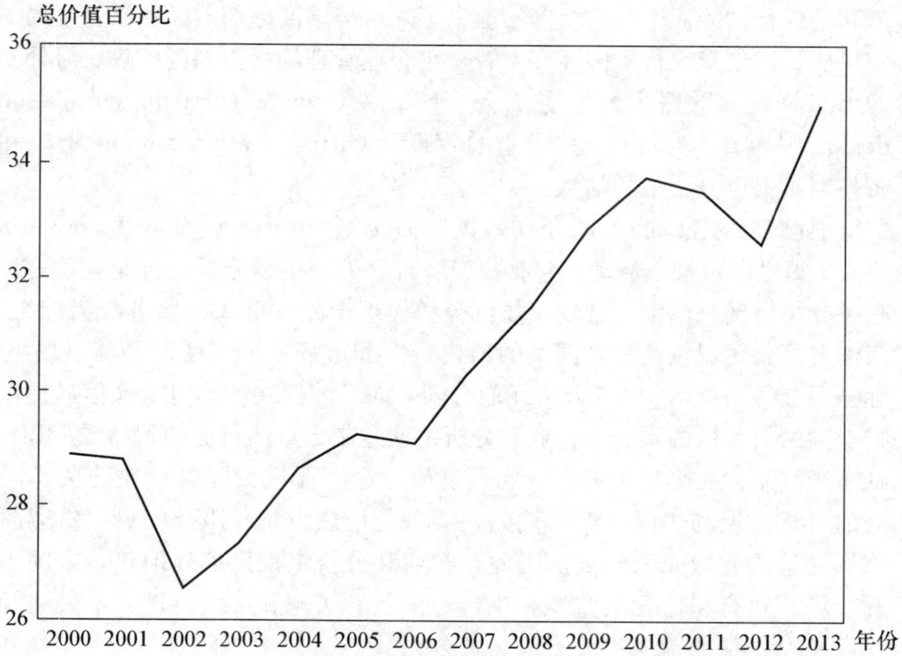

图 B-1　2000—2013 年中小企业对美国出口的贡献

资料来源：http://www.commerce.gov/sites/default/files/images/2015/january/sme_contribution_exports.jpg.

92 个国家表现活跃的成员组织，提供交流机会和在线贸易系统。基于行业的贸易团体是出口指南的另一来源。总而言之，对于出口新手来说，有许多资源可以利用，美国政府是美国从业者开始学习出口知识的好地方。

一旦公司发现了潜在市场，需要做出选择，要么通过美国出口商出口，要么直接自己出口。如果公司想试水，那么来自咨询公司或者政府项目的贸易专家可以提供帮助。如果公司建立自己的出口操作系统，那么下一步就是寻找以及建立海外渠道。Export.gov 门户网站对于寻找代理商、分销商和合资伙伴很有帮助。[3] 信用报告机构，例如邓白氏公司（Dun & Bradstreet），国际金融、信用及商业协会（Finance，Credit，and International Business Association），以及出口银行都是信用信息的来源。

B.1.1　出口新手常犯的错误

以下是新出口商最常犯的 12 个错误。[4] 请仔细阅读，识别公司在制定出口计划时会遇到的陷阱。

1. 在开始出口前，没有进行专业咨询，没有制定总体国际化战略和营销计划。如果要成功，企业必须首先确定出口目标和任务，制定相应的战略计划。除非公司雇用了有出口经验的雇员，不然需要请外部的专家帮忙。

2. 没有努力克服初始困难和满足出口的资金要求。在海外开办公司比在国内花的时间更多。尽管与成熟的国内市场相比，出口初始阶段的延迟和成本耗费难以解释清楚，但是出口商需要用长远眼光看待这个过程，通过这些困难认识国际市场。如果基础打得好，收获将远超投入。

3. 没有认真选择海外销售代表和分销商。选择海外分销商很重要。由于海外沟通和运输的复杂性，国际分销商比国内分销商更独立。因为新出口商的历史、商标和知名度在国外市场鲜为人知，国外的客户会根据分销商的名声决定是否购买商品。因此，公司应该对处理账户的人员、分销商的设施以及管理方法进行单独评估。

4. 在全球范围追逐订单，而不是建立能带来利润和有序增长的基础。如果出口商希望分销商能主动为其带来利润，就必须培训、协助分销商，持续观察其表现。这需要公司在分销商的区域开展业务。新出口商可能希望专注于一两个地理区域，直到有足够业务实力支持公司销售代表。当最初的核心区域得到拓展，出口商就可以转移到下一个目标区域。

5. 当国内市场蓬勃发展时，忽略出口业务。通常，公司会在国内市场衰退时转向出口业务。当国内市场又开始活跃时，公司就会忽略出口业务。这种做法会损害海外代表的利益，打击其积极性，阻碍公司出口贸易发展。一旦国内市场再度衰退，公司就会失去出口资源。

6. 没有给予国际分销商和客户国民待遇。通常，公司会在国内市场开展广告宣传活动，提供优惠折扣，推出销售激励计划、特殊的信用期项目，提供保修以及其他对分销商和客户的支持。但是对于国际分销商和客户，公司很少提供上述服务。这种做法会降低海外营销的活力。

7. 理所当然地认为，在某个市场适用的策略和产品适用于其他国家。在某个市场有效的，在其他市场不一定有效。在海外市场的知识丰富到足以总结出规律以前，公司需要区别对待每一个市场。

8. 没有根据国外法规或文化偏好对出口产品加以改进。不能忽略当地的安全规范、进口限制以及文化偏好。如果在出厂前没有对产品进行必要的改进，就必须由分销商来处理，这往往会花费更高成本，效果也可能不尽如人意。

9. 没有使用本地语言提供服务、销售和保修信息。尽管许多人会说英语，但人们还是喜欢阅读用母语写的说明书和产品信息。这条定律对客户和供应商都适用。

10. 没有考虑使用出口管理公司。如果公司认为无法建立自己的出口部门，可以考虑借助出口管理公司。

11. 没有考虑签订许可经营或合资企业协议。一些国家由于进口限制、人力资源或资金不足、产品线有限，认为开辟国外市场不可行而不加考虑。然而通过许可经营或建立合资企业的方式，许多在国内市场有竞争力的产品可以在全球市场获得成功。

12. 没有对产品提供有效的服务。如果没有提供必要的服务支持，产品的声誉很快会一落千丈，阻碍扩大销售。

B.1.2 出口营销计划

公司需要尽快制定出口营销计划。有经验的公司早已做好计划，新手一般在收集到国外市场调研的数据后才制定计划。实际上，出口营销计划和国内营销计划的制定方法有一些相同点。需要明确拟开发的市场、相应的营销战略以及实施战略的技巧。需要制定销售预测和预算、价格政策、产品特点、推广计划以及国外代表的安排细则。出口营销计划应说明该做什么、什么时候做、谁来做以及成本是多少。本模块最后附有出口营销计划大纲。

B.2 国际贸易术语、定价、销售条款和支付

着手开展出口业务的公司，通常关心的是定价、销售条款以及支付程序。出口**销售条款**（terms of sale）会明确规定买方承担的成本和风险，这与国内市场有所不同。

B.2.1 国际贸易术语解释通则

国际商会制定的《国际贸易术语解释通则》包括 11 种全球通用的术语，定义了销售条款以及买卖双方在国际贸易中的职责。[5] 出口商很快就能掌握各种国际贸易术语。

国际贸易术语描述了贸易中产生的三个问题：双方各自承担哪些责任，哪一方承担成本，哪一方承担风险。例如，FOB（船上交货）表明，卖方应在港口将货物装上买方指定的船只，并及时通知买方。货物在装运港被装上指定船只时，成本和风险即由卖方转移至买方。表 B-1 列举了不同情况下买卖双方所需承担的责任和风险。

表 B-1 《国际贸易术语解释通则》：不同贸易术语下买卖双方风险责任一览表

一般运输条款	水运条款
Ex-Works 即工厂交货（指定地点）：卖方在工厂或仓库交货，风险在交货时转移给买方。	FAS 即船边交货（指定装运港）：卖方将货物交到约定的装运港买方指定的船边，买卖双方承担的费用和风险以船舷为界。
FCA 即货交承运人（指定地点）：卖方在指定地点将货物交给买方指定的承运人监管，风险在交货时转移给买方。	FOB 即船上交货（指定装运港）：卖方应在约定的装运港将货物装上买方指定的船只，买卖双方承担的费用和风险以船舷为界。
CPT 即运费付至（指定目的地）：卖方负担货物运至目的地的费用，货物交由承运人保管时，风险转移给买方。	CFR 即成本加运费（指定目的港）：卖方必须承担货物运至约定目的港所需的成本和运费，不包括保险费。风险在卸货时转移给买方。
CIP 即运费保险费付至（指定目的地）：卖方支付货物运至目的地的运费和保险费，货物交由承运人保管时，风险从卖方转移至买方。	CIF 即成本、保险费加运费（指定目的港）：和 CFR 一样，但包括保险费。买卖双方承担的费用和风险都以船舷为界。
DAT 即目的地货站交货：卖方将货物运至目的地货站，承担将货物运抵目的地所需的一切费用和风险，风险在交货时转移给买方。	

续前表

一般运输条款	水运条款
DAP 即目的地交货（指定地点）：卖方将货物运至买方指定的目的地，承担将货物运抵指定地点所需的一切费用和风险，风险在卸货后转移给买方。	
DDP 即进口国完税后交货（指定目的地）：卖方将货物运至进口国指定地点，卖方负责办理进口报关手续，支付税费。卖方承担将货物交付给买方前的一切费用和风险。	

资料来源：http://www. iccwbo. org/products－and－services/trade－facilitation/incoterms-2010/the-incoterms-rules.

B. 2. 2　定价

在定价方面，CIF 和 CFR 等对国外买家更加方便，因为买家只需要加上出口税、卸货费、从卸货港到仓库的运费就可以算出成本。新出口商需关注 CIF 情况下产生的各种成本，即码头仓库使用费和处理费、货运代理和签证费。包含在国内售价中的国内营销和行政成本经常高于 CIF 出口的实际成本。

出口商喜欢的定价法是使用出厂成本（生产成本，不加上国内营销和行政成本），加上出口销售的直接成本、一定比例的间接管理费以及毛利。这个百分比由经理依据在出口上花费的总时长预计。最低离岸价和工厂交货价是以上成本加上毛利。如果市场调研表明不存在竞争或竞争价格过高，那么出口商可以忽略竞争（撇脂定价法）或者以低价抢占市场份额（渗透定价法）。与国内市场相同，定价策略取决于公司的销售目标。

B. 2. 3　销售条款

在出口贸易中，合同需明确公司国外代表（买家）和公司所承担的责任。国内合同中大部分内容可以应用到出口合同中，但是有两点需要注意：明确专利和商标登记所需承担的责任以及国家、州或省法律如何处理合同争议。为了保证安全，公司需要登记所有的专利和商标。监管合同可以交给当地代表负责，但是公司需要雇用经验丰富的国际律师起草合同。任何国家的出口商都倾向于使用本国法律。然而许多国家，尤其是倡导卡尔沃主义的拉丁美洲国家，主张案件按当地法而不是外国法审判。

B. 2. 4　出口支付程序

一旦新出口商了解了出口程序，包括定价和销售合同，就需要明确如何拿到销售货款。让我们回顾出口支付程序、相应的术语、出口融资方法以及在融资方面支持出口商的政府激励措施。

每个商人都知道，支付方式是获得订单的决定性因素。一个谷物出口商说："如果你给一个代理商赊账，他会接受任何定价。"这自然是夸张的说法，但是条件越宽松，顾客越愿意支付更高价格，尤其是在一些资金短缺、利息高的国家。出口商可供外国买家选择的支付方式有：提前现金支付、赊销、寄售、信用证和跟单汇票。然而，现金支付方式会导致买家的营运资金在收到和售出商品前被套住，因此买家很少接受该方式。此外，这一支付方式无法保障买家一定会收到订购的商品。几乎没有顾客会提前支付现金，除非顾客定制商品。

当交易的支付方式是赊销时，卖家承担所有与支付相关的风险，因此这种支付方式一般提供给值得信赖的顾客。在收到货款前，出口商的资金都被套牢。然而，坚持采用如信用证等低风险支付方式的出口商竞争力不如提供赊销方式的对手。梅赛德斯-奔驰这类全球知名企业不愿支付信用证带来的额外支出，因此与愿意提供赊销方式的供应商合作。出口商可以从邓白氏公司、益博睿（Experian）、爱克非（Equifax）等征信机构获得外国企业的信用报告和信息。

当交易的支付方式是寄售时，货物先运给买家，货物全部售出后买家才支付货款。卖家承担所有的支付风险，因此除非对买家和目的国进行了与赊销情况下同等的信用调查，否则不应该向买家提供这种支付方式。跨国企业向子公司出售货物经常采用这种支付方式。

信用证（letter of credit，L/C）是指开证银行（作为中间人）开立的载有一定金额、在一定的期限内凭符合规定的单据付款的书面保证文件。对于卖家而言，信用证是除了提前支付现金外最安全的支付方式，因为银行在特定时间内收到单据后，卖家就能收到货款。通常，卖家会要求信用证为不可撤销的保兑信用证。**保兑信用证**（confirmed L/C）是指卖家所在国家的代理银行会保证对开证行发出的信用证履行付款义务。

不可撤销信用证（irrevocable L/C）是指卖家一旦接受信用证，顾客未经卖家同意不得修改或撤销信用证。图 B-2 是不可撤销信用证范例。如果信用证未经保兑，代理银行（全国移动银行，Merchants National Bank of Mobile）没义务向卖家（史密斯公司，Smith & Co.）履行付款义务。只有开证行（波哥大美国银行，Banco Americano）需履行付款义务。如果卖家希望在美国的银行取得货款，就需要由美国银行保兑的信用证。如图 B-2 所示，这类保兑一般由代理银行负责。

如果全国移动银行保兑了信用证，一旦信用证受益人在指定日期当天或之前向银行递交了与信用证条款一致的单据，银行必须向史密斯公司履行付款义务。注意，这与货物本身无关。卖家出示由承运人签发的**航空运单**（air waybill），证明已发货后，买家才会进行操作。即使银行职员发现飞机在起飞后失事了，只要史密斯公司出示单据，银行仍然会付款。

全国移动银行

移动，亚拉巴马州

海外部

信用证号. 0000

移动，亚拉巴马州，20××年4月1日

不可撤消保兑直接信用证

史密斯公司

邮箱编号 000

密纳，亚拉巴马州36000

敬启者：

我行受波哥大美国银行委托

开立以贵公司为受益人的不可撤销信用证，

应付贷款人为Compañia Santadereana de Automotores Ltda. "Sanautos"，布卡拉曼加，哥伦比亚。

本信用证号为111-222，总面额不超过4万美元，

可签发以本行为付款人的即期汇票，

汇票金额可按发票金额全额开出，

SAMPLE

SAMPLE

检附下列单证：

1. 5份由受益人宣誓签发的关于价格以及原产地的商业发票副本。
2. 航空运单：由Sanautos, Carrera 15 Calle 29, 布卡拉曼加指定出具的三份不可转让的副本。
3. 三份领事发票。
4. 三份原产地证书。
5. 请把所需货运单据以挂号信形式寄到Sanautos, Apartado Aereo No. 936, xxxxxxxxxxxxxxxxxxx，布卡拉曼加，哥伦比亚。
6. 三份装箱单。
7. 因投保需要，请把货运商品详细信息以挂号信形式寄到Colombia de Seguros Bolivar, Calle 36, No.17-03,布卡拉曼加，哥伦比亚。

装运证明："Repuestos para vehiculos automotores, registro de importacion No. 67038 del 21 de Noviembre de 19—." 装运港：任何美国港口。目的地：布卡拉曼加，哥伦比亚，允许部分出货。

所有单据均须注明开证行全国移动银行和通知行证号

No. 0000，波哥大美国银行 No. L/C 111-222。

在20××年6月27日当天或之前到本行提交符合本证条款的单据时，即与付款。

除非另有明确说明，本信用证需遵守由国际商会第七届大会修改的跟单信用证统一惯例以及由美国银行及相关机构采纳的相关规定。

衷心感谢！

SAMPLE

副经理	副总裁，出纳助理
John Doe，副总裁	Allen Jones，副总裁

cc 哥伦比亚，波多大，美国银行

图 B-2　不可撤销信用证范例

开具信用证前，买家通常会要求开具**形式发票**（pro forma invoice），即出口商的正式报价单，包括商品描述、价格、运输时间、货运方式、销售条款和进出港口。然而，这不仅仅是一份报价单。通常，银行在开具信用证时会用到这份报价单。尤其在要求进口许可证或购买外汇许可的国家，政府职员会要求提供报价单复印件。

图 B-3 展示了美国卖方和德国买方在信用证交易下，商品、信用证和单据的运转过程。若德国买方接受了使用不可撤销保兑信用证作为合同条件，就会去银行开具所需证明。买方会向银行提供形式发票，申明出口商取得货款需出示的单据和信用证到期日。信用证的概念很简单，就是银行是买方和卖方的中间人。实际上，一份简单的不可撤销信用证需要 11 个步骤才能取得货款。[6]

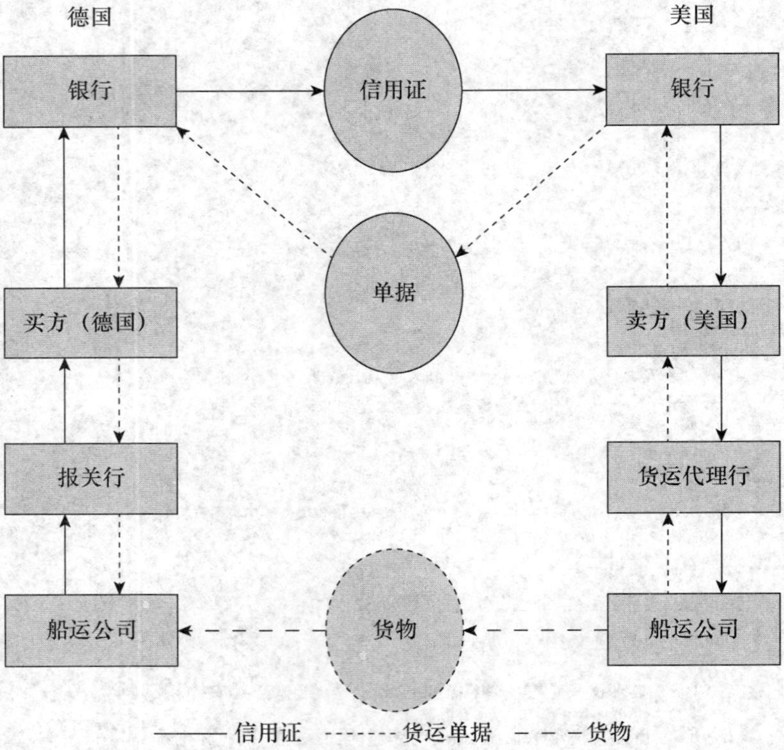

图 B-3 信用证交易流程

1. 买卖双方确定销售条款后，买方要求银行签发指定支付所需单据的信用证。所需单据由买方决定。

2. 买方银行签发或开具不可撤销信用证，向卖方明确货运相关事宜。

3. 买方银行把不可撤销信用证寄给美国银行保兑。出口商可能会要求特定美国银行进行保兑，或者国外银行会选择一家美国代理银行。

4. 美国银行准备一份保兑信用证，和不可撤销信用证一起寄给出口商。

5. 出口商仔细审核信用证所有条款，然后联系货运代理行，确认货运日期。如果出口商无法履行一项或多项条款，顾客需要立即修改信用证。

6. 出口商安排货运代理行把货物运到港口或者机场。

7. 卸货后，货运代理行填写所需单据。

8. 出口商（或货运代理行）向美国银行出示单据，证明充分符合信用证规定。

9. 银行审核单据。如果单据符合规定，银行把单据寄给买方银行审核，然后寄给买方。

10. 买方（或买方代理行）凭单据提货。

11. 买方银行在规定日期内支付汇票。如果是远期汇票，银行可在规定日期前贴现给出口商银行。

如果出口商觉得政治和商业风险未大到要求信用证，就会同意把跟单汇票作为付款方式，这能减少买方支出。**出口汇票**（export draft）即卖方签发的，委托买方在见票（即期汇票）或特定日期（远期汇票）无条件支付确定的金额给持票人的票据。通常，卖方会要求银行把汇票和单据寄给买方国家的银行进行托收（与信用证交易程序一样）。

尽管跟单汇票和信用证相似，但有一点不同。保兑信用证确保卖家只要符合规定就可以取得货款。但跟单汇票没有这重保障。一些不道德的买方会拒绝见单付款，试图跟卖方讨价还价。这种情况下，卖方只有两种选择：同意，再找另外的买方，支付一大笔货运费拿回货物，或者不要货物。如果卖方不要货物，顾客会拍卖掉货物，那么最初的买方可能会以低价取得货物，而卖方将一无所获。表 B-4 描述了不同出口支付方式下，买卖双方承担的不同风险和费用。

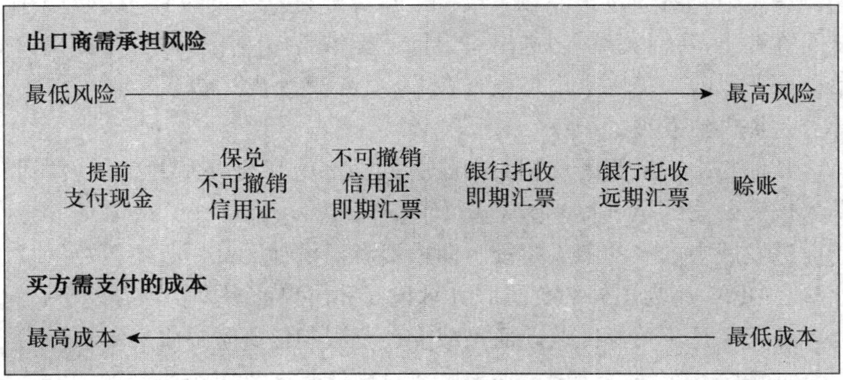

图 B-4　支付风险/权衡成本

资料来源：*Business America*（U. S. Department of Commerce Publication），February 1995.

B.3　出口融资

尽管出口商倾向于使用无风险的信用证，但日益激烈的国外竞争迫使出口商提供贷款业务。出口商需要对可用资源和出口融资方式（私人的和公共的）极其熟悉。

商业银行为运营资金和远期汇票贴现提供贷款，成为出口融资的来源之一。银行会为出口远期汇票贴现，向卖方付款，持有汇票直至到期。如果是银行开具的汇票，就会承兑汇票。承兑汇票后，银行就承担了在汇票到期时付款的义务。承兑行会以贴现价购买汇票。作为商业票据，汇票可以在金融市场买卖。如果不可以，出口商可以在公开市场出售**银行承兑汇票**（banker's acceptance）。

保理和包买票据是出口融资的两种方式，可追溯到古代美索不达米亚的国际贸易，在公元前 1754 年的《汉穆拉比法典》上也有相关记载。**保理**（factoring）的本质是出售出口商基于货物所产生的应收账款，在发货后取得货款。保理让出口商更有竞争力，因为出口商采取赊销方式售货而不是使用成本更高的信用证。这种融资方式把风险转移给保理商，通常是保理行或者商业银行的相关部门。在出口保理下，卖家把出口订单转让给保理商，保理商提供信用风险担保。一旦订单被受理，出口商就获得了坏账和政治风险保障。进口商向保理商支付货款，保理商实际上承担了出口商的信用和托收部门的职能。结算期限一般是 180 天。相反，**福费廷**（forfaiting）的本质是出售出口商基于资本、商品和其他高价值货物所产生的应收账款，在至少 180 天后取得货款，甚至可以延期到 5 年后。包买商购买整个信用期间的应收账款和贴现。通过福费廷，出口商可以把长期信贷销售转化成现款交易。

美国进出口银行（U. S. Export-Import Bank）是一家政府机构，为美国出口商提供信贷、担保和保险。美国进出口银行直接提供贷款给美国出口商的国外买家，间接提供贷款给资本商品和相关服务的国外买家。美国进出口银行可以提供高达出口货物和商品总额 85%的贷款，并且偿还期为一年或以上。尽管进出口银行不与私人机构竞争，但仍然通过担保私人银行运营资金贷款帮助了许多小型企业获得运营资金，从而弥补出口销售。美国进出口银行还提供出口信用保险，帮助出口商减少出口的政治和商业风险。美国进出口银行在 80 多年里为出口提供了 5 670 亿美元的贷款，大部分是提供给发展中国家。[7]

其他与出口融资密切相关的政府激励措施有海外私人投资公司和外贸区。[8]**海外私人投资公司**（overseas private investment corporation，OPIC）是政府企业，致力于促进发展中国家的私人投资，向投资者提供针对征用、不可兑换货币和变革损失的保险。OPIC 还为国外的美国服务承包商和出口商提供特殊保险。

外贸区是免关税区域，通过减少关税限制促进贸易发展。自由贸易区包括免费港口、过境区、边境区、出口加工区或自由贸易区。每个区都有固定区域，在里面可以免税购买进口商品。135 个国家共有 3 000 多个这样的区域。[9]**自由贸易区**（free trade zone，FTZ）是五种区域中最常见的一种，即政府在关境以外划出的区域。

把国外商品运进外贸区是为了转运、再出口或进口到国内。货物在外贸区内无须缴纳进口税。中国的珠海自由贸易区和伊朗的恰巴哈尔自由贸易区就是很好的例子。在美国，自由贸易区通常称为外贸区。在其他国家，则称为经济特区或免税区。运进外贸区内的商品可以储存、检验、再包装或组装。因为进口关税表不同，完成品通常比未组装零件的税收低，所以单车在堪萨斯城外贸区进行组装。机器和摩托车进口商通过在外贸区储存零件促进现金流动，因为零件在运离外贸区前无须缴纳关税。

除了进口商获利外，出口商也可以通过外贸区获利。如果出口商品质量符合消费税退税或**海关退税**（customs drawback）政策，那么把货物运到外贸区可以加快退税进程，因为只要商品进入外贸区就等同于出口了。美国联邦政府在商品（轮胎、卡车、烟草）生产时就征税了，当商品出口时可以退税。尽管从 1789 年起美国就实施海关退税政策，但是许多公司不退税。每年有 25 亿～30 亿美元或 80%～90%的可退关税无人申请。[10]外贸区还向出口商提供其他的优惠。如果在外贸区内使用进口零件生产或组装，那么出口的完成品就无须缴税。

B.4　出口流程和单据

刚刚接触出口行业的人通常担心的是复杂的出口流程，尤其是单据。然而，与国内货运需要处理的运货单和提货单相比，出口发票更需要注意，其使用次数是其他单据的五六倍（因国家而异）。表 B-2 总结了美国和主要地区规定的出口单据。

表 B-2　　进出口的官方程序

经济区域	出口单据（数量）	出口时长（天）	出口成本（美元/每个集装箱）	进口单据（数量）	进口时长（天）	进口成本（美元/每个集装箱）
东亚和太平洋	6	21	856	7	22	884
东欧和中亚	7	25	2 109	8	26	2 339
拉丁美洲和加勒比海	6	17	1 283	7	19	1 676
中东和北非	6	20	1 127	8	24	1 360
OECD	4	11	1 070	4	10	1 090
南亚	8	33	1 787	10	34	1 968
美国	3	6	1 090	5	5	1 315

资料来源：World Bank，International Finance Corporation，http://www.doingbusiness.org/data/exploretopics/trading-across-borders (January 17，2015).

出口业内有一句名言："出口飘在单据的海上。"许多企业至少把一部分单据工作交给国外货运代理行。货运代理行需要准备单据，向运输公司预订位置以及负责公司的出口运输。货运代理行还会给出有关市场、进出口规范、最佳运输方式以及出口包装的建议，以及提供货物保险。货物运出后，货运代理行会根据出口商的要求，把单据提交给进口商或者支付行。现在让我们看看出口的两个基本因素：文件和实际货物运输。稍后，我们关注进口流程，它通常是出口流程的镜像。

正确的单据决定了出口货运能否成功，然而进出口单据的错误率高达 50%～70%，其中大部分是由于不同方准备的单据中数据不一致。[11]想一想，如果出现失误，那么集装箱里的货物只能丢在甲板上或仓库里，运营资金将被套住。我们接下来介绍货运和提货需要的两组单据。

货运单据由出口商或者货运代理行准备，使货物可以通过美国海关，装到船上，然后运到目的地。其中包括出口装箱单、承运商出口申报书、出口许可证、出口提货单和保险凭证。提货单是由运输公司签发给特定方的船运单据。出口装箱单包括装箱详细信息：卖方、买方、船运方、发票数量、运输日期、运输方式、运输公司、数量、货物描述、包装类型、包装数量以及净重。这两种单据和国内运输使用的相似。

承运商出口申报书（shipper's export declaration，SED）是美国商务部规定的单据，用于控制出口和提供出口数据，其中包括托运人和收货人的名字和地址、美国出口港和国外卸货港、货物描述和价值、出口许可证数量和提货单数量以及货物运输的船只名称。托运人或其代理行（货运代理商）把承运商出口申报书交给运输公司，然后运输公司在船只离开美国前把申报书和载货清单提交给美国海关。申报书通常是电子版的。

大多数从美国出口的商品不要求出口许可证，但有少数战略商品要求许可证，例如稀有材料、战略物资、科技和军用物品。

出口提货单（export bill of lading，B/L）有三重作用，分别是托运人和承运人之间的运输合同证明、货物收据以及物权凭证。出口提货单分为记名提单和指示提单。记名提单是不可转让的，只有特定收货人可以提取货物。而指示提单是可转让的，可以像支票那样通过背书转让。指示提单的持有人就是货物的持有人。

保险凭证证明了商品在运输途中已承保。与国内承运商不同，远洋轮船公司不负责赔偿商品的任何损失，除非损失是由其疏忽造成的。根据合同条款，海运保险由出口商或进口商承担。一些国家的法律会要求进口商购买此类保险，从而保护当地保险业或节约外汇。如果出口商持有即期汇票，那么出口商承担货物运输途中的所有风险。在这种情况下，出口商应该购买“偶然利益险”，从而保障出口商在商品丢失或损坏以及买家未成功取货的情况下免担责任。在 CFR 情况下（买家承担保险），出口商也应该购买“偶然利益险”，以免买家购买的保险没有覆盖所有风险。

海运保险分为三种：基本险、一般附加险和一切险。基本险负责被保货物由于海难、火灾、抛货、爆炸和台风造成的损失。一般附加险负责除基本险外因偷窃、提货不着、破损和漏水造成的货物损失。一切险负责所有因外来因素造成的货物损失，其价格比其他险种高。战争险需另外购买。保险金额取决于许多因素，例如被保货物、目的地、船龄，货物是甲板货还是舱内货，货物体积，货物如何装箱以及托运人要求的索赔金额。保险经纪有时会承认，正如车险一样，索赔少量金额并不划算（即使合乎情理），因为未来船运的保费更高，将超过当前的理赔金额。

为了收到货款，卖家向买家提供托收单据，用于提取货物。这些单据因国家和顾客不同而有所差别。相同的是商业和领事发票、原产地证明及检验证书。

出口会用到的商业发票和国内贸易用到的相似，但包含额外的信息，例如货物原产地、出口包装标识和申明货物不再转运到其他国家的条款。信用证发票写明银行和信用证编号。一些进口国家要求商业发票用当地语言书写，由当地领事背书。领事发票是从领事处购买的特殊凭证，用当地语言书写，由当地领事背书。除了出口发票以外，许多政府还要求原产地证明，通常由当地商务部签发并由领事背书。

谷物、食物和活畜的买家通常会要求提供检验证书。在美国，检验证书由农业部签发。机器或包括特定零件的产品的买家会要求美国工程公司或实验室检验，证明货物符合订单要求。欧盟要求**合欧规标识**（Conformite Europeene（CE）mark），证明货物符合欧盟的卫生、安全和环境要求。这是欧盟的“贸易通行证”：一旦货物取得CE认证，就可以在不改变的情况下运输到其他欧盟成员国。[12]认证过程简单，大部分供应商可以自我认证货物符合欧盟要求。危险货物则需要由专门的机构进行检验。

全球辩论

出口的道德：本国价值观适用吗？

2011年初，昆士兰州政府收到关于印度尼西亚的屠宰场残忍屠宰活牛的报告后，澳大利亚禁止向印度尼西亚出口活牛。

澳大利亚政府的做法似乎符合人道主义，却损害了澳大利亚人的利益。昆士兰的牧场主以出口牲畜为生，每年的出口额高达35亿美元。印度尼西亚是其最大的市场之一，占总出口额的60%。印度尼西亚消费的牛肉1/3来自澳大利亚。

澳大利亚知名的澳派牛肉的供应商位于布罗河牧场，在禁令颁布后被迫拍卖。另外，由于禁令，4 000万生活在贫困线下的印度尼西亚人获得的食物减少。你可能会想，“他们不吃进口牛肉啊”。事实是，如果供应的食物减少，穷人是首当其冲的受害者。

问题

1. 本国道德观应该用于出口国吗？

2. 适合国内市场的质量标准适用于诸如药物出口市场吗？禁止死刑的英联邦国家可以出口死刑药物给美国吗？

3. 道德国内化的程度有多高？它们的普遍性有多高？你是怎么想的？

资料来源：*Ethics Newsline*，http://www.globalethics.org/newsline/2011/06/13/australia-cattle/，June 13，2011（January 23，2015）；“British Company Exports Execution Drugs to U.S.，” http://www.ethicsdaily.com/british-company-exports-execution-drugs-to-u-s-cms-17498（January 23，2015）；Kristen Gelineau，“Australia Lifts Ban on Cattle Exports to Indonesia，” July 6，2011，http://news.yahoo.com/australialifts-ban-cattle-exports-indonesia-090221701.html；_ylt = A0LEVv3t3tdUYQsALKIPxQt.；_ylu = X3oDMTEzM2hycDhuBHNlYwNzcgRwb3MDNARjb2xvA2JmMQR2dGlkA1lIUzAwMV8x.

B.4.1 出口货运

出口货物的运输是物料运输技术中备受欢迎的创新，因为可以帮助出口商降低成本并进入以前无法进入的市场。各种运输方式成本更低、更快捷、更安全，全球运输变得更方便。

降低防盗和搬运成本的方法就是使用集装箱，在仓库里，卖家用8英尺×8英尺×10英尺（20英尺或40英尺）的大箱子装满货物。货物装箱后，集装箱就被封口。到达最终目的地后，集装箱才会被打开。集装箱由货车或火车从仓库运到装载船边，之后从进口港运到买家仓库，在此之前，即使是海关检测都不会开箱。在大多数国家，海关人员到仓库去检查货物。一体化流程减少了卸货时间，规避了货物受损或遭盗窃的风险，因为是买家的员工从集装箱上卸载货物。

如果出口商或进口商的仓库在浅滩边，无法停泊海船，那么公司可以把集装箱装载到驳船上，节省时间和费用。拉希式载驳船（lighter abroad ship，LASH）向位于浅滩内陆航道的出口商和进口商提供直达海船的服务。60 英尺长的驳船被拖到内陆装货，然后拖回深水处，驳船再把货物装到 LASH 船上。货物装运的另一个创新就是滚装船（roll on-roll off，RO-RO）。载货拖车或其他船上设备都可以驶入这些特别设计的船上。滚装船服务把集装箱的好处带给那些无法购置集装箱所需的高昂升降设备的港口。

另外，货船的尺寸在不断扩大。巴拿马型船是最大尺寸的货船，非常精确地适合巴拿马运河，留出的余量很小。而新的巴拿马型船接近 44 英尺宽、200 英尺长，无法通过运河。巴拿马运河拓宽的话，新的巴拿马型船有望投入使用。新型的 Triple-E 船和 TI 级超级油轮无法通过加设了水闸的运河。

货机对国际贸易有深远影响，因为原来货物运输需要 30 天，而现在只需要 1 天。大型货机可以运输 20 万磅货物，其中大部分货物装在集装箱或运货板上。航空公司保证只需要一个晚上就可以从纽约到达大部分欧洲机场，只需要 45 分钟就可以完成装卸货。

新接触出口行业的人可能会觉得海运比空运好，因为海运成本低得多。然而每种方式的总成本比较起来就不是那么回事。空运的各项成本其实更低，例如保险费较低，因为货物受损的概率低；装箱费较低，因为货物不需要又重又贵的出口包装（通常由外部公司承包）；关税较低，因为货物是以净重计税；受损货物的替换成本较低，因为货物受损的概率低；存货成本较低，因为更快捷的运输可以减少对仓库的需求。例如，Brabus SLR McLaren 把库存的梅赛德斯-奔驰改装为更高性能的车型，价格包含从德国到全球各地的空运成本。其他可以节省的是润滑油费用，因为在空运时机器不需要涂上厚厚一层润滑油，而货船运输需要。表 B-3 比较了海运和空运各项成本（运输零件的情况下）。

表 B-3　海运和空运总成本比较（运输零件的情况下）　单位：美元

	海运（包括储存货物）	空运（不包括储存货物）
仓库管理费用	1 020	—
仓库租金	1 680	—
存货成本		
税收和保险	756	396
存货融资	288	192
存货废弃	1 800	0
卖方仓库和卸货费	1 810	1 140
运输费	420	2 400
装箱和卸货费	300	120
货物保险	72	36
关税	132	127
总计	8 278	4 411

即使空运的总成本较高，空运也有自己的优势。首先，总成本可以降低。更快地把货物送到买家手上可以使顾客更满意，并且更快收到货款。这可以加速投资回报和现金流动。提前解套企业资金后，可以把资金再投资到其他盈利项目或还贷款，从而减少利息支付。生产装备可以组装并由货机运输，从而更快投入生产，不会因海运导致转运以及延迟安装。尽管难以计算这些生产和机会成本，但它们仍是总成本的一部分。其次，某些企业依赖空运。易腐坏的食物、牲畜（新孵化的家禽）和鲜花需要空运到欧洲、日本和中东等地。如果没有空运，经营这类产品的出口公司就会倒闭。对于生命周期短的产品，运输速度至关重要。最后，空运可以提高公司竞争力。一家宣称可以在几小时内把零件和技术人员运输到位的出口企业，在与海外生产商的竞争中将十分有利。

B.5 进 口

从某种意义上说，进口商与出口商正好相反。进口商在国内市场销售商品，在国外市场购买商品。然而，进口商和出口商关注的方面非常相似。与出口行业一样，在进口行业内有许多只开展进口业务的小型公司，也有许多全球企业将进口数百万美元的零件和原材料作为运营的一环。接下来，我们关注进口的来源、报关行的作用以及进口税的支付方式。

B.5.1 进口来源

进口前，企业或许难以决定市场上是否存在目标产品，如果存在，在哪里获得目标产品。进口商是如何确定进口来源的？有几种方法。相似的进口产品早已存在市场中。经过仔细调查后，你可以发现产品在哪里并由谁生产。美国法律要求每种产品都清晰印上原产国标记，如果不可行（单支香烟），就印在集装箱上。原产国的领事或大使提供生产商的名字即可。所有外国政府代表的主要责任之一就是促进出口。他们一般会发布时事通讯，举办展览会、工业展，和本国商会或其他机构合作，例如与在海外有许多工作人员的日本贸易振兴会合作。在产品没有进口时，流程都是一样的。你很难得知是谁先开始这类产品的进口业务。

另外的信息来源是线上公告板。带有偶然性的进口还是有规律可循的。你到国外寻找在本国有市场的产品，如果找到，你就发现了新的商机，并且可以享受国外旅行免税优惠。

B.5.2 报关行

每一个国家都有**报关行**（customhouse brokers），其作用与国外代理行相似，但代表的是贸易进口方。作为进口代理商，报关行通过海关把进口货物运到国内，因此报关行熟知进口条例以及海关税则。报关行还提供其他服务，例如安排货物通关的运输，追踪进口配额以及进口时所剩配额数。有进口配额限制的商品可以在美国港口码头等待清关，如果在等候时配额已满，那么在本财年剩下的时间都无法进口货物。进口商可以把货物放到**保税仓库**（bonded warehouse）或外贸区，在那里储存商品无须缴税。进口商也可以丢弃货物或把货物转运到其他国家。如果配额已满或无法出货，高端时装进口商会损失数百万美元。因为等到下一年，这些高端时装已经过时了。

B.5.3 进口税

每个出口商都需要知道美国海关如何计算进口税以及产品认证系统的重要性。**美国统一关税表**（Harmonized Tariff Schedule of the United States，HTSA/HTSUS）是全球海关编码的美国版本。统一关税表是 20 多万种国际贸易商品的认证系统，包括可以确定认证的解释说明。

在美国统一关税表中，每种产品都有一个号码。所有成员国使用同一个系统，因此无论在哪个国家，只要查看产品号码的前六位数字就可以知道是什么商品。剩下的四位数字是在美国使用的。美国统一关税表还包括美国海关在文件中会使用的报告单位。最后三栏与税率有关，每种商品分为普通、特殊以及第三类。第三类是针对没有与美国建交的国家而设的。你可以登录 http://www.usitc.gov/tata/hts/浏览美国统一关税表相关信息。

出口商新手应该听从以下建议：货物过美国海关前，向美国海关提交一切有关海外和财务的安排。对于欺诈的罚款是很高的。交易前先咨询报关行。通常，略微改动产品描述就可以降低进口税。例如，标签在后袋上的牛仔裤会比标签在皮带下的牛仔裤缴纳更多关税。如果标签上的文字经过设计，那么关税也会比较高。所有带有装饰的衣服都需要缴纳更高关税。出口商可以进口素面运动衫，然后在美国再缝上动物图案。最后一个建议：提前计算卸岸价格。如果你不确定进口类别，就提前咨询美国海关，然后自己算一下，就像美国国内收入署的事先裁定一样。在进口时，海关人员肯定很欣赏你这个做法。

得到那份工作！从双肩包到公文包

马克·豪普特：在加利福尼亚中部从事国际贸易

马克·豪普特（Mark Haupt）大学专攻国际贸易，取得商科学位。他喜爱西岸，那是他上大学的地方。他希望继续住在那里，因此他的工作既国际化又离家近。接下来就是他的自述。

我觉得我对国际贸易的兴趣始于小时候。我父亲在 IBM 工作，经常在国内外出差。我很喜欢足球，而足球又是一个全球性运动。因此我开始了解不同的国家、城市和文化，我对这方面很着迷。我的成长环境中有不同种族和文化，它们的不同之处或相似之处非常有趣。

毕业后，我希望留在加利福尼亚州的中央海岸区，这里靠近海，有许多国际贸易的机会。尽管这里是乡村，我还是在一家运动产品公司找到工作。我负责专业/运动产品部门，职位是专业销售经理。我管理国内外销售代表网，选择独立账户和重要账户。

在公司任职不到两年，我和来自30多个国家和地区的客户合作。这些国家和地区包括墨西哥、哥伦比亚、巴西、智利、委内瑞拉、爱尔兰、英格兰、德国、意大利、法国、比荷卢地区、中国、日本、南非、埃及和俄罗斯等。大多数客户都是批发商，不仅批发我们公司的产品，还和其他公司合作。

旅行前，我通常会对目的地做一些调查。首先我会了解这个国家的人喜欢什么运动。在我看来，这有助于展开话题，而且几乎每个人都有自己的看法。然后我会搜寻著名景点。最后我会看看什么可以做，什么不可以做。我在网上做调查，和去过这个国家的人讨论。我的行装很轻便，因为我只带几套西装和便装。尽管英语是通用语言，我还是会学一两句当地语言。这会让我看起来对这个国家感兴趣，当地人也会比较欣赏这一点。我不会计划什么时候返程。我经常会待得过久，导致衣服不够换。我正在解决这个问题。

为了适应在外的节奏，我在登机前让自己累一点，这样在飞机上睡得很好，因为我从小就到处飞。通常飞机抵达时，我就会精力充沛。

为了方便国际伙伴联系我，我会在一些奇怪的时间点工作。我通常使用电子邮件，但是这会导致一天的延迟，而且有时无法顺利地传递信息。如果我使用电话或视频聊天，我会迁就客户的工作时间，这不是一件容易的事。但是，这就是我的工作。

我最大的挑战就是一份来自亚洲客户的特殊订单。我们的工厂建在中国台湾，我遇到过无数关于模具、材料、包装等的难题。我可以生产特殊产品并且随时报价，但是要完成订单就难得多。对于大宗的特殊商品订单，必须确保每个部分都做对。若有疏忽会导致整个计划失败，还会有损合作关系。

在国际贸易经历中，我学到的最重要的一点是不要假设任何东西。我会仔细解释每件事，因为我不可以假设客户明白我所做的每一件事情，尤其当英语不是他们的母语时。在一开始就把事情弄清楚，比回过头找错误容易得多。

对于希望在海外工作或跟国外客户合作的人，我的建议是：如果有机会，多学几门外语。这是无价之宝。花些时间了解你正在合作的国家。对每件事保持好奇心，不要装着你好像什么都知道。知识渊博不是不好，但是人们喜欢谈论自己的国家和文化，如果你提出问题并且对他们的生活方式感兴趣，他们会很高兴。可以表示好奇，但是不要无知。不要问一些让人不快的问题。

模块总结

1. 明确出口咨询和支持服务的来源。

可以向贸易信息中心、小企业管理局、小企业发展中心和农业部进行出口咨询。美国商务部提供许多出口方面的项目。

2. 解释国际商务术语、定价、销售条款和支付。

国际商会制定了一系列全球通用的国际贸易术语，定义了销售条款。从事出口业务的人员很快就能掌握这些贸易术语，它们定义了买方与卖方在国际贸易中的职责。这些术语根据运输方式分为一般运输和水运，描述了在贸易中常见的三个问题：双方各自承担哪些责任，哪一方支付费用，以及哪一方承担风险。定价策略的选择取决于公司销售的产品是什么。销售条款也明确了定价。销售合同需要尽量明确公司海外代表（买家）和公司双方的责任。合同中需明确谁负责申请专利保护以及在哪里对争议提出诉讼。出口商提供给国外买家的支付方式有提前现金支付、赊销、寄售、信用证和跟单汇票。

3. 描述出口融资的来源。

出口融资的途径有商业银行、代理商、进出口银行以及小企业管理局。

4. 描述出口文件。

海外货运代理行是出口商的代理人。货运单据包括出口装箱单、出口许可证、出口提货单、承运商出口申报书以及保险凭证。托收单据包括商业发票、领事发票、原产地证书和检验证书。

5. 明确进口来源。

成功的进口商可以找到各种来源。它们会检查标签，看产品是在哪里生产的，然后联系最近的该国大使询问生产商的名字。海外商会以及贸易机构向当地出口商提供各种信息。线上公告板也非常有帮助。

批判性思考

1. 出口时，货物损坏的风险从何时转移到买方？请用国际贸易术语解释。

2. 请解释不同出口支付方式下，卖家受到怎样的保护。

3. 在信用证交易中，银行是如何以中介人身份进行操作的？

4. Cape Cod Five 银行的国际部经理得知，当地出口商用船把装在盐水罐的韦尔弗利特牡蛎运到西班牙，但现在船在公海沉没了。她已经收到信用证所需的单据并且准备向出口商支付货款。听到船沉没的消息后，经理知道西班牙顾客无法收到货物。那么经理应该照常向出口商支付货款，还是不支付货款并通知海外顾客呢？

5. 一件进口商品使用法国和美国的零件，在自由贸易区组装，那么使用自由贸易区对这件商品的定价有什么影响？

6. 丢失了需要托收货物的出口提货单的后果是什么？

7. 美国进口商进口素面运动服，因为其进口税比带装饰的运动服要低。在新泽西州，进口商在服装上缝制狐狸图案。在不影响成本的情况下，进口商可以在自由贸易区进行这类操作吗？

8. 当你在缅甸旅游时，看到一件想进口以在自己的设计工作室里销售的货物时，你如何寻找货物的来源？

9. 你的公司的市场部经理说：“出口太复杂了，不值得为此花费精力。”你会如何回应这句话？

10. 出口占美国 GDP 总额的 13%，低于其他发达国家。如何解释这种情况？

微型案例

纳什维尔吉他店

马克·博茨（Mark Bortz）经营的业务很有趣。他从中间商处购买品牌吉他，然后在田纳西州纳什维尔城外一间仓库里做生意。这些吉他进口到美国，但没有通过美国中间商的检验，因此被转卖给马克。马克在美国重新装饰这些吉他，然后在 eBay 平台上销售。8 年前，他就开始在 eBay 平台上卖东西。

他的 40% 的吉他都销售到国外。因此，业务流程就是其他人进口吉他，他买下来并重新装饰，然后出口给国外买家。他说："一些国际买家找到我们，我们开始把货物运到不同的国家。我们现在也在国外的 eBay 平台上销售。我们很惊讶，买家在没有试弹的情况下就愿意买下吉他，而且是从国外买吉他。同样令人惊讶的是，有人愿意买吉他，然后支付超过价格一半的运费。我们销售的一些吉他型号在其他国家是没有的，而且国外价格很高，使得我们的价格很有吸引力，尽管运费很高。"

他发现，俄罗斯买家喜欢重金属吉他，丹麦、瑞典、挪威的买家喜欢白色吉他。大多数南非的买家要求修改增值税表上的价格或把货物标为礼物，以少交税或免税。

问题

1. 这种进口-增值-再出口的战略还可以应用到哪些业务上？

2. 马克能否通过垂直一体化战略使吉他业务获得更多价值？

资料来源：http://www.NashvilleGuitarStore.com (January 19, 2015); and e-mail interview with Mark Bortz (September 23, 2014).

出口营销计划大纲示例

Ⅰ. 目的——为什么要写这个计划？

Ⅱ. 目录——包括附录

Ⅲ. 执行摘要——要求简练（不超过两页纸），涵盖报告的要点；在计划写好后再准备执行摘要

Ⅳ. 引言——解释为什么企业要出口

Ⅴ. 环境分析

- A. 企业以及出口的产品
- B. 用于出口的公司资源
- C. 行业竞争环境
  - 1. 产品比较
  - 2. 市场覆盖
  - 3. 市场份额
- D. 出口组织——员工和结构

Ⅵ. 出口营销计划

- A. 长期和短期目标
  - 1. 单位商品总销售额
  - 2. 美元总销售额
  - 3. 产品线销售额
  - 4. 市场份额
  - 5. 预期利润和亏损
- B. 理想目标市场特征
  - 1. 人均国民生产总值
  - 2. 人均国民生产总值增长率
  - 3. 目标市场规模
- C. 明确、评估以及选择目标市场
  - 1. 市场接触项目
    - (a) 美国商务部
    - (b) 世界贸易中心
    - (c) 商会
    - (d) 公司银行
    - (e) 州属出口援助计划
    - (f) 小企业管理局
    - (g) 当地大学设立的小企业发展中心
    - (h) 出口热线目录
  - 2. 市场筛选
    - (a) 第一次筛选——基本需求可行性
    - (b) 第二次筛选——金融和经济因素
      - (1) 人均国民生产总值增长率
      - (2) 目标市场规模
      - (3) 目标市场增长率
      - (4) 汇率趋势
      - (5) 通胀和利率趋势
    - (c) 第三次筛选——政治和法律因素
      - (1) 进口限制
      - (2) 产品标准
      - (3) 价格控制
      - (4) 政府和大众对购买美国产品的态度
    - (d) 第四次筛选——社会文化因素
      - (1) 态度和信仰
      - (2) 教育
      - (3) 物质文化
      - (4) 语言
    - (e) 第五次筛选——竞争因素

(1) 竞争对手的规模、数量以及金融实力

(2) 竞争对手的市场份额

(3) 竞争对手营销组合的效益

(4) 售后服务的层次

(5) 竞争对手的市场覆盖——能通过市场细分发现还未开发的市场吗?

(f) 对最佳市场的实地考察

(1) 商务部的商务代表团

(2) 州或贸易协会组织的商务代表团

D. 出口营销策略

1. 用于出口的产品线

2. 出口定价方法

3. 分销渠道

(1) 直接出口

(2) 间接出口

4. 推广方法

5. 售后和保修政策

6. 买方融资方法

7. 分析竞争对手的方法

8. 销售预期

Ⅶ. 出口财务计划

A. 盈亏预测报表

B. 现金流预测分析

C. 盈亏平衡分析

Ⅷ. 出口绩效评估

A. 频率

1. 市场

2. 产品线

3. 出口人员

B. 需测量的变量

1. 每个市场的单位产品及美元销售额

2. 每个市场的销售增长率

3. 产品线收益

4. 市场份额

5. 每个市场竞争对手的努力

6. 预期结果和实际结果的比较

注　释

1. "International Trade Administration," http://trade.gov (February 6, 2015).

2. Guest blog post by Jane Callen, Economics and Statistics Administration, "Data Snapshot: How Much Do Small-and Medium-Sized Businesses Contribute to U. S. Exports?," http://www.commerce.gov/blog/2015/01/22/data-snapshot-how-much-do-small-and-mediumsized-businesses-contribute-us-exports (January 22, 2015).

3. The SBA has a book-length guide to the export process, "Breaking into the Trade Game: A Small Business Guide to Exporting," available at http://www.archive.sba.gov/idc/groups/public/documents/sba…/serv_entire.pdf (January 22, 2015).

4. "The 12 Most Common Mistakes Made by New Exporters," U. S. Small Business Administration, http://www.agmrc.org/business_development/operating_a_business/exporting/the-12-most-commonmistakes-made-by-new-exporters/ (January 28, 2015).

5. International Chamber of Commerce, http://www.iccwbo.org/products-and-services/trade-facilitation/incoterms-2010/theincoterms-rules/ (February 7, 2015); A recent technical study on the role of L/Cs and banks in world trade is Friederike Niepmann and Tim Schmidt-Eisenlohr, "International Trade, Risk, and the Role of Banks," Federal Reserve Bank of New York Staff Reports, April 2014, http://www.newyorkfed.org/research/staff_reports/sr633.pdf (January 21, 2015).

6. "A Basic Guide to Exporting," http://www.unzco.com/basicguide/c12.html (January 23, 2015).

7. "Export Import Bank," http://www.exim.gov/ (January 22, 2015).

8. "Free Trade Zone," http://www.knowy-

ourcountry. com/ftz. html (February 7, 2015).

9. Ibid.

10. Doris Nagel, "Duty Drawbacks: The $2.5 Billion Annual Unclaimed Tax Refund," November 16, 2013, http://www. blueskyconsultingservices. com/duty-drawbacks-2-5-billion-annualunclaimed/ (January 22, 2015).

11. Alliance International, http://alliancechb. com (January 23, 2015).

12. TradeBeam, http://www. aptean. com/en/Solutions/By-Product-Name-AZ/TradeBeam-GTM (January 22, 2015).

附加模块 C
全球经营和供应链管理

现代商务管理最有意义的范式转移，是个人商业活动不再作为独立自主的经济体竞争，而是以供应链的形式参与竞争。

——道格拉斯·兰博特和马莎·库伯（Dauglas Lambert and Martha Cooper），
《供应链管理问题》[1]

学习目标

1. 阐明供应链管理的概念。
2. 讨论设计和供应链管理的关系。
3. 描述全球采购的原因、五种全球采购安排、全球采购的好处和挑战。
4. 阐明生产系统和物流要素有可能在同一公司内部发生变化的原因。
5. 阐明生产过程和程序全球标准化的潜力和挑战。

开篇短文

3D 打印：是否会变革全球制造业和供应链？

自 18 世纪工业革命发生，制造业一般被看作由工厂和机械组成。如今，制造业已变为由一体化的供应链组成的全球性网络系统。此系统从世界不同的地方获取原材料和组件，外包到世界各地，经全球高效率的工厂组装成成品，再运至仓库，最终送达消费国的顾客手中。获得规模经济的大型工厂为赢得现代全球性竞争力奠定了基础。

这种生产模式可能正在发生变化，从更深远的意义上说，源于 3D 打印的兴起。3D 打印有时也称作增材制造（additive manufacturing），在电子图纸的指导下，以逐层增加材料“打印”的方式创造最终产品。3D 打印能够创造极其烦琐和复杂的产品，包括用传统生产方式很难或不可能制造的产品。传统生产为了获得想要的规格和形状，一般是通过切割、打磨或消耗金属、木材、塑料或其他原料来实现，而3D打印增加必需的材料来获得想要的产品。它能使用包括金属、塑料、陶瓷、玻璃甚至食物和人体组织在内的材料制造产品。波音航空公司打印了超过2.2万个部件用于一系列飞行器，包括3D打印的独立部件，若使用传统生产技术，需要20多个部门来进行复杂的生产和组装。

目前，原型设计是最流行的应用程序，70%的原因与3D打印市场相关。3D打印使快速完成新模型设计变得可能，设计师能快速测试新产品的可行性和吸引力。和传统的生产不同，在国外设立3D打印地点没有成本优势。与传统的生产在靠近客户的地方完成不同，3D打印可促进组装点和销售点的准时制生产，减少大规模生产的需求及运输储存产品的时间和资金。

麻省理工学院[①]的约西·谢菲（Yossi Sheffi）教授认为："支持产品和组件流到客户端的供应链将消失，取而代之的是原材料供应链。"3D打印使分批生产产品成为可能，促进了产品定制的发展。比如，当你看医生时，可以在医院定制牙冠和骨关节；你可以在当地商店打印智能手机定制外壳，而无须等待几周由相距较远的工厂运送过来。使用3D打印，Thosus Products（一种注塑机）可以将某种部件的制造成本从10 000美元降至600美元，制造时长从28天缩短为1天，产品的重量也减轻70%～90%。[②]3D打印也能彻底改变零部件的物流和服务活动。相较于花高成本保有不同零部件的库存，服务人员可以从网上下载设计，利用车辆后部的3D打印机，按需生产必要的零部件。

3D打印是否会淘汰已有的生产和供应链网络？短期内不太可能。现在打印机的大小、速度和精确度仍然限制了以有效率的方式生产许多物品。大多数打印机只能运用一两种材料生产简单的物品，而且能用的材料有限，成本也较高。以适合3D打印的方式来生产和运输这些材料的供应链还处于早期发展阶段。因为用于3D打印的模板是电子的，有人担心其知识产权的保护，也有人担心生产的次品不知该由谁承担责任。然而，3D打印处于发展的初级阶段，技术进步尚有空间，对全世界自然环境、生产地的选择和供应链活动也有广泛影响。事实上，麦肯锡全球研究所的研究表明，3D打印的收益可能从2012年的20亿美元增至2025年的5 000亿美元。

资料来源：Mark Peterson，"3D Printing and the Supply Chains of the Future，" *eft*，February 18，2013，http://eft.com/general-supplychain/3d-printing-and-supply-chains-future（February 19，2015）；Computer Sciences Corporation，*3D Printing and the Future of Manufacturing*，Fall 2012，http://www.csc.com/innovation/insights/92142-3d_printing_and_the_future_of_manufacturing（February 19，2015）；Natasha Clark，"Will 3D Printing Transform the Supply Chain?，" *Business Reporter*，April 17，2014，http://businessreporter.co.uk/2014/04/will-3d-printing-transform-the-supply-chain/（February 19，2015）；and Chuck Intrieri，"The Impact of 3D Printing in the Supply Chain and Logistics Arenas，" *Cerasis*，February 10，2014，http://cerasis.com/2014/02/10/3d-printing-supply-chain/（February 19，2015）.

注释：

①Computer Sciences Corporation，*3D Printing and the Future of Manufacturing*，p. 6.

②Natasha Clark，"Will 3D Printing Transform the Supply Chain?"

随着企业不断进入全球市场，全球性竞争不断升级。这促使国际公司和国内公司的管理层去寻找既能提升产品和服务又能进一步降低成本的方法，以保持竞争力。有时，期望的结果是通过已有业务的提升来达成。有时，提升竞争力是通过公司在国外开办新的或者调整已有的业务来达成，或者是通过寻找可供选择的劳动力、原材料或其他外部资源，这些资源主要来自其他组织。另一种选择是**外包**（outsourcing），也就是让其他公司来完成公司价值链上某些非核心的活动以及做出某些决定，而不是让本公司员工继续从事这些活动。通常，外包公司主要就数据处理、物流、工资管理和会计这些活动提供服务，不过公司的任何活动都可以外包。管理层希望通过不同选择的组合来努力提高国际竞争力。**供应链管理**（supply chain management）指的是协调与整合公司内部和公司之间，价值链上从供应商到最终用户，有关材料、信息、资金和服务流的过程。在本模块，我们将讨论全球供应链管理的主题和全球运营管理中的一些重要问题，包括全球采购、生产系统，以及与国际运营全球标准化与国际运营本土化相关的问题。

C.1 管理全球供应链

近年来，供应链管理成为国际商务领域日益关注的主题，从战略意义上看越来越重要。供应链（supply chain）是指生产产品和提供服务所需的活动，以及这些活动相互联系在一起的方式。供应链管理运用一整套系统方法，来管理价值链上企业内部和各公司间的所有材料、信息、资金和服务流——从原材料和组件供应商，经由生产设施和仓储，到达最终客户手中。[2]供应链是全球质量和成本管理中不可或缺的一环，因为一个公司的供应链成本可以反映50%以上的资本和80%以上的收入。[3]图C-1大致展示了美国一家笔记本电脑公司如何将最初的设计转化为制成品，并为顾客提供支持服务活动的流程。这包括产品设计、来自不同供应商的投入、装配和测试活动、仓储和制成品的分配，以及销售和技术支持活动。

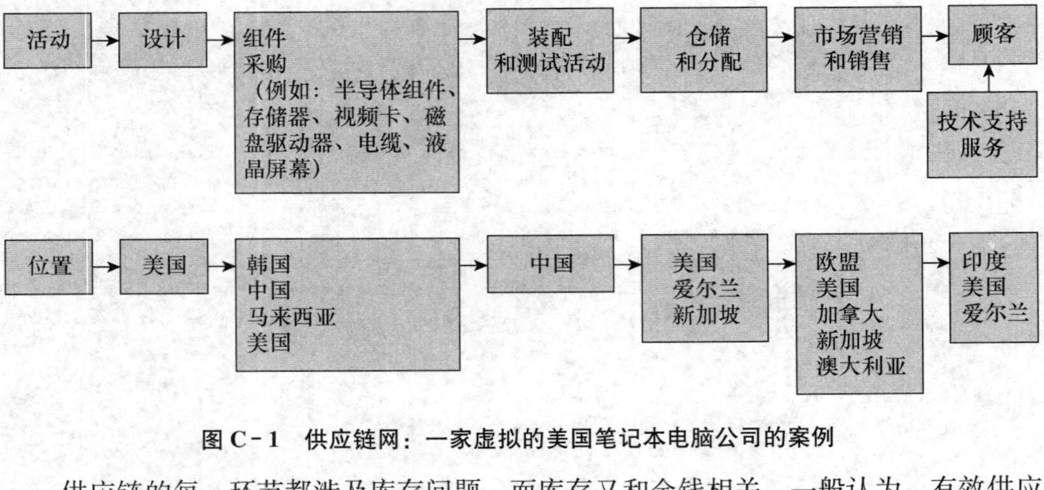

图C-1 供应链网：一家虚拟的美国笔记本电脑公司的案例

供应链的每一环节都涉及库存问题，而库存又和金钱相关，一般认为，有效供应链管理系统的最终目标是减少库存，先决条件是公司在需要的时候能提供所期望数量和质量的产品。因此，重要的是，供应链上每个阶段的运作都要进行协同管理，以使缓冲库存最小化。更短的不可预测的产品生命周期，连同意外的经济、政治和社会事件的影响，都进一步凸显了有效管理供应链的重要性。[4]包括用于供应链计划、执行、优化的网络运行工具在内的新技术，增加了数据的可获得性，提高了与供应商以及顾客的整合度，帮助提高采用和掌握这些技术的公司的国际竞争力。

正如开篇短文中的 3D 打印、国际商务实践专栏中的 Zara，以及本模块结尾处的 Balagny 公司等例子所揭示的，许多公司构建并管理其全球供应链活动，获得重要的国际竞争优势，从而使全球供应链管理越来越受重视。一些商业组织，比如苹果和戴尔等计算机和信息技术公司，或者沃尔玛或亚马逊等零售商，重新构建了国际供应链，从而有效减少或消除制成品的库存和零售品的储存量，降低成本并提高效率。[5]其他公司，比如香港出口贸易公司利丰（Li and Fung）、物流公司联邦快递，已经转换运营模式，进入行业价值链上新型的、增值的活动领域。[6]有效的供应链管理能提高企业应对国内外来自法律、社会以及其他环境压力的能力。

对供应链绩效的度量标准因行业和公司而变化，因为定义成功的方法并不同，绩效评估应该与公司的战略目标以及关键成功因素相联系。典型的测量指标包括：一年内库存周转次数，现有库存与销售水平的对比，订单准时送达的百分率，每百万产品中次品的比率，订单完成的比例，因缺货而无法完成的订单数。[7]比如，根据沃尔玛超市的报告，改进后的供应链管理体系加快了库存周转，降低了库存缺货水平，将补充库存的时间从几周缩短到几小时。

C.2　产品和服务的设计

构建和管理公司全球供应链的一个重要因素是设计过程。公司产品以及服务的设计与公司要求的投入种类之间存在基本联系，这些投入包括劳动力、原材料、信息和资金。设计过程中的一个重要考虑是当国际公司的产品和服务跨越国家和地区时，应在多大程度上进行标准化设计，或在多大程度上做出调整以适应不同市场上的不同需求。竞争范围、文化、管制和其他因素会影响标准化或当地化的决策。

比如说，星巴克认识到，有必要使咖啡店的设计适应当地的情况，在全球开设了 18 种风格各异的门店，每一种都符合当时特点。[8]结果，它在墨西哥的咖啡店设计得像一个酒吧，这样能提高话题性，吸引人群。在中国，星巴克采用大桌子和可移动的座椅，因为经常有大批人一起来咖啡店并逗留许久。

产品设计的一种传统方法是“翻墙”。这需要一连串步骤来设计，首先由设计师准备好产品的设计，然后将设计传递给公司的制造工程师，工程师需要处理与生产相关的问题，这些问题往往源于他未参与最初的设计活动。

另一可选择的设计方法是在设计阶段促进跨职能的参与，由此识别并避免许多潜在的采购、生产和其他困难。很多公司也会让一些重要顾客参与设计活动，以确保设计符合顾客需求。用这种并行工程的方式可以使提出的设计较早接受成本、质量和可行性的评估，提高后续生产和供应链管理效率和效力。的确，有关设计的决定必须与供应链有关因素的评估相结合，例如：公司是否可以得到运营所需投入？如果可以，从哪里获得？是使用本地资源还是从国外进口？是否有能力以竞争性的方式生产和输送产品及服务？

最近的设计过程创新是从普通顾客那里获得支持。比如，戴尔公司的 IdeaStorm 网站和星巴克的网站就是收集顾客建议的平台。在星巴克的 MyStarbuckssIdea. com 网站开放的一周内，超过 100 000 票投给了各种改进方案。Logitec 收集顾客对其电脑外围设备的反馈，重新设计了蓝牙键盘，极大地提高了顾客满意度。其他一些公司（比如耐克）发现，这些活动也有助于顾客参与，从而提高顾客忠诚度。[9]正如本模块开篇短文提到的，通过采用 3D 打印，将原型的快速设计和顾客的快速反馈相结合，可以使公司快速有效地开发和输送更加适应市场需求的新产品。

C.3 全球采购

公司应该在国内还是国外获得资源？在此部分，我们将讨论企业选择全球采购的原因、全球采购的不同安排以及全球采购的重要性。我们也会讨论全球采购逐渐采用电子购买方式的趋势。

C.3.1 全球采购的原因

尽管全球采购的主要原因是获取更低的价格，但也有其他原因。也许企业需要的一些产品无法在当地获得，必须进口。另一个可能是企业的国外竞争者使用的组件的质量或设计比国内更优。出于竞争的考虑，公司必须从国外购买。**离岸外包**（offshoring）指公司决定将一些或全部活动或程序放到国外完成。

当决定进行国际采购时，公司要么在国外设立自己的工厂，要么将生产外包给国内外其他公司。海外外包通常叫作离岸外包。当企业想将其稀缺的资源聚焦于核心能力，利用其他公司的技能来减少成本和资本投入，提高灵活性和反应速度，提升质量并提供其他战略益处时，外包逐渐变成常规选择。价值链上的任意一部分都可以外包，包括产品设计、原材料或组件供应、制造或组装、物流、分销、市场营销、销售、维修保养、人力资源或其他活动。

外包决策，包括采用全球采购方式的决策，是早期“制作还是购买”决策的扩展。这些决策的优缺点通常体现在以下方面：成本的比较，对机密产品规格、交付数量、质量、设计以及交付时间和方式的管理控制。其他的考虑因素包括：制造原材料或组件所需的专门技术，额外的成本导致卖主不能从规模生产或大批量生产中获益。在全球采购中，这些问题因距离、买卖双方语言不同，以及国家法律法规不同等而复杂化。随着时间的推移，许多企业提升了解决这些困难的能力，这使全球外包成为越来越多公司的可行选择。很多专家建议，公司一开始适合将简单的活动外包出去，待外包者和服务提供者积累了经验后，再将更复杂的活动外包出去。

现有供应商在成本、质量、及时性和其他相关方面的竞争力得到提高，这成为吸引全球采购的重要原因。比如，与本国相比，一些国家能提供成本较低但质量较高的矿物，或其他重要的原材料或组件（比如巴西的铁矿或韩国的动态随机存取记忆芯片等）。另外，工业不甚发达的国家劳动力廉价，且拥有大批非技术性劳动力，这会吸引技术要求低的劳动密集型产业。这很好地解释了，为什么一些相对标准化和劳动密集型的业务（比如运动鞋或男士休闲服的加工）从劳动力成本较高、工业化程度更高的国家，转移到全球成本效益更高的发展中国家。随着时间的推移，很多新兴经济体从使用简单的生产设备和低端技术生产劳动密集型产品，转向采用更为精细且劳动力需求较小的机器进行生产，生产过程更为复杂，或转向技术密集型工程和设计服务。这一演变通常造成低技术含量、劳动密集型活动向其他经济发展水平更低的国家转移。

通信成本的大幅降低，全球范围内网页浏览器等标准化界面的运用，公司自动化和数字化数据技术的采用，提高了有效运用全球采购的能力。随着企业更多的运营活动采用自动化技术，外包变得越来越容易。全球更多的公司开始为外包生意而竞争，顾客也越来越习惯这类服务。

C.3.2 全球采购安排

以下任何一个采购安排都可以给企业提供国外产品：

1. 独资子公司。可设立在劳动力成本低的国家，给国内工厂提供组件，子公司也可生产不在母国生产的产品或高质量产品。

2. 海外合资企业。可设在与母国相比劳动力成本更低或质量高的国家，以给母国供应组件或其他资源。

3. 保税工厂承包商。国内或国外的生产工厂将组件输送给保税工厂内独立的承包商制造并组装，或仅进行组装。

4. 海外独立承包商。常见于服装行业，公司没有生产设施，比如唐娜·凯伦(DKNY)、耐克和丽诗加邦（Liz Claiborne)，与国外生产商签订合同来生产符合规格要求并贴有其商标的服装。

5. 独立的海外制造商。企业与另一国的独立制造商签订合同，制造商为其提供产品，产品往往是海外制造商设计的。

C.3.3 全球采购的重要性

全球采购和国外资源所有权之间存在很强的相关性。**公司内贸易**（intrafirm trade）指母公司和国外子公司间进行的贸易，在美国，公司内贸易估计占出口品的30%～40%，占进口品的35%～50%，某些产品（如汽车、医学设备和科学仪器）甚至占到70%以上。[10]

在美国产业中，几十年间，外部购买材料的成本占整体售出商品成本的比例一直在增长，从1945年的平均增长40%上升到1960年的50%，再到如今的55%～

80%。[11]造成这一现象的原因包括产品更为复杂，公司备感压力，致力于核心业务，将缺乏核心竞争力的活动外包出去。

另外，由于竞争压力，以及许多产品和服务从概念提出到进入市场的周期缩短，市场上的新产品快速增加。据估计，公司销售额的1/3来源于5年前不存在的产品，对表现最好的公司来说，这个数字增至50%。[12]这种发展趋势给世界各地的供应商带来了额外压力，使它们以有竞争力的价格提供高质量的产品，且对市场变化做出快速反应。

C.3.4　日益增长的全球电子化采购

只要在搜索引擎里输入“出口商”再加上商品名称，就会出现许多进口商的网站（即使没有上千个，也有几百个），提供产品目录以及有关如何下订单的信息。同时，还有一些大公司寻找产品。近年来，一些公司设立了电子采购交易平台（可能是由个人设立的，也可能是与其他公司联合设立的），以发现潜在供应商或客户，并促使潜在购买者和供应商之间有效互动。

雄心勃勃的企业对企业（business-to-business，B2B）电子采购项目已经进入保健行业、制造业（Covisint. com）、化学制品业（ChemConnect Inc.）、保险业、石油业和医疗供给品行业。在广告业有一个类似的创意，NuIdeaExchange将寻找广告建议的市场营销人员与有好主意但无用武之地的“创意人员”联系起来。在一些公司，采购已被忽视多年，也常被看作外包给其他公司的首选活动。然而，采购日益被看作战略型职能活动，电子采购的快速发展对此趋势起到推波助澜的作用。

尽管多年来直接的生产导向型商品一直是管理层关注的重点，但不属于最终制成品所需的商品和服务的采购活动，即**间接采购**（indirect procurement）也很关键。考虑到维护、修理、运营供给、办公设备以及其他服务和供给品，间接采购在一般公司的采购支出中占到50%～70%。[13]很多企业在间接采购时仍然依赖传统的纸质流程，哪怕成本较高且效率低，而新技术正在快速推动这种方式的转变，中小型企业也不例外。

全球电子化采购的选择　在电子化采购中，最基本的交易是目录购买。供应商会提供一份产品的目录，购买者可以浏览目录，根据价格对喜欢的物品下单。供应商会实时更新目录，根据库存水平和特定产品的需求调整价格。电子交易也使得购买者和供应商通过标准出价/报价系统交流，运用这些系统，购买者可以在网上写下购买需求，供应商据此向购买者报价。购买者可以基于价格、交付时间或其他因素，从报价中做出选择。行业发起的交易容易获得信用证，易于订立物流和分销合同，易于监控其他服务的日常价格和订单流。

全球电子化采购系统的好处　电子化采购的益处很大，它能使公司简化运营，削减成本，提高供应链管理效率，及时获得顾客反馈。Exostar. com等网站有助于公司采购过程的简化及标准化，使供应链合理化，降低成本，提高生产力，开发新市场。

小公司也利用互联网在全球范围内采购原材料，将产品卖给客户。电子采购交易的发展，为许多小型供应商打开大门，它们只需一点时间和金钱就可以进入市场，进入国内和国际市场的壁垒变低了。

总而言之，以行业为基础的 B2B 电子商务交易的兴起，有助于优化跨整个组织网络的供应链，而不仅仅局限于单个公司内部。这些交易通过聚合买主的购买力，提升内容传播，提高国内外整体市场效应，从而创造价值。

全球采购存在的问题　全球采购已经成为大中型企业的一个标准程序，但它也有一些缺点。低价是公司从国外采购的主要原因，当管理者汇总与购买过程相关的成本时，可能会吃惊地发现，看起来较低的价格并不真的那么低。比如，购买者必须了解销售条款，因为根据销售条款，国际运费、保险费、包装费可能会在报价的基础上增加 10%～12%的成本。下面是进口商品的一般成本清单：

1. 国际运费、保险费、包装费；
2. 进口关税；
3. 海关代理人费用；
4. 运输或传递过程中的储存费；
5. 信用证费用；
6. 国际旅行和通信费用；
7. 公司进口报关专员费用；
8. 因产品不符合规格再返工的费用。

除了额外成本，进口商不想看到的还有汇率波动、国内货币贬值导致价格上涨。比如，如果美国进口商要求出口商以美元报价，进口商就不存在汇率风险。然而，如果公司进口量很大且美元不稳定，管理层会要求以国外货币报价。在这种情况下，进口公司的财务人员可能运用不同的金融对冲技巧来保护公司免受汇率风险的影响。经营国际业务的公司使用对冲操作方式多年，尤其是当公司的原材料（包括一两种大宗商品）在成熟的商品市场上交易时。在大多数情况下，运用这种对冲方式是为了保护公司免受价格快速波动的影响，而不是为了投机。

为了购买诸如生产设备等资本品，很多美国购买组织采用“全生命周期成本”，通过分析所购买物品的生命（包括折价或未来估计的残余价值）来分析购买决策。即使分析部件，公司也会考虑全部成本，以及基于活动的成本核算系统，以确保在做购买决策时能全面考虑所有与国外采购相关的成本（运输、保险、预防交付延迟而增加库存）。[14]全球采购决策需与公司策略紧密相连，对供应商要有明确的目标要求（比如交付时间和目标成本），并写入合同，最好有激励措施，使其达到或超越标准。还应该发展跨公司团队，提高公司和供应商间有效分享最佳实践的可能，避免供应过程出现问题。

电子采购兴起的同时也产生了一些问题。电子采购和电子商务作为一个整体，不能与公司的商业系统相分离。早期很多公司发展电子采购偏离了方向，相继失败，未能发挥潜能。成功的电子商务包括结合传统系统完成采购和其他价值链活动，还包括考虑如何管理新的电子化方式。在通过电子采购方式实际购买产品之前，要履行传统的采购职能，即做出采购决策、分析和选择供应商。在大多数情况下，企业可运用互联网快速获取有关潜在供应商的数据，通常从信息库中获取数据。要确保选择的供应商满足公司对原材料质量、交付、价格等的要求，一直是一个挑战，尤其是在范围更广的电子采购网络中，有很多公司不了解的供应商。新兴国家的供应商也可能在接触或支持复杂的信息技术基础设施方面遇到困难，这也会影响电子采购发挥作用。

安全性是电子采购的另一个重要问题。B2B 电子商务模式要发挥全部潜能，从外部访问公司内部系统很关键。公司会谨慎地公开商业细节，包括价格、库存或设计规格等信息，以避免造成品牌资产和利润的损失。另外，在互联网上公开内部业务系统可能会让公司面临很多安全隐患，比如非法侵入（如黑客攻击）和欺骗性下单。尽管人们对编码技术、其他技术以及程序进行了广泛的研究和开发以确保其完整，但要让这些系统完全可靠安全，还需要更多努力。采用国际电子采购系统，还要考虑不同国家间标准的差异。政府关心的竞争者之间合作所带来的潜在的反竞争效应，也会影响全行业 B2B 交易。

C.4 生产系统和物流

国际公司在发展水平各异的国家运行生产设施，生产成本和质量存在差异，由此很容易理解，即使在同一公司，生产系统以及与内部或跨地域的原材料流动相关的物流要素也有很大的不同。一家公司可能拥有一系列工厂——从生产技术先进的工厂到技术较为落后的工厂。在公司国际业务范围内建立生产和物流系统，会对全球供应链的建立和管理方式产生重要的影响。

C.4.1 先进的生产技术能够提升质量并降低成本

国际竞争力的提升要求企业进一步努力，使国际生产活动高效。结果，全世界的公司都在寻找提升竞争力的办法，使用先进的生产系统，诸如**准时制**（just-in-time, JIT）供应链或高度协同的生产系统。有的公司安装了计算机集成制造系统（CIM），利用计算机和机器人来进一步提高生产力和质量。要成功实施这些创新是一大挑战，它们对国际公司竞争力造成很大的影响。

通过 JIT 生产系统降低成本　检查生产活动时，管理者很快认识到库存成本是个重要因素。比如，消除库存可以降低 40%甚至更多的劳动力成本。[15] 无库存运营需要密切关注生产系统中的各种活动，注意这些活动如何有效地互相适应。JIT 生产系统旨在管理库存成本与提高质量。JIT 是个稳定均衡的系统，在此系统里，很少发生或根本不发生延时的情况，只有很少或没有生产空闲和成品库存。20 世纪早期，亨利·福特将 JIT 要素吸收进汽车装配线。为了使 JIT 起作用，生产商一般需要达到以下要求：

1. 无论是从外部购买还是由工厂内部生产，组件都必须没有缺陷，否则生产线会停工，所有相关联的环节都得等待。

2. 部件和组件必须在生产过程中每个流程需要时准时交付，这也是 JIT 的由来。

3. 无论来自何处的顾客，购买商品后都希望尽快拿到，因此卖家会维持制成品库存。你购买了新车或智能手机后，希望多长时间拿到呢？通常，若某公司有库存，而其竞争者没有，它就能做成交易。要在去库存的同时仍对顾客的订单做出快速反应，制造商需要建立柔性生产单元，这迫切需要快速准备。

4. 有必要缩短加工时间。一种方法是将加工过程中的工作从一个操作转到下一个操作。根据单个产品（每个产品都有单独的生产线）的工作流将机器进行组合，可以有效降低转运成本。另外，因为部件能很快从一个操作转到另一个操作，如果前一个操作的输出有缺陷，在问题得到处理之前，操作只能暂停。由于每个后续的操作都起到检测质量的作用，有缺陷的部件减少，这也就降低了生产成本。

5. 柔性制造技术使产品快速变化成为可能，但生产线的每个变化都会产生开销。因此，很多制造商选择简化产品线，并设计出能尽量使用同类部件的产品。这也促使企业的供应商接受 JIT 的概念，因为供应商接到的订单种类少，但数量更大，这使生产时间更长，产品的更新变化少，开销也就没那么大。

6. 要成功运用 JIT 生产，制造商必须与供应商合作。通常制造商无法按照惯例拥有许多供应商，因为如果有多个供应商的话，购买者总是想着拿到最低的价格。公司只需要少量供应商，尝试与供应商建立亲密的关系，包括在设计产品时和它们联系。

7. 为了降低成本，提高质量，减少生产时间，管理者尝试使产品设计师、产品经理、采购人员和营销人员作为一个团队开展工作。一旦将这些人员聚集在一起，会促使供应商提出建议，采用它们常规生产的低成本的标准化部件，在生产过程中，一旦设计发生变化，可简化生产过程，在营销方面采纳客户的观点，而这一切都应该发生在第一个产品推出之前。[16]

很多制造商试图采用 JIT 的原理来改变运营方式，结果错误地吸收了 JIT 的部分内容：它们只狭隘地关注货物库存管理，有时这被称为“小准时生产系统”（little JIT）。它们没有意识到“大准时生产系统”（big JIT）里重要的东西，这是一个完整的系统，包括人力、材料和供应商关系的管理（整个系统也称精益生产）。[17] 此外，很多人没有明白，JIT 需要全公司彻底地进行质量管理，其中持续改进不可或缺。

通过全面质量管理提高质量　为提高质量，公司的每个人，从高层管理者到工人，都得付出努力。这种意识促成了**全面质量管理**（total quality management，TQM）体系的产生，这是一个全公司范围的管理方式，整个组织系统受到管理，在产品和服务的方方面面都要做得很好。在执行 TQM 时，团队必不可少，有一种有效的团队叫作质量圈（quality circle）。质量圈是日本质量专家石川馨（Kaoru Ishikawa）提出的，它是一个小型工作组，定期开会，讨论改善职能区和产品质量的方法。

通过同步制造提升整个系统性能　JIT 尤其是制造系统中的安装环节需要较长时间，这使一些公司意识到，它们还需要做点什么才能获取市场份额。很多公司转向**同步制造**（synchronous manufacturing），又称约束理论（theory of constraints，

TOC)，这是一整套不均衡运营的生产系统，关注的是整个系统性能。同步制造是有关时序和生产控制的系统，该系统找到对更大规模生产构成限制的因素（如机器、人员、工具和设备），然后使之消除或最小化。系统的产出受满负荷生产条件下最慢的运行或**瓶颈**（bottleneck）的限制。

约束理论的开创者伊莱·戈德拉特（Eli Goldtratt）开发了一个用于安排工作的电脑程序，考虑了受到瓶颈约束和不受瓶颈约束的运营情况。与 JIT 需要试运行和试错相比，这个程序可以用于电脑模拟，大大加快了工序。另外，一旦发现瓶颈，运营经理可以集中力量提高此处的生产率。消除瓶颈后，管理者可以在下一个运营最慢的环节重复这一行动。[18]

JIT 系统试图达到平衡，所有运营能力都是均衡的；而同步制造旨在通过系统实现产品流的平衡，这使得各种运营条件下的产出水平不平衡。比如，在瓶颈环节需要全负荷生产，在下一个环节可能只需要 60%的产能。若过多，则会造成不必要的库存。由于工作量是分配给各个生产流程的，不像 JIT 那样分配给整个系统，因此每个流程的产出都不需要比实际的工作量更多。库存也可以设置在靠近瓶颈环节的位置，以防在这个关键环节造成停产。和 JIT 不同的是，有时会有质检人员来检查瓶颈环节的投入情况。

正如前文提到的，管理层的注意力都集中在瓶颈环节而不是其他操作环节上，因为瓶颈处的产出增加，意味着整个生产系统的提升，而在非瓶颈处产出的增加不过是增加了设备的闲置时间。

JIT 与同步制造的另一个不同之处是：在生产过程中，任何一个环节的部件或组件出现不合格品，都会使 JIT 系统停工。但是同步制造系统除了瓶颈环节，在其他环节会有超额产能，瓶颈环节之前的缺陷产品都可以重造，这样整个系统不会停工。

通过大规模定制管理成本和顾客需求　大规模定制（mass customization）指公司灵活运用柔性生产系统，借助计算机辅助手段，为全世界不同客户生产和交付定制产品和服务。这些系统将低单位成本和快速生产完美结合，通过大规模生产、柔性生产来满足个人需求。作为生产的一种方式，大规模定制在第二次世界大战时已出现，当时丰田汽车就采用了这种方式。如今，大规模定制广泛应用于不同领域，比如电脑行业（戴尔）、贺卡（贺曼公司）、服装（L. L. Bean）、鞋类（阿迪达斯、Shoes of Prey）、钻石戒指（戴比尔斯）、糖果（M&M's）和汽车（路虎）。[19]

大规模定制有四种基本方式。（1）合作型：企业帮助客户选择所需产品特征；（2）适应型：企业提供标准产品，用户可以修改；（3）装饰型：企业只定制产品外观，比如包装或颜色；（4）透明型：顾客获得个性化的产品或服务（此前并不知道是什么样的），比如网站界面。[20]

如果在供应网络的最后节点前可以延时为特定顾客提供差异化的产品，通常适合大规模定制。这一般需要公司重新进行产品设计，同时对生产以及将产品交付给顾客的过程进行设计和整合。实际上，这意味着对公司进行概念性重建，往往还要重建供应链。采取这种综合性方式的好处是公司能够达到最大效率，快速对顾客反馈做出反应，同时能保有最小的库存。

通过六西格玛提高质量和成本　六西格玛（Six Sigma）是一种减少次品和消除差异的企业管理程序。它将标准严格的分析工具与定义明确的基础设施，以及最高领导层相结合，以解决问题并优化程序。六西格玛致力于消除过程中的差异和减少次品，随着次品量减少，成本降低，周期缩短，顾客满意度会上升。

六西格玛其实是指平均每百万产品中最多有3.4个不合格品，很多企业达到的水平是二或三西格玛。有人估计，在美国，超过1/3的产品返工，低质量产品的成本占生产总投入的20%～40%。[21]六西格玛就是用来解决这个问题的。

六西格玛方法包括五个步骤：界定、度量、分析、改善、控制。第一步是界定过程，定位消费群体，了解他们的问题是什么。要界定对顾客来说重要的关键特质和支持这些特质的过程。第二步，六西格玛关注度量过程，包括将关键特质分类，核对度量系统，收集数据。第三步是分析，将原始数据转化为信息，这些信息可以带来启示，有助于找出造成缺陷和问题的基本原因以及最重要的原因。第四步，关注改善过程，包括找到解决问题的方法，进行改变，评估是否需要进一步改变。第五步，控制过程，以监控和维持运行。从本质上看，六西格玛是创建闭合回路系统的一种方式，目的是持续改善商业流程。

在为六西格玛选择项目时，管理者应该在项目和反映公司战略或年度运营计划的优先业务之间找到明确的连接点。一个项目应该是一项突破，对程序和营收成果起到大幅提升的作用，可以用清晰的量化指标衡量成功。项目应该能在3～6个月内完成（或者被分解成3～6个月内完成的次级项目），以保证进展和公司利益。

首席执行官往往是执行六西格玛的驱动力；他极少扮演冠军的角色，因为只他一个人没有办法保证项目成功；他要提供必要的资源，打破组织壁垒。对冠军的奖励很大程度上与他达成六西格玛目标有关，这有助于确保项目对业务产生实质性影响。项目领导者被称为“黑带”（Black Belts），一般是有相关成就和重要经验的人。项目组的成员被称为“绿带”（Green Belts），他们不会把所有时间都投入六西格玛项目。黑带和绿带都可能成为变革推动者，他们要敢于提出新想法并进行严格评估。“黑带大师”（Master Black Belts）是项目组的资源，他们一般经历了黑带阶段，参与过很多项目，了解先进的工具，接受过商务和领导力方面的培训，也有教学经验。黑带大师的主要任务就是训练和指导新的黑带。

尽管这项技术也与提高顾客满意度、减少产品缺陷、促进公司成长、提高质量有关，但企业运用六西格玛的最大优势是能降低成本。六西格玛方法重新评估企业很多要素在增值方面的地位，对有些做出修改，将有些剔除。要从二西格玛转为六西格玛，往往需要公司重新思考行事方式，改变公司文化，有时改变还不小。

成功的文化变革需要长期努力，特别是当企业是在全球拥有子公司和办事处的跨国公司时。组织的变革受组织文化和国家文化的影响，因为这些会影响公司安排职位、评估绩效，报告流程以及内部沟通。要增大公司对六西格玛的接受度，需要：(1) 证明对六西格玛有需求；(2) 塑造六西格玛文化的视野和相关行为；(3) 发现并合理地处理对六西格玛的组织性排斥，包括技术、政治和组织资源等方面。同时，有人批判六西格玛方法论只是简单地将旧思想重新包装，会限制创造力。另外，平均每百万产品中最多出现 3.4 个不合格品的标准不一定适合所有工序。对一些领跑者来说，标准可能太低了；对新手来说，标准又可能太高。[22]

国际商务实践

Zara：使用创新型供应链管理来变革国际时尚产业

传统上，女性时尚界的领军设计师一般会通过巴黎和其他欧洲时尚中心来洞悉为市场提供什么样的服饰。像香奈儿和古驰这样的时尚工厂，每年会在迷人的时尚秀上展示两次服装产品。这些设计往往花费数千美元，只有非常富有的人才负担得起。零售商随后对设计进行复制，以更低的价格卖给大众，以确保顾客跟上潮流。有限的设计数量使计划得到简化，服装公司由此得以存活，即使它们需要花费 6～9 个月时间完成产品从设计到上市的过程。

时尚产业趋向“快时尚”，其特征为最新的时尚、价格低，有明确的市场焦点，这令传统的商业模式快速消失。引导变革潮流的是西班牙公司 Zara。Zara 在 88 个国家的主要城市有超过 2 000 家服装店，以时尚且价格实惠而闻名，Zara 的竞争优势来源于其一流的供应链管理技巧。

快速和灵活性策略使 Zara 大大缩短了时尚周期。店面经理和流动的观察员用掌上设备来收发信息，这样消费者可以及时收到设计方案，了解下一个流行趋势是什么。Zara 的信息系统能使公司更好地管理库存，以及支付给制造商与零售商的主要成本。与 Zara 合作的纺织品制造商大多位于 Zara 总部附近，远东地区虽然资源成本低，但会拉长产品推向市场的周期。Zara 运用信息技术和先进的供应链管理技术，将服装从最初的设计到在公司零售店上架的周期缩短为 14 天，而大多数竞争者的产品周期为 3～15 个月。快速的周转表明，公司能保证最畅销的设计库存充足，并保证不受顾客欢迎的设计不会出现过多的库存。

Zara 每隔两周或一段时间就会毫不留情地更换它的产品系列，即使一些产品卖得很好。Zara 对新潮流的反应很迅速，每当顾客走进一家 Zara 门店，就会感觉像是走进了一个新地方，店里展示的都是新款。“当你 10 月份去古驰或者香奈儿购物，你知道这些服装在下一年 2 月还摆放在这里的可能性很大。”伦敦文化及时尚杂志 *Tank* 的编辑马苏德·格尔索基（Masoud Golsorkhi）说，“然而，如果你不立刻买下 Zara 的产品，11 天之内，货架上的东西就会全部换掉。现在就买或者永远也别买。因为价格便宜，你一般会当场买下。”顾客因此意识到 Zara 会持续供应新产品，Zara 是“不可或缺”的。商品的有限性激发了购买欲，消费者有“趁可以的时候抓住它”的心理。

Zara 对时尚产业的变革方式意味着它代表了该行业以下几个方面的标准：进入市场的周期、订单的执行、成本、顾客的满意度，以及管理这些因素之间联系的能力。结果，高级设计师和时尚工厂被迫改变运营方式，提高其在速度方面的竞争力。如 Zara 所展示的，有效的供应链管理确实能带来国际竞争优势。

问题

1. 与用传统方法管理物流和供应链的公司相比，Zara 的做法如何创造优势？什么可能使得竞争者难以模仿 Zara 的做法？

2. 随着时间的流逝，Zara 的做法在国际上取得成功会受到什么限制？

资料来源：Suzy Hansen, "How Zara Grew into the World's Largest Fashion Retailer," *The New York Times*, http://www.nytimes.com/2012/11/11/magazine/how-zara-grew-into-the-worlds-largest-fashion-retailer.html? pagewanted=all&_r=0 (February 19, 2015); Grupo Inditex, "Financial Data," http://www.inditex.com/en/investors/investors_relations/financial_data (February 19, 2015); Cecilie Rohwedder, "Style and Substance: Making Fashion Faster; As Knockoffs Beat Originals to Market, Designers Speed the Trip from Sketch to Store," *The Wall Street Journal*, February 24, 2004, http://online.wsj.com/news/articles/SB107758500479837295 (February 19, 2015); and Lydia Dishman, "The Strategic Retail Genius Behind Zara," *Forbes*, March 23, 2012, http://www.forbes.com/sites/lydiadishman/2012/03/23/the-strategic-retail-genius-behind-zara/ (February 19, 2015).

C.4.2　物流与供应链

物流（logistics）是与材料的移动相关的管理功能，其中包括原材料、组件、在制品和制成品。供应链管理的成效很大程度上受到公司外包、生产以及诸如设计、工程建造和市场推广等其他活动的物流管理的影响[23]。由于着重强调库存量最小化以及对供应链的处理，一件产品的设计方式会极大影响产品交付的成本。比如，产品的包装方式和运输要求会极大影响物流成本，这些因素在价值链的设计和其他环节就应该处理好。

很多公司选择将物流外包给其他公司，尤其是擅长管理国际物流活动的公司。国际物流公司，诸如联邦快递、敦豪速递、UPS，都拥有处理和跟踪国内或跨国快件的专业人员，使用电脑技术和系统来追踪物流。比如，联邦快递的网站（www.fedex.com）能让公司安排揽件事宜，管理每个物件的物流状态，了解以下信息：收件时间，联邦快递于何时、何地运送，运输地点、时间和收件人。很多物流公司开发了系统，将客户的家庭信息系统与物流公司的运送和追踪系统整合起来。除了运输服务，很多物流公司还提供多种其他服务，诸如仓库储存、分销管理以及客户和经纪人服务。

C.5　标准化和全球运营管理

标准（standards）是包含技术规格或其他精确指标的书面协议，会持续作为对某个产品特性、工序或服务的指南、规则或定义。国际公司需要决定是否在国际运营中追求标准化，以及进行何种程度的标准化。

C.5.1　全球运营标准化的好处

标准能保证材料、产品、工序和服务与其目的相符合。信用卡和电话卡按照可接受的标准进行生产，卡片厚度为0.76毫米，从而实现全球通用。不管汽车在哪里生产，汽车控制系统的标志在全球都一样。

在大多数国家，标准涵盖所有产品且有各种功能。比如，在美国，由美国试验材料学会（American Society for Testing and Materials，ASTM）和其他组织制定的标准被用来替代某些特定的详细要求，以确保产品用途和质量达到预期水准。在欧洲，最流行的质量标准是ISO 9000国际质量标准体系。这是由国际标准化组织（ISO）通过的用以确保质量的通用体系。国际标准化组织是由165个国家组成的负责制定标准的联盟。[24]其目的是让ISO 9000体系成为国际通用标准，避免因为国家间标准不一而对贸易产生技术上的障碍。如果从一个执行ISO 9000国际质量标准体系的国家购买产品或服务，购买者可以确信质量会达到预期。事实上，这些国家表示，客户对于产品和服务的投诉大大减少，而且运营成本降低，需求增加了。国际标准化组织还制定了ISO 1400国际环境体系来处理环境问题。

目前最综合的标准是ISO 9001国际质量管理体系，美国已经逐步将美国国家标准学会（ANSI）/美国质量控制协会（ASQC）的Q 9001体系应用于产品的设计、开发、制造、安装和保养。不管公司大小，不论处于什么行业，都采用这个标准。一般来说，想在欧洲做生意的公司至少得执行ISO 9000国际质量标准体系，很多公司也要求其供应商符合这个标准。

尽管ISO 9000国际质量标准体系得到广泛采用，质量专家并不认为这一标准就完全优于其他标准："这个标准的关注点是通过详细的文件、工作指令和工作记录来建立质量管理程序。这些程序……没有真正提到产品质量的事——它们只是和需要遵守的标准有关。"著作颇丰的著名质量专家菲尔·克罗斯比（Phil Crosby）表示："如果认为信息格式能取代良好的管理，就像是认为只要把圣经放在旅馆每一个房间里，就能够让房客照着里面的内容行事一样，都只是幻想。"[25]

实施标准化的一个例子是英特尔公司。英特尔在全球半导体存储器和相关电脑组件的供应上占有重要地位，它引进了一种称为"完全复制"的方法来实现标准化。[26]"通过复制从产品的开发到大量生产的每一样东西，'完全复制'解决了提升生产设备速度的问题。"[27]在创造新的工艺技术时，生产经理会参与开发活动。"工厂里开发的每一样东西，生产流程、设备、供应商、测量方式、制造空间、培训方式等，都会用于生产，也会被记录下来，然后复制到其他工厂。渐渐地，工厂的产出开始提高，当越来越多的跨国公司在线运用'完全复制'方法时，产出会更高。"[28]

除了刚刚提到的这些，实行全球标准化还有其他重要的原因，尽管可能没那么明显。下面就讨论这些原因。

组织和人员 企业制造系统采用全球标准化做法还受到组织和人员的影响。例如，生产过程和工序的标准化简化了总部的生产组织，因为它们的复制行为使工作能在更少员工的支持下完成。由于每一个工厂只是已有工厂按比例放大或缩小的结果，因此工厂设计需要花费的工时也很少。国际公司为海外工厂提供技术支持的专家团队的规模可以减小，还可以根据需要从本国工厂借用熟悉相同设备的技术人员。

全球范围内制造方法的统一或标准化也会提高总部保持生产规格的有效性。每家公司都有上百种产品规格，由于新的原材料和工序的使用，这些规格不断变化。如果国内外所有工厂拥有同样的设备，一个通知就能告知发生的变化，无须花高价雇用工程师检查每个子公司的设备清单，查看哪些设备受到影响。采用不同的制造方式的公司会发现，15～20 个子公司使用不同的规格，不仅维护费用高，而且更容易出错。

标准化与供应和物流活动结合起来也能提高效率。我们之前提过，管理层逐渐意识到，将公司所有的生产设施整合进统一的物流供应系统，可以获得更大效益，相关的活动包括将原材料、组件和制成品从供应商处运送到公司工厂，再送到顾客手里。流程和机械的标准化能为公司不同工厂间零部件的互换使用提供保证。这使得管理层可以在多个子公司生产组件，取得规模效应，以及利用一些国家的低生产成本的优势。

标准化还可带来与公司运营优化有关的利益。**制造合理化**（manufacturing rationalization）指在若干生产单元中进行分工，使每个工厂只为公司所有的组装厂生产数量有限的组件。[29]这一战略要求子公司从只生产所在国需要的产品转变为生产一定数量的组件，以供应国际公司所有的子公司。斯凯孚（SKF）就是一个例子，它是一家总部设在瑞典，主要生产轴承的企业。它的 5 家海外子公司生产的滚珠轴承的种类从 50 000 种降到 20 000 种。在保留的 20 000 种滚珠轴承中，有 7 000 种在 5 个工厂进行了合理化分配，其余 13 000 种仅由一个子公司为当地客户生产。[30]

为了实现制造合理化，产品组合首先必须合理化，也就是说公司要选择生产全球一致的产品，还是仅适合某一地区的产品。一旦做出选择，每个子公司都会被指定为其他海外公司生产特定组件，这样的话，相对于仅生产供本国市场使用的整套产品，公司能够以更低的成本生产更多的产品。很明显，当各个市场的顾客品位和爱好大不一样时，这个策略可能不可行。然而，对差别比较小的产品，制造合理化能形成规模经济。

采购　外国子公司不能在当地购买原材料和机械设备时，一般会请总部的采购部门协助。因为统一的生产流程使用同样的材料，购买者可以通过向长期供应商增加常规订单量的方式来满足海外要求，将总额折扣让渡给子公司。然而，当需要特殊材料时，采购员必须寻找新的供应商，所下订单小，不过通常价格更高。

控制　全球标准化所带来的优势都适用于其他管理功能。例如，当生产设备相似时，管理层可以要求所有工厂遵循一个标准，那么总部对国外分公司进行质量控制就不太难。总部可以比较所有分公司上交的周期报表，可以很快发现偏离标准而需要调整的地方，比如说生产了大量次品。这样，就不需要因设备不同而为每个工厂设立标准。

另外，单一的标准也减轻了维护设备和生产控制的劳动量。同样的机器设备的生产率应该是一致的，而且无论安装在哪里，维护的频率应该相同。实际上，由于人为因素以及灰尘、湿度和温度等自然因素的影响，也会产生偏差。然而，使用相同的机械设备可以使总公司建立标准，以判断当地管理层的成效。另外，其他生产单元的相关维护、彻底检修的频率和所需零部件的储存，可以使工厂避免因故障而突然停工并遭受损失。

计划　当新工厂可以效仿其他运营中的工厂时，计划和设计将会变得更简单、更快速，因为只是重复已经做过的工作。例如：

1. 设计工程师只需复制文件中已有的绘图和原料清单。

2. 供应商会被要求提供之前供应过的设备。

3. 技术部门可以不加更改地递交现成的制造说明书。

4. 经过实操培训的工人可以直接送至新场地，而不需要接受新机器设备的特殊培训。

5. 可根据已有设备的情况，对工厂的建成和投产时间做出合理的准确预测。

换句话说，效仿现有的工厂，大大减少了计划和设计新设施的时间，减少了每个新工厂成立时会遇到的潜在困难。复制其他工厂可以节省资金，一项有关化工和炼油行业的研究表明，技术转让的成本在第二次和第三次设厂时分别减少了 34%和 19%。[31]

如果说生产全球标准化的案例如此有说服力，为什么公司旗下的工厂仍存在差异？

C.5.2　全球运营标准化的障碍

一般来说，与实际生产相比，国际公司在国外的分公司更容易将概念（比如全面质量管理、同步制造等）标准化。由于国外环境因素，尤其是经济、文化、政治因素的影响，国际企业的多个工厂在规模、机械和工序上都不同。

经济因素　市场大小不一，是经济因素中阻碍生产标准化的最重要的方面。为了应对多样的生产要求，设计师一般选择采用自动化、高产出的机械的资本密集型方法，或者选择使用更多劳动力和低生产率的通用设备的劳动力密集型方法。自动化机械通常在产品的种类和规格的灵活性方面受限，但是一旦启用，很快就能有产出，这对一些市场来说可能是一年的供应量。在很多运营中，这个问题可以这样解决，即安装与母公司一样的机器。[32]然而，有时可能做不到；有时只能使用一两种大型机器，高产出的制造过程也是如此。直到最近，在没有更好的选择时，工厂设计师才会在高产出的专用机械与低产出的通用机械中做出选择。与专用机械相比，通用机械的主要差异在于，生产的产品质量没那么好、不稳定，单个产品的成本更高。这就要求通用机械的操作人员比专用机械的操作人员掌握更广的技术。

还有第三个选择，即计算机集成制造（computer-integrated manufacturing，CIM），许多国际公司正在使用。然而，成本和高科技含量使其应用局限于工业化国家和较发达的发展中国家。CIM 系统能够使机器根据条形码扫描器的指令，随机轻松地生产部件。这减少了经济批量，也就是一个工厂最经济地生产出某一部件的最小数量。这有利于大规模定制的发展。尽管如此，CIM 对产品的外形、尺寸的多样性以及原材料的适应性有限制。

另一个影响设计师的选择的经济因素是生产成本。自动化一般能提高工人的生产力，因为它需要更少的劳动力，使每台机器的产出更高。但是如果期望的产出要求机器只运行一段时间，那么即使劳动力成本低，自动化设备的高资本成本也会使生产成本过高。在考虑到生产成本而更倾向于使用通用设备和更多劳动力的情况下，设计师仍会因为空间有限而被迫安装高容量机器。

一般来说，产出相同的情况下，少量高容量机器比大量通用机器占用的空间更少。然而，专用机器对加工材料的种类和质量有要求，如果材料不能在当地获得，也无法进口，那么工程师不能推荐这种设备。偶然情况下，管理层会通过**后向垂直整合**（backward vertical integration）的方式绕开这个问题，即生产公司的制成品所需要的投入品。也就是说，生产基本投入品的活动会作为工厂设计的一部分，即使从外部供应商处购买这些材料会更经济。例如，某纺织厂可能会有生产尼龙纤维的设备。

我们所描述的经济因素在工厂设计中属于要考虑的内容，然而文化和政治因素也十分重要，做决定时不能一味考虑经济因素。

全球辩论

高知特公司是利用还是剥削低成本人才

近年来，印度成为全球高科技商业中心，估计有250万名信息技术人员。IT服务部门的建立得益于其强大的教育体系。“与哈佛大学等高校相比，印度的大学更难考。”大都会人寿保险公司（Metropolitan Life Insurance Company）负责公司系统的副总穆克什·梅塔（Mukesh Mehta）如是说。[①]

纵观印度繁荣的软件产业，高知特公司（Cognizant）董事会主席兼首席执行官库马尔·马哈德瓦（Kumar Mahadeva）认识到，他的公司通过录用入门级人才比其他美国公司获得更大的成本优势，在印度一年只需花费6 000～9 000美元，而美国的年平均工资是5万美元。高知特提供软件开发和维护服务，依靠价格、速度和灵活性竞争。高知特采用创新的“离岸-在岸”（offshore-onshore）商业模式，将占公司员工约30%、超过178 000名计算机专家和工程专家派往美国和其他西方国家的客户所在地。其他的员工在其50多个发展中心工作，主要集中在印度。

一旦签署合同，一个全球性的“虚拟项目组”就成立了。这个项目组的一小部分人（主要是印度人）被派往国外，从事项目管理和客户管理工作。另一部分人则被派往国外成本低的地方，进行软件开发、编码、维护和其他活动。这种模式使高知特的项目经理在西方国家的上班时间能与客户保持密切联系，了解客户战略和需求，在提供客户支持的“追日”（chasing the sun）模式下，一夜就能完成原型开发、编码和系统升级。尽管市场竞争激烈，高知特运用其创新的商业模式取得了成功。截至2014年，高知特公司90亿美元的收益中有70%来自北美地区，18%来自欧洲。

然而，有人批评，高知特公司和类似公司的成功至少有部分归因于不公平地引进低成本国外员工，减少美国工人的工资。美国政府创立H-1B临时工作签证制度，一旦无法在美国国内找到熟练工人，公司可以从国外短期雇用。前10家H-1B临时工作签证最多的美国公司，全部将信息技术工作外包给印度等国家。2012 年，高知特以 9 000 份新签证成为使用 H-1B 签证最多的公司。“这些公司的做法是，利用 H-1B 临时工作签证的漏洞，让现场工人向美国人学习，然后将他们派往国外。”罗彻斯特理工学院研究公共关系的教授罗恩·希拉（Ron Hira）说，“可以利用 H-1B 签证引进成本更低的现场工人，立马减少美国工人数量。”[②] 移民研究中心（Center for Immigration Studies）声称，在 H-1B 项目下，为美国信息技术部门工作的人员平均工资比他们的美国同事低 13 000 美元，给国内工人工资造成下行压力。美国劳工部对高知特进行了调查，发现公司未向拥有 H-1B 签证的人员支付“合适的工资”，违反了联邦劳动法，并且未能“对拥有H-1B 签证的工人一视同仁”。高知特因此和印孚瑟斯公司、帕特尼电脑系统公司（Patni Computer Systems）这两家印度公司一样，必须为不当对待拥有 H-1B 签证的工人的行为承担后果，退还克扣的工资，支付罚金或接受其他处罚。

问题

1. 采用多国客户管理团队的方法，不管是在像印度这类发展中国家还是在像美国这类发达国家，都能为公司和工人创造价值吗？请说明理由。

2. 尽管很多美国公司表示 H-1B 临时工作签证对公司持续成功很重要，因为这种签证能让公司引进一些在美国难以聘到的熟练工人，但批评者认为，H-1B 签证制度容易被滥用，对国外引进的工人或国内工人造成伤害。你如何看待这两种观点？

3. 允许外国工人在诸如 H-1B 签证制度下来美国是否更好，还是说将工作安排在国外更好？为什么？如何设计方案，既使美国公司可以从国外引进移民人才，又不损害美国工人的利益？

资料来源：Interviews with executives at Cognizant Technology Solutions; *Cognizant Technology Solutions, 2013 Annual Report*, http://www.cognizant.com/company-overview/annual-report (February 19, 2015); Patrick Thibodeau, “Cognizant Agrees to Pay H-1B Workers $500 000 in Back Wages,” *Computerworld*, April 3, 2009, http://www.computerworld.com/article/2523792/technology-law-regulation/cognizant-agrees-to-pay-h-1b-workers—500-000-in-back-wages.html (February 19, 2015); Bala Shah, “Cognizant Guilty of Underpaying Techies,” *Techgoss.com*, http://www.techgoss.com/Story/204S11-Cognizant-guilty-of-underpaying-techies.aspx (February 19, 2015); Martin Kaste, “Who's Hiring H-1B Visa Workers? It's Not Who You Might Think,” National Public Radio, http://www.npr.org/blogs/alltech considered/2013/04/03/176134694/Whos-Hiring-H1-B-Visa-Workers-Its-Not-Who-You-Might-Think, April 3, 2013 (February 19, 2015); and “Information Technology in India,” http://en.wikipedia.org/wiki/Information_technology_in_India (February 19, 2015).

注释：

① “Offshore Outsourcing Grows to Global Proportions,” *Information Week*, February 7, 2002, http://www.informationweek.com/offshore-outsourcing-grows-to-global-proportions/d/d-id/1013633? (February 19, 2015).

②Martin Kaste, “Who's Hiring H-1B Visa Workers? It's Not Who You Might Think,” National Public Radio, http://www.npr.org/blogs/alltechconsidered/2013/04/03/176134694/Whos-Hiring-H1-B-Visa-Workers-Its-Not-Who-You-Might-Think, April 3, 2013 (February 19, 2015).

文化因素 要在一个有相当大市场和高劳动力成本的工业化国家建设一个新厂，毫无疑问要使用资本密集型方法。此类方法也能用于发展中国家，虽然发展中国家有大量劳动力，但是通常缺乏技术型工人。这种情况下倾向于使用专用机械。虽然需要一些技术型工人从事维护和安装工作，但是非技术型工人只需要短时间的培训就可以操作这些机器（如开启、进料等）。相反，通用机械通常需要更多技术型操作人员。

这些操作人员可以在技术学校里接受培训，但由于这类职业的低声誉和一些文化因素的影响，对职业教育的需求和供给都有限。学生没有需求，许多发展中国家的教育管理者持传统态度，使资源都投向专业教育而非职业教育。

这些经济和文化因素虽然很重要，但并非管理层唯一要考虑的。如果想要把计划的工厂变成现实，必须符合东道国政府的要求。

政治因素　在发展中国家计划建造新的生产设施时，管理层经常面临一个有趣的悖论。虽然国家迫切需要提供新的工作机会，与之相适应的应该是劳动密集型生产，然而，政府官员坚持认为，如果国际公司想在当地开设新工厂，就得安装最现代的设备。原因可能是当地人的骄傲和自尊心，或者当地官员希望看到新工厂的产品出口，他们相信只有拥有先进的技术，才能在国际市场上竞争。他们不仅拒绝采用“劣质的”或没尝试过的办法，而且觉得有效率的技术会使自己依赖工业化国家。在一些发展中国家，这种担忧导致以立法形式禁止进口二手机械。

例如，全球汽车制造商宣布，在中国投资 2 000 多亿美元建立汽车及其零部件工厂。[33]然而，大多数大型汽车制造厂并不是想利用大量低成本劳动力，这些工厂和美国汽车制造厂一样属于资本密集型的。造成这一情况的原因是中国政府想引进最新技术，为此出台了一系列鼓励政策。对汽车制造商来说，满足政府的这个需求也很简单。如通用汽车的高级经济师穆斯塔法·马拉特姆（Mustafa Mharatem）所言，“由于近来信息传递方式的变化，发展中国家人民不再愿意购买上一两代的过时车。如果想生产现代款型的车，与世界保持同步就很有意义”。[34]

C. 5. 3　一些设计解决方案

通常，考虑环境的可变因素后获得的工厂设计，可能是母公司的按比例缩小版，是一个混合型设计或者一个运用中间技术的设计。

为当地制造系统按比例缩小的设计　除了工业化大国的工厂，当地制造企业通常相当于母公司的一个按比例缩小版。如果企业由本国生产公司或部门（轮胎、工业产品、化学制品等部门）组成，子公司将被分解成几个产品部门。对于在国内运营时运用过程组织方法（根据生产过程划分部门）的制造公司，它们在国外子公司会设立一个相似的部门。在纸盒工厂，不同部门负责锯木材，生产纸张，组装纸盒。国内外运营唯一的不同是，由于国外公司的每一个部门规模更小，这些流程更可能设在同一个地方。

当地制造企业很少在垂直整合和水平整合上达到与母公司同样的程度。一些垂直整合方式很传统，正如纸盒工厂的案例所描述的，如果有必要确保原材料的供应，则会发生一些整合。这种情况下，子公司的垂直整合程度会胜过母公司，这取决于它投入的外部资源。然而，额外的投资会阻碍其垂直整合，就像由供应带来的额外利润会阻碍来自国内工厂的老顾客。一些国家禁止某些产业的垂直整合。比如，墨西哥仍然限制私人在石油石化产业投资，这会阻止石化相关产品的生产者有效后向垂直整合的程度。另一些国家要求一定比例的制成品在当地生产。当子公司达不到当地采购的要求时，可能被迫生产母公司并不生产的组件。

尽管餐馆、银行、食品加工企业和其他具有小型生产单元特征的行业通常以国内公司的方式进行水平整合，然而，在外国子公司的水平整合并不常见。当母公司并购跨国公司时，海外子公司自身就成为企业集团。

混合设计 通常，在为发展中国家提供设计服务时，一旦工程师认为资本密集型方法在确保产品质量方面很重要，且劳动密集型方法有助于利用过剩或非技术型工人，工程师就会综合使用两种方法。比如，他们规定机器焊接而非手工焊接，之后却采用半手工方式进行绘画、包装和材料处理等活动。

中间技术 近些年来，人口增长和资本成本增加的压力迫使发展中国家政府寻求机械化程度不太高的生产程序。它们相信，在资本密集型和劳动密集型两种方法之间还有个折中的方法，能够创造更多工作机会，投入的资本更少却依然能生产出较高质量的产品，尤其是在低经济发展水平和低收入的国家。政府鼓励投资者考虑**中间技术**(intermediate technology)，或者处于资本密集型和劳动密集型方法之间的生产方法，这在工业化国家却做不到。这意味着国际公司不能转换它们所熟悉的技术，必须发展新的、不同的制造方法。运用中间技术而节省的资本成本也可能因更高的创业成本和更高的转让费用而变得无效。

得到那份工作！从双肩包到公文包

杰米·奇涅蒂在危地卡学校：一个改变生活的经历

我获得了商业管理专业学士学位，主攻方向是国际商务管理。之所以选择国际商务，是因为我热爱文化和旅游，我对与发展中社区相关的服务的兴趣促使我探索小额信贷和社会企业理论。我计划将事业重点放在通过社会企业、适宜技术、人类权利等促进经济可持续发展上。在这一领域的学习和经历使我认识到，企业精神是普世的，利用创新驱动力，尤其是发展中社区里的这股力量，可以帮助全球社区迎接越来越多的挑战。

大学期间，我和彼得·施瓦茨博士 、圣巴勃罗的村民以及我所在大学的一群同学，在圣帕布罗的塔卡纳创立了一所适宜技术学校，塔卡纳是危地马拉西北高地上一个 800 人组成的农村社区 。适宜技术（又叫中间技术）通常指规模小、价格低的技术，它利用当地资源生产，服务当地民众，以环境友好的方式为当地创造收入。危地卡学校（Guateca School）既有来自我们大学的学生，也有来自圣帕布罗的学生，大家合作设计适宜技术，开发可持续商业模式。另外，学生们研究能源、社会和环境的关系，积极进行语言交流。危地卡学校期望成为跨文化教育合作的典范，强调可持续中小企业的发展，培育国际社区，促进当地福利改善。

我在此项目中的任务主要是协助管理。我负责网页开发、营销、招聘、会计和财务、活动设计、数据整合，还负责和圣帕布罗一方的沟通，为我所在大学设计五年商业计划。这个过程激动人心，但让我最开心的是我在我们学校和圣帕布罗结交了很多朋友。这个项目集合了拥有不同背景、经历和知识的人。每一天，我都能学到很多东西。

我和我们学校的12名学生以及彼得·施瓦茨博士在圣帕布罗待了三个月，一同学习了危地马拉的历史、文化，还有圣帕布罗的历史。卢斯·马里纳·德尔加多（Luz Marina Delgado）教授是本地人，与此社区有些私人交情，我们有幸在他的引导下了解各种文化的差异。在圣帕布罗，指导老师和学生在工作中互相尊重。我们相信，对方有值得自己学习的地方。这种态度十分重要，会让人们对项目的长期目标给予关注。相对于把重点放在技术和商业发展上，我们发现，一段积极的教育经历会比未来创造和销售的新产品更有价值。

我认为在危地卡学校的经历富含生活哲学，我们做的工作是次要的，所建立的关系才是最重要的。在双方情绪激动、气氛紧张的情形下，我会退后一步，问自己："我们用这种方法建立起的是什么样的关系?"这使我能够缓解压力，冷静思考下一步。这一哲学对在有文化和语言差异的团队里工作尤其重要。

我所在大学和圣帕布罗的地理距离加大了这些挑战。我们大多数的沟通是通过电子邮件进行的，信息很容易被误解。为了解决这个问题，我们聘请了一名现代语言学专业的大学生去圣帕布罗，她在那里教授英语，主要负责双方的沟通。她使我们的沟通更加清晰准确，也使我们了解到学生和整个社区的感受，这在跨文化沟通中是一个非常关键的部分。

在国外工作可能会让人迷茫，特别是当你开始客观地审视你的文化和个人相信的真理时。在危地卡学校的经历令我学会接受另一个视角。不管在国内还是国外，为了更好地和别人共事，以下两点很重要：拥有开放的心态，花点时间透过现象看本质。我提醒自己，我的世界观和别人的并不相同。每一天我都努力做好学生、老师，最重要的是，对我遇见的人而言，我是一个好朋友。

模块总结

1. 阐明供应链管理的概念。

供应链管理是协调与整合公司内部和公司之间，价值链上从供应商到最终用户，有关材料、信息、资金和服务流的过程。供应链管理是公司实现成本和质量目标，提高国际竞争力不可或缺的一环。

2. 讨论设计和供应链管理的关系。

公司产品和服务的设计与公司要求的投入种类有基本联系，这些投入包括劳动力、材料、信息、资金。和传统的顺序方法比较，并行工程方法允许计划的设计符合早期在成本、质量和可行性方面的评估，提升后续供应链管理活动的效果。

3. 描述全球采购的原因、五种全球采购安排、全球采购的好处和挑战。

一家公司可能会由于各种原因进行国际采购，其中包括降低投入成本，提高质量和设计，或者受到当地的一些限制。全球采购可选择的方案包括建立独资子公司、海外合资企业、保税工厂、独立海外承包人或者购买独立的海外制造厂。全球采购可以给公司带来很多好处，比如，流水线经营，降低成本，提高质量和生产力。但国际采购也有缺点，如：在另一个国家寻找供应商并从该供应商处进口商品的成本，难以将购买的公司业务系统集成，以及安全隐患。

4. 阐明生产系统和物流要素有可能在同一公司内部发生变化的原因。

提高国际竞争力需要公司在国际生产活动中有效率，然而公司在其他国家的设施水平不一，且各个国家在成本和质量上差异很大。结果造成同一地区或不同地区的生产系统和物流活动也大不相同。

公司采用各种方法来管理成本和质量，包括准时生产系统、全面质量管理、质量圈、同步制造、大规模定制和六西格玛等。这些方法在子公司的设计和执行通常需要管理层考虑一些因素，比如实现标准化的相关压力和影响标准化的环境因素（包括经济、文化、政治因素）。

5. 阐明生产过程和程序全球标准化的潜力和挑战。

标准有利于确保材料、产品、工序和服务与目的相符合，能帮助公司满足市场和竞争需求。活动的标准化有利于精简组织，加强总部的控制力，因为复制能令工作在仅有少数支持人员的情况下完成，而且内部的最佳实践更容易应用于国际运营。然而，国外环境因素的不同，尤其是经济、文化、政治因素的影响，造成跨国公司在规模、机械和程序方面各有不同，使实现程序的标准化更加复杂。

批判性思考

1. 为什么最近的发展造成供应链管理对国际公司越来越重要？随着 3D 打印技术在商业上越来越可行，你认为供应链管理会变得更重要还是更不重要？阐明理由。

2. 减少库存这个目标对供应链管理来说是否合适？减少库存会带来什么好处？又会带来什么问题？

3. 产品和服务设计的顺序方法和并行方法有什么主要不同？如果公司决定采用并行设计，可能会遇到哪些问题？

4. 为什么一家公司会选择将原材料、组件或其他产品和服务外包给国外供应商？如果公司的供应依赖国外资源，可能会产生什么问题？如果是外包给国内供应商，会有什么不同？

5. 如果一家公司从外部公司尤其是设立在国外的公司采购的比重越来越大，而不是自己生产，会产生什么问题？这会怎样威胁到公司的竞争力，公司要怎么做来减少这样的风险？

6. 全球电子化采购的兴起能为中小型企业带来哪些潜在利益，又可能对这些公司造成哪些威胁？

7. 一家国际公司生产设施的全球标准化有什么优势？为什么一家公司可能不想在其设施系统上实现标准化？

8. 如果一家公司决定在全球子公司系统里运用准时制生产系统或六西格玛，会怎样影响其长期和短期绩效？

9. 3D 打印技术发展和国际油价持续上升会怎样影响全球物流实践？

10. 比较一个需求稳定且基本设计变化不大的产品和一个需求与设计的变化都较大的产品，你期望在全球制造和供应链管理方法的运用上有什么不同？

微型案例

Balagny 服装公司外包国内生产

Balagny 服装有限公司是美国一家服装制造商，生产男士、女士和儿童便装，比如斜纹粗棉布牛仔服、裙子和毛衣等。公司采用低成本战略，不断尝试降低成本，并在保持竞争优势的同时保有 4%的利润。因为直接劳动力成本占一件服装总成本的近 65%，公司关闭了国内所有工厂，将生产外包给中国的承包商。在美国，公司付给工人的时薪平均为 8.65 美元。而在中国，根据地点不同，支付的时薪平均是 1.18 美元。公司觉得，考虑到长期发展，将生产活动安排在中国是可行的，公司不仅可以减少 86%的劳动力成本，省下国内工厂的维护费，还不必受到美国工会以及职业安全和健康署、《公平劳动标准法案》、均等就业机会委员会等的约束。

Balagny 花了近两年时间完成了此次转变。支付在中国成立工厂、国内关闭工厂的费用以及相关成本后，公司即将获得收益。为了迎接下个销售季，公司大幅降低批发价格，计划利润率达到 6%。它的销售额增加近 20%，占行业销售份额的大部分。

然而，它也发现了一些限制公司发展的方面。初始设计后，它将几乎所有生产过程和产品开发的控制权让渡给了中国承包商。产品每一季度成批生产四次，订单相应地提前四个月传送一次。生产量是固定的，若生意不那么好，Balagny 会降低生产率或者拒绝装运。这会造成大量制成品的库存。

另一个意料之外的问题是从中国到 Balagny 服装配销中心的运输时间比预期长。公司最初计划在途库存为两周，交货日期基于进口代理商预计的货物跨越太平洋的时间，但是，洛杉矶港积压的工作量可能导致额外延期两三周。这推迟了货物运至顾客手中的日期，导致零售店的销售期缩短，使 Balagny 预计的补充库存的日期作废，进一步提高了制成品的库存水平。与高库存相关的管理费用抵销了公司节省的大笔费用。

另外，顾客抱怨服装不合身，手感不同。中国工厂更改了 Balagny 的产品要求以方便加工。中国人有自己的原材料供应商，这些原材料和 Balagny 本地供应商提供的有些许不同。

另一个越发明显的问题是生产者不够灵活。由于库存量大，更多的库存需要加标记，以给新产品腾出空间，改变模式的成本很高。Balagny 开始面临销售额下降的问题，也开始担心公司的未来。

首席执行官召集最高管理层，让他们每个人都想办法来改善情况。运营副总威廉·邓肯（William Duncan）说，自己想到一个主意来解决公司的问题。调查后，他提议公司立刻在墨西哥边境附近购买或建造一个独资公司，可以称作美墨联营工厂。成品可以在 72 小时内从工厂运至 Balagny 服装配销中心。这个计划需要美墨联营工厂有较高产品生产率以快速补给。中国承包商则负责生产季节性产品，此类产品不在快速补给系统里，且批量生产和运输也无碍。此计划要求将 40%的生产转移至墨西哥的美墨联营工厂，而剩下的 60%继续留在中国，充分利用劳动力优势。邓肯预计这个改变可以大大减少公司手头的库存和流转中的库存，进而获得更多利润。

问题

1. 在本案例中找出本模块介绍的特定概念，讨论它们与公司面临的问题有什么相关性。

2. 考虑公司在中国遇到的问题、公司付出的巨大努力、在墨西哥运营所需的资金，对 Balagny 公司而言，仍在国内运营是否更好？请说明理由。

资料来源：This case was contributed by Kevin Cruthirds of Nicholls State University and edited by J. Michael Geringer.

注　释

1. Douglas M Lambert and Martha C. Cooper, "Issues in Supply Chain Management," *Industrial Marketing Management* 29 (2000), pp. 65－83, http://www.hatfieldandassociates.com/pdf/issues_in_scm.pdf (February 19, 2015).

2. Donald J. Bowersox, David J. Closs, and M. Bixby Cooper, *Supply Chain Logistics Management*, 4th ed. (Burr Ridge, IL: McGraw-Hill Irwin, 2012), Chapter 1.

3. Knut Alicke and Martin Losch, "Lean and Mean: How Does Your Supply Chain Shape Up?," http://www.google.com/url?sa=t&rct=j&q=&esrc=s&source=web&cd=1&ved=0CB4QFjAA&url=http%3A%2F%2Fwww.mckinsey.com%2Fclient_service%2Foperations%2Fpeople%2F~%2Fmedia%2Fmckinsey%2Fdotcom%2Fclient_service%2Foperations%2Fpdfs%2Flean_and_mean-how_does_your_supply_chain_shape_up.ashx&ei=0XwoVK2bIousyASDjYH4Cg&usg=AFQjCNELk-ouyve4HLOoxZvjRqKAaMw0HKw&bvm=bv.76247554,d.aWw (February 19, 2015); Robert D'Avanzo, "The Reward of Supply-Chain Excellence," *Optimize*, December 2003, p. 68; and Ashutosh Agrawal, "Turn Your Reverse Supply Chain into a Profit Center," *Supply Chain Quarterly*, Quarter 1, 2012, http://www.supplychainquarterly.com/top-

ics/Strategy/201201reverse/ (February 19, 2015).

4. Sunil Chopra and ManMohan S. Sodhi, "Reducing the Risk of Supply Chain Disruptions," *Sloan Management Review*, Spring 2014, http://sloanreview. mit. edu/article/reducing-the-risk-of-supplychain-disruptions/ (February 19, 2015); and Barry Cross and Jason Bonin, "How to Manage Risk in a Global Supply Chain," *Ivey Business Journal*, November-December 2010, http://iveybusines-sjournal. com/topics/strategy/how-to-manage-risk-in-aglobal-supply-chain #. U-JgrBZ3-2Q (February 19, 2015).

5. Yogesh Malik, Alex Niemeyer, and Brian Ruwadi, "Building the Supply Chain of the Future," *McKinsey Quarterly*, January 2011, http://www. mckinsey. com/insights/operations/building_the_supply_chain_of_the_future (February 19, 2015); Ernst & Young, *Driving Improved Supply Chain Results: Adapting to a Changing Global Marketplace*, 2013, http://www. ey. com/Publication/vwLUAssets/Driving_improved_supply_chain_results/$FILE/Driving_improved_supply_chain_results. pdf (February 19, 2015); "Supply Chain Case Study: The Definitive Guide," *SupplyChainOpz*, http://www. supplychainopz. com/2014/06/supply-chain-case-study. html (February 19, 2015); Joan Magretta, "The Power of Virtual Integration: An Interview with Dell Computer's Michael Dell," *Harvard Business Review*, March-April 1998, http://hbr. org/1998/03/the-power-of-virtual-integration-an-interview-with-dell-computers-michael-dell/ar/1 (February 19, 2015); and Colby Ronald Chiles and Marguarette Thi Dau, *An Analysis of Current Supply Chain Best Practices in the Retail Industry with Case Studies of WalMart and Amazon. com*, Master's Thesis, Massachusetts Institute of Technology, June 2005, http://www. google. com/url? sa=t&rct=j&q=&esrc=s&source=web&cd=2&ved=0CCcQFjAB&url=http%3A%2F%2Fdspace. mit. edu%2Fbitstream%2Fhandle%2F1721. 1%2F33314%2F62312050. pdf&ei=Ulzi-U7boG9CoyAT4rYCIDA&JP usg=AFQjCNFc4853qj-CYg0VNI08hHdxCEnvXaQ&sig2=96kAf0yy1UC-q97bxVd7tEQ&bvm=bv. 72197243,d. aWw (February 19, 2015).

6. Fung Group, "Supply Chain Management," http://www. funggroup. com/eng/knowledge/research. php? report=supply (February 19, 2015); University Alliance, "Understanding Supply Chain Excellence," http://www. michiganstateuniversity-online. com/resources/supply-chain/supply-chain-e-xcellence/#. U-Je3xZ3-2Q (February 19, 2015); Joan Magretta, "Fast, Global, and Entrepreneurial: Supply Chain Management, Hong Kong Style-An Interview with Victor Fung," *Harvard Business Review*, September-October 1998, http://hbr. org/product/fast-global-and-entrepreneurial-supply-chain-manag/an/2020-PDF-ENG? Ntt=Joan%25-20Magretta (February 19, 2015); and "Supply Chain Case Study: The Definitive Guide."

7. Yatish Desai, "Drive Supply Chain Excellence Through Performance Metrics," *Inside Supply Management*, December 2011/January 2012, pp. 36–39, https://www. kpmg-institutes. com/content/dam/kpmg/sharedservicesoutsourcinginstitute/pdf/2012/supplychain-performance-metrics-ISM-dec11-jan12. pdf (February 19, 2015); "Supply Chain," *Encyclopedia of Business*, 2nd ed., http://www. referenceforbusiness. com/management/Str-Ti/Supply-Chain-Management. html (January 5, 2015); and Ehap Sabri, "Creating High-Impact Supply Chain Metrics," *Real Results Magazine*, 2012, http://www. jda. com/realresultsmagazine/view-article. cfm? did=3100 (January 5, 2015).

8. "Starbucks Adopts Localization Strategy for Coffee Shops around the Globe," http://www. kwintessential. co. uk/read-our-blog/starbucks-adopts-localization-strategy-for-coffee-shops-around-the-globe. html (February 19, 2015); Rachel Tepper, "Starbucks Appeals to Regional Tastes with Tweaks to Décor and Offerings," *Huffington Post*, November 7, 2012 (February 19, 2015).

9. Rob Markey and Fred Reichheld, "From Feed-

back to Action," Bain & Company, September 21, 2012, http://www.bain.com/publications/articles/from-feedback-to-action.aspx (February 19, 2015); Elizabeth M. Gillespie, "Online Starbucks Suggestion Box Is a Hit," April 10, 2008, http://www.mailtribune.com/apps/pbcs.dll/article? AID =/20080410/BIZ/804100332 (February 19, 2015); and Accenture, *Effectively Incorporating Customer Feedback into the New Product Development Process*, http://i.nl02.net/beta0006/data/beta_white_roi.pdf (February 19, 2015).

10. Andrew B. Bernard, J. Bradford Jensen, Stephen J. Redding, and Peter K. Schott, "Intra-Firm Trade and Product Contractibility," U.S. Census Bureau's Center for Economic Studies, March 2013, http://www2.census.gov/ces/wp/2013/CES-WP-13-12.pdf (February 19, 2015); Ashok Deo Bardhan and Dwight Jaffee, "On Intra-Firm Trade and Multinationals: Foreign Outsourcing and Offshoring in Manufacturing," Brookings Institute, April 7, 2004, http://www.brookings.edu/global/offshoring_Bardhan.pdf (February 19, 2015); and William J. Zeile, "U.S. Affiliates of Foreign Companies: Operations in 2000," *Survey of Current Business*, August 2002, p. 161.

11. Lee J. Krajewski, Larry P. Ritzman, and Manoj K. Malhotra, *Operations Management*, 9th ed. (Upper Saddle River, NJ: Prentice Hall, 2010); Jay Heizer and Barry Render, *Principles of Operations Management*, 9th ed. (Upper Saddle River, NJ: Prentice Hall, 2013); and Donald Bowersox, David Closs, and M. Bixby Cooper, *Supply Chain Logistics Management*, 4th ed. (Burr Ridge, IL: McGraw-Hill/Irwin, 2012).

12. Merle Crawford and Anthony Di Benedetto, *New Products Management*, 10th ed. (Burr Ridge, IL: McGraw-Hill/Irwin, 2011), p. 8.

13. Jeff Cooper, "Indirect Spend: The Next Generation of Savings for Manufacturers," Manufacturing.net, August 7, 2013, http://www.manufacturing.net/articles/2013/08/indirect-spend-the-nextgeneration-of-savings-for-manufacturers (February 19, 2015); Godfrey Huguley, "4 Key Strategies for Wrangling Your Indirect Spend," Take Supply Chain, January 6, 2014, http://takesupplychain.com/2014/01/4-key-strategies-wrangling-indirect-spend/ (February 19, 2015); and UPS, *Indirect Procurement Outsourcing-Why, How and When*, 2005, https://www.ups-scs.com/solutions/white_papers/wp_indirect_procurement.pdf (February 19, 2015).

14. Teresa C. Fort, "Technology and Production Fragmentation: Domestic versus Foreign Sourcing," March 21, 2014, http://www.psurdc.psu.edu/sites/crdc/files/Fort.pdf (February 19, 2015); and American Foundry Society, "Hidden Costs of Foreign Sourcing," http://www.afsinc.org/about/content.cfm? ItemNumber= 6949 (February 19, 2015);

15. Thomas Pisello, "The ROI of RFID in the Supply Chain," *RFID Journal*, August 21, 2006, http://www.rfidjournal.com/articles/view? 2602/ (February 19, 2015); Supply Chain Services, *Areas of ROI Savings in a WMS Environment*, 2013, http://supplychainservices.com/files/8813/7702/8238/areas_of_roi_savings_white_paper.pdf (February 19, 2015); and Ralph Cox, "25 Ways to Lower Inventory Costs," *Supply Chain Management Review*, July 20, 2011, http://www.scmr.com/article/25_ways_to_lower_inventory_costs (February 19, 2015).

16. Sang M. Lee and Maling Ebrahimpour, "Just-in-Time Production System: Some Requirements for Implementation," *International Journal of Operations & Production Management* 4, no. 4 (1984), pp. 3-15, http://www.emeraldinsight.com/doi/abs/10.1108/eb054721 (February 19, 2015); A. A. Nurul Fateha, M. Y. Nafrizuan, and Y. Ahmad Razlan, "Review on Elements of JIT Implementation," International Conference on Automotive, Mechanical and Materials Engineering (ICAMME'2012), Penang (Malaysia), May 19-20, 2012, pp. 118-24, http://psrcentre.org/ima-

ges/extraimages/512080. pdf (February 19, 2015); and Akbar Javadian Kootanaee, K. Nagendra Babu, and Hamidreza Fooladi Talari, "Justin-Time Manufacturing System: From Introduction to Implement," *International Journal of Economics, Business and Finance* 1, no. 2 (March 2013), pp. 7–25.

17. F. Robert Jacobs and Richard Chase, *Operations and Supply Chain Management*, 13th ed. (Burr Ridge, IL: McGraw-Hill, 2011), Chapter 13.

18. Rick Johnston, "Approaches to Debottlenecking and Process Optimization," *BioProcess International*, May 1, 2012, http://www. bioprocessintl. com/downstream-processing/chromatography/approaches-to-debottlenecking-and-process-optimization-330122/ (February 19, 2015); Demetri Petrides, Alexandros Koulouris, and Charles Siletti, "Throughput Analysis and Debottlenecking of Biomanufacturing Facilities," *BioPharm, August* 2002, pp. 28–34, 64, http://www. biopharminternational. com/biopharm/data/articlestandard//biopharm/332002/28540/article. pdf (February 19, 2015); and Musaed Muhammad M. Al Thubaiti, *A Novel Approach to Debottlenecking and Intensification: Integrated Techniques for Targeting and Design*, Ph. D. dissertation, Texas A&M University, December 2007, http://repository. tamu. edu/bitstream/handle/1969. 1/ETD-TAMU-2456/ALTHUBAITI-DISSERTATION. pdf? sequence=1 (February 19, 2015).

19. Erik Sherman, "Mass Customization: Let Your Customers Have It Their Way," Inc., November 18, 2013, http://www. inc. com/erik-sherman/mass-customization-let-your-customers-have-it-their-way. html (February 19, 2015); and Anshuk Gandhi, Carmen Magar, and Roger Roberts, "How Technology Can Drive the Next Wave of Mass Customization," *McKinsey Insights and Publications*, February 2014, http://www. mckinsey. com/insights/business_ technology/how_ technology_ can_ drive_the_next_wave_of_mass_customization (February 19, 2015).

20. Gandhi et al., "How Technology Can Drive the Next Wave of Mass Customization." and Arlene Weintraub, "Is Mass Customization the Future of Retail?," *Entrepreneur*, November 14, 2013, http://www. entrepreneur. com/article/229869 (February 19, 2015).

21. Joseph M. Juran and Joseph A. De Feo, *Juran's Quality Handbook: The Complete Guide to Performance Excellence*, 6th ed. (Burr Ridge, IL: McGraw-Hill Professional, 2010).

22. John Goodman and Jon Theuerkauf, "What's Wrong with Six Sigma?," *Quality Progress*, January 2005, pp. 37–42, http://progressivedge. com/files/ASQ_whats_wrong_with_six_sigma. pdf (February 19, 2015); and Joseph Goodman, "Six Sigma Myth vs. Reality in Financial Services," bpm. com, April 3, 2013, http://www. bpm. com/six-sigma-myth-vs-reality-in-financial-services. html (February 19, 2015).

23. Jacobs and Chase, *Operations and Supply Chain Management*, Chapter 12.

24. International Organization for Standardization, "About ISO," http://www. iso. org/iso/home/about. htm (February 19, 2015).

25. J. Heizer and B. Render, *Principles of Operations Management*, 4th ed. (Upper Saddle River, NJ: Prentice Hall, 2001), p. 173.

26. Intel, "Copy Exactly!," http://www. intel. com/design/quality/mq _ ce. htm (June 21, 2011); Chris J. McDonald, "The Evolution of Intel's Copy EXACTLY! Technology Transfer Method, *Intel Technology Journal*, Q4, 1998, pp. 1 – 6, https://www. smtnet. com/library/files/upload/intel-exactly-process. pdf (February 19, 2015); and Intel, "Manufacturing Process: Copy Exactly!," http://www. intel. com/content/www/us/en/quality/exact-copy. html (February 19, 2015).

27. Intel, "Copy Exactly, Factory Strategy," http://www. intel. com/pressroom/kits/manufacturing/copy_exactly_bkgrnd. htm (June 21, 2011);

28. Ibid.

29. David M. Anderson, "Product Line Rationalization," 2014, http://www.design4manufacturability.com/product_line_rationalization.htm (February 19, 2015).

30. Based on information provided during a conversation with SKF executive. See also Martin Fritz and Birgit Karlsson, *SKF-A Global Story: 1907 - 2007* (Stockholm: Informationsforlaget, 2006), http://investors.skf.com/skf-a-global-story/ (February 19, 2015).

31. David J. Teece, "Technology Transfer by Multinational Firms: The Resource Cost of Transferring Technological Know-how," *International Library of Critical Writings in Economics* 139 (Edward Elgar: 2002), 71-90.

32. A highly automated machine may make only one or two sizes or types of a product, whereas a general-purpose machine may be capable of producing not only all sizes of a product but other products as well. Its output, however, may be as little as 1 percent of that of a specialized machine.

33. Kelly Sims Gallagher, "Foreign Technology in China's Automobile Industry: Implications for Energy, Economic Development, and Environment," *China Environment Series*, no. 6, pp. 1-17, http://wilsoncenter.org/sites/default/files/2-feature_1.pdf (February 19, 2015); and Wan-Wen Chu, "How the Chinese Government Promoted a Global Automobile Industry," *Industrial and Corporate Change* 20, no. 5 (2011), pp. 1235-76, http://icc.oxfordjournals.org/content/20/5/1235.full (February 19, 2015).

34. David Wessel, "China Rewrites Rules for Building Wealth," *The Wall Street Journal*, January 29, 2004, p. A2, http://courses.wcupa.edu/rbove/eco343/040Compecon/China/040129KIntens.txt (February 19, 2015).

术语表*

A

绝对优势（absolute advantage） 2

成就—归因（achievement vs. ascription） 3

从价税（ad valorem duty） 5

广告（advertising） 13

美学（aesthetics） 3

附属公司（affiliates） 10

航空运单（air waybill） B

津贴（allowances） 14

美国存托凭证（American depository receipts，ADR） 15

反垄断法（antitrust law） 6

套利（arbitrage） 8

仲裁（arbitration） 6

卖价（ask price） 8

东南亚国家联盟（东盟）（Association of South Asian Nations，ASEAN） 2

图表集法（Atlas conversion factor） 7

B

后向垂直整合（backward vertical integration） C

国际收支平衡（balance of payments，BOP） 8

国际清算银行（Bank for International Settlements，BIS） 8

银行承兑汇票（banker's acceptance） B

买价（bid price） 8

生物质（biomass） 4

保税仓库（bonded warehouse） B

奖金（bonuses） 14

瓶颈（bottleneck） C

自下而上规划法（bottom-up planning） 9

人才流失（brain drain） 14

分公司（branch ） 15

布雷顿森林体系（Bretton Woods system） 8

预算（budget） 9

C

碳披露项目（Carbon Disclosure Project，CDP） 4

碳足迹（carbon footprint） 4

气候（climate） 4

聚类分析（cluster analysis） 12

集体谈判（collective bargaining） 14

共同市场（common market） A

南方共同市场（Common Market of the South） A

共有主义（communitarianism） 3

相对优势（comparative advantage） 2

补偿方案（compensation packages） 14

竞争法（competition law） 6

竞争优势（competitive advantage） 9

竞争战略（competitive strategies） 9

复合关税（compound duty） 5

聚光式太阳能发电（concentrating solar thermal power） 4

保兑信用证（confirmed L/C） B

合并（consolidation） 15

语境（context） 3

应急计划（contingency plans） 9

---

* 本术语表按英文字母排序，术语后的数字为该术语所在模块号。

合同制造（contracted manufacturing） 12
可控因素（controllable forces） 1
版权（copyright） 6
企业视觉形象（corporate visual identity，CVI）
欧盟理事会（Council of the European Union） A
反补贴税（countervailing duties） 5
国家风险评估（country rick assessment，CRA） 5
国家筛选（country screening） 12
从摇篮到摇篮设计模式（cradle-to-cradle（C2C）design model） 4
跨境收购（cross-border acquisition） 2
文化悖论（cultural paradox） 3
文化冲击（culture shock） 14
货币贬值（currency devaluation） 2
货币期权套期保值（currency option hedge） 15
现行汇率法（current rate method） 15
报关行（customhouse brokers） B
海关退税（customs drawback） B
关税同盟（customs union） A
网络犯罪（cybercrime） 5

D

发达经济体（developed economies） 7
发展中经济体（developing economies） 7
直接投资（direct investment） 2
可随意支配的收入（discretionary income） 7
脱媒（disintermediation）
可支配收入（disposable income） 7
多哈发展议程（Doha Development Agenda） A
国内环境（domestic environment） 1
倾销（dumping） 5

E

国际生产折中理论（eclectic theory of international production） 2
经济与货币联盟（Economic and Monetary Union，EMU） A
联合国经济及社会理事会（Economic and Social Council，ECOSOC） A
经济风险（economic exposure） 15
经济全球化（economic globalization） 1
经济一体化（economic integration） A
规模经济（economies of scale） 2
有效市场法（efficient market approach） 8
新兴市场经济体（emerging market economies） 7
环境（environment） 1
环境扫描（environmental scanning ） 12
环境可持续性（environmental sustainability） 4
民族中心主义（ethnocentric） 14
民族优越感（ethnocentricity） 3
欧盟委员会（European Commission） A
欧洲议会（European Parliament） A
欧洲联盟（European Union，EU） A
汇率（exchange rate） 2
外派人员（expatriate） 14
经验曲线（experience curve） 2
显性知识（explicit knowledge）
出口提货单（export bill of lading，B/L） B
出口汇票（export draft） B
出口（exporting） 1
法律的域外适用（extraterritorial application of laws） 6

F

保理（factoring） B
财政政策（fiscal policies） 8
费雪效应（Fisher effect） 8
固定汇率（fixed exchange rate） 8
浮动汇率（floating exchange rate） 8
国外业务（foreign business） 1
《反海外腐败法案》（Foreign Corruption Practices Act，FCPA） 6
对外直接投资（foreign direct investment，FDI） 1
国外环境（foreign environment） 1
国外定价（foreign national pricing） 13
福费廷（forfaiting） B
正式制度（formal institutions） A
远期外汇市场（forward currency market ） 8
远期市场套期保值（forward market hedge） 15
远期汇率（forward rate） 8
特许经营（franchising） 12
自由贸易区（free trade area，FTA） A

G

H

I

J

K

L

M

N

O

P

Q

R

W

J. Michael Geringer, Jeanne M. McNett, Michael S. Minor, Donald A. Ball
International Business
1259317226

北京市版权局著作权合同登记号：01-2017-8989

图书在版编目（CIP）数据

国际商务/迈克尔·格林格等著；吴易明译．—北京：中国人民大学出版社，2019.5
（国际商务经典译丛）
ISBN 978-7-300-26867-5

Ⅰ.①国… Ⅱ.①迈…②吴… Ⅲ.①国际商务-高等学校-教材 Ⅳ.①F740

中国版本图书馆 CIP 数据核字（2019）第 065280 号

国际商务经典译丛
国际商务
迈克尔·格林格
珍妮·麦克内特
迈克尔·迈纳
唐纳德·鲍尔 著
吴易明 译
Guoji Shangwu

出版发行	中国人民大学出版社		
社　　址	北京中关村大街 31 号	**邮政编码**	100080
电　　话	010－62511242（总编室）		010－62511770（质管部）
	010－82501766（邮购部）		010－62514148（门市部）
	010－62515195（发行公司）		010－62515275（盗版举报）
网　　址	http://www.crup.com.cn		
	http://www.ttrnet.com（人大教研网）		
经　　销	新华书店		
印　　刷	北京七色印务有限公司		
规　　格	185 mm×260 mm　16 开本	**版　　次**	2019 年 5 月第 1 版
印　　张	30.5 插页 2	**印　　次**	2019 年 5 月第 1 次印刷
字　　数	669 000	**定　　价**	68.00 元

教师反馈表

麦格劳-希尔教育集团（McGraw-Hill Education）是全球领先的教育资源与数字化解决方案提供商。为了更好地提供教学服务，提升教学质量，麦格劳-希尔教师服务中心于2003年在京成立。在您确认将本书作为指定教材后，请填好以下表格并经系主任签字盖章后返回我们（或联系我们索要电子版），我们将免费向您提供相应的教学辅助资源。如果您需要订购或参阅本书的英文原版，我们也将竭诚为您服务。

★ 基本信息					
姓		名		性别	
学校			院系		
职称			职务		
办公电话			家庭电话		
手机			电子邮箱		
通信地址及邮编					
★ 课程信息					
主讲课程一1		课程性质		学生年级	
学生人数		授课语言		学时数	
开课日期		学期数		教材决策者	
教材名称、作者、出版社					
★ 教师需求及建议					
提供配套教学课件（请注明作者/书名/版次）					
推荐教材（请注明感兴趣领域或相关信息）					
其他需求					
意见和建议（图书和服务）					
是否需要最新图书信息	是、否	系主任签字/盖章			
是否有翻译意愿	是、否				

Mc Graw Hill | Higher Education

教师服务热线：800-810-1936
教师服务信箱：instructorchina@mheducation.com
网址：www.mheducation.com

麦格劳-希尔教育教师服务中心
地址：北京市东城区北三环东路36号环球贸易中心A座702室教师服务中心　100013
电话：010-57997618/57997600
传真：010 59575582

教师教学服务说明

中国人民大学出版社工商管理分社以出版经典、高品质的工商管理、财务会计、统计、市场营销、人力资源管理、运营管理、物流管理、旅游管理等领域的各层次教材为宗旨。

为了更好地为一线教师服务，近年来工商管理分社着力建设了一批数字化、立体化的网络教学资源。教师可以通过以下方式获得免费下载教学资源的权限：

在中国人民大学出版社网站 www. crup. com. cn 进行注册，注册后进入“会员中心”，在左侧点击“我的教师认证”，填写相关信息，提交后等待审核。我们将在一个工作日内为您开通相关资源的下载权限。

如您急需教学资源或需要其他帮助，请在工作时间与我们联络：

中国人民大学出版社　工商管理分社

联系电话：010-62515735，82501048，62515782，62515987

电子邮箱：rdcbsjg@crup. com. cn

通讯地址：北京市海淀区中关村大街甲 59 号文化大厦 1501 室（100872）